KB189573

철학과 신의 존재

김 현 태 지음

철학과 신의 존재

김 현 태 지음

철학과 현실사

머 리 말

　신 존재에 관한 문제는 피상적인 물음으로 단번에 알아낼 수 있는 것도 아니며, 그렇다고 해서 수덕학이나 신비사상, 종교와 신앙, 시와 미학, 차안과 피안의 세계에 직면하여 인간이 끊임없이 던지는 단편적인 질문으로 해결될 수 있는 것도 아니다. 그것은 문자 그대로 인간이 던질 수 있는 물음치고는 최종적이며 궁극적인 범주에 속하기에 인간학적 차원에서뿐만 아니라 가장 고상한 형이상학적 차원에서 제기될 수 있는 물음들에 대한 답변을 줄기차게 심화시킴으로써만 해결될 수 있다.

　플라톤의 '이데아'와 같은 절대 관념계에 대한 본질철학(本質哲學)을 주도했던 그리스철학이 막을 고한 다음 '존재'에 대한 사고가 부상하여 '절대존재'(Esse absolutum)에 막강한 힘을 부여했던 중세에 신 존재는 철옹성과도 같은 교회의 보호 아래 일체의 의심이 배제된 전대미문의 막강한 실재로 등장했다. 그러나 르네상스 이후 절대적 유일자로서의 신과 절대타자(絶對他者, alter absolutus)로서의 인간이 서로 상반되는 존재로 대치하고, 갈수록 인간 중심주의가 팽배해짐에 따라 신 존재는 줄곧 경시되기에 이르렀다. 더구나 현대 과학과 기술의 급속한 발전은 신과 관련된 문제들을 인간 세계와는 하등의 관련이 없는 별개의 문제로 비하시키거나 머리가 열리지 못한 사람들의 차지로 떠넘기고 말았다. 과학이 우주세계와 관련된 모든 것을 명명백백히 밝혀내고 있는 것과는 달리, 근자에 이르러 신비와 관련된 문제들은 마치도 간척지 사업으로 시야에서 한없이 멀어져버린 바다처럼 그저 머나먼 객체 내지는 수수께끼 정도로 취급하기에 이르렀다.

지금은 이러한 잘못된 역사적 흐름을 직시하고 그것을 바로잡는 일이 그 어느 때보다도 시급히 요청되는 때이다. 왜냐하면 과학이 해결할 수 없는 문제, 인간을 인간답게끔 호출하며 마음속 깊은 곳에서 간절히 소원하는 철학적 부호로서의 인간 실존이나 자기 실현의 문제들은 독자적인 인간의 몫이 아닌, 신 존재와 직결된 것이기 때문이다. 신이 없으면 인간에게 모든 것이 허용되어 있는 것처럼 보이지만 알고 보면 니체의 초인(超人)처럼 그저 고독할 뿐이며 사르트르의 인간처럼 자유로 저주받은 존재일 수밖에 없다.

신에 관한 주제는 참으로 인간적이고 철학적이며, 정치적이고 사회적이며, 윤리적이고 신학적인 모든 계획안에 포함되지 않으면 안 된다. 물론 그러한 계획성은 명시적일 수 있고 함축적일 수도 있으며 일방적일 수 있고 잠세적일 수도 있다. 신 존재 문제 역시 예외가 아니다. 그러나 소시민적 삶에 젖어 들어 일상의 안락을 추구하며 살아가는 현대인들에게 이 문제는 그리 달가워 보이지 않는다. 따라서 정신을 멀리하고 권력과 물욕, 명예욕만을 추구하며 살아가는 소위 '길거리 사람들'에게 신을 말하는 것은 마치도 아무런 철학도 모르는 사람에게 특수 형이상학을 설명해 주어야만 하는 난감하고도 안타까운 상황을 떠올리게 한다.

그럼에도 우리는 이러한 현대의 몰이해적이며 극적인 상황을 염두에 두고 형이상학적인 관점에서 신 존재 문제를 다루고자 했다. 이유는 일상적인 관념을 깨고 혼탁한 세계를 벗어나 내적으로 삶의 가장 근저에 자리하며 외적으로는 우주 세계를 넘어서서 만사의 최고봉에 위치한 절대자를 향한 인간의 근원적인 관심사를 조금이라도 부추겨

보려는 마음에서였다. 에스파냐의 철학자, 주비리(X. Zubiri)적 의미의 '존재론적 고리'를 느끼고 사방팔방에서 전 인류를 옥죄는 무신론적 요소에서 탈피하여 자신의 근본에 도달, 여태껏 당도하지 못했던 미지의 세계에 우뚝 선 참된 실재와의 관계성 내지는 종속성을 발견하는 작업은 노숙한 세계 시민에게나 가능한 일이겠지만, 우선 시발점으로서 소시민적 삶의 카테고리를 집중 분석하고 그 안에 자리한 의연한 모순들을 철퇴시키는 해결의 실마리를 마련하는 것이야말로 현대적 이성이 시급히 이루어내야 할 과제가 아닌가 싶다. 그래서 필자는 각자가 자신의 존재를 충만히 실현해 나갈 수 있는 노선이 이 보잘 것 없는 저작을 통해서도 나름대로 펼쳐질 수 있기를 기대하면서 필요한 자료들을 수집, 분석, 종합하는 데에 힘을 모았다.

역사의 흐름 속에서 수많은 철학자들과 신학자들이 신 존재와 신의 비존재 문제를 다루었다. 그 내용들과 깊이는 이루 다 형언할 수 없을 만큼 매우 방대하고 심오하다. 따라서 이 한 권의 저작에 신 존재와 관련된 모든 문제를 기술한다는 것은 마치 보잘것없는 작은 접시에 거대한 일품 요리를 담아 내는 것과도 같이 몹시 초라한 것일 수도 있다. 이런 사정을 잘 알면서도 저자는 부끄러움을 무릅쓰고 실로 무모한 도전의식을 떨쳐 버리지 못한 채, 문제를 제기하고 거기에 시선을 모아보려 했다.

우리가 책의 제목을 『철학과 신의 존재』라고 한 것은 어디까지나 신의 본질에 관한 문제만큼은 본 주제에서 비켜나 있음을 뜻한다. 이는 존재와 본질이라는 형이상학의 밀착된 개념을 절단하거나 분리하려는 그릇된 의도 때문이 아니라 본질 문제는 또 다른 지면에서 여유 있게 다루어 보려 한 의향 때문에 그러하다.

저자는 이 책을 통해 통상적으로 말해지는 지성적 차원을 넘어 상급지(上級知)인 지혜의 차원에서도 신 존재 문제를 논하고자 하였다. 그렇다고 본인이 '신적 조명' 하에 이 책을 썼다는 말은 결코 아니다. 다만 현대가 지식만을 추구하는 지성인들로 충만한 세계라면 지성과 연관된 개념이나 관념, 정신은 전적인 것이 아니라 또 다른 지혜를 위한 새로운 출발점이라는 사실을 지적하고 싶어서이다. 또한 이 책은 철학과 신학의 관계뿐만 아니라 철학에서 신학으로 넘어가는 적절한 이행 과정과 여정을 염두에 두고 양자간 교두보를 마련하려는 데 주안점을 두기도 했다. 이러한 사고 전개 과정의 이면에는 필자가 미력하나마 '지혜'에 대한 사랑의 정신을 나름대로 객관성을 유지하며 추적해 보려 한 의도가 깔려 있기도 하다.

마지막으로 이 책의 출판을 기꺼이 허락해 주신 철학과현실사 사장님의 온유하고도 너그러운 마음을 잊을 수가 없다. 아울러 정성과 수고를 아끼지 않은 직원 제위께도 심심한 감사를 드린다. 이분들 모두에게 하늘의 큰 사랑이 함께 하길 진심으로 기원하는 바이다.

아무튼 이 책자가 만사를 계획하고 섭리하는 절대존재를 찾으며 자신의 존재를 충만히 실현하려는 의지를 지닌 지성인들에게 참된 길잡이가 되어 준다면 더 이상 바랄 것이 뭐가 있겠는가? 생각해 보니 노력과 함께 허전하게 남는 것은 부족함과 아쉬움뿐이다. 이것이 지금의 솔직한 심정일진대 독자들의 따스한 격려와 질책은 큰 힘이 되리라 믿는다. 더불어 진리를 향한 독자들의 열정 어린 삶이 참된 행복의 장을 예고하는 전주곡이 되길 간절히 소망해 본다.

2003년 1월 25일
강화도 북산 연구실에서
저자 김 현 태

차 례

제 1 장

신 존재: 문제와 그 해결책

1. 근대 이후 계속되는 신의 침묵

인간이라면 누구나 최소한 한번쯤은 신의 존재에 대해 반신반의하며 다음과 같은 질문을 던져볼 수 있을 것이다. "신은 과연 존재한단 말인가?" 어떤 이는 이 물음에 대해 아무런 궁구(窮究) 없이 그냥 지나쳐버리고 만다. 알고 보면 그런 이는 질문에 대한 해답이나 묘안을 찾는 데 별다른 관심이 없다. 그렇지만 어떤 이는 끊임없이 고뇌하고 미심쩍어하면서 계속 물음을 던진다. "신 존재에 관한 증명들은 유효하며 신뢰할 만한 것들일까?" "사람들이 그러한 증명을 확실한 것으로 받아들이게 되는 계기나 근거는 무엇일까?" 실상 이런 물음은 일상생활에서 흔히 제기되는 피상적인 질문이 아니라 인간이 던질 수 있는 물음들치고는 가장 고상하며 근원적인 의미를 내포하고 있다.[1]

모든 종교들은 신이 존재한다는 것을 아무런 부담 없이 공식적으로

---

1) Cf. G. Bontadini, *Per la rigorizzazione della teologia razionale*, in Id., *Conversazione di metafisica*, Vita e Pensiero Milano, 1971, 2 voll., col. II, p.288.

인정한다. 문제는 각 종교의 신이 궁극적 존재 혹은 초월자라는 것을 받아들이면서도 과연 그 존재가 인격적·신론적·실체적인지 아니면 비인격적·비신론적·관계적 혹은 과정적인지에 대해서는 각기 견해를 달리하고 있다는 점이다.[2] 그런데 이러한 관점은 적어도 종교에 집착하는 사람들에게나 해당되는 문제일지는 몰라도 애초부터 신 존재를 이성적으로 확신하고자 하는 사람들의 일상적인 물음과는 하등의 관계가 없다. 이는 마치도 기성 가요에 몰두해 있는 대중들에게 클래식 음악이 별다른 감동을 주지 못하는 것과도 같다.

합리주의적인 사고가 급속히 발달하여 세계까지도 이성화, 수학화하려는 의지를 불태우고 있는 현대인들은 신 문제를 아무런 거리낌 없이 자신의 관심사 밖으로 밀쳐내고 있다. 특히 이러한 태도는 상위적이고 초월적인 유의 존재가 더 이상 필요치 않다고 여기는 지적 무신론에서 극명하게 드러난 이해의 반란이다. 더구나 과학이 신을 멀리해 왔다는 전통 형이상학과의 차별화된 이론은 이미 무신론을 신봉하는 과학자들 사이에 널리 퍼져 있으며 그들 스스로는 그것을 자랑스럽게까지 여기고 있는 실정이다.[3]

지금에 와서 가장 심각한 문제로 대두되면서 인간의 고통을 가중시키는 이해 못할 일이 하나 있다면 과학의 자율성과 독립성 앞에서 아

---

2) 궁극적 실재에 대한 양자의 상이한 견해는 특히 그리스도교와 불교 사이에서 가장 확연하게 드러나고 있다. 특히 그리스도교의 하느님 개념과 불교의 공(空) 개념은 이를 잘 대변해 주고 있다(이 점을 이해하기 위해서는 야기 세이이치, 레너드 스위들러, 『불교와 그리스도교를 잇다』, 이찬수 역, 아시아 신학 8, 분도출판사, 1996, 43-51쪽을 참고할 수 있다). 물론 마이스터 에크하르트와 같은 그리스도교 사상가들의 경우는 강생(降生) 이전의 신을 무성(無性)이라 표현한 적이 있는데, 이는 어떤 면에서 불교의 공(空) 개념과 상당한 공통점을 지니고 있다고 본다. 이러한 점들은 이성적으로 신을 탐구하고자 하는 현대인들에게 결정적인 전환점을 마련해 줄 수 있는 소지가 내포되어 있기에 긍정적으로 평가되어야 할 부분이다.

3) Cf. H. Pfeil, "The Modern Denial of God: It's Origin and Tragedy", *Philosophy Today* 3(1959), pp.19-26.

무런 언사도 사용하고 있지 않은 신의 침묵과 관련된 것이다.[4] 과거에 그토록 말씀하시던 신은 이제 더 이상 보이지 않으며, 모든 가르침들을 주던 신마저 사람들의 뇌리와 시각에서 한없이 멀어졌다. 그래서 마르틴 부버(M. Buber)는 『신의 엄폐』에서 신의 '말씀'이 "인간의 모든 언사들 중에 가장 짓눌려 있으며 그 어떤 말도 그토록 경시되거나 절단된 적이 없다"[5]고 명시한 바 있다.

신이 실제로 존재한다면, '그분'은 이 시대 사람들에게 그저 머나먼 신, 침묵 중에 있는 신, 더 이상 행위 하지 않는 신, 이전의 신이 아닌 신 존재일 따름이다. 이런 신을 두고 헤겔은 1802년에 이미 사신철학을 언급한 적이 있고, 하이네(Heine)와 니체도 그뒤를 따라 움직였다. 그후 사람들은 줄곧 그러한 신의 죽음에 대해 입을 다물지 않았다.

지구상의 수많은 종교인들이 신을 모시고 산다지만, 아직도 부지기수의 사람들이 신앙 없는 삶에 만족해하며 살아가고 있다. 그들에게 있어서 신은 어떤 면에서 무용지물과도 같다. 이 순간에도 인간이 몸담고 살아가는 세상 안에서는 수많은 언사들이 오고 가고 있지만, 이상하게도 신의 언사 내지 '말씀'(Verbum)은 품위와 권위로 치장된 인간의 말보다도 못한 저급한 대접을 받고 있다. 더구나 사람들은 신의 '말씀'을 귀담아 들으려 하기는커녕, 오히려 못마땅해하며 신과 연관된 이러저러한 이야기들에 대해서마저 몸서리치기까지 한다.

물론 과거에도 그랬듯이 사람들은 지금도 '말씀'을 봉행하며 서로간에 화해와 협력을 도모하고 있다. 이와는 달리 자신들의 종교적 파벌

---

4) 예컨대 슈바르츠(Laurent Schwartz)의 경우는 과학의 자율성과 신 문제를 다음과 같이 기술하고 있다. "신도 어떠한 교의도 과학적 탐구 안에는 존재치 않는다. … 오늘날 과학은 믿는 이를 위해서건 믿지 않는 이를 위해서건 신을 통해서는 아무것도 설명하지 않는다. 어떻게 해서든지 신은 세계 안에서 떨어져 나와 과학적 설명 밖에 놓여진다."(L. Schwartz, Dieu aujourd'hui, *Semaine des intellectuels catholiques*, Desclée de Brouwer, Paris, 1965, p.15)

5) M. Buber, *Eclipse de Dios*, N. Visión, B.A., 1970, p.13; Cf. *Ibid.*, pp.1-26.

로 인해 신적인 가르침을 산산조각 내고 있는 사람들도 부지기수다. 이렇듯 신과 '말씀'으로 인해 생겨나는 대립적인 상관관계는 살인을 자행하도록 부추기기도 하고 또 그로 인해 처형당하기도 했다. 사람들은 '말씀'으로 인해 희생의 주체가 되기도 했지만 그 대상이 되기도 했다. 신 때문에 그들은 때론 울기도 웃기도, 서로 사랑하기도 죽도록 미워하기도 했다. 이러한 이율배반적인 사태를 목전에 두고 적지 않은 사람들이 신적인 가르침을 자기 목숨보다도 더 소중히 여기기도 하지만, 어떤 이들은 그것을 완전히 묵살해 버려 아예 기억에서조차 잠재워버리려 한다. 특히 무신적 휴머니즘을 신봉하는 자들은 초자연적인 것을 망각하게 될 때 오히려 잊혀진 인간을 더 많이 기억할 수 있다는 인본주의적 견해를 서슴지 않고 드러낸다. 왜냐하면 현실을 떠나 있는 저승의 불확실성과 모호함이 안개처럼 앞을 가리고 있는 경우, 대안으로 떠오르는 망각은 오히려 훌륭한 정신적 게으름으로 작용하여 인간의 앞길을 더 잘 비추어줄 수 있다고 믿는 까닭이다.[6]

종교적 논증에 관해 신중을 기했던 에스파냐 철학자 오르테가 이 가세트(J. Ortega y Gasset)는 "지구 궤도에서 태양에로의 최대 접근점과 최대의 거리감이 존재하고 있듯이 신에게 접근하는 시대가 존재하고 신을 증오(Odium Dei)하는 시대, 신적인 것으로부터 탈피하는 대탈출의 시대가 존재한다"고 말하면서 "이 시대에 거대한 산과 같은 신은 지평선 저 너머로 거의 사라진 것 같다"[7]고 연이어 언급하며 서글픈 심정을 토로한 바 있다. 이렇게 종교사실(宗敎事實)들을 깊이 있게 꿰뚫어보고 있는 오르테가의 주장은 한마디로 우리를 근본적인 반성의 영역에로 호출한다.

따라서 우리는 근대 이후 오늘에 이르기까지 인간이 신을 거부함으로써 발생하게 된 위기의식이 매우 심각한 수준에 이르렀음을 직시하

6) Cf. J. A. Merino, *Umanesimo Francescano*, Ciltadella editrice, Assisi, 1984, pp.16-22.

7) J. Ortega y Gasset, *El espectador*, El Arquero, Madrid, 1972, pp.Ⅴ-Ⅵ, 131.

고, 그러한 부정적인 요소들이 어디에 뿌리를 두고 있는지를 소상하게 따져 묻지 않을 수 없다. 우리는 그러한 사실들의 근원지가 무엇보다도 중세의 신 중심주의적인 사고방식을 근세의 인간 중심주의적인 사고방식으로 대체하는 자기의식에 자리하고 있음을 지금부터 살펴보고자 한다.

중세의 종교 체험이 당대의 제국적인 세계관과 형이상학 그리고 신학에 의해 좌우되었다면, 현대 서구 사회의 종교 체험은 중세적 체험과는 매우 판이한 르네상스에 뿌리를 두고 계몽주의 시대 동안 꽃피웠으며 20세기에 들어서서 잘 익은 열매를 얻게 된 이성적 인간 중심주의에 의해 좌우되고 있다. 우리나라 역시 동양의 유불선 전통 종교사상이 역사 전반에 강력한 힘을 발휘하고 있었지만, 근자에 이르러 신학문이 도입되고 막강한 수출입국으로서의 입지를 다지는 가운데 새로운 교육, 자유주의, 근대 산업화의 물결이 사상과 정치·경제·종교 전반에 강력한 영향력을 미치면서 어느새 사회의 전반적인 흐름 역시 서구적 계몽주의로 기울고 있다. 그 결과 이 땅의 사람들도 위에서 언급한 유럽의 역사적 흐름을 짧은 세월 속에 그대로 재현해 내는 결과를 낳고 있다. 이렇듯 세계는 동서양을 막론하고 서구화의 노선을 걸으면서 과거의 종교체험들을 무력화시키거나 아니면 박물관에나 전시되어야 옳음 직한 구시대의 잔여물 정도로 취급하기에 이르렀다.

유럽의 지성적 대혁명은 코이레(A. Koyré)가 말하듯이 일찌감치 르네상스 시대를 기점으로 일종의 "하늘 안에서의 프롤로그"와 함께 천문학에서 발생하였다. 이것은 심오한 정신적 변화를 수반하면서 지구와 인간들 안에 거대한 반동을 불러일으킬 것이었다.

중세는 형이상학과 신학 그리고 사회의 여러 분야에 걸쳐 매우 계급화된 사회였다. 모든 것은 조직화되고 피라미드 형태를 띠고 있었다. 그렇지만 르네상스에 이르러서는 이전 체계와 조직들이 뿌리째 흔들리는 일대 위기를 맞았다. 르네상스는 철학, 정치, 경제, 사회 및 윤리 질서에 있어서 그것들을 새로운 질서로 대체하는 근원적인 수정

작업에 들어갔다. 새로 태어난 인간은 더 이상 초인적(超人的) 질서의 법규에 의해 평가되지 않았고 자기 자신을 즉각적인 비판기준으로 삼았다. 그래서 나와 자아를 중심으로 하는 무정부주의가 판을 치게 된다. 개별 인간은 계몽주의 안에서 그토록 강조되고 중시된 개인주의로 휩쓸려 들어갈 때까지 계속해서 엄청난 영역을 확보하기에 이른다. 이러한 경향은 합리론과 경험론 그리고 심리학적인 가르침에 고루 스며들었다. '내'가 중심이 되지 않는 학문은 더 이상 용인되지 않았다. 그래서 근대철학 자체도 사유, 고독, 더 이상 토론의 여지가 없는 자아(自我, Ego)에 관한 데카르트적 공리(公理)로부터 출발하게 된다.

이 모든 것은 칸트, 셸링, 피히테 그리고 헤겔에 이르러서는 훨씬 더 근원적인 표현으로 나타나게 될 것이었다. 달리 말해 그것은 '자아'(ego)의 신격화였다. 신체까지도 포함하여 너, 타자(他者), 공동체는 자아의 즉각적인 실체에서 출발하게 되면서 정복되어야만 하는 대상으로 여겨졌으며, 자아는 사유, 관념, 이성 혹은 의지로 불릴 것이었다. 그때부터 시작해서 자아는 힘으로 혹은 결정적인 비판기준으로 떠오르게 되었다. 결국 자아는 모든 것의 모든 것이어서 실재와는 이원적이고 반명제적(反命題的)인 것이 되었으며 서로 구별되는 존재가 아닌 상관적 대립으로 제시되는 영원한 경쟁자였다. 이렇게 해서 너와 타자(他者), 세계, 신, 사회 안에서 어떤 현존을 바라보기보다는 그것들을 지배하고 복종케 하며 제거하는 저항들이 당대의 역사를 수놓기에 이른다. '나' 자신만의 행복 추구로 점차 표상화되기 시작한 인간의식은 이전의 전통적인 형이상학과 이에 거점을 둔 이론들을 거부하는 가운데 세속주의가 추구하는 새로운 이상계를 역사 안에 끌어들였다.

그 결과 인간의 삶은 끊임없이 소용돌이치는 충돌의 지평(地平) 안에 놓이게 되었다. 이러한 충돌은 다른 사람들과 투쟁하는 가운데, 악화되는 무신사상 안에서, 기술에 의해 자연을 정복하고 이용하는 가운데, 밀폐된 개인주의 안에서 점차 확대되고 고조되기에 이른다. 이렇게 볼 때 유럽과 서구 문화의 문제점은 서로간에 의문시되고 적대시된 실재들간의 거리감의 문제로 나타날 수밖에 없었으며 그런 괴리감은 일반적인 질서로 체계화되었다.

더구나 18세기는 세속주의적 흐름이 그 어느 때보다도 강력했다. 당시 신학과 형이상학은 더 이상 중시되는 학문일 수 없었으며 물리학, 역사학, 자연과학, 국가, 법, 예술 등은 신학과 형이상학에서 떨어져 나갔다. 모든 학문들은 나름대로의 자치성을 지닌 것으로 평가되었고 사람들은 교회의 학문들 안에서 더 이상의 유효한 원리들을 기대할 수 없었다. 이성은 신앙에서 분리되고 도덕은 종교에서 이탈하였다. 그 결과 이성적 경험과학은 자율적, 자기 충족적인 과목이 되고 도덕은 자치성과 독자성을 확보하기에 이른다. 이때 세속주의적 윤리학이 탄생하는데, 이런 윤리학은 계시종교나 초자연주의와는 무관한 순수 자연주의적 도덕성이라는 원리에 기반을 두고 있었다. 그래서 사람들은 종교적인 것 없이도 도덕 행위 안에서 완전성을 확보할 수 있다고 믿었다. 그 결과 성서도 공중 도덕 교과서 정도의 가치만을 지닌 것으로 평가되었다.[8] 이렇듯 세속주의적 원리가 곧 종교였다. 회개니 은총이니 구원이니 하는 것들은 실증적으로 규명되지 않는 허구적인 가르침에 불과했다. 종교 역시 형이상학적, 논리적 혹은 윤리적 기반을 상실하게 되었고 더 이상 전통 종교로서의 혼과 맥을 빼앗긴 가운데 인간학적인 기반만을 토대로 삼게 되었다. 그로 인해 종교는 윤리보다 저급한 위치로 밀려났다. 중세에 철학은 신학의 시녀(ancilla theologiae)라고 하던 말들은 정신 나간 스콜라학자들이나 되뇌던 말로 치부되었다. 이렇게 해서 18세기는 이성과 신앙이 서로 결별하는 분열의 세기로서 인류 역사 안에 엄청난 염문을 뿌린 존재론적 이혼의 장으로 남게 되었다.

19세기에 이르러 헤겔은 좀더 새로운 문화적 역동성 안에서 신을

---

8) 김현태 편저, 『종교철학』, 가톨릭대학교출판부, 1996, 36쪽 참조.

인간으로, 역사로, 성공으로 변형시키는 철학적 기적을 행할 것이었다. 이어서 포이어바흐(L. Fuerbach)는 신학을 완전히 인간학으로 변형시키고, 마르크스와 엥겔스는 종교와는 전적으로 구별되고 반대되는 경제 인간학과 폐쇄된 정치학을 건설한다. 니체는 또 다른 전망에서 상이한 감수성을 가지고 신의 죽음을 선포하며 새로운 윤리 질서의 재건을 부르짖는다. 그리고 프로이트는 종교적 요인을 심장 부전증과 신경질적 강박관념의 생산이라고 고발하였다. 이러한 요소들을 토대로 과학적이고 철학적이며 마르크스적이고 실존주의적이며 구조주의적이고 심리 분석적이며 의미론적인 무신사상이 성장할 것이었다. 당시 사회에 충실한 사람들일수록 체계화된 이성과 경험과학에 심취하게 되면서 물리학, 수학, 심리학, 윤리학 등에서 말하는 법칙들과 유효한 종교적 사실들이 어떻게 서로 조화될 수 있는 것인지 알지 못하는 지경에까지 이르게 되었다.

그리고 물리학, 기하학, 화학, 심리학 그리고 사회학 등과 같은 여러 학문들은 자신의 고유한 영역을 침범 당하지 않기 위해 제각기 문을 닫아걸었다. 이 모든 학들은 엄격하고 배타적이며 때로는 보잘것없는 전문화를 꾀하고 있는데, 이 전문화는 분명히 분석된 실재의 통합적 이해에 동의하지 않고, 물 한방울 새어나갈 수 없는 빈틈없는 칸막이와도 같은 운명적인 학문의 지역주의에 빠져들었다. 이러한 칸막이를 두고 학문들은 서로간에 감시와 정찰을 게을리하지 않았다.9)

학문들이 서로간에 필수 불가결한 상호 종속관계를 망각하고 고유한 전문성 내지 특수성이라는 명목 하에 제각기 간판을 내리고 있는 경우라면, 문화의 거대한 갈등은 결코 모면할 길이 없다. 그러한 갈등은 상이한 실재들간의 분리 내지는 충돌이거나 아니면 그러한 충돌의 계속성일 것이다. 이것이야말로 문화의 비극인 것이다. 이러한 비극은

---

9) J. Ortega y Gasset, *Obras completas*, vol. IV, Alianza Editorial, Madrid, 1983, pp.63-64.

문화에 의해 작용하는 분명한 내성(內省)이 실제로는 하나의 자기 소외(自己疏外)를 요구하고 있다는 사실에 자리하고 있다.

『집단의 반항』(*La rebellión de las masas*)이라는 책의 저자인 오르테가 이 가세트(J. Ortega y Gasset)는 인간의 삶과 문화 사이에 존재하는 갈등 내지 분열을 다음과 같이 날카롭게 지적한 바 있다.

> "우리는 과장적일 만큼 실현 가능성을 피부로 느끼고 있지만 무엇을 실현할 것인지에 대해서는 알지 못하는 시대를 살아가고 있다. 사람들은 모든 것을 지배하고 있지만 자기 자신에 대해서는 주인 행세를 하지 못하고 있다. 사람들은 자신의 풍요로움을 상실해 가고 있음을 느끼고 있다. 거대한 수단과 과학, 기술문명과 더불어 사람들은 현대세계를 미증유의 불행한 세계로 몰아가고 있다. 이 세계는 순전히 표류하는 세계이다."[10]

이와 같이 근대 이후 오늘에 이르기까지 세계관의 토대는 이성 중심의 합리적 사고로서 세계는 이러한 인식에 기초하여 표상되는 실재였다. 서구 사회의 합리화는 예외 없이 모든 문화 활동에 스며들었다. 이성적인 주체의 활동을 축으로 하여 합리화를 꾀하고 체계화하는 정신은 지배하고 부과하며 착취하는 인간의 염려를 불러일으켰으며, 결국 자신의 최고가는 표현을 과학기술의 합리성 안에서 그리고 자본주의 정신 안에서 발견하게 된다. 이윤과 기능과 실천은 존재의 자리를 점거하면서 세계에 대해 지불하는 상업화로 그 흉물적 실체를 드러내며 흘러갔다. 그리하여 그것은 자체의 본성과 갈등을 일으키면서도 마치 은사들의 무한한 원천처럼 행세하는 가운데 마침내 물건이 빽빽이 들어찬 상점을 개업하기에 이른다. 앞에서 보았듯이 개별자의 자치성과 강력한 나르시시즘의 개인주의를 대체하는 근대조차도 인간들 사이에 평화의 동맹 관계를 맺어주지는 못했다. 오히려 그 시대는 영속

---

10) J. Ortega y Gasset, *La rebellión de las masas*, Revista de Occidente, Madrid, 1975, pp.97-98.

적인 충돌과 긴장, 분열의 원천이었으며, 결국 문화의 불안 내지 문명의 위기라는 고통스런 체험을 유발하는 장으로 돌변하였다.

　의심할 여지도 없이 이제 세계 내 신의 현존 문제는 지나간 시대에 가졌던 것보다 훨씬 더 근원적이며 궁극적인 답변을 요청할 만큼 그렇게 우리에게 제시되고 있다. 왜냐하면 조물주를 제거한 이 세계는 더 이상 조화와 신비의 대상이 아니라 수학화, 과학화, 이성화의 무기로 절단되고 계량된 비참한 공간으로 화하고 있는 터이다. 현대과학이 새로운 가치들과 약속들로 충만한 놀라운 세계를 드러내 보이고 있는 지금, 사람들은 과학만능주의에 손뼉을 치며 열광하고 있다. 이와는 달리 신은 더 이상 이 세계의 절대자가 아닌, 그저 있어도 없어도 되는 무관심한 존재로 사람들의 눈에 비치고 있다. 또 어떤 사람들은 신의 현존을 두고 그것을 흥미 위주의 객체, 외적이거나 환상적인 것으로 단정하며 경시하기까지 이르렀다. 행여 신이 실제로 어떤 존재론적 실재라면, 그 신은 인간과 세계와는 동떨어져 있는 존재, 그래서 게으른 신(Deus otiosus)이란 별명까지 갖게 되었다.

　흔히 이론과 실재 안에서 신은 우주를 창조한 존재, 우주를 섭리하고 그 안에서 자기를 실현해 가는 존재로 제시된다. 그런데 현실적으로 신 존재는 아주 멀리 떨어져 그의 하늘 세계에 머무르거나 그저 침묵 중에 있다. 이런 식으로 비춰진 신은 애초에는 뜀뛰기를 해야만 비로소 손에 닿을 듯 말 듯한 존재로 여겨지다가 점차 인간에게는 두려움의 대상이 되며, 그리고 나서는 지쳐버린 인간의 호소에 귀기울이지 않는, 인간 삶에 대해서는 전혀 무관심한 무익한 신(Deus otiosus et inutilis)으로 변모된다. 이러한 신에 대해 사람들은 죽음 아니면 현실과는 무관한 '사실'로 그 존재를 내쳐버린다. 여러 상황에서 주목하게 되는 신에 대한 거부와 신의 침묵에도 불구하고 종교는 인간에게 계속해서 도전장을 던지고 있다는 사실과 또 사람들은 이것을 피해 결코 멀리 달아날 수 없다는 데에 문제의 심각성이 자리하고 있다.

　종교 사회학의 전문가들은 인간애가 존속하는 동안 종교는 늘 존재할 것이라고 주장한다. 그들은 인간이 개별 존재이건 사회적 존재이건 간에 종교가 인간 자신을 위한 뛰어난 긍정적 요소라는 점도 간과하지 않는다. 예를 들어 뒤르켐(É. Durkheim)에게 있어서 종교는 사회 안에서 인간 통합과 관련하여 긍정적인 면을 담아내고 있다. 그리고 막스 베버가 말하는 종교는 이성적 가치와 동향에 대한 해석적 가치를 지니고 있다. 에리히 프롬(E. Fromm)에게 있어서 종교는 인도주의적이며, 신은 인간으로 하여금 자기 자신을 극복하도록 자극하는 가장 뛰어난 가치를 지닌 시적 상징이 된다. 룩크만(T. Luckmann)과 베르거(P. Berger)가 바라본 종교는 소집단에서뿐만 아니라 대집단 안에서도 상호 인격적 관계를 강화시켜 준다. 또한 메를로 퐁티(M. Merleau-Ponty)에 있어서 종교는 사회 안에서 변형의 누룩인 동시에 심오한 인격적 관계를 창조하는 누룩이다. 파슨즈(T. Parsons)와 기르츠(C. Geertz)에게 있어서는 사회적 가르침과 구조를 지탱시켜 주는 데 도움을 주는 것으로 나타나기도 한다. 그밖의 다른 사회학자들과 철학자들에 있어서 종교는 고정된 질서와 오만불손한 사회에 비판적이고 요청적이며 개혁적인 자세가 어떠한 것이어야 하는지를 밝혀준다. 그렇다면 인간은 과연 종교의 신 안에서 자신의 존재와 그 가능성을 충만히 실현할 수 있단 말인가?

2. 현대인, 무엇이 문제인가?

인간은 무엇보다도 자기 자신에게 속하는 관계로 고유한 개체성(個體性)과 개별성을 지닌 이성적 존재라고 말해진다.[11] 그러면서도 인

---

11) 보에티우스의 인격에 관한 정의(definitio)는 이러한 인간의 모습을 가장 적나라하면서도 정확하게 묘사하고 있다. "인격은 이성적 본성의 개체적 실체이다." (Persona est rationalis naturae individua substantia); Cf. S. Boethius, *De duabus naturis et una persona Christi*, cap. 3. PL. 64, 1343; Thomas

간은 상호 보완적인 관계 차원에서 숨쉬고 살아가기에 '관계적 존재'라고도 칭해진다. 나, 너 그리고 우리는 결코 끝날 줄 모르는 동일화라는 과정 안에서 변증법적으로 서로 섞여 짜여진다. 이와 같이 자기 주관성을 발견하여 그 안에서 심화되어야 하는 존재임에도 불구하고 인간은 자기 안에 폐쇄될 수 없고 필히 타자(他者)에게로 개방될 수밖에 없는 존재이다. 이러한 귀속성(歸屬性)과 관계성(關係性)은 인간 안에서 최종적 고독과 초월적 관계를 전제로 하는 두 개의 존재론적 범주를 표상하고 있다.12) 여기서 말하는 관계란 인간 상호간의 인격적 관계들뿐만 아니라 동식물과의 관계, 자연 사물 일반과의 관계 그리고 나아가서는 초월적 신과 갖게 되는 관계까지도 포괄한다. 그래서 사회학자들은 사람들의 일상생활이 마치 그물망처럼 아주 복합적이고 필수 불가결한 '관계'(relatio)로 서로 얽히고 섥켜 있다고 반복해서 지적하기도 한다. 실제로 사회생활 안에서 모든 활동들은 사물들과 인간 그리고 상황들과의 연관성 안에서, 다시 말해 '관계체계'(關係體系)를 바탕으로 전개되고 있는 것이다.

고대의 헤라클레이토스의 생성 철학 이후 헤겔과 야스퍼스 그리고 테이야르 드 샤르댕(T. de Chardin) 등의 과정철학이 급속한 발전을 이룩하면서 분열의 저변에 늘 자존하고 불변하는 것으로 남아 있는 실체에 관한 철학은 그 역할이 크게 감소되었다. 과정과 진화를 중시

Aquinas, *Summa Theologica* I, a. 29, 1; 정의채, 『형이상학』, 221쪽,

12) 13세기 둔스 스코투스는 인간의 관계성에 대해 논한 중세의 대표적인 인물로 널리 알려져 있다. 범주적이고 논리적인 개념을 훨씬 넘어서는 변증법의 귀재인 스코투스는 인격을 근본적으로 분류할 수 없는 실재로 대하며, 초월적 관계의 역동성 안에서 분석한다(*Ord.*, I, d.15, q.un, n.3). 그럼에도 불구하고 타자에 대한 그의 존재의 기초인 인격은 자기에게(ad se), 다시 말에 그 자체로 존재한다. 모든 인격은 타자와 다른 것에 대한 개방성의 소명을 지니며 자기 현존의 부름을 느낀다. 인격은 원천적으로 그 자체로 존재하는 것에 운명지어져 있으며, 이렇게 자기 내유(自己內有)에 의해서만 다른 존재들을 향한 존재로 있을 수 있다(*Quodl.*, q.19, n.19).

하는 철학자들에게 있어서 존재들은 서로 고립되어 있지 않고 근본적이고 통합적인 상호 관계성 속에 존재한다. 이와 같이 관계성은 존재들의 존재를 구성하고 있는 것이다. 관계성과 인간 문제를 추적한 성토마스 역시 "인간은 관계적이다"라고 말한 바 있다. 따라서 관계성 안에서 모든 실재를 생각하고 경험하며 산다는 것은 분열과 해체의 삶과는 거리가 먼 통합적인 삶이며 다즉일(多卽一)의 모태(womb of the oneness of all reality) 안에 있으면서도 모든 실재의 다양성을 포용하는 삶을 사는 것이다. 이러한 관점에서 일본의 종교학자인 야기 세이이치(八木誠一)는 실재의 단일성 안에 있는 다양성이란 — 그 역도 물론 — 모든 존재들을 분리된 실재물들로가 아닌, 상호 의존적인 극들(poles)로 여김으로써 확인된다고 단언한다.13) 가령 남극이 없는 북극이나 오른쪽 없는 왼쪽은 있을 수 없기에 이러한 경우 모든 것은 인과관계 내지는 연기(緣起)라는 불교 개념도 적용될 수 있다.

그렇지만 지금에 와서 이러한 관계 체계는 상당 부분 금이 가거나 깨지면서 파괴의 수순을 밟고 있다. 따라서 정신 병리학자들이나 심리학자들 역시 이 점을 간과하지 않고 오히려 커다란 우려를 금치 못하고 있는 실정이다. 이들에 의하면 관계 내지 공속성(共屬性)의 결핍으로 인한 정신적 질환들, 예컨대 우울증이나 공허감, 고독과 불안 그리고 고뇌는 최근에 이르러 더욱 일반화된 현상으로 고착화되어 사회 곳곳에 만연하고 있다. 이와 같은 현상은 비록 사람들이 과거와는 달리 수많은 군중들을 대면하고 다양한 놀이 문화를 접할 수 있는 개방사회를 살아가고 있을지라도, 그들의 삶은 진정한 관계 차원과는 무관한 피상적이고 단편적이며 무미 건조하다는 것을 여실히 보여준다.

오늘날 각자는 자기 자신에게서 출발하여 자신 안에서 살고 있다. 물론 다른 사람들에게서 출발하여 그 안에서 살아가기도 하지만 그것은 어디까지나 타자(他者)들을 유용한 대상으로 삼는 한에서 그러하

---

13) 야기 세이이치, 레너드 스위들러, 『불교와 그리스도교를 잇다』, 105쪽,

다. 각자는 자신의 세계에서, 자기 관심과 취미의 우주 안에 기거하고 있으며 다른 사람에 대해서는 타자성과는 거리가 먼, 유용성과 편의성 정도의 참고할 만한 존재로 여길 뿐이다. 같은 취미나 흥취에 젖어 있을 때 거기에는 동료니, 동반자니, 친구니 하는 거래 관계가 존재하지만 그러한 분위기가 시들해지거나 막이 내렸을 경우에는 무관심과 냉담함이 피부 깊숙이 파고들 정도로 서로가 서로를 모른 척하며 마침내 안면식까지도 불식하게 된다.

이러한 주관주의적 사고방식은 이미 데카르트의 고독한 이성 안에 뿌리를 내리고 있다.[14] 데카르트의 보편적 의심은 아주 집요한 방식으로 타자, 너에게 도달한다. 산다는 것은 타자에 대한 의심과 의혹 안에서의 공존함이다. 그래서 글룩스만(A. Glucksmann)은 데카르트의 발자취를 따르는 경우 "민주주의적으로 존재한다는 것은 서로가 서로에게 의심하는 것이다"[15]라고까지 토를 단다. 이러한 이성주의적 유아론(唯我論, solipsism)과 상호 불신, 경쟁심에 바탕을 두고 있는 부르주아적 사회를 발판으로 개인주의는 인간들 사이에서 관계의 모델 내지 기초로 작용하고 있다. 이러한 자기 중심주의는 불행하게도 이 시대 시민사회의 출발점이면서 그 토대로 자리하고 있다.

인격적 관계의 결핍과 빈곤은 다른 사람들과의 관계 차원에 있어서뿐만 아니라 자연과 신과의 관계에서도 그대로 노출되고 있다. 따라서 현대문학과 예술 속에서 상당 부분 차지하고 있는 부조리의 무대 위에서 펼쳐지고 있는 불양도성(不讓渡性, incommunicabilitas)이라는 주제는 순수 발명품이 아닌 급조된 현대판 실재(實在)에 대한 미학적 표현 내지는 철학적 표현으로 아무런 저항도 받지 않고 계속해서 통

---

14) Cf. R. Descartes, *Discours de la Méthode*, Garnier-Flammarion, Paris, 1966, p.39.
15) A. Glucksmann, *Descartes c'est la France*, Paris, 1987에서 저자는 데카르트의 의심이 구체적으로 현 프랑스 사회에 어떤 영향을 미쳤는지를 분석하고 있다.

용되고 있다.

인간과 신 간의 문제 역시 일반화된 관계 체계가 위기를 맞게 됨으로 인해 커다란 문제점으로 등장하고 있다. 이러한 사실로 인해 신앙은 지금에 와서 일상의 다양한 행위들 중의 하나로 간주되거나 아니면 삶의 확실성과 불확실성에 종속된 하찮은 현상으로 여겨지기 일쑤이다. 다시 말해 신앙은 삶을 이끄는 주체가 되지 못하고 오히려 삶이 신앙보다 일차적이며 원초적인 실재로 파악되는 불운을 맞고 있는 것이다. 피상적이며 현상적인 것이 군림하는 세계에 대한 근본적인 비판의 시각이 없다면, 아니 심오함이 결핍된 현실에 대한 이성적인 의심의 눈초리가 없다면, 종교는 이전 세계에서 대중 속에 자리한 하나의 현상 내지는 백성들의 형이상학이 되었던 것처럼 불신 섞인 눈초리로 바라보고 해석될 수밖에 없는 부조리한 현상으로 또다시 자리매김할지도 모른다.16)

얼마 전부터 철학자들과 신학자들은 이러한 주제와 관련하여 생겨난 수많은 문학작품들에 대해 철저한 반대 입장을 펼쳐 보이면서도 신과 관련해서는 침묵이나 도피 또는 '죽음'으로 일관하고 있다. 이와 관련하여 개신교 신학자인 융겔(E. Jüngel)은 "오늘의 신학 안에서 사람들은 매우 급하게 글을 써내려가고 있지만 보잘것없는 사고를 하고 있을 뿐이다"17)라는 혹독한 주장을 내비쳤을 정도다.

신에 대한 많은 주장들은 절대자를 침묵상태로 끌어내려야 한다거나 아니면 그분에 대해 기술되는 언사를 바꾸어야 한다는 과제를 우리에게 강요하고 있다. 신에 대한 그와 같은 침묵은 순전히 속세적이고 통속적인 일상생활을 살아가는 사람의 구체적인 상황을 대변하고 있을 뿐만 아니라 이 시대에 펼쳐진 문화적 상황을 탈피하지 못하고

16) Cf. A. Schopenhauer, "Della religione", Parerga e Paralipomena(1851), tr. it., Boringhieri, Torino, 1963, p.994.

17) E. Jüngel, *Dios como misterio del mundo*, Salamanca, 1984, p.11(tr. it. Queriniana, Brescia, 1982).

오히려 그것에 전적으로 매여 있음을 뜻하는 것이다.

현대세계에 이르러 확산되고 있는 신의 은폐는 살아 있는 신의 요청에 부응하지 못하는 부적합한 언어나 사장된 언어 때문이 아니라 형이상학이나 종교적인 문제에서 비롯되고 있다. 무엇보다도 헤겔, 니체(F. W. Nietzsche)와 하이데거(M. Heidegger) 그리고 신실증주의의 작품들 안에서 형이상학이 결별을 고한 다음, 신은 우리가 사용하는 언어를 가지고는 사유 불가능하고 알아들을 수 없는 존재처럼 되어버렸다. 우리는 이러한 현실을 직시하고 인정해야만 한다. 두 번째로는 믿는 이들에게서마저 새로운 현상이 발생하였다는 점이다. 그것은 바르트(K. Barth)가 『교회 교의학』(*Die Kirchlich Dogmatik*) 서문에서 고발하고 있듯이, 이와 관련된 새로운 철학과 그리스도교 사상은 이미 신비적인 차원을 상실하였기 때문이다. 신비는 사변(speculatio)으로만이 아니라 하느님과의 생활한 차원을 통해 회복되어야만 하는 것이다. 마지막으로 현대인은 불행하게도 자발성이라는 신선함과 용기를 상실하였다. 현대인은 의식적인 많은 선입견들과 의심에 휩싸여 있는 까닭에 신에 대한 즉발적인 체험에 이르지 못하고 있다. 믿음의 행위는 더 이상 일차적이고 즉각적인 것이 되지 못하고 이차적·후차적·반성적인 것에 불과하며 신앙의 행위나 신앙의 내용조차도 마치 바람에 흩날리는 촛불처럼 단계적 과정을 밟는 문화에 의해 크게 좌우되거나 위축되고 있다.

현대인이 모든 것 앞에 노출되어 있다는 점에서 그가 순진한 인간이라고 말하기는 힘들다. 그는 모든 것에 대해 끊임없이 의심하고 회의한다. 데카르트의 보편적 의심, 칸트의 주관주의 그리고 관념론적 주관주의와 심리주의적 주관주의는 극복하기 어려운 이원론(二元論)을 도출했을 만큼 주관과 객관, 자아와 비아(非我), 자아와 자연, 자아와 법칙, 인간과 신 사이의 관계 문제를 유발하며 양편을 서로 갈라놓았다. "사상(事象) 자체에로"(Zu den Sachen selbst)라는 사물들로 돌아가기를 원하는 현상학(現象學)의 임무는 주관성과 객관성, 자아(自

我)와 비아(非我) 간의 실제적이며 극적인 분리를 확인함으로써 생겨났다. 이러한 분리를 현상학자들은 존재론적이고 인식론적인 질서 안에서 회복코자 하며, 신학자들은 신학적이고 윤리적인 차원에서 그 해답을 찾고자 한다.

하이데거는 인간의 포기와 고독을 명백하게 밝혀내는 가운데 횔덜린(Hölderlin)과 릴케(Rilke)의 시구에 대한 흥미 있는 분석을 가한 바 있다. "결핍의 시대에 시인은 왜 존재하는가?"라는 횔덜린의 시구는 프라이부르크의 철학자에게 오늘 우리가 살아가는 이 시대에 신에 관한 분석을 시도하게끔 영감을 불러일으키고 있다. 신과 신성(divinitas)의 도피와 더불어 우리 시대는 암흑과 어두움에 대한 무시무시한 체험을 마주하며 살아가고 있다. 따라서 "이 세계는 신의 퇴조와 결핍으로 규정된다."

우리는 이러한 주장을 통해 신과 그리스도인 간의 관계성의 가치나 교회의 유효성을 부정하고자 하지 않는다. 다만 우리가 의미하고자 하는 바가 있다면 그것은 다름 아닌 신의 부재(不在)로 인해 인간과 자연, 세계와 역사 사이에 필요시 되고 요청되는 조화를 상실하였다는 점이다. 인간의 궁핍은 "극단적인 경우에까지 이르게 되었으니, 곧 이러한 우리 시대에 대한 사고는 신의 결핍조차도 하나의 결핍으로 느낄 수 없게 되었다"[18]는 사실로 화하고 있다.

이러한 체험은 세계 안에서 사유하며 살고 거처하는 데 있어서 새로운 형태의 사유방식과 생활방식을 유발한다. 그것은 신 부재(不在) 안에서 살아가는 것이 마치도 정상적인 것처럼 습관화되고, 그러한 결핍이 가공할 만한 결핍이요 공허함이라는 것을 눈치채지 못하고 또 알려고도 하지 않는 습성에 물들어 사는 태도이다. 세상 운명이 마치도 그런 것처럼 현존은 감추어지고 사람들은 신의 부재 속에서 편안

---

18) M. Heidegger, Sendas perdidas, tr. it., *Sentieri interrotti*, La Nuova Italia, Casellina di Scandicci [FI], 1984, p.222.

히 살아간다. 만일 인간이 이러한 '부재적 현존'을 알려주지 않는다면, 신이 다시 돌아와 거처할 수 있는 장소는 결코 마련될 수 없을 것이다.

하이데거는 릴케의 또 다른 시구를 분석하면서 신 부재의 체험만이 아니라 "왜 사멸할 인간들이 그러한 존재라는 것을 거의 의식하지 못하는지"에 관한 시대적 결핍과 곤궁함의 상태에 대해 강조하고 있다. 즉 그가 말하는 "죽음을 향한 존재"인 인간들은 그들의 본질적인 우연성에 대해 아직까지도 분명한 의식을 지니고 있지 않다.

하이데거는 "우리를 결정적으로 감싸고 있는 것은 우리가 위협받고 있음을 알면서도 벌거숭이 상태로 공공장소로 걸어감이다"라는 본문을 분석하고 있는데, 바로 거기에 놀라운 역설이 자리하고 있다. 우리가 벌거숭이 상태로 있다는 것은 모든 덮개와 보호막과는 상관없이 안전하다는 것을 가리킨다. 공공 장소로 걸어간다는 것은 삶에 있어서 가장 뛰어난 보호막을 뜻한다. 그러나 문제가 되는 것은 악천후가 엄습했을 때 인간이 실제로 벌거벗고 달려가 아주 안전하게 보호받을 수 있는가 하는 점이다. 인간은 자신의 덮개를 지니고 있지 않다. 그는 환상과 무제약적인 주관성과 함께 악천후에 몸을 내맡기고 있으면서도 보이지 않는 보호막의 덮개로 덮여 있다고 믿을 수 있겠는가? 릴케는 "내가 만일 울부짖는다면, 천사들의 무리 중에 그 누가 내 말에 귀를 기울일 것인지. 천사들도 인간들도 아닐 것이다. 그 동물들은 해석된 세계 안에서 그들이 듣고 있는 것처럼 우리가 안전하다는 것을 본능적으로 알고 있다"19)라고 말한다. 인간은 통상적으로 해석된 세계에서 습관화된 의식과 함께 살아가는 까닭에 악천후와 같은 고약한 날씨에 뒤덮여 살아간다는 것은 참으로 고된 일이 아닐 수 없다.

신으로부터 도주하고 신들로부터 도피함으로써 인간은 홀로 남아

---

19) R. M. Rilke, "Duineser Elegien. Die Sonette an Orpheus", *Insel Taschenbuch* 80(1974), p.11.

있는 것 같지만 실상은 그렇지 않다. 그는 다른 대용품들로 감싸져 있다. 다시 말해 그는 허무주의적 사고와 소비주의적 윤리로 뒤덮여 있을 뿐만 아니라 탈선과 비사유(非思惟)로 감싸져 있다. 인간은 악천후를 제대로 감당해 낼 수는 없다. 그러면서도 그는 개념과 이념들, 선입견과 느낌 그리고 환영(幻影)들을 걸치고 덮어쓴다. 그는 열어젖힌 채 사는 것에 자신을 잃고 수많은 형식들 안에 몸을 숨기며 유희하고, 이성적이고 방어적인 계략들을 찾아 나선다. 그는 충분히 아브라함적이지 못하기 때문에 별들의 인도를 받아 혼자서 방향을 찾아 나설 수 없다. 그는 이 사실을 알고 있다. 물론 그는 방향을 찾기 위해 별들을 필요로 한다고 생각하면서도 말이다.

삶에 관한 깊은 진리를 담고 있는 성서야말로 인간 행위의 모호성에 대한 명백한 해답을 제공해 줄 수 있다. 인간이 존재하면서 야훼 하느님께서 아담을 부르셨다. "너 어디 있느냐?" 아담이 대답하였다. "당신께서 동산을 거니시는 소리를 듣고 알몸을 드러내기가 두려워 숨었습니다."[20] 창세기의 이러한 구절에 대해 마르틴 부버(M. Buber)는 신의 호출과 인간의 원조인 아담의 '숨김'에 관한 단순하고도 놀라운 반성을 우리들에게 제시한 바 있다.[21]

아담은 신에게 얼굴을 내놓고 만나 뵐 수 없기에 몸을 숨겼다. 그는 신에게 자신의 행동과 삶에 대해 말씀드려야만 했다. 그러나 그는 그렇게 하지 못했다. 이처럼 모든 인간들도 자신을 감추는데, 그것은 다름 아닌 자신의 상황 안에서 아담의 체험을 재현함이다. 그런데 일상적인 삶의 책임성에서 도피한다는 것은 존재가 숨바꼭질하면서 다른 모습으로 변모하는 것이다. 거짓의 왕국으로 행차하면서 인간은 자기 자신을 부정하고 자신의 삶 안에서 문제를 유발한다. 인간은 분명 하느님의 얼굴을 피해 달아날 수 없다. 그럼에도 불구하고 발명의 선물

---

20) 창세기, 3장 9-10절.
21) M. Buber, *Il cammino dell'uomo*, trad. ital., Comunità di base, 1990, pp.17-64.

을 천부적으로 타고난 그는 존재론적 진리가 자신에게 나타나는 것을 피해 달아나면서 수만 가지 작전을 펼쳐 보인다.

인간은 개방된 영역보다는 숨겨진 것에 대해 더 많은 체험을 하며 살아가는 존재이다. 그런데 그는 자신의 파손된 진리를 인정하기보다는 그것을 감추고 변명하는 데 급급하다. 이로 인해 정신적 개방성 안에서 편히 살지 못하는 불행을 감수하고 있다. 또한 그는 잘못된 도피 생활에 젖어 있기에, 어떤 면에서는 거짓스런 안전의 추락을 요청하는 진정한 안전이라는 악천후에 노출되어 있다고 볼 수 있다. 만일 누가 신의 거처를 준비하고자 한다면, 신이 들어서서 존재할 수 있는 곳, 발견될 수 있는 그곳에 자리를 마련해야 한다. 왜냐하면 신은 자유롭기에 그 어떤 것, 그 누구의 조건에도 구애받지 않고 그곳을 존재의 처소로 수용할 것이기 때문이다.

3. 제거할 수 없는 신 문제

흔히 사람들은 철학이 신 문제와 관련하여 무엇을 말할 수 있는지에 관해 심히 의심스러워하였다. 특히 무신적인 요소를 담고 있는 현대철학의 경우 이러한 의심은 제거할 수 없는 것처럼 보인다. 그러나 우리가 여기서 잊지 말아야 하는 것은 신학이 신 문제를 떠나서는 아무 것도 할 수 없듯이, 철학 역시 신 문제를 떠나서는 아무 것도 할 수 없다는 사실이다. 신학이 신에게서 출발하여 마침내 신 안에서 결론을 맺고자 한다면,[22] 철학은 인간 이성으로부터 출발하여 진리 자체인 신에게 도달하고자 한다. 그러나 철학은 신을 우주의 제일원인

---

22) 이 점에 대해서는 여러 가지의 논란이 있을 수 있겠지만, 신 중심주의를 주장하는 안셀무스의 경우는 자신의 주장을 결코 양보하지 않는다. 그의 철학은 바로 이러한 신학에 기반을 두고 전개되며, 따라서 그의 존재론적 신 존재 증명의 경우도 이 점을 간과해서는 이해하기가 무척 힘들다.

(Prima Causa) 혹은 제일원리(Primum Principium)로 제시한다. 그렇다고 해서 그러한 존재가 곧 신앙의 신이라고 단언할 수는 없다.[23] 그렇지만 신앙의 신이 철학의 신과 별개의 존재라는 말은 아니다. 아니 그럴 수도 없다. 신앙의 신은 필히 철학의 신을 내포한다. 따라서 우리는 철학의 신이 비록 신앙의 신은 아니지만, 신앙의 신은 철학의 신을 필연적으로 내포한다고 말할 수 있다. 이런 관점에서 신학은 철학보다 상급적인 학으로 지정될 수밖에 없다. 이와 관련된 가르침들은 이미 중세 스콜라 사상 안에서 아주 분명하게 나타나고 있다.[24]

이와 관련하여 이탈리아 철학자 본타디니(G. Bontadini)의 관찰은 매우 흥미롭다.[25] 그에 의하면 사도 바오로는 신앙의 범주를 벗어나 있는 자들을 일컬어 "그들은 자기네 뱃속을 하느님으로 삼는 자들"[26]이라고 말한 바 있다. 그런데 자신들의 배를 최고가는 것으로 여기는 사람들은 신에 관한 아무런 개념도 알고 있지 못하며 어떠한 신을 선택해야 할지도 모른다. 그럼에도 불구하고 그들은 실제로 무엇인가를 신으로 선택하였고, 삶의 최종 목표를 자신들의 배를 채우는 일에 두었다. 따라서 그들은 초자연적인 것과는 무관한 별도의 선택을 한 셈이다. 이것이 의미하는 바는 그들의 목표가 다름 아닌 목구멍뿐만 아니라 일반적으로 감각적 충동을 만족시키는 일에 일차성을 겨냥하고 있다는 점이다. 따라서 그들에게 있어서 신은 나름대로 선택하고 있는 행위의 최종적·궁극적 목표 외에 다른 어떤 존재로 제시되지 않는다. 따라서 신에 관한 주제는 참으로 인간적이며 철학적이고 사회적이

---

23) 가령 토마스 아퀴나스의 제일원인과 부동의 원동자(Unmoved Mover)와 같은 개념들은 비인격적 철학의 범주에 해당한다. 그렇지만 어떤 시기에 비인격적 범주에서 궁극적 실재와 초월에 대해 말하는 경우 그것은 인격적 범주들을 이용할 가능성을 배제하는 것은 결코 아니다.

24) 질송, 『철학과 신』, 김규영 역, 성바오로출판사, 1976, 56쪽 참조.

25) Cf. G. Bontadini, *Per la rigorizzazione della teologia razionale*, p.25.

26) 필립비, 3장 19절.

며 정치적이고 윤리적인 계획성 안에서 전매 특허처럼 아니면 때로는 감추어져 있거나 명시적 혹은 함축적으로 나타나고 있음을 알 수 있다.

이렇게 볼 때 각자는 일상적인 선택과 삶의 행위에 있어서 자신의 신을 모시고 산다고 말할 수 있을 것이다. 그렇다면 신 문제는 철학이 독단적으로 소유할 수 있는 그런 문제라고 보기는 힘들다. 실제로 철학은 삶에 따르는 우리의 선택을 합리화시키는 일과 직결되기 때문이다. 문제가 있다면, 이러한 선택을 합리화하는 데 있어서 인간은 필연적으로 '신' 문제와 마주칠 수밖에 없다는 사실이다.[27] 왜냐하면 그것은 우리가 선택하여 추구하는 최종적인 목표에 나아갈 수밖에 없는 존재인 이상, 신 문제는 추구<되어야> 하는 것 혹은 추구할 만한 이유가 있는 것과 관련하여 궁극적인 물음으로 떠오를 것이기 때문이다. "인간성은 그것이 인간성인 한에서 최대의 단순성이다. 그렇지만 복잡한 삶을 통해 정복되는 단순성이다. 인간성의 비극은 살지 않고서는 인간적이라는 것이 불가능하다는 사실에 있다. 사는 한, 인간은 인격이다. 그러나 인간이 삶을 살면 살아갈수록 인간적이 된다는 것은 더 어렵다. 인간은 복잡한 삶에 대해 반기를 들어야 한다. 그렇게 함으로써 그는 인격이라는 상급적인 단순성 안에서 결정적으로 삶을 통합할 수 있다. 만일 우리가 이것을 수행할 수 있는 능력이 없다면, 실현된 인격으로서 우리는 존재할 수도 없게 된다. 복잡한 삶에 대해 실망감을 갖게 될 때, 우리는 고리가 없음을 느끼게 되고 또한 인생과 우리의 존재를 동일시하는 데 가까워진다. 고리가 없다고 느껴지는 존재는 무신적 존재이며, 자기 자신의 근본에 도달하지 못한 존재이다."[28] 결국 나의 선택들은 그래야만 하는 것이며 그럴 수밖에 없는 것인가?

---

27) 이 주제와 관련하여서는 특별히 J. Delanglade, *Le problème de Dieu*, Aubier, Paris, 1960, p.17을 참고할 수 있다.

28) X. Zubiri, *Historia, Naturaleza y Dios*, Ed. Nacional, Madrid, 1959, pp.335-336.

아마도 사람들은 이 점에 대해 나름대로의 반박을 가해 올지도 모른다. 그들은 고유한 선택과 자신의 행동방식에 대해 합리화할 필요가 없다고 항변할 수도 있는 까닭이다. 즉 그저 선택하는 것으로 충분하다는 식으로 말이다. 이같이 부정적이고 상반되는 형태의 답변은 헤아릴 수 없을 만큼 매우 다양하다. 우리는 여기서 한 가지만 강조하고자 한다. 즉 합리화하고 가치 평가하는 일은 인간에게 있어서 억제 불가능하며 회피할 수 없는 필연성이라는 점이다. 실상 우리가 '선택하는 것에 대한 합리화란 없다'라는 식의 단순한 이론을 내세우는 것은 아주 쉬워 보일지 모르지만 이런 이론과 부합하여 행위한다는 것은 매우 어려운 일이다. 왜냐하면 각자는 자신의 선택이 올바르고 좋은 것이며 또 그렇게 해야 할 <이유가 있다>고 보는 까닭이다. 따라서 우리는 윤리적 상대주의를 스스럼없이 말로 발설하는 것보다 더 나쁜 절대론자는 없다고 보아야 할 것이다.

만일 철학이 우리가 하는 선택의 이유에 대한 탐구이고 이러한 탐구가 필연적으로 신 문제로 유입되는 경우, 신 문제는 필히 철학의 통합적인 부분에 귀속될 수밖에 없다. 이성이 신 문제와 관련하여 언급할 수 있는 것은 이제부터 우리가 살펴보는 주제에서 다룰 몫이다.

4. 철학적 관점에서 바라본 신 존재 문제

마스노보(A. Masnovo)의 철학에서 신은 주어가 아닌 술어로 존재한다고 말한다. 이러한 주장에 칸트는 전적으로 동의하는데, 그는 자신의 「신 존재를 위한 가능한 유일한 논증」에서 다음과 같이 주장하고 있다.

"신이 존재하는 것이라고 말하는 것은 정확하지 못하다. 오히려 그것은 '존재하는 어떤 것이 신이다'라고 정확하게 말해야 할 것이다. 즉 존재하는 어떤 것에게 술어들이 속하는데, 이렇게 파악된 것에 대해 우리는 '신'이라는 표현을 사용한다."(I, 1, 2)

왜 이런 식으로 주장하는 것일까? 칸트는 다음과 같은 이유를 달고 있다. 즉 존재는 술어가 아니라 어떤 것에 대한 절대적 입장이라는 것이다. 로비기(S. V. Rovighi)의 경우는 사람들이 이러한 칸트의 입장에 동의할 것이라고 믿는다. 즉 모든 참된 지식들이 그러하듯이 철학도 즉각적으로 명증적인 어떤 것으로부터 그 출발점을 취해야만 한다는 것이다. 그런데 신 존재가 현존하는 실제적 존재와 연관되지 않는다면, 그 존재는 모든 이에게 즉각적으로 명증적이지도 않고 신 개념 역시 참된 개념으로 현시될 수도 없다. 그렇다고 해서 신이라는 명사가 단순한 말의 발성(flatus vocis)에 그치는 것도 아니다. 따라서 신 개념에 그 출발점을 두어서는 안 된다.

참된 모든 앎을 위해서는 즉각적으로 명증적인 것에 출발점을 두어야 한다. 진정한 앎을 위해 즉각적으로 명증한 것에서 출발해야 한다고 말하는 경우, 그때 말해지는 명증성(明證性, Evidenz)이란 진리의 비판기준이다. 이것은 독단적인 주장처럼 여겨질 수도 있다. 그리하여 많은 사람들이 이 점에 대해 비판을 가한 바 있다. 그렇지만 실제로는 모든 이들이 이 점을 전제로 하고 있고 또 받아들인다. 사실 누군가가 나에게 명증성의 비판기준이 아무런 쓸모가 없다고 말하는 경우, 그러한 반대를 하는 이유인 명증성이 무엇인지를 묻지 않을 수 없을 것이다. 그때 나와 대화하는 자는 "사물들이 내가 믿는 대로 그렇게 존재하지 않는다"는 비판기준을 제시해야만 할 것이다.

신실증주의자들은 명증성의 비판기준에 대해 반대 입장을 취한다. 그들에 의하면 명제들에게 명증성을 덧붙이는 것은 아무런 소용도 없다. 정리(定理)를 말하는 기하학자는 명제 p로부터 명제 q가 따른다는 것이 명백하다고 말하지 않는다. 그는 단순하게 말하기를 p는 q를 내포한다고 말한다. 논증하는 기하학자나 과학자는 p가 q를 내포한다는 것이 분명하다고 말할 필요가 없다. 그렇지만 학문의 발전 과정을 반성하는, 즉 인식론을 만들어가는 철학자는 왜 과학자가 p가 q를 내포하는 것이 명백하다고 말하는지를 묻는다. 그렇지 않으면 철학자는 아무런 답변도 줄 수 없다. 왜냐하면 그는 사물들이 그렇게 있는지를 알고 있기 때문이다. 어떤 명제가 느낌이 아니라 사실인 경우 그 명제에는 명증성이 전혀 첨부되지 않는다는 것을 눈여겨볼 필요가 있다(이것은 우리 안에서 소리를 내는 작은 종과 같은 것이 아니다). 이것은 명제가 논증하는 사물의 현존이다. 한편 철학자들은 서로 다른 용어로 명증성이란 다름 아닌 진리의 비판기준이라는 점을 인정했다. 데카르트가 말하는 명석함은 지향적 현존으로 환원되며 판명함은 명석함에로 환원된다. "사상(事象) 자체에로"라는 후설(E. Husserl)의 모토는 명석함에로의 호출 외에 다른 것이 아니다. 철학의 문제는 "당신이 무엇을 고유하게 말하고자 하는가"(Schlick)라는 논리실증주의자의 주장까지도 명증성에로의 호출 외에 다른 것이 아니라고 본다. 이것은 당신이 이것저것을 말하고 있는 경우 현재 가지고 있는 것이 무엇인지를 의미하는 것이다.

그런데 신 존재는 모든 사람에게 즉각적으로 명백하지 않다. 우리는 여기서 '모든 사람'에게 라는 표현을 사용하였다. 신비론자들은 우리에게 어떤 신 체험을 말해 주고 있으며 또 신 체험을 기술하고 있는 아름다운 수많은 신비론적 텍스트들도 있다. 이런 관점에서는 신존재가 즉각적으로 명백한 것처럼 보인다. 그렇지만 철학적인 관점에서는 이러한 사실들을 명백한 것으로 수용하기가 힘들다. 따라서 이성과 논리를 중심으로 하는 철학은 모든 이에게 접근 가능한 체험으로부터 출발점을 취해야만 한다. 따라서 철학이 신 체험에서 출발한다면 그것은 잘못된 태도이다.

신 개념은 신 존재가 증명되기 전에 진정한 개념으로 현시될 수 없다. 다시 말해 만일 그것이 계시와 구별된다면 존재가 논증되는 동안 신 개념은 형성되는 것이다(안셀무스의 『대어록』).

하나의 개념은 가능한 실재를 드러내 주어야 한다. 그리고 개념은 나에게 무엇인가를 밝혀주어야만 한다. 예컨대 존재의 일차적인 원리는 모순원리라는 것이 바로 그것이다. 그런데 모순은 어떤 가능성의 조건일 뿐이다. 모순은 구성되어 있는 것에 불과하다(칸트의 말대로라면 그것은 가능성의 구성이다). 모순은 부분들의 공통 가능성이다. 직각과 함께 삼각형은 가능하다. 그렇지만 삼각형은 두 개의 직각으로는 불가능하다. 가능성의 제일차적 조건은 단순함의 조건이다. 여기서 우리가 의미하는 바는 서로 모순되지 않는 부분들이다. 금으로 된 산은 가능하다. 동시에 골짜기이며 산인 산은 불가능하다. 산과 금이 각각 가능하다는 것을 알려면 어떻게 해야만 하는가? 내가 실재하는 산과 금을 체험하게 되는 경우일 것이다. 아니면 산이나 금을 생산해 내는 사물이나 인간을 체험하게 되는 경우 그것은 가능하다(그런데 이런 경우 생산자는 내가 이미 경험한 것들에 대한 개념들을 채택하는 가운데 나에게 관념을 줄 수 있을 것이다. 예를 들어 어떤 화학자가 내가 전에 보지도 못했던 물체를 작업실에서 만들어낼 수 있는 경우 나에게 이렇게 말할 수 있을 것이다. 그 물체는 내가 체험한 다른 물체의 색깔과 흡사한 색을 지니고 있거나 아니면 공기와도 같이 아무런 색깔도 지니고 있지 않다고 말이다). 아무튼 언제나 가능한 것의 개념은 실존하는 것의 개념에서 출발해야 한다(an esse ad posse valet illatio). 실존하는 것의 개념은 경험과 함께 주어진다. 연기를 바라보게 될 때 나는 불이 지펴져 있음을 알며 연기는 필히 불과 연관되어 있음을 인정한다.

따라서 모든 사람이 신에 관한 경험을 갖고 있지 않은 경우라면 모든 이에게 즉각적으로 주어진 것의 현존재(existentia)로부터 시작해야만 한다. 그렇게 함으로써 이 어떤 것이 다른 것과 필연적으로 연관된 것으로 논증되는지, 아니면 그 다른 것에 대해 어떤 속성과 특성들이 부과되는지 탐구할 수 있게 된다. 우리가 이 다른 것에 대해 뛰어난 유일신적 종교들이 신에게 돌리는 그것과 부합하는 어떤 속성들을 서술하게 되는 경우, 우리는 존재하는 어떤 것이 신이라고 논증할 수 있을 것이다. 이것이 바로 안셀무스가 『독어록』(獨語錄, *Monologium*)에서 완성했던 노선이다. 안셀무스는 경험이 자신에게 제공하는 실재에서 출발하는 가운데 최상선은 존재하고 또 그것은 최고존재라는 것을 논증해 냈다. 그리고 그는 그러한 최상존재가 어떤 속성들을 가지고 있어야 함을 연역했으며(안셀무스는 이러한 존재, 지성지, 창조주는 하나이고 삼위여야 한다는 것도 논증할 수 있다고 생각했다) 마지막 장에 가서 신에게 이름을 붙인다. 이렇듯 신은 주어로서가 아니라 술어로 나타난다.

5. 신을 향한 상이한 인식 접근

세계의 일차적 원천이며 최종 목적인 신은 절대적으로 완전한 능동인(Causa efficiens)이다. 신은 자연, 인간 및 역사와는 구별되는 위격적이며 환원 불가능한 존재이다. 따라서 신은 인간과 자연, 역사의 최상적 모형인(Causa exemplaris)이고 능동인이며 목적인(Causa finalis)이다. 한마디로 신은 존재하는 만물과 발생하는 모든 것의 결정적이며 이성적인 설명이다. 이제 우리는 인간 인식의 다양한 형식을 통해 이런 절대자에게 접근 가능하다는 사실을 살펴보고자 한다.

인간은 다양한 방식을 통해 신을 인식할 수 있다. 무엇보다도 그것은 유일한 이성의 힘들을 통해 가능한데, 첫 번째는 선지식적(先知識的)이고 즉발적인 방식을 통해서이다. 두 번째는 학적(學的)이고 철학적 방법을 통해서 그러하다. 즉발적 연역을 통해서 만인은 신에 관한 지식을 얻을 수 있다. 그러한 지식의 첫 번째 등급은 비록 그것이 불완전할지언정, 그 질서 안에서 충분한 것으로 여겨진다. 즉 세기를 거치면서 인간은 항상 신에 대한 일정한 개념을 소지하고 있었다는 점이다. 신 인식에 관한 두 번째의 전통적인 방식은 그것이 비록 모든 이에게 해당되지는 않을지라도 학문적·철학적 발전을 통하여 가능하다는 점이다. 이것은 그러한 주장이 내포하고 있는 모든 것과 더불어 유들의 제일원리(Primum Principium)인 신에게 이르는 것이 가치 있는 인식이라는 점이다. 신이 그 자체로 존재한다는 것을 인식함은 빈약한 인간 인식으로는 있을 수 없는 일이다. 따라서 우리는 신의 결과들인 피조물로부터 출발함으로써 신에게 도달할 수 있고 '그분'이 존재한다는 것 그리고 '그분'이 존재함의 어떤 것임을 알게 된다. 이러한 방식으로 우리는 제일원인(Causa prima)이 우리가 인식하기 위해 출발점으로 취한 결과들을 무한히 넘어서 있다는 한에서 '그분'이라는 것보다 오히려 그분이 아니라는 그 절대자에 대한 앎을 더 잘 수용하게 된다.29) 이는 마치도 허리케인이 휘몰아치는 중에 속삭이는 허망한 인간의 모습에 비유될 수 있다.

두 번째 인간은 초월적인 방식으로, 다시 말해 인간 본성의 힘을 초월하는 방식으로 신을 인식할 수 있다. 신에 관한 초월적 지식은 다음과 같은 두 가지 방식을 통해 가능하다. 첫째는 신앙을 통해서이고(lumen fidei), 두 번째는 시각을 통해서이다(lumen gloriae). 신앙은 자연 이성에 의해 얻어진 것보다 훨씬 더 고귀한 신 지식을 제공한다. 이 경우에는 절대자가 자신의 결과를 통해 더 이상 받아들여지지 않고 오히려 '그분'이 계시를 통해 '자신'에 대해 행한 현시 안에서 받아들여진다. 시각의 지식은 얼굴을 마주하고 신을 바라보는 것을 허용하며 마침내 경험한다. 즉 지복직관(至福直觀, visio beatifica)과 신비체험(神秘體驗)에서처럼 '그분 자신' 안에 존재하는 것으로서 신을 인식함이다.

신에게로의 철학적 혹은 형이상학적 노선은 확실히 인간이 절대자에 대해 가질 수 있는 최고가는 자연적인 지식인 동시에 이성적 지식

---

29) 이러한 점들은 이미 중세에, 특히 위-디오니시우스(Pseudo-Dionysius)의 『신명론』(神名論) 안에 나타나는 긍정신학과 부정신학에서 잘 설명되고 있다.

이다. 신의 위대성은 바로 여기에 자리하고 있다. 그 대신 하느님의 자비와 같은 신적 본질은 신이 인간 지성의 능력을 완전히 넘어서 있다는 점에서 초과적임을 말해 준다. 그 결과 신적 본질에 대한 우리의 지식은 한없이 부족한 것으로 나타난다. 신의 본질이 인간 능력을 초과함으로 인해 이성은 그것을 알지 못하지만, 그럼에도 불구하고 인간은 불멸적이고 신적인 것들에 대한 인식에 임할 수밖에 없으며 또 그렇게 해야만 한다. 왜냐하면 신에 대한 불완전한 지식은 인간에게 커다란 완전성을 제공해 줄 수 있는 주체이기 때문이다. 이는 지혜가 자리한 최종적 원인들에 대한 인식 안에서만 이성이 최고가는 자기 완전성을 발견한다는 것을 의미한다. 아리스토텔레스가 언급하고 있듯이 형이상학과 이성적 질서 안에서 지혜는 진리에 관한 학문인 것이다.[30] 신에 관한 형이상학적 지식은 특수 형이상학, 자연신학(theologia naturalis) 혹은 변신론(辯神論)으로 지칭되며, 이는 인간이 이성을 통해 도달할 수 있는 최고의 지식인 동시에 가장 상급적인 앎이다.

6. 신에 관한 철학: 특수 형이상학, 자연신학, 변신론

신 존재를 다루는 학문은 다양한 명칭을 통해 구사되어 왔는데, 우리가 이 책에서 다루고자 하는 철학은 크게 세 가지 명칭으로 분류하여 언급할 수 있을 것이다. 그러한 명칭들로는 신에 관한 철학, 자연신학 혹은 변신론(辯神論, Theodicea) 등이 있다.

변신론이란 명칭은 1710년 낙관주의자였던 라이프니츠가 『신의 신성과 인간의 자유 그리고 악의 기원에 관한 변신론 논고』를 출판하면서 등장한 용어이다. 이 저술로 라이프니츠는 "그의 역사적 · 비판적 사전의 로라리우스"라는 기사를 통해 바일(Bayle)이 제시한 반박들에

---

30) Aristoteles, *Metaphysica*, I, 993b 30.

맞서 신을 옹호하고 정당화하고자 하였으며, 세계 안의 악의 존재는 신의 정의와 지혜 및 선성과 반대되지 않는다는 것을 논증하고자 하였다. 그후 변신론이라는 명사는 신의 속성(屬性, attributus)과 관련된 것뿐만 아니라 신에 관한 전체적인 철학적 탐구를 의미하게 되었다. '자연신학'(theologia naturalis)이라는 또 다른 표현은 바로 신학과 동일시되는 행운을 잡았는데, 이 신학이라는 명칭은 초자연적 학문(scientia supernaturalis)을 명시하기 위해 습관적으로 사용되던 명사였다. 그런데 우리는 신학이라는 어휘가 본래 그리스 철인들에게는 순수하리 만치 철학적인 의미를 담고 있었다는 사실을 망각하고 있다(실제로 그들은 초자연적 신학에 대해 무지하였다). 한편 변신론과 관련하여 자연신학이라는 명칭은 더 선호할 만한 것인데, 그것은 자연신학이 본래의 고유한 대상과 그 내용을 좀더 명백하게 밝혀준다는 의미에서 그러하다. 결과적으로 자연신학이라는 용어는 우리가 고찰하고 연구 대상으로 삼는 문제의 부분들을 좀더 완벽하게 지시해 준다. 왜냐하면 그것은 하느님에 관해 다루는 신학이라는 점에서 분명 그러하며 인간 이성의 빛을 통해서만 그것이 발전될 수 있다는 자연적 사실을 명시하고 있는 까닭이다.

이제 우리가 명심해야 할 사항은 신이 고찰되는 정확한 형식이다. 그것은 형이상학적 형식 외에 다른 것이 아닐 것이다. 다시 말해 유의 이유(ratio entis)에서 출발하여 만물의 제일원인에 도달함이다. 우리는 '그분'이 그 본질(essentia) 안에서 존재하는 것처럼 그렇게 "자기 안에 존재하는 것에 따라"(secundum quod est in se) 신에게 도달하고자 하지는 않는다. 그렇게 신에게 이르는 것은 초자연적 신학의 형식이다. 오히려 우리는 사물들의 원인으로서 신에게 도달하고자 한다. 이러한 경우 자연신학은 유들의 제일원인을 탐구하는 형이상학에 속하게 된다.

사실 존재의 현실태는 가장 불완전한 실재에서 순수 현실태인 신에게 이르기까지 크고 작은 강렬함의 등급에 입각하여 사물들 안에서 주어진다.

우주 안에서 유의 위계는 부정할 수 없는 분명한 사실이다. 광물계에서 — 그 원천적인 요소들에서부터 가장 복합적인 구조에 이르기까지 — 신의 고유한 최대의 완전성에 이르기까지 사물들이 소유하는 완전성들의 진보적인 등급은 뚜렷하다. 그러한 다양성은 결정적으로 존재의 등급으로 나타난다. 만일 모든 사물의 완전성의 근원이 존재라면 이러한 완전성들이 존재의 강력한 반영이라고 말하는 것은 너무나 당연하다.[31]

자연신학이 가르치고 있듯이, 신은 그 폭과 강렬함에 있어서 전적인 존재를 소유한다. 이 때문에 거기에는 모든 완전성이 귀속된다. 만일 신이 유일한 것(唯一者)도 소유하지 않는다면, 그것은 그 강력함과 연관된 존재를 지니지 못할 것이며 어떤 한계에 의해 좌우될 것이다. 이와는 달리 창조물은 더 적은 정도로 존재를 소유할 만큼 그 완전성이 덜하며 결국 존재에 대한 적은 분여(分與)를 지닐 것이다.[32]

이러한 정의는 다음과 같은 두 가지 차원을 우리에게 설명해 주고 있는데, 하나는 자연신학이 초자연적 신학과는 다르다는 점 그리고 다른 하나는 자연신학은 본질적으로 형이상학적 전망 안에서 펼쳐지는 것이기에 형이상학의 영역에 속할 수밖에 없다는 점이다.

신에 관한 철학은 위에서 언급했듯이, 초자연적 신학과는 구별되는데, 이유는 그것이 신을 대상으로 하면서 자연이성을 통해 계시(Revelatio)의 초자연적 빛을 향해 나아가기 때문이다. 이와는 달리 초자연적 신학은 "신성의 이유 아래서"(sub ratione Deitatis) 신을 탐구하는 학문이다. 따라서 이성에 의해 이끌어지는 한에 있어서 신에 관한 철학은 계시의 아무런 도움 없이 존재(Esse)와 유의 원인인 신을

---

31) T. Alvira, L. Clavell, T. Melendo, *Metafisica*, Ediciones Universidad de Navarra, S. A., Pamplona, 1982(trad. ital., *Metafisica*, Lemounier, Firenze, 1987), p.19.

32) *Ibid*., p.20.

그 대상으로 삼는다. 따라서 '자연신학'이라는 표현이 사용되는 경우에는 그것이 일종의 신학에 해당되지 않고 오히려 철학과 신학의 연결고리에 해당하는 최고의 형이상학으로 이해되어야 한다. 따라서 우리는 자연신학이 형식적으로는 형이상학인 데 반해 초자연적 신학은 문자 그대로 신학적이라는 사실을 잊지 말아야 한다.[33]

어떤 학을 완벽하게 다루기 위해서는 원인에 대한 탐구가 철저히 요청된다. 특히 형이상학에 있어서 그 고유성과 구조들은 유를 유로서 혹은 "유인 한에서 유"(ens in quantum ens)를 고찰하면서 필연적으로 유들의 원인에 대한 질문을 요청한다. 우리가 뒤에 가서 살펴보겠지만 "모든 존재의 원인"(causa totius esse)인 신이라는 상관적인 답변은 결코 형이상학을 넘어서는 것이 아니며, 오히려 형이상학 안에서 부분들의 하나로 기재된다.[34] 따라서 자연신학은 형이상학의 통합적인 부분이며 나아가서는 그 정점에 자리한다. 자연신학 안에서 신은 형이상학의 고유한 방법론과 그 엄밀성에 입각하여 탐구된다.

---

33) Cf. A. G. Alvarez, *Tratado de Metafisica*, t. II: *Teologia natural*, Madrid, 1968, pp.9-12, 15-17, 34-39.

34) 어떤 형이상학적 진리는 그것이 본성적으로 인간이 인식 가능한 것이라 할지라도 신적 계시에 의해 주어진다. 초자연적 신비와 더불어 신적 계시는 세계와 인간 그리고 신 자신에 관한 주요한 궁극적 진리를 우리에게 현시한다. 그러한 진리는 철학의 대상이다. 원죄 이후 인간이 도덕적 삶에 필수적인 모든 진리에 아무런 오류 없이 군건하게 도달한다는 것은 매우 어려운 일이다. 이 때문에 신은 무로부터(ex nihilo) 사물들의 창조, 신적 섭리, 인간 영혼의 영신성과 불사불멸성, 유일한 신의 본성, 도덕법, 인간의 궁극적 목적, 기체적(基體的)인 존재로서의 신의 이름인 "나는 나다"(Ego sum qui sum)와 같은 진리들을 가르치고자 하였다.
이렇게 해서 형이상학은 결코 인간 사상사 안에서는 주어지지 않았던 특수한 충격을 감당해야만 했다. 이러한 지식의 계시는 형이상학적 지식을 무의미하게 하는 것과는 전혀 상관이 없으며 오히려 더 엄밀하게 그것을 관통하도록 자극한다. 왜냐하면 신은 그것을 계시함으로써 인간 지력으로 하여금 더욱 심오하게 자연진리를 꿰뚫어 그 진리를 살도록 배려하기 때문이다(Cf. T. Alvira, L. Clavell, T. Melendo, *Metafisica*, Lemounier, Firenze, 1987, pp.10-11).

7. 철학자들의 신

철학자들의 신은 일단 종교에서 말하는 신과는 다르다. 우리는 앞에서 종교적 체험 안에 살아 있는 참된 신과 형이상학적 사변에서 말해지는 필연적 존재인 신 사이에 어떤 차이점이 있음을 지적한 바 있다. 철학과 종교 간에 구분되는 탐구와 방법론에 동의하는 가운데 이러한 차이점들을 인정한다는 것은 종교를 신앙 절대론에서, 철학을 배타주의에서 구제하는 것을 의미한다.

우리는 막스 셸러(M. Scheler)의 말을 빌어 이러한 본질적인 차이점들을 요약할 수 있다. 그는 『인간에 있어서의 영원한 것』(*Vom Ewigen im Menschen*, 1921)이라는 자신의 저서에서 다음과 같이 적고 있다.

"종교의 하느님과 형이상학의 우주적 근본은 실질적으로 동일할 수 있으나 지향적 대상으로서 그 존재는 본질적으로 다르다. 종교적 의식의 신은 특별히 종교적 행위 안에 살아 있는 것이지, 종교 밖의 내용들이나 실재 안에 기초하는 형이상학적 사유 안에 살아 있지 않다. 종교의 목적은 세계의 근본에 관한 이성적 지식이 아니며 신과의 삶의 나눔을 통한 인간의 구원, 즉 신화이다. 종교의 주체는 고독한 사상가가 아니며 구원을 필요로 하는 개체이다. 그리고 구원을 찾는 데 있어서 … 종교의 신은 거룩한 사람들의 신이며 백성들의 신이지, 교양 있는 사람들의 앎의 신은 아니다."

종교 체험의 풍요로움과 진실성은 말할 필요도 없이 차갑고 정적인 철학의 신으로는 만족할 수가 없다. 파스칼(B. Pascal)은 자신의 종교에 대한 비합리성과 함께 "이성(머리)이 아닌 가슴에서 느껴지는 신"만을 인정하였다. 위대한 수학자이면서 철학자였던 그는 신앙으로 인해 종교 체험을 하게 될 때 스스로 학문과 철학을 멀리하였다. 왜냐하면 그에게 있어서 학문과 철학은 그리 유용한 것이 못되었으며 불확실한 것이었기 때문이다. 그는 연대기에서 1654년 11월 23일 저녁나

절에 접하게 된 신비 체험에 대해 적고 있는데, 거기서 우리는 그의 단호한 표현을 발견하게 된다. 즉 "철학자들이나 학자들의 하느님이 아닌 아브라함의 하느님, 이삭의 하느님, 야곱의 하느님"이 바로 그것이다. 사실 그에 의하면 우리가 책상머리에 앉아서 논하고 이성적으로 증명해 내는 신은 별다른 가치를 지니지 못한다. 근대 철학의 아버지인 데카르트의 이성 지상주의(理性地上主義)에서 자신의 학문의 출발점을 취했던 파스칼이 왜 이토록 인간 이성에 등을 돌리게 되었는가? 한마디로 그는 이성의 한계를 그 누구보다도 강하게 체험했기 때문이다.

결국 기하학의 정신(esprit de géometrie)보다 명민함의 정신(esprit de finesse)에 대한 실존적 상위성에로 비약하는 것이 가치 있다고 보는 이러한 대립은 그저 문자로만 파악해 낼 수 있는 성질의 것이 아니다. 파스칼이 말하고 있듯이 철학자들의 신은 종교의 신이 아니라는 것이 사실이다. 그럼에도 불구하고 철학자들의 신과 종교의 신은 같은 신으로서 질료적으로는 하나이며 형상적으로는 서로 다르게 느껴지는 신이다.

우리는 고전적인 종교 문헌을 사용하는 가운데 철학자들의 신과 종교의 하느님의 이러한 공통 가능성을 지적해 보고자 한다. 그 문헌은 아마도 출애굽기 3장 13-15절에 가장 잘 나타나 있다. 이 본문에서 하느님은 모세에게 당신 자신을 제시한다. 성서를 읽어보면 이렇게 되어 있다.

모세가 하느님께 아뢰었다. "제가 이스라엘 백성에게 가서 '너희 조상들의 하느님께서 나를 너희에게 보내셨다' 하고 말하면 그들이 '하느님의 이름이 무엇이냐' 하고 물을 터인데 제가 어떻게 대답해야 하겠습니까?" 하느님께서는 모세에게 "나는 곧 나다" 하고 대답하시고 이어서 말씀하셨다. "너는 '나를 너희에게 보내신 분은 나다-라고 하시는 그분이다' 하고 이스라엘 백성에게 일러라." 그리고 하느님께서는 다시 모세에게 말씀하셨다. "너는 이스라엘 백성에게 이렇게 일러라. '나를 너희에게 보내신 이는 너희 선조들의 하느님 야훼시다. 아브라함의 하느님, 이삭의 하느님, 야곱의 하느님이시다.' 이것이 영원히 나의 이름이 되리라. 대대로 이 이름을 불러 나를 기리게 되리라."

이 성서 본문 안에 주로 나타나는 것은 신에 대한 철학적 정의와 하느님에 대한 종교적 설교의 동시적 현존이다. 하느님은 야훼이시고 존재하시는 분이시다. 이 성서 구절은 교부들과 스콜라 전통에서 존재 철학의 기초로 사용되었다. 이 출애굽기를 오랫동안 묵상하였던 토마스는 이 정의가 신에게 가장 적합하다고 주장한 바 있다. 즉 이 정의가 같은 존재를 표현하는 한에서 그러하고, 이 정의가 가장 보편적인 범주이고 비시간적인 개념이기 때문이라는 것이다(즉 하느님이 존재라고 말하는 것은 하느님이 영원한 현존임을 말하는 것과 같다). 또한 중세의 칸트라고 말해지는 스코투스 역시 이 본문을 『제일 원리론』 (De Primo principio)의 서두에서 언급하고 있는데, 바로 이 본문의 내용이야말로 철학적·신학적 신을 가장 깊이 있게 제시하는 것으로 여겼다.[35]

그런데 그 본질 안에서 알려지지 않는 신, 숨어 계시고 가까이 할 수 없는 신, 스콜라 후기 철학 시대에 신비가로 드높은 명성을 떨쳤던 마이스터 에크하르트(M. Eckhart)의 말대로라면 무성(無性)인 신은 당신 백성에게 제시되는 하느님이기도 하다. 그리스도교 철학의 모든 전통들은 종교의 신과 철학이 말하는 신의 공통성을 보여주었다. 만일

---

35) "Domine Deus noster, Moysi servo tuo, de tuo nomine filiis Israel propo-nendo, a te Doctore verissimo sciscitanti, sciens quid posset de te concopere intellectus mortalium, nomen tuum benedictum reserans, respondisti: EGO SUM, QUI SUM. Tu es veurm esse, tu es totum esse. Hoc, si mihi esset possibile, scere vellem. Adiuva me, Domine, inquirentem ad quantam cognitionem de vero esse, quod tu es, possit pertingere nostra ratio naturalis ab ente, quod de te praedicasti, inchoando."(J. D. Scotus, *A Treatise on God as First Principle*, Trans. and Edit. A. B. Wolter, Franciscan Herald Press, Chicago, 1966, p.3)

그렇지 못했다면 그리스도교 철학의 가능성은 본래의 노선을 벗어나 다른 길을 걸어갔을지도 모를 일이다.

그런데 근대 사상은 그 세력을 떨치는 가운데 철학이야말로 참된 종교임을 자처하면서 철학에서 종교를 분리시키고자 하였다. 철학자들의 신, 브루노(J. Bruno)와 스피노자(B. Spinoza)의 신은 무한한 자연 안에서 찬양되며 결국 신비적인 종교의 신은 제거된다.

우리는 두 개의 대립적인 입장을 이해하기 위하여 1931년 파리에서 개최된 유명한 논쟁적인 모임에 대해 잠시 언급할까 한다. 이 모임에는 당시 프랑스의 유명한 모든 철학자들이 대거 참석했다. 그때의 모임의 주제는 "과연 그리스도교 철학은 존재하는가?"였다. 엄격한 반대 입장은 주지주의자였던 브레이어(E. Bréhier)와 브룬쉬비크(L. Brunschvicq)가 취하였다. 이들에게 있어서 철학과 종교는 아무 것도 공통적인 것이 없으며, 그리스도교 철학이라는 개념은 넌센스에 불과하다는 것이었다. 다시 말해 이것은 그리스도교 수학 혹은 그리스도교 물리학이라고 말하는 것과 별다른 차이가 없다는 것이다

이에 대한 하이데거의 논증은 훨씬 더 과격하다. 그에 의하면 철학자가 최종적이며 근본적인 물음을 제시하는 한, 그리스도인에게는 철학자로서 진지하게 일하기 위한 심리적 성향이 결핍되어 있다는 것이다. 왜냐하면 그리스도인은 자신의 신앙 때문에 그러한 물음들을 진지하게 제기할 수 없기 때문이다. 또한 하이데거에 의하면 신앙은 그 자체 대상으로 철학을 거부한다. 그 대신 철학은 존재하는 것의 기초에 관한 질문 안에 구성된다. "왜 무보다는 존재인가?" 신앙인은 신앙 안에서 존재가 신에 의해 창조되었다는 것을 고백하기 때문에 그 고백으로 그는 형이상학적인 질문에 대한 궁극적인 모든 권리를 부정하게 된다. 신앙의 영역 안에 머무르게 되는 자는 의심할 필요도 없이 어떤 형식으로든 재차 질문을 던질 수 있으며 그 질문과 함께 할 수 있다. 그렇지만 자신의 신앙을 배반함 없이 참으로 진지하게 질문을 던질 수는 없다. … 그는 마치 무엇처럼 행동할 수 없다. 그는 자신의 물음

의 능력으로 충만하여 실제로 물음을 던질 수 없으며 그와 분리될 수 없는 고뇌에 참여할 수 없고, 창조주 안에서 그의 신앙은 형이상학적 열망의 현기증으로부터 그를 달아나게 한다. 결론적으로 그리스도교 철학 이념은 모호할 따름이다.

한편 철학과 종교 간의 조화 내지는 그리스도교 철학의 가능성의 입장은 중세 철학 전문가인 질송(É. Gilson)에 의해 취해졌다. 그는 계시 및 신학과 구별하는 가운데 철학의 형식적이고 방법론적인 독자성을 주장한다. 그렇지만 그리스도교 철학은 블롱델(M. Blondel)도 인정하듯이, 초자연적인 것에 개방된 철학이라는 의미 안에서뿐만 아니라 무엇보다도 계시에 기반을 두고 있는 철학이다. 중세의 모든 전통은 이 점을 분명하게 입증하고 있다.

그렇기 때문에 그리스도교 철학은 계시의 영향을 인정하는 철학이며 질송의 정확한 정의를 빌리자면, 신앙 안에서의 철학(une philosophie dans la foi)이다. "초월적인 것에 개방된 철학은 분명히 그리스도교와 양립할 수 있는 철학이다. 그렇지만 그것이 필연적으로 그리스도교 철학이라고 말할 수는 없다."36)

그리스도교 철학의 가능성은 종교의 신과 철학자들의 신이 동일한 실재라는 사실에 기초를 두고 있을 뿐만 아니라 신앙과 이성이 서로 간에 보충된다는 것을 인정하는 데에 있다. 종교의 기능과 철학의 기능은 동일하지도 않으며 모순되지도 않는다. 종교와 철학은 인간 정신이 통일된 내부에서 구별된다. 성 아우구스티누스가 증명해 보이고 있듯이 이성적인 영혼을 지니고 있지 않다면, 인간은 믿을 수도 없을 것이기 때문이다.37)

그 반대도 역시 성립된다. 참된 철학은 사랑스러운 빛의 현존을 함

---

36) É. Gilson, *L'esprit de la philosophie médiévale*, II ed., Vrin, Paris, 1948, pp.32-33.

37) Augustinus, *Lett.*, 120, I. 4 : "credere non possemus, nisi rationales animas haberemus."

축한다. 이것은 교황 레오 13세가 「영원한 아버지」(Aeterni Patris)라는 회칙에서 친구 별(stella amica)이라고 명명하는 데에서도 잘 알 수 있다.38) 이러한 경우에 이성은 신앙의 현존을 받아들이며, 안셀무스 (St. Anselmus)가 정의하듯 신앙의 지성(intellectus fidei)처럼 제시된다. 즉 계시의 자료를 이해하는 능력과도 같이 말이다.39)

종교의 신과 철학자들의 신의 보충적인 조화를 지시하기 위하여 보나벤투라가 남긴 유명한 한 페이지를 상기하는 것은 참으로 가치 있는 일이다. 그는 모든 그리스 철학자들이 그렇게 하였듯이, 계시와 독립적인 이성의 사용이 있을 수 있음을 배제하지 않는다. 누구보다도 아리스토텔레스는 과학의 하급 이성(ratio inferior)을 지혜의 상급 이성 (ratio superior) 안에서 극복할 필요성이 있음을 인정하지 않았던가!

보나벤투라는 「성령의 일곱 가지 선물에 대한 강연」에서 다음과 같이 적고 있다.

"철학이란 학은 다른 학들을 위한 길이다. 누가 만일 철학에 멈추고자 하는 자가 있다면 그는 암흑에 떨어진다. 철학의 학을 넘어서서 신은 신학적 학문을 선사하였다. 신학은 신앙에 기초한 지식이다. 그리고 믿음의 진리에 관한 것이다. 사실 영원한 빛이신 신은 우리로서는 접근 불가능하다. 적어도 우리가 사멸할 운명에 처해 있고 실명된 눈을 가지고 있는 한 그러하다."

---

38) 교황 레오 13세가 1879년 8월 4일 반포한 회칙인 「영원한 아버지」(Aeterni Patris)는 스콜라학 박사들과 특별히 성 토마스의 학문을 열성적으로 탐구할 것을 권하고 있다. 비록 이 회칙이 배타주의적인 관점에서 이해되고 적용된 면도 없지는 않으나 스콜라학자들과 토마스주의자들에 대한 연구를 부흥시키는 데 커다란 업적을 남겼다.

39) 성 안셀무스가 『대어록』(Proslogium)을 쓰기 시작하면서 드리는 기도는 이 사실을 잘 증명해 주고 있다. "Non tento, Domine, penetrare altitudinem tuam, quia nullatenus comparo illi intellectum meum: sed desidero aliquatenus inelligere veritatem tuam, quam credit et amat cor meum. Neque enim quaero intelligere ut credam, sed credo ut intelligam. Nam et hoc credo: quia nisi credidero, non intelligam."(cap. I)

아우구스티누스 역시 이렇게 말한다.

"우리 정신의 허약함이 신앙의 정의에 의해 치유되지 않는다면, 지고한 빛을 관류할 수가 없다."

이 때문에 신학은 신앙에 그 기반을 둔다. 철학이 고유한 제일원리들에 토대를 두고 있는 것처럼 성서학은 신앙의 조항에 그 기반을 둔다.

이와 같이 종교의 하느님은 철학자들의 신을 통치하고 근본적으로는 그 안에 내재되어 있다. 종교의 신은 구원의 하느님이다. 그렇다면 참된 철학과 참된 종교는 서로 모순될 수 없으며 또 모순되어서도 안 된다.

8. 철학과 종교

철학은 여타의 모든 정신적 활동과 밀접한 연관성을 맺고 있다. 관계들 중에서도 가장 밀접한 관계는 아마도 종교와의 관계일 것이다. 이것은 철학이 이미 종교 안에서 해결책을 찾았던 동일한 문제들에 대한 또 다른 해답을 주기 위한 시도로 생겨났다고 생각하는 경우 쉽게 이해될 수 있을 것이다. 한편 철학과 종교는 헤아릴 수 없을 만큼의 많은 형식적인 차이성을 보여주고 있음에도 불구하고 같은 자료를 그 대상으로 하고 있다. 이 때문에 현대 이탈리아 철학자인 카라벨레세(P. Carabellese)는 철학의 유일한 문제를 신에 관한 문제로 한정시켰다. 그럼에도 불구하고 그는 근본적인 범신론적인 개념 안에서 철학과 종교의 본질적인 차이점을 분명하게 지적해 내지는 못하였다.[40]

---

40) 이와 관련하여 P. Carabellese, *Il Problema di Dio teologico come filosofia*, Tipografia del Senato, Roma, 1931; AA.VV., *Pantaleo Carabellese*, Edizione di Filosofia, Torino, 1955를 참고할 수 있다.

우리는 여기서 철학과 종교 간의 관계를 균형 있는 명사로 설정하는 것을 방해하는 두 가지의 근본적인 위험성을 제시하고자 한다. 철학과 종교는 서로 다른 두 개의 활동이면서 동시에 보충적인 활동이다. 그렇지만 이 양자의 관계는 위기에 처해질 수도 있는데, 즉 철학 안에서 종교를 해결하고자 하는 경우와 종교 안에 철학을 용해시키려 하는 경우가 바로 그러하다.

첫 번째의 위험성을 살펴보건대, 그것은 다음과 같은 경우이다. 어떤 사람은 종교가 철학에 비해 하급적인 활동이며 예비적인 활동이라고 주장한다. 종교는 칸트가 주장하듯 도덕성의 불완전한 형식이며, 헤겔이 주장하듯이 불충분한 철학이고, 더구나 쇼펜하우어의 표현에 의하면 백성을 위한 형이상학에 불과하다는 것이다. 이러한 주장들은 주지주의적(主知主義的) 형식들이며, 이러한 형식들은 정신적 활동의 분수령이야말로 다름 아닌 철학적 삶이며, 종교란 불완전하고 완성되지 않은 것으로 단지 철학에까지 도달할 수 없는 사람들에게만 적합한 것이라는 사고에 그 출발점을 두고 있다.

우리는 가장 근본적인 어휘들과 지성적이며 영지적인 해결책을 주장하는 사람들을 통해 철학 안에서 종교의 죽음이 어떻게 가능하였는지를 이해할 수 있게 된다. 낭만주의 시대의 독일 철학자였던 헤겔은 『종교철학』(Religionsphilosophie)에서 다음과 같이 기록하고 있다.

"종교는 만인을 위한 것이다. 종교는 철학과 같지 않으며 철학은 모든 이를 위한 것이 아니다. 종교는 만인이 진리를 의식하게 되는 방식이며 거기에는 느낌과 묘사 그리고 지적 사유를 통해 도달하게 된다. 종교라는 개념은 이러한 일반적인 방식과 관련해서 고찰되어야 한다. 이러한 방식을 통해서 진리는 인간에게 도달한다."[41]

---

41) A. Plebe, *Che cosa ha veramente detto Hegel*, Ubaldini, Roma, 1968, p.69 에서 인용.

종교는 개념적인 묘사 형식을 빌어 만인을 위한 진리가 되고 철학은 이성적인 개념의 형식 하에 소수의 뛰어난 정신을 지닌 사람들을 위한 진리라는 것을 주장했을 때, 헤겔은 철학에 의해 종교가 극복되어야 한다는 것을 말하고자 하였다.

한편 어떤 저술가들은 철학에 대한 완전한 불신을 스스럼없이 드러내 보였다. 그런 사람들은 종교와 전승 안에서만 확실한 진리에 안착할 수 있다고 믿었다. 이러한 태도는 바로 신앙 제일주의적 혹은 신앙 절대론적 해결책과 직결된다. 신앙 제일주의에 의하면 신앙은 종교의 원천으로 이성에 비해 볼 때 전혀 별개의 것이고 상급적일 뿐만 아니라 이성과는 반대되고 조화 불가능하다. 그렇다면 철학의 영역이 합리성의 영역이라면, 종교의 영역은 신비의 영역이 아닌 불합리성의 영역일 것이다.

"나는 불합리하기 때문에 믿는다"(credo quia absurdum)라는 테르툴리아누스의 주장은 신앙 제일주의적 질서의 어원을 구성한다.[42] 테르툴리아누스는 이 <불충실한 종>인 인간 이성에 대해 전적인 불신을 품고 있었음을 확실하게 보여주고 있다. 종교로부터 철학의 전적인 독립은 합리성과의 모든 관계를 단절시킨다. 이와 같은 전망에서 철학과 종교의 관계를 모색한다는 것은 아무 소용이 없다. 성 토마스가 초월적이라고 정의하고 뉴만 추기경이 비이성적이지만 합리화할 수 있다

---

42) "나는 불합리하기 때문에 믿는다"(credo quia absurdum)라는 테르툴리아누스의 표현은 역사가들이 무엇보다도 그의 저술인 『그리스도의 육에 관하여』(De Carne Christi)에 기초하여 철학에 대한 테르툴리아누스의 입장을 요약하고 단순화시킨 것으로 보인다. 이에 관한 기록은 다음과 같다. 즉 "하느님의 아들이 십자가에 못 박혔는데, 그것은 치욕적인 사건이기 때문에 수치스럽지 않다. 하느님의 아들이 돌아가셨는데, 그것은 바보스런 짓이기 때문에 믿을 만하다. 그분은 묻히시고 다시 살아나셨는데, 그것은 불가능하기 때문에 확실하다." 오늘날 학자들이 도달한 결론은 테르툴리아누스가 철학을 거부한 것이 아니라 철학을 '이단의 모체'로 여김으로써 철학에 대한 강한 불신감을 갖고 있었다는 것이다.

고 여기는 종교적 진리들은 신앙 제일주의적인 가설 안에서는 단지 비합리적인 주장들에 불과할 것이다. 그때 종교적 진리의 자연적 영역이라 할 수 있는 신비는 불합리한 것으로 격하되며, 신앙 역시 어둠 속에서의 뜀뛰기에 그치면서 일체의 기반을 상실하게 된다.

주지주의적 해결책이건 신앙 절대론적 해결책이건 간에 이 양자는 종교와 철학 간의 관계 문제를 올바로 해결할 수 없다. 이것들은 서로가 서로를 배척하면서 상대의 활동을 대적할 뿐이다. 주지주의는 우리에게 종교가 없는 철학을 제시하며 신앙주의는 철학 없는 종교를 제공한다. 이 양자의 경우 문제는 해결되지 않는다. 첫 번째 경우에는 종교가 모든 자치성을 상실하며, 두 번째 경우에 있어서 모든 본원은 철학에로 회피된다. 주지주의적 해결책은 종교를 파괴하고자 하며 신앙 제일주의적 해결책은 철학을 거부하면서 종교를 구제하고자 한다.

그러므로 우리는 여기서 다른 노선을 모색할 필요가 있다. 이것은 그리스도교 철학이 말하는 지도의 길(via regia)이다. 지도의 길이란 철학과 종교 간의 구별과 관계를 통일성과 인간 인격의 조화를 깨뜨리지 않는 방식으로 받아들일 수 있는 길이다. 이렇듯 가장 좋은 해결책은 철학과 종교의 구별과 보충 관계를 동시에 인정하는 데 있다.

종교와 철학은 무엇보다도 서로 다른 목적을 지닌다. 철학은 존재의 가능성에 관해 놀라워하는 물음에 응답한다. 그러므로 철학의 대상은 존재이다. 그 대신 종교는 인간과 만물에 결정적인 구원을 제공할 수 있는 인격적 원리를 대상으로 한다. 철학의 목적은 인식적·지식적인 것이며 종교의 목적은 구원적·종말론적인 것이다.

철학과 종교의 또 다른 차이점은 방법론에 있다. 철학의 방법은 이성적인 방법이며 따라서 이성을 사용한다. 따라서 인간 이성과 동떨어진 철학은 생각조차 할 수 없다. 이와는 달리 종교의 방법론은 계시라는 대상적인 자료에 그 출발점을 두고 있다. 이러한 계시에 인간은 주관적인 신앙의 투신으로 응답한다.

우리가 자기 내유(自己內有, Ens a se)라 부를 수 있는 동일한 재료의 대상이라 할지라도, 대상이 형식적으로 구별된다는 것은 의심할 여지가 없다. 이 대상은 철학에 있어서는 해명적 원리이며 종교와 관련해서는 구원적 인격으로 "살아 계신 참된 하느님"(Deus vivus et verus)이다.

또 다른 차이점이 있으니 그것은 다음과 같다. 즉 두 개의 정신적 활동이 성취하는 확실성의 정도에 있어서의 차이점이다. 철학의 확실성은 의심으로부터 생겨나는 확실성이며 이것이 늘 문제로 남아 있다. 그 대신 종교의 확실성은 언제나 명백하고 절대적이다. 믿는 사람은 때로는 미신만을 섬길 수 있으며 광신자도 될 수 있다. 그렇지만 참된 신앙을 가지고 있는 사람은 문제와 의심에 매이지 않는 신앙을 지닌다. 이렇듯 철학은 탐구이며 신앙은 확실성이다.

아마도 우리가 소크라테스와 그리스도를 생각함으로써 문제의 어려움은 충분히 풀릴 수 있을 것이다. 소크라테스는 회의의 방법을 통해 질문을 던지면서 알지 못한다는 것에 대해 말하며, 아는 것이 있다면 그것은 알지 못하는 것에 대한 무지의 앎뿐이라고 확신하였다. 그 대신 그리스도는 진리를 선포하는 것을 주장할 뿐만 아니라 자기 자신이 곧 진리(Veritas)임을 선포한다. 비인격적인 철학적 진리는 이와 같이 소크라테스에 의해 생겨나 학파라 이름하는 탐구의 공동체 안에서 표현된다. 그렇지만 인격적인 종교적 선언은 교부들(Sancti) 안에서 품어지고 하느님과의 직접적인 관계에 놓이게 된다. 그리고 이것은 교회라 이름하는 제자들과 그들을 따르는 사람들의 공동체 안에 확산된다. 이 교회는 학파가 아니라 형제적 사랑과 공동 구원의 장소인 것이다.

철학과 종교의 마지막 차이점은 표현의 형식에 있어서이다. 철학의 진리는 개념들을 사용하는데, 이 때문에 과학과 아주 흡사하다. 그 대신 종교는 그 언어가 언제나 불충분하고 비유 내지는 암시적이기 때문에 상상과 상징을 사용한다. 이 점에 있어서 종교는 예술과 무척 가깝다. 그리고 철학자는 논리적인 합리성을 통하여 말하지만, 종교인들은 그리스도가 그러하였듯이, 선포와 비유를 통해 표현한다.

지금까지 우리는 철학과 종교의 본질적이고도 중요한 차이점들을 지적하였다. 그럼에도 불구하고 이러한 본질적인 차이점들은 철학과 종교의 끈끈한 관계를 저해하지 않는다. 한편으로 철학은 종교로 하여금 비이성적인 신앙 제일주의(광신론) 안에 격하되지 않도록 구실을 다 한다면 종교는 철학을 보충해 준다. 파스칼이 이미 언급한 바 있듯이, 인간은 인간을 무한히 넘어서 간다. 다시 말해 이성의 최종적 단계는 그것을 넘어서 가는 것들의 무한성이 존재한다는 것을 아는 데 있다. 이러한 논리와 내용을 토대로 우리는 다음과 같이 우리의 논의를 요약할 수 있을 것이다.

　　이성이 신앙에 유익한 것과 마찬가지로 철학은 신학에 유익한 학적 도구이다. 형이상학이 신앙에 의해 주어진 동향에 의해 완전하게 된 다음 형이상학 자체는 신학이 담당하는 초자연적 신비들을 더 잘 깨칠 수 있도록 가치 있는 도구들을 제공해 준다.

　　초자연적 질서에 관한 지식은 자연적 실재에 관한 지식을 전제로 한다. 왜냐하면 은총(gratia)은 자연을 고양(高揚)시키지만 그것을 대체하지는 못하기 때문이다. 예컨대 은총과 천부적인 덕을 연구하기 위해서는 인간 영혼이 영적이고 자유로우며 그것의 최종적·궁극적 목적인 신에게 질서 지어져 있음을 알아야 한다. 예수 그리스도가 참 인간이라는 것을 오류를 범하지 않고 알기 위해서는 인간 본성에 관한 올바른 개념을 가져야만 한다. 신학적으로 죄(peccatum)를 이해하기 위해서는 인간의 권한이 어떤 것인지, 무엇보다도 의지와 정열에 대해 알아야 하고 선과 악에 관한 적합한 개념을 소유해야만 한다. 삼위일신 하느님과 강생(incarnatio)에 관한 연구에 있어서는 본성(natura)과 위격에 대한 올바른 개념의 이해를 필요로 한다(신에게는 같은 신적 본성 안에 세 가지 위격들(Personae)이 있다. 우선적으로 본성적 진리를 심화시키지 않고 신이 계시한 진리에 대한 적합한 인식에 이르는 것은 쉽지 않은 일이다).

　　신학에서 형이상학의 사용이 구별된다면, 신학은 학문적 특성에 도달하지 못하고 오류와 모호함에서 벗어날 길이 없다. 앎은 그 개념들이 완전히 통일적이고 일관적일 만큼 정확히 질서 지어지고 기초되며 표현될 때 학문적이다. 신학이 실재에 관한 자연적 지식들을 사용하지 않는다면, 결코 학문의 상태에 이르지 못할 것이다. 자연지식들을 올바로 사용하게 되는 경우 그러한 개념들은 도구적 학문, 다시 말해 형이상학에 의해 정교하게 가꾸어질 것이다. "즉발적 인식이 그러하듯 명사들의 의미를 사용하는 것만으로는 여의치 못하며 오히려 더 큰 정확성을 필요로 한다. 한편 형이상학적 전망 안에서 개념들과 명사론을 명백히 하기 위해 신학을 의무 지우는 일이 있었는데, … 역사의 흐름 안에서 교의의 잘못된 해석들이 있었다. 이 때문에 오류들 안에 뿌리를 내리는 위험을 감수하지 않으면서 이러한 도구에 힘입어 도달한 결과들을 소홀히 하는 것은 있을 수 없는 일이다. 실체 변화(實體變化), 실체의 일치, 혹은 성사(聖事)들의 질료와 형상과 같은 표현은 그 어떤 것으로도 대체할 수 없는데, 이유는 그것이 신앙의 권위 있는 의미를 명확히 표현해 주고 있기 때문이며 있을 수 있는 이탈을 막아 주기 때문이다."43)

결론적으로 우리는 다음과 같이 간략하게 말하면서 지금까지 말한 우리의 논의에 종지부를 찍을 수 있을 것이다. 즉 철학자의 신은 충분한 것이 되지 못한다.44) 철학자는 종교의 신에게 연장되어야 하며 상대적으로 종교의 신은 철학자들의 신을 배제하지 말아야 한다는 것이다.

---

43) T. Alvira, L. Clavell, T. Melendo, *Metafisica*, pp.11-12.
44) 종교를 향한 철학의 개방성은 종교와 철학 간의 구별에 관한 비판의식을 배제하지 않는다(G. Marcel, *Il mistero dell'essere*(1950), trans. ital., Borla, Torino, 1970, vol. I, pp.212-213 참고).

제 2 장

신 존재에 관한 철학적 이해

동서고금을 막론하고 '신 존재'에 관한 물음은 인간이 미지를 향해 던질 수 있는 질문치고는 가장 존재론적이며 심오한 것이었다. 뭇사람들은 피상적으로 이 문제에 다가서서 얄팍한 자기 확신을 통해 얻어 낸 해결책에 안주하려 들지만, 그런 사고 자체는 매우 위험한 발상에 불과하다. 그런 류에서 파생된 사고방식이 무신적 혹은 무신론적 입장으로 치닫게 되는 경우 그 위험성은 극에 달한다.

신 문제는 철학에서도 정밀한 논증을 필요로 하는 것으로 고도의 인간 사변을 요청한다. 신학이 계시의 신에서 출발하여 동일한 신에게서 결론을 맺고 있다면, 철학은 계시와는 무관한 인간 지성에서 출발하여 신 안에서 결론을 맺고자 한다. 이렇듯 철학은 신학처럼 궁극적으로는 신을 그 대상으로 하고 있다.

신 문제는 철학이 근본적으로 요구하는 정확한 형식에 입각하여 고찰해야 한다. 이러한 요청에 따라 절대자, 제일원리, 제일원인을 다루는 특수 형이상학은 유의 이유(ratio entis)에서 출발, 만물의 제일원인에 도달한다.

우리는 통상적으로 신이 그 본질(essentia)에서 존재하는 것처럼,

"그 자체로 존재하는 것에 입각하여"(secundum quod est in se) 신에게 도달하지는 않는다. 그렇게 하는 것은 우리의 능력에 부치는 일이다. 왜냐하면 그러한 도달방식은 초자연적 신학의 형식에 입각한 것이기 때문이다. 이와는 달리 우리는 흔히 존재론적이며 후험적(後驗的, a posteriori)인 방식을 통해, 다시 말해 정신과 세계의 존재 사물을 통해 모든 것들의 참된 원인인 신에게 이르고자 한다.

계시에 의존하는 신앙인에 있어서 신은 너무나도 확실한 존재이다. 더욱이 신앙 절대주의자에게는 지성이 신앙을 밝히 드러내 보이는 보조적 역할을 담당하기에 철학이 '신학의 시녀'(ancilla theologiae)라 해도 아무런 반감을 갖질 않는다. 그러나 정신이 육체 앞에서 위축되고 신비가 물질과 과학기술의 발달로 인해 엄폐되고 일그러져버린 지금에 와서는 무엇보다도 이성의 빛을 통한 상향적인 방식으로 초자연적 요소를 회복해야 할 중대한 국면을 맞고 있다. 이를 위해서는 인간이 신의 모상이라는 여명 하에 동물성과 차이성을 가져다주는 이성을 주무기로 신 존재를 더듬어보지 않으면 안 된다. 그래야만 이 사회의 인간적·정신적 요소들을 뿌리째 흔들어놓은 신 부재 사고의 원천적인 요소들의 행태를 짚어내면서 저편에 밀려난 신의 현존을 실상 그대로 이 세계 안에 끌어들일 수 있을 것이다.

우리는 이하에서 특수 형이상학이라는 관점에서 신 존재와 관련된 문제를 헤쳐나가고자 한다. 여기서 특수 형이상학 혹은 자연신학이라 함은 우리가 신에 관한 학문을 전개한다는 의미인 동시에 인간 이성의 빛을 통해 그것을 발전시켜 보겠다는 뜻에서 그러하다. 그렇다고 해서 이 장에서 우리가 신 문제와 관련된 '우주론적 탐구'나 '인간학적 탐구'까지도 포괄적으로 다룰 의사는 없다. 그런 문제들은 내용상 매우 광범위하기에 다른 장들에서 별도의 공간을 할애하여 취급하도록 할 것이다. 단지 우리는 신에 관한 자연적 인식문제를 벗어나지 않는 가운데 신 존재와 관련된 기본 관점들을 제시하고 해명하는 데 주력할 것이다.

1. 이성, 그것은 신의 선물인가?

인간은 분명 이성적 존재이다. 그렇다면 어디까지 그러한가? 고대
인들이 인간을 두고 이성적 동물이라 정의했을 때 그들은 이성과 로
고스(logos), 신적 불꽃으로 인해 인간을 여타의 동물보다도 고양된
동물로 개념하였다. 이러한 이성은 인간 봉사와 응낙성(應諾性)을 위
해 주어진 신적 기능이었다. 또한 그것은 플라톤, 아리스토텔레스, 마
르쿠스 아우렐리우스, 세네카, 플로티누스 등에 의해 인간적 동물 안
에 받아들여진 신적 손님 내지는 고국에 귀착하고자 하는 나그네로
해석되곤 하였다. 이렇듯 인간을 정의하는 데 있어서 이성적 요인을
동물성의 세계와 전적으로 구별되는 세계, 즉 정신계에 접근하는 신의
선물 내지 신적 도구라고 사람들은 생각하였다.

한마디로 그리스 세계에서 이성은 신적 법규 내지는 절대적인 견해
로 제시되었는데, 이를 통해 인간은 궁극적 실재를 파악하고 그것과
교류하고자 하였다. 이후 사상에 괄목할 만한 영향력을 행사한 역사적
관점에서 자유와 자율성, 자립적이고 자기 충족적임을 느끼는 바로 그
순간 자연과의 심오한 조화의 의미가 알려지게 되었다. 이 모든 것은
이성의 특별한 권한으로 인해 촉발된 것이었다.

그리스도교 사상이 도래하면서 이전에 이성이 어떻게 발생하게 되
었는지에 관한 강력한 토론이 재개되면서 인간에 관한 의미에 대해서
도 논의되기 시작했다. 즉 인간 존재와 이성은 구별된 형이상학적 전
망에 의해 해석되고 또 세계 안에서 인간이 차지한 영역은 새로운 사
명에 의해 구축되고 변화를 겪게 된다는 점에서 중대한 논의 사항으
로 부각되었다.

이성에 대한 사람들의 생각이 늘 똑같은 것은 아니었다. 예를 들어
플라톤이나 스토아학파 사람들에게 있어서 이성은 더 이상 신적 본질
이 아니며 단지 인간의 능력 내지는 특권적인 속성이었다. 이렇게 이
성은 절대 가치를 상실하고 인간 안에서 더욱 심오하게 통합되며 하

나의 도구로 축소된다. 이성의 신성화는 인간적인 모든 것에 대한 전형적인 모호성들로 인해 인간의 기능으로 환원된다. 인간은 언제나 이성적 동물로 정의되지만, 그것은 더 이상 인간 안에 거처하는 신적 손님이 아니라 인간 유(有)의 고유한 조건으로 존재와 행위의 방식이라고 번역된다.

이렇게 해서 이성은 신적이라는 것을 멈추며 인간적인 것이 된다. 인간은 더 이상 자신의 절대적인 독립성이나 자립심을 지닌 특징적 존재가 아니라 존재와 의식의 기반인 신 앞에서 자유롭고 합리적이며 책임 있는 종속물이라는 특성을 지닌다. 이러한 모습은 아우구스티누스와 토마스 아퀴나스, 보나벤투라 그리고 둔스 스코투스 등에서 잘 나타난다. 이들에게 있어서 이성의 능력은 나름대로의 음영(陰影)과 개별적인 특성들을 지닌 것으로 나타나고 있지만, 그들은 한결같이 본질적인 면에 대해서는 서로 일치하고 있다. 즉 그것은 자연적 혹은 초자연적으로 이해된 신의 은총과 신적 조명을 필요로 한다는 것이다. 그래야만 이성은 그 자체 가능적인 모든 것을 더 잘 발전시켜 나갈 수 있기 때문이다. 이러한 면에서 우리는 카시러(E. Cassirer)의 말에 동의할 수 있다. "우리는 그리스 철학이 보존한 모든 가치들이 온통 전복된 곳에 도달하였다. 한 시대가 인간의 최상 특권인 것처럼 보이는 것은 위험과 유혹으로 나타난다. 교만함의 동기를 드러낸 것은 보다 심오한 굴욕감의 동기로 종지부를 찍는다." 이는 마치도 비관주의나 비이성주의에 기반을 두고 있는 일련의 형이상학적 원리들이 요청한 것으로서의 인간 이성의 힘을 다시 정위하여 평가절하하려는 것이 아니다.

실제로 발생하고 있는 것은 신만이 절대존재이고 또 도달점의 판단기준이기 때문에 인간 자신은 절대적이고 상대적인 가치를 상실해 가고 있다는 점이다. 그렇지만 존재론적인 측면에서 인간을 분석하는 경우, 거기에는 통상적으로 이성을 상실케 하는 커다란 싸움이 일고 있음을 알게 된다. 사람들은 정열과 상상력 그리고 이성간에 어떤 질서나 조화 혹은 종속성이 서로간에 존재할 수 없음을 확실하게 깨닫게 되었다. 바로 이 점은 윤리학자들에 의해 확인한 바이기도 하다.

그렇다면 이성적 동물이라는 정의는 순전히 수사학적이고 관념적이며 유토피아적인 것에 불과하단 말인가? 그런데도 중세의 모든 저술가들은 인간이 이성적 동물이라는 정의를 반복해서 말하고 있는 것이 사실이다. 그렇다면 그것은 어떻게 실현될 수 있단 말인가? 인간이 참으로 이성적 동물이고 이성이 인간을 특징짓는 것이라면, 무엇 때문에 우리는 인간들이고 또 이성적이기 위해 많은 난관들에 부딪히게 되는 것일까? 아무튼 지금에 와서 인간은 보다 더 복합적이고 모호하며 극적인 존재로 남게 되었다.

사람들은 아직도 계속해서 이성성(理性性)을 통해 인간을 정의하고 있음이 확실하다. 이 이성성이야말로 인간 존재와 본성에 속하는 '어떤 것'으로서 인간이 지닌 고유한 특성이다. 계획 및 생성으로 고찰되는 인간은 고유한 존재일 것을 계속해서 초대받고 있다. 이러한 존재론적 계획을 실현함에 있어서 스토아주의 안에서 발생한 것처럼 인간 이성은 결코 그 자체를 통해(pro se) 충분한 것이 아니라 신의 도움과 개입을 필요로 한다.

계몽주의와 관념론 그리고 과학의 발달에 힘입은 근대가 도래하면서 인간 이성은 그 내부적 힘과 자율성 및 지배권에 대한 최대치의 표현에 이르기까지 숭앙되었다. 근대의 이성은 강력하고 빛이 충만하며 도전적인 것으로 나타난다. 이성은 자기 자신과 자신을 조종하는 방법론 및 도구들에서 나오는 제한성이 아니라면 그 어떤 것에도 종속되지 않는 것이었다. 그럼에도 불구하고 이성주의적 승리감은 막스 베버(M. Weber)가 말하는 '매력 상실'(disincanto)로 치달았다. 이성의 절대주의적 주장은 그후 계속해서 심리분석가들과 구조주의에 의해 고수되는 가운데 수정되어야만 했다.

비판적인 프랑크푸르트 학파의 고발에 따르면 계몽주의의 여신인 이성으로부터 사람들은 도구적 이성에로 나아갔다. 그러면서 사람들은 이성의 힘을 들먹거리면서 포스트모더니즘적 형태의 허약한 체질을 지닌 사상에로 이주하였다. 이와는 달리 중세인들은 이성의 모험들 안에서 이러한 위기를 예상하고 있었고, 그 가능한 해결책이 종교로부터 나올 수 있으며 또 나와야 한다는 상급적인 식견을 지니고 있었었다. 이는 분명히 철학의 완전한 자율성을 부정하는 것이 아니라 철학은 자기 충족적이 아니라는 것, 그것은 과학뿐만 아니라 신학과의 대화를 필요로 한다는 것을 강조하려는 의지표명이었다.

2. 은폐된 신으로부터의 탈출

현대인은 고독과 거리감 그리고 존재론적인 혼탁함 속에 살아가고 있다. 단절되고 투명성이 상실된 삶은 신을 망각한 데에 그 근본 원인이 있다. 과거 신 중심주의적인 사고방식에서 인간 중심적인 사고방식, 느낌방식, 생활방식에로의 전환 내지 궤도수정은 마치도 육지가 바다를 멀리 밀어내어 자기 지평을 확대시켜 온 것과 같은 전망에서 설명될 수 있다. 그래서 오르테가 이 가세트는 지구 궤도와 태양 간의 최대 접근점과 거리감을 통해 이 사실을 비유적으로 설명한 바 있다.1)

실제로 오늘의 인간은 전에는 체험하지 못한 역설적 상황에 갇혀 있다. 전대미문의 역설적인 상황이란 자신의 자율성을 정복하고 주관성(主觀性)을 과대평가하며 자기 자신과 전에 없이 매우 가까워졌을 망정, 한편으로는 그토록 고독하고 날카로운 위협을 당한 적이 없다는 모순적인 사실이다. 주관성에 자물쇠를 꼭꼭 걸어 잠그고 창조적 주관성이 지배하던 공간들마저 마구 점거했을 망정, 현대인은 도리어 그가 지배하고자 했던 본성과의 강력한 부조화에 직면해 있으며, 다른 사람들과의 계속적인 갈등관계를 겪는 비운에 처해 있다.

---

1) J. Ortega y Gasset, *El espectador*, El Arquero, Madrid, 1972, V-VI, p.131.

이와 같이 자아(ego)와 비아(non-ego) 혹은 타아 간의 분열, 자아와 자연, 자아와 법칙 간의 분열은 일치와 공감, 조화와 통교의 정신과는 반립적인 요소로 나타나 급기야는 인간과 신간의 강력한 괴리감 내지는 상실감, 무신사상을 배태케 하는 원리로 작용하게 되었다.

이와는 달리 중세 철학자들에게 있어서 인간이 신에 대해 지니고 있는 관념은 말할 필요도 없이 인간이 자기 자신과 그가 살아가고 있는 세계에 대해 지니고 있는 관념에 대응하고 있었다. 당대의 중세인들 역시 이러한 가르침을 그대로 전수받고 있었다. 그들은 신의 모상인 인간, 신의 발자취(vestigium)와 흔적으로서의 자연사물들을 신을 중심으로 하는 모형주의적(模型主義的) 관점에서 수용함으로써 일체의 존재론적 혼탁함과 비전도성(非顛倒性)을 제거할 수 있었다.

사실 신의 모상으로서의 인간과 신의 흔적 및 발자취인 세계관에 대한 해석이 어떻게 강조되고 경시되느냐에 따라 신의 발견과 은폐도 그렇게 현시되고 사라질 것이다. 그렇다면 우리가 신을 망각하고 세계 안에 신을 은폐시키는 행위, 아니 세계 밖으로 신을 밀쳐내는 행위는 현실의 인간이 자기 자신과 지금 살아가고 있는 세계에 대해 지닌 확신과 가치평가의 표지에 대해 지니고 있는 망각과 은폐에 입각한 필연적인 논리의 결과라 할 수 있다.

인간 삶에 있어서 다른 어떤 실재도 '신 존재' 문제만큼 그렇게 인간과 밀접하면서도 가증스런 관계를 지니고 있지는 않을 것이다. 왜냐하면 신이 존재할 때 인간은 존속하지만 신이 존재하지 않으면 자살을 포함한 온갖 부당한 행위가 인간에게 허용될 수 있기 때문이다.[2] 실제로 인간이 신을 포기하게 되는 경우, 그는 즉시 자기 자신 안에서 세계와 자신의 포기를 느낀다. 그렇지만 이것은 신이 인간을 포기하는 것과는 아무런 상관도 없으며 또 신은 그렇게 하지도 않는다.[3] 오히

---

2) J. A. Merino, *Manifesto francescano*, ed. messagero padova, Padova, 1987, p.25.

3) *Ibid.*, p.25.

려 그것은 던질 수도, 던지지 않을 수도 있는 삶의 주사위와도 같은 운명적인 인간의 놀음에 좌우되고 있다.

신의 현존 앞에서 자물쇠를 걸어 잠그는 것은 어디까지나 인간이며, 그는 결코 거기서 쉽게 빠져 나올 수 없는 고독 안에 숨어 지낸다. 이런 의미에서 오늘날 무신론은 신을 인정치 않고 또 신을 믿지 않으려는 의지 안에 자리하고 있음을 알 수 있다.

흔히 삶 속에서는 '자기 자신'에 대해서는 난해하게 사유하게 하고 신은 존재하지 않는 것처럼 살도록 인간을 유도하는 일들이 자주 벌어진다. 이러한 현상은 현대 무신사상에서 쉽게 찾아볼 수 있다. 무신론자는 신을 은폐하는 일에 쉽게 도달하지도 못하면서 결국 신의 현존과 눈길을 피해 달아나는 데 급급하다. 그가 신을 대면하는 데 두려움을 느끼는 한, 그는 신으로부터 도망치는 데 열중한다. 이에 대해 알론소(A. Muñoz Alonso)는 "무신론자는 신에 대해 불만족스러워하며 신에게서 멀어지는 인간으로 변신한다. 이는 신에 대한 관심이 부족하기 때문이기도 하고 신이 아닌 것에 대한 과다한 관심이나 아주 예외적인 몰두로 인한 것이다. 그는 신에 대한 자신의 관심에 제동을 건다"[4]고 말한다.

신의 모상인 한에서 인간의 종교적 차원은 신에게 관심을 갖고 예의바르게 응낙적(應諾的)이도록 한다. 이와는 달리 신에 대한 무관심은 인간의 가장 심오하고 본질적인 차원들 중의 하나인 망각을 팽창시킨다. 만일 인간이 구조적으로 초월성에 개방된 존재이고 존재론적으로는 신과 묶여진 존재라면 그가 그러한 '그분'의 존재론적이고 동적인 실재에 무관심하고 부정하는 경우 인간은 자신의 가장 심오한 차원들 중의 하나를 상실하게 된다. 즉 인간이 신을 떠나서는 자기 자신에 대해 더 이상 알 수 없게 되며 신 앞에서 자신이 누구인지 그리고 인간 존재가 무엇을 의미하는지 또 어떤 가치를 지니고 있는지를

---

4) A. Muñoz Alonso, *Dios, ateismo, fe*, Salamanca, 1972, p.128.

알지 못한다. 신과 함께 세계는 더 인간적이 된다. 인간이 신의 모상이라는 것을 멈추게 되는 경우 그는 수수께끼로 변질되고 만다. 이런 의미에서 발타살(Urs von Balthasar)은 오늘의 인간이 하나의 '거울'이 되기를 멈추고 본성의 장애물5)이 되었다고 주장한다.

인간을 신과 묶는 관계는 아우구스티누스와 보나벤투라의 영향을 받은 주비리(Zubiri)의 '고리의 이론' 안에서 폭넓고 깊이 있게 전개되었다. 특히 주비리는 관계를 분석하는 데에 있어서 마르틴 부버(M. Buber)보다 훨씬 더 탁월한 능력을 보여주었다. 그는 관계의 형이상학적이며 구성적인 기초를 다지고자 힘썼다. 그에게 있어서 인간 개체는 인격적인 한, 본질적으로 개방적이며 개방된 본질이다. 관계, 즉 좀더 구체적으로 말해 고리는 존재론적·심리적 및 실존적인 차원에서 인간을 좌우하고 모습을 갖추게 하는 "존재(existentia)의 형상적·구성적 차원이다."6) 엔트랄고(L. Entralgo)는 창조된 실재가 종합이라는 주비리의 아름다운 표현을 자신의 저서 『타자의 이론성과 실재성』 (*Teoridad y realidad del otro*)에서 분석하는 가운데 일련의 상호 종속성과 교류 안에서 인간을 포함한 우주의 모든 요소들을 제시한 바 있다. 이렇듯 인간은 실재의 힘에 묶여 있음으로 인해 인격으로 실현된다. 인간 인격의 근본적인 차원을 형성하는 이러한 고리는 하나의 이론이라기보다는 영속적인 사실이다.

"인간 인격이라는 것은 절대적인 어떤 것으로서 체험적으로 실현되는 것을 의미한다. 인간은 강력하리 만치 구성적으로 신의 체험이며, 신에 대한 이러한 체험은 동일한 인간 실재에 대한 근본적이고 형상적인 체험이다. 신을 향한 근원적이고 질료적인 발걸음은 하나의 참된 이해일 뿐만 아니라 신 안에서 인간 실재의 체험적 실현인 것이다."7)

---

5) H. Urs von Balthasar, *El problema de Dios en el hombre actual*, Madrid, 1960, p.169.
6) X. Zubiri, *Historia, Naturaleza y Dios*, ed., Nacional, Madrid, 1959, p.317.

주비리의 이러한 본문은 보나벤투라와 스코투스의 형이상학과 인간학에 잘 부합한다. 이들은 모두 관계 범주를 매우 힘차게 강조한다. 관계적 차원은 신과 다른 인간들 그리고 모든 창조된 존재들을 연관시키는 인격의 존재론적 속성이다.

그런데 신은 희구되어야만 한다. 신을 추구하는 것을 포기하는 자나 자신에게 나타나지 않는다는 이유로 신을 부정하는 자는 성서가 주장하고 있는 것처럼 신의 면전에서 매우 무분별한 태도를 견지하는 무신론자와는 다르다. 신 앞에서의 어리석음은 정신의 실격에 의한 것이기보다는 신을 받아들이기를 원치 않는 의지의 천박한 태도와 직결된 것이다.

오늘의 인간은 고독하지만 혼자라고 말할 수는 없고, 자신의 목소리처럼 그렇게 고유한 음조와 반향을 지닌 타자(他者)의 목소리를 받아들일 만한 힘을 지닌 존재이다. 그는 이성적 선입견과 물질적인 관심 그리고 다양한 형태의 무관심으로 자신을 사수하고 보호하지만, 반면에 다른 이들의 도움을 필요로 하고 있음을 인정한다. 우리가 아직도 종교의 위대한 인물들을 이해하지 못한다면 그것은 기쁜 고독 안에서 인간이 절대적인 '당신'(Tu)에게 심오하게 소유되어 있다는 느낌을 발견하지 못하고 또 우주의 기이함에 기쁜 마음으로 참여할 수 있는 체험을 아직껏 하지 못했기 때문이다. 아우구스티누스 이후 신플라톤주의의 선상에 놓여 있는 사상가들이나 신학자들은 흔히 일련의 행보(iter)를 거친 다음 — 열성적이고 요청적이며 외부적이고 내부적인 여정 — 해방의 과정으로서 살아간 상승(ascensus)의 신을 만나게 되는데, 그때 그들은 전적인 응낙성, 투명성과 빛의 특권적인 공간인 단순성 안에 놓인다.

인간은 신 관념들을 부적합한 것으로 여기는 즉시 그것들을 뒤로하고 편안하게 자신의 몸을 숨긴다. 이전 소크라테스의 신성으로부터 그

---

7) X. Zubiri, *Obras Completas*, p.379.

는 체계들의 절대 신에로, 스피노자의 살아 있는 신에서 최대와 최소들의 거대한 문제로 이해된 라이프니츠의 신에게로, 보편 이성과 거대한 익명적 의식의 신에서 바카스의 신(酒神)에게로, 느낌의 신에서 원한의 신에게로 나아간다. 그렇다면 이러한 이행만이 모든 것이며 합법적이란 말인가? 아니다. 결코 그렇지 않다. 무엇보다도 전적인 정신과 행동에 의해 도달할 수 있는 신만이 진정한 신일 것이다.

3. 신 탐구: 신과 인간의 관계

앞에서 살펴보았듯이 신에 관한 문제는 신 자체에 국한되지 않고 오히려 신 존재를 넘어서서 세계 및 인간 문제와 직결되어 있다. 사실 신 문제는 장 들랑글라드(J. Delanglade)가 주장하고 있듯이, 인간과 세계의 해결책인 것이다.[8] 뿐만 아니라 신에 관한 문제는 개인이나 사회, 신앙인이나 교회에 있어서 가장 민감한 사안이고 중대한 문제이기도 하다. 한마디로 그것은 코르넬리오 파브로(C. Fabro)가 말하듯이 "본질적 인간의 본질적 문제이다."[9] 그러므로 지성적 삶 속에서 이러한 문제에 대해 아무런 관심을 갖지 못하는 사람들이나, 마치도 신이 존재하지 않는 것처럼 실제로 그렇게 생활하고 있는 사람들조차도 이 문제를 도외시하거나 피해 달아날 수는 없다. 왜냐하면 그런 부류의 사람들에게 있어서는 적어도 부정적인 해결책이라도 주어져야 하기 때문이다. 한마디로 말해 신 문제는 학문의 문제나 역사의 문제처럼 우리를 떠나 있을 수 있는 그런 종류의 것이 아니다. 실제로 학식이나 역사는 각 개인에게 필연적인 연관성을 띠고 있는 것은 아니지만, 신에 관한 문제는 보편적으로 인간 마음속 깊이 자리하면서 존재론적으

---

8) J. Delanglade, *Le problème de Dieu*, Aubier, Paris, 1960, p.17.

9) C. Fabro, *Il rischio di Dio*, ed., Studium, Roma, 1967, p.14.

로 인간과 불가분의 연관성을 맺고 있다.

비록 인간 실재가 이론적으로 혹은 실천적으로는 어떤 방향을 향해 가고 있다 할지라도 절대존재 앞에서는 결정적인 태도를 취하지 않을 수 없다. 여기서 말하는 태도는 인간 존재의 표지(signum)와 의미를 변화시키는 것이다. 따라서 신을 탐구하는 작업은 인간에게 고유한 것이다. 그러한 탐구는 참으로 인간 삶에 있어서 특수한 성격으로 규정된다. 인간은 일상적으로 무슨 이유로 인해 끊임없이 염려하며 살아가야 하는지를 묻지 않고서는 자기 자신을 실현할 수 없으며, 또 삶의 의미와 목적, 세계 안에서 취해야 할 입장과 자신의 존재를 발견하지 않고서는 자기 자신을 성취할 수가 없다. "인간은 왜 탐구하는가? 왜 그는 궁극적 존재를 탐구하고 질문할 필요성을 느끼는 것일까? 인간은 무슨 이유로 자신에게 말을 건네고 또 그를 감싸고 있는 사물들이 제공하고 있는 것들에 대해 만족스러워 하지 못하는 것일까?"

사물 안에서 생겨나는 문제들, 예를 들어 스스로를 지탱하지 못하고 그 자체로부터는 의미를 부여받지 못하는 것 등에 대해 반성하는 일은 어떤 면에서 신의 완전성에 참여함을 암시해 준다. 즉 그는 존재의 절대적이고 독립적이며 무제약적이고 불멸적 이성, 모든 것을 지탱케 하고 가능케 하는 이성에 대해 물음을 던진다. 물론 이때 인간은 내적 상대성과 의존성, 한계성 그리고 자신과 만물의 일시적인 성격을 의식한다. 자신의 의식과 지력에 힘입어 인간은 자신의 세계-내-존재와 더불어 신에 이르는 여정 속의 '나그네 인간'(homo viator)이 되는데, 이 여정은 구체적인 삶 속에서 신적 이념을 배태하려는 염려를 출발점으로 삼고 있다.

개인에 대해 언급되는 것은 사회에도 적용되어 그 의미가 부각될 수 있다. 다시 말해 역사의 경우 그것은 어떻게 인간과 그 공동체가 삶의 다양한 영역들 안에서 다수의 강조점을 지니고 서로 다른 시대와 문명 안에서 어떻게 신에 대한 결정적인 태도를 취하여 왔는지를 가르쳐준다. 그리고 그러한 태도가 어떤 방식으로 사회 생활과 사회적 행동 자체를 좌지우지하였는지를 지적해 주고 있다.

물론 신에 대해 인간들이 취한 태도와 관련하여 금세기 문명의 흐름이나 동향이 중세와 근대문명의 동향과는 결코 동일할 수는 없을 것이다. 이런 관점에서는 중세와 근대 그리고 현대에 있어서 신에 대해 취하고 있는 역사적 흐름의 차이성을 증명해 내고, 그러한 차이성이 사회의 가르침과 질서, 개인의 태도 안에서 어떻게 반영되었는지를 증명해 내는 일이란 결코 쉬운 일이 아니다. 한 가지 분명한 것은 중세의 황금기에 자리하고 있던 신 중심성은 오늘에 와서 인간 중심으로 대체되었다는 사실이다. 그리고 신 중심주의적 견해는 인간 중심주의적인 관점으로 변모되었다. 이와 같은 인간 중심적 관점은 모든 강단에서 그리고 모든 인간 행위에서 이론적으로나 실천적인 면에서 극명하게 반영되고 있다. 한마디로 '인간적인 것'이 '신적인 것'을 대치하고 있는 것이다. 야스퍼스(K. Jaspers)의 말대로라면 이것은 '절대적인 어떤 것'을 제거하는 경우 자동적으로 다른 절대적인 것이 멀어져간 것의 자리를 대체한다는 식의 주장과도 같다.

절대자의 문제는 인간의 궁극적인 사고의 문제이며 제거할 수 없는 원천의 문제이다. 또한 그것은 일상사의 문제와 함께 하면서도 한편으로는 그것을 넘어서는 형이상학적 문제인 동시에 존재론적 차원의 질서이기도 하다. 따라서 인간은 원하든 원치 않든 간에 언제나 절대성을 탐구할 수밖에 없다. 절대적인 것은 신과 관련될 것일 수도 있고, 인본주의적 무신론자의 경우에 있어서는 인간적인 것에 관한 것일 수도 있다. 이는 지성적 삶의 표지를 가리키는 것으로 칸트(I. Kant) 역시 그러한 삶의 본질적인 성격을 다음과 같은 식으로 묘사한 바 있다. 즉 신 개념은 매우 어렵게 도달될 수 있는 성질의 것이지만 동시에 인간 사변이성으로는 가장 회피할 수 없는 개념이다.[10]

그런데 인간 정신은 도달하기가 매우 난해한 신 안에서가 아니라면

---

10) I. Kant, *Riflessione*, n.6.282, in Ak xviii, 548.

평화를 얻어 누릴 수 없다는 점을 명기할 필요가 있다. 이러한 사실은 피에르 코사드(Jean-Pierre de Caussade)에게 있어서 "우주는 우리의 마음을 채울 수도 없고 만족시킬 수도 없다. 왜냐하면 인간의 마음은 신을 제외하고는 그 모든 것보다 더 크기 때문이다"[11]라고 말해진다. 그리고 이러한 탐구는 아우구스티누스가 『고백록』(Confessiones)에 남긴 유명한 말처럼 신과의 만남에서 그리고 신을 소유함으로써만 가능한 것으로 나타난다. "주님, 님 위해 우리를 내시었기에 님 안에 쉬기까지는 우리 마음이 평안하지 않나이다."[12]

아우구스티누스와 신플라톤주의의 영향권 하에 있는 보나벤투라에게 있어서 인간의 삶은 신에게 도달하기 위한 여정(itinerarium)이고 상승이라는 강력한 특성을 지닌다. 이러한 여정은 영혼의 힘들에 의해 가능하다. "이성적 영혼의 능력은 실제로 이성이나 의지에 속한다."[13] 인간 영혼은 이성 안에서나 의지 안에서 무한자에게로 그것을 열게 하는 조명된 추진력을 본래부터 타고났다. 이러한 영혼은 자신 안에 신적인 능력을 담고 있다. 이유는 영혼이 "신의 모상"[14]이고 유사함이기 때문이다. 인간 의식 안에는 심오한 역동성이 자리하고 있는데, 이 역동성은 자신의 본성적인 궤도를 따르고 단순화와 환원의 요청에 동의하면서 필연적으로 신에게 도달한다. 다시 말해 신은 의식의 역동

---

11) 코사드의 요한 베드로, 『하느님 섭리에 내맡김』, 김현태 역, 가톨릭대학교출판부, 1993, 48쪽.

12) St. Augustinus, *Confes.*, I, 1.

13) *II Sent*, d. 25, p.1, a. un., q. 2, concl.

14) *I Sent.*, d. 3, p. 2, a. 1, q. 1, concl; *Itin.*, c. 3, n. 5; *Brevil.*, p. 2, c. 12, n. 5. "모상은 종속성이며 본질적 관계이다"(*Haexém.*, col. 10, n. 7). 이 모상은 이 두 가지 사이에 단순한 관계성이 존재하지 않는 표본에 묶여진다. 그렇지만 거기에는 생생하게 일치되고 동일시되도록 하는 억제할 수 없는 염려가 존재한다. 이는 무엇보다도 인간과 하느님과의 관계가 존재의 구성적 구조에 속한다는 사실 때문에 그러하다. 왜냐하면 "창조주와 창조물의 관계는 우연적이지 않고 본질적이기 때문이다."(*Ibid.*, col. 4, n. 8)

성에 대한 최종적이며 만족할 만한 응답이다. 이처럼 영혼은 "높은 것을 향한 경향"15)이며 인간의 육체도 신체적 도식에 있어서 영혼과 유사하다. "육체는 저 높은 곳을 향하고 하늘을 향하는 그러한 경향 안에서 영혼에 적합하게 꾸며져 있다. 그리고 육체는 올곧은 정역학적(靜力學的) 입장을 지니고 있으며 높은 곳을 향해 머리를 쳐들고 있다. 그렇게 함으로써 육체의 똑바른 자세는 정신의 실직(實直)을 증거할 수 있다."16)

토마스 아퀴나스에 의하면 거의 모든 철학은 신적인 것에 대한 인식에 질서 지어져 있다. 그리고 진리에 대한 인식이란 우리의 지성적 삶을 살찌우는 것이라고 주장한다. 왜냐하면 그것은 우리가 알고 있는 것의 목적인(目的因)을 인식하도록 하기 때문이다. "인간과 모든 지성적 실체의 궁극적 목적은 행복 혹은 복락(beatitudo)이라 불린다. 사실 이것이야말로 모든 지성적 실체가 자신의 궁극적 목적으로서 원하는 바이다. … 결국 모든 지성적 실체의 궁극적 복락과 행복은 신을 아는 것이다."17) 이것은 부정할 수 없는 참된 사실인데, 이유는 모든 진리의 의미와 가치는 그 고유한 궁극적 기반을 제일진리 안에서 발견하기 때문이며, 이 제일원리는 곧 절대자와 동일시되기 때문이다.

스코투스에게 있어서 인간 존재의 심부에는 인간을 제일절대자(Primum absolutum)로 인도하는 관계의 역동성이 존재한다. 그런데 이 관계의 역동성은 역시 다른 존재들, 다른 인간들을 향해 방향 지어진다. 인격적인 관계들이 참으로 상호 인격적인 것이 된다면,18) 그때에 그 관계들은 창조된 존재의 궁극적 목표이며 인간 삶의 최종 목표인 하느님에게로 인도된다. 스코투스적 인간은 보나벤투라적 인간과 마찬가지로 무한자에 대한 열망과 욕구들로 충만한 존재이다. 왜냐하

---

15) *Brevil.*, p. 2, c. 10, n. 4.

16) *Ibid.*, 1c.

17) Thomas Aquinas, *Summa contra gentiles*, III, 25.

18) *Rep. Par.*, III, d. 1, q. 5, n. 13.

면 그의 모든 존재는 "존재(Esse)의 제한들 없이 그 대양"을 향해 확산되기 때문이다.[19] 미완성적인 것에 대한 경험과 근원적인 불만족을 체험하는 인간은 자연적인 방법으로 아무런 노력도 없이 신을 향해 자신의 의지를 이끈다.[20] 이것은 선한 의지의 경향이 어떤 내부의 저항들 없이 신을 향해 방향 지어지는 방식과도 같다.[21] 한마디로 말해 스코투스의 전 질서는 제일원리로 인도하는 존재론적 노선으로 나타나고 있다.

지금까지 우리가 언급한 사실들은 신 문제가 인간에 있어서 중심적인 내용이 되고 있음을 말해 준다. 즉 신은 단순히 수덕학, 신비 사상, 신앙, 교회, 저승의 세계와 관련하여 던지는 두려움과 희망에 관한 물음만이 아니다. 신은 인간이 인간적이든 비인간적이든 간에 인간의 기본 문제에 속한다. 실제로 신 존재에 관한 문제는 "문제들 중의 문제이며" 본질적 인간의 근원적인 문제이다. 위에서도 살펴보았듯이 신이라는 주제는 가장 심오한 인간학적 차원들 중의 한 존재로서 인간 안에 자리하고 있다. 이러한 신 문제로부터 여타의 모든 존재 문제들은 최종적인 명확한 해답을 얻게 된다. 실제로 인간과 체계, 정권과 헌장 등을 분류하는 데 있어서 신은 언제나 평가기준이었고 한계점이었다.

역사적으로 모든 철학자들은 방식은 서로 다를지라도 나름대로 신 문제에 직면하여 문제를 풀어가지 않을 수 없었다. 그들은 예외 없이 신에 대해 무엇인가를 기술하고 해명하고자 하였다. 현대철학 역시 신과 인간의 문제가 확실하게 해명되지 않는 경우 종교적인 기능 안에서 이 주제들을 다루고 있다. 이는 신을 제거하고 부정하며 신의 죽음을 주장하고 신의 이름을 소멸시키고자 절대자에게 아무런 여백도 남기려 하지 않던 사람들에게 있어서도 마찬가지이다. 이와 같이 신에

---

19) *Ox.*, I, d. 13, q. un., n. 16.
20) *Collat. subtil.*, col. 16, n. 1.
21) *Ox.*, III, d. 17, n. 5.

관한 주제는 참으로 인간적이며 철학적이고 사회적이며 정치적이고 윤리적인 모든 계획성 안에서 언제나 전매특허처럼 나타나거나 아니면 감추어져 있거나 명시적이거나 함축적인 형태를 띠고 있다.

모든 형이상학이 지닌 공통적인 특성 하나는 존재하는 것의 제일원인을 발견할 필요성이 있다는 데에 동의한다. 그러한 원인은 데모크리토스와 같은 원자론자에게 있어서는 물질 내지 원자로, 플라톤에게 있어서는 신으로, 아리스토텔레스에게는 사유(思惟) 중의 사유로, 플로티누스에게는 일자(一者)로, 모든 그리스도교 철학자들에게 있어서는 존재(Esse)로, 칸트는 도덕법으로, 쇼펜하우어(A. Schopenhauer)는 의지로, 헤겔에게 있어서는 절대정신으로, 베르그송에 있어서는 창조적 지속(創造的 持續)으로 호칭되었다.

이와 같이 신 문제는 인간 세계에 보편적이며 연령과 조건, 지적인 수준을 불문하고 깊이 있게 질문될 수밖에 없는 것이다. 실제로 다양한 철학적 물음들에 대한 연구는 유(有)의 창조적 특성과 신에 대한 인식에서 최고 정점에 이른다. 특히 신에 관한 연구는 철학의 중심적인 논의이다. 이는 역사적인 관점에서뿐만 아니라 이론적인 관점에서도 그러하다.

오늘 이 시대는 과거와는 달리 신의 부재(不在) 내지 결핍이라는 특성을 안고 살아가기에 신이 없는 "존재의 자연적 경험"만을 강조하고 절대자의 문제에 대해서는 거의 무관심하다. 그러나 인간인 한에서 인간은 사물들의 최종적 근거인 절대자의 문제를 결코 소홀히 다루거나 무시할 수가 없다. 이와 관련하여 주비리(X. Zubiri)는 강력한 어조로 이렇게 말한다.

"신 존재 문제에 관한 주요 요건은 모든 이에게 개방되어 있다. 우주 내 인간의 위치, 삶과 염려와 역사의 의미는 이 문제와 관련하여 인간이 어떠한 태도를 취하느냐에 따라 전적으로 달라진다. 이 문제를 목전에 두고 긍정적인 태도도 취할 수 있고 부정적인 태도로 일관할 수도 있다. 아무튼 인간은 그러한 태도들에 의해 움직인다. … 앎이 없는 전체 안에서 고려된 삶은 무의미할 것이다… 오늘의 시대적 혼란 가운데서 그것을 원하든 원치 않든 간에, 아니 정확히 그 반대를 취하든 간에, 긍정하거나 부정하면서도 우리 시대는 아마도 가장 근원적으로 신에 관한 문제를 생활화하는 시대들 중의 하나라고 말할 수 있을 것이다."22)

신 문제는 결코 극복될 수 있는 성질의 것이 아니며 직면해야 할 문제이다. 이와는 반대되는 점을 주장하거나 문제를 한쪽으로 밀쳐두고 회피하는 일은 궤변론적이며 무책임한 처사이다. 따라서 우리에게는 상실된 차원이라고 폴 틸리히(P. Tillich)가 부르는 심오함을 회복해야만 한다.

"이 심오함의 명칭과 모든 존재에 있어서 바래지 않는 기초는 신이다. 이 심오함은 우리가 신이라는 단어로서 생각하는 것이다. … 심오한 것을 아는 자는 신을 안다."23)

4. 교회 내부에서

신 문제는 말할 필요도 없이 교회와 믿는 자들의 모든 공동체 안에서 매우 중요한 문제로 부각된다. 우리가 살아가고 있는 이 시대는 교회의 세기이고 제2차 바티칸 공의회 역시 교회에 관한 교회의 공의회였다고 말할 수 있다. 이것은 부정할 수 없는 사실이다. 그럼에도 불구하고 이러한 사실은 현대 세계 안에 가장 심오하게 숨겨져 있으면서 때로는 적나라하게 드러나는 실상들을 정확히 바라보고 표현했다고 말하기는 힘들 것이다.

오늘날에 와서 가장 중요하고 중심이 되는 문제이면서도 가장 근본

---

22) X. Zubiri, *Naruralezza, historia, Dios*, ed., Nacional, Madrid, 1981, p.343.

23) P. Tillich, *La dimensión perdida*, Desclée, Bilbao, 1970, pp.113-114.

적이고 참된 문제는 '신의 원인'(causa Dei)에 관한 문제이다. 이는 교회의 문제 내지 그리스도와 관련된 문제가 무용하다는 것을 결코 의미하지는 않는다. 이와는 달리 신의 원인에 관한 문제는 신적 실재(realitas divina)의 내부에서가 아니라면 그 완전한 진실성을 획득할 수 없다는 사실이다. 교회는 하느님의 실재에 의해 법정에 호출되었으니 그것은 자기 자신을 상실함 없이 순수히 정복할 수 있도록 하기 위함이고 고립과 자기 건설의 위험으로부터 보존토록 하기 위함이며, 본래의 기원과 고유한 운명 그리고 고유한 목적 앞에 놓여지도록 하는 가능성을 갖추도록 하기 위함이다.

이러한 의미를 지니도록 호출된 교회의 자기 정체성(自己正體性)을 알 리 없는 세속화된 세계는 그리스도교 신앙에 도전하고 있으며 신의 원인으로 인해 아주 특이한 방법으로 교회의 발목을 잡고 있다. "주변의 문제들을 다루고 고백의 차이점들에 대해 허송세월하기를 좋아하는 이러한 상황보다는 오히려 통상적인 그리스도적 요소들을 실현해야만 한다. 신의 원인은 교회를 그 자신의 중심에 묶으며 교회 내부에서 역시 그리스도교 사상과의 밀접한 관계를 창조하는 신앙과 사상 그리고 책임성의 협력에로 교회를 재촉한다."24)

신에 관한 문제는 교회가 그리스도교 신앙에 직면하여 실행에 옮기는 생명력 있는 기능을 통해 교회의 품안에서 우선적으로 해결된다. 즉 교회는 참된 신앙을 강화하고 순수하게 내재주의적(內在主義的)이며 신도적이고 근본적인 관점에서 정신을 배양토록 초대받았다. 그런데 인간 정신력은 신에 관한 문제 해결을 유보시키려는 경향이 있으며, 교회가 자신의 본질적인 종교적 차원과 관련하여 단순히 지상적 사명을 수행하는 것으로만 생각할 수 있다.

이러한 정신을 따를 경우 참으로 교회의 관심을 끌만한 문제점들은

---

24) H. Fries, *Il mondo secolarizzato, sfida alla fede*, in *Ateismo e secolarizzazione*, Cittadella Editrice, Assisi, 1968, p.114.

지상적이고 속적인 것들이며, 단순히 인간 세계를 조직하고 촉진하는 일에만 국한된다. 이와 같은 세계에서는 인간이 자신의 운세를 점쳐나 갈 뿐이다. 그밖에 다른 것들과 신에 관한 문제는 유보될 만한 것이고 잊혀질 수 있는 문제이며 한쪽 구석에 방치될 수도 있는 그런 종류의 문제라고 치부한다. 왜냐하면 그러한 것들은 근본적이거나 일차적인 문제가 아닌 후차적이고 이차적인 문제에 해당하며 해결하기에는 너무나 많은 어려움이 산적해 있는 까닭이라는 것이다. 또한 헤아릴 수 없을 만큼 코앞에서 발생하는 수많은 사회적 사건들과 비교해 볼 때 그러한 것은 그렇게 중요한 반향을 불러일으킬 만한 문제가 아니라고 보기 때문이다. 오히려 그러한 문제들은 인간에게 도움이 되기는커녕 일상의 불안만을 가중시키고 혼란스러움을 유발할 것이라고 여긴다.

바로 이러한 정신은 불신앙이나 이단보다 훨씬 더 위험스럽고 유해하며 치명적이다. 왜냐하면 그러한 정신 자체는 이미 잘못된 교리와 무신적인 요소를 내포하고 있기 때문이다. 뿐만 아니라 그러한 정신적 태도는 인간의 연대성, 정의, 사회발전이라는 미명 하에 가면을 쓰고 변장한 악의적인 요소들을 포함하고 있기 때문이다.

사실 "신이 존재하는가 아니면 존재하지 않는가" 하는 문제는 세계 안에서 '나'의 사명과는 아무런 의미가 없다고 말하는 사람들이 있는데, 사실 그러한 의견은 받아들일만한 아무런 진실도 내포하고 있지 않다. 왜냐하면 인간과 세계는 이 문제를 해결함으로써만 참된 의미를 발견할 수가 있고 충만한 진실성을 획득할 수 있기 때문이다. 신에 대한 긍정과 부정은 세계와 인간의 표지와 가치들을 변화시킬 수 있다. 신에 관한 문제는 피타고라스적 문제가 아니다. 즉 내가 삶을 심도 있게 살지 않고 또 내 존재의 의미를 완전히 변화시키고자 하는 의지 없이는 결코 해결될 수 없는 문제이다.

신 문제와 관련하여 <예>와 <아니오>라고 답하는 것은 전적으로 차이나는 방식으로 세계 안에서 나의 사명에 방향을 제시해 주는 것과도 같다.[25]

5. 용어들의 의미

흔히 사람들은 신 존재를 어떻게 밝혀낼 것인지에 대해 언급하곤 한다. 그것은 또 다른 의미로 신을 향한 여정(旅程, itinerarium)이라 말할 수 있고, 신 존재에 관한 증명이라고도 말할 수 있다. 우리는 여기서 신 탐구와 관련된 말의 의미를 정확히 정의할 필요가 있다. 그렇게 함으로써 우리는 그 참된 의미와 내용을 조사 과정에서 더욱 명백하게 밝혀낼 수 있을 것이다.

이와 관련하여 우리는 탐구, 여정, 논증(demonstratio), 증명(probatio; prova) 등과 같은 용어를 사용할 수 있다. 토마스 역시 매우 적절하게 길들(viae)에 대해 다음과 같이 말하고 있다. "신이 존재한다는 것은 다섯 가지 길로 증명될 수 있다."(Deum esse quinque viis provari potest)[26] 여기서 말하는 길은 어떤 종착지나 목적, 탐구를 위한 노선 내지는 발걸음을 암시한다. 신 탐구 혹은 신에게로의 여정 혹은 노선은 증명이나 논증과는 달리 바로 그러한 종착점에 도달함을 뜻한다.

사실 현대적인 개념으로 이해되는 논증은 대상을 지성적인 파악에 종속시키고자 한다. 즉 이해하고 판단하고 정의하기 위해 대상을 검증의 수단에 종속시키고자 시도하는 것이다. 논증을 통해 지성이 자기 가능성(自己可能性)에 정리된 실재로 문제를 분석하는 경우, 그것은 객체를 독점하고 대상에 대해 주인행세를 하면서 객체를 다루는 까닭에 대상이 소유하고 있는 내적 풍요로움을 상실케 한다.

신을 눈앞에 두고 펼치는 논증은 그 결과로서 결정적 탐구에 이르는 것이 불가능하다. 이유는 바로 '신적' 대상의 이종(異種, heterogeneity) 때문이다. 즉 신은 인간 지성의 능력을 무한히 초과한다. 신

25) M. Federico Sciacca, *Gli arieti contro la verticale*, Marzorati Editore, Milano, 1968, pp.57-59.

26) *S. Th.*, I, 2, 3.

을 '논증할 때' 인간 지성이 도달하는 것은 하느님 자신이 아니다. 또한 그것은 신적 존재에 대한 명증성(evidentia)도 아니며 그것이 하느님 자신이라는 존재의 현실태에 관한 명증성(明證性)도 아니다. 오로지 그것은 표지(signum)와 발자취(vestigium)의 명증성에 도달할 따름이다. 이러한 표지들은 실재 안에서 소란스러운 진술을 펼치면서 신 존재를 선포한다. "신 존재를 논증한다는 것은 신을 우리의 견해에 종속시키는 것도 아니고 신을 정의함도 아니며 신을 소유함도 아니고 어떤 대상과 관련하여 약한 이데아들을 다루는 것도 아니며 우리의 고유하고도 근본적인 종속성을 판단함도 아니다."27) 신 존재를 논증함으로 인해 우리 지성이 성취하는 바는 신 존재가 긍정되어야 한다는 명백한 사실과 "신은 존재한다"는 주장에 있어서 술어가 주어에 부여하는 명증적인 진리를 밝혀내는 것 이외에 다른 어떤 것이 아니다.28)

이러한 선언이 있음으로 인해 이제 증명이나 논증, 길이나 여정, 탐구라는 명칭들이 서로 다르게 사용되지 않으면 안 된다는 사실을 알게 된다. 그러므로 우리는 신 존재의 맥락 안에서 논증이나 증명은 여하한 다른 대상과 관련된 존재의 맥락 안에서 갖게 되는 것과는 다른 반향을 불러일으키게 됨을 이해할 수 있게 된다.

또한 우리는 현대 사상의 요청이라는 맥락에서 이 시대 사람들이 펼치는 신에 관한 탐구에 대해 언급할 수 있을 것이다.

일단 애매 모호함을 피하기 위하여 우리는 작금에 이르러 행해지고 있는 신 탐구가 과거의 모든 사변적인 풍요로움을 거절하는 것이 결코 아님을 짚고 넘어가야 할 것이다. 과거의 사변 역시 하나의 예지였다.

---

27) J. Maritain, *Les degrés du savoir*, 1932, p.446(Complete Works, Vol. 7, ed., R. McInerny, B. Doering and F. Crosson, Univ. of Notre Dame, Notre Dame, 1995).

28) J. Maritain, *Alla ricerca di Dio*, ed., Paoline, Roma, 1960, p.1.

과거는 나름대로의 지성적 직관을 지니고 있었던 것이 사실이다. 어떤 이는 철학사를 연구하면서 철학사란 것이 플라톤 철학의 변화 내지는 주석 이외에 다른 것이 아님을 알게 되었다. 그러나 이러한 제한된 주장을 넘어서서 우리가 말할 수 있는 것은 신 문제에 관해서도 사변적 <과거>는 그 거대한 사상 안에서 현재의 취향과 요청에 부응하여 그 자신의 고유한 가치와 힘을 보존하고 있다는 사실이다.

그럼에도 불구하고 사상에 있어서는 나름대로의 진보가 있고 그것을 심화시키는 깊이가 있으며 항시 새롭게 정복하고자 하는 염려가 살아 숨쉬고 있다. 과거의 어떤 것이 약화되거나 쇠퇴하였다면 거기에는 반드시 새로운 어떤 것이 생겨나고 있으며 근본적으로는 현재 안에서 새로운 것을 취득하기 위한 사람들의 노력은 여전히 계속되고 있다.

우리가 언급하고 있는 현대는 그것이 더 참되게 기능하면 할수록 철학 과목이나 다른 학문들에 있어서 인간 정신이 신에게 접근하는 데 계속적인 노력을 경주하는 여정 안에 효과적으로 그것이 주입되는 경우 올바른 목적은 성취될 수 있다.

우리는 여기서 과거에 비해 엄청난 변화가 발생하게 된 두 가지 요소를 강조하고자 한다. 하나는 탐구의 출발점과 관련된 요소이고 다른 하나는 그와 같은 탐구에 관련된 기술적(技術的)이고 반성적인 요소이다.

1) 출발점

신에 관한 모든 탐구가 움직이게 되는 시초의 자료는 우리 경험에 즉각적으로 제공되는 실재이다. 그런데 이러한 실재는 현대 문화의 맥락에서는 과거에 지녔던 그것과는 전혀 다른 명증성과 일관성을 지니고 있다. 고대인들에 있어서 그들의 철학적 건축물들을 떠받치고 있던 학적 자료는 인간 정신이 실재에서 획득한 인식으로 그것은 매우 풍부하고 새로운 것이었다. 이는 세계 실재와 관련된 학문이든지, 인간 실재와 연관된 학적 과목이든지 간에 철학적·신학적인 옹호 아래 완전한 자치성을 성취하였을 뿐만 아니라 무엇보다도 놀라운 발전을 이룩하는 가운데 심오한 구조와 가장 본질적인 비밀들 안에 잠겨진 실재 자체에 대한 완전한 직관이었다.

이와 같이 고전적이며 전통적인 모든 증명들의 표본은 명백한 우주론적 자료들이었다. 이 자료에 이성적 원리가 적용되는데, 이 원리야말로 과거 안에서 이해되었던 의미로서의 자료 그 자체를 전적으로 꿰뚫어보며 설명을 제공해 준다. 만일 고전적 증명들이 그 가치를 보존하고자 한다면 그 출발점인 우주론적 자료는 이 시대의 학문적 전망 안에서 다시 수용되어야만 한다. 다시 말해 더 이상 아리스토텔레스 시대의 물리학의 요청들이 아닌 현대 학자들의 요청을 완전히 만족시키는 현실성 있는 명사들로 우주적 출발점을 제시해야만 하는 것이다.[29]

2) 논증의 기술적인 면

오늘날 엄밀한 철학적 반성 역시 나름대로의 어떤 정복을 실현하기에 이르렀다.

우리는 흄과 칸트 이후 이들에 의해 보다 더 생기 있고 기능적인 것이 된 사변의 '비판적 의미'에 대해 생각해 볼 수 있다. 또한 우리는 현상학의 근본적인 기여도와 인간학의 발전에 대해서도 눈여겨볼 필요가 있다.[30] 무엇보다도 그것이 인간의 여정을 신을 향해 정초하는

---

29) F. Van Steenberghen, *Dieu caché*, Louvain, 1961, p.18.
30) 특히 현상학과 관련하여 우리는 다음과 같은 사실에 주목할 필요가 있다. 메를로 퐁티가 주장하고 있듯이, 만일 현상학이 학설 혹은 체계를 넘어서는 것으로 방법과 방식으로 사용되고 어떤 전적인 철학적 의식에 도달하기 전의 운동으로서 존재하는 입장 내지는 태도라면, 그때에는 세계, 다른 존재들 그리고 <다른

것일 경우 그러한 정복들에 대해 우리가 무지하거나 평가절하하는 일은 도무지 있을 수 없는 일이다. 특히 현대 유신론의 경우 출발점은 더 이상 물리학이 아니라 인간학이다. 거기에는 더 이상의 세계가 존재하지 않으며 하느님에 대해 물음을 제기하는 인간의 현존만이 자리하고 있다.[31]

출발점을 위해서처럼 증명의 '기술적' 구조에 있어서도 과학적인 차원에서건 철학적 차원에서건 간에 늘 새로운 현대적 탐구정신이 필요하다는 것을 우리는 알아야 한다. 추론의 형식은 더 이상 삼단논법적이라든지 개념적인 것이 아니라 변증법적이고 생생히 살아 있는 형식이다. 즉 그것은 엄밀하게 주지주의적인 영역 안에서 실행되는 것만이 아닌, 감각과 정감적인 차원에서처럼 그렇게 의지적 차원에서도 전 인간을 구속하는 형식이다.

이렇게 해서 신에게로의 여정이 표현되는 강령은 어떤 면에서는 늘 어제의 그것이면서도 또 다른 면에서 더 확대되고 심화된 것이며 더욱 부유해지고 비판적인 것이 될 수밖에 없다.[32]

3) 신 탐구에 대한 언급

무엇보다도 탐구의 주제 안에 신을 포함시키는 일은 애초부터 모든 여정을 무효화시키는 것처럼 보인다. 사실 '신'을 지정하는 것은 이미 정의되어 내용을 지닌 '어떤 것' 혹은 '누구'를 위치시키는 것이다. 우

것>과 함께 인간에 의해 체험된 모든 관계들이 기술되고 설명되기를 원하는 한, 그 자체로 제시되는 대로 그렇게 인간 실제 앞에서 수정되어야 한다(Cf. M. Merleau-Ponty, *Phénoménologie de la perception*, Gallimard, Paris, 1945, II).

31) Cf. P. Colin, *Le théisme actuel et les preuves classiques de l'existence de Dieu*, in *L'existence de Dieu*, Castermann, 1963, p.137.

32) Henry de Lubac, *Sulle vie di Dio*, ed., Paoline, Alba, 1959, pp.127-128.

리가 출발점을 취하면서 탐구가 어느 지점에 이르러 절정에 이를 것인지 그리고 우리의 발걸음이 다른 어떤 곳이 아닌 바로 그곳에서 멈추어 설 것인지를 이미 알고 있는 경우라면, 이것이야말로 시작하기도 전에 전체적인 윤곽을 그려낸 것과도 같으며 나아가서는 정해진 길을 달린 것과도 같다. 그러한 경우 모든 탐구는 애초부터 절충된 것으로 보아야 할 것이다.

이와 같은 종류의 반박은 가치가 있는데, 그것은 조건부인 한에서 그러하다. 즉 유효한 경우는 탐구의 시초에 그렇게 제시된 '신'이 노정 자체를 효과적으로 좌우하는 경우일 것이다. 그렇지만 그것은 탐구의 합법적인 계속성이라는 사실에 입각해 볼 때 필연적으로 대두되는 것은 아니다. 이와는 달리 요청되는 것이 있다면 그것은 탐구가 나가야 할 방향과 동향을 제시해야 한다는 점이다. 다시 말해 효과적인 시초와 방향감각이 있어야만 한다. 만일 문제가 있다면 그것에 대해 언급해야 하겠지만 문제의 해결책이 여정의 최종 목적지에 도달하여 풀릴 만한 것으로 제시되는 경우라면 정해진 목표를 행해 발걸음을 계속해야 한다. 다시 말해 우리는 어디서 출발할 것인지 그리고 어디쯤 가서 도달하게 될 것인지에 대해 알아야만 한다.

이미 언급한 바와 같이 출발점은 불확실성 안에 있는 현재의 실재이다. 도달점은 가상적으로 이 실재에 의미를 부여하는 다른 실재이어야 한다. 여기서 말하는 다른 실재는 바로 '신'이라는 명사이다. "신이라는 가설은 실질적인 인간 문제에서 생겨난다. 이성적 탐구는 이 가설을 확언하거나 부정하는 사명을 띠고 있고 지성적 초월적 유(Esse)의 존재, 창조주 그리고 섭리(Providentia)가 어디까지 이성적으로 증명 가능한 진리인지, 따라서 그것이 객관적으로 유효한 것인지 아니면 순수 신앙에 관한 진리인지 아니면 말의 발성(flatus vocis)에 불과한 것인지를 밝힐 의무가 있다."[33]

---

33) M. F. Siacca, *Filosofia e Metafisica*, Marzorati Editore, Milano, 1962, p.87.

따라서 우리가 신이라는 용어로 제시하고자 하는 바는 다름 아닌 자유와 인격, 독자성과 생산성, 초월성과 무한성의 특징들을 그 자체로 지니고 있는 실재, 결국은 거기서 우주적이고 인간적인 실재가 그 지속성을 결과적으로 또 전적으로 갖게 되는 경우이다.

이와 같은 개념의 선택은 임의적인 것으로 여겨질 수도 있다. 아니 어떤 의미에서 그것은 분명 임의적이다. 그러나 개념의 선택은 아직 정당화되지 않으며 증명되어야 할 가설이고 탐구의 과정에서 깊이 있게 수정될 수도 있다. 그렇지만 이러한 선택은 비이성적이라는 의미에서 임의적인 것은 결코 아니다. 여타의 모든 인간 인식의 영역에서처럼 신에 대한 탐구에 있어서도 신을 향한 여정을 시작하는 자는 오랜 철학적 반성을 통해 다듬어지고 전통 안에서 통상적으로 받아들여진 신 개념으로부터 출발하는 것이 바람직하다고 보며 또 그것이 합법적인 것이라고 보아야 한다.34)

물론 그러한 개념이 여정과 목적을 좌우할 수 있는 위험성을 내포하고 있다는 것도 간과할 수는 없다. 그런 경우는 하나의 가설에 불과한 개념을 확고하게 얻어진 진리로 여겨 그것을 사용하는 경우인데, 그때 그것은 조사 대상의 문제와는 전혀 반대되는 진행과정을 취하게 된다. 그러한 경우에 문제는 전혀 다른 식으로 변질되며 그 개념이 표현하는 명사들 역시 그들 상호간의 관계와 의미 그리고 기능을 변형시킨다.

언제나 위험성은 상존하지만 그러한 위험은 극복될 수 있고 또 극복되어야만 한다. 가설로 취해진 신 개념이 진리의 기초와 원천으로 변모되는 것을 조정하며 경험 자료들이 더해져 해석되는 지평으로 그것이 받아들여지지 않도록 막아야 하는 것은 조사 과정에서 특수한 것으로 간주되어야 한다.

신 존재의 긍정이 명확히 밝혀지는 토대를 구축하는 경험 자료들에

---

34) J. Delanglade, *Le problème de Dieu*, Aubier, Paris, 1960, p.19.

대한 해석은 가설로만 제시된 신의 예비적 긍정과는 별도로 절대적이고 확증적인 관점에서 행해져야 한다. 그리고 탐구의 결과들은 다른 어떤 요소가 아닌 경험 자료들로부터 순수하게 주어져야만 한다. 그때에 우리는 유들의 제일원인(primum Principium)인 신에게 이르는 것이 가치 있는 인식이라는 사실을 인정하게 된다. 물론 신이 그 자체로 존재한다는 것을 빈약한 인간 인식으로 알아낸다는 것은 도저히 있을 수 없는 일이다. 따라서 우리는 신의 결과들인 피조물에서 출발함으로써 신에게 도달할 수 있고 '그분'이 존재한다는 것 그리고 '그분'이 존재함의 어떤 것임을 알게 된다.[35] 이와 같은 방식으로 우리는 제일원인(Causa prima)이 우리가 인식하기 위하여 출발점으로 취한 결과들을 무한히 넘어서 있다는 한에서 '그분'이시라는 것보다 오히려 '그분'이 아니라는 그 절대자에 대한 앎을 더 잘 터득하게 된다.[36]

6. 즉발적 인식과 반성적 인식

무엇보다도 우리는 신에 관한 '자연적' 지식을 갖고 있다. 이는 신 문제가 인간 인식 안에서 보편성과 초월성의 특성을 지니고 있다는 점에서 그러하다. 보편성(普遍性, universalitas)의 특징은 그 해결책에 있어서 만큼이나 문제제기에 있어서 신 문제가 인간 의식의 모든 형식 내지 각각의 형식에 호소되는 것으로 나타나며 이는 여타의 사회 계급이나 그것이 자리한 모든 문화 계층, 즉 발전적이거나 원시적이거나 젊거나 노화되었거나 예술적이거나 학문적이거나 실천적·이론적인 정신세계(spiritualitas)의 모든 문화 안에서 공통적으로 드러나고 있다는 점에서 그러하다. 그것은 세기들과 사건들의 변화 속에서도 결

---

35) A. L. Gonzalez, *Filosofia di Dio*, Le Monnier, Firenze, 1988, pp.6-7.
36) *Ibid.*, p.7.

코 변화될 수 없는 소지가 있는 것처럼 보인다. 다시 말해 신 문제는 모든 의식의 형태들, 가장 거칠고 다듬어지지 않은 원시인들의 의식 안에서 그러하였듯이 21세기를 살아가는 현대인들의 정신세계 안에서도 그대로 공존하고 있다.

이와는 달리 초월성(超越性, transcendentia)의 특징은 신 문제가 모든 의식과 인식의 차원에서 소진될 수 없는 것, 즉 어떤 형태들의 의식과 인식 안에 멈추는 데 동의하지 않고 오로지 계속적인 극복 안에서, 연속적인 통합 안에서 이것에서 저것으로 연장되는 것을 의미한다. 따라서 신 문제는 여타의 학문들의 움직임과 요청들을 좌우하면서도 동시에 어떤 면에서는 각각의 학문들과 인식들을 넘어서 있다.

그것은 여하한 모든 철학적 인식에 선행하면서도 또 그것을 동반하는 인식이기도 하다. 전자와 관련하여 그것은 전적인 타당성 안에서 여하한 변증법적·반성적 그리고 형이상학적 기교를 초과해 있다.[37] 이렇게 볼 때 신 문제는 형이상학적 지식의 근거인 자연 지식에서 출발하지만 자연적 지식은 이미 앞서 초월성을 내포하는 고로 형이상학적 기교를 초월해 있다는 의미에서 역설적이지 않을 수 없다. 이를 두고 파브로(C. Fabro)는 다음과 같이 말한다.

"무엇보다도 신 문제에 관한 연구에 있어서 놀라운 것은 — 본인은 이 점을 절망적인 어조로 표현하고자 한다 — 그 개별 부분들에 있어서처럼 전체적인 관점에 있어서 고유하리 만치 신 탐구의 변증적이고 역설적인 특성이다. 그러한 역설적인 성격은 … 그것들의 형이상학적이고 인간학적이며 존재론적인 의미에서 파악된 보편성과 초월성이라는 명사로 … 표현될 수 있다."[38]

이러한 자연적이고 즉발적인 지식의 근원은 인간 정신의 본성 안에

---

37) J. Maritain, *Alla ricerca di Dio*, p.8.
38) C. Fabro, *L'uomo e il rischio di Dio*, Editrice Studium, Roma, 1967, p.9.

서 탐구되어야만 한다. 정신은 자신의 인식을 철두철미하게 철학적·형이상학적으로 정교히 하기 훨씬 이전에 존재의 즉각적인 접촉에 다다를 수 있는 힘과 근원적인 궁핍을 지각하여 그 근본을 요청하는 능력을 자기 안에 담고 있다. 신 존재 논증에 관한 증명을 철학적·형이상학적으로 정교히 한다는 것은 이러한 존재의 제일차적 직관을 통해서만 가능하다. 이 직관 자체는 비록 비판적으로 정당화되지 않았을 망정 암묵적으로는 형이상학적이다. 형이상학적 차원은 인간 정신과 관련하여 구성적인 것이며 신에 관한 긍정은 이러한 차원의 '자연적' 결실이다. 이것은 즉발적 인식의 일차적인 여명들이다.

엄밀하게 말해지는 철학적 논증이 배치되는 기술적 기구와 관련되는 경우, 말할 필요도 없이 그것은 정신의 비판적 요청들을 충분히 만족시킬 수 있다고 말할 수 있다. 이와는 달리 즉발적 인식은 엄밀하게 학문적인 모든 탐구를 필연적으로 동반하는 수많은 물음들에 대해 아무런 답도 남겨놓지 않는다. 즉발적 인식은 형이상학적 인식과 관련하여 하급성 내지는 불완전함의 상태로 유입된다. 그것은 학적인 엄밀함을 상실할 뿐만 아니라 자신의 상태와 철학적 논의의 수순에서 나타나는 어려움들에 대해서도 무지하다. 그것은 변증법적인 순진무구함과 단순성(ingenuitas)의 차원에 놓여 있다.

이와는 달리 이러한 즉발적 인식의 내용과 그것을 수식하는 강제적인 확실성과 이어지는 신 존재 증명이라는 철학적 정교함 안에서 수행되는 기능과 관련되는 경우, 즉발적 지식이 취하는 중요성은 아주 근본적인 것이 되며, 신에게로의 접근이라는 영역 안에서 하급적인 차원에 다시 묶여지는 일에 동의하지 않는다. 신에 관한 형이상학적 인식과 함께 하는 그 고리들은 조직적이고 밀접하다. 그때 즉발적 지식의 현존은 이차적 혹은 부차적이라기보다는 본질적인 것이 된다. 이유는 신에 관한 형이상학적 논의는 유일하게 그 안에서 안전한 포구에 인도될 수 있는 유효한 기반을 마련해 주는 까닭이다.

이렇게 볼 때 우리는 인간 인식의 두 가지 형식을 통해 절대자에게 접근 가능하다는 사실을 알게 된다. 물론 인간은 다양한 방식으로 신을 인식할 수 있다. 그것은 우리가 지금까지 살펴보았듯이 즉발적 방식과 학적·철학적 방식과 같은 유일한 이성의 힘을 통해서도 가능하지만 다른 하나는 초월적 방식을 통해, 다시 말해 인간 본성의 힘을 초월하는 방식으로 신을 인식할 수 있다. 그렇지만 우리는 여기서 즉발적인 방식 혹은 선지식적(先知識的) 방식, 반성적이며 형이상학적 방식에 대해 우리의 관심을 기울일 필요가 있다.

우리가 보았듯이 즉발적 인식 내지 선지식적 연역은 모든 인간에게 있어서 신(神) 지식에 관한 일차적 단계이다. 모든 세기에 걸쳐서 인간은 신에 대한 일정한 개념을 갖고 있었다. 물론 이 지식은 철학적이지도 못하고 완전하지도 못했지만 그 나름대로 가치를 지니고 있다.

철학적·형이상학적 인식은 신에 관한 인식이 모든 이에게 고루 해당되지는 않을지라도 유들의 제일원리인 신에게 이르는 것이 적어도 가치 있는 인식이다. "신 존재에 관한 철학적 증명들은 … 학적인 논의와 학문적인 확실성의 차원에서 이 같은 자연적 인식의 발전이며 명시화임이 … 분명하다. 그리고 그 증명들은 대개 논증의 논리적 구조와 관련되는 한에서가 아니라 사유하는 주체의 존재론적 조건과 연관된다는 점에서 자연적 인식을 전제로 한다."[39] 그렇다고 해서 이것은 철학적 증명들이 그 유효성이나 효력을 상실한다는 것을 뜻하지 않는다. 여기서 말하는 유효성 혹은 효력은 신에 관한 인식이 즉발적 인식의 일차적 단계에서 완전하게 현실화되는 것을 가리킨다. 마치도 신에 관한 즉발적 인식이 인간 정신에 공통적으로 자연적인 것과 같이 증명은 이러한 즉발적 인식을 비판적으로 완전하게 하고 정당화하는 그런 정신에 있어서도 공통적으로 자연적이다. 인간 정신이 인식의 비판적인 정당화라는 이러한 요청을 만나지 못하는 경우 그것은 자신을 거부할 수도 있다. 인식의 비판적 정당화의 요청은 일차적으로, 즉

---

39) J. Maritain, *Alla ricerca di Dio*, pp.14-15.

발적으로 그의 존재에서 분출된다. "의심할 여지도 없이 그렇게 생겨나는 즉발적 증명은 사유에 전적인 힘으로 놓여지기 위해, 명백한 규정 없이 설명될 필요가 있다. 비판적인 부분을 벗어나지 않는 이러한 정당한 해설은 어떤 관점에서 항시 변화하는 사물들에 기초한 해설 그 자체이다. '증명의 지혜로운 형식'은 무엇보다도 반박들에 대해 답하거나 아니면 반박들을 가로막는 데 운명지어져 있다. 그것은 적합성 내지 계속해서 새로워지려는 노력 없이는 개념 되지 않는다. … 하느님 자신이 그의 영원성 안에서 창조의 끊임없는 유전(流轉)을 지배하고 있는 것처럼, 그렇게 우리 안에 있는 하느님의 관념은 지성적 삶의 변동을 지배하면서 그 변화 자체를 통해 늘 무적의 힘으로 부과된다. 지금까지 신에 관해 말해 온 위대한 모든 정신들은 우리와 같은 시대의 사람들로 그렇게 남아 있다."40)

인간 정신이 내부적으로 끊임없이 밀쳐져 도전받는 비판적인 앎은 즉발적 앎의 대용품이 아니다. 그것은 오히려 기술적이고 학문적인 완성이며 명시화이다. 즉발적 인식은 전적인 진리에 도달하는 데 있어서 충만하게 실현되고자 하는 경향이다. 전적인 진리는 정신이 자유롭게 사용하는 기술적·반성적·학문적인 모든 원천들을 개방하는 데서 얻어진다.

그때에 우리는 어떻게 신에 관한 즉발적 긍정에서 형이상학적 긍정에로 나아가는 전이가 인식의 대체 과정이 아닌 통합과 발전 그리고 명시화의 과정인지를 알게 된다. 즉발적 인식 없이 오로지 존재의 직관과 함께 하는 형이상학적 증명들은 그 기초가 붕괴될 것이며, 이와는 달리 철학적이고 비판적 심오함이 없는 즉발적 인식은 인간 정신에 효과적으로 부여될 수 있는 타당한 타이틀을 상실하게 될 것이다.

신에 관한 인식을 이성적으로 정초하기 위해 수세기에 걸쳐 철학적 사유를 통해 조사된 다양한 시도들은 근본적으로 하나의 해설에 불과

---

40) Henry de Lubac, *Sulle vie di Dio*, pp.93-95.

할 뿐 다른 어떤 것이 아니었다. 다시 말해 그것은 즉발적 인식 안에 제공된 존재의 제일차적 직관적 지각에 대해 비판적으로 정당화한 명시화였다. 이와 같은 존재의 원초적 의미가 결핍된 곳에서는 그 어떤 증명들도, 비록 기술적으로 가장 엄밀한 논증이라 할지라도, 가장 조심스럽고 철저하게 준비된 인간 정신이라 할지라도 결코 그 정당성을 주장할 수 없다. 이와는 달리 그것이 현존하는 곳에서는 기술적으로 철학적으로 다소 미흡하게 배치된 인간 정신이라 하더라도 그러한 증명들의 효력에 무디지 않을 것이며 그것은 본질적인 의미와 일치한다.

7. 신에 관한 자연적 인식의 한계들

1) 신에 관한 긍정

· 신에 관한 긍정은 그것이 즉발적인 인식 과정을 통해 도달된 것이든 아니면 철학적인 진행 과정에 따라 형성된 것이든 간에 그것은 전적으로 특이한 성격을 지닌다. 여기서 말하는 특성이란 근본적으로 신에 관한 긍정은 인간 지성이 여타의 모든 세계 실재에 직면하여 그 목적을 실현할 수 있는 긍정과는 근본적으로 구별됨을 뜻한다. 여하한 모든 대상들을 긍정하는 데 있어서 지성작용은 그것들을 전적으로 이해하여 파악해 낼 수 있지만, 이와는 달리 하느님을 긍정하는 데 있어서 지성작용은 신을 파악하고 소유하며 정의하는 데 있어서 완전히 부적합한 것으로 남아 있다. "… 다른 모든 경우들에 있어서, 우리는 세계, 즉 우리 경험계의 대상에 대해 다시 사고하게 된다. 왜냐하면 그것은 우리 경험의 현실적인 정복을 또다시 벗어나 있기 때문이다. 이와는 반대로 우리가 신 문제를 다룰 때 신과 관련된 대상과 존재의 단어들 자체는 초월적 의미를 취한다. 이는 '나보다 더한 나 자신'인 나의 있음(essere)의 원천인 존재(Essere)에 관한 것이다."41)

두 가지의 긍정에 있어서 내용의 차이성은 바로 인간 정신이 적용되는 객체들의 차이성에서 생겨난다. 길들 혹은 증명들은 우리에게 신을 그 실재 안에서 드러내주지는 않는다. 우리에게 드러내주는 것이 있다면 그것은 신 존재의 긍정에 관한 명증성(evidentia)과 필연성(necessitas)이다. 근본적으로 불충분한 그 자체에 대한 실재 체험은 우리가 경험하는 실재, 즉 절대적이고 자기 충족적이며 필연적인 실재와는 차이나는 일치성에 관한 실재의 존재를 우리로 하여금 긍정하도록 해준다.

그러나 이러한 절대적이고 자기 충족적(自己充足的)이며 필연적인 실재가 그 자체로 존재한다는 것은 증명들이 밝혀낼 수 있는 성질의 것이 아니다. 아니 전혀 밝힐 수도 없다. 신을 정복하는 데 있어서 인간 사유의 진척은 이러한 한계와 '신'(Deus)이라는 내용의 한계 앞에서 멈추게 된다. 신은 자기 내(自己內) 자체 명증성(evidentia)이다. 이렇게 볼 때 인간의 지성 앞에서 신은 그 모든 가능성을 넘어서 있다. 이와 같이 '넘어서' 있다는 것은 전적으로 접근 불가능하다는 것을 함축하고 있는 증명들의 한결같은 구조이다. "세계로부터 움직이면서 신에 관한 증명이 타당성을 지니기 위해서 그리고 그것이 참으로 신에 관한 증명이기 위해서는 단어의 엄밀함에서 바라볼 때 신적 본질의 어떤 것이 알려질 수 있음이 불가피한 것은 아니다. 이와는 반대로 그것에 대해 아무 것도 알 수 없다는 것은 필수 불가결한 것으로 여겨진다. 사실 우리는 나머지의 모든 것과 구별된 것으로서 오로지 그렇게만 그것을 안다. 만일 우리가 세계와 세계 존재들의 어떤 것을 알고 있다는 의미에서 어떤 것을 알 수만 있다면, 이러한 본질은 다른 것들과 마찬가지로 다소간에 사유의 범주 안으로 들어오게 될 것이며 류(類, genus) 안에 낙찰될 것이다. 그 순간부터 본질은 이 세계에 속하게 될 것이며 세계 자체를 설명하는 데에 우리에게 더 이상 아무런

---

41) *Ibid.*, p.90.

도움도 되지 못할 것이다. 아마도 모든 것은 처음부터 다시 시작해야 할 것이고 우리는 황당해 하지 않을 수 없을 것이다."[42]

지성작용이 인식해 낼 수 있는 유일한 실재는 세계 실재로 지성은 그것을 근본적인 비충족성 안에 구성된 것으로 인식한다. 이러한 실재에서 출발점을 취하는 가운데 지성작용은 그러한 세계 실재와는 상이한 또 다른 실재를 긍정하는 데 도달한다. 그러한 실재는 비충족적이거나 상대적이지 않으며 그 자체로 자기 충족적이며 절대적인 실재이다. 그러나 이러한 실재가 그 자체로 있다는 것을 우리는 알지 못하고 또 알 수도 없다. 왜냐하면 그것은 세계 실재를 전적으로 초월하여 존재할 수밖에 없고 세계와 인간 실재를 '넘어서' 있을 수밖에 없기 때문이다.

있을 수 있는 혼돈들이나 오해를 피하기 위해서는 '신적 실재'가 세계 실재를 '넘어서서', '위에', '밖에' 있다고 말하는 경우 그러한 장소들은 마치도 하느님이 사슬의 최종적인 고리 내지는 첫 번째 고리인 것처럼 그렇게 시간과 공간적인 의미 안에서 말해지는 것은 아니다. 그것은 단지 명사의 전적인 엄밀함 속에서 '타자'(Alterus)를 긍정하기 위해 일련의 세계 사물로부터 또 일련의 고리들과 수들로부터 벗어나게끔 의무 지운다는 의미에서 그러하다. 그러한 '타자'는 사슬의 부분에 속하지 않으며 세계 실재와는 완전히 다른 어떤 것으로 모든 고리를 벗어난 것이다. "신은 사슬의 첫 번째 고리가 아니다. 이러한 세계를 구성하는 일련의 원인과 결과들 안에서 신은 계열의 첫 것도 아니며 '과거 안에서 발생의 기점'도 아니다. 신은 '현재 안에서 충족이유'이다(과거와 미래 안에서처럼 지속의 모든 연장 안에서)."[43]

42) *Ibid.*, p.90.

43) *Ibid.*, 99; Cf. R. Jolivet, *L'uomo metafisico*, ed., Paoline, Catania, 1953, p.35; J. Delanglade, *Le Problème de Dieu*, 1960, pp.76-85.

2) 증명에 있어서 빛과 신비

신에게로의 철학적 혹은 형이상학적 노선은 확실히 인간이 절대자에 대해 지닐 수 있는 최고가는 자연적 지식 내지는 이성적 지식이다. 신을 향한 여정의 극단에는 인간 편에서의 의식 파악이 있다. 그것은 곧 인간은 신에 대해 아무 것도 말할 수 없다는 것이다. '신'의 내용은 그에게 신비로 남아 있으며 따라서 인간은 신과 관련된 것에 대해 순수 '무지'를 고백해야만 한다. 신을 향한 고된 여정의 발걸음은 "신은 형언할 수 없다"는 긍정 안에서 결론이 난다. 바로 그 안에 신의 위대함이 자리하고 있으며, 대신 신의 자비와 같은 본질문제는 인간 지성의 능력을 완전히 벗어나 있다. 그 결과 신에 대한 인간의 지식은 한없이 부족하다. 신의 본질이 인간 능력을 초과함으로 이성이 그것을 알지 못할지언정, 인간은 불멸적이고 신적인 것들에 대한 인식에 임해야 한다. 왜냐하면 신에 대한 불완전한 인식은 역설적으로 인간에게 커다란 완전성을 제공하여 줄 것이기 때문이다. 이것이 의미하는 바는 이성은 지혜가 자리한 최종적 원인들에 대한 인식 안에서 최대의 자기 완전성을 발견한다는 사실이다.

이와 같이 신을 향한 고된 여정의 극단에서 신 존재와 본질에 대한 불완전한 인간 인식으로 인해 긍정적인 결실을 거두지 못하고 오로지 순수 무지를 고백하는 경우라면 그것은 분명 인간 지성작용이 거두는 가장 풍성한 소득임에 틀림없다. 그러한 태도는 신비 앞에서 입을 다물고 있을망정 실제적으로는 공허(空虛)로 인도되거나 아니면 그런 류의 상태로 빠져드는 것은 아니기 때문이다. 인간의 지성작용이 도달하게 되는 무지는 인간 편에서 갖게 되는 모든 인식의 전적인 부재이다. 그것은 인식에 있어서 박식한 '무지'(ignorantia)인 것이다. 사실 이 때문에 인간은 고유한 한계들에 대한 의식을 지닌다. 그래서 그는 알지 못한다는 것을 안다는 무지(無知)의 지(知)에 무릎을 친다. 그리고 그는 신이 세계의 모든 조건들을 초월한다는 의식도 지닌다. 신은 세계 사물들 중의 그 어떤 것도 아니다. 이는 신에 관한 형용할 수 없는 완전성과 인간 인식의 한계성을 표현해 주는 단초이다.

"하느님은 형용할 수 없다고 우리가 말할 때 그것은 참된 것에 대해 아무 것도 말할 수 없다는 것을 뜻하지 않는다. 그리고 그것은 그분과 관련된 것에 대해 말할 수 있는 것이라고는 아무 것도 없다는 것을 의미하지도 않는다. 그리고 우리는 하느님에 대해 입을 다물고 있어야 한다거나 인간들이 그분에게 부여한 속성들이 한결같이 동일한 뜻을 지니고 있다거나 아니면 아무런 차별 없이 모든 것이 그분에 관해 긍정될 수 있다거나 부정될 수 있다는 것을 뜻하지도 않는다. 그리고 사람들이 말하는 모든 것이 실용적이고 일시적인 가치만을 지니고 있음을 의미하지도 않는다.

하느님에 관해 말로 표현하기가 불가능하다는 것은 하나의 변증법의 형태라고 인정된다. 즉 신의 형용불가성은 변증법적 명사에 의해 정확하고 탁월할 정도의 긍정적인 의미를 이끌어낸다는 것이다. 그것을 고백하는 자는 공허함이나 혼란스러움에 빠져들지 않고 사유 안에서 엄밀함의 노력을 완수하며 성취한다. 그는 이러한 노력의 결실들을 무효화하지 않으며 그 자체를 부정함으로써 결실을 거둔다. 형용불가능성은 절대적 초월성에 대한 별칭 외에 별개의 것이 아니다. 침묵은 원리에 있지 않고 명사에 해당할 따름이다."44)

따라서 여기서 말하고자 하는 것은 신에 관한 절대적 공허가 아니라 신이 아닌 것에 대한 계속적인 정체를 밝혀내자는 것이다. 이는 긍정과 탁월성 그리고 부정의 변증법을 통해 얻어진다. 이러한 변증법을 통해 이성은 실재의 긍정적인 면들을 고찰하는 가운데 긍정적이고 순수한 신을 긍정하는 데로 인도되며 그 안에서 찬연한 빛을 발하게 된다. 신은 자기존재의 탁월한 완전성 안에서 이해되며 피조물들 안에 놓여 있는 모든 결핍과 한계들에 구애받지 않는 존재로 이해된다.

이는 긍정과 탁월성 그리고 부정이라는 고전적 프로세스이다. 그것은 인간 지성의 비참함과 위대함을 동시에 드러내 보인다. 신은 본질

---

44) Henry de Lubac, *op. cit.*, pp.181-183.

에 있어서는 접근 불가능하다. 그렇지만 우리의 지성작용은 적어도 그 이해력이 신적 본질을 피해 가고 있음을 알고 있으며 그것은 그분에 대해 오류적으로 말하는 것을 회피하도록 동의한다. 그뿐만 아니라 지성작용은 신에게 무차별적으로 긍정과 부정이 할당되지 않고 '그분'에게 주어지는 모든 언사들이 헛되거나 거짓스럽게 관련되는 것을 회피하도록 도움을 준다. 그것은 무엇보다도 신에 관한 어떤 것을 발견하는 데 있어서 지성이 추구하는 행진이 비이성적이고 모순적인 추측이나 가정에 근거하지 않고 오히려 이성적이고 풍요로우며 철저하게 통제된 사유의 엄밀함에 복종한다는 것을 밝혀 드러내준다.

"신과 비교하여 모든 것이 쓰임새가 있을 수 있으나 그 어떤 것도 절대적인 가치를 지니지는 못한다. 플로티누스(Plotinus)는 '신에 대해 어떻게 말할 것인가?' 하고 물음을 던진다. 우리는 신에 대해 말할 수는 있지만 신을 그 자체로 표현할 수는 없다. 그렇지만 그 자체로 신을 받아들이지 못하는 경우 우리는 신에 대해 어떻게 말할 수 있겠는가? 앎으로 (그 자체로) 신을 받아들이지 못하는 경우 우리는 전혀 신을 받아들이지 못하는 것이 아니다. 우리는 신에 대해 말함으로써 충분히 받아들이지만 그것은 어디까지나 우리의 언어들이 그 자체로 신에게 도달하는 것으로서가 아니다. 우리는 신이 아니라는 것, 존재하는 그것이 아니라는 것에 대해 말한다. 왜냐하면 신보다 하급적인 것들에 대해 말하는 가운데 우리는 신에 대해 말하기 때문이다."[45]

"신의 엄위는 — 성 아우구스티누스는 동일한 의미를 지닌 글을 남기고 있다 — '말해질 수 있는 그 모든 것보다도 전적으로 더 크기에 결코 거기에 합당치 않다. 왜냐하면 신의 형용할 수 없는 지고성은 여하한 모든 언어의 가능성을 넘어서 있기 때문이며, 가장 숭고한 명사들조차도 침묵이 여하한 인간적인 모든 언어들과 비교해 볼 때 훨씬 더할 만큼 그것은 아주 보잘 것없는 것이기 때문이다.' "[46]

---

45) Plotinus, *Enneades*, V.8.

46) St. Augustinus, *Contra Adimantum Manichaeum*, c. VII, 4, 그리고 c. XI: R.

말할 필요도 없이 이러한 프로세스 이후만큼 그렇게 이전에도 신은 언제나 전혀 알려지지 않는 존재로 남아 있다. 특히 그것은 신적 본질과 관련하여 그러한데 신은 우리 지성으로 전혀 파악될 수 없는 존재이다. 그렇지만 이러한 사실을 통해서 우리는 적어도 두 가지의 결과 내지 결론에 다다를 수 있다. 하나는 신의 절대적 초월성에 대한 보다 더 생생한 느낌이며, 다른 하나는 빛의 신비가 신의 얼굴을 감싸고 있다는 확신이다.

그런데 이것은 아무 것도 아닌 것이 아니다. 오히려 그것은 인간이 신에 관해 이 지상에서 당도할 수 있는 가장 뛰어난 학인 것이다. "신에게 도달할 수 없다는 것은 우리의 발견이다. 다시 말해 신에게 도달할 수 없다는 우리의 실패는 우리의 성공인 것이다."[47)

8. 인간의 주도권인가 아니면 신의 주도권인가?

우리가 신에 관한 자연적 인식이라고 부른 것을 궁극적으로 확정짓기 위해 하느님에 대해 우리가 계시를 통해 갖게 된 지식과 비교하는 일은 아마도 온당치 못한 태도일지도 모른다.

무엇보다도 지금 이 시점에서 이와 같은 비교는 '무의미'한 것이거나 아니면 '상황을 벗어난' 태도임이 확실하다. 신을 향한 여정의 시초에 우리가 그러했듯이, 그분의 존재에 대한 최고가는 증인으로서 우리의 느낌 위에 하느님이 흘러 넘치게 할 수는 없는 일이다. 이러한 행위는 그저 자명한 원리를 청원하는 것으로써 최소한의 상식에 대한 부정과 학적인 정직성을 부정한다는 사실을 드러낸다. 우리는 애초부터 이 점을 철저히 중시해야 한다고 말한 바 있다.

Jolivet, *L'uomo metafisico*, ed., Paoline, Catania, 1958, pp.118-119.

47) M. Eckart, *Prediche e trattati, Trattato* XIV: De Lubac, *Sulle Vie di Dio*, p.246에서 인용.

부분적인 정당화와 관련하여 우리는 비교의 참된 '의도'(intentio)가 신에 대한 증거 진술이 아닌 이성에 의해 정복된 신에 관한 지식과 계시를 통해 도달한 신에 관한 지식 사이에 확고해지는 관계들에 대한 탐구라고 말할 수 있을 것이다.

　　그런데 여기서 문제를 다루는 데 있어서 어떤 타당성을 지적해 낼 수 있다. 이성에 의해 도달한 신에 관한 지식과 계시를 통해 도달한 하느님에 관한 지식을 서로 비교하는 일은 정당성을 지니는데, 그것은 두 가지의 지식이 제이차적인 순간에 인간적인 유일한 주체 안에 결합하여 존재하는 식으로 고찰되는 경우이다. 하느님을 탐구하는 신앙인은 이성을 통해 도달한 지식(인간의 행위)과 신앙을 통해 얻게 된 지식이 만나는 장소이거나 거처일 것이다(하느님의 행위). 그때에 신앙인에 있어서는 두 가지 지식에 관한 공통가능성(共通可能性)의 문제가 제기될 것이다. 즉 문제는 다른 것이 아니라 그가 신이 존재하는 것에 대해 동시에 "믿을 수 있고" 또 "인식할 수 있느냐" 하는 점이다. 그렇지 않은 경우에는 다음과 같은 문제점이 제기될 수 있다. 즉 그가 학문에 귀착하는 경우 그는 믿는 것을 포기하지 말아야 하는가와 신앙에 귀의하는 경우에는 앎을 더 이상 추구하지 말아야 하는지에 관한 문제이다.

　　또 다른 문제로 제기될 수 있는 것이 있다면 그것은 "신을 탐구하는 데 있어서 그 주도권을 쥐고 있는 것이 과연 인간인지 아니면 신이 인간을 자극하고 선동하는 것인지"에 관한 점이다.

　　우리의 중대 관심사가 되는 이 두 가지 문제들은 지금으로서는 그들의 '위치'에 관련된 것이라 할지라도 이는 당장 시급하게 해결해야 할 당위성을 지닌 문제는 아니다. 다만 그러한 것들은 신에 관한 자연적 인식의 참된 성격을 궁극적으로 명백히 밝혀내기 위해 간단하게 다루어야 하는 문제에 불과하다.

1) 자연적 인식과 신적 계시

"나는 나다"(Ego sum qui sum)와 같은 성서의 말씀들은 계시의 전적인 맥락에 의해 확실하게 주어진 것이다. 계시는 하느님이 자신의 존재에 대해 흔들림 없이 참된 증거를 보여준 것이다.

한편 인간 이성은 모든 계시를 벗어나 하느님의 존재에 관한 지식에 이를 수 있다는 것이 확실하다.

따라서 신앙인이면서 동시에 탐구자인 인간에게 그 기초들과 동기들에 있어서 아주 상이하고 반대되는 두 가지 형태의 지식이 동시적으로 공존할 수 있는지에 관한 문제가 제기된다.

신앙인인 한에서 인간은 적어도 이성의 지시들에 대해 무관심하면서도 신에 대한 증거에 유일하게 바탕을 둔 하느님을 긍정하며 살아간다. 이와는 달리 탐구자인 한에서 인간은 유일하게 이성에 바탕을 둔 신을 긍정하기도 한다. 그는 신앙의 자료들에 대해 아무런 관심을 두지 않을 수도 있다. 신앙이 이성에 뒷받침되는 경우 신앙은 즉시 초자연적인 덕행으로 화할 것이다. 그러한 덕행은 하느님에 의해서만 그 견고한 힘과 확실성의 빛이 주어진다. 이와는 반대로 이성이 신앙에 의해 허용되는 경우 이성은 자기의 자연적 조건을 배반하기에 그 본질적인 위력이 약화될 것이다. 다시 말해 이성에 신앙이 동의하는 경우 신앙은 무효화되며 신앙에 이성이 동의하는 경우 그것은 초자연적 실재로 무용화된다.

따라서 우리가 과연 하느님을 믿을 수 있으며 또 동시에 그 존재를 이성적으로 논증해 낼 수 있는지에 관한 물음을 떨쳐버릴 수가 없다. 또 하나는 다섯 가지 혹은 그 이상의 길들을 통해서 신 존재가 논증되는 경우 신앙은 퇴색되는 것은 아닌지 혹은 초자연적 계시에 우리가 동의하는 경우 이성은 사라지고 마는 것은 아닌지의 문제가 대두된다.

이와 같이 제기된 문제는 유일무이하게 명백한 선언적(disgiuntivo)

문제라고 말할 수 있다. 사실 이 문제는 양도논법(兩刀論法)과는 아무런 관련성이 없는 해결책을 따른다. 왜냐하면 이 두 가지 형태의 지식들간에는 아무런 딜레마가 존재하지 않기 때문이다. 두 가지 형식은 근본적으로 서로 차이나는 것으로, 그것들의 주장에 있어서 그러할 뿐만 아니라 믿는 자이면서도 탐구하는 자의 삶 속에서 수행되는 기능에 있어서도 그러하다.

우리가 신앙과 함께 허용하는 동의는 어떤 명제(命題) 안에 포함된 '진리'(veritas)를 받아들이는 것이 아니라 단지 우리의 지성작용에 '대상'으로 제공되는 어떤 '실재'(realitas)를 받아들이는 것이다. 그리고 신앙은 우리에게 하느님을 우리의 동의의 원천과 내용으로 제시한다. 신앙으로써 우리는 어떤 정식(定式, formula)에 도달하는 것이 아니며 오로지 하느님 자체에 도달할 뿐이다. 그것은 분명 신비적인 방식으로 그러한 것이지만 동시에 실질적인 것이기도 하다. 그때에 이러한 신적 대상을 소유한다는 것은 여기 지상에서는 일단 복된 것이고 그후 천상에서는 완전하게 지복적(至福的)일 것이다.

이와는 달리 이성과 함께 하는 동의는 신적 대상에 이르지 못하고 다만 어떤 명제의 '진리'에서 종지부를 찍는다. 그러한 명제는 바로 "신이 존재한다"(Deus est)라고 주장하며 모든 것은 이러한 주장에서 종결된다. 따라서 그것은 우리가 하느님 자체에 도달하는 것과는 무관한 것으로 남는다. 신에 대한 증거가 아닌 유한한 실재의 궁핍성에 바탕을 두고 있는 자연적 지식은 특별히 인간적 합리화에서 유래된 것 외에 다른 아무런 내용도 갖지 못한 명제의 진리에서 끝나고 만다. 그것은 지성작용의 유한하고 자연적인 빛 외에 다른 어떤 빛도 지니고 있지 않다.

이러한 두 가지 형태의 지식은 동일한 대상에 대해 논쟁을 불러일으키지 않기에 서로가 서로에게 배타적이지 않다. 또한 이 두 개의 지식은 다음과 같은 이유에서도 그러하다. 즉 신앙을 통한 하느님에 관한 지식은 구원에로 질서 지어져 있다(Accedentem ad Deum oportet credere, quia est). 그렇지만 이성을 통한 신에 관한 지식은 이러한 질서작용이 결핍되어 있다. 구원의 지평(地平)은 이성의 가능성들 안에 다시 돌입하지 않는다. 한가지 아니 백 가지 증명을 통해서도 인간은 하느님의 복된 소유 안에 들어갈 수 없다. 이는 마치 파스칼(B. Pascal)이 책상에서 펼치는 하느님의 존재에 관한 증명이나 논증이 구원을 가져다주는 "아브라함의 하느님, 이삭의 하느님, 야곱의 하느님"과는 다르다는 주장과 일맥상통한다. 구원의 경제학은 전적으로 신앙의 영역 안에 자리하고 있고 이처럼 철학의 영역을 떠나 있는 것이다.

신앙과 이성은 신이 존재하는지에 관한 문제에 대해 둘 다 긍정적으로 답한다. 그렇지만 신앙의 응답이 구원적인 데 반해 이성의 답변은 그렇지 못하다. 우리는 제일원동자(第一原動者)에 대한 믿음을 갖고 있지 않으며 제일작용인(第一作用因)에 대한 신앙을 갖고 있는 것이 아니기 때문이다. 신앙인은 구원이며 복락인 하느님을 믿는 자이다. 물론 인간이 믿는 하느님은 제일동자(第一動者)이기도 하다. 그렇지만 이성이 도달하는 제일동자는 구원하고 복을 주는 하느님은 아닌 것이다. 신 존재에 관한 모든 논증들은 계시를 벗어나 자동적으로 발전되는 노선이다. 그러나 그 어떤 논증도 신앙의 역할을 수행할 수는 없다. 이렇게 볼 때 우리는 지식이 모든 면에 있어서 구원의 신비와는 무관한 것이라고 말하지는 않고 다만 지식 그 자체만으로는 신앙이 지시하는 목적에 결코 도달하지 못한다는 것을 말해야 할 것이다.

그러므로 두 가지 지식들은 서로 파괴하거나 폐지하지 않으며 또한 서로간에 반대되지도 않는다. 양자는 공존가능하며 오히려 공존해야만 한다. 따라서 두 개의 지식은 서로 다른 차원에서 대칭적이지 않다. 그렇지만 가장 날카롭고 합당한 그 어떤 논증도 신앙인의 삶 속에서 신앙을 대체시킬 수는 없다.

이러한 개념들은 중세의 위대한 스승들의 가르침 안에 공통적으로 나타난다. 질송(É. Gilson)은 성 토마스, 성 보나벤투라, 둔스 스코투스에 관한 작품들과 특별히 그리스도교 철학 입문에서 이러한 요소들을 뛰어난 학적 표현으로 기술한 바 있다.

2) 자연 계시와 인간의 주도권

"사람들이 하느님께 관해서 알 만한 것은 하느님께서 밝히 보여주셨기 때문에 너무나도 명백합니다. 하느님께서는 세상을 창조하신 때부터 창조물을 통하여 당신의 영원하신 능력과 신성과 같은 보이지 않는 특성을 나타내 보이셔서 인간이 보고 깨달을 수 있게 하였습니다"[48]라는 사도 바오로의 말씀은 인간의 지성작용이 "신이 존재한다"는 긍정에 도달하기 위해 행하는 노력 안에서 신의 역할이 어떤 것인지를 명백히 밝히기 위한 출발점을 우리에게 제공하고 있다.

사실 인간이 독단적으로 신을 탐구하는 일이 감행 가능한 일인지 아니면 신이 일차적으로 인간에게 이러한 탐구에 임하도록 자극하지는 않는지 질문할 수 있다. 따라서 후자의 경우라면 인간의 주도권으로 보이는 것은 근본적으로는 신의 초대에 인간이 응답하는 것에 불과하다.

위에서 인용한 로마인들에게 보낸 편지에서 바오로의 본문은 우리의 답변을 제시하는 것처럼 보이는데, 그것은 곧 신이 일차적으로 '그분'을 탐구하는 데에 있어서 인간을 인도한다는 의미에서 그러하다. 그것은 신이 당신 자신에 대해 가르침을 주고 있는 계시를 통해 그러하고, 무엇보다도 우리의 지성 안에 불어넣는 빛을 통해서 그러하다. 그 빛은 창조된 실재들 안에 새겨진 신적 메시지를 인간 지성이 향할 수 있게끔 한다.

실제로 바오로 사도는 인간들이 신에 대해 알고 있는 것은 그들에게 계시된 하느님 자체이기에 가견적 사물들을 통해 비가시적인 것들

---

48) 로마서 1장 19-20절.

을 지각하는 데 이르지 못하는 모든 사람들은 아무런 변명도 할 수 없다는 것을 가르치고 있다. 따라서 철학자들뿐만 아니라 창조된 사물로부터 창조주(Creator)에게 오르는 것을 알지 못하는 사람들은 변명의 여지가 없다. 왜냐하면 창조물은 다름 아닌 하느님이 인간 지성작용에 그 자체로 행한 '계시'(revelatio)이기 때문이다.

세계는 하느님의 '계시'이며 자연계이다. 여기서 우리가 언급하는 계시는 계시 자체이며 '자연' 계시이다. 우리는 여기서 초자연적 계시, 기술적으로 신앙의 초자연적 덕행과 일치하는 계시에 대해 말하고 있지 않다. 잘못된 지식으로 인해 인간이 변명할 수 없게 되는 계시는 자연 계시로 하느님은 이 계시를 '피조물'(creatura)을 통해 현실화한다. '피조물'은 하느님이 인간들과 통교하기 위해 선택한 자연적 '방식'(modus)인 것이다. "제일원리는 자신을 현시하기 위하여 감각적인 이 세계를 창조하였다. 그렇게 함으로써 거울과 발자취를 통하는 것처럼, 이 세계를 통해 인간은 신에게 상승하여 그를 사랑하고 찬미할 수 있었다."[49] 따라서 인간은 세계 안에서 자신의 행동과 존재를 통하여 의미와 가치들 그리고 삶의 목적을 힘들게 탐구하고 발견하는 데 던져진 요청된 존재이다. 이러한 인간은 여정적인 존재인 까닭에 특수한 행동 가능성을 내포하고 있다.

따라서 인간의 심오하고 불가피한 시도는 궁극 목표인 신을 향한 동향을 지니고 있다는 것이며 이러한 존재론적 명령은 결국 인간을 여행하는 자의 태도 안에 위치시킨다. "모든 욕구와 시도는 하느님과 주님 안에서 영원한 휴식을 겨냥한다"고 괴테(Goethe)는 적고 있다. 오르테가 이 가세트(J. Ortega y Gasset) 역시 인간은 "이러한 존재의 순례자이며, 영원한 이주민"[50]이라고 정확하게 꼬집는다.

인간 존재가 다른 인간들과 통교하기 위해 유익하게 사용하는 자연

---

49) Bonaventura, *Brevil.*, p. 2, c. .2, n. 2; *III Sent.*, Proem 참조.
50) J. Ortega y Gasset, *Historia como sistema*, Obras completas, VI, p.41.

적 도구는 언어이다. 우리가 소유하고 있는 지식을 다른 사람들이 알 수 있도록 하기 위해 우리는 그것을 언어를 통해 전달한다. 그런데 신은 피조물과 통교하기를 원할 때 유비적(類比的)으로 행위한다. 다시 말해 신은 무한한 지혜(sapientia)와 전능성(omnipotentia) 안에서 행위할 따름이다. 그리고 상대적인 말(parola parlata)에 개의치 않고 여타의 통교의 도구를 유용하는데, 그것은 동일한 효력을 발휘한다.

피조물과 통교하기 위해 신은 그의 메시지가 담겨 있는 책과 같은 세계를 사용하며 또 세계 안에 포함된 메시지를 해독하도록 자극하는 조명된 지성을 적절히 사용한다.

이처럼 신의 '자연 계시'는 두 가지 도구들을 통해 행사되는데, 그것들은 각각 지성과 우주를 상대로 한다. 신은 지성에 "인간이 인식하는 내적인 빛"(lumen interius per quod homo cognoscit)을 불어넣으며, 우주에는 "그분 지혜의 외적인 표지들인 가시적 피조물들"(suae sapientiae signa exteriora, scilicet visibiles creaturas)을 기재한다. 이렇듯 지성과 세계는 한편으로는 하느님을 현시하고 다른 한편으로는 그러한 현시를 해독할 수 있는 방식으로 기획된 하느님의 피조물이다.

사물들이 하나의 '계시'이듯 지성 역시도 신적 계시이다. 인간의 얼굴에는 하느님 얼굴의 빛이 새겨져 있다. 이러한 빛으로 인해 인간 지성이 지향하는 바는 전적으로 자연적이다. 하느님 빛은 인간의 빛처럼 나타난다. 그리고 우리는 하느님의 빛으로 향하고 협력하며 그 빛을 통해 "바라보게 된다."

"따라서 어디서든지 신은 세계를 통해 우리에게 임한다. 그리고 그분의 존재는 우리를 재촉한다. 우리는 어느 곳에서나 그분을 만날 수 있어야 하고 그분을 알아야 한다. 우리가 '대우주'를 생각하든지 아니면 '소우주'를 생각하든지 간에 우리를 감싸고 있는 우주나 우리의 고유한 정신 그리고 우리에게 제공되는 실제적인 모든 것은 전적으로 그 자체이고 오히려 신의 유일한 존재를 통해서는 상징이고 신의 표지이다.

이것은 후에 채택된 인위적인 어떤 표지나 협의적인 가치에 관한 것이 아니라 우리에게 자연적이고 필요한 상징에 관한 것으로 우리는 이 표지로부터 자유롭게 될 수 없는 존재론적 표지이다. … 모든 피조물은 그 자체로 하나의 신현(神顯)이다.

이는 객관적 계시에 관한 것으로 마치 자연 이성이 그것 자체인 것처럼 … 주관적 계시, 이중적이고 유일한 자연적 계시, 표지와 표지를 해석하는 위력과 책 그리고 읽을 수 있는 능력의 상호 연관적인 선물이다.

세계로부터 신에게 먼저 상승하는 것은 나의 정신이 아니라 신이다. 신은 어떤 면에서 세계를 통해 나의 정신에까지 하강하였다. 즉발적인 한에서 내가 행하는 증명은 두 번째 순간 이외에는 성립될 수 없다. 능동적인 한에서 증명은 하나의 반응 외에 다른 것이 아니다 .이러한 증명은 나의 공장에서 생산된 것과는 달리 증명을 선행하고 그것을 이미 포함하고 있는 표지는 그것을 허용하고 유발하며 그것으로 하여금 움직이게 하며 언제나 그것을 초과한다. 그것은 다른 분(Alter)에 의해서 나에게 되어진다. 참으로 신은 나에게 표지가 된다."[51]

주도권을 쥐고 있는 것은 인간이 아니라 신이다. 다시 말해 신에 대한 탐구는 바로 신의 초대에 인간이 응답하는 것에 불과하다.

빛의 이론만큼이나 눈길, 표정 혹은 시각 개념 역시 전통적인 철학 안에서 매우 중시되었다. 우리는 여기서 헤겔, 오르테가 이 가세트, 사르트르, 스타로빈스키 등의 철학에 나타난 아무 것도 바라보지 못하는 무관심한 눈길, 반대자만을 바라보는 적대적인 눈길에 대해 말하는 것이 아니다. 다만 인간 자신의 내부에서 음미하는 특별한 조명으로서의 눈길, 즉 하느님이 인간에게 돌린 눈길에 대해 언급하고 있다. 물론 삶을 눈앞에 두고 갖게 되는 눈길 중에는 물건만 바라보는 소유적 눈길에서부터 위험만을 바라보는 의심스런 눈길에 이르기까지 그 종류가 수없이 많다. 그러나 진정한 눈길은 마치도 위에서 언급한 인간의 얼굴에 새겨진 신의 빛처럼 신이 영원으로부터 인간에게 보낸 눈길이

---

51) Henry de Lubac, *Sulle Vie di Dio*, pp.134-137.

다. 이는 신과 인간 사이의 제일차적인 존재론적 관계를 구축한다. 신이 인간에게 눈길을 돌렸을 때 인간은 심부에 무한한 눈길을 소유하게 되며 구체적인 인격으로 탈바꿈하게 되었다. 인간은 이러한 신의 표정과 눈길을 내성(內省)을 통해 인지하고 파악하며 바라보고 알아보아야 한다. 이것이야말로 소우주인 인간 안에서, 아니 세계-내-최상의 피조물 안에서 밝히 드러나는 또 다른 신현인 것이다. 결국 신에 관한 탐구는 인간 편에 즉각적, 일차적으로 달려 있는 것이 아니라 주어진 사실에 대한 인식 내지는 응답에 불과한 것임을 알 수 있다.

성 보나벤투라는 이러한 사실들을 두고 다음과 같이 가르친다. 즉 우주 전체, 대우주는 탄식의 세계이다.[52] 인간은 이러한 세계를 그 구성 요소들을 통해서, 발자취와 흔적(痕迹)으로서 그 모형인(模型因)인 신에게 다시 인도해야 한다.[53] 한편 우리가 신적 진리를 꿰뚫어보기 위해서는 우리 자신 안에 들어가는 것을 따로 떼어놓고서는 생각할 수 없는 일이다. 우리의 내성(內省)으로부터 제일원리에 도달하면서 우리는 스스로를 초월한다.[54] 신적 모상이며 유사성인 한에서, 인간은 인식과 수락이라는 내적 태도를 불러일으킨다. 이러한 태도는 그 다음에 표본으로 표현된 것에 따라 변환되며 일관적인 존재론적 행동에로 이끌어진다.[55]

---

52) *Itin.*, c. 1, n. 15.
53) *Ibid.*, c. 2, n. 7; 보나벤투라에 의하면 범형주의(範型主義) 안에서 신이 표현하는 질서는 최대의 완전성이다. 인간 개념에 기초하여 이러한 질서를 인식한다는 것은 그러한 완전성을 본받는 데에 있다. 그리고 사물 안에서 생겨나고 있는 것처럼, 이러한 질서에 대해 반성한다는 것은 신의 완전성에 참여한다는 것을 암시한다. 인간은 결코 단순한 방관자만이 아니라 세계의 거대한 광경 안에서 일하는 배우이며 참여자이다. 자신의 인식적이며 의지적인 능력에 힘입어 인간 실존은 그의 세계-내-존재와 더불어 '신에 이르는 정신의 여정'이 된다.
54) *Ibid.*, c. 1, n. 2.
55) *II Sent.*, d. 16, a. 1, q. 2, concl.

9. 이성과 권위

각각의 철학은 본성상 고유한 탐구의 핵심을 어떻게 구성하느냐 하는 문제에 의해 결정된다. 스콜라학의 경우는 계시진리를 인간 존재로 하여금 이해할 수 있도록 하여 이를 생활화하도록 하는 데 본연의 목적이 있었다. 따라서 스콜라학은 존재론적인 진리를 전수하여 생활교육을 시키는 데에 조금도 게을리하지 않았다. 이 학은 그리스 철학처럼 어떤 사실을 정당화하는 자율적 탐구도 아니며 학설이나 가르침에 대해 도덕적인 독자적 행위나 비판적인 행위를 위한 기반을 구축하려는 것도 아니었다. 계시신앙과 종교전통은 탐구와 연구의 기반이었으며 규범이었다. 진리는 교회 교부들이 그러했듯이 진리와 거룩함을 보증한 사람들에 의해 해석되고 생활화된 성서와 공의회를 통해 사람들에게 계시된 것이었다.

권위(auctoritas)와 이성(ratio), 이를 명시하는 전통과 이성적 앎은 스콜라학의 토대이며 이 학을 정당화하는 두 개의 기둥이었다. 권위는 스콜라학 방법론의 일차적인 규준이었다. 권위는 성서와 공의회 그리고 교부들의 가르침이며 학설들이었다. 신학적 분위기 안에서 기본이었던 그러한 사실은 철학과 피할 수 없는 고유한 일치성을 이루는 것이었다. 철학적 영역에 있어서 권위는 플라톤 그리고 누구보다도 아리스토텔레스 그리고 아리스토텔레스의 주석가인 아베로에스(Averroes)였다. 이러한 권위는 『명제집들』(Sententiae)의 저술들 안에 수록되었고 이는 연구와 분석, 비판과 해석의 중심이 되었다.

앞서 계시되고 발견된 진리 앞에서 탐구자들과 연구생들의 올바른 태도는 엄격한 객관성뿐만 아니라 원리들의 정확한 연역적 논리성을 유지해야만 했다. 스콜라 사상가들은 근대의 주관성과는 상당한 거리감이 있었는데, 이유는 진리를 발견하고 찾는 데 있는 것이 아니라 객관적인 진리를 명시하고 본받고자 하는 데 있었기 때문이다. 스콜라주의자들은 이미 주어진 진리를 믿고 사랑하며 이를 수호하였다. 그들에게 있어서 데카르트적 형태의 『방법서설』은 도저히 납득할 수 없는 것이었으니, 이유는 계시로부터 나오는 확실성을 의심하고 괄호 치거나, 어떤 것을 존재하지 않는 것으로 계속해서 사유한다는 것은 불가능한 일이기 때문이다.

중세인은 텍스트들에 대해서는 비판적이었지만 본문 그 자체에 대해 그랬던 것은 아니다. 그들은 객관적인 사실에 대해서는 약간의 비판을 가했을 뿐 과도하리 만치 수용적인 태도를 견지하였던 것이 사실이다. 이러한 태도는 칸트의 비판적인 사상의 방법론과는 상당한 거리감이 있었다. 그들은 진리의 발견자라기보다는 진리의 봉사자들이었다. 그들은 거대한 종합과 인상깊은 논리학을 통해 학설을 발견하고 그것에 감탄하며 가르침을 전개하였지만 그때까지만 해도 근대의 '새로운 것'(novum)의 범주 내지 역사의 창조적 의미와는 상당한 간격을 유지하고 있었다.

스콜라학은 결정적인 시대와 구체적인 문화와의 본래적인 한계성에 부딪혔음에도 불구하고 오늘의 탐구자들과 연구가들에게 최상의 긍정적이고 풍요한 정신적 보편성을 제공해 준다. 근대와 현대는 문화적인 지평과 인간적 가능성의 폭을 확대시켜 주었지만, 세계와 인간, 신 문제에 있어서는 그 깊이와 종합이 부족하거나 결핍되어 있다. 중세사상은 바로 이와 같은 요소들을 발견하고 심화시키는 데 있어서 커다란 도움을 줄 수 있다.

스콜라주의자들과 존재론적·상징적·초월적 사상은 주관성, 경험주의, 기계론, 심리주의 혹은 순수 언어적인 흥미에 빠져 있는 오늘의 현대철학에 크게 이바지할 수 있다. 실제로 현대의 수많은 철학들은 인간 문제, 타인과의 교류 문제, 초월성과의 연계성 문제, 자연의 상징적인 견해 내지 자연과의 일치 문제를 아직껏 해결하지 못하고 있다.

10. 결 어

　예로부터 신에 관한 철학적 고찰 내지는 형이상학적 과제는 스콜라 사상가들이 주축이 되어 논의한 신관으로 그후 철학자들이 계승, 발전시켜 종교적 과제와 밀접한 연관성을 유지하게 되었다. 이와 같은 과제는 현대에 와서도 예외는 아니다. 그렇지만 근대 이후 이러한 유신론적 신관은 적지 않은 경우 본래의 의미를 상실하여 계몽주의적 이신론과 범신주의적인 경향을 띤 부적합한 개념들로 대체되기에 이르렀다. 우리는 이러한 사실들을 염두에 두고 현대적인 방법론과 과거의 위대한 사상가들의 가르침을 혼합하여 나름대로 신에 관한 문제를 추적하고 신 존재 문제를 지적 여정을 통해 밝혀보고자 하였다. 무엇보다도 주지해야 할 점은 인간이 창조에 의해 주어진 자기 정체성과도 같은 신의 모상이라는 사실을 인지하고 세계-내-존재들 안에서 신의 흔적과 발자취를 발견, 그 고유한 가치와 의미 및 품위를 인정하는 일이다. 이는 피조물이 시적이며 우연적인 어떤 것이 아니라 구성적이며 형상적인 요소라는 사실에 기반을 두고 있다. 이러한 전제들에 기초한 존재론은 분명 역동적이며 존재론적이다. 따라서 모든 사물들 역시 자신들의 기원과 심오함 그리고 자신들의 목적을 반영한다. 이렇게 하여 신은 세계 실재와 인간 존재, 사물들의 세계와 인간 세계 안에서 실질적이고 심오한 현존을 정당화하고 설명해 주는 토대로 작용한다.

　이러한 사실 앞에서 우리는 우주 세계의 주도권을 쥐고 있는 신을 발견할 수 있게 된다. 왜냐하면 사물들과 살아 있는 존재들 및 인간은 신의 역동적 행위의 가시적 표현들이기 때문이다. 따라서 신은 포이어바흐가 말하는 인간 스스로의 결단 내지 분열로서 제시되어서는 안 된다. 또한 그분은 불행한 의식에 관해 헤겔의 분석이 제시하는 바와는 전혀 '다른 분'이라는 것도 잊어서는 안 된다. 그렇지 않은 경우 신은 인간 의식에 용해되고 소멸되는 절대자에 불과할 것이기 때문이다.

　인간은 본성적으로 다른 실재들, 즉 세계와 다른 실재들을 향해 계획되어 있고 방향 지어져 있음을 느끼는 존재이다. 이와 같은 상관적인 존재 사실은 인과적인 것이 아니라 형상적 구성 요소이며 그의 개별성과 비전도성 그리고 최상의 품위로부터 인격이 사물들과 다른 존재들과 함께 그리고 창조주를 향한 개방성 안에서 살아가는 것 외에 다른 어떤 것이 아닌 구성적 형태인 것이다. 특히 절대자에 대한 편향성과 '그분'에 대해 갖는 관계는 인간 존재의 유적 구조(有的構造)가 신성의 신비와 더불어 유사함의 전망 안에 놓여져 있음을 잘 드러내준다.

제 3 장

신 존재 논증의 가능성

1. 즉발적 인식의 광장: 일상생활

인간은 이성의 빛을 통해 실재에 대한 보편적이며 총괄적인 지식을 얻는다. 또한 존재나 진리, 선에 대해 언급하는 경우 그는 이미 말하고 싶은 것을 알고 있는 위대한 내적 성찰의 존재이기도 하다. 이렇듯 인간은 자신의 본성에 대한 관념을 지니고 있을 뿐만 아니라 실체적 실재를 우연적 실재와 구별하고 우주의 제일원인이 신이라는 것도 아는 놀라운 형이상학적 존재이다. 이렇게 볼 때 우리가 즉발적(卽發的)이라고 부를 수 있는 지식들은 형이상학이 취급하는 주제들을 아무런 부담감 없이 그대로 마주치게끔 한다. 이는 인간이 세계와 그 안에서의 고유한 위치뿐만 아니라 그것을 넘어서는 모든 것의 토대와 원천까지도 본성적으로 이해하고자 하는 경향으로 인해 그러하다.

즉발적 지식은 생활세계(生活世界)의 안팎에서 줄기차게 제기되는 문제들과 직결되는 까닭에 그것은 인간 존재와 동떨어져 있는 미지의 세계에서 필요한 해결책을 찾는 것과는 아무 상관도 없다. 따라서 이러한 형태의 앎이 즉발적 형이상학 혹은 인간 지력의 본성적 형이상학이라고 불리어 온 것은 전혀 낯설거나 새로운 일이 아니다.[1] 그리고 그것은 학적 형식인 형이상학을 정교히 가꾸어 나가고자 하는 필요성에서 제외될 수도 없고 면제받을 수도 없다. 왜냐하면 즉발적 인식은 적지 않은 경우 불안정하고 혼돈스런 관점들 안에 방치되어 있을 뿐만 아니라 실제로도 매우 완전치 못하고 부정확하기 때문이다. 더구나 그것은 알 수 없는 모종의 분위기에 휩싸인 문화와 공적인 견해들 안에 갇혀 있을 수 있는 관계로 대중적인 이데올로기들의 영향권에서 탈피하지 못한 경우도 종종 있다.

앞에서 우리는 인간이 신 존재에 관한 학적·형이상학적 지식을 소유하기 전에 토대가 되는 지식으로서의 즉발적인 앎을 이미 선차적으로 지니고 있음을 살펴본 적이 있다. 이 장에서는 신 존재 논증을 위한 즉발적 앎이 과연 '일상생활' 안에서 어떻게 발견될 수 있는지에 대해 눈여겨봄으로써 논증의 가능성을 타진해 보고자 한다. 이와는 달리 불가지론자(不可知論者)들이나 무신론자들의 경우에 있어서처럼 신 존재에 관한 논증의 불가능성을 주장하는 문제들에 대해서는 별도로 다음 장에서 취급하기로 한다.

즉발적 지식의 본거지는 일상적인 삶이다. 일상생활이란 개념은 무엇보다도 애매 모호하다. 왜냐하면 그것은 체계화할 수도, 정형화될 수도 없는 매우 평범한 것이기 때문이다. 사실 일상생활은 구체적으로 현장에서 발생하는 추상적인 실재이다. 그것은 언제 어느 곳으로 튈지 모르는 럭비공에 비유할 수 있다. 정치나 경제, 교육, 법, 윤리, 종교 등 사회생활 안에 존재하는 모든 체계들은 나름대로 일단의 공통분모를 갖고 있지만, 일상생활은 구체적인 체계와는 동떨어진 이 모든 체계를 감싸고 있는 모호한 실재이다. 간단히 말해서 일상생활은 먹고 마시고 잠자는 것을 포함하여 자연적이고 인위적이며 원시적이고 문

---

1) 이러한 표현은 플라톤과 아리스토텔레스에 관해 베르그송(H. Bergson)이 사용한 적이 있다(Cf. *Evolution créatrice*, Alcan, Paris, 1909, p.352).

화적인 모든 상황들과 생물학적 구조들까지도 포함하고 있다. 또한 그
것은 공적인 업무를 비롯하여 사업, 노동, 오락, 여행 등과 같은 사회
적 상황들에 이르기까지 그 모든 것을 총체적으로 망라하고 있다. 한
마디로 말해 일상적인 삶은 일반적이며 특수한 것, 사회적이며 개인적
인 것, 가족적이면서도 사적인 것, 분명한 것과 모호한 것, 구체적인
것과 추상적인 것, 성공과 불행, 발생적이고 불발적인 모든 것을 포괄
하는 널려진 삶이다.

　이러한 생활은 유(有) 개념과도 같이 그것보다 상위적인 류(類) 개
념의 빈곤으로 말미암아 정의될 수 없는 모호한 것이면서도 구체적
상황들에서 아주 쉽게 만나볼 수 있는 흔해빠진 현실이기도 한 것이
다. 그래서 일상생활은 고차적인 차원에서는 가장 품격 있는 단어들을
동원하여 기술될 수 있는 영역이면서도, 한편으로는 닳고 닳아빠진 언
사들로 서술될 수 있는 매우 보잘것없는 구체물이기도 한 것이다.

2. 일상생활의 가치를 찾아서

　살아 있는 자들이 서로 공감할 수 있는 가장 근원적인 요소가 있다
면, 그것은 '생존하고 있다'는 단순한 사실일 것이다. '하루를 어떻게
살아가고 있는지'에 관한 삶의 방식이나 '무엇을 하며 살고 있는지'에
대한 삶의 행위나 업적들은 '그저 살아 있다'라는 근원적인 생(生)의
실재에 근거한 구체적 형식들에 불과하다. 이렇게 볼 때 일상의 삶은
생명과 가장 밀착되어 있는, 그러면서도 삶 자체를 가장 분명하게 드
러내주는 일차적 현시라 할 수 있다.

　그런데 생명에 인간이 뭉쳐진 인생을 면전에 두고 그것이 삶과 죽
음의 이원성을 벗어나 논의 가능한 대상이라고 말한다면 커다란 오류
일 것이다. 그렇다고 해서 현행 삶의 방식과 행위에 대해 논할 때 그
것을 일차적으로 죽음이라는 실재에 대입하여 신앙적인 해결책에만

소극적으로 안주한다면 그것 또한 일상생활에 대한 근원적인 고찰을 흐리게 할 소지가 얼마든지 있다. 왜냐하면 일상생활과의 극적인 단절인 죽음은 삶의 방식이나 행위는 물론 모든 숨결마저도 사정없이 거부하고 앗아가는 무시무시한 파괴적 실재이며 생명과는 반명제적(反命題的)인 요소이기 때문이다. 이렇듯 공포와 불안을 안겨다주는 두려움 자체인 죽음은 엄청난 사건이다. 그렇지만 삶은 죽음보다도 더 큰 사건이다. 장구한 역사의 터널을 뒤로 하고 바로 "여기서 지금"(hic et nunc) 내가 숨을 쉬고 '나'라는 존재를 의식하며 삶을 구상하며 인생을 가꾸고 있다는 사실은 기적의 표지 하에서가 아니고서는 달리 설명될 수 없기 때문이다. 이처럼 삶 자체와 삶에서 연유하는 일상생활은 세상의 그 어떤 것과도 비교할 수도 없고 바꿀 수도 없는 소중한 실재이다.

그런데 이 시대 사람들은 삶이 근본적으로 지향하는 목표와는 너무나 동떨어진, 다시 말해 계획화되고 형식화된 삶을 살아가고 있다. 다시 말해 사람들은 인생을 위한다고는 하지만 인간을 위한 프로그램이 아닌, 프로그램화된 삶, 프로그램을 위한 역전된 삶을 살고 있다. 더구나 이러한 삶에 실용성과 실증성, 합리성이라는 현대 감각을 지닌 다수의 철학적 편린들까지 합세하게 된 지금 그 위세는 더욱 강화되었고 결과적으로 매일의 삶과 일상의 가치들은 그 실존마저 위협받는 처지에 이르렀다. 뿐만 아니라 현대문화의 최고가는 외적 표지로 등장한 '경제발전'이라는 미명 하에 계획화된 생산 체제와 소비주의는 인간을 도식주의적이며 기계주의적인 형틀에 묶어 놓고 있다. 이렇게 볼 때 삶의 가장 구체적 현시라 할 수 있는 일상생활은 마치도 도시화의 물결로 자신들의 거처를 잃고만 산동네 사람들의 처지 마냥 이미 여러 영역에서 자기 보존의 가치성마저 상실하게 되었다.

사실 모든 것은 일상생활에서 시작된다. 일상생활은 모든 가치들의 저변에 깔려 있는 근거와도 같은 것이며, 우리가 생명을 유지하는 데 없어서는 안 될 공기와도 같이 손에 잡히지도 않으면서도 생명과 밀착되어 있는 가장 값진 요소라 할 수 있다. 그래서 일상의 삶은 참으로 놀랍고도 감동스런 사건이며 따라서 기적이라고까지 칭해질 수 있다.

그런데 언제부턴가 우주 세계가 온통 학문과 기술, 산업화와 도시화로 물들면서 일상의 가치들은 간척지 사업으로 저 멀리 밀려나버린 바다처럼 그 의미와 가치성이 퇴색되었고, 그 결과 사람들은 뒤틀려버린 일상적인 삶에 무관심하기에 이르렀다.

사실 지금에 와서 모든 것은 정해져 있다. 시간을 뛰어넘는 낭만마저도 온데 간데 없다. 그렇다고 해서 우리가 자연 일반에 대한 감성과 열정은 충만하지만 아무런 책임도 지지 않는 허무한 낭만주의를 그리워하자는 것이 아니다. 단지 계획화된 삶으로 인해 삶의 따스한 난로와도 같은 인간의 성정(性情)마저도 모조리 침식당했음을 지적하자는 것이다. 지금에 와서는 잠에서 깨어나는 시간으로부터 시작해서 식사시간, 노동시간, 휴식시간, 취침시간까지도 모두 정해져 있다. 휴식이나 휴가도 규정된 틀에 의해 움직인다. 이러한 상태에서는 저 프로방스의 들판을 거니는 서정시인의 마음도, 나물 먹고 물 마시고 풀밭에 누워 하늘을 우러러보니 세상에 부러울 것이 없다는 동양적 자연관에 흠뻑 취한 젊은이의 망중한(忙中閑)도 모두 다 이방인들이나 외계인들이 구가하는 환상처럼 여겨질 뿐이다. 이렇듯 인간을 위한 프로그램이 아직껏 재편되지 못한 세계에서는 독창성, 보편적 형제애, 관심, 염려, 고독, 독자성, 애정이 자리할 공간이 없다.

이 시대에 모든 것은 숫자화 되고 도식화된 시간 속에서 움직인다. 일상의 자연스런 흐름도 결국 인간에 의해 조종되어 과학문명과 산업화의 노선에로 치닫도록, 아니 현대 사회제도의 형틀에 매이도록 강요받고 있다. 사람들은 이러한 허울좋은 현대적 일상에, 그 일상을 수놓는 시간의 주물에 자신도 모르게 녹아들게 되었다. 결과적으로 사람들은 시간의 숫자들은 알아도 시간의 참된 의미에 대해서는 알지 못하는 맹랑한 시대를 살게 되었다.

우리는 여기서 시간의 하루하루의 흐름을 일상이라고 부르고 싶다. 하느님이 당신의 선성(善性)과 자유에 입각하여 세계를 창조하였을 때 인간에게는 아무런 프로그램도 없었다. 시간을 알리는 시계도, 종도 없었다. 인간의 원조들은 시간과 함께, 시간 안에서 그 흐름을 타고 있었다. 시간이 솟구쳐 계획화된 시간이 그들을 덮치게 된 것은 원죄의 결과였다. 노동시간과 땀흘리는 시간 그리고 휴식시간이 그들의 삶에 끼여들기 시작한 것이다. 이렇게 해서 인류사에 일상사와 관련된 원초적 혁명이 발생하게 된 것이다.

3. 삶의 실재

사람이 세상을 살아간다는 것은 그리 쉬운 일이 아니다. 그렇다고 해서 죽음이 삶보다 더 낫다거나 쉽다는 말은 아니다. 오히려 죽음은 삶보다도 훨씬 더 고통스럽고 힘든 실재이다. 그럼에도 불구하고 삶의 현실을 눈앞에 두고 정신적·육체적 발전을 꽤 하면서 목숨을 부지해 간다는 것은 참으로 놀라운 일이 아닐 수 없다. 사방팔방에 인간 지식이 산더미처럼 쌓여 있고 때로는 그것들이 몇 사람의 전유물처럼 행세하지만, 삶의 지혜는 오늘도 모든 이들에게 공통분모로 작용하면서 나름대로 인생의 의미를 끊임없이 되묻고 있다. 실상 삶에 둥우리를 틀고 있는 제(諸) 가지들 이전에 삶 자체를 관조한다는 것은 인간이라면 피할 수 없는 특권이기도 하지만 이상하게도 그것은 주로 철학자들의 이론적인 몫으로 제한되어 역사의 무대 위에 연출되어 왔다.

삶 자체는 언제부터인가 편파적이며 선입견적인 전망에서 투시된 결과로 인해 기형적인 모습을 하고 있다. 너무나 화려한 치장으로 인해 그 실상을 바라보기에는 너무나 많은 것들을 벗기지 않으면 안 되는 상태에 이르렀다. 그러나 의심스런 카프카적 눈길이 아닌, 순수 일상적인 눈길이면 그 참된 면모를 들여다볼 수 있을 것이다. 이러한 눈길이 고정되는 경우 그때에는 실체와도 같은 그곳에서 모든 것이 갈라져 나와 우연의 인생은 날개를 펼쳐 보인다는 것을 알 수 있게 되리라. 그래서 에스파냐의 철학자 오르테가 이 가세트(J. Ortega y Gasset)는 인간의 삶을 두고 그것이야말로 모든 것을 기초하는 근본 실재라고 정의한 바 있다. 따라서 삶은 해도 되고 하지 않아도 되는, 즉 던져도 되고 던지지 않아도 되는 주사위와 같은 팔자가 아니다. 그 것은 '할 수밖에 없는' 가능한 실재이다. 다시 말해 인간은 죽음을 향한 존재라지만 이승과 저승을 구별하며 살 수밖에 없는 존재이며 이 승의 실체에 안착해야 하는 이성적 동물인 까닭에 먼저 자신의 실존에 승부수를 띄워야만 한다. 그래야만 그는 피안을 향한 가능성으로 그 면모를 일신하게 될 것이다.

오늘도 우리는 묻는다. "인생이란 무엇인가?" "산다는 것은 왜 이다지도 고통스러울까?" 힘겨운 인생을 일컬어 일찍이 불교에서는 고해 (苦海)라는 말로 대변해 주었다.[2] 예수의 십자가 역시 죽음의 십자가이기 전에 삶의 십자가인데, 왜냐하면 그것은 힘들고 고통스런 삶에 적극적으로 부합하는 구제책 내지는 구원의 표징이기 때문이다.

여기서 우리는 종교의 지평 안에서 삶을 논하기보다 삶이 현실적으로 가장 쉽게 마주치는 일상생활이라는 차원에서 문제를 해명해 보고자 한다. 다시 말해 종교적·영성적인 차원은 뒤로 물리고 일단 일상의 가치들을 추구하는 가운데 인생의 의미를 따져 묻도록 할 것이다. 물론 인생이라는 것은 어느 한쪽에만 힘을 실어 단편적으로 캐물을 수 있는 단세포적인 것이 아님을 우리는 누누이 강조한 바 있다. 그것

---

2) 고타마 싯다르타의 가르침에 의하면 삶의 핵심은 산스크리트어로 '두카' (dukkha), 즉 '괴로움'(苦)에 있다. 아무리 기쁨과 황홀의 한복판에 있어도 "이 것 역시 지나가 버린다." 인간 삶의 여정의 맨 끝에는 죽음이 있으며, 조만간 그에 대한 자각이 밀어닥치리라는 이것이 '두카'이다. 일반적인 지상생활이 그 렇듯이 모든 기쁨과 슬픔은 덧없으므로, 진정한 삶에 이르려면 이러한 사실에 부딪혀야 하고 그것을 수용해야 하는 것이다.

은 일상적·철학적·심리적·물리적·신학적인 관점에서 다양하게 파악될 수 있는 총체적 의미를 내포하고 있다. 사실 종교적·신학적인 관점에서만 보더라도 삶의 기원과 관련하여서는 분명 창조 문제와 관련되고, 현실적으로는 신의 섭리 내지는 재창조 그리고 인생의 종국과 관련해서는 구원의 문제가 결정적으로 작용하고 있는 터이다. 그렇지만 우리는 여기서 아주 쉽게 만나볼 수 있는 사람들의 일상적인 사고로부터 출발하는 것이 문제를 단순화시키는 것이 아닐까 여기면서 우리의 논의를 전개하고자 한다.

흔히 사람들은 삶을 크게 두 가지 관점에서 바라본다. 하나는 "산다는 것이 쉽지만은 않다"라는 고뇌가 뒷받침된 확신에서 바라보는 관점이고, 다른 하나는 어떤 범주라고 확실하게 못박을 수는 없겠지만 그래도 "인생은 살 만하다"고 말하는 경우이다. 과연 삶은 불운한 실재인가 아니면 은총의 범주에 속하는 것일까? 특히 전자의 경우와 관련하여 우리는 두 가지 형태의 질문을 던질 수 있다. 삶은 과연 실존적인 아픔을 통해 그 안에 숨겨져 있는 참된 의미를 발견케 하며 인간을 상승의 길로 내닫게 하는 원동력인가? 아니면 우리의 점잖은 사고방식이나 행동방식까지도 언제 닥칠지 모를 염려나 불안으로 인해 황폐화의 노선으로 내모는, 그래서 삶은 제거되어야 할 허무맹랑한 요소는 아닌지?

분명 인생에는 우리가 아는 것 이상의 그 무엇인가가 숨겨져 있다. 아무리 하찮은 인생이라도 그 안에는 신적 모상이 자리하고 있으며, 제 아무리 훌륭한 인생이라 하더라도 거기에는 남모르는 극단적 비참함이 살아 숨쉬고 있다. 이렇게 비참함과 위대함은 살과 뼈로 이루어진 모든 인생들의 밑바탕에 근본 구조로 아로새겨져 있다. 이것이 인생의 실상이기에 낙관주의적 인생관을 위한 발걸음은 우리의 극적인 태도 변화를 요구한다.

대부분의 사람들은 안정되고 중성적인 소시민적 일상생활을 선호한다. 그들은 이러한 생활이 삶의 정점이라고 통상적인 의식을 통해 확신한다. 문제는 그러한 일상생활이 삶의 진실성에 접근하는 데 있어서 여러 한계에 마주친다는 데에 있다. 삶의 진실성은 삶이 가져다주는 다양한 모순들과 회의 그리고 절망들을 극복하여 형이상학적인 물음에 근접할 때에만 얻어 만날 수 있는 특성을 지니고 있는 까닭이다. 이러한 맥락에서 고찰할 때 분명 일상생활은 나름대로 형이상학적 답변을 추구하는 물음의 시초인 동시에 그 연속성이라 해도 과언이 아닐 것이다. 이를 두고 철학은 즉발적 인식(卽發的 認識)이라 칭한다. 그렇지만 얼마나 많은 물음들이 안타깝게도 그저 물음 아닌 물음으로 사그라들고 마는지 모른다.

한마디로 말해 매일의 삶은 단순하고 피상적이며 반복적인 동물적 삶에 불과한 것이 아니다. 그것은 고통을 포함한 즉발적인 사건들을 통해 철학적 지평을 펼치고 있는 값진 터전인 것이다.

그런데 역사의 흐름 안에서 인간들이 일상생활을 바라보고 대처하는 방식들은 서로 달랐다. 또한 민족과 언어, 문화 등의 차이에서 일상의 삶은 동질감과 이질감을 드러내는 이해 못할 요소였다. 실제로 고대와 중세 그리고 현대 세계 안에서 사람들은 주로 자신들의 세계관에 입각하여 일상생활에 대한 상이한 해석과 태도를 견지하였다.

고대나 초기 그리스인들에게 있어서 그랬던 것처럼 지진이나 화산, 폭풍 등과 같은 재앙이 발생했을 때 그들은 세계를 두고 무척 당황하였다. 이러한 태도는 그들의 일상생활에 두려움과 공포 때로는 경외심을 불러일으켰으며, 그러한 세계 앞에서 취한 경이로운 자세는 고대인의 삶을 불이해와 놀라움, 감탄으로 충만케 했다. 뿐만 아니라 신화와 시는 이 모든 것을 표상하는 유일한 도구였다. 그리고 막연하나마 세계는 신들로 가득한 신비스럽기만 한 공간이었다. 한편 조화와 미가 충만한 세계, 모상과 흔적이 인간과 자연 안에서 인정되고 추구된 신비의 세계 앞에서는 창조주에 대한 찬미와 경배로 이어졌다. 그때에 모든 것은 신적 섭리(providentia divina)에 의한 것이었다. 시간이 흘러 근세 이후 세계는 엄청난 변화의 와중에 빠져들었다. 세계에 대한 이성적 대결은 이 세계를 수학화와 과학화의 노선으로 물들였다. 더구나 금세기에 이르러서는 세계를 기계적 모델로 변화시켜 그것을 실증적 견지에서 해석하는 기이한 모습까지 보여주고 있다. 그 결과 변모된 일상생활이 가져다 준 파장은 심각할 정도이니, 즉 세계에 대한 매력상실과 함께 자연 파괴와 훼손은 마치 인간의 권리 행사처럼 당연시되었다.

옛적에는 일상생활이 학문의 대상이 될 수도 없었지만 그렇다고 해서 그것이 사람들의 관심사를 떠나 있었던 것도 아니었다. 오히려 고대인은 지혜를 통해 오늘날 이상으로 삶의 가치와 의미를 추구하였다. 그런데 학문이 발달한 오늘날에 와서 역사, 사회학, 인간학, 심리학 등과 같은 인문과학들이나 사회 정치적 운동들 혹은 종교는 일상의 실재에 대해 많은 관심과 염려를 품게 되었는데, 이런 요소들은 일상의 삶을 탐구와 연구의 대상으로 여길 뿐만 아니라 특별히 항거와 비판의 대상으로 삼고 있다. 여기서 말하는 비판적 대상이라는 의미는 혼탁해진 현대세계의 흐름 안에서 연구가들, 이상주의자들, 향수에 젖어 살아가는 사람들, 개혁가들과 편의주의자들이 일상생활을 회복하자고 주장하는 데서도 잘 드러난다. 이들은 그것을 분석과 반성의 영역으로뿐만 아니라 행동과 반응, 공격의 계획으로 삼는다. 이는 본유적(本有的)인 의미의 삶으로 되돌아가고자 하는 절규인 동시에 새로운 '철학함'(philosophieren)이라고 말할 수 있다.

4. 신 존재에 관한 즉발적 지식

소시민 흔히 말하는 '길거리 사람들'은 세계 안에서 자연적인 방식의 삶을 살아가며 자신의 세계야말로 현실에 가장 부합하는 삶이라는 데 대해 조금도 의아해 하지 않는다. 사람들은 이러한 세계와 연관성을 지닌 '세계-내-존재'(Sein-in-der-Welt)로 살아가면서 이러 저러한 많은 기계론을 배워 익히게 된다. 매일의 삶 속에서 모든 활동은 습관 (ruotine)에 매어 있기에 사회 안에서 우리가 흔히 알게 되는 재생산성 과 모방주의 안에서 끝나버리고 마는 조종되고 습관적이며 길들여진 의식은 그들 안에 아무런 부담감 없이 쉽게 창조된다. 현대의 주요한 가르침들마저 소시민들에게 추상적인 것으로 남게 될 때 상호 인격적 관계들은 익명적이 되고 그때 세계는 의당히 불만족스러워 하며 적응 하지 못하는 자들의 공간으로 변모된다. 그러한 세계 안에서는 갈등과 긴장과 불안이 확산되고, 결국에 가서는 모든 것이 거부와 폭력 그리 고 비신사적인 행동 방식들로 탈바꿈하게 된다.

철학자는 이러한 실재들과 관련하여 문제들을 제기하기에 그가 지 닌 지식은 더욱 반성적이며 이성적이고 비판적인 형태를 띠게 된다. 대다수의 철학자들은 일상을 살아가는 인간이 무엇보다도 일상의 본 질을 하나 하나 가능케 하는 신에 대한 '자연적 지식'을 갖고 있다고 주장한다. 왜냐하면 그러한 인식 내지 본성적인 앎은 인간 지성에 고 유하기 때문이다. 그리고 그것은 여하한 모든 수준, 즉 성(性), 연령, 학력 지역, 국가 등을 떠나 세계 어느 곳에서도 그러한 점이 쉽게 발 견된다는 사실에 근거하고 있다.[3]

이와 같은 즉발적 인식은 있을 수 있는 모든 철학적 반성을 선행하 는 것이다. 따라서 우리는 그것을 두고 선학문적(先學問的) 지식이라 부른다. 따라서 우리는 여기서 모든 것을 정상으로 되돌려놓을 수 있 는 초월적 세계 내지는 존재 문제로 우리의 발상을 되돌려놓지 않으 면 안 된다. 그렇게 하는 경우에만 일상의 삶은 새로운 구조로 재정립 될 수 있기 때문이다. 문제는 신 존재로부터 일상의 전반적인 삶을 조 명하고 수렴하는 논리의 비약이다. 우리는 이 점을 염두에 두고 즉발 적 지식과 형이상학적 지식의 문제를 논의하고자 한다.

본성적이며 즉발적 인식의 근원은 세계를 마주하고 있는 인간 정신

---

3) B. Orazio, *Teologia naturale*, Antonianum, Roma, 1983, p.14.

의 본성에서 탐구되어야 한다. 인간 정신은 그 인식에 대한 철저한 철학적·형이상학적 정교함에 이르기 훨씬 이전에 자기 안에 다음과 같은 힘을 천부적으로 타고났다. 즉 그 힘은 일상생활 안에서 만나게 되는 존재들과의 즉각적인 접촉에 이르러 근본적인 궁핍을 자각하며 그 토대를 요청하는 힘이다. 신 존재 증명의 철저한 형이상학적 고찰은 오로지 존재에 대한 이러한 일차적 직관으로 말미암아 가능한 것이다. 이러한 직관은 비록 아직까지는 비판적으로 정당화되지는 못했을지언정 함축적으로는 형이상학적이다. 달리 말해 형이상학적 차원은 인간 정신에 있어서 구성적이며, 신에 관한 긍정은 이러한 차원의 '본성적 결실'인 것이다. 이는 즉발적 인식이라는 제일차적 단서로부터 표출되는 바이기도 하다.[4]

만일 우리가 철두철미한 철학적 논증을 부여하는 기술적 기구와 관련되는 경우라면, 그것은 말할 필요도 없이 정신에 대한 비판적 요청들을 충족시킬 수 있다고 주장할 수 있다. 이와는 달리 즉발적 인식은 모든 학적 탐구를 필연적으로 동반하는 수많은 질문들을 아무런 답변 없이 그냥 방치해 두는 경우가 허다하다. 이는 우리가 앞에서 언급한 바와 같이, 일상생활 안에서 만나는 근본적인 물음들에 대한 해답을 찾는 대신, 물음이 그저 물음으로 사그라지고 말기 때문이다.

따라서 우리는 종합적으로 다음과 같이 말할 수 있다. 즉 인간은 자연 이성의 힘으로 신을 알 수 있다. 이러한 인식은 상이한 등급을 거쳐 발전한다. 일차적으로 그것은 선학문적 혹은 즉발적 앎이며 신에 대한 인간의 본성적 지식인 것이다. 그리고 이차적으로는 학문적 앎 혹은 형이상학적 앎을 통해 우리는 신을 인식할 수 있다. 그런데 우리는 신에 관한 인식의 이성적 정당성을 다루고 있을지라도 무엇보다도 절대자에 대한 즉발적인 인식 접근을 최대한 강조해야만 한다. 왜냐하면 형이상학적이고 이성적인 앎에 도달할 수 있기 위해서는 이것이

---

4) *Ibid.*, pp.14-15.

결코 소홀히 다루어질 수 없는 기본 과제에 속하기 때문이다. 바로 이 점은 일상의 삶이 신적 존재를 얻어 만날 수 있는 가장 근본적인 장이라는 의미를 포함하고 있다.

신 존재에 관한 본성적이고 즉발적인 인식, 어떤 면에서 정확히 다듬어지지 않은 여하한 논증이 결핍된 인식 문제는 단지 인간의 계속적인 경험의 문제로 남아 있을 뿐이다. "전혀 기술적(記述的)이지 못한 하나의 즉발적 추론이 있지만 그 추론은 의미에 대해서만큼은 완전하게 인지한다. 이를 통해 모든 사람은 단순한 본성의 견해로부터 출발하여 위대한 품격을 갖추고 초월적 존재 개념에 들어 높여진다. 지금은 분실된 자신의 저작들 중 하나에서 아리스토텔레스는 인간이 그들의 영혼과 별들의 질서 있는 운동이라는 두 개의 원천으로부터 신 개념을 지니고 있다고 본다. 비록 그렇다 할지라도 사실 그 자체는 의문이며 인간 철학은 뒤늦게나마 신 개념을 발견하고 있다. … 사실 인간은 일정한 신 개념을 지니고 있다. 세기를 거치면서 지적 문화를 지니지 못한 인간들은 암울한 느낌을 지녔지만 그러면서도 확신한 바가 있다면 신의 이름은 실제로 현존하는 존재임을 가리키고 있다는 점이며, 무수한 인간 존재들은 그와 같은 확신을 떨쳐버리지 못한다는 사실이고, 사람들은 개인적인 체험을 바탕으로 그에 대한 신앙을 지니고 있다는 사실이다."5)

이러한 신에 대한 즉발적 인식은 별다른 가치를 지니고 있지 않는 것으로 치부되어서는 안 되며 오히려 형이상학의 정당성을 검증하는 것으로 받아들여야 할 것이다. 철학에 있어서 최대의 정복은 올바른 즉발적 인식의 결과이어야만 한다. 사실 후자는 형이상학적 영역에 해당하며, 신 존재, 영혼의 불멸성 그리고 도덕법의 보상과도 같은 가장 고귀한 물음들에 대한 해결책을 제시해 준다. 경험과 자연 상식, 즉발적 인식의 거부는 철학을 진리로부터 이간시키는데, 왜냐하면 이러한

---

5) É. Gilson, *Elementi di filosofia cristiana*, Morcelliana, Brescia, 1964, p.73.

요소들이 철학과는 상반된다는 이유로 인해 직접적으로는 별다른 가치가 없는 것처럼 보이지만, 철학은 그러한 상황 하에서 고유한 규칙을 발견해 내는 까닭이다. 올바른 즉발적 인식이 선지식적이고 속적인 것이라 하여 거부될 수 있을지언정, 필경 철학의 영역에서는 자칫 중대한 결과가 초래될 수 있다. 제로에서 출발한다는 것은 불가능한 까닭에 철학이 경험이나 자발적 인식에서 그 출발점을 취하지 않는다면, 실증과학에서처럼 또 다른 어떤 것에서 출발점을 취해야만 하는 난처한 입장에 빠질 수밖에 없을 것이다.

이처럼 우리의 논증에 적용된 논의는 다음과 같이 설명될 수 있을 것이다. 즉 일상생활 안에 널려진 사물들 안에서 더욱 공통적이고 명백한 것, 다시 말해 사물들이 존재한다는 것은 인식적으로 신에게로 상승하는 것을 허용한다. 다시 말해 이는 신 존재에 관한 자연적이고 자발적 인식이, 원인인 신 존재의 인식에 대한 결과로서의 세계의 인식으로부터 나아갈 수밖에 없다는 필연적이고도 고유한 기초인 한에서 그러하다.

이제 철학의 과제는 이러한 자발적 인식을 완전케 하고 정확히 하며 구별하고 명시적으로 밝히는 일이다. 무엇보다도 어떤 유(ens)들에 대해 우리가 인식하는 바가 존재(esse)가 있는 것이라면, 철학은 왜 유의 존재들인지에 관해 질문을 던져야만 한다. "논리학과 물리학, 인간학 혹은 수학과 같은 개별 학문들을 통한 자연적 인식 하에서는 참된 신에게 도달하는 것이 불가능하다. 유들의 존재에 대해 고찰하지 않고서는 제일원인의 필연적 존재에 관한 문제를 적합하게 제시할 수 없다."6)

즉발적 인식은 형이상학적 영역을 지니며 신에 대한 인식을 가능케 한다. 그러나 이것은 그러한 인식이 즉각적임을 의미하지는 않는다.

---

6) J. Sanguineti, *La filosofia de la cientia segun Santo Tomas*, Pamplona, 1977, pp.345-346.

실제로 여기서 말하는 인식은 엄밀한 의미에서 논증을 허용하지는 않을지라도 매개적이며 대화적이라는 것이다. 절대자의 존재에 대한 이러한 즉발적 추론은 개인과 사회 그리고 역사적 요인들에 의해 좌우되고 또 영향을 받을 수 있다. 그러한 요인은 부분적으로는 자발적 확신에 영향을 미칠 수 있는 까닭이다.

한편 신에 관한 인식은 단순히 지적인 문제가 아닌, 의지와 관련된 문제라는 것을 망각해서도 안 된다. 이유는 그것이 삶의 의미 그 자체와 깊은 연관성을 맺고 있기 때문이다. 이로 인해 의지의 내적 성향은 그러한 지식의 획득에 괄목할 만한 영향력을 행사한다.

5. 성 토마스에 있어서 자명(自明)하지 않은 신 존재

다른 모든 개념들이 의존하고 또 다른 개념들에 대해 근거가 되는 원리는 문자 그대로 자명해야 한다. 예컨대 모순의 원리는 유(有) 개념과도 같이 모든 개념들의 근거가 되는 자명원리이며 인간 인식의 일차적인 진리와도 같은 개념이다. 과연 신 존재도 인간 인식 안에서 자명한 것으로 나타나고 있는가?

우리는 앞에서 인간에 있어서 초보적이며 기본적인 신에 관한 지식을 즉발적 인식이라고 정의한 바 있다. 그리고 우리는 인간이 즉발적 인식을 통해 더 궁극적인 신에 관한 지식을 획득할 수 있다고 말한 바 있다. 그렇지만 올바른 즉발적 인식을 통해 신에게 도달 가능하다는 것은 신 존재가 인간에게 있어서 즉각적 명증성의 진리라는 것을 의미하지는 않는다. 무신론자가 존재한다는 단순한 사실은 신에 대한 진리가 즉각적 명증성이 아닌, 오히려 어떤 모호성을 지닌 것임을 대변해 주는 것이기도 하다. 왜냐하면 신이 본성적으로 자명하다면 마음속으로 "신이 없다"[7]라고 주장하는 어리석은 자나 바보는 없을 것이기 때문이다. 더 분명히 말해서 신 존재는 우리에게 즉각적인 명증성이 아닌 까닭에, 인간이 신을 부정하는 실질적 가능성은 배제할 수 없다는 사실이다. 그럼에도 불구하고 역사를 거쳐오면서 일련의 저술가들은 신 존재가 즉각적인 명증성에 관한 진리라는 것을 주장해 왔다. 우리는 여기서 이와 관련된 신 존재 증명을 전개할 필요는 없을 것이다. 왜냐하면 우리는 이미 앞에서 이 문제와 관련된 즉발적 인식에 관해 심도 있게 언급한 바 있기 때문이다.

토마스는 "그 자체로서의"(secundum se) 명증성과 "우리에게의"(quoad nos) 명증성을 서로 구별함으로써 신에 대한 즉각적 명증성 내지 자명성(自明性)에 관한 문제를 해결한다. 논증의 여지가 없는 명증적 인식은 즉각적인 어떤 명제들에 관한 것이거나 자명한 것(per se notae), 즉 그 자체로 인식되는 것이다. 그렇다면, "어떤 것이 자명하다는 것은 두 가지를 내포한다. 그 하나는 그 자체로서는(secundum se) 자명하나 우리에게는(quoad nos) 자명하지 않은 것이고, 다른 하나는 그 자체로서도, 또 우리에게도 자명한 것이다. 사실 어떤 명제가 자명한 것은 술어(述語)가 주어(主語)의 개념(ratio)에 내포되는 데 기인한다. 그것은 예컨대 '사람은 동물이다'와 같은 경우이다. 이때 동물은 사람의 개념에 속한다. 그러므로 술어에 대해서도 주어에 대해서도 그것이 무엇인지가 모든 사람에게 분명히 밝혀지려면 이런 명제는 모든 사람에게 자명하다. 이런 것은 논증의 제일원리들에서 명백한 바와 같다. 즉 이런 제일원리(명제)의 명사(名辭)들은 모르는 사람이 없는 모든 사람에게 공통된 것이다. 그것은 예컨대 유(有)와 비유(非有), 전체와 부분, 그리고 이와 비슷한 것들이다. 그러나 어떤 이들에게 있어서 술어와 주어가 그것이 무엇인지 명백하지 않다면, 이때 명제는 그 자체에 있어서는 자명하다 할지라도 명제의 주어와 술어에 대해 무지한 사람들에게는 자명한 것이 아니다."[8]

---

7) 시편, 52장 1절 참조.
8) *S. Th.*, I, q. 2, a. 1.

이제 우리는 "신이 존재한다"는 명제를 살펴보도록 하자. 인간은 하나의 동물이라고 말하는 명제에 있어서처럼 술어가 주어 안에 내포되는 한에 있어서, 아니 서로가 절대적으로 동일시되는 한에 있어서 이러한 명제는 그 자체로 자명하다. "신이 존재한다"는 그 자체로(quoad se) 자명한 명제이며 최상진리를 구축한다. 왜냐하면 이 명제는 하느님의 본질이 하느님의 존재이며 하느님의 존재를, 즉 하느님이 존재한다는 것을 모르고서는 하느님의 본성을, 다시 말해 하느님이 무엇인가를 알 수 없기 때문이다. 그러나 인간은 하느님의 본성에 대한 선험적인 인식을 갖고 있지 못한 까닭에 이 신적 본성에 도달한다는 것은 불가능하다. 따라서 신이 존재한다는 것, 즉 신 존재에 관한 긍정은 우리에게는(quoad nos) 자명한 것이 아니며, 그것은 그 결과로부터 출발함으로써만 얻어질 수 있다. "하느님이 존재한다는 이 명제(propositio)는 그 자체에 관한 한 자명한 명제다. 왜냐하면 이때 술어는 주어와 같기 때문이다. 후에 명백히 밝히겠지만 사실 하느님은 자기 존재(suum esse)이다. 그러나 우리는 하느님에 대해 그가 어떠한 존재인지를 모르기 때문에 이 명제는 우리에게 자명한 것이 아니다. 그런데 이런 명제는, 우리에게 더 명백하게 알려지고 그 본성을 따라서는 덜 명백하게 알려진 것을 통해 논증될 필요가 있다. 즉 결과(effectus)를 통해 논증될 필요가 있다."9)

인간은 오로지 지복직관(至福直觀, visio beatifica) 안에서만 하느님이 그 자체로 존재한다는 것을 자명하게 알 수 있을 것이다. 따라서 인간이 처한 현 상황에서 신 존재에 관한 문제를 해결할 수 있는 길은 논증적인 과정을 발판으로 삼는 일이다. 즉 신에 관한 본질적 인식은 대화 과정을 통한 종착점에서만 가능한 일이다.

---

9) *Ibid.*, I. q. 2, a.. 1.

6. 성 보나벤투라에 있어서 신과 인간의 존재론적 관계

모든 철학 체계들은 연속적인 발전을 위한 뒷받침 내지는 구조로 사용되고 또 약간의 말이나 하나의 사상으로 요약될 수 있는 한두 가지의 열쇠가 되는 이데아들에 바탕을 두고 있다. 예컨대 관념론과 합리론에서 말해지는 사유 혹은 이성, 경험론과 실증주의에 있어서의 경험과 감각 그리고 헤겔 등에 있어서 "이성적인 것은 실제적인 것이고, 실제적인 것은 이성적이다"[10]라는 경우가 바로 그러하다.

그런데 우리가 보나벤투라의 철학 사상을 요약하고자 한다면, 우리는 그것을 다음과 같이 말할 수 있을 것이다. 즉 그의 철학 사상은 신과 인간 영혼에 관한 사상이며 또한 삶은 신에게 도달하기 위한 여정이고 상승(ascensus)이라는 가르침이다.[11] 물론 이러한 입장은 아우구스티누스적인 요소를 다분히 내포하고 있다. 그런데 우리는 이것을 다음과 같이 설명할 수 있다. 즉 아우구스티누스와 보나벤투라에게 있어서 두 사람 모두는 자신들의 개인적이고 종교적인 요청과 함께 삶 자체로부터 출발하는 가운데 삶을 위한 철학을 하였다는 점이다. 보나벤투라의 증명이 이끌어내고 있는 신은 가지성(可知性)의 추상적 원리가 아니라 인간이 기도로 비는 하느님이다. 따라서 그에게 의미 있는 인간은 경배인(homo adorans)이다. 하느님은 경배와 기도의 대상이며 이성적이고 동시에 범주적인 요청으로 더욱더 추구되고 해석되는 존재이다. 따라서 신 존재 증명들은 감각계에서든, 내성(內省)의 세계 안에서든 그 존재가 현시되는 곳에서 이루어져야 한다. 내성의 세계는

---

10) G. W. F. Hegel, *Enzyklopädie der Philosophischen Wissenschaften in Grundrisse*, p.6.

11) 이 점은 보나벤투라의 『하느님을 향한 인간 정신의 여정』(*Itinerarium Mentis in Deum*)에서 특히 잘 드러나고 있다. 더구나 이 저술을 현대적인 감각의 뛰어난 필치로 해설한 주요 작품집이 하나 있는데, 그것은 다음과 같다. E. Bettoni, *L'uomo in cammino verso Dio, commento all'itinerario dell'anima a Dio di S. Bonaventura*, Edizioni Biblioteca Francescana, Milano, 1978.

대부분 '세라핌적 박사'(Doctor Seraphicus)인 보나벤투라가 보충한 실재로 나타난다.

감각 대상의 필연성을 거부하지 않는 보나벤투라는 아리스토텔레스의 제일원리를 초자연적 도움으로 강화된 제일 존재자로 제시한다.[12] 따라서 보나벤투라의 신 존재 증명은 신적 조명(illuminatio divina)을 전제로 할 때, 비로소 철학이 지향하는 최고 목표에 부합하는 것으로 나타난다.[13]

---

12) Bonaventura, *Opuscula Varia Theologica, Itinerarium Mentis in Deum*, c. 1, 2(*Bonaventurae Opera Omnia*, Vol. 5, Quaracchi, 1891, p.297).

13) 보나벤투라의 신적 조명설은 이해하기가 매우 어려운 문제이다. 어려움은 무엇보다도 조명에 관한 다양한 해석에서 그리고 보나벤투라의 비유적인 언어로 인해서 발생한다.

① 그가 말하는 조명은 분명히 직접적인 직관도 아니고 신에 관한 견해도 아니다(존재론). 이러한 해석은 이와 반대되는 많은 자료들과 저자의 분명한 글들로 인해 지금에 와서는 결정적으로 중지되었다.

② 그것은 확실하게 은총의 빛에 관한 것도 아니다. 보나벤투라는 자연적 실재와 관련된 인식들에 대해 자연적 차원에서 직접 언급한다. 그의 신비적인 악센트와 성서 인용들은 문제의 이성적 원천(신학적이 아닌)을 망각하게 할 수 없다.

③ 물론 그는 신의 특별한 빛에 의지하고 호소하는데, 그 빛은 단순히 지성에 그치지 않는다. 그렇지 않고서는 신의 특별한 행위에 관해 계속적으로 고집하는 바를 이해할 수 없다.

④ 심리학적인 관점 즉 발생학적 이데아라는 관점에서 그러한 조명은 '함께 바라봄'(contuitio)과 동일시되어야 할 것이다. 구체적으로 조명은 근본적으로 다음과 같이 말해질 수 있다. 즉 우연유의 부분성에 관한 경험은(여기에는 물질적 존재들과 영혼 자체가 포함됨) 그것이 전체적인 존재와 관련되지 않고서는 설명될 수 없을 뿐만 아니라 이해될 수도 없다. 다시 말해 부분적인 것은 추론의 연관 없이 즉각적·필연적으로 전체적인 것에로 연장된다. 전체적인 것 안에서 부분적인 것은 그 토대와 존재 이유를 발견하게 된다. 모든 실재는 부분적으로 전적이라 할지라도 존재의 일반적인 맥락에서 볼 때에는 부분적인 것이기에 완전하게 전체적인 존재(Esse)인 신에게로 연장되어야 한다. 신의 말씀(영원한 이성들) 안에서 모든 것은 설명될 수 있다. 긍정은 부정과의 관련 없이는 생각될 수 없는 고로 우리의 지성은 최고로 순수하며 최고로 현실태이고 완성적인 절대 존재와 관련되지 않고서는 창조된 사물의 감소된 존재, 불완전한 존재, 가능

보나벤투라에 의하면, "제일원리는 자명하다."(Primum Principium per se notum est)[14] 그렇지만 인간 인식에는 여러 가지 방해 요소들이 작용하는 고로 신 존재 증명은 용이하지 않다.[15] 그러므로 보나벤투라는 사물의 현상을 초월하여 신적 조명 하에서 제일원리를 밝혀내는 것만이 확실하다고 주장한다.

때때로 우리는 보나벤투라의 증명들이 체계적으로 다듬어져 있지 않은 것으로 생각할 수 있다. 그 이유는 저자의 변증법적 무능력함으로 인한 것이 아니다. 그것은 오히려 신 존재가 인간 영혼에게 매우 명백하다는 심오한 확신에 의한 것이다. 그때에 인간 영혼은 그의 심오함을 탐사하고 신을 발견하기 위해 오로지 순수한 마음과 성실한 정신만을 요청한다. 그리고 외부 정신의 실재는 우리로 하여금 그것을 기억하도록 하는 데 쓰인다. 이것은 마치 하나의 회상 내지 상기(想起)와도 같다. "하늘은 하느님의 영광을 이야기하고 창공은 그 손수 하신 일들을 알려 주도다." 그러므로 신은 무한하고 우리는 비록 유한할지라도, 그는 우리에게 알려질 수 있다.

여기서 우리는 과연 "신이 인간 인식 속에 존재하는가?" 그러면서도 동시에 "신은 인간에게 본질적으로 인식될 수 없는 존재인가?"라는 물음을 제기할 수 있을 것이다. 이에 대해 보나벤투라는 우리가 신 존재에 대해 의문을 제기하기도 전에 신은 인간 지성이 파악할 수 있는 어떤 대상 혹은 인식할 수 있는 존재로 스스로를 드러내었다고 말한다.[16]

적 존재를 생각할 수 없다.

14) *De Mysterio Trinitatis*, 1, 1, 20.

15) É. Gilson, *The Philosophy of Bonaventure*, trans. by Trethowan and Sheed, Paterson, 1965, pp.107-108; 방해 요소로는, 첫째 신 자체보다는 어떤 특정한 속성으로 신을 이해하는 <개념에 대한 오류>, 둘째 보편적 질성의 부재와 창조주의 존재를 부정하는 <이성적 오류>, 셋째 이성적 사고로는 진리에 대한 연속적인 논증을 시도한다 해도 결론에는 이르지 못한다는 이른바 <결론에 대한 전망 자체의 의심에서 생기는 오류> 등이 있다.

사실 우리가 지니고 있는 정신 구조는 그렇게 알 수 있도록 우리를 이끌어준다. 그 까닭은 신과 인간 영혼이 동일한 가지적(可知的) 질서에 속하기 때문이다. "감각적인 것과 가지적인 것이 서로 멀리 떨어져 있음에 그 토대를 두고 있는 반박에 대해 우리는 '유의 방식에 따른' (secundum rationem entis) 거리감과 '인식 가능한 방식에 따른' (secundum rationem cognoscibile) 거리감이 존재한다고 답변할 것이다. 거리감은 두 번째 경우보다는 첫 번째 경우에 더 크다. 왜냐하면 신과 인간 영혼이라는 이 두 가지의 용어는 가지적이기 때문이다. 그러므로 그것은 지성과 감각과는 다르다."[17]

인간의 요청은 절대적이다. 이유는 인간 영혼이 모든 것을 알기 위해 생겨났기 때문이다. 이성적 영혼은 그 지성에 있어서나 의지에 있어서 거의 무한한 능력을 지니고 있다. "어떤 점에서 영혼은 모든 것을 유사하게 하는 그 능력으로 인해 모든 것이다. 왜냐하면 그것은 가능적으로 모든 것을 알 수 있기 때문이다. 그리고 이것은 신적 능력이다. 왜냐하면 신의 모상이고 유사함이기 때문이다."[18] 인간은 그 자체로 자기 자신 안에서 인간이 되는 데 도달한 이후 이 판단 기준들을 향해 개방된다. 이러한 판단 기준들 없이 인간은 자기 자신일 수 없을 것이다. 인간의 자율성과 개체성이 성숙하게 되면, 그는 연대성을 갖기 위하여 자신의 고독을 깨뜨린다. 활동적이고 지향적 중심인 인간은 자신을 끌어당기고 조건 지우며 구체화하는 모든 것을 향해 계획되어진다.

영혼은 모든 것에 유사해질 수 있기 때문에 본성적으로 모든 것을 인식하고자 한다. 덧붙여 말하면, 영혼은 유사성(similitudo)의 방법에 입각하여 특별히 신을 인식하고자 한다. 이유는 그것이 신의 모상

---

16) *Sent.*, 1, 3, 1, 3(*Bonaventurae Opera Omnia*, Comm, in I Libr, Quaracchi 1882).

17) *I Sent.*, d. 3, a. 1, ad. 2.

18) *Ibid.*, d. 3, p. 1, un., q. 1, ad. 1.

(imago Dei)과 유사성에 따라 조성되었기 때문이다.[19] 신 존재에 대한 본유적 인식도 이러한 두 가지 중의 하나가 원인이며 다른 존재들의 원형임을 의미한다.

인간 정신은 그 고유한 본성으로 인해 자신의 활동을 외부적인 것과 내부적인 것 그리고 상급적인 실재를 향해 나아간다. 여기서 세 가지 기능의 범주들이 유래된다. 즉 외부를 향해 이끌어지는 감각과 내부에서 울려 나오는 이성, 상급적인 것을 행해 계획되는 지성이 바로 그것들이다.[20] 그리고 "영혼 안에서 여섯 단계의 기능은 신을 향한 상승의 여섯 단계와 합치된다. 그 단계들은 기능으로 하여금 하급적인 것에서 상급적인 것으로, 외부적인 것에서 내부적인 것에로 나아가도록 하며, 시간에서 영원에로 들여 높여지도록 한다. 그러한 것들은 감각, 상상력, 이성, 지성, 이해력 그리고 영혼의 최고 상태 혹은 분별력의 불꽃이다. 본성에 의해 우리 안에 놓여지고 죄로 인해 기형화된 이러한 단계들은 은총에 의해 다시 새롭게 되었다. 또한 이러한 단계들은 정의에 의해 정화되어야 하고 학문에 의해 실행되어야 하며 지혜로 완전하게 되어야 한다."[21] 이 목록 안에서는 실체론적인 의미에서 말해지는 능력이 아닌 행위들, 기능들 그리고 관계들에 관해 취급한다는 점을 명시해야 할 필요가 있다. 그러므로 예를 들어 이성은 분류하고 이해는 계발을 강조하며 지력은 절대자에게 집착한다. 그렇지만 이 모든 경우에 있어서 듀메리(H. Duméry)[22]가 관찰하고 있듯이, 그것들은 언제나 동일한 능력과 관련되는 것은 아니다.

보나벤투라가 기록하고 있는 영혼의 여러 가지 힘들은 근본적으로 두 가지로 요약된다. 즉 인식과 사랑이다. 이에 대해 그는 다음과 같이

---

19) *Ibid.*, 1, 1, concl.

20) *Itin.*, c. 1, n. 4.

21) *Ibid.*, c. 1, n. 6.

22) H. Duméry, *S. Bonaventure: Itinéraire de l'esprit vers Dieu*, J. Vrin, Paris, 1967, p.33 nota 1.

말한다. "이성적 영혼의 능력은 실제로 이성이나 의지에 속한다."[23) 인간 영혼은 지성 안에서나 의지 안에서 무한자에게로 그것을 열게 하는 조명된 추진력을 본래부터 타고났다. 우리는 이미 앞에서 영혼이 어떻게 어떤 점에서 모든 것이고 그 자신 안에 신적인 능력을 담고 있는지를 살펴본 적이 있다. 그 이유는 영혼이 하느님의 모상이고 유사함이기 때문임도 살펴보았다. 인간 의식 안에는 심오한 역동성이 자리하고 있으며, 이 역동성은 자신의 본성적인 궤도를 따르고 나아가서는 단순화와 환원의 요청에 동의하면서 필연적으로는 하느님께 도달하게 된다. 다시 말해 하느님은 의식의 역동성에 대한 최종적이며 만족할 만한 응답이다. 이와 같은 점들이 이성적 의지에 대해서도 말해져야 한다. 왜냐하면 의지 역시 무한자에게로 향하고 있기 때문이며, 최상선을 획득함으로써만 완전히 만족하는 까닭이다.[24) 보나벤투라의 저술들 안에는 이렇게 방향을 유도하는 덕행과 그 능력을 통한 영혼의 "높은 것을 향한 경향"[25)이 강조되고 있을 뿐만 아니라 인간 육체도 어떤 면에서는 그 자신의 신체적 도식에 있어서는 영혼과 아주 흡사하다는 것이 크게 강조되어 나타난다.

한마디로 말해 보나벤투라에게 있어서 신은 본유개념(本有概念)에 의해 보편적으로 증명되고 신 존재는 자명한 사실이며 논증조차도 거의 필요치 않다. 결국 그의 논증은 인간 의식에 내포된 방해 요소와 직결된다. 즉 신 존재를 말하는 우리의 경험은 방해 요소들로 가득할 수 있다는 것이다. 그렇지만 이러한 방해 요소들 때문에 오히려 우리는 신이 존재한다고 외치는 것이다.[26) 따라서 신 개념이 본유적이라면 감각계는 신 개념을 구성할 수 없다. 인간이 신 개념을 가진다면, 신이 현존하지 않는다고 생각할 수 없으므로 인간은 필연적으로 신

---

23) *II Sent.*, d. 25, p. 1, a. un., q. 2, concl.

24) *Ibid.*, d. 25, p. 1, a. un, q. 1, concl.

25) *Brevil.*, p. 2, c. 10, n. 4.

26) *Ibid.*, 1, 1, 10-20.

존재를 확신하게 된다. 그러므로 자체로 숙고된 존재는 자명하며, "제일원리는 존재한다."(Primum Principium est)[27] 그렇기 때문에 우리는 제일원리라는 용어(terminus)를 이해하며 그 용어가 의미하는 진리를 받아들인다는 것이다. 그 용어는 논증을 필요로 하지 않는다. 왜냐하면 위의 명제에서 술어는 주어 속에 내포되어 있기 때문이다. "신이 존재한다"(Deus est)의 명제는 바로 그런 류이다.[28] 그러므로 신은 비존재(no-esse)일 수 없다. 신 존재의 본래적 필연성은 존재이다. 신적 존재의 필연적 현존은 마침내 인간 사고에도 하나의 필연성이 될 것이므로 존재한다(existerere)는 것 외에 다른 어떤 모양으로 신을 생각할 수 없다는 결론에 이르게 된다.

결론적으로 말해서 보나벤투라적 인간 내부에는 자기 자신을 초월하도록 자극하는 본질적이고 언제나 새로워진 열망이 자리하고 있다. 이것은 곧 하느님이 가까이 하심 외에 다른 것이 아님을 보나벤투라는 말해 준다. 왜냐하면 창조주 하느님은 우리 존재 안에 숨어 계시기 때문이다.[29] 인간은 그 자신이 아닌 일성(一性)을 염원한다. 다시 말해 그가 도달하고자 하는 무한자에 대한 염원이 존재하는 것이지, 인간이 그렇게 될 수 있는 무한자에 대한 염원은 아닌 것이다. 그런데 이 무한자는 하나의 단순한 통일적인 이데아로 격하되지 않으며, 오히려 인간 존재의 가장 심오한 염원들 중의 궁극적인 용어이다. 그러므로 신만이 홀로 인간 정신의 구성적인 요청들을 전적으로 채워 준다. 그리고 인간 정신은 단순한 범주들과 주관적 도식들 안에서 결코 만족치 않는다. 역동적이며 지향적인 실재로 인간 의식을 바라보는 이러한 해석과 그 해답으로써 신에 대한 긍정에 도달하는 인간 의식에 대한 해석은 현대 사상의 현상학적 흐름 안에서 커다란 현실성을 누리

---

27) *Hexaé.*, 5, 30: "Omnis cognitio fit ex praeexistendi cognitio."

28) *I Sent.*, 1, 1, 4, 68.

29) *III Sent.*, d. 29, dub. 4에서는 propinquitas(근접성)라는 말이 강조되고 있다.

고 있다. 현상학의 대가인 에드문트 후설(E. Husserl)은 의식이 지향성 (Intentionalität)에 의해 구성되고 이 지향성은 환원(還元)이라는 광범 위하고 어려운 과정을 통해 가치와 의미의 최종적인 전달자와 수여자 인 초월적 자아(超越的 自我, ego transcendentalis)에 도달한다고 논증 한 바 있다.30)

7. 둔스 스코투스의 존재론적 노선

스코투스는 문제들을 깊이 꿰뚫어보고 완전하게 이해하는 데 있어 서 뛰어난 능력을 소유한 자였기에 근원적인 의미로 말해질 수 있는 형이상학자인 동시에 신학자이기도 하다. 그는 철학과 신학에 대한 연 구와 가능성의 영역에 직면하여 대단한 존중심을 드러냈던 인물이다.

스코투스에 의하면 인간은 자신의 본성적인 능력을 바탕으로 앎을 지닐 수 있다고 보며, 또 스스로 알도록 힘써야만 하는 존재이다. 이 말은 앎을 위해서는 인간이 어떤 사이비적인 정당화라든가 철학과 신 학에 있을 수 있는 비합법적인 어구에 의존하지 말아야 함을 뜻한다. 사실 우리가 알고 있듯이, 스코투스는 이전 학파에서 형성되고 다듬어 진 마음과 행동의 구조인 심오한 종교적 느낌을 지니고 있었다. 이러 한 관점에서 본다면 스코투스는 신앙을 기반으로 하는 진정한 형이상 학적 노선을 제시하였다고 말할 수 있다. 따라서 그에게 있어서 신에 관한 주제는 이미 마음속에 내재해 있었던 것이며, 학문은 이를 정교 히 가꾸어 가는 또 다른 작업이었던 것이다.

실제로 그는 정신의 게으름을 경멸하였으며31) 신 존재의 필연성을

---

30) E. Husserl, *Philosophie als strenge Wissenschaft*, ed. it., la Filosofia come scienza rigorosa, Paravia, 1958 참조.
31) 게으름, 특히 영적인 면에서와 지적인 면에서 나태함은 과거부터 종종 죄라고 불리어 온 것이 사실이지만 스코투스 경우는 이 점이 크게 강조되고 있다. 이와

여러 가지 방식으로 논증하는 데 있어서 이성의 힘을 사용하는 수고스런 지성적 길을 택하였다. 이렇게 볼 때 신에 관한 주제는 그가 근본적으로 삶 속에서 받아들인 것이었으며, 다른 한편으로는 지성적 탐구의 대상이었음을 우리는 알 수 있다.

신에 관한 스코투스의 논의는 마지막에 신을 만나기 위해 '상승적 사다리'에 의존하는 보나벤투라의 『하느님을 향한 인간 정신의 여정』(*Itinerarium Mentis in Deum*)과는 동일하지 않다. 이와는 달리 그의 논증은 신을 부정하는 지적인 불가능성에 대해 지렛대를 이용하여 신에 관한 이성적 명백함을 보증하는 데 그 목표를 두고 있었다.

이 명민한 박사(Doctor Subtilis)에게 있어서 문제가 되는 신 존재는 지적인 필연성으로 나타난다. 신은 신앙을 통하여 초자연적으로 제시될 뿐만 아니라 지적으로도 발견 가능하다. 따라서 지성에 신이 나타나지 않는다면, 그것은 일종의 변질을 의미하기에 그러한 문제를 발생시키는 원인이 무엇인지를 밝혀내야만 한다.

우연과 유한자의 체험의 요청으로 지적인 활동 안에 나타나는 스코투스의 신은 그것을 염원하는 탐구의 의지에 따라 각 사람 안에 현시된다. 신은 인식 가능할 뿐 아니라 인간 지성이 존재에 부여하는 기반에서 인정될 수 있다. 신앙을 지닌 신학자 스코투스는 엄격하고 근본적인 반성으로부터 출발하여 충만한 확실성을 신앙에 부여하고자 하

같은 맥락에서 일본의 야기 세이이치 역시 자신의 저서 『불교와 그리스도교를 잇다』에서 다음과 같이 분명히 말한다. "우리는 지적으로 영적으로 휴식을 유지하려 들기 쉽다. 내가 판단하건대, 아마도 사건과 결정의 연결고리의 맨 처음에, 실재에 대한 좀더 훌륭한 통찰을 얻는 데 필요한 에너지를 쓰지 않으려는 결정이 '죄'에 대한 오랜 개념의 근본 본질이다. 소크라테스가 도덕적 악의 본질은 무지라 주장했고, 힌두교에서 인간적 악의 근본은 앎(비디야, Knowledge)의 결여, 다시 말해 '아비디야'(avidya)라고 주장했을 때, 이들은 그와 같은 방향에서 움직이고 있었다. 나도 도덕적 악의 뿌리는 도덕적 결정의 토대가 되는 더 훌륭한 앎에 이르는 데 필요한 에너지를 쓰지 않으려는 결정적인 순간의 선택 — 게으름, 관성 — 이라 말하고 싶다."(23쪽).

는 형이상학자이기도 하다. 그는 '왜 믿는지'에 관한 이유와 무신론자들에 의해 논박될 수 없는 이유들을 늘 준비하고 있던 철학자이면서도 신앙인이었다.

분명히 스코투스에게 있어서 신 존재의 구성적 원리는 성실하고 설득력 있는 논의라기보다는 절대자의 필연성을 발견하는 데 있어서 적합한 수단을 강구하여 지적인 인식을 그 근원에서부터 심화시키는 데 있었다. 스코투스는 신이 인간 경험에 절대자로 주어져 있음을 확신한다. 그리고 이 절대자와 필연적인 것을 인정함으로써 인간은 신 존재를 긍정하기에 이른다. 그러므로 신은 감추어진 실재가 아니라 주어지고 개방적이며 통교적인 존재이다.

인간 정신은 어떤 면에서 삼위일체(Trinitas)의 신비를 드러낸다. 그래서 스코투스는 다음과 같이 말한다. "정신적 본성은 삼위일체를 표상한다."[32] 이와 같이 인간은 초월적 관계와 최종적 고독(ultima solitudo)인 신의 위격을 반영하고 있다. 인간 영혼은 삼위일체의 모상이며, 따라서 친구나 적이나 할 것 없이 모든 인간은 사랑을 앞에 둔 동일한 범주 안에, 하느님과의 생생한 유사함을 존재에 부여하는 같은 범주 안에 자리하고 있다.[33] 그러므로 인간은 신과 유사하다. 이러한 유사성은 존재론적 구성 요소이며 그 표본에 도달하기 위한 조건이다.

인간 존재의 심부에는 그를 제일절대자(Primum Absolutum)에 인도하는 관계의 역동성이 자리하고 있다. 이 관계의 역동성은 다른 존재들, 다른 사람들을 향해 방향 지어져 있다. 인격적인 관계들이 참으로 상호 인격적이 된다면, 그때 그 관계들은 창조된 존재의 궁극 목표이며 인간 삶의 최종 목적인 신에게로 인도된다.

스코투스의 인간은 보나벤투라적 인간과 마찬가지로 무한자에 대한 열망과 욕구들로 충만한 존재이다. 왜냐하면 그의 전 존재는 "존재의

---

32) *Ox.*, I, d. 3, q. 5, n. 15.
33) *Ibid.*, II, d. 30, q. un., n. 14.

제한들 없이 그 대양"을 향하여 확산되기 때문이다.[34] 미완성적인 것에 대한 경험과 근원적인 불만족을 체험하는 인간은 자연적인 방법으로 아무런 노력 없이 신을 향해 자신의 의지를 이끈다. 이것은 선한 의지의 경향이 어떤 내부의 저항들 없이 신을 향해 방향 지어지는 방식과도 같다.

스코투스는 자신의 사상을 전개하는 데에 있어서 매우 낙관주의적인 경향을 지니고 있었다. 그는 인간의 힘과 본성적인 경향을 신뢰하고 있을 뿐 아니라 이것들에게 자신을 내맡기고 있다. 무한자에 대한 본성적 욕구는 기만적일 수 없다고 주장할 만큼 그는 무한자에 대해 신뢰하고 있다. 왜냐하면 신의 현존은 인간 현존을 친구처럼 동반해 주기 때문이다.

사실 신은 인간 지평의 최종 목표로 나타나고 있으며, 이 목표를 향해 인간은 자발적으로, 자연적으로 그리고 근본적으로 나아간다. "나는 신이 인간의 본성적 목적이라는 것을 믿는다. 이 목적이 자연적으로 도달될 수 없을지라도 그러하다. 거기에는 초자연적으로 도달할 수 있을 뿐이다."[35] 따라서 신은 인간의 힘으로, 인간에 대한 설명으로, 인간의 최종적 소명으로 현시된다.

신과 인간 사이에는 근원적인 분리나 강력한 적대주의도 있을 수 없고 오로지 그 반대만이 있을 뿐이다. 왜냐하면 인간적인 모든 것은 신적 신비에 참여토록 부름받았기 때문이다. 스코투스는 신을 "제일원인, 제일능동자, 제일탁월자, 궁극적 목적, 절대자, 무한자"라고 정의한다. 우리는 정감적인 언어에서 철학적이며 범주적인 언어로 나아가게 되었지만, 이 두 언어 안에 내포된 지향은 동일한 것이다. 즉 그것은 인생과 행위, 관상과 반성이라는 질서 안에서 하느님의 절대성을 강조하고 있는 것이다.

---

34) *Ox.*, I, d. 13, q. un., n. 16.
35) *Ord.*, prol., p. 1, q, un., p. 32.

스코투스는 보나벤투라와 마찬가지로 신심을 이론과 합치시키는 방법을 알고 있었다. 『제일원리론』(*De Primo Principio*)의 각 장들을 살펴볼 때 거기에는 저자의 깨달음과 명민함, 그의 신심과 종교적 열성에 대한 충분한 논거를 넘어서는 무엇인가가 담겨져 있음을 알 수 있다. 스코투스는 다음과 같이 그 논문을 시작한다.

"존재들의 제일원리이신 주여, 저로 하여금 당신의 신적 위엄의 마음에 드는 것을 믿고 이해하며 표현하게 하시며 당신을 관상하는 데에 우리 정신을 들어올릴 수 있게 하소서 … 당신은 참된 존재이시며 전 존재이시나이다. 이것이야말로 당신이 저에게 허락하신다면, 이해하고자 하는 것이옵니다. 주님 우리의 본성적 이성의 영역에 관한 저의 탐구와 당신이야말로 참된 존재이시라는 것을 알도록 저를 도와주소서."[36]

스코투스는 신앙의 영역과 그리스도교 계시를 통해 알려진 진리 그리고 인간 이성의 가능한 영역을 확연하게 구분하였다. 그는 신이 이성적 진리에서도 그러하듯이 신앙에 관한 진리의 저자이며 주님이라는 것을 완전하게 깨닫고 있었다. 또한 그는 단순하게 믿는 데에 그치지 않고 자신이 신앙으로 믿는 바를 이성으로 증명해 내고자 힘썼다.

"처음이시며 마침이시라고 선언하신 우리의 하느님이신 주님이시여, 여기 있는 당신 종에게 신앙으로 열심히 믿는 바인, 즉 당신이 제일능동자이시며 제일탁월자이시고 제일목적자이시라는 것을 이성으로 증명하도록 도움을 베푸소서."[37]

---

36) *De Prim Principio*, 1, introd.
37) *Ibid.*, 3-4와 마지막 결론; De Pimo Principio는 안셀무스의 Proslogion을 상기시킨다; 이 점에 관해서는 R. Prentice, "The Primo Principio of Duns Scotus a Thirteenth Century Proslogion", *Antonianum* 39(1964), pp.78-109를 참조할 것.
신에 관한 보나벤투라의 사상과 스코투스 사상 간의 유사점과 차이점에 관해서는 P. Scapin, "L'itinerarium mentis in Deum e il De Primo Principio", *Atti*

『정리』(整理, *Ordinatio*)와 같은 다른 저작들 안에서 이미 전개한 바 있는 이성신학(理性神學)을 받아들이고 종합하는 『제일원리론』에서 스코투스는 네 개로 구성된 각각의 장 안에서 자신의 변증법을 완벽하게 펼치고 있으며, 저자 자신이 신학자일 뿐만 아니라 아주 특별한 형이상학자임을 드러내주는 철두철미한 관계와 정당화된 일련의 결론들에서 자신의 전체적인 변증법을 발전시키고 있다. 그는 시작하는 순간부터 수행해야 할 주요 임무가 이성신학을 전개하는 것이라고 밝히고 있다. 그의 사상의 골자는 인과적 종속성과 완전성의 등급에 관한 이중적인 관계에 입각하여 유의 다수성을 일치시키는 본질적 질서이다. 즉 본질적 질서의 해설과 구분, 본질적으로 유한한 존재들의 연관에 관한 명시화, 가능한 실재와 인과 종속의 기반으로서의 신 존재, 그리고 마지막으로는 결론으로 상징되는 단순성 및 거룩한 영성(spiritualitas)이 그것에 해당한다.

스코투스적 우주는 개별 존재들이 살아가는 곳이며, 이러한 개별 존재들은 상호 연관성을 맺고 신을 제일원리와 최종목적으로 떠받든다. 창조된 모든 존재들 안에는 신에게 오르기 위한 가장 적합한 고유성으로 인간 이성에 드러나는 본질적인 질서가 있다. 모든 존재는 존재와 탁월성 그리고 종속성의 질서에 있어서 더 앞선 것(prius)과 더 뒤의 것(posterius), 선행적인 것과 후차적인 것이라는 기능 안에서 설명된다. 이러한 본질적인 질서를 피해 달아나는 창조물들이라고는 아무 것도 없다. 이러한 이유로 인해 전 우주는 이중적인 전망 안에서 통일된 것으로 나타난다. 즉 완전성 혹은 탁월성의 전망과 인과성 혹은 종속성의 전망이 바로 그것이다. 결과적이며 원인에 의한 모든 실재는 모든 면에서 절대적으로 제일차적인 능동적 존재로 우리를 필연적으로 이끈다. 그러한 존재는 결과적일 수 없으며 원인될 수도 없다.

del Congr. inter. per il VII Centenario di S. Bonaventura, Roma, 1976, II, pp.21-40을 참고할 것.

스코투스의 본질적인 전 질서는 제일원리에 인도하는 존재론적 노선이다. 이 제일원리는 보나벤투라의 여정을 인도하는 신과 동일하다. 스코투스의 신은 창조물들 내지는 이 세계와 동떨어져 존재하거나 이 세계와는 요원한 신이 아니라 존재하는 것의 제일원리이며 최종목적이다. 신은 실재 자체의 내부에 존재하며 이성적이고 분석적인 과정을 통해 도달할 수 있는 존재이다. 왜냐하면 인간은 자기 스스로뿐만 아니라 자신을 둘러싸고 있는 실재와의 접촉을 통해 신을 알 수 있는 데에 이를 수 있기 때문이다.

스코투스는 신이 논증될 수 있다는 보나벤투라의 주장에 동의하지만 거기에 그쳐서는 안 된다고 주장한다. 그 이유는 신 존재를 증명하지 않으면 안 되기 때문이다. 이러한 임무에 그는 자신의 인간적인 최상의 역력을 쏟아 부었다. 스코투스는 당시의 극소수의 사람들이 그랬던 것처럼 철학의 도움 없이는 신학이 거의 아무 것도 할 수 없다는 것을 분명하게 의식하고 있었다. 그는 철학을 신학의 시녀라고 여길 수 없었으며 오히려 신학적 지식의 유효한 연합이라고 확신하였다. 그는 철학에 상당한 중요성을 부여하였으며, 신학의 모체가 되는 요청들에 의지하지 않고 이성적이며 사변적인 기반을 보증하는 데 최선의 노력을 다하였다.

그는 그 어떤 지성적 공격에도 끄덕하지 않는 형이상학적 근본주의를 이성에 요청하였다. 이 때문에 스코투스는 신 존재의 비모순성을 형이상학적으로 논증해 낼 수 있었다. 그리하여 무신론자는 신을 신앙의 대상으로 삼지 않을 수 있겠지만, 신 존재를 부정하거나 신이 존재하지 않는다는 것을 증명해 내기 위한 형이상학적 논증들을 전개하지는 못할 것이었다.

스코투스의 형이상학은 실재를 그 존재 안에서뿐만 아니라 그 동일한 가능성 안에서 분석한다는 의미에서 근본적인 철학이다. 그는 경험 속에 있는 존재들의 근원을 분석하며 인식 능력으로서 지성의 경험도 분석한다. 그런데 외부 경험과 내부 경험만이 존재하는 것이 아니다.

거기에는 절대적 실재의 가능성에 대한 경험에 묶여 있는 필연적인 것에 관한 경험도 존재한다. 이러한 가능성에서부터 그는 절대자의 필연성에 대한 확실성에 도달하게 될 것이다.

신이 실제로 존재하지 않는다는 절대 불가능성은 인간의 직관에 불과할 따름이며 현존하는 실재들이 절대적으로 존재한다는 것이 불가능하다는 것을 증명해 주는 스스럼없는 대화 과정의 결과이기도 하다. 주어진 모든 실재는 산출된 것으로 원인을 갖고 있으며 그 원인에 종속되어 있다. 따라서 산출된 모든 실재는 제일능동자(effectivum primum)를 요청한다. 이 제일능동자는 산출되지 않고 원인되지도 않으며 존재하는 것과 존재할 수 있는 것의 기초이며 정당성이다. 그러므로 신 존재는 지성적이며 형이상학적 필연성으로 제시된다. 신이 인간 지성에 드러나지 않을 경우에는 그 이유가 무엇인지를 곰곰이 물을 필요가 있다. 그러한 원인은 도를 넘어서 인간 지성을 깊이 심화시킨 데 있는 것이 아니라 문제를 너무나 얄팍하게 다루었다는 사실에서 기인한다.

철학적으로 공언되고 공공연하게 선포된 무신론은 스코투스에 있어서는 인생과 사상의 근원들을 심화시켰다는 것과는 동일시되지 않는다. 오히려 이와는 전혀 반대다. 그것은 바로 근원에 도달하지 못하고 그저 피상적인 것에 머물렀음을 의미할 뿐이다.

스코투스의 존재론적이며 사변적인 계획은 존재하는 실재 및 사상 자체와 관련되는 것과는 비공통적인 근원성을 지니고 있다. 스코투스는 방법과 진행의 참된 방식으로써 전체성에 관한 변증법을 통해 신에게 도달한다. 말하자면 그는 존재하는 신에게서 출발하지 않는다. 그는 존재들의 근원적인 실재에서 출발한다. 그렇게 함으로써 스코투스는 원천적 신이 필요하다는 결론에 도달한다. 따라서 신은 세계와 인간을 통해 드러나며 그들의 최고 보증자로서 뿐만 아니라 존재론적이며 해설적이고 정당화된 보증자로 나타난다.

이렇게 볼 때 스코투스에게 있어서 신은 존재론적이며 형이상학적인 문제인 동시에 인간 삶에 있어서 기본적인 문제에 해당한다. 인간 과 신의 관계에 대한 현대적인 문제점을 미리 예상한 그는 인간 실재 의 구성적 요소인 신학적 차원에 관한 주비리(X. Zubiri)의 주장에 동 의할 것이다. 이 마드리드 철학자에 따르면, "신 문제는 그것이 문제 가 되는 한에 있어서 인간의 호기심에 의해 임의적으로 부과된 문제 가 결코 아니며 오히려 그 구성적 문제점에 있어서 인간 실재 자체이 다."[38]

이러한 구성적인 문제점은 스코투스에 의해 전체적인 직관력과 학 문적인 엄밀함을 통해 분석되었다. 그렇게 함으로써 그는 신앙인들을 포함하여 많은 이들이 짓고 있는 죄악인 정신적 게으름을 극복할 수 있었다.

8. 신 인식론(神認識論, Ontologismus)

우리는 흔히 'Ontologia'를 존재 전반을 다루는 학인 형이상학이 17 세기에 들어서서 존재의 근원인 신 문제를 분리시킨 존재일반(存在一 般)을 다룬다는 의미에서 '존재론'이란 명칭으로 사용하였음을 알고 있다.[39] 이와는 달리 'Ontologismus'는 흔히들 '존재주의'로 번역하고 있지만, 이는 잘못 표기된 오역임을 알아야 한다. 왜냐하면 이 말은 존재 일반을 다루는 것이 아니라 최고의 형이상학적 탐구에 유의하면 서 신에 관한 인식 문제에 치중하려는 철학적 사고를 담고 있기 때문 이다. 따라서 이 두 용어는 존재라는 면에서는 나름대로 어떤 공통점 이 있다고 말할 수 있겠지만 실상 서로간에 그 의미는 완전히 다르다 고 할 수 있다. 따라서 우리는 이하에서 'Ontologismus'를 존재주의라

---

38) X. Zubiri, *El hombre y Dios*, Alianza Editorial, Madrid, 1984, p.372.
39) 정의채, 『형이상학』, 성바오로출판사, 1975, 17-18쪽.

고 개념하지 않고 신 인식론이라 부를 것이다.

특수 형이상학 혹은 변신론이 일차적인 학적 대상으로 삼아 해결해야 할 과제는 신 존재에 관한 문제이다. 특수 형이상학이 유(有)들 중의 유인 신 존재를 고유한 학적 대상으로 삼는다면, 이와는 달리 일반적인 학들, 개별 학문들은 각각의 학문에 제한된 개별유(個別有)들을 그 고유 대상으로 하고 있다. 이는 마치도 천체학이 천계를, 생물학이 살아 숨쉬는 기관들을, 사회학이 사회 단체를 그 대상으로 삼고 있다는 데서 잘 드러난다. 이들 학문들은 경험을 넘어서지 않는 사실들, 우주 법칙들과도 같은 어떤 특수한 분야들을 그 대상으로 하고 있다. 그렇지만 칸트가 이미 자신의 저서 『신 존재 논증을 위한 가능한 유일한 논법』(1763)에서 기술한 바 있듯이, 개별 학문들은 자신의 고유한 대상의 존재에 대해 묻질 않는다. 왜냐하면 그러한 대상들의 존재는 자명한 것이며, 따라서 그것은 증명할 필요도 없기 때문이다. 그렇지만 특수 형이상학이 대상으로 삼고 있는 유한한 존재의 일차적 원인인 신의 경우에 있어서는 직접적이고 즉각적인 자명성이 주어지지 않는 까닭에 신 존재에 관한 논증의 필요성은 요청되고 있을 뿐만 아니라 허용되기까지 한다.

신 존재에 관한 자명성을 주장하는 입장은 일반적으로 신 인식에 관한 이론 혹은 신 인식론(Ontologismus)이란 명칭으로 불리어 왔다. 아마도 신 인식론에 관한 가장 명백한 정의는 파브르 당비(Fabre d'Envieu)의 저서인 『신 인식론 옹호』(*Défence de l'Ontologisme*)에서 잘 나타나고 있다.

"신 인식론은 일반적인 이데아들의 실재를 증명한 후 그러한 관념들이 우리 영혼의 형상이나 변형들이 아니고 또 창조된 것들도 결코 아니며 다만 필연적이고 불변적이며 영원하고 절대적인 객체들임을 구축하는 체계이다. 이러한 객체들은 단순하게 말해지는 존재들 안에 집중되며 무한존재는 우리의 정신이 받아들여 파악한(saisie) 제일차적인 이데아이고 지성이며 우리가 그 안에서 영원하고 보편적이며 절대적인 모든 진리를 알 수 있는 빛이다. 따라서 신 인식론을 주장하는 사람들은 이러한 진리들이 영원한 본질을 떠나서는 실질적일 수 없다고 주장한다. 결국 그들은 존재가 신적 실체와 일치하지 않고서는 지속될 수 없고, 따라서 신적 실체 안에서만 우리에게 가시적(可視的)이라고 결론짓는다."[40]

철학적 언어의 기술적 명사로서 이것이 처음으로 사용된 것은 조베르티(V. Gioberti)의 저서인 『철학연구 입문서』(*Introduzione allo studio della filosofia*)에서였다. 그에 의하면 감각적인 것에서 지적인 것, 심리학에서 존재론을 연역하는 체계인 심리주의에 반대하여 "나는 올바로 철학하기를 원하는 자에게 적합한 길을 정확하게 표현하고 가르치는 반체계(反體系)를 신 인식론이라 부를 것이다"라고 말한 바 있다. 신 인식론이 요구하는 주요 사항은 신의 절대성에 틈을 줄지도 모르는 장애물과 매개물들을 배제하고 신에 관한 인식을 갖고자 함이다.

한편 이런 철학의 정립은 ① 신은 인간 인식의 선험적(a priori) 직관이며, ② 절대자에 대한 견해는 다른 모든 인간 인식의 가능성의 조건이라고 사고하는 데서 가능하다. 신은 현존하는 실재의 제일존재(Esse primum)일 뿐만 아니라 이러한 인식의 제일차적 존재이다. 그리하여 존재질서와 논리질서 간의 완전한 일치는 신 인식론이라는 명사(terminus) 안에 그대로 반영된다.

그러므로 신 인식론에 있어서 "신에 관한 인식은 독창적(originale)이기에 우리가 파악한 제일차적 개념을 구축한다. 그것은 원본적(原本的, originaria)인데, 이유는 다른 모든 인간 인식의 원천이 되기 때문이다. 이는 인간이 우선 신을 그 자체로 안다는 것만을 의미하지 않고, 그후 다른 존재들도 그 자체로 앎을 뜻한다. 사람들은 지성이 아는 것은 예외 없이 그것을 신에게서 모아들이는 것이라고 주장한다. 그렇다면 그때에 인간 지성은 신에 관한 즉각적인 견해를 얻을 것이

---

40) Fabre d'Envieu, *Défence de l'Ontologisme*, Paris, 1980, p.1.

고, 우리의 정신에 있어서 본질적인 직관은 궁극적인 모든 인식의 원천이 될 것이다."[41]

신 인식론은 존재론적 논증과 밀접히 연관되어 있다. 실제로 모든 신 인식 이론을 주장하는 사람들은 존재론적 논증을 인정하고 있다. 그렇다고 해서 그 반대가 항상 참된 것이라거나 또 그런 식으로 성립된다는 것은 아니다. 다시 말해 존재론적 논증을 지지하는 모든 사람들이 신 인식론자는 아닌 것이다. 다수의 변체(變體)들 안에서 문제를 삼는 존재론적 논증이 순수 개념으로 절대자의 존재를 밝혀내고자 하는 증명이라면, 신 인식론은 절대자의 존재가 즉각적으로 명백하며, 그 결과 논증은 불필요한 것이라고 주장한다. 이 때문에 사람들은 신 인식론을 주장하는 사람들이 이런 주장을 편 다음 무슨 이유로 신 존재에 관한 일련의 논증을 제시하는 것인지를 이해하지 못한다.

신에 관한 인식론을 주장한 대표적인 사람들로는 말브랑쉬(N. Malebranche)와 조베르티(Gioberti) 그리고 로스미니(Rosmini)가 있다. 우리는 이 세 사람들 중에 대표적으로 말브랑쉬의 학설을 논하면서 이 장에서 우리의 관심을 끄는 신 인식론이 그에게서 어떻게 설명되고 있는지를 살펴보기로 한다.

말브랑쉬(1638-1715)는 당시 데카르트와 밀접한 관계를 맺고 있던 드 베륄(De Berulle) 추기경이 세운 오라토리오회의 수도자였다. 오라토리오회원들은 철학과 신학에 있어서 아우구스티누스주의를 표방하고 수덕적인 면에 있어서는 신비사상을 추구하였다. 그들은 예수회원들과는 대조적으로 얀세니즘학파와 밀접한 연관성을 지니고 있었다.

잘 알려진 바와 같이 말브랑쉬 철학의 특징은 데카르트주의와 플라톤-아우구스티누스적 전통이 서로 조화를 이루고 있다는 점이다. 그리고 그의 철학은 신 중심적 형이상학의 발전을 꾀하고 있다. 이 프랑스

---

41) A. G. Alvarez, *Tratado de Metafisica*, t. II, Teologia natural, Madrid, 1968. p.54.

철학자는 정신과 물질, 사유와 연장(延長)에 관한 데카르트의 학설을 그대로 받아들인다. 즉 이들 양자간에는 아무런 영향력도 행사할 수 없다는 가르침이 바로 그것이다. 이와 같이 말브랑쉬는 근대 안에서 그리스도교 영성(spiritualitas)의 보호를 위해 유효한 기대를 데카르트의 사상 안에서 발견하게 된다. 실제로 데카르트나 말브랑쉬에 있어서 정신은 육체를 움직이지 못하고 또 육체는 신이 영혼에 적합하게끔 한 기계에 불과한 까닭에 정신으로부터 아무런 지시도 받지 못한다.[42] 이렇게 볼 때 단순한 기계들로 격하된 물질(materia), 무엇보다도 물질 중의 하나이면서 기계 외에 다른 것이 아니라고 여긴 인간의 육체에 반해, 상대적으로 영혼에 대한 정신성 내지 영성은 전에 없던 고상한 품위의 세계까지 들어 높여지게 된다.

말브랑쉬는 데카르트의 유고집인 『인간론』(Traité de l'homme)을 독파했는데, 이 저술 안에는 데카르트가 죽는 순간까지 자신의 우주 기계론을 변호하는 내용이 들어 있었다. 말브랑쉬는 이 책을 읽고 스물 여섯 살에 철학으로 전향하게 되었고, 6권으로 된 자신의 걸작품인 『진리 탐구론』(Recherche de la vérité, 1675)을 저술하기에 이른다.[43]

말브랑쉬에 의하면 과학적인 관점에서든 형이상학적 관점에든 간에 피조물들 사이에 인과적 효력은 인정될 수 없다. 다시 말해 피조계에서는 참된 원인과 결과의 문제가 논의의 대상에서 완전히 제외된다. 신체(corpus) 역시 영혼(anima)에 대해 행위할 수 없고, 영혼 역시 신체에 대해 행위할 수 없다. 내가 팔을 움직이고자 할 때 그것이 움직인다는 것은 사실이다. 그렇지만 나의 의지는 참된 원인이 아니며 기회원인(occasio)에 불과하다. 육체들 역시 그들간에 서로 작용하지 않는다. 두 개의 신체가 서로 접촉하는 경우 하나의 신체가 다른 것을

---

42) 김현태 편저, 『철학의 원리 I』, 가톨릭대학교출판부, 1994, 246-247쪽 참조.

43) 이밖에도 그가 남긴 주요 저술로는 『형이상학과 종교에 관한 양육』(Entretiens sur la Métaphysique, 1688), 『본성과 은총론』(Traité de la nature et de la grâce, 1680) 등이 있다.

움직이는 것처럼 생각할 수 있겠지만 그러나 그것은 그렇게 '보인다', 혹은 '같다'일 뿐이다. 이렇듯 하나의 육체는 다른 육체의 운동을 일으키거나 그것의 참된 원인이 될 수 없다.

한마디로 말해서 피조물은 아무 것도 아니고 아무 것도 할 수 없다. 다만 신만이 유일한 참된 원인이며 능동인(Causa efficiens)이다. 전적인 영원성으로부터 창조주는 시간의 흐름 속에서 무엇인가가 생겨나는 것을 원하였고 또 계속해서 원의한다.

이러한 신적 인과성과 피조물에 관한 이론을 두고 우리는 기회원인론(Occasionalism)이라 칭한다. 이렇게 궁극적인 결과로 이끌어진 원인론(aetiology)의 신 중심주의(teocentrismo)는 신 인식 이론으로 나타난다. 예컨대 두 개의 당구공이 서로 부딪히는 경우 그것은 당구를 치는 사람의 의지의 명을 따르는 물질적인 운동에 불과하다. 다시 말해 사물의 운동은 저자를 통한 기회원인(機會原因, occasio)에 불과한 것이다. 여기서 당구공을 치는 사람의 의지의 명령은 첫 번째 공에서 생겨난 운동의 부분을 다른 공에게 전달하는 사물의 보편적 원인(causa universalis)인 것이다.[44]

실제로 말브랑쉬에 의하면 정신은 수동적인 힘만을 지니고 있어 이데아들을 산출하지 못하고 단지 그것들을 받아들일 뿐이다. 그렇다면 존재는 우리 정신 안에 어떻게 도달하는가? 그것은 우리 정신에서 유래될 수 없다. 왜냐하면 만일 그렇게 되는 경우 그것은 어떤 피조물과 연관된 것이 되기 때문이다. 또한 그것은 육체로부터 산출될 수도 없다. 우리가 지닌 이데아들에 관한 납득할 만한 유일한 설명은 그것들이 신과 구별되지 않는다는 것이고, 나아가서는 우리가 "만물 안에서 신을 바라본다는 것이다." "우리의 모든 명석한 관념은 그것들이 가지적(可知的) 실재에 놓여진 한, 신 안에 자리한다. 그분 안에서가 아니라면 우리는 그것들을 알지 못한다. … 만일 우리의 이데아들이 영원

---

44) *Recherche*, I, 3. 2.

하고 불변적이며 필연적이라면 불변적 본성 안에서가 아닌 경우에는 그것을 발견할 수 없다는 것을 이해하게 될 것이다."[45] 신 안에서 만물에 대해 갖는 시각은 마치도 공간이 어떤 의미에서 신체들의 장소이듯, '그분'이 바로 영혼들의 장소라고 말해질 수 있을 만큼 신에 관한 시각을 허용한다.[46]

무한존재는 그것을 드러내는 이데아를 통해 가시적(可視的)일 수 없다. 그 어떤 유한한 이데아들도 무한자를 드러낼 수는 없다. 무한자는 그 자체로만 가시적이다. 창조물들은 일차적으로는 그 자체로가 아닌 신 안에서 알려지며 신만이 필연적으로 존재한다. 말브랑쉬가 언급하고 있듯이, "만일 신에 대해 사유한다면, 신이 존재한다는 것은 필연적이다. 여하한 존재, 그것이 인식된 존재라 할지라도 그것은 존재하지 않을 수도 있다. 우리는 현존(existentia) 없이 본질(essentia)을, '그분' 없이 이데아를 바라볼 수는 있다. 그러나 우리는 무한자(Infinitum)의 본질을 그 존재 없이는 알 수 없고, 존재 없이 그 존재의 관념을 알 수 없다. 사실 존재는 그것을 드러내는 아무런 이데아도 지니지 않는다. 이는 가지적인 모든 실재를 포함하는 어떤 원형의 결핍이다."[47]

우리 정신에 현전하는 모든 것은 그렇게 존재할 수 있는데, 그것은 신이 그렇게 행하기 때문이며 신은 무한한 방식으로 우리 정신을 비추어주고 있기 때문이다. 따라서 신 인식론에 있어서 존재의 긍정은 즉각적으로 신적인 것에 대한 개념을 함축한다. 그리고 우리의 지성작용의 일차적 행위는 존재 자체, 혹은 신 안에서 종료될 것이다.

이러한 주장에 대해서는 실질적인 모든 인식에 주어지는 존재의 지성작용(예컨대 A는 있다. 혹은 A는 B이다)이 신적 존재에 대한 감춰진 인식이 아니라는 점을 들어 반박해야 한다. 즉각적으로 받아들여지

45) *Entretiens sur la Métaphysique*, I, 10.

46) *Recherche de la vérité*, 6, 2, 3.

47) *Entretiens sur la Métaphysique*, II, 5.

는 것은 존재 자체가 아니라 존재를 지닌 유들(enti)이다. 우리가 바라보는 유들에 고유한 것으로서, 오직 그것들의 구성적인 것으로서 우리는 존재를 받아들인다. 사실 다양한 등급들 안에서 존재를 지닌 모든 유들은 그들의 토대인 유일한 지속적 존재(Esse)로 되돌려진다. 이것을 빌미로 존재가 모든 지성적 행위 안에서 나타나지 않는다고 주장하기까지에는 상당한 차이점이 자리하고 있다. 그것은 신이 공통존재(esse commune)와 동일시될 수 없고 공통존재 안에서 이해될 수 없는 까닭이다. "사물들이 있음으로 해서 신이 존재한다"(res sunt, ergo Deus est)는 것은 참이지만, 그러한 추론은 즉각적이지 못하며, 오히려 신에게 도달하는 데에는 먼저 복잡다단한 전이(轉移)를 전제로 한다.

만물은 존재를 지니고 있고 이들 유들에 있어서 존재는 유한한 것이라고 주장하는 경우, 존재는 필히 어떤 유한한 본질 안에서 이해되는 것만은 아니다. 사물들의 본성은 그들에게 고유한 존재와는 구별된다. 왜냐하면 사물들은 소유하는 존재가 아니기 때문이다. 만일 그것이 참되지 않다면 존재는 모든 본질 개념 안에 들어갈 것이다. 그러나 그것은 거짓이다. 왜냐하면 모든 유의 본질은 존재를 이해함 없이도 이해되기 때문이다. 이와는 반대로 신은 절대적으로 모든 유와는 구별된다. "실체인 신 존재는 공통존재가 아니라 여타의 모든 존재와는 다른 존재이다. 결과적으로 신은 그 고유한 존재로 인해 여타의 모든 유들과 구별된다."[48]

9. 맺는 말

존재의 유한한 방식(ratio) 안에 분여(分與)하는 것을 우리는 유라고 부른다. 토마스가 주장하듯이, 이것이야말로 우리 지성에 적합한 것이

---

48) Thomas Aquinas, *De Potentia*, q. 7, a. 2.

며, 이때 지성의 대상은 있는 그것이다. 이와는 달리 신은 그 자체 존재이다. 한편 그것은 논증을 요청한다는 의미에서 지성을 초월하는 것이라고 말해야 한다. 이러한 면과 관련하여 신 인식론의 시도는 바로 신 존재로 나아가는 방식을 거꾸로 뒤집는 데 자리하고 있음을 알 수 있다. 즉 이 이론에 의하면 신은 창조된 사물들의 존재론적 원천이며, 창조물들은 신에 대한 우리의 인식의 원천이 된다.

절대자를 향한 삶은 필연적으로 어떤 논증을 요청한다. 이미 강조한 바 있듯이 신은 즉각적으로 명증하며 자명(per se notum)하다. 이유는 신의 본질이 그 자체로, 절대적으로 고찰되는 한에서 그것은 신 존재와 동일시되기 때문이다. 그러나 "우리와 비교해서"(Quoad nos) 우리는 존재하는 것을 개념할 수 없기에 '신'은 명증적이지 않다.[49] 그 자체로 가장 명증적이며 본성적으로 가장 명석(明晳)한 사물들 앞에서 인간 지성의 조건은 아리스토텔레스가 기술한 것처럼 대낮의 빛에 놓여진 박쥐의 처지와도 흡사하다.[50] 그렇다면 이성적인 관점에서 신 존재는 아리스토텔레스나 토마스의 경우처럼 논증을 통해 밝혀질 수 있을 것이다.

그렇다면 우리는 다음 장에서 신 존재에 관한 논증의 허구성이나 무용성을 논하는 이론들의 실체를 정확히 밝히고 그것들이 지향하는 바가 무엇인지 그 정체성을 자세히 규명할 것이다. 그리고 나서 논증의 가능성이 역사 안에서 어떻게 구체적으로 실현되었는지 그 세밀한 사항들을 연이어 기술할 것이다.

---

49) Cf. *C. G.*, I, 11.
50) Cf. *Met.*, 993b, 9.

제 4 장

불가지론과 무신사상에 나타난 신 존재 부정

신 존재를 이성적인 확실성으로 긍정하거나 부정하기 위해 사용될 수 있는 유일무이한 방법은 그것이 그러한 목적에 필히 부합하는 것이어야만 한다. 섣부른 신 부정이나 긍정은 방법상의 절차를 무시한 경박한 결론으로 끝나버릴 수 있고, 목적을 염두에 두지 않은 고집스런 논증방식은 차가운 논리성의 영역에 스스로 갇혀버리는 누를 범할 수 있다.

이 장에서 우리가 신 존재 부정 내지는 논증의 불가능성과 관련하여 논하고자 하는 문제들은 신에 관한 명시적이고 함축적인 부정의 영역들을 모아들여 평가한다는 점에서 동적이며 변증법적인 성격을 지닌다. 이러한 방법론은 이론적이거나 실천적인 무신론을 선택하는 인간의 구체적이고 존재론적인 실재로부터 출발점을 모색하는 태도와는 아무런 관련성도 없다. 우리가 만일 그런 전망에서 문제를 다루게 된다면 제기된 문제점들의 결론에 다다르기는커녕 어떤 면에서는 아무런 소득 없이 혼란만 가중시키는 전혀 예상치 못한 오류에 빠져들 수도 있다.[1]

인간은 신과 관련하여 즉발적 인식을 지니고 있는데(우리는 앞장에서 즉발적 인식의 문제를 다룬 적이 있음), 그러한 인식은 어떤 문화적인 분위기와 공적인 견해들 안에서 대중적인 이데올로기의 영향권 하에 있을 수 있음을 지적한 바 있다. 이러한 인식을 바탕으로 각 사람의 도덕적 성향이 결정적으로 좌우될 수 있다는 것도 우리는 간과해서는 안 된다. 그러기에 인간들이 교육이나 사회적·가정적 분위기로 인해 도덕적인 정도(正道)에서 멀어지거나 벗어나는 경우 그들은 근본적인 지적 확신을 갖는 데 실패할 것이고 진리 앞에서 회의적인 태도를 취할 수도 있다. 그 결과 신 문제로부터 도피 행각을 벌이거나 아니면 적어도 그 중요성을 감퇴시키려 할 것이며 도덕법의 요청과 관련하여 상대주의적인 입장을 취하게 될지도 모른다. 그러면서도 동시에 우주의 중심에 인간을 위치시키는 일련의 인간 중심주의에 흠뻑 빠져든 기형적인 모습에 자만할 수도 있다. 부분적이긴 하지만 이러한 것들이 진리와는 근본적으로 동떨어진 철학 체계를 양산하기에 이른 것도 사실이다. 실제로 역사 안에는 결정적으로 오류를 범한 정신들이 체계화되어 자리잡고 있었으니, 대표적인 것으로는 마르크스주의, 불가지론, 무신적 실존사상 등이 바로 그러한 것들이다.[2]

우리는 이하에서 오늘날 불가지론과 무신사상의 본질적인 동기들이 어떠한 것인지를 기술하고 신을 긍정하는 자들의 입장을 부당하다고 보는, 즉 신앙인의 입장을 위기에 몰아넣는 근본적인 이유가 무엇인지, 그것을 철학적으로 규명하고자 한다.

우리가 발전시켜 나갈 논의들은 다음과 같은 주장으로 요약될 수

---

1) 이를 위해서는 조심스럽게 문제를 두 가지 차원에서 분리하여 분석해야만 한다. 두 가지 차원이란 우선 역사적·심리-사회적·문화적 특성과 함께 적합한 탐구를 거친 객관적이고 사회적인 문제로서의 무신론이 그것이며, 다른 하나는 그와 같은 부정된 자유의 범위에 연루된 결정적이고 책임 있는 주체인 무신론자가 바로 그것이다.

2) T. Alvira, L. Clavell, T. Melendo, *Metafisica*, Ediciones Universidad de Navarra, S. A., Pamplona, 1982(trad. ital., *Metafisica, Filosofia e realta*, Lemounier, Firenze, 1987), p.9.

있을 것이다. 즉 "물자체(物自體, Ding an sich)는 존재할지는 모르지만 그것은 알 수는 없다"고 말하는 불가지론자들과 "현대 무신론자는 긍정하기 위해 부정하는 자이다"와 같은 논점들이다. 특히 무신론자는 전통종교를 미신적이고 무익하며 허위적인 것으로 매도하여 고유한 세속신앙, 다시 말해 행동주의적이며 세계 내적이고 과학적인 신앙을 긍정하고자 한다. 또한 무신론자는 제한적으로 그리스도교의 가르침이나 합리주의적 신론까지도 부정하는데, 그것은 그들 편에서 불가지론 혹은 과학적·세속적 독단론을 긍정하기 위한 것이다. 일찍이 니체(F. W. Nietzsche)는 『이 사람을 보라』(Ecce homo)라는 작품에서 긍정을 위한 본질적인 조건들 중 하나가 부정과 파괴라고 말한 바 있으며, 포이어바흐(Feuerbach)는 니체에 앞서 "나는 단지 긍정하기 위해 부정할 뿐이며 인간의 실제적 본질을 긍정하기 위해 신학과 종교의 근거 없는 환상을 거부한다"고까지 주장하였다. 이처럼 불가지론자나 무신론자들이 자신들의 고유한 선택과 견해를 정당화할 경우, 그 모든 부정적 행위의 근저에는 긍정적 요소가 요청되고 있거나 아니면 긍정과 부정의 병행론이 작용하고 있음을 미루어 짐작할 수 있다. 따라서 우리는 이하에서 다수의 불가지론자들과 무신론자들이 겨냥한 또 다른 긍정을 위한 부정의 참된 의미가 어떤 것인지를 추적하고 그 목적과 허구성을 구체적으로 밝히고자 한다.

1. 불가지론(Agnosticismus)

많은 철인들이 신 존재와 관련된 논증의 필요성과 그 가능성에 대해 논의한 바 있다. 그런데 그들에게 있어서 그러한 필요성이 가능성을 필히 함축하거나 허용한 것은 아니었다. 왜냐하면 신 존재를 긍정하기 위해서는 어떤 증명이나 논증을 필요로 하겠지만, 인간 이성은 그것을 전개할 수 있는 능력을 갖고 있지 않다고 주장할 수도 있기 때문이다. 그러나 적지 않은 사상가들이 양자의 연계성을 구축하며 신 존재의 자명성에 대한 강력한 논증을 펼쳤던 것도 사실이다.

여기서 우리는 무엇보다도 신 존재 논증에 대한 부당성을 들고 나온 철학 사상들 중 그 가능성에 대해 회의론적 입장을 표명한 불가지론에 대해 살펴보려 한다.

불가지론(不可知論, Agnosticismus)은 쉽게 말해 신 존재를 형이상학적으로 논증할 수 없다는 입장을 고수하는 이론이다. 이 말은 실체, 다시 말해 궁극적인 실재를 알 수 없다는 인간 정신의 무능성 내지 불가성을 지시하고 있다. 왜냐하면 신 존재와 본질은 인간 인식의 범위를 벗어나 있다고 보기 때문이다.

불가지론이라는 용어는 1869년 헉슬리(Th. H. Huxley, 1825-1895)가 『불가지론』(*Agnosticisme*)이라는 자신의 저서에서 처음으로 사용한 바 있다.3) 그의 저술에 나타난 '불가지론'이란 말은 해결될 수 없는 문제의 논증 앞에서 "아무 것도 알 수 없음", 혹은 "인식을 포기함"이라는 의미를 지니고 있다. 그래서 불가지론은 어떤 것이 결정적인 순간에 학문의 가능성을 초월하는 한, 인식 불가한 것을 알고자 하는 요청에 반대하는 입장을 취한다.

1876년에 스티븐(L. Stephen)은 『불가지자의 변명』(*An Agnostic Apology*)이라는 책을 출판한 일이 있는데, 거기서 그는 불가지론을 근거로 인간 인식에 대해 강력한 비판적 입장을 피력한 바 있다. 즉 그에 의하면 인간 인식은 어떤 한계성을 지니고 있다. 따라서 이를 초과하는 논증이 주어졌을 때 인간은 환상적 지식을 갖게 된다. 자연신학 역시 인간의 지식을 넘어서는 것이므로 환상의 조각들에 불과하다.

더욱 강력한 불가지론의 입장이 나타나면서 신에 관한 지식은 인간

---

3) Cf. Thomas H. Huxley, "Agnosticism", in *Collected Essays*, V, Appleton and Company, New York, 1894 p.239(혹은 London, 1898, p.239).

지성작용으로는 결코 도달할 수 없는, 그래서 존재하건 존재하지 않던 간에 신에 대해서는 결코 아무 것도 알 수 없다는 주장이 점차 팽배해지기 시작하였다. 볼드윈(J. M. Baldwin)의 경우는 형이상학을 아예 무익한 것으로 간주하기까지 했다.

이와는 달리 온건적 불가지론(agnosticismus moderatus)은 신앙으로 신 존재를 받아들이는 것까지는 인정하지만, 그러한 믿음에 대해 있을 수 있는 여하한 이성적 토대에 대해서는 신뢰심을 두지 않는 태도를 견지하였다. 신적 본성(natura divina)과 관련되는 한, 이렇게 온건적 불가지론 역시 전적인 무지를 선언하는 엄격한 불가지론과 맥을 함께 하고 있는 한, 양자간에 별다른 차이점은 발견되지 않는다.

분명 불가지론이 비판적으로 정초되고 정당화되기 위해서는 인간 인식의 한계가 엄격하게 설정되어야 한다. 왜냐하면 동일한 문제가 회의론자나 실증주의자 혹은 관념론자들에게 주어졌을 때 그들은 각기 인식의 한계를 다르게 주장하는 고로 문제의 의미를 흐리게 할 수 있기 때문이다.

이론적인 관점에서 살펴볼 때 불가지론은 회의론과는 구별된다. 회의론은 초월적 실재에 관한 인식을 결정적으로 부정하는 데 반해, 불가지론은 단지 그러한 인식을 멀리하며 포기할 뿐이다. 불가지론자들은 형이상학적 인식의 불가능성을 주장하며 초월적 실재의 존재 가능성을 정초하는 전통적 이론을 폐기하고 그 자리에 감각적인 것을 대입하여 메우려 한다. 그들에게 있어서 초월적 실재는 무의미하다. 왜냐하면 경험을 넘어서 가는 것에 대해서는 아무 것도 알 수 없기 때문이다.

불가지론은 무신론과 동일하지도 않다. 왜냐하면 불가지론자는 무신론자처럼 그렇게 신 존재를 부정하지는 않기 때문이다. 앞에서도 언급했듯이 불가지론자는 신 존재를 이성적으로 증명할 수 있는 인간의 능력을 거부하는 자이다. 그러한 태도의 좌우명은 학문적 개념화의 한계들과 관련하여 쓰여진 작품에서 드 부아-레이몽(Du Bois-

Reymond)이 사용한 바 있는 "우리는 무지하고 또 무지할 것이다" (Ignoramus et ignorabimus)라는 유명한 표현에서 잘 드러나고 있다.

대부분의 불가지론자들은 자신들이 무신론자들이 아님을 자처한다. 신은 본래적인 인간 이성의 힘으로는 도달할 수 없는 존재이고, 모더니즘에서 강조하는 종교적 느낌이나 칸트적인 실천 이성 등과 같은 방식을 통해 도달할 수 있을 뿐이다. 이와는 달리 소수의 다른 불가지론자들은 사변적 불가능성을 선포한 다음, 신에 관한 논증이 허용하는 모든 문제들에 대한 긍정과 부정 앞에서 '현명한 중립론'의 입장을 취하기도 했다. 학문은 신의 비존재에 대해 증명할 수도 없지만 신 존재에 관한 가능한 논증(실증주의)도 이끌어낼 수 없다. 이렇게 볼 때 불가지론은 다양한 형태를 띠고 있으면서 다소간 비밀적인 무신론을 허용하는 증상을 보이고 있음을 확인할 수 있다. 실제로 우리 경험을 초월하는 것에 대해서는 아무 것도 알 수 없다는 것과 또 경험을 넘어서는 그 어떤 것도 존재하지 않는다는 주장을 펼친다는 것은 그리 어렵지 않은 일이다. 신 문제와 관련하여 불가지론이 신의 비존재에 대해 표현된 의지 안에서 성립되지 않고 다만 '그분'의 결핍을 느끼지 못하고 유한성 안에 살아가는 데서 성립되는 것이라면, 그것은 근본적으로는 침묵을 지키고 있는 무신론과 동일한 것이다.

고대와 중세의 회의론 가운데는 불가지론적 태도와 맞물려 있는 경우가 허다하다. 아마도 잘 알려진 프로타고라스(Protagors)의 다음과 같은 주장은 이 점을 잘 대변해 주고 있다. "신들과 관련하여 나는 제신(諸神)들이 존재하는지 존재하지 않는지, 아니면 어떤 모습을 지니고 있는지에 대해 알지 못한다."

중세 말기 옥스퍼드의 철학자 윌리엄 오캄(W. Ockham)에 의하면, 신 존재는 정확히 논증될 수 없다. 그의 체계 안에서 이성은 매우 분명한 것으로 나타나는데, 즉 참된 지식은 개별자에 관한 것으로 제한된다. 우리는 이를 두고 유명론(唯名論, Nominalismus)이라 부른다. 오캄의 유명론에 의하면 신은 직관할 수 없으며 알 수 없는 존재이다. 오캄은 다른 원리들에도 의지하고 있으니, 즉 그것은 특별히 인과성의 원리가 실재가 아닌, 조작품(figmentum)이라는 사실이다. 그리고 그것을 인정함으로써 그는 원인들의 고리 안에서 무한자로 소급해 갈 수 있는 동기가 어떤 것인지를 알지 못한다. "이성의 원인들 안에서 무한자로 소급하지 않는다는 것을 철학자들에 반대하여 증명해 내는 일은 난해하고 불가능한 일이기 때문이다."(quia difficile est vel impossibile provare contra philosophos quod non est processus in infinitum in causis eiusdem rationis)[4] 최대한으로 오캄은 존재 안에서 현 세계를 보존하는 상위적인 존재의 증명에 대해 언급하는 것을 허용하고 있긴 하지만 최고로 완전한 존재인 신에 대해서는 그렇지 못하다. 따라서 그에게 있어서는 "신이 존재한다는 것을 분명하게 알 수는 없다."(Non potest scire evidenter quod Deus est)[5]

오캄 유명론의 계승자들인 니콜라 도트레쿠르트(Nicola d'Autrecourt)와 조반니 디 미레쿠르트(Giovanni di Mirecourt) 그리고 피에트로 댈리(Pietro d'Ailly) 역시 신 존재를 오직 신앙의 대상으로만 고찰하며 그 어떤 방식으로도 인간 이성으로는 도달할 수 없는 진리의 몫이라고 결론짓는다.

그러나 가장 전형적인 불가지론들은 근대와 현대철학 안에서 발견된다. 특히 근대의 반형이상학적 사상의 지류들은 불가지론에 대한 보다 더 강력한 주장을 끌어내면서 그 이론적 확산에 골몰하기에 이른다. 예컨대 콩트의 실증주의와 칸트의 비판주의가 그러하다. 이 두 개의 학설들은 서로간에 아주 차이나는 것들이지만, 양자 모두 흄(D. Hume)의 주관적 경험론에 힘입어 지식 개념을 과학적 지식에로 축소시키려 하였다. 신은 경험 관찰의 대상이 아니기 때문에 인간은 신에 대한 아무런 개념도 소지할 수 없다. 그런데 콩트에 있어서 하느님을

---

4) *I Sent.*, d. 2, q. 5.

5) *Quodllib.*, I, 1.

믿는다는 것은 인간 이성의 발전을 저해할 정도로 인류에게 무익하고 해롭기까지 한 것으로 나타났고 칸트에게 있어서 신앙의 행위는 아무런 이성적 정당성이 주어질 수 없는 단순한 행위에 불과했다. 따라서 콩트는 전적인 불가지론자이고 칸트는 온건적 불가지론자라고 말할 수 있다.[6]

이 두 철학의 영향은 뒤에 가서 살펴보겠지만 스펜서(H. Spencer)의 '불가지자'(不可知者, the Unknowable)의 이론 안에 다시 등장하고 있다. 스펜서는 절대자의 존재를 인정했지만 그것은 어디까지나 인간 경험의 상관적 대상들의 가지성(可知性)에 대한 필연적 요청으로 나타날 뿐이다. 그 역시 절대자에 대해 있을 수 있는 모든 지식은 거부하였다.

스펜서와 그의 선각자들이 창조한 정신은 윌리엄 제임스(W. James)의 종교 이론에 영향을 미쳤다. 관념이 좋은 결과를 끌어낼 때 그것이 참되다는 실용주의적 원리를 따른 제임스는 주로 느낌의 문제라고 본 신에 대한 믿음이 구체적인 삶 속에서 실질적인 가치를 지니고 있을 때 비로소 참되다고 주장한다. 믿음에 대한 이러한 경험론적 연구는 미래의 약속에 대한 신뢰심을 표현하고 있으며 그것은 개인이나 단체의 구성원들에게 유익한 결과를 가져다줄 수 있는 대상 정도로 취급되고 있다. 이렇듯 제임스는 전통적인 신 존재 증명들을 거부하고 그 어떤 가설보다도 만족할 만한 '하느님의 가설'을 내세우고 있다. 따라서 그는 신앙을 여하한 모든 형이상학적 기반을 상실한 제한된 힘을 지닌 유한한 것으로 고찰하였다.

이와 유사한 사상적 영향을 받은 지적 운동으로는 근대주의 (Modernism)가 있다. 근대주의자들은 자신들이 들고 나온 근본적인

---

6) 근·현대의 로크, 해밀턴(Hamilton), 만셀(Mansel), 홀바흐(Holbach) 등과 같이 이 두 사람 역시 무신론자는 아니다. 콩트 자신은 무신론자로 불리는 것을 거부했고 칸트 또한 무신론자라고 볼 수는 없다. 그러나 우리는 이들의 불가지론이 무신론의 형태를 지향하고 있음을 알아야 한다.

현상론으로 말미암아 인간 이성으로는 아무런 초감각적·초월적 실재를 성취할 수 없다고 주장하였다. 신 존재에 관한 이성적 논증을 제거한 그들은 신이 세계 안에 현실적으로 개입한다는 역사적 사실조차도 불신하였다.

이처럼 불가지론은 본래부터 매우 다양한 구조를 띠고 철학적 형태로 발전되었다. 불가지론에 관한 비판적 연구를 위해 우리는 지금부터 칸트의 불가지론에서 현대의 신실증주의에 이르기까지 그 맥을 잇는 핵심적인 사상에 우리의 눈길을 돌리고자 한다. 동시에 불가지론과 관련된 실증주의의 전반적인 사상적 개요도 함께 기술하고자 한다. 그렇게 함으로써 실증주의적 불가지론의 원천적인 토대와 거기서 뻗어나간 사상의 흐름을 차질 없이 짚어나갈 수 있으리라 본다.

1) 칸트의 불가지론

신 존재의 이론적 논증 가능성에 대한 칸트의 비판은 그의 존재론과 존재에 관한 인식론에 바탕을 두고 있다. 그의 저술들이 말해 주듯 칸트의 비판철학은 선험적 변증론(순수이성비판)과 순수이성의 변증론(실천이성비판)이라는 엄밀한 정식을 구축하는 데서 출발한다. 헤겔은 이를 "칸트철학의 근본원리"라 지칭한 바 있다. 이렇게 해서 칸트는 사유 기능의 산물과 감각 경험에서 소여된 감성들간의 종합을 시도할 수 있었다.

이와 같은 조정은 어떤 면에서 본질과 존재에 관한 전통 형이상학의 구성을 대체시키는 행위라고 평가받아 왔다. 그것은 어떤 면에서 합리론과 경험론 안에서 그러한 구조의 원천적 의미를 포기함을 뜻한다. 칸트 철학은 합리론과 경험론에 대한 또 다른 비판이면서도 종합이었다. 이렇듯 이전의 모든 사상은 칸트가 새롭게 마련한 계몽주의적 호수로 유입됨으로 인해 사상의 전반적인 재정립이 요청되고 있었다. 이러한 칸트 철학은 기존의 도덕적인 가치들에까지 그 영향력이 확산되어 칸트적 사고로 물들여지기에 이른다.

합리론과 경험론에서 존재는 유들의 실질적 토대가 아니며 다만 순수 사유 안에서(본질, 가능성: 합리론) 혹은 단순한 경험론적 인위성인 실질 존재 안에서(경험론) 해결될 뿐이다. 합리론과 경험론에 의해 나타난 분기점은 칸트가 사유의 입장으로 이해되는 존재 개념에 대해 새롭고 근원적인 토대를 마련함으로써 극복되기에 이른다. 그러한 기초는 바로 순수 사유의 행위에 의해 구축되며, 사유행위는 선험적 주관을 구성한다. 이러한 새로운 철학적 관찰은 어느 순간에 이르러 재래의 형이상학적 가르침들을 무화(無化)시키면서 영적인 가치들(spiritual values)마저 뒤엎어버린다. 물론 그는 경험적 요소들도 중시하였지만 무엇보다도 선험적인 면을 강조함으로써 주관의 역할을 더욱 의미 있는 것으로 여겼으며 이를 넘어서는 것은 이념으로 간주하였다.

칸트에게 있어서 순수 사유행위인 선험적(a priori) 개념들은 그 자체로는 공허하다. 경험 형식의 조건들은 단순한 가능성 외에 다른 어떤 것을 제공치 않는다. "(직관과 개념에 관한) 경험의 형식적 제약과 일치하는 것은 가능적이다."7) 그러나 우리가 잊지 말아야 할 것은 그에게 있어서 가능한 것은 경험과 관련될 때에 개념이 되면서 단순한 지식의 가치를 넘어선다는 점이다. 왜냐하면 우리의 모든 선험적 지식들에 객관적 실재를 부여하는 것은 경험의 가능성이기 때문이다. "이것은 어떤 인식이 객관적 실재성을 가져야 한다면, 즉 어떤 인식이 대상과 관련되어 그 속에서 의미와 뜻을 지녀야 하는 것이라면, 대상은 어떤 방식으로든 소여(所與)되어야만 하는 까닭이다."8)

대상이 소여된다는 것은 표상이 경험과 연관되는 것을 의미한다. 전자의 공리는 <경험(감각 작용)의 질료적 조건과 연관되는 것은 실

---

7) I. Kant, *Critique of Pure Reason*, A 218, B 265, trans., Norman K. Smith, Macmillan Press Ltd., London and Basingstoke, 1983, p.239.

8) *Ibid.*, A 156, B 195, pp.192-193.

질적인 것>임을 주장한다. 사물의 존재는 우리의 지각과 연관된다. 한편 지각이 도달하는 거기에 사물들의 존재에 대한 우리의 인식이 연결된다. 경험으로부터 시작하지 않거나 현상들의 경험론적인 연계법칙에 따라 진행되지 않고서는 그 어떤 실재의 존재에 대해서도 증명은 불가능하다. 여기서 물자체, 본체에 대한 칸트의 인식 불가능성이 제기된다.

결과적으로 우리는 경험의 총체성과 그 주어진 지각의 부분 안에 내포된 존재만을 끌어들일 수 있다. 그래서 존재의 필연성은 결코 개념을 통해 인식될 수 없고 오직 경험의 보편법칙에 따라 지각된 것과의 고리를 통해서만 인식 가능하다.[9]

그런데 신은 경험의 연결 고리와는 무관하며 지각과도 아무런 연계성을 지니고 있지 않다. 신은 물자체(Ding an sich, thing itself)로 이념의 산물일 뿐이다. 그렇다면 결과적으로 신에 대한 이론적 지식을 갖는다는 것은 불가능하다. 사변적 관점에서 신은 순수 이성의 이념이며 실재와는 아무런 상관도 없는 관념인 것이다.

이와 유사한 이론적 전제를 바탕으로 칸트는 신 존재를 논증하기 위해 사상사 안에 제시된 모든 증명들을 비판적으로 받아들인다. 그에 따르면 사변적 이성이 신 존재를 증명하는 데에는 세 가지 방법이 있다. 그러한 증명들로는 우주론적 논증(kosmologischer Beweis)과 목적론적 논증(teleologischer Beweis) 및 존재론적 논증(ontologischer Beweis)이 있다. 이 중 존재론적 논증은 순전히 정신적인 개념에서 출발하여 진행해 나가는 증명이다. 그러므로 이 논증은 완전히 선험적이다. 다시 말해 존재론적 논증은 우리가 지닌 가장 완전한 유(ens perfectissimum), 가장 실제적인 유(ens realissimum) 개념으로부터 신 존재를 증명해 내는 시도이다.

칸트는 사람들이 절대적 필연유의 존재를 증명하는 데 온갖 심혈을

---

9) *Ibid.*, A 277, B 279, p.247.

기울여 왔음을 인정한다. 그렇지만 그러한 관념이 도대체 어떤 의미를 지니고 있는지에 대해서는 특별한 관심을 보이지 않았다고 주장한다. 무지한 신앙인이 가장 완전한 유로서의 신에 대해 사고하는 문제는 신이 사유 가능한 존재인지에 대한 것과는 무관하다는 것이다. 왜냐하면 신을 사유함은 모순을 함축하고 있지 않기 때문이다. 그런데 신을 존재하는 것으로 인정함 없이 사유하는 것이 모순이고 또 신이 사유된다는 사실이 신 존재를 증명하는 것이 아니라면, 이는 이성적 필연성을 함축하고 있지 않다. 바로 이것은 칸트 이후의 여러 불가지론의 형태들이 발생하게 된 단서이기도 하다.

신 존재의 확실성은 오직 실천 이성에 의해 보증될 따름이다. 신 존재에 대한 확신은 필수 불가결한 것이지만 증명은 필요치 않다고[10] 칸트가 주장할 때, 그는 신 존재에 대한 비이성적 자기 확신을 제시하였고 그것은 신적 존재를 필요로 하는 실천이성의 요청 안에서 종지부를 찍게 될 것이었다. 그러나 신을 요구하는 도덕의 요청은 초월적이 아니다. 다시 말해 그것은 증명이 아닌 것이다. 왜냐하면 이 독일 철학자의 사상에 따르면 실천이성의 요청들은 실천적인 용도 안에서만 올바로 사용될 수 있기 때문이다. 그러한 요청들은 초월적 가치에 도달하지 못하며, 감각적 실재를 넘어서는 지식을 정초하는 데 기여하지 못한다.

칸트는 신이 존재한다는 것을 믿고자 한다. 그가 제시하는 신성(神性)의 요청에 대한 기본 관점은 두 가지로 나타난다. 우선 믿고자 하는 것이데, 그것은 주의주의(主意主義)이며 신앙으로서 내가 신에게 실재를 부여하는 것이다. 그리고 두 번째는 신앙은 신앙이지만 그것은 객관적 신앙이 아닌 무엇에 대한 신뢰로 이때 신뢰의 대상은 신이며 실천이성을 넘어서 있다. 그것은 도덕적 혹은 실천적 삶에 이바지하는 주관의 확실성이다. 칸트는 신이 나의 관념 외에 다른 것이 아니며 자

---

10) Cf. *Ibid.*, A 826, B 854, pp.648-649.

기 입법적 도덕의 실천이성이라고 결론짓는다.[11]

리야노(A. Llano)가 지적하였듯이,『유고집』(*Opus postumum*) 안에 포함된 후기 칸트 철학에 의하면 그 안에 신은 존재하는데, 이유는 거기에 도덕명령이 자리하고 있기 때문이다. 그러나 그러한 신 존재는 인간에게 영원한 존재의 신이 아닌 실천이성과 합치되는 신이다. 초감각적인 것과 관련되는 경우 거기에는 학(學)이 있을 수 없으며 오로지 엄밀한 의미로 말해지는 신앙만이 있을 뿐이다. "신앙(Credo)은 그 대상이 되는 실재에 대해 객관적 가르침을 제시해 주지 않는다. 우리는 대상에 대해 사고하는 바에 의거하여서만 초감각적인 것을 조사할 수 있다. 그때에 신 관념과 미래적인 삶은 도덕법을 통해, 이론적이 아닌 실천적·객관적 실재를 받아들인다. 그것은 마치도 우리가 또 다른 세계가 있는 것처럼 행동하는 한에서 그러하다. 우리는 그러한 대상들이 실질적인 것임을 아는 것처럼 행동해야 한다."[12] 실제로 이러한 대상들은 우리가 그것들에 대해 양산하고 있는 관념들을 넘어서서 피안의 세계에 존재치 않는다고 칸트는 결론을 내린다. 신앙은 존재나 구체적인 실재에 대해 어떤 자료를 제공하지는 않지만, 주관으로서 신에게 객관적 실재를 부여하는 대상화하는 최고의 가능한 힘을 통해 실재 일반을 구축하고 제시한다.[13]

칸트의 인식론은 철학자의 학설을 비판적으로 평가하도록 허용하는 세 가지 기본적인 테제를 부정하는 것과 관련하여 책임을 회피할 수 없다.

① 유의 접근을 방해하며 또 그런 한에서 신 존재 증명의 출발점인 추상작용을 부정한다.

---

11) Cf. *Ibid.*, A 828, B 856, p.650.

12) A. Llano, *Fenomeno y trascendencia en Kant*, Pamplona, 1973, p.317.

13) Cf. *Ibid.*, A 820, B 848 - A 830, B 858, pp.645-652.

② 감각들에서 성립되는 것들만을 인식 가능하다고 보는 제한적인 이유로 인해 우리가 지닌 일차적 개념들의 형이상학적 가치를 부정한다.

③ 신 존재의 참된 증명의 기반인 인과성의 원리에 관한 형이상학적 가치를 부정한다. 우리는 칸트가 인과성을 부정하지 않는다고 말할 수도 있다. 그러나 그것은 분명하게도 다른 질서인 자유의 질서에 속한다. 그것은 존재론적 원리도 아니며 경험에서 유래하지도 않는다. 그것은 지성의 범주로 관계의 판단들과 부합한다.

2) 종교적 불가지론

종교적 불가지론이라고도 말해지는 신앙 제일주의(fideismus : 부정적인 면에서 광신론이라 표기할 수도 있음) 혹은 신앙 절대론은 불가지론의 또 다른 형태이다. 종교적 불가지론은 신 존재와 관련된 전통적인 증명들을 거부할 뿐만 아니라 신에 대한 이성적 논증 자체를 불허한다. 이 이론에 의하면 인간은 오직 신앙을 통해 신에게 도달할 수 있다. 다시 말해 종교적 주체의 요청을 통해서만 신에게 이를 수 있다. 이런 신앙이야말로 인식의 유일하고 참된 원천이다. 이성적 형이상학의 소유를 그리 달가워하지 않는 이러한 불가지론은 원래의 불가지론보다도 훨씬 더 강력하게 프로테스탄티즘에서 확산되어 오늘에까지 유포되어 왔다. 신 존재는 신앙의 대상일 뿐이기에 이성은 부정(否定)이라고 표현된다. 따라서 이성이 모순을 논증하는 경우일지라도 이와는 반대되는 것을 믿어야 한다. 이와 같이 이성이 무신적일지라도 믿어야 하는 것이라면 그러한 신앙은 절망적일 수밖에 없다. 이러한 역설적 형식은 어렵지 않게 키에르케고르(S. Kierkegaard)나 우나무노(M. de Unamuno)에게서 만날 수 있다. 키에르케고르에 의하면 신을 이성적으로 증명하는 일은 신을 상실하는 것과도 같다. 신을 바라본다는 것은 이성을 넘어서 있음이다.

종교적 불가지론에 의하면 그 어떤 이성적·감각적인 앎의 형태라 할지라도 그것은 인간에게 확실성을 제공해 주지 못한다. 이러한 전망에 위치하고 있는 전통주의는 모든 신앙이 하느님의 원초적 계시로부터 인간에게 주어지는 것이며 그러한 신앙은 전승(traditio)을 통해 전달되는 것이라 간주한다. 이 때문에 신앙 제일주의는 전통주의(traditionalism)가 된다. 루이 드 보날드(Luis de Bonald, 1754-1840)의 경우는 전통주의적 입장에 조직적인 형식을 부여한 바 있는데, 그 중에서도 출발점 혹은 '원초적 사실'(factum primitivum)로 작용하는 것은 다름 아닌 언어였다.

그의 작품인 『원시적 입법』에서 이 프랑스 사상가는 애초에 인간은 자신의 사상을 표현하기 위한 언어를 만들어낼 수 없었다고 주장한다. 왜냐하면 인간은 사고 없이 아무것도 발명할 수 없고 또 결정적인 언어 없이는 사고조차 할 수 없기 때문이라는 것이다. 인간이 인간일 수 있는 것은 언어 때문이다. 이것이야말로 하느님이 인간에게 존재와 함께 허락한 독창적 선물이다. 인간은 하느님으로부터 언어와 사고를 선사받았다. 그렇다면 원시적 언어의 신적 기원에 관한 이론은 신 존재를 요청하기에 이를 것이다. 기본적인 개념들과 일차적 진리들은 원시적인 계시 안에서 하느님이 인간에게 베푼 것들이다. 그러한 총체적 제일 진리(veritas prima)들은 언어와 함께 전수되었다. 이제 언어는 인간으로 하여금 전승을 통해 전수된 진리들을 알게끔 한다. 전승은 진리의 객관적 규정이다. 이와는 달리 이성은 그 어떤 형태의 진리나 확실성을 산출해 낼 수 없다.

프랑스의 가톨릭 사상가였던 라므네(H. F. R. de Lammenais, 1782-1854) 역시 전통주의자인데, 그는 『종교 자료에 관한 무관심론』(Essai sur L'indifference en matiere de religion, 1817)에서 개별 이성은 여하한 어떤 진리에도 도달할 수 없다는 이성의 전적인 무능성을 주장하고 나섰다. 즉 인간은 자신의 유일한 힘만으로는 어떤 진리에 대해서도 완벽한 확신을 가질 수 없다. 왜냐하면 자신의 유일한 수단만으로는 존재 안에 주어질 수도, 보존될 수도 없기 때문이다. 만일 이성이 그러한 목표에 도달하는 것이 불가능하다면, 감각들은 말할 필요도 없이 이것보다 훨씬 더 부적격하다. 결과적으로 회의론에 빠지지 않기 위해서는 "공통적이거나 보편적인 동의", 다시 말해 인간의 공통적인 느낌 안에 표현되는 일반 이성에 진리의 규율 혹은 규정을 부여해야 한다. 보편적 동의는 인간이 원초적 계시를 통해 인식하는 신 존재를 주장하는 데에 일차적 진리를 품고 있다. 이 계시를 통해 인간 정신의 공통적인 핵심인 신 존재를 비롯한 여타의 모든 진리와 삶에 있어서 그 근본적인 확실성들이 인식된다. 철학은 신앙에서 그 시초를 가져야 한다는 보날드(Luis de Bonald)의 주장처럼, 라므네는 만인에게 공통되는 상징의 제일 조항이 다름 아닌 "우주의 창조주인 하느님을 믿는 것"이라고 여겼다. 즉 거기에서는 아무런 논증도 주어지지 않으며, 오직 있다면 그것은 신앙뿐이다. 따라서 유일하게 가치 있는 철학이란 전승을 통해 전수된 원초적 계시로부터 유래된 철학이다.

종교적 불가지론과 전통주의에 있어서 계시에 의한 추상작용을 통해 신 존재를 논증하는 일은 불가능하다. 보탱(L. Bautin, 1796-1867)과 본네티(A. Bonnetty, 1789-1879)의 전통주의는 교회 교도권이 이러한 학설을 가톨릭시즘 속에 보편적 가르침으로 설파할 것을 유도하였다. 그러나 가톨릭의 가르침은 이와는 달리 유일한 이성은 계시와는 독립적으로 신 존재에 관한 참된 증명을 할 수 있다(즉 1840년 보탱에 반하여 그리고 1855년 본네티에 반하여)고 가르친다. "신앙 절대론은 지지할 만한 것이 못된다. 그것은 신앙을 받아들이지 않는 경우 이성의 유효성을 부정하는 데 그 출발점을 둔다. 그리고 그것은 이성에 기우는 신앙을 옹호하는 데서 결말을 고한다. 신앙 제일주의는 신에 대한 합리론이다. 신앙 제일주의는 이성 진리의 유효성을 부정하는 가운데 그 자체를 기본 진리로 제시하지만, 알고 보면 이성을 가지고 비이성적일 수밖에 없는 자신의 진리를 옹호한다."14)

이상에서 우리는 철학과 종교 간의 관계를 균형 있는 명사로 설정하는 것을 방해하는 두 개의 근본 위험성이 상존하고 있음을 살펴보았으며 동시에 이를 모면하기 위해서는 철학과 종교 간에 분명한 한계점이 명시되어야 한다는 것도 고찰하였다. 즉 철학과 종교는 서로 다른 두 개의 활동이면서 동시에 보충적인 활동이라는 점 그리고 이 둘의 관계는 다음과 같은 사실을 소홀히 하는 경우 자칫 위기에 처해질 수 있다는 점이다. 철학 안에서 종교를 해결하고자 하는 경우와 종교 안에서 철학을 용해시키려 하는 경우가 바로 그러하다.

이성 지상주의적 혹은 주지주의적 해결책이나 신앙 절대론적 혹은 제일주의적 해결책이거나 간에 양자는 독자적으로는 종교와 철학, 신앙과 이성 간의 관계 문제를 올바로 해결할 수 없다. 만일 그렇게 될 경우 그것들은 서로가 서로를 배척하면서 상대의 활동을 대적할 따름이다. 이성만능주의는 우리에게 종교가 없는 철학을 제시하며, 광신론은 철학 없는 종교를 제공한다. 양자가 서로 양립하지 않고서는 문제 해결은 불가능하다. 전자의 경우 종교는 모든 자치성을 상실하며, 후자의 경우 모든 기원 내지 원천성은 철학에로 회피된다. 주지주의적 해결책은 종교를 파괴하고자 하며 신앙 제일주의적 해결책은 철학을 멀리하는 가운데 종교를 구제하려는 이른바 '부정의 오류'를 범하게 되는 것이다.

3) 근대주의에 나타난 불가지론

근대주의 혹은 모더니즘은 19세기 말과 20세기 초에 걸쳐 프랑스 가톨릭 사상가들에 의해 발생한 운동이다. 이 운동은 전통적인 신앙의 진리와 근대철학의 원리를 서로 조화시키려 하는 데에 그 목적을 두고 있었다.[15] 이는 가톨릭 교회가 19세기 실증주의의 비판적 방법론

---

14) A. G. Alvarez, *op. cit.*, p.102.

15) 모더니즘의 역사적 논의와 관련해서는 특별히 M. Bradbury & J. McFarlane eds., *Modernism: 1890-1930*, Penguin, London, 1976을 참고할 수 있다.

을 받아들여 교회의 근대화 내지는 신앙과 근대 과학간의 융화를 꾀하려 한 시도였다.

이러한 모더니즘에 대하여 베스머(I. Besmer)는 다음과 같이 정의한다.

"이는 전통과의 단절을 통해 더 나은 새로운 초석을 발판으로 호교론, 신학, 교회의 삶, 교의, 경신례, 교회의 통치를 일으켜 세우려 한 동향이며 방법이다."16)

모더니즘이 체계화된 것은 교황 비오 10세의 회칙(Pascendi)에 의해서다. 이 문헌은 신학적 특징을 지닌 교의를 내포하고 있을 뿐만 아니라 비판과 종합력이 뛰어난 학적 문헌으로 평가받고 있다.

중세적 개념들을 멀리하고 칸트와 스펜서의 이성에 대한 비판을 받아들여 이 운동에 참여한 학자들은 나름대로 불가지론에서 벗어나 종교를 새로이 정초하고자 하였다. 이들에 의하면 '신적인 것의 신앙'을 정당화할 수 있는 유일한 노선은 사유의 결정적 정복이라 할 수 있는 의식 혹은 내재성(內在性, immanentia)의 노선이다. 이로 인해 근대주의는 칸트의 불가지론을 다시 받아들이는 잘못을 범하게 되었다. 즉 신은 순수 사변적인 학문의 대상이 될 수 없다는 것이며 인간 이성은 현상의 영역에 갇혀 있는 까닭에 사물들이 제시하는 현상과 현상의 형식들의 한계를 극복할 수 있는 능력을 전혀 갖고 있지 않다. 그렇다면 경험을 통해서는 신 존재 논증에 들어서기 위해 의존할 만한 것으로 확인될 수 있는 것이라고는 아무 것도 없다. 우리의 경험 안에는 사실로 보이는 신적 행위가 전혀 존재하지 않는 까닭에 신에 관한 이론적인 문제는 아무런 도움이나 실질적인 해결책이 될 수 없다.

종교와 같은 모든 현상의 출발점은 필요성(necessitas) 안에 자리하

---

16) I. Besmer, *Philosophie und Theologie des Modernismus*, I B, Freiburg, 1912, p.12.

고 있다. 특히 삶의 현상들 안에서 필요성은 마음의 움직임, 느낌에 의해 발생한다. 따라서 자연종교든 계시종교든 간에 모든 종교는 신적인 것의 필요성을 갈구하는 느낌에서 비롯된다. 처음에 이러한 필요성은 명석한 의식의 지배 하에 놓인 무의식의 영역에 자리한다. 신적인 것에 대한 필요성에로의 전이는 의식할 수 없는 것에 대한 체험에 의해서다. 학문과 역사는 외적인 것으로서의 가시적인 세계와 다른 하나는 내적인 것으로 의식에 의해 제한된다. 이 두 가지 용어를 벗어나 있는 것은 아무런 의미가 없으며 만일 그럴 경우 인간이 알 수 있는 것이라고는 더 이상 아무 것도 없다.

가톨릭 교의에서 신앙이 계시진리에 대한 지성작용의 접착이라면, 근대주의자들에게 신앙은 요청이며 근본적으로는 신적인 것에 도달하려는 인간 영혼에 현존하는 자발적인 기능이며 능력이다.

결과적으로 모더니스트들은 칸트적 불가지론의 결론을 받아들이면서도 불가지론자들로 고발되는 것을 거부하는 가운데 그것을 극복할 수 있다는 모순을 범하였다. 그들은 신에 관한 인식을 포기하지 않았다고 생각했는데, 이유는 다른 수단을 통해 절대자에게 도달할 수 있다고 생각했기 때문이다. 마침내 그들은 신에 관한 인식에 이끄는 유일한 노선인 생명력 있는 내재사상(內在思想)으로 모더니즘의 전환점을 마련하였다. 우리 안에 신 관념의 기원은 생명력 있는 내재성으로 설명되며, 그것은 이전의 지적 판단과는 상관없이 우리 안에 생겨난 느낌에 의한 설명이었다. 종교적 내재로 이끄는 이러한 생명력 있는 내재는 신앙 절대론으로 나타났다.

이러한 근대주의의 대표적인 사상가로는 루아지(A. Loisy, 1857-1940)와 티렐(J. Tyrell, 1861-1909), 포가자로(A. Fogazzaro, 1842-1911) 그리고 부온아유티(A. Buonauti, 1881-1946) 등이 있다. 앞에서 살펴보았듯이 이들 철학에는 두 가지의 기본 모더니즘의 원리들이 작용하고 있는데, 하나는 불가지론이며 다른 하나는 "생명력 있는 내재성"(immanentia vitalis)이다.[17]

4) 실증주의와 불가지론

(1) 실증주의

우리는 이하에서 실증주의적 불가지론을 이해하기 위해 이 장의 본질적인 내용과는 다소 거리감이 있을 수 있는 실증주의에 대해 일단 우리의 눈길을 멈추고자 한다. 왜냐하면 실증주의라는 의미 자체는 다수이고 그 발생이 프랑스를 비롯, 독일, 영국, 이탈리아 등 다양한 국가들이기 때문에 원천적인 의미를 포괄적으로 이해하는 경우가 아니고서는 실증주의적 불가지론을 무리 없이 소화해 내기가 쉽지 않기 때문이다.

1800년대 중반 유럽 사회는 문화생활의 전 영역에 걸쳐 획기적인 전환점을 맞게 된다. 예술과 문학에 있어서는 실재론과 자연주의가 도입되고 정치에는 비스마르크가 등장하며 경제와 관련해서는 식민주의와 자본주의가 득세하였다. 이와 더불어 노동운동의 발생과 연대성 등은 그러한 전환점의 증후군으로 작용하였다. 이때 사상에 있어서는 변화된 새로운 기후에 충실히 적응하고자 한 실증주의가 만연하기에 이른다.

전통 형이상학의 무용성을 주장하는(Keine Metaphysik mehr!) 실증주의는 일반적으로 경험과 과학의 자료성을 비판하는 가늠자에 철학

---

17) 교황 비오 10세는 회칙 *Pascendi*(1907)를 통해서 모더니즘의 가르침의 정체가 무엇인지를 확실하게 밝히면서 이 운동을 이단으로 단죄하였다. 모더니즘의 운동 안에서 신 존재 증명의 거부가 어떻게 나타나고 있는지 회칙은 다음과 같이 말하고 있다. "철학자에게서 출발하면서 종교철학의 토대는 모더니즘주의자들에 의해 속적으로 불리는 가르침인 불가지론 안에서 제시된다. 이들 철학자에 의하면 인간 이성은 절대적으로 현상들의 한계들을 극복하려는 권한이나 능력도 갖추지 못하고 단지 현시되는 사물들 안에서, 즉 현상 안에 묶여 있다. 한편 그것은 신에게까지 들어 높여질 수도 없으며 가시적인 사물들로부터 출발하는 가운데서도 존재를 인식할 수 없다."

을 도입하려는 경향을 띤 사상적 운동이라고 말해진다. 실증주의가 과학과 다른 점이 있다면 그것은 각기 고유하고 특별한 사실들보다는 여러 학문에 공통적인 총체적 사실 혹은 원리들에 대해 관심을 갖고 있다는 것이다.

이러한 철학이 발생하게 된 주요 동기 내지 원인들로는 다음과 같은 것들이 있다.

a. 경험주의와 과학적 정신의 연속성

거대한 낭만주의적이며 관념론적인 돌풍이 전적으로 합리화된 세계를 건설할 목적으로 1700년대의 계몽주의와 경험주의에 대한 열망을 완전히 뿌리째 뽑아버렸다고 생각해서는 안 된다. 오히려 당대는 베이컨, 갈릴레오, 로크, 흄의 전통에로 재차 회귀하는 경향이 있었다. 더구나 칸트 사상에 있어서도 경험주의적 요소들이 자리하고 있었다.

b. 과학의 거대한 발전

한편 베이컨 이후 근대사상의 모든 과정은 계속해서 동일한 문제를 제기하였지만 결코 그것이 문제의 해결책이 되지 못했음을 사람들은 의식하게 된다. 이와는 달리 과학은 줄곧 찬란한 발전을 거듭하게 된다.

c. 칸트 사상에 있어서 어떤 요소들

특히 '본체'와 '현상'과 관련하여 일방적인 해석이 가해지는 경우, 그로 인해 충분히 실증적인 사상에 기울어질 수 있었다.

d. 관념론자들의 형이상학적 소설들

모든 것은 선험적으로 구성되고 셸링과 헤겔에 있어서처럼 그렇게 선험적인 것으로부터 역사적 사실들과 학적 사실들이 이성적으로 연역되기를 원했다. 또한 이 안에서 가장 비이성적인 것들이 이성의 이름으로 거명되고 느낌과 환상, 주관성이 축제를 벌이는 낭만주의적 기후는 더 이상 인간과 그의 사상을 객관적이며 확고히 통제 가능한 실재로 인도할 수 있는 강력한 반동으로 작용할 수 없었다.

e. 사회 분위기

당시 사회적 흐름은 이상주의자들의 꿈과는 딴판으로 흘러가고 있었다. 자본주의 경제학은 강력한 법칙을 띠고 나타났으니 생산, 경쟁, 식민주의, 노동문제, 계급투쟁, 산업 중심 등은 지나치리만큼 실재론적인 언어로 구사되었다.

f. 정치 분위기

정치적 분위기 역시 변화되었다. 19세기 초는 국가를 잠에서 흔들어 깨우는 운동이 전개되었고 젊은 활기로 바라본 '거룩한 조국'을 위한 관념적 투쟁이 자리하고 있었다 이러한 것은 피히테(Fichte), 마치니(Mazzini), 시몬 볼리바르(S. Bolivar), 바이런(Byron) 등에서 찾아볼 수 있다 그러나 그후 국가들이 형성되었을 때 덜 시적이고 더 지상적인 국가에 대한 이상은 더 이상 존재하지 않았다.

실증주의라는 명칭은 콩트(A. Comte)가 발간한 『기업가들의 교리문답서』(*Cathéchisme des industriels*)에서 생-시몽(Saint-Simon)이 처음으로 사용한 바 있다. '실증적'이라는 말은 서로를 보충하는 다음과 같은 두 가지 의미를 담고 있다. 인식론적 차원에서는 증명 가능한 것, 경험적인 것, 즉 사실을 의미하며, 작용적인 면에서는 풍부하고 실천적인 것을 뜻한다. 따라서 증명 불가한 것은 바로 형이상학이며 이러한 주관적인 과목은 심각하게 고려할 만한 것이 못된다. 왜냐하면 경험적이지 못한 것은 헛된 망상에 불과하기 때문이다. 결국 실증적인 차원에서 신 존재는 허상에 불과한 제거되어야 할 요소로 간주된다.

지금까지 언급한 사실에 비추어서 우리는 다음과 같은 결론을 내릴 수 있다. 즉 실증주의는 관념들의 복합이라기보다는 방법이라는 점이다. 다시 말해 그것은 어떤 관념들(ideae)을 견고히 하기 위한 방법인 것이다.

그렇다면 실증주의 안에서 철학과 학문은 아무런 차이점도 없다는 말인가? 그렇게 되는 경우 철학은 무효화되어야 할 것이다. 그러나 실증주의자들은 그렇게 말하지는 않는다. 오히려 그들은 철학을 지향하며 그것을 위해 가장 총체적인 학문, 즉 문자적인 의미의 '학문들 중의 학문'을 겨냥한다.

이러한 목적에 적합한 것으로 여겨지는 현상들, 사실들 혹은 원리들은 본질적으로 두 가지인데 그것들은 이전 시대에 물의를 빚은 것이면서도 지금에 와서 그 중요성이 꺾이지 않고 있다. 그것들은 곧 메이어(R. Mayer, 1814-1878)와 헬름홀츠(H. von Helmholz, 1821-1894)의 열역학의 제일원리와 라마르크(Lamarck) 및 다윈(Darwin)이 제창한 진화론이다. 특히 진화론은 과거에 문제가 되었으면서도 지금에 와서는 오히려 그 중요성이 더해지고 있다.

열역학의 제일원리는 가능한 모든 현상의 기저에 동일한 본성의 에너지가 존재함을 가르치고자 한다. 왜냐하면 각각의 에너지는 또 다른 에너지로 변모하기 때문이다. 예컨대 소크라테스 이전 자연철학자들의 공통원리가 바로 그것이다. 이렇게 에너지는 모든 변화들을 거치면서도 양적으로는 전혀 변화되지 않고 본래 그대로 남아 있게 된다. 따라서 에너지는 더 이상 형이상학적인 것이 아닌, 거대한 체계 안에서 모든 현상들을 하나로 묶는 실증적 일반 원리가 된다.

그리고 라마르크와 다윈은 진화론을 통해 모든 종류의 생물, 인간 역시 물질에서 발전한다고 본다. 언어, 도덕성, 종교, 사회생활, 심리학 등도 이 이론을 적용하여 탐구할 수 있다. 결국 진화론은 모든 물질에 관한 과학일 뿐만 아니라 인문과학의 동적인 설명에 있어서 실증적인 일반 원리가 되는 것으로 여겨졌다.

따라서 우리는 실증주의가 바로 다음과 같은 철학적 요소를 지니고 있다고 말할 수 있다.

a. 형이상학에 있어서 진화론적 일원론

증명 가능한 유일한 실재가 존재하는데, 그것은 정신이 아니라 물질이다. 이러한 실재는 계속적인 진화 과정에 있다. 진화는 진보적인 의미, 다시 말해 항시 더 큰 복합성과 전문화라는 의미로 발생하는 발전이다. 이런 철학과 관련하여 마르크시즘은 실증주의에 가깝고 비록 논란은 대두될망정 분명 실증주의적 분위기에 젖어 있다.

b. 비판에 있어서 상대주의

모든 것이 진화하고 유전(流轉)하는 것이라면 절대적인 의미에서 더 참된 것이라고는 아무 것도 없다. 결국 진리란 문자상으로 '시대의 자녀들'(filia temporis)들에 불과하다. 이는 여하한 모든 실재들에 있어서도 그러한데, 즉 순수 물질적인 실재들에 대해서 뿐 아니라 정치·사회·도덕적인 삶에 있어서도 그러하다. '모든 것은 상대적'인데, 이것이야말로 유일 무이한 절대적 원리이다.

c. 인식론에 있어서 경험주의

증명 가능한 것만이 유일하게 가치 있다. 경험은 그 자체로 충분하며 이를 넘어서서 현상의 기저에 놓여 있는 초월적 형상(超越的 形相)이나 본성적 실재의 문제를 제기하는 것은 무의미하다. 이러한 태도를 관철할 때 비로소 우리는 형이상학을 피하고 관념론을 배척할 수 있다. '사실'의 충족성은 철학자들로 하여금 모든 초월주의의 가정과도 같은 여타의 인식론적 선험주의를 멀리하게끔 한다. 이는 본질을 현상으로, 절대를 상대로, 원인을 우리들이 관찰하는 관계들 안에 녹아드는 사건이 되게 한다.

d. 불가지론

경험을 넘어서는 모든 것이 만인에 의해 항상 배제되는 것은 아니다. 그럼에도 불구하고 영혼과 신 그리고 저승의 삶의 문제와 관련하여 많은 실증주의자들은 이론적인 불가지론과 실천적 무관심주의로 도피한다. 따라서 이를 가장 잘 대변해 주는 실증주의적 언사는 "우리는 무지하고 또 무지할 것이다"(Ignoramus et ignorabimus)이다.

e. 국가별 특징

국가들에 따라 실증주의는 서로 다른 특징을 지닌다. 프랑스에서는 특별히 사회적으로 적용되어 사회학이 최상의 학이 된다. 영국에서는 주로 진화론 쪽으로, 독일에서는 더 강력한 유물론 쪽으로 기울어진다. 이탈리아에서는 흔히 생물학 계통에 적용되어 나타난다. 아무튼 실증주의 가장 중요한 두 개의 거대한 줄기는 사회적 실증주의와 진화론적 실증주의이다.

(2) 실증주의적 불가지론

실증주의적 불가지론은 현상들을 초월하는 것이 불가능하다고 강력히 주장하는 이론이다. 어찌 보면 이들 불가지론들은 다양한 노선을 통해 칸트적 주장과 뗄 수 없는 관계를 맺고 있다. 실증주의는 중세에 로스켈리누스(Roscellinus)와 스콜라 후기의 오캄에서 빛을 발한 이후 영국 경험론에 결정적인 영향을 미쳤다고 보는 유명론(唯名論, nominalismus)의 유산이기도 하다. 이 이론에 의하면 지식의 참된 형식은 생생하고 부유하며 개별적인 감각 작용의 형식 안에 놓여 있다. 따라서 감각들, 개체들이야말로 인식의 유일한 원천이다. 이러한 감각들은 신 존재에 대해 아무런 자료도 제공해 주지 않는다. 그리고 지성작용(intellectio)은 실재의 모호한 발생학적 고사본에 불과하다.

a. 흄의 불가지론

19세기와 20세기의 실증주의적 명제들의 선구자라 할 수 있는 흄 (D. Hume)은『인간 오성론』(*An Enquiry Concerning Human Understanding*)에서 다음과 같이 적고 있다.

"추상적이고 논증적인 학문들의 유일한 대상들은 분량과 수이고 이러한 한계를 넘어서 보다 완전한 종류의 지식을 펼치고자 하는 모든 시도는 순전히 소피스트적이며 환상이라고 생각된다. … 인간들의 다른 모든 탐구들은 오로지 사실과 존재에 관한 문제들로 여겨지는데, 이런 것들은 분명히 논증의 주체가 될 수 없다."[18]

이와 같은 전제를 제시한 다음 흄은 그 유명한 결론을 내리고 있다.

"[흄의 경험론적 원리들이라는] 이 원리에 설득되어 우리가 도서관에 들렀을 때, 무엇이 우리를 혼란케 하였는가? 우리가 손에 어떤 책, 예를 들어 신학이나 형이상학과 같은 그런 도서를 집어들었을 때 다음과 같이 질문해 보자. 그것은 분량이나 수와 관련된 어떤 추상적인 추론을 담고 있는가? 아니다. 그것은 사실이나 존재의 문제와 관련된 어떤 경험적 추론을 담고 있는가? 아니다. 그렇다면 그것을 불 속에 내던져라. 왜냐하면 그것은 궤변과 환상 외에는 아무 것도 담고 있지 않기 때문이다."[19]

이러한 입장에서 하나의 사상이 출발점을 취하게 되는 경우 그것은 논리 실증주의 혹은 신실증주의로 결말이 난다. 논리 실증주의자들의 전적인 노력은 감각의 경험론적 비판기준을 공식화하는 데에 초점을 둔다. 이와 같은 견해에 기초를 둔 감각의 경험론적 비판기준은 경험론적 실재를 초월하려는 여타의 모든 명제들을 금기시하는 원인이 된

---

18) D. Hume, *An Enquiry concerning Human Understanding*, trad. it., Croce-Gentile, Laterza Bari, 1927, pp.166-169.

19) *Ibid.*, pp.168-169; 김현태 편저,『철학의 원리 I』, 가톨릭대학교출판부, 1994, 291쪽에서 인용.

다. 따라서 신에 관한 명제들과 그러한 변신론은 기만에 해당하며 궁극적으로는 무의미하다.

다시 흄으로 돌아가서 우리가 기억해야 할 점은 이 영국 철학자가 인식론적인 서문을 작성한 다음, 현상들의 영역을 넘어선다는 것은 도무지 있을 수 없는 일이라고 본 사실이다. 우리는 실체(Substance)를 알 수 없는데, 왜냐하면 그것은 순수 이름에 불과하기 때문이다. 따라서 현상들을 초월하기 위한 노선으로서의 인과성(causality)은 유효하지 않다. '원인과 결과'(causa et effectus)에 대해 언급하는 경우, 우리는 근접성(contiquity)이나 연계성이라는 시·공간적인 관계들과 연관된다. 그러나 흄은 인과성의 기초에 관한 문제에 개의치 않으며 오히려 인과성에 대한 우리의 신뢰성을 문제로 삼는다. 원인 관념은 논증에서 유래하지도 않고 직관에서 파생되지도 않는다. 그것은 단지 정신 안에서 발생한다. 인과성의 이유를 제공하는 것은 인간 주체이다. 반복되는 경험으로 인해 원인과 결과 사이에는 필요한 연관성의 습관만이 발생될 뿐이다.[20] 습관은 어디까지나 주관에 속하는 것이다. 그것은 실재 안에서 발견되지 않는다. 내부 경험이나 외부 경험은 원인의 실재를 제시해 주지도 않는다. 실체에 관한 이론과 인과성에 관련된 이론을 비판한 다음, 흄은 현상을 초월하여 신 존재에 대한 가능한 증명에로 개방되는 여하한 모든 노선을 폐쇄시킨다.

b. 콩트의 불가지론

흄의 철학의 상속자인 실증주의적 불가지론은 누구보다도 콩트(A. Comte, 1798-1857)와 밀(J. Stuart Mill, 1806-1873) 그리고 리트레(M. P. E. Littré, 1801-1881)에 의해 옹호되었다.

특히 프랑스에서 실증주의적 흐름과 부합한 산업혁명은 지극히 중

---

20) 사실 흄이 인과성의 원리를 거부하게 된 연유에는 이미 중세 스콜라 후기 시대의 윌리엄 오캄(W. Ockham)의 영향력이 크게 작용한 때문이다.

대한 경제적·정치적 그리고 사회적인 결과들을 유발하기에 이르렀고, 정치적인 방향과 인간의 사유에 있어서 새로운 문제점들을 촉발하였다. 그러한 답변들은 새로운 사회 이론을 정립한다는 차원에서 매우 다양하게 주어졌다. 사회주의적 이상국가의 건설과 함께 강력한 부르주아지 계급에 대항하는 논쟁(Proudhon, Branc), 기술 과학의 새로운 세계(콩트), 사회 현상에 대한 '객관적' '학문적' 연구(Durkheim, Lévy-Bruhl) 등은 바로 그러한 답변들이 추구하는 바였다. 이러한 모든 이론가들 중에 콩트는 프랑스에서뿐만 아니라 실증주의자들 중 가장 대표적인 인물로 손꼽히고 있다.

콩트는 본래 친구였으며 함께 일하던 생-시몽(C. H. De Saint-Simon, 1780-1825)이 주창한 실증주의적 토양에 바탕을 두고 자신의 학문을 발전시켰다. 생-시몽에 의하면 역사는 '비판적' 시대와 '유기적' 시대의 변화를 통해서만 있을 수 있다. 다신론의 유기적 시대는 일신론의 위기를 불러일으켰다. 중세 그리스도교의 유기적 시대는 15-16세기 이후 위기에 처해지는 불운을 겪었다. 기실 과학은 경험적인 관찰과 사실들로 조절되어 역사 내 인간의 방향을 수정, 재차 인도함으로 형이상학과 신학의 이론적인 전제들은 별 근거가 없음을 증명한다.

'실증'과학21)에 토대를 둔 새로운 '유기적' 시대를 손아귀에 넣을 수 있는데, 종교와 도덕, 정치 등은 그 안에서 과학적 근거를 가져야 하며 오히려 과학에로 환원되어야 한다. 이러한 미래 사회에서 정신력은 과학자들에게 속한 것이며 그것은 산업 종사자들의 지상적 힘이기도 하다. 그 결과 모든 것은 '기술 만능주의'로 집약되며, 종교는 원시적인 그리스도교일 것인바, 그것은 다름 아닌 사랑의 종교인 것이다.

『실증주의적 교리문답서』(Catéchisme positiviste)의 서론에서 콩트는 "흄은 철학에 있어서 나의 주요한 선각자였다"고 주장한다. 동시에

---

21) 이 용어는 생-시몽이 처음 사용한 것으로 알려져 있다.

그는 형이상학에 있어서 칸트의 비판철학을 가치 있는 것으로 평가한다. 그것은 세계와 영혼 그리고 신 관념이 인간 이성으로는 도달할 수 없다는 의미에서 그러하다. 결국 그는 직접적으로 인식 가능한 실증적인 것만이 존재해야 함을 요청한다. 사실에 대해 언명하는 단순명제나 특수명제, 일반적인 것에로 환원될 수 없는 명제들은 실질적이거나 가지적인 의미를 지닐 수 없다.[22]

실증적인 것은 추상적이고 형이상학적인 것과는 반대되는 경험적인 것, 구체적인 것, 효과적인 것과 동일시된다. 실증과학은 원인과는 무관하게 실재의 작용을 규제하는 법칙들을 탐구해야 한다. 콩트에 의하면 법칙들은 인과성의 자리를 대신할 것이므로 결국 인과성은 거부된다(이 모든 것은 전적으로 가상적인 한에서 그러하다).

이 프랑스 사상가의 반형이상학적 현상론은 인류가 사상사의 흐름 안에서 상이한 방식으로 진리를 발견하는 세 가지 단계라는 그 유명한 법칙들 속에 잘 표현된 바 있다. 결론적으로 말해 사회의 제 조직은 과학적인 바탕에서가 아니라면 불가능하다. 과거의 우상들은 거꾸러졌다. 이제 유일한 '실증적' 실재가 나타났으니 그것은 과학을 통해 그러하다. 이러한 현상은 가면 갈수록 더할 것이다.

콩트 사상 체계의 시작과 중심은 '세 가지 단계의 법칙'과 관련되므로 우리는 여기서 그것에 대해 간단히 언급하고자 한다.

발전에 있어서 개별 인간과 역사에 있어서 인류는 필연적으로 세 가지 단계를 거친다. 우선 신학적 단계에서 인간 정신은 무엇보다도 유들의 내적 본성과 결과들의 일차적·최종적 원인, 절대 진리들에 대해 탐구하며 현상들을 초자연적 동인(動因)들의 직접적이고 계속적인 행위들로 받아들인다. 그리고 형이상학적 단계에서 초자연적 동인들은 세계의 다양한 존재들 안에 주입되는 추상적 힘들과 인격화된

---

22) A. Comte, *Discours pur l'esprit positif*, ed., Librarie Schleichers Frères, Paris, 1909, pp.50-52.

존재성(entitas) 혹은 추상작용으로 교체된다. 마지막 실증적인 단계에서는 인간 정신이 절대 개념들을 확보할 수 없다는 불가능성을 인식하여 그 기원의 문제를 탐구하는 바를 포기하며, 우주의 운명은 현상들의 궁극적 원인들을 밝히는 데 더 이상 매달리지 않고 오직 사실들을 설명하는 데에 그치는 것으로 파악한다. 이러한 단계들을 실천적인 원리들과 결부시킬 때 그것은 다음과 같다.

a. 신학적 단계

본질적으로 환상에 예속된 인간들은 자신들을 둘러싸고 있는 현상들의 능동인과 목적인들을 탐구하며 그것들을 초자연적이며 신비적인 존재들 안에서 찾는다. 초기에 그러한 존재들의 수효는 다수(다신론)이나 역사가 발전되면서 그것은 유일한 것으로 축소된다(일신론). 절대 군주주의와 군국주의 그리고 사제직은 이러한 시대의 시민사회가 구체화되는 형식들이다.

b. 형이상학적 단계

이는 본질적으로 이성에 의해 지배되는 단계로 이성의 주요한 작용은 신학자들이 본성(natura)을 넘어서서 부과한 원리들을 사물들 안에 변환시키는 작업을 행하게 된다. 그런데 그러한 원리들은 역시 추상적이고 신비스런 것이다. 그때 사람들은 생명력과 화학적인 힘, 가능태와 현실태 등에 대해 언급한다. 이 모든 원리의 통일은 본성(Natura)이라는 일반적이고 추상적인 존재성에서 생겨난다. 사회적으로 이러한 단계는 국수주의, 국민 주권주의, 헌법, 부르주아지로 표현된다.

c. 실증적 단계 혹은 과학적 단계

원인들과 목적들, 원리와 본질들을 멀리한 채 마지막으로 현상들에 대한 냉정한 관찰에 임하면서 오로지 그것들의 관계를 규정하는 법칙들을 탐구하는 단계이다.

이는 실천적으로는 갈릴레이가 과학에 대해 가졌던 것과 동일한 개념, 경험론자들이 발생학적 관념(ideogenetica)의 탐구에 적용하고자 했던 개념과 동일하다. 과학은 모든 것이다. 과학은 "우리 지성작용의 성년을 특징짓는 근본적 혁신"이다. 이 단계에서는 더 일반적인 통일성이 지향되는데 그것은 보편 현상으로 나타난다. 보편 현상은 모든 과학에 가치 있는 것으로, 예컨대 중력의 법칙이 바로 그러하다. 실증적 시대는 사회적으로는 산업주의에 의해 지배되고 권력은 여러 생산력으로 분산된다.

위에서 언급한 세 가지 단계의 법칙은 역사 일반에 적용될 뿐만 아니라 모든 개별 학문의 역사에도 적용된다. 따라서 모든 학(學)도 실증적 단계에 도달하기 전에는 신학적 단계와 형이상학적 단계를 통과한다. 예컨대 점성술, 마술, 연금술은 천문학, 물리학, 화학의 이전 단계들로 취급된다.

콩트는 신 존재가 어떤 사실이 아니므로 신 존재를 증명해 내려는 갖가지 시도들은 실패로 돌아갈 것이라고 확신했으며 그것은 발전을 거듭하고 있는 인간 지식과는 모순된다고 지적한다. 이처럼 결정적인 불가지론의 입장을 취하면서도 그는 무신론에 빠져드는 것을 원치 않고 하나의 종교를 건설하기에 이른다. 여기서 말하는 종교는 다름 아닌 인간의 종교이다. 위대한 존재, 즉 인간은 신학적 단계의 신을 대신하게 된다. 그러나 실증주의적 요청들의 조명 하에 고찰된 인간 종교가 신학적 혹은 형이상학적 단계를 극복하여 나타난 새로운 현시로 이해될 수 있는지에 대해서는 아직도 토론의 여지가 많다.

아무튼 콩트는 무신론자로 판단되는 것을 원치 않았다. 그는 신에 대한 아무런 신앙도 제시하지 않는 조직적 실증주의, 신 부재 사상, 신 문제가 제기될 가능성조차도 없는 사상 체계를 건설할 목적으로 극복되어야만 했던 일시적인 어떤 것으로서의 무신사상을 표방하였다. 그러기에 많은 저술가들은 콩트의 불가지론을 냉혹한 무신사상이라

평가하였다.

콩트의 후기 사상 안에 나타난 미래의 인간 상태에 대한 개념들은 강렬하리 만치 종교심으로 채색되어 있다. 그는 가면 갈수록 종교에 대한 애착심을 갖는다. 아니 그럴 수밖에 없었다. 그는 새로운 종교 개념을 제시하고 심화시키기 위해 여러 작품을 썼다. 주요 작품으로는 『실증적 정치 체계』(*Système de politique positive*)가 있다. 목적을 달성하기 위해 그는 전통종교를 폄하하고 제거해야만 했다. 결국 그가 실증적이기를 원했던 종교는 기이함과 부조리를 덮어쓴 종교였다.

그에게 있어서 새로운 신은 "위대한 존재 혹은 인간"이다. 따라서 그의 종교는 절대적으로 내재주의적이며 비인격화된 인간의 종교이다. 실증주의적 교회는 사제들이 있어 나름대로의 경신례와 전례를 거행한다. 로마 교황은 콩트 자신이다. 그리고 일년에 80일의 축제를 지낸다. 또한 아홉 가지 성사와 인류의 성전(tempus humanitatis) 주변에 성스러운 숲 속의 묘지를 그려내며 실증주의적 달력(Calendrier positiviste : 콩트 자신은 이 달력을 사용한 것으로 보인다), 삼위일체(Trinitas)도 있으니, 이유는 그 '위대한 존재' 옆에는 거대한 땅(Feticcio)과 공간(Messo)이 있기 때문이다.

이렇게 볼 때 콩트는 자신의 최후 저술들을 통해 적어도 부분적으로는 초기의 자기 입장을 부정하는 모순을 범하였다. 이는 처음에 그를 따랐던 제자들마저 콩트의 후기 사상을 거부하는 데서 잘 나타난다. 그 중에는 언어학적 탐구와 '사전'(Dictionnnaire)을 남김으로써 유명한 저술가로 간주되었던 리트레(E. Littré, 1801-1881)도 있다. 라피트(P. Lafitte, 1823-1903)와 같은 학자들은 스승의 학설에 독단론적으로 접근하였다. 이런 와중에서도 콩트의 실증주의는 1800년대의 모든 문화에 그리고 19세기에 이르러서는 간접적으로 철학뿐만 아니라 거의 모든 지식 분야에, 특히 과학과 역사비판 그리고 미학에 괄목할 만한 영향력을 행사하였다.[23]

(3) 진화론

진화론은 실증주의뿐만 아니라 1800년대 전체, 나아가서는 근대문화에 결정적인 요소로 작용하였다. 그것은 18세기를 종료하면서 이미 시작된 역사적 혹은 시간적 관점에 있어서 가장 위대한 발전들 중의 하나로 간주되었다. 이것이야말로 근대에 발생한 제3의 위대한 코페르니쿠스적 혁명이었다(첫 번째 코페르니쿠스적 혁명은 르네상스의 인간중심주의이고 두 번째 혁명은 갈릴레이의 과학이었다).

고대는 발전에 관한 사고가 전무하였다. 우주의 실재로서 인간 역사는 정적이고 순환적인 방식으로 개념 되었다. 이러한 불변적 개념은 고대인들은 말할 필요도 없고 아리스토텔레스에게 있어서도 그러하였다. 스토아학파와 플로티누스의 "로고이 스페르마티코이"(logoi spermatikoi) 역시 영원회귀의 수레바퀴로 돌고 돌았다.

"하늘에 계신 너희의 아버지께서 완전하신 것같이 너희도 완전한 자 되어라"(Estote perfecti sicut Pater vester coelestis perfectus est)라는 개념과 하느님의 창조 사업의 계승자라는 인간 개념을 가지고 역사 안에 발전 개념을 도입한 자는 그리스도인들이었다. 그럼에도 불구하고 그러한 개념은 오랜 세기에 걸쳐 다분히 신학적·수덕적 영역 안에 유폐되고 말았다.

인간이 사물들 안에 깃들여 있는 거대한 발전의 가능성을 이해하기 시작한 것은 16, 17세기에 이르러서였다. 그것은 과학적인 사건들과 함께 비로소 인간 지성의 수면에 떠올랐다. 계몽주의자들은 이러한 사고를 받아들여 발전을 그들의 기치로 내세웠다.

그때까지만 해도 인간학의 영역에서 예상 내지 그저 열망으로만 남

---

23) 언급하였듯이 콩트의 사상은 1800년 중반 이후의 프랑스 문화세계에 강력한 영향력을 행사하였다. 그러나 콩트만큼 위대한 사상가는 더 이상 나타나지 않았다. 그 중에서도 중요한 인물로 꼽을 수 있는 사람은 H. Taine, E. Renan, É. Durkheim, L. Lévy-Bruhl 등이 있다.

아 있던 발전 개념은 18세기 말과 19세기 초 스펜서가 철학 이론에 부여한 자료를 바탕으로 그럴듯한 과학적 가설로 등장하였다. 그런 다음 과학과 철학의 영역에서 더 수용할 만한 가설로 자리매김하게 되었는데, 이는 마치도 피히테 이후의 낭만주의 철학이 마르크스와 엥겔스 철학의 초석이 된 것과도 같다.

그후 상대주의의 형식과 동일시 된 이 이론은 적용되지 않는 곳이 없을 만큼 다량의 결실을 맺으면서 다수의 인간 문화에 깊이 스며들었다. 특히 생물학에서 그러하였으니, 그것은 다른 분야에 비해 이미 오래 전에 출범하여 성장세를 지속한 결과였다. 그리고 그것은 (Weltanschauung) 실재의 형이상학적 개념으로 화하기에 이른다.

발전에 있어서 일반적으로 사람들은 기초적이고 단순한 존재들로부터 더 완전하고 복합적인 존재들의 유래를 지향하였다. 이렇듯 진화론은 발전을 인정하는 가설 내지는 이론으로 새로운 실증주의적인 세계관을 구축하는 데 엄청난 영향력을 행사한다(생물학에서는 진화론보다는 형질변환주의(transformism)라는 말을 선호한다).

a. 다 윈

진화론자들 중에 다윈(C. Darwin, 1809-1882)은 거의 수덕적이라 할 만큼 자신의 탐구에 전념한 사람으로 학자들의 모범이 될 만한 인물이다. 그가 남긴 주요 작품은 『종의 기원』(*On the origin of species by means of natural selection*, 1859)과 『인간의 후예』(*The descent of man and selection in relation of sex*, 1871)가 있는데, 이들 작품 안에 나타난 진화론의 원리들은 본질적으로 다음과 같다.

① 생물들 안에는 작은 변화들이 나타난다. 이러한 변화들은 경우 (casus)와 분위기 탓에 의한 것이다. 그러한 변화들은 개체에 불리하거나 유리할 수도(더 자주) 있다.

② 자연적 선택 : 존재들은 운명적으로 삶의 공간을 위해 그들끼리

투쟁한다(홉즈와 맬서스). 이것은 최상의 것만이(가장 긍정적인 변화들을 갖는 존재) 생존할 수 있다(삶을 위한 투쟁을 통한 자연적인 선택)는 결과를 필연적으로 동반한다.

③ 유발된 변화들은 유전적이다. 모든 종류의 진화론에 필수적으로 적용되는 이 법칙은 라마르크의 법칙과 동일하다.

인간의 기원과 관련하여 다윈은 상급적인 동물로부터 그의 후손을 긍정하는데, 한편 그것과는 본성 때문이 아니라 등급으로 인해 다른 것이라고 본다. "인간과 가장 발달한 포유동물간에는 그들의 정신적 기능과 관련하여 근본적인 차이점이 존재하지 않는다." 이러한 후예는 걸림돌이 되어서는 안 된다. 다윈의 의견에 의하면 문명화된 인간과, 인간과 원숭이 사이에 있을 수 있는 것의 야만성 사이에는 더 큰 차이점이 있다.

진화론은 필연적으로 그런 것은 아니지만 낙관주의적인 이론이다. 즉 발달을 인정하는 자는 엄밀한 의미로 '진보'를 인정한다. 다윈은 세계의 미래에 대해, 특별히 인류의 미래에 대한 낙관주의자였다. 즉 필수적인 것은 아니지만 진보를 인정하는 자는 엄밀한 의미로 발전(progress) 역시 인정해야만 한다는 것이다. 이런 면에서 다윈은 미래 세계에 대해 특히 인류의 미래에 대한 낙관론을 소지하고 있던 자이다.

다윈은 모든 문제들을 과학적이고 실증적인 정신을 가지고 분석하였다. 그에게 있어서 전적으로 형이상학적인 문제로 피신하는 것은 있을 수 없었다. 즉 신과 세계에 대한 신의 다스림은 결정적으로 '불가지적'이라고 보는 다윈은 분명 실증주의자이다.

b. 스펜서

1820년 더비(Derby)에서 출생한 스펜서(H. Spencer, 1820-1903) 역시 사상의 중심 직관은 진화론이었는데, 그것은 곧 실증주의와 발전의 종합이었다. 어떤 면에서 '발전'이라는 용어는 그에게 고유한 것으로 되돌려져야 하는데, 이유는 1857년 한 기사에서 그가 처음으로 이 말을 사용했기 때문이다. 그때까지 실재의 생물학적 영역의 가설적 설명으로만 남아 있던 것은 스펜서에게 이르러서 모든 실재를 설명하는 철학적 이론, 다시 말해 형이상학적 진화론으로 화하게 된다.

스펜서에게 중대한 문제가 되는 것은 종교와 과학의 본성에 관한 것이다.

과학이든 종교든 간에 관심의 저변에는 유일한 실재가 자리하고 있다. 그것은 곧 '불가지자'(Unknowable)이다. 이것에 대해 알 수 있는 것은 '외부에 나타남'밖에 없다. 그런데 여하한 모든 종교는 존재하는 모든 것의 설명의 원천으로서 '불가지자'에 멈춘다. 그 대신 과학은 그 현시를 통해 불가지자를 더 알고자 한다.

따라서 종교는 사실들에 대한 설명이다. 그러나 그것은 '선험적인 것'(a priori), 감추어진 '힘'을 요청하는 어떤 설명이다. 이러한 '신비'(mystery)는 모든 종교에 고유한 것이며 부분적으로 우연적인 특수화이다.

과학은 가장 즉각적인 자료들로부터 출발하면서 가면 갈수록 일반적인 설명의 원리들을 창조해 낸다. 따라서 종교와 과학은 서로 반대되는 것이 아니라 상관적이다. 종교는 신비에 대해 이성적 설명으로 제시되지 않는 것으로 충분하고, 과학은 그것을 인식의 영역 안에 포함시키지 않는 것으로 충분하다.

과학과 철학의 개념에 있어서 스펜서는 일반적인 실증주의 사상에서 멀리 동떨어져 있지 않다. 과학은 실재의 한정된 인식에 대한 조직이며, 철학은 모든 과학적 인식들에 대한 가장 일반적인 조직이다. 따라서 철학은 모든 과학에 유효한 법칙과 원리에 바탕을 두어야 한다. 그러한 원리들은 다음과 같은 유명한 공식으로 화할 수 있다. 즉 "아무 것도 창조되지 않고 아무것도 파괴되지 않으며 오로지 변화될 뿐이다." 이러한 법칙들은 과학에만 고유한 것이 아니기에 모든 것에 적용될 수 있다. 동시에 그것들은 어떤 상위적인 법칙 안에 재통합될 것을 요청한다. 그러한 원리는 스펜서에 의해 진보의 원리로 규정된다. 이것은 발생학적으로 볼 때 "물질과 운동의 계속적인 재공급이다."

결론적으로 스펜서는 칸트 철학에 되돌아가는 형식을 취한다. 왜냐하면 그에게 있어서 본체(noumenon)와 현상은 그것들의 원천적인 관계 안에서 동일한 변화의 두 가지 측면으로 제시되는 까닭이다. 그리고 스펜서는 분명 현상보다는 본체가 덜 실질적이라고 본다. 종교의 대상인 '불가지자'는 실재의 본체적인 면이다. 이와는 달리 과학의 대상인 '불가지자'의 현시는 현상적 국면이다.

5) 비트겐슈타인과 신실증주의

(1) 비트겐슈타인

이른바 언어철학에 있어서 가장 중요한 인물로 손꼽히는 사람이 있다면 아마도 비트겐슈타인(L. Wittgenstein, 1889-1951)일 것이다. 그의 『논리-철학 논고』(Tractatus logico-philosophicus, 1919)는 철학이 새롭게 나아가야 할 바를 제시하고 있다는 점에서 신실증주의의 탐구를 위한 출발점이라고 해야 할 것이다. "모든 철학은 언어에 대한 비판이다."[24] 이 논고의 목적은 사유 가능한 것과 사유 불가능한 것을 서로 구별하면서 사유의 한계를 추적하는 것이다. 사유의 영역을 한정짓는 것은 언어의 영역에 한계선을 긋는 것을 의미한다.

세계는 사실들의 전체성으로 이루어져 있다.[25] 명제(命題, propo-

---

24) L. Wittgenstein, *Tractatus logico-philosophicus*, 4.0031(trans. D. F. Pears and B. F. McGuinness, Routledge, London, 1961; trad. it. A. G. Conte, Einaudi, Torino, 1961, p.21.

25) *Ibid.*, prologo.

sitio)들의 전체성은 언어를 구성한다. 우리는 언어를 통해 세계를 묘사할 수 있다. 비트겐슈타인에 의하면 실재와 언어 사이에는 병행론이 발생한다. 각각의 대상에는 이름이 대응하며 사실들에는 명제들이 부합한다. 대상들이 다른 대상들과 관계를 맺고 있는 데서 그것들이 의미를 지니고 있는 것처럼 이름들은 명제들의 내부에서 설정된 관계들의 기능을 통해 그 의미를 취득한다. "명제만이 의미를 지닐 뿐이다. 명제와의 연관 하에서만 이름은 의미를 지닌다." 세계가 사실들의 전체성에 의해 주어진 것처럼 바로 그렇게 언어는 명제들의 전체성에 의해 주어진다.

우리가 알고 있듯이 비트겐슈타인은 실재와 언어의 관계를 반사적 형태로 개념한다. 언어는 반사적으로 실재와 일치한다. 즉 사물에는 이름이 일치하며, 하나의 사실이 가장 단순한 종류의 것인 원자적 사실(atomic fact)에는 명제가 그리고 실재에는 언어가 일치한다. 실재의 복합적인 사실들이 원자적 사실들로 분해 가능하듯이 그렇게 언어의 초보적인 명제들 역시 원자적 명제들로 분석 가능하다. 반사적 표상인 언어는 일의적(一義的)이 아니다. 우리는 거짓 명제들도 제시할 수 있다. 언어는 "사물들의 상태의 존속과 비존속의 가능성"인 실재를 묘사한다. 따라서 언어는 필연적으로 실재 안에서 존재를 말하지 않고 원자적 사실들의 존재 가능성을 말해 준다. 그러나 이러한 가능성이 실재로 변모되어야 할 필요는 없다.

실제로 비트겐슈타인은 명제의 의미와 그것이 지닌 진리의 가치를 서로 구분하고 있다. 어떤 명제가 가능한 원자적 사실을 묘사하는 것이라면 그것은 의미를 지닌다. 그리고 그것이 실재에 일치하는지 혹은 그렇지 않은지에 따라 참되거나 거짓이다. 만일 명제 자체를 조사하는 경우, 우리는 그 명제가 의미가 있는 것인지 아니면 무의미한 것인지를 규명할 수 있을 따름이다. 만일 명제가 참되거나 거짓된 것인지를 알고자 한다면, 우리는 그것을 실재와 연관시켜야 한다. 주장하는 바가 실재와 일치되는 것이라면 참되지만, 그 반대의 경우는 허위이다.

명제는 그 의미를 드러낸다. 명제는 그것이 참되다면 사물들이 어떻게 있는지를 보여준다. 그리고 사물들이 그렇게 있다고 말한다. 의미를 보여주는 한에서 명제는 의미 있는 명제이며 사물들이 실재 안에 정확히 어떻게 있는지를 알게 될 때 우리는 명제를 이해하게 된다. 그러므로 사물이 참된 것인지를 알 수 없다면 우리는 그것을 이해할 수 없다. 우리는 그 구성적인 부분들을 이해하는 경우 명제를 이해하게 된다.

이런 맥락에서 살펴볼 때 초경험적인 것과 관련되는 명제들은 아무 것도 표상하는 바가 없다. 따라서 형이상학의 명제들은 허위적인 명제들이다. 형이상학은 말해지지 않은 것을 말한다. 그것은 있을 수 없는 일이다.[26] 우리는 사실들에 대해서만 말할 수 있을 뿐이며 그러한 과제는 이미 경험과학에 의해 받아들여졌다. 그 대신 형이상학은 초경험적인 것과 사실의 차원을 넘어서는 언어에 대한 앎을 허위적으로 구축하려 한다. 의미 있는 언어의 영역은 경험적인 차원에 한정된다. "참된 명제의 전체성은 자연과학의 전체성이다."[27]

비트겐슈타인에 의하면 철학의 목적은 사유의 논리적 해명이다.[28] 철학은 어떤 학설의 활동일 뿐이다. 그리고 철학의 결과는 '철학적 명제들'이 아니라 명제들을 명료화하는 데 있다. 비트겐슈타인은 철학에 논리적 해명이라는 과제를 부여하는데, 이때 철학은 언어철학이 된다. 이 언어철학은 실재를 연구하는 것이 아니라 언어를 연구함으로써 언

---

26) 비트겐슈타인의 철학이 언어의 논리적 해명이라는 점에서 그것은 근본적으로 하나의 치유책과도 같다. 철학의 과제는 명제들과 철학적 문제들의 넌센스를 밝혀내는 데에 있다. 이는 잘못 배열된 것을 나열하는 가운데 문제들을 해결하는 것과도 같다. 따라서 철학적 문제들에 대해 답을 주는 것이 아닌 문자 그대로 그것을 해결하려는 것이다. 신과 연관 모든 명제들은 모든 형이상학적 주제들이 그러하듯이 하나의 오남용에 불과하다. 왜냐하면 말해지지 않은 것을 말하고 있는 까닭이다. 이는 언어를 넘어서서 사유하는 것이 아닌가.

27) L. Wittgenstein, *Tractatus logico-philosophicus*, 4. 11.

28) Cf. *Ibid.*, 4. 112.

어의 내부 구조를 바라보고 언어의 남용이 저지른 잘못된 해석들이나 오해를 밝혀내고자 한다.

그렇다면 비트겐슈타인은 어떠한 의미에서 철학을 학설이 아닌 인간 활동이라고 간주하고 있는가? 철학은 일단의 내용들을 부여하며 언어 내부에서 언어 자체의 의미를 바라본다. 철학은 언어와 실재 사이의 관계에 대해 별다른 관심을 표명하지 않는다. 그런 것은 과학에 고유한 것이다. 그 대신 철학은 내부에서 언어를 조사하는 데 진력하며 의미가 아닌 언어의 진리에 대해서는 무관심하다. 의미와 형식은 언어 내부에서 분출되는데, 철학은 이 점에 관심을 두어야 한다. 철학은 내용이 아니라 활동이다. 왜냐하면 그것은 표현되고 현시되는 인간의 활동이고 삶의 형식인 한에서 언어에 관심을 두기 때문이다. 한마디의 어휘는 주입된 언어 안에서 그 의미를 지니며 이러한 언어사용은 실천적 삶의 행동들과 밀접한 관련을 맺는다. 어떤 사람이 제대로 장기를 즐기고 있는 경우 그것은 장기의 모든 규칙에 뚜렷한 관련을 맺고 있기 때문에서가 아니라 하나의 움직임이 이러한 규칙들 속에 주입되어 있는 까닭이다. 모든 말들도 이와 마찬가지이다.

언어의 전체성은 세계의 전체성을 말해 준다. 자기 내부에서 언어는 유희로 이루어진다. 언어를 통해서는 말해질 수 없는 그 무엇인가가 현시된다. 따라서 우리는 말로 표현할 수 없는 것에 대해서는 침묵을 지켜야만 한다. 이는 『논리-철학 논고』의 결론에서 주장되는 바이며, 말할 필요도 없이 비트겐슈타인의 가장 잘 알려진 주장들 중의 하나이기도 하다. 따라서 언어는 침묵한다는 것에 대해 알고 있는 까닭에 거기에는 말해질 수 없는 어떤 것이 자리하고 있다는 것을 잘 지적해 준다. 그 어떤 것이란 참으로 형언할 수 없는 그 무엇, 자기를 드러내는 신비인 것이다.

신비적인 것은 언어를 통해 드러나지만 언어는 신비적인 것을 말할 수는 없다. 신비적인 것은 언어와 별개의 것이 아니면서도 언어에 의해 말해질 수는 없다. 그러나 그것은 언어를 초월하는 것으로 언어 안에서 드러난다. 실제로 우리는 언어의 한계를 통해 세계의 한계를 지각한다. 우리는 제한된 전체성으로서 단어의 전체성을 체험한다. 우리는 이러한 경험의 내부에서 살아가고 있다. 언어의 한계성을 체험한다는 것은 세계의 한계성에 대해 체험하는 것을 의미한다. 만일 표현이 제한된다면 그것은 언어에 의해 표현된 것— 즉 세계 — 이 제한되어 있다는 사실 때문이다. "영원성의 모습 아래(sub specie aeterna) 세계를 직관한다는 것은 모든 것으로서 그것을 — 제한된 — 직관하는 것이다. 제한된 모든 것으로서 세계를 느낀다는 것은 신비적인 것이다."[29] 신비적인 것은 세계 사실을 감싸고 있다.

우리는 세계가 어떤 것인지를 항상 언급할 수 있다. 따라서 어떤 것이라는 것은 항상 언어에 속한다. 언어에 속하지 않는 것은 세계가 존재한다는 사실이다. 언어는 세계가 어떠한 것인지를 말하고 그 접합점들과 구조들을 묘사해 주지만, 세계가 무엇이며 또 그것이 어디서 유래하는지에 대해서는 말해 줄 수 없다. 언어는 세계가 어떠한 것인지에 대한 한계의 내부에 처해 있다. 이 '어떻게'를 넘어서는 것은 신비적인 것이다. 신은 세계를 넘어서 있으며 세계 안에 현시될 수 없다. 그러나 신은 세계와 아무런 관계성이 없는 것이 아니다. 신은 우리가 세계에 의지하면서 그 유한한 전체성 안에서 그것을 바라보도록 세계 위로 상승한다는 점에서 그렇게 우리에게 나타난다. 다시 말해 세계와 언어는 서로 상통하기 때문에 신은 언어로 말해질 수 없지만 신에 대한 체험은 언어에 대한 체험과는 무관하지 않다. 신은 우리가 언어에 의지하면서, 세계가 말할 수는 없지만 그 유한한 명제들을 넘어서는 전체성 안에 현시되는 것을 지향토록 세계 위로 상승한다는 관점에서 그렇게 우리에게 나타난다. 이 모든 것은 신에 대한 아무런 확실성도 없고 어떤 앎도 있을 수 없음을 뜻한다.

결국 비트겐슈타인에게 있어서 형이상학적 명제들은 언명될 수 없

---

29) *Ibid.*, 6. 432.

는 것을 말하는 것으로, 특히 신과 관련된 상대적인 주장들은 그것들이 말해질 수 없는 것이 말해진다는 한에서 남용이라고 말할 수 있다. 다시 말해 그것은 언어를 넘어서서 사유하는 것이다.

이처럼 신과 관련된 명제는 사유와 언어의 영역에서 근절되는 것임에도 불구하고, 우리가 위에서 언급했듯이 그에게 있어서는 신의 완전한 부재(不在)가 말해지지는 않는다. "거기에는 참으로 어떤 형언할 수 없는 것이 존재한다. 그것은 자신을 내보이는 데 신비적인 것이다."[30] 이런 면에서 "신을 믿는다는 것은 세계 사실들이 문제의 결말이 아니다"라는 것을 알게 됨을 뜻한다.

신 존재는 세계에 나타나지도 않고 언어로 말해질 수도 없지만 느낌 안에서는 보여질 수 있다. 분명히 신 문제는 언어의 한계를 넘어서 있다. 이러한 비트겐슈타인의 불가지론은 신의 확실성은 인정하지만 신에 관한 앎을 부정하는 데서 성립된다. 신은 형언할 수 없는 존재질서에 자리하기에 인간은 신에 관한 아무런 질문도 할 수 없다. 왜냐하면 질문은 답이 있을 때만 던져질 수 있는 까닭이다.

이렇게 해서 우리는 비트겐슈타인이 형이상학에 부여한 가치를 마주하고 있다. 형이상학은 아무런 앎도 부여하지 못한다. 신비적인 것 역시 아무런 지식도 가져다주지 못한다. 형이상학이 파괴되면서 실현되듯이 언어는 침묵과 무언, 그 한계성 안에서 상실된다. 침묵과 신비적인 것은 언어의 한계이다. 그리고 침묵은 한계가 있다는 것을 말하지만 한계에 대한 내용을 부여하지는 않는다. 그리고 신에 대해서는 아무런 이성적 논증도 펼칠 수 없다.

형이상학은 불가능한데, 이유는 우리가 형이상학적 기반에 대해 아무런 논의도 할 수 없기 때문이다. 언어의 침묵과 신비적인 것은 세계와 언어의 한계를 말해 주며, 따라서 "세계의 사실들이 전부가 아님"을 지적해 준다.

---

30) *Ibid.*, 5. 522.

이렇게 볼 때 비트겐슈타인의 입장은 신 존재 증명의 가능성을 전적으로 거부한다는 점에서 불가지론이다. 이와는 달리 인간은 절대자에 대한 형언할 수 없으며 신비적인 어떤 확실성을 가질 수 있다. 『논리-철학 논고』 결론부에서 언급된 "말해질 수 없는 것에 대해서는 침묵해야 한다"는 주장은 무조건적이고 신비적인 것에 대한 체험에서 주어진다는 한에서 초월된다.

이와는 달리 우리가 강조해야 할 점은 후기의 비트겐슈타인이 언어의 유희에 대한 실용주의적 이론을 옹호하고 나섰다는 점이다. 이 이론에서는 신비적인 요소가 사라진다. 그의 저서인 『철학적 탐구』(1953)는 카르납(R. Carnap)과 에이어(A. J. Ayer)의 논리 실증주의와는 달리 '종교적'인 것에 대해 언급하기 시작한 분석철학의 여러 전문가들에 의해 출발점으로 받아들여졌다. 논리 실증주의자들은 신과 관련된 모든 문제들, 변신론과 관련된 문제들을 두고 전적으로 의미가 상실된 문제로 간주하였다. 언어적 유희와 관련된 다원주의적 이론은 신에 관한 명제들을 옹호하는 데 앞장섰다. 왜냐하면 명제들은 특별한 언어적 유희 안에서 의미를 가질 것이었고, 그것은 그렇게 사용됨으로써 정당화되기 때문이다. 언어적 유희는 삶의 형식 안에서 그 기반을 마련할 것이고 그와 같은 사용을 통해서만 검증 가능하다.

(2) 논리 실증주의: 슐리크, 카르납, 에이어

최근 나타난 불가지론의 형태는 논리 실증주의(logical positivism)이다. 논리 실증주의는 철학적이 이론이 아니고 활동이라는 취지로 『논리-철학 논고』(Tractatus)에서 주장된 비트겐슈타인의 영향을 받아 시작된 운동이다. 논리 실증주의는 1922년 비엔나에서 슐리크(M. Schlick) 주변에 모여들었던 철학자, 수학자, 논리학자 그리고 과학자들이 시작한 철학적 운동이다. 이 단체는 비엔나 학파(Vienna Circle)란 명칭으로 유명해졌고 1929년 처음으로 프라하(Prague)에서 국제모임을 개최하기도 했다. 비엔나 학파는 소멸된 지 이미 오래됐지만 아직도 몇몇 철학자들은 논리 실증주의자로 불리길 원하는 실정이다.

논리 실증주의는 영국 경험론의 현대판 철학이다. 일반적으로 이 실증주의자들은 원인과 결과 간의 여하한 모든 존재론적 연계성을 부정하는 흄의 인과론을 받아들이는 데 동의한다. 그리고 그들은 논리적·수학적 진리들의 동어 반복적 본성을 고집한다. 뿐만 아니라 그들은 철학을 우리가 매일 사용하는 언어의 명료화와 같은 논리 분석으로 개념한다. 마지막으로 논리 실증주의자들은 그와 같은 분석이 형이상학을 거부하는 것이기에 결과적으로는 자연신학의 거부로까지 이어질 수밖에 없다고 믿는다.[31]

이 학파의 구성원들은 비트겐슈타인의 저술들을 깊이 있게 다루면서 철학이란 참이나 거짓의 명제를 만들어내는 것이 아니라, 단지 진술의 의미를 명확히 밝혀내는 것으로 모든 중요한 진술은 형식 논리의 진술이거나 과학적 진술이라고 여겼다. 따라서 다른 모든 유형의 진술들은 엄격히 말해 무의미하다. 그것들은 어떤 의미를 지니면서 시적이거나 정감적이거나 혹은 그림처럼 동기를 부여하는 것으로 묘사되지만, 그러한 것은 결코 인간 인식에 속하지 않는다. "신은 천상에 존재한다"와 같은 신학적 진술들은 "나는 네가 어떤 생각을 하고 있는지 전혀 알 길이 없다"는 것과 같은 전통 철학의 진술의 범위를 넘어서지 못한다. 따라서 그러한 주장은 더 이상 의미가 없다. 오히려 그러한 진술은 상식 밖의 것으로 오류이다. 철학은 비록 합법적인 기능은 수행했지만 명제를 만들어내는 기능은 없었기에 "치료되어야 하는 질병"이다. 결국 모든 형이상학적 주장은 근절되어야 하며 신비적인 것과 연관되는 비트겐슈타인의 모든 주장들 역시 이 안에 포함되어야 한다. 따라서 논리 실증주의자들은 비트겐슈타인에 의해 행해진

---

31) Cf. G. Bergmann, "Logical Positivism", *A History of Philosophical Systems*, ed. by V. Ferm, The Philosophical Library, New York, p.472.

동일한 비판을 적용하면서도 "형언할 수 없는 것"과 전통 철학과 관련된 『논리-철학 논고』의 명제들을 과감히 배격한다.

우리는 여기서 특이한 불가지론의 형태와 마주하고 있다. 한마디로 그것은 무신론도 아니고 엄밀한 의미에서 불가지론도 아니다. 왜냐하면 논리 실증주의는 신 존재를 받아들이거나 거부하기 위한 충분한 사유가 없다는 데 멈추어서 버리기 때문이다. 최소한 영어권에서 논리 실증주의와 관련하여 가장 영향력 있는 저술로 알려진 『언어, 진리, 논리』(1936)에서 에이어(A. J. Ayer)는 초월적 신 존재가 논증적인 방식으로는 증명될 수 없다고 본다. 이유는 "신이 존재한다"고 말하는 것은 형이상학적 명제를 선언하는 것인데, 그것은 참도 거짓도 아니며 단지 무의미한 것에 불과하기 때문이다. 초월적 신의 본성을 기술하고자 하는 모든 명제들은 문자적 의미를 지닌다. 즉 신에 대한 긍정은 검증 원리(principle of verification)에 의하면 무의미한 형이상학적 긍정인 것이다. 이렇게 볼 때 논리 실증주의는 무신론도, 불가지론도 아니다. 이 이론에 의하면 신이 존재한다고 주장하는 것은 무의미하고 신의 비존재를 주장하는 무신론 역시 아무런 의미가 없다.

우리는 이 점을 조금 더 구체적으로 설명해 보기로 하자. 1946년 서문을 새로 도입하여 재판한 『언어, 진리, 논리』에서 에이어는 자신에 대한 비판들에 대해 "철학의 작업은 근본적으로 설명하는 것"(a philosophical work consists essentially of elucidations) 혹은 "명제들의 명료화"(clarifications of propositions)[32]라는 비트겐슈타인의 전제로부터 출발하면서 모든 참된 명제들을 두 단계로 구분하였다. 우선 분석적 명제들이 있는데, 그러한 것으로는 동어 반복어들인 필수적이고 확실한 논리학과 수학 명제들이 있다. 이것들은 아무런 사실적인 내용을 담고 있지 않기에 그 가치는 오로지 명제들이 담고 있는 상징들의 정의에 달려 있다. 두 번째로 종합 명제들이 있는데, 이것은 사

---

32) L. Wittgenstein, *Tractatus Logico-philosophicus*, Prop. 4. 112.

실들과 관련되어 있고 그 가치는 검증원리(檢證原理)에 의해 규정될 수 있다. 이는 바로 과학의 명제들을 두고 하는 말이다. 물론 분석적 명제들이 어떤 상징들에 대한 사용을 잘 이해하는 데 있어서는 더 유익할지 모르지만 그러나 과학의 명제들만이 세계와 경험론적 상황에 대해 새로운 정보를 제공해 줄 수 있다는 것이 에이어의 주장이다.[33] 사실 에이어를 비롯한 모든 논리 실증주의자들의 이론은 검증원리에 바탕을 두고 있다. 이 원리를 이용하여 명제의 의미는 그 진실성과 허위성을 검증받게 된다. 그러한 검증은 실질적이거나 가능한 실험적인 경험을 통해서만 확보될 수 있다. 그러기에 과학적으로 검증 가능한 명제들만이 그 의미를 지니게 되는 것은 너무나 분명한 사실이다. 여기서 과학적이란 말은 다름 아닌 실증과학이란 의미에서이다. 이러한 입장에서 모든 형이상학적 언어와 함께 변신론에 대한 비판은 그 출발점이 되기도 한다. 누구보다도 카르납(R. Carnap)은 형이상학적인 용어들과 명제들에 대해 가장 폭넓은 비판을 가했던 장본인으로 남아 있다.

위에서도 언급했듯이 이와 같은 두 가지 형태로 환원될 수 없는 명제들은 참된 명제들이 아니기에 아무런 의미도 지니고 있지 않다. 왜냐하면 그것들은 참되거나 거짓된 것으로 증명조차 될 수 없기 때문이다. 바로 이러한 무의미한 명제들의 범주에 형이상학과 윤리학 그리고 신학의 모든 진술들이 해당한다.

이와 같이 형이상학을 무의미한 것으로, 다시 말해 "허위적인 학"(pseudo-science)으로 판정함으로써[34] 철학은 "학의 논리"(the logic of science)로 축소되기에 이른다.[35] 그 결과 에이어는 신에 관한 어떠한

---

33) A. J. Ayer, *Language, Truth and Logic*, Dover Publications, New York, 1957, pp.31, 78-79.
34) 이러한 의미에서 "형이상학의 제거"(The Elimination of Metaphysics)는 위에서 언급한 제1장의 제목이기도 하다.
35) A. J. Ayer, *Language, Truth and Logic*, p.153.

논의도 무용하다고 본다.

이러한 불가지론은 "신이 존재한다"와 "신은 존재하지 않는다"는 명제들 앞에서 결정적인 입장을 취하지 않고 판단을 유보한다. 왜냐하면 두 개의 명제 중에 어떤 것이 참인지를 알 수 있는 방식이 없기 때문이다. 분명 에이어에 있어서 신 존재는 증명할 수 없는 문제이다. 이유는 신 존재가 연역되는 전제는 경험론적인 명제들이기 때문이다. 그것은 매우 개연적이며 선험적(a priori)이다. 뿐만 아니라 유신론적 논증의 결론은 약점을 지닌 전제들을 포함하고 있다. 따라서 에이어는 신 존재의 개연성조차도 무의미한 형이상학적인 용어 외에 다른 것이 아니라고 확신했기에 그것은 잘못된 것이라 판단한다.

이와는 달리 어떤 이들은 논리 실증주의의 학설이 분명한 무신론의 형태를 띠고 있다고 주장한다. 왜냐하면 이 학설은 통상적인 무신론과는 달리 신 존재 및 신과 관련된 모든 것이 선험적으로 배제되었기 때문이라고 보기 때문이다. 이와 같이 신을 완전히 배격하는 것은 근본적인 무신사상이거나 아니면 그러한 무신론으로 이끄는 논리 외에 다른 것일 수 없다고 그들은 확신한다.

논리 실증주의에 의하면 형이상학적으로 사용되는 신이라는 명사도 의미가 없다. 모든 명사는 가장 단순한 기본적인 언명에 의해(우리의 경우에 있어서는 "X는 신이다"와 같은 명제형식에 의해) 결정된다. 그런데 형이상학은 기본적인 언명인 "X는 신이다"와 같은 주장 안에 나타나는 변화 가능한 것에 대한 문장 구성적인 범주를 제공치 않는다. 다시 말해 변화 가능한 이것이 신체(corpus)나 신체적 고유성 (proprietas) 혹은 신체들 간의 관계 혹은 어떤 이름 등을 지시하는 명사로 대체될 수 있는지를 말해 주지 않는다. 그것이 신이라는 명사에 의미를 부여하기 위해 제시하는 정의들은 허위적인 정의일 뿐이다. 즉 그것은 정의를 구성하지 못하는 단어의 뭉치들이며 어떠한 검증과정도 적용될 수 없는 '제일원리', '절대자', '그 자체 존재'의 그것들과 같은 명사들을 사용하는 명제들이다. 그리고 나서 언명들에게로 나아가기 때문에 우리는 모든 형이상학의 언명들이 허위적인 명제들이라는 것을 알게 된다. 경험과학의 언명들만이 본래적인 의미를 지니는데, 이유는 그것들만이 경험적으로 검증 가능하기 때문이다.

6) 논리 실증주의 비판

경험적인 검증원리에 바탕을 둔 형이상학적 언어에 대한 비판은 변신론의 운명을 위태롭게 한다. 그러한 원리는 정당화될 수 없는 요청에 불과하다. 왜냐하면 감각적 경험 자료들이 인식의 모든 것이라는 주장은 인간의 근원적인 지성작용에 대한 불신 외에 다른 것이 아니기 때문이다.

감각 경험이 모든 것이 아니라면 그것을 넘어서는 다른 형태의 인식과 사유가 있다. 그런데 사유는 감각 실재와 전혀 별개의 것으로 존재하지 않는다. 오히려 사유는 감각 실재에서 출발하면서 거기서 가지적인 것을 추론하여 받아들인다. 이렇게 해서 인간 지성은 감각 현상들을 넘어서는 보편 타당한 진리의 처소에 도달할 수 있다. 이렇듯 지성의 고유 대상은 혼란 가운데서 도달할 수 있는 감각 사물의 본질이다. 이는 마치 감각적 단어들 저변에 그것들의 감각적 진리가 숨겨져 있듯이, 우연적 존재들 저변에 그것들의 감각적 진리가 감추어져 있는 것과도 같다. 지성의 빛이 강하면 강할수록 지성은 사물들의 본질을 꿰뚫는다.

위에서 강조했듯이 인식은 감각적인 것만이 아니다. 학문의 영역 역시 경험과학의 영역으로 축소되거나 그것만으로 대표될 수는 없다. 인간 지성은 의심할 나위도 없이 형이상학적 영역을 지닌다. 왜냐하면 지성은 감각 실재를 초월하는 진리에 도달, 초현상적(超現象的)인 지식을 탐구하여 참된 진리를 발견할 수 있기 때문이다.

7) 불가지론 비판

　근대와 현대의 불가지론들은 그 형식에 있어서는 나름대로 약간의 차이점을 드러내고 있기는 하지만 인간 이성의 힘을 불신하는 데는 한결같이 동조하고 있다. 이러한 불신은 한편으로는 지식의 한계와 가치에 대한 잘못된 개념에서 주로 발생하며, 다른 한편으로는 추론적 지식의 특수성을 오해하는 데서 비롯된다. 따라서 불가지론은 거짓되고 허위적인 인식론의 결과 내지는 산물이라 할 수 있다.

　불가지론에 대한 효과적인 반박은 존재에 관한 형이상학, 그 중에서도 무엇보다 존재 개념과 인과성(因果性)에 관한 중요성을 명시함으로써 가능하다. 모든 형태의 불가지론은 형이상학을 부정하는 데 동조하고 있기 때문이다.

　인간 인식은 감각 실재를 파악하는 데서 그 출발점을 갖는다는 것이 사실이다. 그렇다고 해서 지성이 감각 실재의 제일원인인 신을 인식할 수 없다고 말하는 것은 인식의 흐름을 이해하지 못한 무지의 소치에서 발생한 억측이다.

　인간 지식은 감각 경험의 특수 자료와 함께 출발하지만 추상작용을 통해 그 자체 안에 현존하고 있는 사물의 본성을 있는 그대로 묘사한다. 이러한 관념들은 보편자(普遍者)의 특성을 지니고 있으며 감각 경험의 자료와는 정면으로 대치되고 모순된다. 그리고 감각 사물들의 본질에 관한 관념을 형성할 수 있듯이, 인간은 영혼이나 신과 같은 영적 실체들에 관한 관념들을 형성할 수 있다. 모든 결과는 그것과 일치된 원인을 요구하기에 우리는 결과의 본성에서 원인의 본성을 추론할 수 있다. 이러한 관점에서는 감각적인 것만이 지식의 대상이라고 말하는 칸트적 비판론과 같은 실증주의의 기본 원리는 증명되지도 않고 또 증명할 수도 없는 아무런 타당성도 지니지 못한 가설에 불과하다. 그것은 에이어(A. J. Ayer)의 검증력과 자기 파멸의 원리(a self-defeating principle)의 요청과 관련하여 이미 앞서 관찰한 바 있다.

우리는 세계가 무엇이며 인간은 어떠한 존재인지를 자문하는 가운데 신 존재에 관한 지식을 얻게 되는 것이 아님을 명심해야 한다. 인간은 사물들의 본질적인 해결책을 논하는 명칭들을 통해서가 아니라 사물들이 "토대로 환원"(reductio ad fundamentum)된 정점에 이르러서만 신을 발견할 수 있다. 우주 안에 현존하는 모든 사물들을 낱낱이 살펴보고 또 그러한 사물들의 존재 이유를 물으며 사물들의 본질이 우리의 질문에 만족스런 해답을 건네지 않는 경우 마침내 최고의 형이상학적인 문제들이 쇄도하게 되는데, 그때 질문자는 최상의 존재 문제에 직면하게 된다. 왜냐하면 체스터턴(Chesterton)이 주장하듯이, 기적과 관련하여 믿기 힘든 것이 기적의 발생이고 사물들에 있어서 놀라운 일이 실재가 현존하는 것으로 우리에게 즉시 주어지는 경우 그것은 이것, 저것이 아닌 그렇게 존재함인 것이기 때문이다. 생성되고 운동하며 시초를 가지며 사멸하는 이 모든 잔여(殘餘)들이 배제된 그것뿐이며 다른 어떤 방식이 아닌, 오직 이런 방식으로 움직이는 실재는 그들의 원인과 종속되어 있고 초월적인 목적을 향해 머리를 두고 있다. 이들 실재는 어느 정도까지만 선하고 참되며 아름답다. 이렇듯 우주의 존재는 그 자체로 설명되지 않는다.

존재가 있음은 명백하다. 그렇다면 존재의 이유는 무엇일까? 존재가 그 자체로 정당화되고 경이로워할 만한 것으로 거기에 더 이상 없다고 말한다면, 우주의 존재는 존재론적으로 자기 충족적(自己充足的)이 된다. 다시 말해 우주는 그 자체로 존재하게 되는 것이다. 그렇지만 이러한 주장은 경험 자료에 입각하여 분석할 수 있는 것이 아니다. 물론 경험은 우리에게 우주의 존재가 하나의 사실이라는 것을 분명하게 제시해 준다. 그래서 경험은 사물이 존재한다는 것을 말해 주기도 한다. 그렇지만 사물들은 어떤 의미에서 존재 이유를 갖질 못하고 또 절대적인 방식으로 존재할 수 없기에 우리는 사물들을 초극하여 그것이 결과적으로 존재하게 되는 이유를 묻지 않을 수 없다.

이것이야말로 신 존재를 논증하기 위한 형이상학적 노선이다. 다시 말해 경험을 통해 알려진 결과로부터 원인인 신에게 소급해 갈 수밖에 없는 불가분의 노선인 것이다. 불가지론은 유일한 학적인 앎인 경험과학에 의존하면서 진로를 그 근원으로부터(a radice) 절단해 버리는 까닭에 근본의 유효성을 인정치 않는다. 결과적으로 경험과학과 같은 학문이 없다면 우리가 신 존재를 증명하는 것은 불가능하다는 것이 이들 학문에 종사하는 자들의 입장이다. 그러나 경험과학 전체가 학문의 모든 영역을 담당하고 있는 것은 아니다. 경험과학을 넘어서면서 또 여타의 학들을 포괄하는 학이 있는데, 그것은 곧 형이상학이다. 형이상학이야말로 신 존재에 대한 이성적 증명을 가능하게 한다. 우리는 여기서 지식은 '왜'에 대한 이유를 밝힐 때 학이 된다는 오래된 아리스토텔레스의 격언을 상기할 필요가 있다. 이런 의미에서 형이상학은 최고의 학문이 되는 것이다.

그렇지만 불가지론은 형이상학에 대한 맹렬한 비판을 가한다. 다시 말해 불가지론은 존재와 인과성의 개념에 대한 형이상학적 가치를 부정한다. 그 결과 인간 지성의 추상능력마저도 인정치 않는다. 이렇게 될 경우 지식의 유일한 원천은 감각적 직각(直覺)일 것이다.

그렇지만 인식에 적합한 현상학은 인간 인식의 고유한 방식인 추상작용의 존재와 존재 가치 및 인과성과 같은 중요한 형이상학적 개념들을 드러내 보여줄 수 있다. 사실 신 존재에 대한 모든 이성적 증명은 불가지론자들이 한결같이 무시하는 개념인 존재와 인과성을 취할때 가능하다. 이와 관련하여 우리는 다음 장에서 신 존재에 관한 전통적인 논증들을 제시하고 그 안에 담겨진 의미와 가치를 재발견하도록 힘쓸 것이다.

결론적으로 우리는 많은 철학자들이 최상존재(Esse supremum)와 우주의 섭리자, 창조자에 관한 관념을 멀리하는 경우를 접할 때 일방적인 신앙으로 그들에게 무리한 호소를 하거나 초월신학을 무기로 그들을 대적해서는 안 되고 이성적 근거를 지닌 참된 유신론적 논증을 통해 사실을 증명해 보여야만 한다.

2. 신 존재 부정: 무신사상

1) 무신론의 개념과 역사

무신론은 한마디로 최고유(Ens Supremum)의 존재를 거부하는 철학적 이론이다. 본래 그리스적 어원을 지닌 무신론이란 말은 (a 혹은 not과 theos로 구성되어 있음) 유신론의 부정을 암시하고 있다. 그런데 유신론적 입장들이 서로 동일하지 않은 관계로 그것들에 대한 공박 여하에 따라 무신론의 입장 역시 다양화될 수밖에 없다.

가장 일반적이며 공통적으로 말해지는 유신론적 태도는 인격적이고 초월적이며 영적이고 전능한 우주의 제일원인(Primum Principium)의 존재를 받아들이는 데 있다. 적지 않은 철학 체계들이 어떤 종류의 신 존재를 부정하기보다는 이러한 특성들 중 하나 혹은 그 이상을 거부하고 있는데, 그로 인해 생겨난 주장들은 무신론적인 부담을 안게 된다.

유신론적 정의에 입각하여 살펴보는 경우 모든 형태의 범신론은 무신론적인 경향을 지닌다. 그리고 앞서 살펴보았듯이, 여러 시대에 걸쳐 등장했던 불가지론 역시 무신론적이라고 흔히 지칭된다. 물론 각각의 불가지론에 대해 분명한 비판기준에 입각하여 판단을 내리는 경우 다소 다르게 평가될 수 있는 여지는 있다. 그렇지만 정의상으로 불가지론은 인간 인식의 능력을 극단적으로 제한하면서 최상유(最上有)의 존재 혹은 비존재에 대한 판단을 유보시킨다는 점에서 무신사상 쪽에 힘을 실어주고 있는 것만큼은 사실이다.

철학적 이론으로서의 무신사상은 독단적·이론적 무신사상을 형성할 수도 있다. 이러한 입장을 고수하는 자들은 인격적 혹은 비인격적·초월적 혹은 내재적인 최고유의 존재를 명시적으로 뿐만 아니라 실증적으로 거부한다. 더구나 최근의 무신론자들은 계획된 아버지의 상(像)이나 이상적인 열망 혹은 신비적 상징과 같은 심리학적인 관점

에서 신 관념의 기원을 설명하고자 한다.[36)]

이론적인 무신사상은 일차적으로 유물론적이고 실증주의적이며 공산주의적인 철학을 제의하는 자들에게서 발견된다. 유물론자는 인간과 그 사고 과정을 포함한 물리적 실재가 물질과 운동 그리고 모종의 원시 자료의 자기 발전 가능성에로 환원될 수 있음을 주장한다. 그리고 실증주의자는 유효한 모든 지식이 유일하게 감각 경험과 과학적 방법에 의해 입증될 수 있는 것에 제한함으로써 인간 이성이 신 존재를 증명해 낼 수 있는 가능성을 사실상(de facto) 배제시킨다. 이러한 경우 실증주의자는 신에 관해 알 수 있는 것이라고는 아무 것도 없는 이른바 불가지론자로 남게 된다.

19세기와 20세기에 풍미했던 무신론의 특징과 목적은 고전적인 무신사상에서 말해지던 이성과는 다른 이성에 의해 그 발판이 마련되었다. 고전적인 무신사상이 크게는 형이상학적이며 신학적인 사변의 결실이었다면, 근대적 형식의 무신사상은 18세기 계몽주의적 합리론이 무르익어 빚어낸 결과였다. 그때 사회 개혁자, 자유주의자 그리고 인본주의자들은 무신론을 어떤 이론적인 학설로 간주하기보다는 하나의 프로그램으로 신봉하였다.

그리고 의무 감각과 사회적 본능 혹은 인간성 안에서 도덕적 가치들을 정초하고자 한 시도들은 20세기에 이르러 비참하리만큼 커다란 실패의 장벽에 부딪혔던 것이 사실이다. 더구나 도덕성에 대한 참다운 비준과도 같은 완전히 균형 잡힌 유신론이 결핍된 21세기는 나치즘과 파시즘 그리고 공산주의가 활개를 치는 세대들로 낙인찍히기도 했다.

---

36) 그 대표적인 사례로 우리는 심리학 사이에서 종교에 관해 언급하는 프로이트의 '환상으로서의 종교'를 말할 수 있다. 김현태, 『종교철학』, 가톨릭대학교 출판부, 1996, 91-96쪽 참고

2) 무신론의 형태

이제 우리는 무신사상의 종류들을 나열하고 또 그러한 사상들이 어떤 모습을 취하고 역사의 무대 위에 나타나는지를 살펴보고자 한다. 우선 무신론은 '신이 존재하는가'에 대한 문제 접근책과 비교해 볼 때 분명 변증법적이며 모순적인 성격을 띠고 있다. 다시 말해 신 부정은 신 존재에 대한 확실한 앎을 바탕으로 할 때에만 가능한 주장으로 성립될 수 있다. 무조건적 신 부정은 선입견적이며 반이성적이고 독선적인 자기 주장에 불과하다.

따라서 무신사상의 형태를 추적하기 위해서는 다음과 같은 두 가지 접근책을 취해야만 한다. 하나는 긍정적인 접근 방식이며, 다른 하나는 부정적인 접근 방식이다. 긍정적인 접근 방식은 유신론자들이 자신들의 주장을 증언하기 위해 남긴 이유를 따져 묻는 것이며, 부정적인 접근 방식은 무신론자들이 신 부정을 정당화하기 위해 사용한 논증의 약점을 지적하고 설명하는 일이다. 각각의 접근 방식은 상호 보완적이다. 첫 번째 접근 방식이 철학적으로 확실하게 증명되는 경우에는 신 존재에 관한 진리가 근본적으로 충분한 것으로 보증될 수 있는 데 반해, 두 번째 접근 방식은 그 자체로는 결코 결론적이지는 못할지라도 유신론적 입장을 위한 강력한 논증을 구축하는 계기가 될 수 있다.

흔히 그런 것처럼 여기서는 무신론적 입장들이 모순을 동반한다는 것 그리고 철학적으로 지지될 수 없는 이론이라는 것을 밝히고자 한다. 따라서 우리는 두 번째 접근 방식을 사용토록 할 것이다.

무신론자가 어떤 사람인지를 이해하기 위해서는 우선 그가 부정하는 신 존재의 의미가 무엇인지를 알아야만 한다. 이러한 목적을 달성하기 위해서는 신 존재에 일반적으로 되돌려지는 모든 속성을 포함하여 엄격한 철학적인 추론방식으로 도달 가능한 신에 관한 포괄적 개념을 필요로 하지는 않는다. 그와 같은 광범위한 지식 개념은 신 존재에 관한 토론의 귀결이지 출발점은 아니기 때문이다. 필요한 것은 신에 대한 명사적 정의이다. 다시 말해 그것은 대부분의 종교들의 근원에서 역사적으로 발견된 신 개념이다. 이와는 달리 신 존재에 관한 즉각적인 명증성(明證性)을 확보하는 데 실패하고 인간의 지적 자유만을 내세우는 일은 흔히 무신론을 태동케 하는 동기로 작용한다. 이러한 행위에 깊숙이 관여하는 무신론자는 한마디로 신의 비존재를 주장하는 자이다.

우리는 이러한 무신사상을 실천적인 면과 이론적인 면으로 구분하여 논할 수 있다. 우선 실천적 무신론자의 경우는 이론과는 아무 상관없이 마치 신이 존재하지 않는 것처럼 확신하며 살아가는 자이다. 파브로(C. Fabro)의 말대로라면 그런 사람은 자신의 존재에 대해 염려치 않으며 개체와 인간의 가치를 넘어서는 모든 절대원리의 존재를 무시하면서 자신의 삶을 엮어 나간다. 이와는 달리 이론적 무신론자는 결론적인 이성적 추론에 입각하여 신 존재를 거부하는 자이다. 그렇지만 현대 무신사상의 전반적인 흐름은 신 존재의 부정이 확실한 학적 결론에 의해 판명 난 사실이 아니라, 대게는 애초부터 신 문제를 철학적 논의의 중심에서 비켜가게 하고 또 그것을 출발점으로 삼고 있다는 점에서 문제의 심각성이 대두되고 있다.

최근에 이르러 실천적 무신론은 사방팔방에서 단단한 뿌리를 내리고 있는데, 그것은 인생을 살아가면서 만나게 되는 온갖 고통스런 문제들과 폭발적인 인간 정열, 세속적 형태의 교육, 무관심한 가정 분위기 등에서 파생하는 것으로 이는 신에 관한 인간의 관심을 절단해 버리는 요소들로 지목받고 있다.

한편 치열한 경쟁심과 정치 및 종교적 투쟁과 갈등이 자리하고 있는 사회는 그 누구도 회피할 수 없는 삶의 처절한 장소로 변질되고 있다. 삶과 죽음이라는 인간 존재의 결정적 사실들과 인간이 살아가면서 가장 수용하기 힘든 문제들, 예컨대 이승에서 의로운 자들이 받아야만 하는 이해할 수 없는 고통과 악인들이 적지 않은 경우에 누리게 되는 행운과 같은 도저히 알아들을 수 없는 여러 불편한 문제들은 인간 의식에 원인(causa)과 정당성에 관한 문제뿐만 아니라 급기야는 신의 비존재에 관한 문제를 제기하지 않을 수 없게 만들었다.

이 시대는 비록 지적인 탐구에 있어서 과거 어느 때보다도 풍성한 결실을 거두었지만, 이와는 달리 사람들 사이에 은연중 폭넓게 퍼져 있는 무관심주의는 실천적 무신사상의 확산을 야기하였다. 지적인 문제들도 알고 보면 신적인 문제들에 관해 아무런 필요성을 느끼지 못하게 만드는 기형적 동기들로 작용하였고, 그와 유사한 문제들에 대해서도 아무런 염려도 느끼게 하지 못할 만큼 냉담함을 자초하는 요소로 등장하였다. 이와 같은 분위기 안에서 실천적 무신론은 마치 신이 존재하지 않는 것처럼 확신하며 살아가게끔 하는 태도를 보다 공고히 하였으며, 그러한 태도를 견지하며 사는 무신론자들은 신을 신중한 사고의 범주에서 추방시켰다.

한편 이론적 무신사상은 직접적·명시적으로 신을 부정하며 그의 비존재 내지 존재 불가능성을 전면에 끌어내고자 한다. 이론적 무신론의 형이상학적 가능성에 대해서는 많은 논란이 있어 온 것이 사실이다. 실제로 전 역사를 걸쳐 실천적 무신론이 끊임없이 대두되었던 것과 마찬가지로, 일단의 궤변론자들과 에피쿠로스학파, 스토아학파, 계몽주의자들, 관념론자들과 같은 경우에는 이론적 무신사상들로 팽배해 있었다.

그런데 역사의 시초에는 무신론의 형식들이 존재하지 않았다. 따라서 우리는 이론적 무신사상이 시초적이거나 자연적 기질을 천성적으로 타고나지 않는다는 점을 염두에 두어야만 한다. 그렇다면 무신론은 원본적(原本的) 상황이 아닌 반성적(反省的) 현상이라는 관점에서 설명되어야 한다. 따라서 그것은 철학의 고유한 반성 의식에 속한다고 볼 수 있다. 결국 무신사상은 늘 규정된 절대자에 대한 신앙에 역행하는 반응으로 나타나고 있음을 알아야 한다.

사실 무신론은 그것이 부정하는 어떤 인식을 함축하고 있다는 점에서 원본적(原本的) 기질을 담고 있지 않다. 이러한 관점에서 에스파냐 철학자 주비리(X. Zubiri)는 신 없이는 무신론이 성립될 수 없다고 주장한 바 있다. 또한 어떤 면에서 무신론은 실재(實在)와 삶에 대한 하나의 해석이기도 하다.

무신론자에게서는 삶의 전체성과 관련된 지적 과정이 실현된다. 때때로 그는 무의식적으로 인위적인 길을 통해 문제에 대한 해결책을 제시하는 일이 있다. 그런데 순수 인위성 안에서 삶의 기반과 관련된 문제를 해결하는 것은 신의 실재를 용인함이 하나의 해석인 것과 마찬가지로 그에게 실재의 힘에 대한 인위성 역시 바로 또 다른 해석인 것이다. 신의 실재를 인정하는 자는 고유한 이유를 가져야만 한다. 순수 인위성으로 실질적인 것의 힘을 바라보는 자 역시 그렇게 해야만 한다. 따라서 무신론은 원본적 상태가 아니라 취득조건(conditio possidentis)인 것이다. 따라서 그 앞에서 신 존재를 인정하는 자는 정당화될 수밖에 없다. 무신론은 신의 부재 안에서 형성되는 것이 아니라 실질적인 것의 힘, 즉 삶의 근원성을 순수 인위성으로 해석하는 데서 성립한다.

한편 무신론자는 하나의 선택을 끝까지 밀고 나가는 자이다. 실질적인 것의 힘에 대한 인위성은 인격적 가능성이고 선택을 위한 그 자신의 착복은 바로 자기 자신에게 충분한 모종의 단서로서의 삶을 살아가는 것이기에 그는 자기 충족적인 삶을 살아간다고 볼 수 있다. 자기 충족은 악화된 상태에서가 아니라 자신의 영역 안에서 자기 자신에게 충분한 어떤 것이라는 어의적인 의미로 볼 때 그런 것이다. 삶의 자기 충족은 실질적인 힘에 대한 인위성을 위한 선택이다. 인위성인 한에서 그것은 자기 위탁이며 인위성에 대한 신앙이다. 무신론은 바로 무신론자에 대한 신앙인 것이다. 이러한 의미에서 무신론은 근본적으로 변화된 변신론(辯神論, Teodicea)이라 할 수 있다.

3) 신 부정의 의미

사실상 무신론자가 누구인지를 알기 위해서라면 무엇보다도 무신론자가 부정하는 신 존재의 의미가 어떠한 것인지를 알아야 한다. 이러한 목적을 위해서 우리는 무엇보다도 먼저 신에 관한 명사적 정의부터 내려야 할 것이다.

대부분의 종교들과 역사적으로 발견되는 신앙인들의 정신 안에서 일반적으로 말해지는 신 개념은 어떤 것인가? 철학자들은 이 점과 관련하여 일치된 견해를 보이고 있지 않다. 한 예로 방 스텐베르겐(Van Steenberghen)은 자신의 논문인 「숨은 신」의 첫머리에서 신에 대한 명사적 정의로 "섭리적인 우주의 창조자"(provident creator of the universe)라는 개념을 사용한다. 그는 『라루스』(Larousse) 사전에 있는 개념을 수정하여 이 정의를 제시하는데, 사전에서 신은 "우주의 창조자요, 보존자인 최고유"라고 정의되고 있다. 방 스텐베르겐은 자신의 정의가 일반적으로 위대한 일신론적 종교들이 취하고 또 그들의 영향하에 있는 모든 사회들이 공유하고 있는 신 개념에 상응한다고 주장한다.[37]

질송(É. Gilson)의 신에 관한 정의는 보다 더 포괄적이다. 그것은 다음과 같은 요소들을 포함하고 있다. ① 초월적 유, ② 필연유, ③ 존재하는 그 모든 것의 원인과 같은 것이 바로 그것이다.[38] 그리고 들랑글라드(J. Delanglade)는 신에 관한 자신의 일차적 정의가 그리스도교적 전통이 받아들인 개념을 더욱 충분히 가다듬은 것이라고 주장한다. 그는 신을 "인격적 존재, 세계와 우리 자신들과는 구별되며, 세

---

37) Cf. Fernand Van Steenberghen, *Hidden God*, trans., Theodore Crowley, O. F. M., Herder, St. Louis, Mo, 1966, p.37.

38) Cf. É. Gilson, "The Idea of God the Difficulties of Atheism", in *The Great Ideas Today*, eds., R. M. Hutchins and M. J. Adler, Encyclopaedia Britanica, Chicago, 1969, p.239.

계와 우리 자신이 우리의 존재를 의존하는 것"이라고 정의한다.39)

이들 정의의 내용을 종합해 볼 때 우리는 신을 "세계가 그 존재와 보존을 의지하고 있는 초월적 유"라고 기술할 수 있을 것이다. 이들 정의의 요소들은 사실이지만, 그렇다고 해서 신앙 행위를 하는 모든 이가 언제나 같은 식으로 정확하게 이해할 수 있는 것은 아니다. 따라서 몇몇 종교들에서 초월 개념은 모호하여 혼돈을 겪게 되었으며, 신에 대한 세계의 의존 개념 역시 예외가 될 수 없었다. 그러나 거의 모든 종교들에 의하면 신은 다른 모든 유들이 적어도 존재에 있어 그들의 보존을 의존하는 절대적이고 지극히 전능한 유로 여기는 것 같다.

이러한 기본적인 신 개념을 확정함으로써 그렇게 개념 되는 유의 존재를 받아들이기를 거부하는 모든 사람들은 무신론자들로 분류될 수 있을 것이다. 이론적인 차원에서 이것은 논리적으로 보일지는 몰라도, 구체적인 경우에 있어서 무신론자를 정확히 지적해 내는 일은 그리 쉬운 일이 아니다. 왜냐하면 무신론자가 지니고 있는 신 개념은 항상 명확한 것이 되지 못하기 때문이다. 이러한 난점은 랄랑드(A. Lalande)가 자신의 『고전철학사전』에서 이미 잘 지적한 바 있다. 거기서 그는 무신론을 "신 존재를 부정하는 가르침"이라고 정의하였다. 그렇지만 그는 즉시 '무신론'이라는 말의 정의는 언어상의 정의에 불과하다고 하는데, 무신론이라는 관념의 내용은 그 존재 양식과 신 개념들의 차이에 따라 변하기 때문이다.40)

파브로(C. Fabro)가 근대 무신론에 관한 방대한 작업에서 신 개념과 관련하여 세 가지 단계 혹은 차원인 민중 신화, 철학적 사변, 계시된 인격을 말하는 것을 감안할 때 그는 랄랑드와 일치하는 것으로 보인다. 신에 대한 부정은 이들 각각의 차원에서 야기될 수 있는 바, 파브로는 개개 무신론의 종류와 관련하여 뒤따르는 판단들이 항시 같을

---

39) Cf. J. Delanglade, S. J., *Le Problème de Dieu*, Aubier, Paris, 1960, p.16.
40) Cf. André Lalande, *Vocabulaire technique et critique de la philosophie*, Presses Universitaires de France, Paris, 1960, p.89.

수는 없다고 정확하게 지적하고 있다.[41]

무신론에 관한 가장 포괄적인 연구라 할 수 있는 육중한 네 권의 책으로 되어 있는 『현대 무신론』(*L'ateismo contemporaneo*)의 서문에서 편집장 줄리오 지라르디(Giulio Girardi)는 '무신론'이라는 명사의 정의가 언어상에 있을 수 있는 가장 심각한 문제들을 포함하며 나아가서 언어상의 정의들에 그치지 않고 신과 종교에 대한 개념과 틀림없이 연관된 것이라 주장하고 있다. 문제에 접근하여 지라르디는 실천적이며 이론적인 무신론간의 전통적인 구분을 통해, 후자는 신 존재 부정(독단적 무신론)이나 설명할 수 없는 문제로 선언되거나(불가지론적 무신론) 무의미하다는 것 중(의미론적 무신론) 어떤 하나의 입장때문에 신 존재는 확실성을 갖고 주장될 수 없는 가르침이라 정의하였다.[42] 위에서도 살펴보았지만 신에 대한 일차적 정의와 관련하여 우리는 학자들 사이에서 어떤 분명한 일치점을 찾을 수는 없다. 따라서 무신론의 의미와 관련하여 거기에는 근거 지을 수 있는 어떤 관점이 없음을 알 수 있다. 그렇다면 실질적인 목적을 위하여 우리는 역사를 통해 대개의 종교가 지지하여 왔고 또 우리가 연구한 바 정의 작업에서 받아들여진 개념인 신 존재를 부정하는 사람을 두고 일단 무신론자로 간주할 수 있을 것이다. 어떤 철학자들과 철학 체계가 무신론을 표방하고 있는 것인지에 대해서는 이전 논의에서 드러난 요소들을 충분히 검토, 적절한 자료의 세밀한 분석을 통해 확정된 객관적인 증거를 근거로 식별해 낼 수 있을 것이다.

무신론자들이 부정한 존재인 신 개념과 관련하여 우리는 단지 부적합하거나 완전히 일그러진 신 개념 때문에 신을 부정할 것을 주장하는 많은 이들을 무신론자들의 범주에 포함시키는 오류를 피해야 할

---

41) Cf. C. Fabro, *God and Exile*, trans. and ed. Arthur Gilson, The Newman Press, Westminster Md., 1968, p.70.

42) Cf. *L'ateismo contemporaneo*, ed. by the Facoltà della P. U. Salesiana di Roma, Società Editrice Internazionale, Turin, 1967-1969, I, pp.8-17.

것이다. 이러한 사람들은 바로 마리탱(J. Maritain)이 "위(僞) 무신론자들"이라고 부르는 자들이다. 그러한 사람들은 아마도 자신들이 신을 믿지 않는다고 확신할지는 모르지만 그들은 자신도 모르게 신을 믿고 있다. 그들이 부정하는 신 존재는 진정한 신이 아니라 전혀 별개의 유(有)이다.[43] 그들은 신과 상상의 실재를 혼동하고 있는 자들이다. 여기서 상상의 실재란 그들에게는 존재할 수 없는 것으로, 아니면 본성이나 인간성에 관해 받아들일 수 없는 결론을 요하는 것으로 여겨지는 것이다.[44]

따라서 우리가 관심을 두어야 할 부분은 단지 정통적인 무신론자들, 또는 더 특별하게는 이성이나 신앙 혹은 이 양자에 의해 알려진 참다운 신 존재를 부정하는 무신론자들이다. 실질적인 무신론자들, 또는 그들 스스로가 때때로 일컫는 긍정적인 무신론자들에게 있어서 신 부정은 어떤 철학적인 입장이라기보다는 삶의 방식이다. 그런데 이들은 실천적이며 부정적인 무신론자들과는 구별된다. 즉 그들은 단순히 신 존재를 알아채지 못하는 자들이다.[45] 어떤 저자들은 긍정적인 무신론자들을 더 세분화하였다. 그들 자신이 만든 논증을 가지고 신 부정을 정당화하려고 시도한 자들은 독단적인 무신론자들로 평해졌으며, 온갖 유신론적 논증에 있어서 그 어떤 가치도 인정치 않고 모조리 거부한 이들은 불가지론적 무신론자들이라고 불린다. 이러한 세분화는 신 존재에 대한 입장이 대체로 명백하지는 않지만 매우 뚜렷하게 무신론으로 인도하는 이론을 옹호하는 철학자들을 구분하는 데 있어서 나름대로 도움을 가져다준다.

---

43) *The Range of Reason*, p.97.

44) *Ibid.*, 83.

45) Cf. Maurice R. Holloway, S. J., *An Introduction to Natural Theology*, Appleton-Century-Crofts, New York, 1959, pp.472-474.

4) 현대사상 안에 나타난 무신론의 특성

오늘날 무신사상은 막스 셸러(M. Scheler)가 기술하고 있듯이 과거의 유물론, 합리론, 계몽주의와는 달리 '요청적'(要請的)이라고 말할 수 있을 것이다. 무신론 혹은 근본적으로 신을 필요로 하지 않는 이념은 흔히 인간이 충만히 실현되기 위한 가능성의 조건으로 제시된다.

현대 무신론은 일반적으로 인간과 세계를 긍정하기 위한 출발점으로 신을 부정하고자 하는 이론적 · 실천적 요청에 직면해 있다. 이는 실증주의에서 그런 것처럼 신에 대한 학적 탐구의 가능성을 부정하는 것이 아니라 연속되는 인간의 과격화를 통해 전 실재를 근본 내성(內省)에로 환원함이다. 이런 면에서 포이어바흐(L. Feuerbach)에게 있어서 신은 인간 본성의 전적인 완전성 외에 다른 어떤 존재가 아니다. 따라서 인간이 신을 호출하는 것은 알고 보면 인간 자신을 부르는 것이다. 즉 "인간은 인간에게 신"(homo homini Deus)인 것이다. 그럼에도 불구하고 포이어바흐에게 있어서 인간에게로 신을 환원시키는 일은 아직 완전하지 못하다. 비록 헤겔 관념론의 추상성은 제거되었지만 다른 추상성이 그 자리를 대신하고 있는 것이다. 유일한 신적 존재인 인간은 개체(個體)로서가 아닌 종(種)으로 고찰된다. 마르크스에게는 아직까지도 인간을 유일한 지성적인 것에서 탄생한 구체적인 인간으로 뿐만 아니라 각 개체로 환원시켜야 하는 매우 해결해야 할 정밀한 과제가 남아 있다. 니체의 저술을 덧붙이는 경우 그것은 인간을 자기 자신 위에 고양시키면서 초인(Übermensch)의 왕국을 선포하는 것으로 나타난다. 그러나 초인은 어디까지나 인간에 불과하다. 이렇게 헤서 이론적 비유는 완성된다. 만일 신이 존재한다면 내가 신일 것이다. 내재(內在)는 이제 절대적이다.[46]

현대 무신사상은 대부분 단순히 파괴적인 것에 그치지 않는 건설적

---

46) Cf. A. L. Gonzalez, *Filosofia di Dio*, p.44.

인 무신론이다. 특히 이러한 현상은 마르크스주의가 역사 안에 그 몸체를 드러낼 때까지 계속되었다. 현대세계에서 신의 파멸 혹은 죽음의 선포는 목적이 아니라 수단이다. 다시 말해 그것은 건설적 인본주의를 실현하기 위한 도구이다. 인간은 프로메테우스적인 의지심을 가지고 가장 충만한 인간적 위대함에 당도하고자 할 뿐만 아니라 인간 왕국(regnum hominis)을 건설하고자 한다. 신을 제거함은 이와 같은 무신적 인본주의를 건설하는 데에 필수적이다. 신을 사살하는 것은 인간의 절대적인 자유를 쟁취함으로써 사방을 가로막는 장애물을 타도하는 것이다. 신의 위대성은 인간에게 이양되어야 한다. 이는 근본적으로 인간의 절대화·신격화를 확보하고자 하는 시도이다. 또한 그것은 마르셀(G. Marcel)이 말하고 있듯이 "자립성의 풍자적 만화"인 것이다.[47]

현대 무신론은 파브로가 지적하고 있는 것처럼 즉각성과 보편성 그리고 실증성과 건설적 특성을 지니고 있다.

무엇보다도 현대 무신사상은 '즉각성'이라는 특성을 지니고 있는데, 즉 현대문화와 현대사회에서 무신론은 유물론적 실증주의 이전 시대와는 달리 더 이상 도달점이 아닌 토대 내지는 출발점으로 전환되었다. 그래서 그것은 문화의 분위기와 기후를 형성하는 데 매우 중요한 요소로 작용한다. 분명히 이것은 제일차적 즉각성, 다시 말해 암중모색의 명증성처럼 그렇게 신 부재(神不在)에 대한 감각적인 명증성과 관련된 것은 아니다. 오히려 신 부재는 모든 사회 활동이 움직이고 발전하는 노선을 구축한다는 의미에서 확고하게 작용하는 제2차적 증명과 관련되어 있다. 이렇듯 신과 연루된 모든 의미를 상실한 세계는 인간의 오만(hybris)이 지배한다.[48]

현대 무신론의 두 번째 특성은 '보편성'(Universalitas)이다. 니체의

---

47) G. Marcel, "Dont et liberte", *Gionale di Metafisica* 2(1947), p.194.
48) A. L. Gonzalez, *Filosofia di Dio*, p.45.

출현, 실증주의와 함께 헤겔 좌파의 활동, 유한자(有限者)의 철학이 득세하기 전까지 무신론이라고 말할 때에는 어떤 철학자들의 분파적 입장을 대변하거나 자유사상가들 혹은 은밀한 사회의 구성원들에게 있어서 엘리트적인 선택 사항에 불과했다. 그러나 오늘날에 와서 그것은 모든 대중을 포괄하는 운동처럼 번져 나가고 있다.[49]

앞의 두 가지 특성을 받아들여 이를 강화시키는 것으로 나타나는 세 번째 무신론의 특성은 실증성과 건설적 특징을 지닌 것으로 변신한다. 인간은 신에 관한 인식을 자기 자신과 사회로부터 격리시킴으로써 자기 자신에 대한 소유권을 행사하려 든다. 그리하여 인간은 종교적 소외로 인해 기만되고 실추된 인간 본질을 본래의 상태로 회복할 수 있으리라 믿는다. 이러한 무신론을 일컬어 인본주의적 무신론 혹은 무신론적 인본주의라 일컫는다.[50]

내재(內在, immanentia)의 철학적 원리는 여러 가지 형태의 근대 무신론의 공통분모로 작용하였던바, 이 원리는 존재에 대한 인식의 일차성을 주장한 다음, 신은 인간 인식의 변수 내지는 산물에 불과하다고 강변하였다. 존재에 관한 형이상학의 전제들을 포기하고 유들의 인식인 그 출발점을 붕괴시키는 작업은 분명히 신에게로의 상승을 불가능하게 만든다. 근원적 시초가 의식 안에 구축되고 내 안에서만 의식이 존재를 갖는 것으로 제시되는 경우, 실재하는 존재(Esse)를 향한 이행은 자동적으로 차단된다. 아무런 전제도 없는 자기 의식(Cogito)이야 말로 절대적 시초라고 단정했던 데카르트의 후계자들은 연속적이고 다양한 근본적인 개혁을 통해 인간이 적어도 신에 대해서는 아무 것도 알지 못한다는 것을 증명하고자 했다.[51]

무신론에 대한 노골적인 선포가 포이어바흐에게 이르러서 가능했을

---

49) *Ibid.*, p.45.

50) *Ibid.*, pp.45-50.

51) Cf. *Ibid.*, p.46.

지라도 데카르트와 스피노자, 칸트 그리고 피히테를 비롯한 내재주의 (內在主義)를 주장한 모든 철학자들은 비밀스런 무신론적인 삶에 이미 물들어 있다고 고발되었는데, 이는 의미심장한 내용이 아닐 수 없다.[52]

존재를 그 가능성에로 환원하고 또 인식된 존재로 환원하며 나아가서는 사유와 실체로 환원하는 급진적 내재주의는 무신론을 향해 나아가는 근대 사상의 단계를 다음과 같이 병행적으로 잘 드러내 보이고 있다. 예컨대 스피노자의 범신사상, 헤겔의 관념론적 범신사상, 포이어바흐의 유물론적 무신론, 마르크스의 투쟁적 — 이론적 · 실천적 — 무신론, 무신적인 출발점에서 진행하는 사르트르 실존주의의 근원적 부조리 등이 바로 그런 것들이다.

우리는 여기서 철학사에 나타난 일련의 무신사상을 다루고자 한다. 특히 우리는 현대 무신론의 대표 주자격이라 할 수 있는 마르크스와 니체 그리고 사르트르의 무신사상을 다루면서 지금까지 논급한 무신사상이 역사 안에서 어떤 모습으로 그 구체적인 행태를 드러냈는지를 추적할 것이다. 또한 그 병폐는 무엇이며 그것들이 안고 있는 위험성은 어떤 것인지도 눈여겨볼 것이다.

5) 마르크시즘: 신 없는 물질의 세계

마르크스 철학은 대표적인 무신사상 중의 하나이다. 마르크시즘은 헤겔의 변증법을 그대로 전수하면서도 관념을 물질로 대체해 버린 혁명적 철학이다. 그 결과 정신은 물질의 후속타로 간주되어 전통적인 힘을 상실하였으며 영적이고 신적인 것은 물질 앞에서 아무런 힘도 쓸 수 없는 무용지물로 화하였다.

우리는 이하에서 마르크스의 형이상학인 변증법적 유물론을 전개하

---

52) *Ibid.*, p.46.

면서 어떻게 그가 모든 것의 심장부에 물질을 위치시켜 전통적으로 말해지던 정신적인 요소들을 말살시키고 있는지를 관찰할 것이다.

(1) 철학의 의미와 기능

"변증법적 유물론은 마르크스-레닌 당계의 개념이다. 변증법적 유물론이라 칭하는 이유는 자연 현상들을 고찰하는 방식과 그 현상들을 탐구하고 이해하는 방식이 변증적이기 때문이며 또한 이러한 현상들에 대한 해석과 개념 그리고 그 이론이 유물론적이기 때문이다."[53]

변증법적 유물론은 마르크스주의 철학이며 혁명적 노동 개념의 철학 이론이다. 또한 변증법적 유물론은 마르크스주의자들의 정치, 경제에 관한 가르침일 뿐만 아니라 과학적 사회주의 및 마르크스주의자들의 운동에 있어서 전략과 전술이 되는 기본 이론이다.

마르크스주의자들에 의하면 철학의 문자상의 의미, 즉 지혜에 대한 사랑은 철학의 의미와 내용 그리고 과제를 완전하게 규정할 수 없는 것이다. 따라서 철학은 실재와의 본질적 관계에서, 특별히 인간 인식의 모든 형식과의 관계 안에서 정의되어야 한다. 이와 같은 관계 문제와 관련하여 철학은 세계를 제각기 달리 해석하여 왔다. 마르크스에 의하면 이제는 세계를 더 이상 해석이 아닌, 그것을 변화시킬 때라고 본다.[54]

혁명적 행동과는 무관하게 그 자체로 고찰되는 철학은 쓸모 없는 말장난에 불과하다. 그 대신 인간 실천의 발로 안에서 이끌어진 철학은 사회 혁신과 변형의 원천이 된다.

철학의 과제에 대한 개념의 전도는 마르크스주의 창시자들이 유물론적 변증법을 다듬는 가운데 그 저의를 드러내기에 이르렀다. 변증법

---

53) 스탈린, 『변증법적 유물론과 사적 유물론』, 모스크바, 1947, 5쪽.
54) 마르크스, 『포이어바흐에 관한 테제』, 11 참조.

218

적 유물론은 과거의 철학적 반성에 있어서 가장 의미 있는 주장들에 기초하고 있으며, 철학의 새롭고 질적인 상위적인 변혁을 효과 있게 선포한다는 것이 그들의 주장이다. 마르크스주의자들에 의하면 이것은 인간 사변의 정상을 가리키며 수천 년에 걸친 수고스런 탐구와 지성 적 방황을 거친 다음에서야 이르게 된 정점이라고 자부한다. 그것은 모든 시대에 걸쳐 걸러진 사변의 결정적인 결실이다. 왜냐하면 그것은 유물론과 관념론이라는 세계 사상의 두 가지 기본적 흐름들이 융합한 데서 생겨났기 때문이다.

변증법적 유물론은 다양한 철학 중의 하나가 아닌 유일하고 참되며 전능한 철학이다. 그래서 레닌 역시도 마르크스의 가르침이야말로 전 능한 것이라고 여겼다.

(2) 철학의 근본적인 물음

마르크시즘에 의하면 철학이 해결해야 할 근본 과제는 사유와 존재, 정신과 물질 간의 관계에 관한 것이다. 과연 물질은 일차적이며 따라 서 정신은 물질에서 유래하는 것일까? 아니면 정신이 원천적이어서 물질은 정신에서 비롯되는 것일까?

이 문제에 주어진 해결책에 따라 철학의 가르침은 크게 두 가지로 분류된다. 그것은 곧 유물론(materialismus)과 관념론(idealismus)이다. 제3의 해결책은 있을 수 없다. 다시 말해 이원론적 해결책은 있을 수 없는 것이다.

유물론은 모든 실재의 원천이 되는 원리가 다름 아닌 물질이라고 여긴다. 존재하는 모든 것, 우리를 둘러싸고 있는 세계 그리고 세계 안에 있는 것은 원천적으로 물질에 의해 지배되고 물질에 의해 발전 한다. 물질은 창조되지 않으며 영원하고 세계밖에 존재하는 어떤 상위 적·초월적 세계의 힘에 의거하지 않으면서 모든 것을 설명할 수 있 다.

그 대신 관념론은 모든 실재의 원천적 실재가 정신, 즉 사유라고 본다. 사유는 물질, 자연 그리고 세계보다도 훨씬 앞서 존재할 뿐만 아니라 물질과 자연세계와는 별도로 존재한다고 주장한다. 이러저러한 주장으로 인해 관념론은 물질의 영원성을 부정하며 자연은 시간 안에서 그 시초를 가졌다고 본다. 따라서 그들에 의하면 세계는 창조되었다고 주장한다.

마르크스주의에 의하면 제3의 해결책, 즉 이원론적 해결책은 불가능하다. 왜냐하면 이원론은 관념론과 유물론의 혼합을 원천적인 것으로 제시하고자 하는 술책 내지는 변명에 불과하기 때문이다. 물질과 정신은 서로간에 근본적으로 차이나는 것이다. 결국 이원론은 모순적인 해결책이다. 그리고 그것은 문제의 해결책이라기보다는 일관되지 못하고 조화롭지 못한 철학적 표현에 불과하다.

아무튼 철학에 있어서 마르크시즘이 내세우는 문제에 대한 근본 해결책은 유물론에 입각한 것이다. 이러한 유물론은 변증법을 내포하고 있는 까닭에 이른바 통속적 유물론이나 기계론적 유물론과는 다르다.

(3) 인식 문제

철학의 근본 문제와 더불어 거기에는 또 다른 인식의 문제가 제기된다. 인식에 관한 문제는 우리 지성에 의한 실제 세계에 대한 지식의 가능성의 문제, 세계와 인간 사유에 관한 관계 문제이다. 마르크시즘에 의하면 이 문제와 관련하여 유물론과 관념론 사이에는 근본적인 모순이 팽배하고 있다.

마르크스주의에 의하면 이 문제에 관한 올바른 해결책은 유물론을 떠나서는 주어질 수 없다. 세계가 물질적으로 존재한다는 것을 인정하는 자만이 또 그러한 한에 있어서만 세계는 인간 의식 안에 진실로 반영되며, 세계와 그 세계를 다스리는 법칙들을 알기 위한 적합한 상태에 놓이게 된다.

그러나 관념론적인 태도를 고수하며 방황하는 자는 문제의 요청들을 통합적으로 해결할 수 없는 상태에 처하게 된다. 그는 부분적인 해결책들만을 제시할 것이고 불가지론의 경우처럼 여타의 지식의 가능성마저 부인하게 될 것이다. 관념론은 세계에 대한 인식 가능성을 주장하는 경우에도 인간 인식을 바보로 만든다. 왜냐하면 플라톤이나 플라톤주의자들의 경우에서처럼 인식을 초월계·초월적 실재로부터 유래하는 것으로 간주하기 때문이다.

또 다른 이유는 헤겔이나 헤겔주의에서처럼 '주관적' 지평 안에서 인간 인식을 불법적으로 강요하는 까닭이다. 헤겔이나 헤겔주의에서는 인간 안에서 자기 자신을 인식하고 인식을 절대정신이 창조한 세계인 절대 관념의 자기 의식에로 이끌어 간다.

모든 형태의 관념론과 무지론에 반대하여 마르크스주의는 유물론과의 완전한 접착관계 안에서 세계를 인식하는 인간 지성의 능력을 선택하며 인간의 창조적 힘과 사회 발전에 대한 강력한 신념을 유지한다. 이러한 가능성을 포기한다는 것은 과학의 자료들을 거부하는 것이며 신앙의 자료들로 되돌아감을 뜻한다. 뿐만 아니라 자본주의적인 노예 생활로부터 본래적 해방의 양식을 인식하는 가능성인 노동계급을 포기하는 것을 의미한다.

이런 면에서 유물론과 관념론은 제각기 진보주의적이며 반동주의적인 경향과 동의어가 된다. 관념론의 전적인 허용은 노동계급과 반동주의적인 세력에 대한 무조건적 배신이다.

여기서 우리가 말하는 유물론은 17-18세기의 기계론적 유물론이나 19세기의 통속적 유물론과는 구별된다. 마르크스의 유물론은 사유에 대한 형이상학적 형식을 포기하고 변증법적 방법론을 채택한다. 이 유물론은 현상들을 불변적 실체들로 고찰한다. 그러나 그러한 현상들의 상호적 고리 안에서 현상들을 수집하며 거듭해서 발생하는 현상들의 운동과 그것들의 모순적인 발전, 성장 및 소멸에서 현상들을 바라본다.

마르크스주의자들에 의하면 유물론은 혁신적인 이론이다. 왜냐하면 모든 사물은 계속적이며 근본적인 움직임 안에 있기 때문이다. 낡은 것, 잠시 지나가는 것, 극복된 것은 필수 불가결하게 새로운 것, 진보적인 것을 향해 나아갈 것이다.

(4) 실재에 대한 '반성'으로서의 인식

a. 사유와 실재의 관계

철학은 일반적인 법칙을 연구한다. 즉 실재의 발전이나 인식의 발전을 탐구한다. 이와 관련하여 철학은 인식의 발전 법칙들이 실재의 발전 법칙임을 발견한다. 사실 인식한다는 것은 실재에 대한 반성, 실재를 긍정하는 법칙, 인식을 규정하는 법칙들 외에 다른 것이 아니다. 이것이 의미하는 바는 무엇인가?

이는 실재가 계속적인 운동과 변화 안에 있고 그러한 실재를 반성하는 개념들과 범주 역시 계속적인 운동과 변화 속에 있다는 점에서 운동과 변화 속에 있는 실재 자체에 대한 반성을 뜻한다.

이것은 논리적 범주와 인식의 저변에 자리하고 있는 개념들이 사유의 산물이거나 인간 정신의 환상에 의한 것이 아니라 동일한 역사과정과 관련된 실재의 '보편화된 반성'임을 말해 주는 것이다.

마르크스가 『자본론』에서 자본주의 기초에 놓여 있는 '상품', '화폐', '자본', 개념 혹은 범주들을 설정하였을 때 그것들(범주들)은 사유의 산물이 아니라 자본주의에 대한 객관적 분석에 의해 얻어진 것들이었다(내부의 모순, 결정적 사라짐). 자본주의는 자기 안에 그러한 범주들의 고리와 모순을 지니고 있다. 상품이라는 개념 안에는 모순들이 포함된다. 이러한 모순의 발전은 화폐 개념에로 나아가며 마침내 자본이라는 개념까지 도달한다. 이러한 상품-화폐-자본이라는 범주는 사유에 대한 주관의 산물이 아니라 자본주의 발전의 역사 과정을 객관적으로 반성하는 데서 주어진 것이다.

b. 변증법적 탐구방법

모든 학은 고유한 범주를 지닌다. 그 범주는 다른 학의 분야에서는 더 이상 가치를 지니지 못하고 고유한 학문의 영역 안에서만 그러하다. 예컨대 상품-화폐-자본은 물리학이나 화학에서가 아닌 정치, 경제학의 분야에서 그 가치를 발휘한다.

그러나 철학은 모든 학문에 대해 가치를 발휘하는 범주를 지니고 있다. 학문들이라고 말할 때, 그것은 '실재의 모든 분야' ― 여기에 대해 제각기 연구하는 특수학문들이 있음 ― 에 대해 유일한 것이다. 사실 학문은 실재의 모든 현상 아래 놓여 있는 법칙 일반을 표현한다. 그런 한에서 학문은 사유의 도구가 되며 세계에 관한 지식의 단계 혹은 형식 일반이 되기도 한다. 예를 들어 법칙, 필연성, 모순, 실체와 형상, 원인과 결과, 내용과 형식, 가능성과 실재성과 같은 개념, 그밖의 여러 개념들은 모든 학에 적용된다. 그렇지만 그 어떤 학문도, 그 어떤 학자도 개별 학문의 분야에 남아 있으면서 이러한 개념들을 다 듣어낼 수는 없다. 모든 학문은 그러한 개념들을 유익하게 사용하지만 철학만이 이러한 개념들을 이끌어낼 수 있다.

철학은 개별학문의 고유한 문제에 대해 적합한 해결책을 제시하지 못하고 있다. 철학은 그러한 해결책을 모색하기 위한 적합한 방법을 강구해야만 한다. 그렇다면 그러한 방법은 무엇인가? 적합한 방법론은 변덕스러운 방법이어서도 안 되고 '주관적' 판단의 결과이어서도 안 된다. 그것은 실재에 대한 분석이어야 하며 객관 세계에 대한 법칙을 반영하는 것이라야 한다. 또한 그것은 연구된 실재와 병행하는 사유를 끌어내야만 한다. 따라서 적합한 방법론은 실재에 대한 발전 일반이라 할 수 있는 변증법적 방법론이다.

변증법적 유물론은 인식 방법과 세계에 대한 조사 행위로도 나타난다. 그것은 앎의 모든 영역에서 학문으로 하여금 사유에 관한 통합적인 이론을 갖추게끔 독려한다. 따라서 그것은 과학적이며 일반적인 탐구 방법이다.

(5) 변증법적 유물론과 사회과학

이러한 학문은 방법론을 포기하거나 또 그것을 멀리 해서도 안 된다. 만일 학문이 변증법적 유물론의 철학을 포기한다면 탐구 방법이나 인식 방법은 학문의 과제와는 양립할 수 없는 수준으로 격하될 것이다. 사실 철학은 사실들에 대한 분류와 기술에 한정될 수 없으며 오로지 동일한 사실에 대한 해석과 법칙 그리고 이론적인 결론의 공식화에로 격상되어야 한다. 여기서 말하는 법칙과 결론들은 세계에 대한 개념 일반 그리고 인식 이론과의 완전한 공감대를 형성하는 것이다. 그렇지 않으면 불가지론 혹은 무익한 실재 분석에 대한 노력에 불과할 뿐이어서 단죄받을 것이다. 학자는 그가 누구이든지 — 물리학자, 생물학자, 화학자, 사회학자이든지 간에 — 철학 없이는 학자가 될 수 없고 자신의 학문을 이끌어 갈 수 없다. 문제는 어떤 철학이 참으로 요청되는 철학인가 하는 점이다. 즉 과학적·유물론적 철학인가 아니면 관념론적 철학인가? 아니면 유물론이나 관념론적 요소로 오염된 절충적 철학인가?

마르크스주의자들에 의하면 적합하고 유일한 철학은 사유와 과학적 탐구에 있어서 세기적 발전을 이룩한 이후 결정적인 이론으로 등장한 변증법적 유물론이다. 관념론적·피상적·절충적인 사유의 산물을 이용하는 여타의 모든 철학들은 부르주아 세계에서나 지배적인 노릇을 하는 철학이다. 그것은 실재에 대한 이해와 관련하여 학문들에 완전한 발전을 보장해 주지 못한다.

실재의 이러 저러한 분야에서 활동하는 전문적인 학자가 참된 유물론적 철학관을 지닌다면, 그는 부르주아적이며 반동적인 이론들의 공격에 맞서 투쟁할 수 있으며 관념론이라는 장애물로부터 쉽게 탈피할 수 있을 것이다.

(6) 마르크스 철학: 혁명적 프롤레타리아의 이상주의적 무기

당대의 철학적 흐름에 가하진 마르크스적 엥겔스의 비판은 지금까지 철학이 사회를 괴롭힌 실천적이며 실제적인 문제들을 해결해 주기위해 하강하지 않는다는 것이었다. 노예 생활이라는 실질적인 사슬은순수 관념적 활동이 아닌 실천적 활동, 다시 말해 계급투쟁에 의하지않고서는 결코 끊어버릴 수 없는 것으로 본다. 마르크스와 엥겔스에의하면 헤겔 철학은 '사유 밖에' 객관적으로 존재하는 실재의 고리를'사유 안에' 존재하는 특수관념의 고리로 제시하는 데 있다. 따라서 마르크시즘은 구체적이며 실질적인 투쟁을 요청하기보다는 순수 관념들의 투쟁을 요청한다. 그러기에 이들의 눈에 비친 헤겔 철학은 비실질적인 철학이다.

마르크시즘에 의하면 노예 상태의 물질적 힘은 같은 물질적 힘으로서가 아니면 극복될 수 없다. 그래서 마르크스 철학은 일단 세계를 설명하고자 한다. 그렇지만 설명에 머물지 않고 세계를 변모시키고자 한다. 그러기 위해서는 철학이 프롤레타리아 안에서 물질적인 무기를 발견해야 한다. 프롤레타리아 역시 철학 안에서 자신의 정신적 무기를발견해야만 한다. 철학은 이제 지상에 안착하여 인간 노동 안에 자리잡아야 한다. 그리고 프롤레타리아는 철학을 터득해야 하고 동시에 철학은 프롤레타리아를 이해해야만 한다.

마르크스-엥겔스의 역사적 이론적 공헌은 그들이 순수 사변으로부터 실질적인 사회 조건에 대한 용기 있는 분석에로 나아갔다는 데에있다. 그리고 엄격하고 과학적인 변증법적 방법론을 사회 분석에 적용했다는 사실이다. 두 사상가는 자본주의 체제가 그 가슴에서 '무덤을파는 자들'을 토해 내고 있으며, 결국 사회주의는 사회의 필연적 발전의 결과일 수밖에 없음을 확신하였다. 사회주의의 여명과 자본주의의사라짐은 전 실재의 계속적인 발전과 혁신적인 법칙 일반과의 전적인조화를 이룬다.

(7) 마르크스 철학의 유물론

a. 물질

"하나이며 존재하는 만물과 동일한 이 우주는 그 어떤 신이나 인간이 창조한 것이 아니라 항상 존재하였고 또 영원히 살아 있을 것이다."(에페소의 헤라클레이토스)

헤라클레이토스의 이 표현을 두고 레닌은 "자연의 변증법적 이해를 위한 매우 훌륭한 원시적 설명"이라고 여겼다. 사실 마르크스 철학의 출발점은 모든 초월적인 실재를 부정하고 유일하고 영원한 물질, 영원한 운동 중에 있는 물질의 객관적 존재만을 인정하는 데 있다.

그리스도교에 있어서 신, 절대정신, 초월적 존재는 마르크스주의에 있어서는 물질이다. 물질은 모든 실재와 전 우주의 원천이요 중심이다. 정신, 인간 의식, 절대정신은 마르크시즘에서는 "인간의 병적인 투사" 외에 다른 것이 아니다. 여기서 무신사상이 태동되는 것은 당연지사이다.

모든 관념론적 철학이 주장하는 바와는 달리 마르크시즘은 전 실재, 우주가 본래 물질이라는 원리에 입각해 출발한다. 그런데 마르크스주의의 학설은 결코 단순하지만은 않은 다음과 같은 세 가지 명제로 요약된다.

① 무한한 에너지로 충만한 유일한 실재인 물질의 존재, 이 존재는 만물의 출처이고 모든 것은 이 물질을 통해 설명된다.
② 인간의 정신적 활동은 인정되지만 어디까지나 그것은 물질에 종속되고 물질에 의해 생산된다.
③ 물질과 분리된 여하한 모든 독자적인 실체 정신을 거부한다.

b. 존재와 물질의 고유성

물질의 존재와 실재 물질은 존재한다. 물질은 모든 것이다. 물질은 만사를 설명할 수 있는 위력을 지닌다. 이러한 것들은 물질에 관한 탐구에서 드러나는 제일의 확고한 부동의 점이다. 고전철학에서는 존재 개념과 더불어 발생되는 물질 개념이 있었다. 그러나 전통철학에서 존재는 정의할 수 없는데, 이유는 그 어떤 것으로 존재를 정의할 때 그 것은 늘 존재로 남아 있기 때문이다. 따라서 존재의 악순환에서 벗어날 수가 없다.

마르크스주의에서 물질은 존재와 동의어이다. 레닌은 이러한 물질과 의식과 같은 최대의 연장(延長) 개념에 대해 말할 때 정확한 정의를 내리는 것이 불가능하다고 말한다. 왜냐하면 그것은 존재 개념과 동일한 것이기 때문이다.

물질을 기본적인 그 고유성격 안에서 받아들이도록 함으로써 우리는 물질에 관한 정의 문제에서 벗어날 수 있다. 물질의 고유성에 있어서 가장 본질적인 것은 의식과 감각 작용, 정신, 존재 밖에서 독립적으로 존재하는 그것이다. 이러한 면에서 물질에 대한 정의를 내리는 레닌을 두고 마르크스주의자들은 매우 과학적인 인물이라 평가하기에 이르렀다.

의식으로부터의 독립은 물질의 본질적인 속성이다. 물질의 객관성은 유물론의 본질을 구성한다. 레닌에 의하면 물질은 인식 가능하다. 이것은 마르크시즘에 있어서 대단히 중요한 가르침에 속한다. 즉 인식 과정에서 인간은 감각 작용과 지각을 관찰하지 않고 오로지 물질계의 현상과 사물들을 관찰할 따름이다.

감각 작용 안에서 물질은 인간에게 소여된다. 따라서 물질에 관한 인식 가능성은 무제한적이다. 모든 것은 인식 가능한데, 이유는 모든 것이 물질이며 물질은 감각에 의해 인상지어지기 때문이다.

(8) 인간 정신 활동의 인정

마르크스주의는 위의 열거된 주장과는 상반되게 인간의 정신적 활
동을 중시한다. 이들에 의하면 정신 활동은 물질의 산물로 물질에 종
속된다.

마르크스는 『자본론』에서 직조공은 거미가 하는 일과 매우 유사한
작업을 하며, 벌집을 만드는 벌들은 건축가들을 부끄럽게 할 정도라고
말한다. 그렇지만 그는 가장 형편없는 건축가라 할지라도 가장 뛰어난
벌보다는 낫다고 평한다. 왜냐하면 건축가의 경우 일련의 작업 과정이
이미 그의 사고 안에 현존하는 까닭이다. 이는 마르크스주의가 물질계
안에서는 언제 발생될지도 모를 정신계와의 교착상태를 돌파하기 위
한 수단으로 채택한 정신과 형상에 대한 논점이다.

이렇게 볼 때 마르크스주의는 정신의 활동을 인정하고는 있지만 어
디까지나 그것은 물질과의 종속관계 안에서 긍정될 뿐이다. 이는 인간
이 정신적 활동을 떠나서는 실재의 황무지와도 같은 유물론적 개념에
서 솟구치는 결정론의 철칙을 극복할 수 없다는 것을 말해 준다. 정신
은 비록 물질의 품안에서 자라나지만 정신 활동을 끌어들여야만 다시
금 물질에 대해 행위할 수 있다. 그러나 최종적으로 승리하는 것은 물
질이다 왜냐하면 물질은 정신적 존재를 산출하기 때문이다. 인간 활동
의 복합적인 역할 안에서 다양한 과정들은 정신의 현존과 영향 없이
는 달리 어떻게 설명할 수가 없다. 정신은 어디까지나 물질의 산물이
며 소산이고 결과이다.

(9) 여하한 정신적 실체의 거부

인간에 있어서 정신적 가치들에 대한 인정이 마르크스주의자들의
품안에 자리하고 있다면, 그들의 가슴 깊숙한 곳에서는 정신적 실제,
인간 영혼, 분리된 정신, 절대정신을 거부하고 있다. 마르크스주의는

정신적 실체들을 부정하는 데 그치지 않고 온갖 심혈을 기울여 그러한 실재들이 환상적인 구조임을 논증한다. 레닌에 의하면 정신의 실체들은 성직주의의 발치에 자리하고 있으면서 가난한 자들을 거슬러 부자들의 강도 짓을 옹호할 뿐만 아니라 그러한 행위를 영구적이게끔 한다.

엥겔스는 영혼, 정신, 신에 대해서 언급은 하고 있지만 단지 그것들의 '인간적 기원'(human origin)에 대해서만 강조하고 있을 따름이다. 마치도 그는 그것들이 어떻게 생겨났는지에 관해 목격자처럼 말한다. 그의 주장은 단순한 부정에 그치지 않고 인류의 집단적인 바보스러움이 어떻게 생겨났는지에 관해 과학적으로 논증하려는 시도였다. 그렇게 함으로써 그는 '어리석은 짓'과 '근거 없음'에 대해 표현의 강도를 더할 수 있었다.

마르크스주의에 있어서는 물질이 존재하는 한 정신에 대해 말할 수 있다. 그렇지만 그 역은 성립 불가능하다. 영혼, 정신, 신은 우리 정신 활동의 오류적인 투사이다. 사물의 실재 안에서는 그 어떤 것도 이러한 것들과 일치하고 있지 않다.

(10) 물질과 운동

a. 운동의 본성
운동은 물질의 존재 방식이다. 결코 그 어떤 장소에서도 운동 없는 물질이 존재했다거나 존재할 수는 없다. 모든 정지 상태와 안정 상태는 오로지 상대적일 뿐이며 운동이라는 서로간의 규정된 형식과 관련하여서만 의미를 지닌다. 물질 없는 운동을 생각할 수 없는 것처럼 운동 없는 물질도 생각할 수 없다. 따라서 물질은 창조되거나 파괴될 수 없다. 운동이 없는 물질 상태는 가장 공허하고 가장 어리석은 이념들 중 하나로 여겨진다.[55]

원자에서 별들의 세계로, 세포에서 사유로, 역사에서 사회로 … 존재하는 모든 것은 운동 속에 존재한다. 운동은 물질의 영원한 존재 양식이다. 물질이 소모될 수 없는 것처럼 운동 역시 비소모적이다. 운동의 무한한 다양성은 존재의 무한한 다양성과 일치한다. 움직임은 영원하고 파괴 불가능하며 비창조적이고 절대적이다.

운동의 비파괴성, 비창조성에 관한 주장은 변증법적 유물론에 있어서 기본적인 주장 중의 하나이다. 운동 없이 물질이 존재하지 않는 것처럼 물질 없는 운동은 생각할 수 없다.

물질에서 운동을 분리시키는 것은 객관적 실재에서 사유를 분리시키는 것과 같으며 외부세계로부터 나의 감각 작용을 분리시키는 것과 같다.

운동이 절대적이며 물질의 존재 방식이라고 주장할 때, 그것은 본질적으로 정지나 안정 상태를 부인하고자 하지 않으며 모든 운동이 절대적임을 거부하고자 하지도 않는다. 그럼에도 정지나 안정 상태는 자연적·상대적으로 이 물체 혹은 저 물체에 주어진다. 마차를 타고 가는 마부는 기차를 타고 가는 여행자에 비해 정지 상태에 있다. 그러나 외부대상들과 비교해 볼 때 마부 역시 운동 중에 있다. 이와 같이 단일한 대상의 운동은 동일한 운동 상태에 있는 다른 것을 참조할 때 상대적이며 일시적이고 순간적이다. 그러나 존재의 전체성과 비교할 때는 절대적이다.

운동이 영원하고 파괴되지 않으며 비창조적이라는 사실은 다름 아닌 운동의 절대성을 의미한다. 그러나 규정된 과정들 안에서 일시적으로 특수하게 제시되는 사실들은 운동의 상대성을 표현한다. 운동은 상대적 형식으로 구체화된다. 이러한 주제는 마르크시즘에서 근본적인 것으로 나타나며 더구나 이것이 사회 실재에 적용되는 경우 중대한 결과들이 초래될 수밖에 없다.

---

55) F. Engels, *Herrn Eugen Dührings Umwälzung der Wissenschaft*, trans., E. Burns, *Anti-Düring*, in K. Marx and F. Engels, *Collected Works*, London: Lawrence & Wishart, 1987, vol.25, pp.65-66.

b. 물질의 변형

물질의 비파괴성은 양적으로 뿐만 아니라 질적으로도 개념될 수 없다. 물질은 영원한 주기 안에서 움직인다. 그것은 시간의 간격을 두고 종결되는 주기이다. 물질은 모든 변화 속에서 영원히 동일하게 남아 있고 그 속성들 중 어느 것 하나도 결코 상실하지 않기에 그것은 다시 다른 시간과 장소에서 그것의 가장 뛰어난 결실인 사유하는 정신을 창조해야 함을 확신한다.[56]

운동은 단순한 기계적 변화 형식에서 사회적 · 정신적 운동 형식(즉 사유까지 포함하여)에 이르기까지 다양한 형태로 나타난다. 이것에서 저것에로의 이행, 공간적인 운동에서 정신적 운동에로 전이는 물질의 객관적 가능성에 다시 돌입하게 됨을 의미한다. 만일 이러한 가능성이 부정되는 경우, 운동의 시초를 설명하거나 시간 안에서 운동의 영원성을 설명하기 위해서는 불가피하게 초세계(ultramondana)의 창조적 형식에 의지해야 할 것이다.

사실 인간을 포함한 우주는 사멸할 것이지만, 그것은 다시 살아나기 위해 죽는다. 우주는 처음에 시작했던 것처럼 물질에 생기를 불어넣고 재차 불어넣는 영원한 충격을 통해서가 아니라 물질이 지닌 본래적인 힘으로 인해 다시 소생할 것이다. 바로 이 물질은 양적 · 질적 전이에 동의한다. 다시 말해 기계적 운동은 사유의 운동으로, 사유의 운동에서 모든 것은 기계적 운동으로 변환될 것이다. 그리고 주기와 전이는 세계의 힘에 의지하지 않고 영원토록 반복될 것이다.

(11) 공간과 시간

포이어바흐(L. Feuerbach)는 공간과 시간은 단순한 현상적인 형식이 아니라 존재의 본질적인 조건(Wesensbedigungen)이라고 말한다.

---

56) 엥겔스, 『자연의 변증법』, 52-54쪽.

우주에는 운동 중에 있는 물질 외에 아무 것도 존재하지 않는다. 그리고 운동 중에 있는 이 물질은 공간과 시간을 떠나서는 움직일 수 없다.[57]

공간과 시간이 존재의 본질적인 조건인 한에서 그것들은 현상학적·주관적 형식이 아니다. 공간과 시간은 물질의 대상적·실제적 형식이다. 마르크스주의는 시간과 공간에 대한 칸트적·관념론적인 개념을 전적으로 거부한다. 그것들은 의식, 정신, 사유의 산물이 아니라 운동과 물질과 같은 객관적 실재이다.

공간은 물질의 운동을 위한 근본 조건이다. 시간 역시 그러하다. 시간과 공간 개념은 물질적 발전의 연속적 질서, 발전의 상이한 단계의 상호 구별을 가능케 해준다. 그것들은 지속성, 발전 그리고 사물들의 상호 구별, 연장 및 다른 것과 비교시 어떤 것의 위치와 질서를 표현해 준다.

운동과 물질처럼 시간과 공간은 객관적일 뿐 아니라 영원하고 비창조적이며 무한하다. 이러한 속성들을 거부하는 행위는 이 지상계를 넘어서는 다른 천계(天界)가 존재한다는 것, 그리고 시간은 시간 밖의 다른 어떤 것에 의해 창조되었음을 인정하는 것이 된다.

한편 시공간은 물질의 존재 형식인 한에서 객관적이며 실질적 형식일 뿐만 아니라 운동 중에 있는 물질과 불가분의 관계에 놓여 있다. 이는 물질이 시공간 밖에서 존재하지 않는다는 것 그리고 물질을 떠나서는 시공간이 존재하지도 않으며 존재할 수도 없음을 의미한다.

한편 시공간은 물질 및 운동과 밀접하게 교류하면서 그 절대성에 참여한다. 발전 과정 안에서 어떤 구체적인 조건들은 계속해서 변화한다. 그것들은 운동과 물질의 영원함과 더불어 영속적이다. 그것들은 상대적이면서 절대적이다.

이것은 마르크스의 변증법적 유물론과 기계론적 유물론의 차이점을

---

57) 레닌, 『유물론과 경험 비판론』, 171쪽.

말해 주는 것이기도 하다. 양자는 시간과 공간의 절대성에 대해 언급하지만 서로 다른 방식으로 그러하다. 기계론적 유물론이 말하는 시간과 공간은 '빈 것'으로 남아 있으면서 어떤 것을 받아들이는 현실적인 컨테이너처럼 물질과는 상관없이 자치적인 본질로 개념된다. 그러나 변증법적 유물론이 말하는 절대 공간과 시간은 실재와 동일시되고 자연, 물질과도 동일하다. "일시적인 사물로부터 분리된 시간은 신이다."(레닌)

마지막으로 시간과 공간을 제한하는 내부모순을 강조하는 것은 매우 중요하다. 이는 시공간이 절대적이며 동시에 상대적이라는 사실에서 그러하다. 즉 공간의 무한성은 유한한 연장(延長)에 의해 구성되며 그것은 마치 개별 과정들의 유한한 지속성으로부터 시간의 무한성이 구성되는 것과도 같다. 이것들은 지속적인 동시에 비지속적이다. 즉 이러한 두 개의 현상들간에는 늘 그것들을 일치시키고 분리시키는 요소가 있다. 하나는 다른 것과 동일시되지 않으면서 다른 것 안에 흘러들어가 서로 구분하며 그것을 좌우한다. 운동에 관한 이러한 관찰은 인간적·사회적·역사적 실재에 구체적 적용을 하는 데 있어서 매우 중시되어야 할 요소이다.

(12) 물질과 의식

엥겔스는 "사유와 의식은 인간 두뇌의 산물"이라고 말한다. 이와 같은 사고는 그의 저술에서 여러 번 반복해서 나타난다. 포이어바흐와 엥겔스에게서 우리는 다음과 같은 점을 읽을 수 있다. 즉 감각에 의해 지각 가능하고 우리 자신이 속해 있는 물질계만이 실제 세계일 따름이다. 우리의 의식과 사유는 물질적·신체적 기관인 두뇌의 산물이다. 물질은 정신의 산물이 아니며 오히려 정신 자체가 물질의 가장 뛰어난 산물이다. 물론 이것은 순수 유물론이다.[58]

a. 의식의 기원과 본성

마르크시즘에서 물질이 원천적이고 의식이 물질에서 유래한다는 것은 별 문제가 되지 않는다. 그러나 의식이 어떻게 기원되고 그것이 어떤 것인지를 설명하는 일은 문제점으로 대두된다. 언제, 어디서, 어떻게 의식이 물질에서 발전될 수 있는지를 확실히 설명하는 일은 쉽지 않다. 그리고 언제, 어디서, 어떻게 감각 작용에서 사유행위로 나아가는지를 밝히는 것도 용이한 일이 아니다.

마르크시즘에 의하면 이러한 문제의 어려움은 그것과 관련된 여러 가지 오류들 때문에 발생한다. 여기서 말하는 오류란 순수 관념론적 혹은 유물론적 모양, 성격, 틀과 관련된 오류이다.

사람들은 의식이란 것이 영혼이라 불리는 비물질적 실체의 고유성 혹은 활동일 것이라고 생각했다. 그리고 영혼은 물질이나 인간 신체와는 아무런 상관도 없는, 그래서 결과적으로는 신체와는 별도의 자치적 존재라고까지 생각했다. 이런 비물질적 영혼은 인간 신체가 사라진 뒤에 영원히 살아남을 것이라고 믿었다. 이런 사고는 순수 관념론적인 오류에서 파생된 것이다. 여기서 관념론자들은 신체와는 별개인 정신이 신체와 물질을 창조한다고 여기게 되었다.

관념론자들뿐만 아니라 유물론에서도 의식의 기원 및 본성에 대한 오류가 발생한다. 유물론에서 오류가 발생하는 원인은 여태까지 과학이 그 성숙도에 이르지 못했기 때문이다. 이제 과학의 발달로 인해 마르크스주의의 유물론은 의식의 본질에 관한 더욱 정확하고 심오한 이해를 갖게 되었다.

b. 이와 관련된 마르크스주의의 기본 주장

무엇보다도 심리적·정신적 사실들은 직접 경험될 수 없으며 사유와 의식은 어떤 도구나 인간 감각에 의해 조절될 수 있으리만큼 물리

---

58) 같은 책, 84쪽.

적 성격을 천부적으로 타고난 것이 아니다. 사유와 의식은 가시적이 아니고 감촉될 수 없으며 맛볼 수도 없다. 아무리 완전한 현미경이라 할지라도 사유를 들여다볼 수는 없는 일이며, 그 어떤 기구로도 그것을 잴 수 없고 저울에 그 무게를 달아볼 수도 없다. 그렇다고 해서 사유나 의식이 물질계와는 본질적으로 다른 고유성(proprietas)을 지니고 있기에 물질과는 독립적인 초지상적인 세계에 속한다는 것도 아니며 엄밀한 과학적 객관적 방법에 의해 연구될 수 없다는 것도 아니다.

의식과 사유는 물질과 환원되지 않는다. 여기서 환원되지 않는다는 것은 의식과 사유가 다른 물질적 대상처럼 측량 불가하다는 의미에서 그러하다. 그렇지만 본래 사유는 물질에서 유래하며 물질의 산물이다. 그것은 어디까지나 여타의 모든 물질적 산물보다 특이한 상위적인 산물이다. 그것들은 물질의 '최고 현시'이다.

물리적 고유성을 지니지 않았다는 점에서 의식과 사유는 과학적 방법으로 객관성 있게 연구될 수 있다. 이것은 무엇보다도 다른 것들과의 관계 안에서, 주변 상황과 밀접한 관계성을 갖는 인간의 행위에 관한 관찰을 토대로 가능하다. 사람과 사람 간에 갖게 되는 상호관계에 관한 연구는 고유한 의식에서 생겨나는 것에 대한 자기반성보다 비교할 수 없을 정도로 더 풍부하다. 그리고 그것은 과학자들로 하여금 물질계, 의식, 사유가 두뇌의 물질적 활동의 결과라는 결론에 이르도록 하였다. 즉 그것은 뇌의 상위적인 신경 활동이다. 신경조직이 없는 곳에는 물질적 현상들도 있을 수 없다.

의식과 사유의 나타남은 두뇌의 발전이 최고로 뛰어난 단계에서 발생한다. 신경조직이 없는 곳에는 정신 현상이 주어질 수도 없고 신경조직이 하나로 잘 조직되어 있지 않는 경우에는 참된 의식과 사유의 현상들이 주어질 수도 없다. 인간 의식의 출현과 사유의 불꽃의 번쩍임은 뇌의 극단적인 복합작용이며 통일성의 결과이다.

사유가 뇌의 유출이라고 한다면 그것은 담즙이 간의 유출이라고 하는 것과 마찬가지로 오류를 범하는 것이다. 의식과 사유는 뇌와 분리되고 분리 가능한 산물로 지향될 만한 그런 것이 아니다. 그것들은 뇌의 기능이며, 레닌이 말하는 바와 같이 물질의 내부 상태이다.[59]

우리는 이상에서 마르크시즘이 말하는 물질의 다양한 특성들을 논하였다. 마르크스-엥겔스의 주장들 안에는 신이 들어설 자리가 없다. 그들은 애초부터 실체적 형상이나 제일원리, 절대적 필연유 등과 같은 최상의 존재들에 대해서는 아무런 관심조차 없었다. 그들은 정신을 물질로, 아니 모든 것을 물질로 대체시켰고 그래서 물질은 모든 것이 되었다. 물질의 왕국에 정신적 실체는 겨우 부차적인 요소로 간주될 뿐이다. 그 결과 정신은 물질에 의해 갱생되는 불행한 신세로 전락하고 만다. 이런 세계는 콤팩트한 물질의 왕국으로 인해 신이 들어설 자리라곤 전혀 없으며 도무지 상상조차 할 수 없다.

(13) 요약과 비판

재래의 형이상학이 실체 문제에 매우 민감하게 대응했다면, 마르크시즘은 전통철학이 말하는 실체 자체를 무용한 것으로 간주한다. 왜냐하면 이전 철학들은 실체가 매우 추상적인 것임에도 불구하고 비가시적인 세계에 몰두, 오로지 그런 세계를 해석해 내는 일에만 집착했다고 보기 때문이다. 그러기에 마르크시즘은 이제 세계를 변화시키는 일이 무엇보다도 급선무라 여기면서 이러한 철학적 행위에 대한 질료적 형이상학의 단초를 제공한다. 가시적 세계, 과학적 방법론의 적용, 변증법적 역사 과정의 이해가 서로 맞물려 골격을 이루게 된 이 이론은 공산 세계의 여명이라는 기치를 내세우고 전대미문의 새로운 길을 모색하기에 이른다. 1918년 소련의 볼세비키 혁명 이후 인류의 삼분의 일을 지배하며 공산세계의 사상적 밑거름으로 작용했던 세기의 이 이론은 1980년대 말부터 1990년대 초에 걸쳐 몰락의 지경에 이르기까

---

59) 같은 책, 83쪽.

지 역사를 괴롭힌 반인륜적인 가르침으로 널리 알려져 있다.

자본주의가 득세하고 있는 현금에 와서 마르크시즘은 그 영향력을 크게 상실하였다. 그렇지만 자본주의가 물질계의 품안에서 노니는 한, 물질에 대한 뛰어난 과학적 이론을 제공한 마르크시즘은 또 다른 날개를 펴고 언제, 어디서 덤벼들지도 모를 위협적인 요소로 마냥 세계를 노려보고 있다. 자본주의나 마르크시즘은 이윤과 자본, 생산적 활동과 노동 등 다양한 측면에서 서로 동일한 움직임을 보여 왔다. 그러나 주인과 일꾼, 착취자와 억압자와 같은 생산구조 내지는 지배층과 피지배층의 관계 문제에 있어서 만큼은 현격한 차이점을 드러냈다. 따라서 자본주의로 물든 지금의 세계가 억압과 착취라는 구태의연한 사슬을 끊고 위기에 내몰리지 않으면서 올바른 정체성을 회복하고자 한다면, 전통적인 형이상학과의 미련 없는 대화 채널을 가동할 필요가 있다. 이는 물질에 집착한 지배층의 전복을 아직도 이상으로 품고 있는 마르크시즘에 대항할 수 있는 유일한 대안이기도 하다. 그때 인류는 정신의 중요성을 감지할 수 있으며 또다시 언제 어디서 후기 마르크시즘이란 명패를 달고 날아와 인류 역사를 후퇴시킬지도 모를 위험스런 사상에서 스스로를 보호하게 될 것이다.

6) 니체와 신의 죽음

니체(F. W. Nietzsche, 1844-1900)에 의한 신의 죽음 선포는 근대 이후 현대에 이르기까지 가장 큰 비극적 사건으로 기록된다. 신의 죽음은 무엇보다도 초월적 원리의 지배를 부정하고 동시에 내재적 원리에 의한 인간 지배를 예고하는 것이었다. 결국 그것은 이 세계 현실에 의미와 목적을 부여하던 근거의 상실을 의미하는 것이었기에 필연적으로 거기에는 허무주의(Nihilismus)가 수반될 수밖에 없었다.

신의 죽음에 관해서는 이미 헤겔과 하이네(Heine)가 언급한 바 있지만 그와 같은 표현에 새로운 곡을 붙여 세계라는 활동 무대에 나타나 완벽한 형태로 연주를 해낸 사람은 니체였다.

신의 죽음은 분명히 니체의 가장 유명한 작품인 『차라투스트라는 이렇게 말했다』의 개시 주제이기도 하다. 사실 이 작품 안에서 그는 자신의 전체적인 철학의 본질을 담아내고 있다. 사신(死神)에 관한 니체의 첫 번째 선언은 『기쁜 지혜』의 구절 안에 나타난다. 거기에서 그는 어느 청명한 낮에 등불을 켜 들고 "나는 신을 찾고 있소. 나는 신을 찾고 있소"라고 소리치기 시작한 한 미친 사람을 그리고 있다. 여기에 그의 "신은 죽었다"(Gott ist tot)라는 구절이 담겨 있는 미친 사람의 이야기 전문을 소개한다.

너희들은 저 미친 사람의 이야기를 들은 일이 있는가? 그 사람은 어떤 청명한 낮에 등불을 켜 들고 장터로 뛰어나가 계속 소리쳤다. "나는 신을 찾는다. 나는 신을 찾는다"라고. 마침 거기에는 신을 믿지 않는 많은 사람들이 모여 있었으므로 그는 큰 웃음거리를 불러일으켰다. "그렇다면 신은 잃어버려졌는가"라고 한 사람이 말했다. "신이 어린이와 같이 미아가 되었는가"라고 다른 한 사람이 말했다. 혹은 "신은 숨어 있는 것인가? 신은 우리를 무서워하는가? 신은 뱃길로 떠났는가? 이주하였는가?" 이렇게 그들은 뒤섞여 소리치며 웃어댔다. 미친 사람은 그들 가운데 뛰어들어 그들을 쏘는 듯한 눈매로 꿰뚫어보았다. "신은 어디에 갔는가? 나는 그것을 너희들에게 말해 주겠다"라고 그는 외쳤다. "'우리는 그를 죽였다.' ─ 너희와 내가 말이다! 우리 모두는 신의 살해자이다. 그러나 우리는 이 일을 어떻게 해냈을까? 우리는 바다를 다 마셔버릴 수 있었을까? 모든 수평선을 다 훔쳐버리기 위한 해면을 누가 우리에게 주었는가? 이 지구를 그 태양에서 풀어놓았을 때 우리는 무엇을 하였는가? 지금 어디로 움직이고 있는가? 우리는 지금 어디로 움직이고 있는가? 모든 태양에서 사라져 가고 있는 것일까? 우리는 계속 떨어지고 있는 것이나 아닐까? 그리고 뒤로, 옆으로, 앞으로, 모든 방향에로? 아직도 위라든가 아래라는 것이 있을까? 우리는 가없는 무를 통과하는 것과도 같이 방황하는 것은 아닐까? 어디선가 빈 공간의 낌새가 우리에게 오지나 않는가? 점점 더 한랭해져 가고 있지 않는가? 밤, 또 더한 밤이 점점 더 깊어 가고 있는 것이 아닐까? 오전 중에 등잔을 켜야 하지 않았는가? 신을 매장하는 무덤 파는 사람들의 떠드는 소리를 아직 우리는 듣지 못하는 것인가? 우리는 아직 신의 부패의 냄새를 맡지 못하는 것일까? — 신도 부패하는 것이다! 신은 죽었다! 신은 죽어 있는 것이다. 그리고 우리가 그를 죽인 것이다!"[60]

우리는 신이 죽었다는 표현을 글자 그대로 받아들일 수는 없다. 왜냐하면 신의 불멸성(immortalitas)은 고대 그리스 철학자들을 비롯하여 거의 모든 철학자들에게 있어서 늘 신의 속성과 관련되어 있기 때문이다. 철저한 개신교 환경에서 성장하여 생애 초반의 몇 해 동안 루터교회의 목사가 되기 위해 훈련까지 받았던 니체 역시 이러한 사실에 대해 결코 무지할 수 없었다. 그가 실제로 신의 죽음을 통해 의미하고자 했던 바는 전통 종교의 신, 특히 선악의 심판자를 염두에 두고 하는 말이었다. 다시 말해 약자와 겸손한 자들의 옹호자로서의 그리스도교의 하느님이 더 이상 존재하지 않는다는 의미에서 그러하였다. 한 마디로 그가 부정한 신 존재는 도덕적 신(moral God)이었다.

니체에게 있어서 근본적인 무신론은 도달점이 아니라 출발점이다. 이러한 무신론과 연관된 사상은 허무주의이다. 니체의 "신은 죽었다"에 대한 하이데거의 해석에 의하면 허무주의는 갈수록 확대된다고 지적한다.[61] 이런 경우 허무주의는 지금까지 실재하는 모든 가치들이 신의 죽음과 함께 붕괴된다는 것을 뜻한다. 그때에는 새로운 이념들과 가치들이 그 빈자리를 메워야만 한다.

따라서 니체의 허무주의는 모든 가치들의 붕괴라기보다는 순수 부정적인 철학을 긍정하는 경우이다. 따라서 허무주의는 그리스도교와 그 배후에 자리하고 있는 철학과 관련하여 상대적인 의미로 이해된다. 또한 허무주의는 그리스도교의 가치와 이 종교가 믿고 긍정하는 가치들을 부정하는 것이다. 그리스도교가 삶의 부정이 가치 있는 것이라고 주장한다면, 허무주의는 이러한 주장을 부정하고 그러한 주장에 참된

---

60) F. W. Nietzsche, *Werke* II, 1972, ein Ullstein Buch, § 125, pp.126ff.
61) Cf. M. Heidegger, *Holzwege*, Frankfurt, 1950, p.197.

실재가 부합하지 않음을 고발한다. 따라서 허무주의는 그리스도교가 주장하는 피안의 실재를 부정하기에 이른다.62)

"아무 것도 진리가 아니다. 모든 것은 허용되어 있다"(Nicht ist wahr, Alles ist erlaubt)라고 한 말은 니체의 허무주의와 직결되어 있는 셈이라 할 수 있는데, 따라서 이제 모든 것은 오로지 스스로의 어깨에 달려 있을 뿐이다. 즉 무(Nicht)로부터의 창조가 요청되는 것이다. 그렇게 하기 위해서는 용기가 필요하다. 이제 "그대는 마땅히 해야 한다"(Du sollst)는 근거인 신이 부재하기에, 자유의 세계에서 "나는 하고자 한다"(Ich will)는 의욕만이 넘칠 뿐이다. 이는 바로 힘 혹은 권력에로의 의지(Wille zur Macht)가 요청되는 근거이기도 하다.

그런데 종래의 신 앞에서 인간의 평등을 주장하는 사상들에 의하면 인간은 절대자, 무한자인 신 앞에서 동일한 유한자, 중간자에 불과하며 거기에는 아무런 차별도 없었다. 이와는 달리 니체는 차별성이야말로 인간 존재와 문화가 성립되는 데에 있어서 근본적인 토대로 작용해야 한다고 본다. 따라서 모든 가치의 재평가(Umwertung aller Werte)가 요청되고 이에 반하는 신 죽음이 선포되어야 한다.

이처럼 니체는 당대에 이르기까지 신에게 부여된 모든 것을 더 이상 신이 아닌 인간에게 고유한 것으로 되돌리고자 한다. 결국 그는 『차라투스트라는 이렇게 말했다』에서 초인의 이론을 내세워 "신은 억측이며 가설"이라 여기고 그것이 인간의 창조적 의지를 넘어서 가는 것을 원치 않는다고 되뇐다. 결국 그는 하나의 신이나 제신들이 아닌 초인(Übermensch)이 창조되어야 한다고 주장한다.

초인은 새로운 의미를 창조하며 실재에 자신의 의미를 부여하는 인간이다. 인간을 넘어서 가는 인간은 디오니소스적 인간이다. 그러한 인간은 창조적이고 굽힐 줄 모르며 스스로 극복하는 인간이다. 초인은 새로운 형태의 인간상으로 이해되어야 한다. 그는 지상에 충실한 인간

---

62) 김현태 편저, 『종교철학』, 가톨릭대학교출판부, 1996, 102쪽.

이며 비극적으로 새로운 디오니소스적 형식을 창조해 내는 독창적 인물이다.[63]

이러한 새로운 초인의 여명 앞에서 신의 황혼이나 사라짐은 필연적이다. 신은 죽었다! 이는 신과 함께 서구 형이상학의 일관성이 죽었으며 신과 함께 종교의 윤리적 가치가 사멸하였고 신과 함께 약한 인간의 완전한 균형인 그리스도교가 죽었음을 깨닫는 디오니소스적 인간의 비극적 외침이다.

니체는 신과 인간의 자유를 반립적(反立的)인 것으로 고찰한다. 그에 의하면 인간 자유는 신에 의해 제한된다. 이는 마치도 바다가 점점 멀어짐으로 육지가 넓어진다는 식으로 이해한 포이어바흐의 주장과도 흡사하다. 이 때문에 자신의 오만(hybris)으로 신들에 대항하는 프로메테우스를 본받아 그는 신의 권능에 인간의 자유를 대체시킨다.

신 죽음의 대용품으로 무엇보다도 니체는 디오니소스적인 삶을 발견한다. 그러한 삶은 왕성한 삶이며 선하건 악하건 간에 실존하는 모든 것이 그야말로 신화(神化)되는 과정이다. 삶으로서의 존재에 관한 그의 개념은 신의 죽음으로 발생한 모든 가치들의 전도에서 이끌어진 결과이다. 그러한 삶을 위해 우리는 돌아서서 그것을 반복하게 되며 신 존재는 피상적인 것이 된다. 그리하여 무신론은 초인의 삶을 준비하는 일종의 카타르시스와도 같다.[64] 삶은 그 자체와의 연관성 외에는 그 어떤 것과도 관련되어 있지 않다.[65] 신이 제거된 이상 이제 인간은 새로운 가치의 창조자가 될 것이다.

디오니소스적인 삶은 권력에로의 의지로 변모될 것이다. 이 세계는 권력에의 의지 외에 다른 것이 아니다. 무엇보다도 인간은 오로지 권력에의 의지이다. 이러한 의지는 삶의 본질이다. 따라서 의지와 반대

63) 같은 책, 105쪽.
64) Cf. C. Fabro, *Introduzione all'ateismo moderno*, op. cit,. t. II, p.915.
65) *Ibid.*, p.918.

되는 것은 거부되어야 한다. 신 개념은 삶의 거부인데, 이러한 개념에 인간은 이전에 실재로 자기가 소유하였던 느낌들을 옮겨다 놓는다. 인간은 결정적으로 신을 바라보는 시각을 상실한 경우에만 권력으로서의 그러한 의지가 현실화되는 초인을 탄생시킬 수 있다. 파브로가 지적한 바와 같이 니체에 있어서 데카르트적 사유의 내재성(內在性)은 그렇게 의지의 내재성으로 변모된다.

지그문트(G. Siegmund)는 「육식을 하는 새」라는 시에서 니체의 무신사상이 태동하게 된 가장 깊숙한 동기를 은밀히 지적해 낸 바 있다. 그것은 뱀이 아담과 하와를 유혹하는 자만심, 오만, "너희가 신과 같다"는 망상이다.

"우리의 현대적 존재의 전체성은 오만(hybris)과 무신론 외에 다른 것이 아니다. … 오만은 본성 앞에서 취하는 우리의 입장이다. … 오만은 우리 자신 앞에서 우리가 취하는 입장이다."[66]

니체의 철학은 자연스런 출구를 지니고 있지 않고 공격적이며 치유 불가능한 근심 중에 그 종지부를 찍고 있다. 그것은 삶과 의지, 능력의 의지가 무를 의지하는 까닭이다. 다시 말해 그것은 무(無) 안에서 정지하려 하지 않고 필연성의 내부 안에 완전히 뿌리를 내린 어떤 것인 생성 안에 있으면서 전체성 안에서 생성을 원의한다.

신의 죽음을 선언한 후 그의 세계관은 생성의 세계를 넘어선 세계를 인정치 않으며 존재하는 것이라고는 부단히 생성 발전하는 디오니소스적 세계, 만물이 무한히 되풀이되어 이합집산하는 세계, 즉 영원회귀의 세계만을 인정한다. 이것이 니체에게 있어서 영원히 진실로 존재하는 세계이다. 니체를 이를 두고 가장 중압적인 사상(schverste Gedanke) 혹은 하나의 예언, 최고의 긍정 형식이라 이름하였다.

이에 대해 지그문트는 다음과 같이 기록하고 있다.

---

66) Cf. G. Siegmund, *op. cit.*, p.216.

"니체의 목적은 우리에게 비극적이고 드라마틱한 동정심을 불러일으킨다. 그는 존재의 기둥들을 이동시키는 거인처럼 힘을 쏟아 부었다. 그렇지만 그것은 전복되는 지점에 이르기까지 자신과는 반대로 움직였다. 그는 실재의 지평을 포기함으로써 디오니소스적 신을 자신과 동일시하는 가운데 디오니소스적 신의 시초 안에 변모되어야만 했다. 그러한 탈자(脫者)의 상태는 발광적인 행위 안에서 그가 지닌 목표였다.

니체의 요점들은 우리에게 어떤 명백한 사실들을 가리키고 있다. 즉 니체는 실재 안에서 디오니소스적 신을 신뢰하였다. 때때로 그것은 '십자가에 달린 자'라고 표기된다. 그는 전체성이며 모든 인간들이고 각각의 삶과 죽음들이다. 창조이든 우주의 역사이든 간에 그것들은 그의 손안에 달려 있다. 이 때문에 그는 정신적인 암흑의 현기증을 앓으면서도 실재에 무심하기 위해 모든 것을 가능한 것으로 만들고 있다. 전적인 실재는 새로운 환상들이 그의 발광을 키워 그가 — 바보 — '죽은 신의 후계자'로 나타나기 전에 어두운 밤 속에 침몰될 것이다."[67]

십자가는 신의 죽음의 표지이며 인간 죽음의 상징이다. 이제 인간은 오로지 모든 길의 흔적을 쓸어버린 모래 폭풍이 지나간 사막에서 미쳐 버린 낙타와도 같다. 그는 방향감각을 상실하였다. 이제 그는 초인이 될 수 있다. 그러나 그것은 사막의 고독에 의해 인사 불성된 초인이다. 여기에 신의 죽음으로 인한 참된 비극이 자리하고 있다.

니체의 심오한 종교 정신은 몽상적 초인, 실현되지 않은 초인에 대한 탐구의 미로 안에 상실된다. 인간을 그 역사적·실존적 차원에서 받아들이지 않는다는 것은 니체로 하여금 절대적인 허무주의의 예찬가가 되도록 한다. 거기서 초인은 이론적이고 삶의 절대적인 일관성의 구조 안에서 자기 자신과 역사 전체를 고안해야 한다. 우리는 여기서 구체물들을 초극해 살아가고자 하는 그의 욕구와 선과 악을 뛰어넘어 초인으로 살고자 하는 그의 원의가 어떤 것인지를 알 수 있다.

이 독일 철학자는 초인이기를 원하는 인간에 대한 찬미가처럼 등장

---

67) *Ibid.*, p.271.

했다. 그는 절대적인 일관성에 대해 탐구한다. 그러나 모든 것은 헤라클레스의 기둥 앞에서 산산조각 나고 만다. 인간-율리시즈는 헤라클레스의 기둥에 도달하였다는 도취감을 맛본 뒤 강제로 믿을 수 없는 바다를 항해해야만 했다. 그는 근본적으로 바다와 사람들과 사물들을 배워 알게 될 때 이타카에 도달하게 될 것이고 이러한 실재들의 한가운데서 움직이는 별을 알게 될 것이다. 이는 니체가 받아들이지 않는 것인데, 왜냐하면 만사는 순수 유토피아에서 바보짓으로 변모되고 말 것이었기 때문이다.

니체, 그의 사상과 삶은 신이 된 인간의 결과 내지는 표지이다. 니체는 이러한 인간-신의 예언자이며 사제이다. 그는 최고 행위로서의 광란과 신이 된 인간의 실천적 결과를 미리 선포하고 찬미한 것이다.

한편 지금에 와서 니체에 대한 평가는 예전과는 달리 긍정적인 면이 많이 가미되었다.[68] 즉 니체는 성스러움의 파괴자가 아니라 오히려 종교적 성스러움의 목표를 알리는 예언자라는 것이다. 이와 같은 맥락에서 오이겐 비저(Eugen Biser)는 니체가 진정한 그리스도교를 위해 그리스도교가 가지고 있는 취약점을 누구보다도 가혹하게 공격한 은밀한 신의 추구자라고 말한다.[69] 그는 동시에 디오니소스적 성스러움, 신이 된 인간의 성스러움을 펼쳐 보인다. 이는 극복 불가능한 그리스도교를 극복하기 위한 사투로서 나름대로의 저주와 비판을 퍼붓는 본능적인 인간의 모습을 대변하는 것이지만 결국에 가서는 철저하게 좌절할 수밖에 없었다. 따라서 니체는 성스럽게 남아 있는 무신적 인본주의의 비극적인 결과라 할 수 있다. 그는 프로메테우스와 함

---

68) Cf. Carl A. Bernouilli, *Franz Overbeck und Friedrich Nietzsche*, E. Diederichs, Jena, 1908, I, p.250. Sigmund, op. cit., p.286에서 인용함; K. F. Reinhardt, *The existentialist Revolt*, The Bruce Publishing Co., 1952, p.94; H. Pfeil, *Friedrich Nietzsche und die Religion*, J. Habbel, Regensburg, 1949, p.140.

69) 오이겐 비저, 『니체는 누구인가』, 정영도 역, 분도출판사, 1993, 230쪽.

께 신이 되기 위해서는 신성에게서 불을 훔치는 것으로 충분하다고
생각한 현대의 새로운 사상적 혁명가가 아닌가 싶다.

7) 사르트르의 실존주의적 무신사상

20세기의 실존주의는 신을 향한 인간의 접근에 있어서 새로운 태도
를 유발하였다. 존재 문제와 불안을 지닌 인간이 자신의 구체적이고
개인적인 실존에 대해 갖는 관심은 생의 신비에 대한 궁극적인 해결
책으로 신 존재를 향해 자신의 존재를 더 깊이 있게 인격적으로 일임
하거나 아니면 인간 삶에 동반되는 고뇌, 불안, 공포, 부조리로 인해
신 존재를 부정하는 노선을 택하게 된다.

신 문제에 대한 긍정과 부정, 혹은 때로는 이 양자의 노정에서 헤매
는 듯한 철학적인 발걸음으로 말미암아 어떤 철학자가 이 계열에 속
하는 것인지 아니면 저 계열에 속하는 것인지를 결정하기란 쉽지 않
다. 그렇지만 대개의 실존주의 철학자들은 유신론자 아니면 무신론자
들로 구분되고 있다.

무신론적 실존주의의 전형적인 대표자로는 장 폴 사르트르(Jean-
Paul Sartre)가 있는데, 그의 철학은 "끊임없는 무신론적 입장에서 충
분한 결론을 끌어내려는 시도 외에 다른 것이 아니라는"[70] 사실을 매
우 뚜렷하게 보여주고 있다.

사르트르의 무신론의 근본 동기는 신 존재를 시인하는 것이 곧 인
간 자유에 대한 폐해로 와 닿는 것이라 여기는 데 있다. 즉 신은 인간
혹은 인간 자유를 긍정하고 건설하는 데 방해물이라는 것이다. 따라서
사르트르에게 있어서 신의 비존재는 필수적이다. 그렇다면 니체의 경

---

70) Cf. 그의 강연, "Existentialism is a Humanism", in *Existentialism from
Dostoevsky to Sartre*, ed Walter Kaufmann, The World Publishing Company
'Meridian Book', Cleveland and New York, 1956, p.310; 장 폴 사르트르,
『실존주의는 휴머니즘이다』, 방곤 역, 문예출판사, 1990, 49-50쪽 참조.

우처럼 사르트르에게 있어서도 무신론은 도달점이 아니라 사상의 출발점으로 작용하고 있다. 이렇게 된 배경에는 사르트르 자신이 한번도 신에 관한 배움이나 이론을 접할 수 있는 기회를 갖지 못한 데에 그 원인이 있다(그는 가정이나 학교에서 신앙과는 무관한 가르침을 배운 것으로 확인됨). 그의 무신사상은 신이 존재하게 되는 경우 인간은 의미와 가치의 근원이 될 수 없고 또 가치가 인간의 선택에 앞서는 경우 인간은 전적으로 자유롭다고 할 수 없다는 근거 위에 서 있다.

이와 같은 맥락에서 우리는 사르트르의 입을 빌려 다음과 같이 말할 수 있을 것이다. "신은 인간과 양립할 수 없다. 만일 신이 존재한다면, 인간은 인간일 수 없을 것이다." 그래서 사르트르는 "인간은 존재한다, 따라서 신은 존재하지 않는다"라고 합리화한다. 따라서 인간들만이 있을 뿐이며 또 인간들 사이에는 관계들만이 존재할 따름이다. "가령 신이 없다면 적어도 본질보다도 앞선 하나의 존재, 또는 어떤 개념으로도 정의되기 전에 존재하는 하나의 존재가 있게 된다. 그러면 그 존재는 사람이거나 혹은 하이데거가 말했듯이 인간의 실체일 것이다"[71] 이는 인간 본성이 거기에 없다는 것이며 인간은 자신의 삶을 통해 스스로를 규정하는 가운데 자신의 본질을 점차적으로 정복해야 한다는 의미이다. 이 때문에 인간은 다른 어떤 것이 아닌, 되어 가는 것이며 자기 자신에 대해 행위 하는 것이다. 본질적인 내용을 완전히 상실한 인간, 순수 존재로 이해되는 인간은 자유롭다. 아니 인간은 자유이며 "자유롭도록 선고를 받은 것이다."[72] 결국 사르트르에게 있어서 실재에 대한 모든 사고의 출발점은 신이 제거된 개인의 주관성이었다.

사르트르는 평생을 두고 '인간'에 관한 문제와 대적하여 투쟁을 일삼았던 인물이다. 그의 인간은 일반적이고 추상적이 아니라 개별적이

---

71) 장 폴 사르트르, 『실존주의는 휴머니즘이다』, 16쪽.
72) 같은 책, 26쪽.

고 구체적인 '인간 실존'을 적나라하게 드러내는 구체물이었다. 그는 이러한 인간 실존의 우연성과 무상성(無常性)을 누구보다도 날카롭고 예리하게 파헤쳤다. 이러한 그의 철학적인 입장이 형성되는 데에 있어서 결정적인 영향을 미친 것은 후설의 현상학, 하이데거의 현존재에 대한 분석, 부정에 대한 헤겔의 이론과 부정성으로서의 의식에 대한 자신의 이론이며, 그에 못지 않게 키에르케고르로부터도 힘입고 있다. 이러한 배경 하에 자신의 기본적인 철학적 입장을 밝혀 놓은 저술이 바로 1943년에 발간된 『존재와 무』(L'étre et le néant, Being and Nothingness)이다.

신이 없는 사르트르의 사고는 자아 내지 개인의 주관성에 집중적으로 회귀하고 있다. 그에게 주요 관심거리가 있다면 그것은 오로지 자의식일 뿐이다. 왜냐하면 인간만이 자기 의식을 통해 실존의 의미를 체험할 수 있기 때문이다. 따라서 의식에 관한 현상학적 연구와 내용은 『존재와 무』라는 그의 저서의 주요 테마가 된다.

의식은 대상적인 면에서만 가능하나, 대상이 된다는 바로 그 사실로 인해 대상은 의식 자체와는 별개의 것이다. 사르트르는 대상을 즉자(卽自, the being-in-itself, l'en pour-soi)라 부르고 의식을 대자(對自, the being-for-itself, le pour-soi)라 부른다.[73] 즉자 혹은 객관적인 물체계(物體系)는 그 실존에 대한 아무런 이유 없는 거대하고 분명치 않으며 창조되지 않은 존재성인 이상 그것이 존재한다는 것밖에는 아무 말도 할 수 없다.[74] 그러므로 사르트르 분석의 주요 관심사는 대자 혹은 인간 의식이다.

대자는 아무런 결정적인 구조를 갖질 못하고 그 기원을 즉자에 의존하고 있다. 그 특징들 중에 하나는 무화(無化, néantisation)의 힘이

---

73) Cf. *Being and Nothingness: An Essay on phenomenological Ontology*, trans. and with an introduction by Hazel E. Barnes, The Philosophical Library, N.Y., 1956, p.617.

74) *Ibid.*, lxv.

다. 이 의미는 대자가 즉자를 부정하여 즉자가 존재하는 모든 것을 내포하고 있는 이상, 대자가 무로 나타나거나 아니면 사르트르의 표현을 사용하자면 존재의 중심에서 하나의 구멍으로 나타남이다.

"대자는 사실상 순전히 즉자에 대한 무화에 불과하다. 그것은 존재 중심에서 존재의 구멍과도 같다."[75] 이것은 대자가 절대적 무가 아님을 의미하며, 그것은 존재 일반이 아닌 개별 존재에 관해 부정을 묘사한다는 의미에서 도리어 하나의 상대적인 무이다.[76]

대자가 즉자를 무화하는 과정은 이해하기가 쉽지 않다. 대충 말하자면, 그런 상상력을 통한 의식은 존재하는 물체의 현실을 넘어서서 이들 현재의 상태 이상의 다른 존재와 심지어는 그들의 비존재의 가능성에 대해 상상할 수 있다고 말하는 데까지 이른다. 이렇게 모든 의식 행위는 무의 가능성을 내포하고, 이 관념은 사르트르가 "무는 유를 떠나지 않는 것"이라고 말함으로써 매우 특징 있게 표현하는 관념이다. 이와는 반대로 인간은 무가 세계에 들어오는 존재인 까닭에, 인간 자체는 존재(Being)이며 무(Nothing)이다.[77] 사르트르가 자유 개념을 도입하고 있는 것은 바로 이런 관점에서인데, 이는 그의 철학에서 매우 중요한 역할을 하고 있다.

앞에서도 강조하였듯이 인간이란 사르트르에게 있어서 본질적으로 자유로운 존재이다. 인간은 자기결정의 힘을 지니고 있을 뿐만 아니라 자유는 곧 인간의 본성이기도 하다. 불안 역시 '죽음'의 사실이 아니라 '자유'의 사실이다. 불안이란 인간이 자신을 존재로 선택하는 인격일 뿐만 아니라 동시에 모든 인류를 선택하는 입법자인 것을 아는 인간의 전적인 책임성의 감정이다.[78] 이렇게 볼 때 인간은 자유 그 자체이고, 자유를 가지고 있다는 인간의 정체성으로 말미암아 그는 도덕적

---

75) *Ibid.*, p.617.

76) *Ibid.*, p.618.

77) *Ibid.*, p.11

78) 장 폴 사르트르, 『실존주의는 휴머니즘이다』, 19-21쪽 참조.

인 질서 안에서 모든 가치들의 원천이 되고 최고 심판관이 된다. 인간이 모든 가치들의 유일한 결정자라는 것을 아는 것은 웃을 일이 아니며, 오히려 그것은 번민과 고독을 의미한다. 사르트르에 의하면 이것은 바로 키에르케고르가 말한 아브라함적 번민이다. 아브라함에게 와서 말한 천사가 참이라면 문제는 없었을 것이다. "나에게 나의 아들을 제물로 바치라고 명령한 것은 참으로 천사인가? 나는 참으로 아브라함인가? 나는 무슨 증거를 가지고 있는가?"[79] 그런데 나는 아브라함으로 빼냄을 받은 것이 아니다. 그렇지만 나는 순간순간 모범적인 행동을 하지 않으면 안 된다. 그렇기 때문에 모든 사람은 자기 자신에 대해, "나는 참으로 인류가 나의 행동으로 말미암아 인도를 받도록 행동할 권리를 가지고 있는 그런 사람인가?"[80]를 묻지 않을 수 없다.

사르트르적 자유는 인간을 집 없는 피조물로 만든다. 이 무제한의 자유 또는 이 자유의 이해가 곧 불안이다. 사람은 지금 이 순간에 결정하는 것이 미래를 결정하지 않는다는 것을 안다. 왜냐하면 현재와 미래 사이에는 무(無)가 있기 때문이다. 인간이 그의 자유를 의식하게 되는 것은 불안 가운데서이다.

사르트르의 무신사상을 올바르고 정확하게 평가한다는 것은 결코 쉬운 일이 아니다. 그렇지만 우리는 그가 돌아갈 신을 모시지 못하고 있음을 알 수 있다. 그렇기에 그는 스스로를 좁은 한계 속에 갇힌 인생이 얼마나 무기력하고 두려운 것인지를 발견하고자 오로지 인간, 자기 의식에로 회귀하고 있다. 이것은 그의 예견된 무신론적 자세가 논리상으로는 그렇게 끌고 갈 수밖에 없었던 불가피한 비극적 결론이다. 마지막으로 우리는 사르트르의 무신론적 성격이 잘 드러나고 있는 구절을 인용하면서 이 장을 마무리하고자 한다.

---

79) 같은 책, 20쪽.
80) 같은 책, 21쪽.

"실존주의는 일관성 있는 무신론적 주장을 끝까지 견지하여 그로부터 결과를 이끌어내려는 노력 이외에 아무 것도 아니다. 우리의 주장은 인간을 절망 속에 빠트리고자 하는 것이 결코 아니다. 그러나 그리스도교인처럼 무신론적 태도를 모두 절망이라고 한다면, 우리의 주장은 본원적인 절망으로부터 출발하는 것이라 할 수 있다. 실존주의는 차라리 신이 존재한다손 치더라도 아무런 변화도 없을 것이라고 말한다. 그것이 우리의 견해인 것이다. 신이 존재한다고 우리가 믿는 것이 아니라 문제는 신 존재에 관한 문제가 아니라고 우리는 생각한다. 사람은 자신을 재발견해야 하며, 비록 신 존재에 대한 유력한 증명자일지라도 사람 자신 외에는 사람을 구원하지 못하리라는 것을 명심해야 할 것이다. 이런 의미에서 실존주의는 하나의 낙관론이며 행동 이론이다."[81]

그렇다면 인간은 신이 되고자 계획하는 유이며 자기 원인(causa sui)이다. 인간이 된다는 것은 신이 됨이며 따라서 인간은 근본적으로 신이 되고자 하는 원의 이다. 신은 즉대자(卽對者)일 것이지만 사르트르에 있어서 즉자와 대자의 일치는 불가능하다. 이 때문에 신만이 사라지지 않는데, 그것은 곧 인간이다.

이 모든 시도에도 불구하고 인간의 계획은 실패 내지는 근본적인 부조리로 막을 내린다. 사르트르 자신도 지적하였듯이 신을 억압하게 될 때는 삶의 절대적인 어리석음에 빠지게 된다. 이러한 현상은 절대 무신론이 불가피하게 직면할 수밖에 없는 필연적 운명과도 같다.

81) 같은 책, 49-50쪽.

제 5 장

존재론적 논증

  자고로 철학은 "이 세상이 어떻게 생겨난 것인지"로부터 시작해서 "인생이란 도대체 무엇이며 신은 과연 존재하는지" 등과 같은 제반 물음들에 대해 이성적 확고함을 토대로 끊임없는 답변을 쏟아내고자 했다. 그 중에서도 신 문제는 최종적 물음을 던질 수밖에 없는 인간 운명에 궁극적으로 합치하는 필연의 문제로 생전의 인간이나 사후의 인간 모두에게 대두된 최고의 관심사였다. 따라서 이 문제는 쉽게 포기하거나 무관심 일변도로 방치해 버릴 수 있는 그런 문제가 아니다. 물론 역사 안에서 신을 인간 삶의 지평으로부터 저 멀리 몰아내고자 한 시도들도 여러 번에 걸쳐 있었다. 그때마다 문제의 허구성은 탐지되어 폭로되었고 인간은 의식의 심부를 재차 깊이 있게 꿰뚫어보는 내적 성찰의 작업을 조금도 게을리 하지 않았다. 그리고 그 안에 계속해서 출현하는 신 문제를 정확히 기술해 내는 일에 혼신의 힘을 기울였다. 지금도 신 문제는 철학의 정상에 줄곧 핵심적 주제로 부상하면서 때로는 인간을 괴롭히기도, 때로는 인간 행복의 목표로 제시되는 반명제적(反命題的) 주체로 자리하고 있다.

  넋을 잃어 만사에 심드렁해진 회의주의, 논리의 발동기만을 달고 질주하는 실증주의, 매사를 금전적 잣대로 들이대는 실용주의, 아니 헤아리기조차 힘들 만큼 많은 얼룩진 사고들이 이 시대를 수놓고 있는 지금, 시장에서 등불을 들고 "신은 죽었다"고 외치던 니체적 신 부정의 대표 주자 격은 비록 사라졌을 망정, 아직도 많은 이들은 사후의 신이라는 명패를 달고 있는 세계 광장에서 이리저리 빈둥거리며 방황 아닌 방랑을 거듭하고 있다.

과연 신은 죽었을까? 신의 생멸이나 존재를 말하는 것은 물질계에 대한 감각적 대응으로 밝혀질 수 있는 단순한 문제가 아니다. 왜냐하면 광장에서는 신을 눈으로 볼 수도, 손으로 만져볼 수도 없기 때문이다. 또 교회 구성원들의 빗나간 삶으로 인해 저간의 저주 식의 일환으로 내뱉어진 언사에 휩싸여 숨질 신도 아니다. 신 존재는 인간 의식, 그것도 의식의 상급적인 부분에서만 올바른 대결 의식을 지닐 때 감지될 수 있는 문제이다. 깊은 사고에 물들여지지 못한 현대인, 여기서 일찌감치 신 존재의 긍정에 관한 여정 자체가 힘들게 느껴지는 것은 어쩌면 당연한 일인지도 모른다.

이와는 달리 중세 스콜라 철학자들은 의식의 내면성을 탐구해 내는 데 있어서 만큼은 타의 추종을 불허한 특출한 인물들이었고 그 난해한 작업을 정확한 이론으로 변모시킬 줄 안 희대의 귀재들이었다. 특히 그들은 의식의 최상 부위에 현존하는 신 개념을 밝혀 조리 있게 이론화하는 가운데 그것을 외계에 현존하는 신 문제와 연계시키는 천재성을 유감 없이 발휘했고 출중한 사변 정신을 뒷받침으로 실제적으로 현존하는 신을 기술하기에 이르렀다. 다양한 작업들 중에서도 특히 존재론적 논증은 보편 개념으로 의식 안에 형성된 신 개념을 구제하는 업적을 남긴 이론으로 추앙되면서 줄곧 오늘에 이르기까지 뛰어난 사상가들의 주목을 받아 왔던 것이 사실이다.

우리는 이하에서 한때는 찬사를, 다른 한때는 비판의 대상이 되었던 안셀무스의 존재론적 논증을 시작으로 중세와 근대 및 현대의 위대한 사상가들이 이 논증에 대해 갖고 있던 일련의 견해와 주장들을 진술하고자 한다. 동시에 우리는 존재론적 논증에 내포될 수 있는 허와 실이 학자들에 의해 어떤 식으로 지적되었는지도 그들의 이견을 통해 담아낼 것이다. 이와 같은 전망에서 논증의 실상을 올바로 파악하게 되는 경우 우리는 신 존재 문제와 연계된 다소의 어려움을 해소시켜 나가는 데 나름대로 이성적 도움을 제공할 수 있으리라고 본다.

1. 존재론적 논증의 역사적 중요성

이탈리아 북부 아오스타(Aosta)에서 출생하여 켄터베리의 주교로 생을 마감했던 성 안셀무스(St. Anselmus, 1033-1109)는 존재론적(存在論的) 혹은 본체론적(本體論的)이란 명칭으로 잘 알려진 신 존재에 관한 논증을 역사 안에 처음으로 선보였다. 그는 더 이상 결과에서 출발하여 원인으로 나아가는 논증도 아니며 물리적 사실에서 출발하는 삼단논법의 형식을 지닌 것도 아닌, 신에게 돌아서서 "그것보다 더 큰 것을 생각할 수 없는 것"(id quo majus cogitari nequit)에 대한 논증을 전개한 인물로 유명하다. 그의 논증은 직접적인 것으로 영혼 안에 현존하는 신을 즉각적으로 받아들이는 것이었다. 따라서 확실한 것은 우리 경험의 직관(直觀)이다. 여기서 말하는 경험은 경험론에서 말해지는 범주적 차원이 아니라 직관적 차원에서 인간이 체험하는 영역이다.

토마스 아퀴나스나 칸트 같은 대사상가들이 그의 논증을 반박할 필요성을 느꼈다는 사실로 미루어보아, 어떤 사람들은 안셀무스의 이론이 깊은 사상적 의미가 없는, 단지 역사적 가치만을 지니고 있다는 식의 주장을 펼치기도 했다. 그러나 안셀무스의 논증은 수많은 공격과 논박에도 불구하고 계속해서 역사 안에 다시 살아나 그 위세를 떨치는 특별한 힘을 소유하고 있었다. 실제로 그의 논증은 현금에 이르기까지 서로 다른 사상적 경향을 지닌 철학자들 모두에게 끊임없는 매력을 던져주고 있는 것이 사실이다. 심지어 안셀무스의 사유방식과 색다른 철학적 배경을 지닌 사람들 사이에서조차도 그의 논증이 애초에 비춰졌던 것과는 달리 그렇게 단순한 논증이 아니라는 사실을 깨닫게 되었으며, 또한 그 논증에 대해 수많은 비판이 쏟아진 이유 역시 안셀무스의 신 존재 논증 내용과 그가 전개한 일반적 사상 체계에 대해 사람들이 단지 피상적으로 이해했기 때문이라는 사실이 뒤늦게 밝혀지고 있다.

물론 안셀무스 이후 학자들 사이에는 그의 논증을 두고 서로 다른 반응을 보이고 있는 것이 사실이다. 어떤 사상가들은 그의 논증을 옹호했고, 또 어떤 이들은 원천적인 맥락을 유지시키는 가운데 논증을 심화시키거나 채색화하였다. 그러한 사람들로는 중세에는 보나벤투라(St. Bonaventura)와 스코투스(J. D. Scotus)가 있고 근대에는 데카르트, 라이프니츠 그리고 헤겔 등과 같은 위대한 사상가들이 있다. 이와는 달리 논증을 비판한 사람들도 있으니, 13세기의 위대한 철학자이며 신학자였던 토마스와 합리주의와 경험주의를 비판적으로 받아들여 종합한 칸트가 그 대표적 인물로 꼽힌다.

칸트는 『순수이성비판』(*Kritik der reinen Vernunft*)에서 안셀무스의 논증을 존재론적이라고 지칭한 바 있는데, 이유는 그 논증이 일체의 경험과 구별되는 증명일 뿐만 아니라 완전히 선험적(a priori)인 것으로 단순 개념들로부터 출발, 최상원인의 존재를 추론해 내는 까닭이다. 이 때문에 어떤 사상가들은 이 논증을 두고 그것이 신 관념 혹은 개념 분석에서 비롯되어 전개됨으로 인해 논리적 논증으로 명명되어야 한다고 주장하기도 했다.[1]

칸트 이전에 이미 존재론적 논증은 동시적(a simultaneo) 증명이라

---

1) 예컨대 곤잘레스(A. L. Gonzalez)의 경우는 다음과 같이 말한다. 즉 칸트가 존재론적이라고 지칭한 이 증명은 신 존재를 추정하는 관계로 인해 인정될 수 없다. 그렇지 않고 이러한 논증이 인정되는 경우에는 다른 모든 증명들 역시 아무런 문제없이 신의 존재를 증명하고 있다고 보아야 한다는 것이다.

고 불리기도 했다. 왜냐하면 이 논증은 후험적(a posteriori)도 아니요 그렇다고 해서 엄밀한 의미에서의 선험적 논증도 아니라는 이유 때문 이었다. 또한 그것은 본질(essentia) 논증, 다시 말해 신 존재가 현시 되는 신 개념을 토대로 하는 논증으로도 간주되었다. 따라서 사람들은 이 논증이 신의 본질에서 바로 동시적으로 출발한다고 생각했다. 결과 적으로 이 같은 본질분석(本質分析)에서는 신 존재를 즉각적으로 그 러한 요소들 중의 하나로 받아들이지 않을 수 없게 된다.[2]

그런데 우리는 안셀무스의 논증이 신 존재에 도달하기 위해 '가능 한 것' 혹은 이데아에서 출발하는 논증이라는 사실을 알고 있다. 이 때문에 볼프(Ch. Wolff)는 안셀무스의 논증을 존재론적 논증(prova ontologica)이라 부르는데, 그것은 존재론이 경험과는 별도로 우리 정 신(spiritus)이 이미 소유하고 있는 개념들로만 정교하게 꾸며져 있는 까닭이다. 이러한 관점에서 논의를 진행시키는 경우, 분명 안셀무스의 논증은 존재하는 실재에 대한 경험과는 무관한 신에 관한 이데아, 즉 관념에서 출발하고 있다고[3] 말할 수 있을 것이다.

2. 성 안셀무스의 신 존재 증명의 내용

안셀무스의 논증은 논문의 부제(副題)가 내비치고 있는 것처럼 신 존재에 관한 논설 형식을 취한다. 이는 일차적으로 그의 수도원 형제 들, 그리하여 안셀무스 자신과 같이 믿음의 의미를 이해하려는 신앙인 들을 위해 기술되었다. "나는 하느님을 관조하고자 자신의 정신을 끌 어올리고, 아울러 믿는 바를 이해하고자 하는 사람이 되어 다음의 논 문을 기술하였다."[4] 안셀무스 자신은 논증의 제한 범위를 굳이 감추

---

2) A. L. Gonzales, *Filosofia di Dio*, pp.53-54.

3) S. V. Rovighi, *La filosofia e il problema di Dio*, Verifiche e progerri 4, Vita e Pensiero, Milano, 1986, p.83.

려 하지 않고 오히려 신앙이 신앙의 이해를 위하여 요청된다는 것을 명백히 밝힌다. "나는 믿기 위해 이해하려 하지 않고 이해하기 위하여 믿는다. 이러한 이유로 또한 내가 믿지 않았다면 나는 이해할 수 없음을 믿는다."5) 이 뒷부분의 언급은 시사하는 바가 매우 크다. 즉 이 언급은 안셀무스가 논증의 본질적 가치와 그러한 가치에 대한 확신을 확연하게 구분하고 있음을 보여준다. 논증의 가치에 대한 확신은 논증 자체와는 별개의 많은 요인들에 의존하기 때문에 동일한 논리적 추론이 어떤 사람에게는 관심을 끌고 또 다른 사람에게서는 관심을 끌지 못할 수가 있다. 좀더 정확히 말해 그 논증은 무신론자나 불가지론자를 확신시킬 수는 없고 단지 신앙으로 깨우쳐지고 신앙에 대한 호의적인 성향을 지닌 사람들만을 확신시킬 수 있다고 여겨진다는 것이다.

사실상 가우닐로(Gaunilo)의 반박에 대한 답변에서 안셀무스는 "나의 『대어록』(對語錄, *Proslogium*)이 공격 목표로 삼은 것은 어리석은 자였다"6)라고 썼다. 그래서 그는 논증을 통해 무지한 무신론자가 취하는 불합리한 입장을 명백하게 밝히고자 했다. 무지하고 어리석은 무신론자는 회의론자가 확실하게 진리를 알 수 없다고 주장함으로써 모순을 범하게 되는 것(회의론은 주장하는 그 순간부터 모순에 빠진다. 왜냐하면 진정한 회의론은 확실한 진리가 없다고 말할 수 있는 주체도 회의적이기 때문이다)과 마찬가지로 그렇게 "신은 존재하지 않는다"고 주장함으로써 모순을 범하고 있음을 지적한다. 이렇게 볼 때 안셀무스의 논증은 어리석은 자를 위해 쓰여진 것이라기보다는, 어리석은 자에 반대하여, 즉 오늘날의 비신앙인이라고 일컬어질 수 있는 사람들에 대적하여 쓰여졌다고 말할 수 있다.

이처럼 안셀무스는 성서의 어리석은 자가 "그의 마음 안에 신은 없

---

4) *PL.*, 158, 224.
5) *Ibid.*, 158, 227.
6) *Ibid.*, L., 158, 247.

다"(in corde suo, non est Deus)[7]라고 말하는 것과는 반대로, 오히려 어리석은 자는 자신 안에 신 개념을 소유하고 있다고 극구 주장하기에 이른다. 왜냐하면 전혀 사유할 수 없는 실재를 부정한다는 것은 있을 수 없는 일이기 때문이다.

신 개념은 존재 개념이다. 이와 같은 존재 개념은 "그것보다 더 큰 것을 생각할 수 없는 것"(id quo maius cogitari nequit)의 개념이다. 안셀무스에 의하면 그것보다 더 큰 어떤 것을 생각할 수 없는 것은 분명히 지성(intellectus) 안에서만 존재할 수 없다. 왜냐하면 지성 안에서만 존재하는 경우, 우리는 어떤 것이 실재(realitas) 안에도 현존한다는 것과 그리고 그러한 경우 그것은 지성 안에서만 존재하는 것보다 더 큰 것이라고 생각할 수 있기 때문이다. 그러므로 만일 더 큰 것을 생각할 수 없는 것이라면, 그것은 지성과 실재라는 양자 안에 존재해야만 한다.

신에게 나아가면서 안셀무스는 "우리는 당신이 그것보다 더 큰 것을 생각할 수 없는 존재임을 믿습니다"라고 말한다. 그는 어리석은 자조차도 이것을 이해할 수는 있지만 이러한 존재가 실제로 현존하는지는 확신할 수 없다고 말한다.

안셀무스는 이제 그것보다 더 큰 것이 생각될 수 없는 존재가 지성 안에서만 존재할 수 없고 실재 안에서도 존재해야 함을 논증함으로써 앞서 그러한 입장이 모순된다는 것을 증명하고자 한다. 왜냐하면 그러한 존재가 지성 안에서만 존재한다고 가정하면 더 큰 것이 실재에서도 존재한다는 것이 생각될 수 있기 때문이다. 따라서 최대로 생각되는 존재 개념이 의미를 지니려면 그 개념이 그렇게 생각되는 유(ens)가 현실적으로 존재를 포함해야 한다. 현존(existentia)은 완전성일 뿐만 아니라 최대로 생각되는 존재는 모든 완전성을 소유해야 하기 때문이다.

---

7) 시편, 14장 1절.

이와 같이 신 존재에 관한 안셀무스의 존재론적 논증은 그 논증이 관념 질서에서 실재 질서로, 우리 정신 안에 있는 개념으로부터 그 개념대로 생각되는 유의 현존(existentia)이라는 전이(轉移)를 포함하고 있다.

안셀무스가 전개한 논증의 목적은 앞에서도 말했듯이 자신과 같이 신앙의 의미를 이해하고자 하는 사람들에게 "어리석은 자만이 신이 없다"라고 말할 것이라는 성서 말씀의 진실성을 보여주고자 하는 것이었다. 이처럼 저자인 안셀무스의 정신에 따라 우리가 논증에 정확한 한계를 긋는다는 것은 논증 자체를 이해하는 데에 있어서 이미 상당한 진전을 본 것이라고 말할 수 있을 것이다.

어떤 면에서 안셀무스는 신앙에 의한 신 관념을 받아들인 것으로 보인다. 신 관념이 환영 혹은 추상적, 논리적 관념일 뿐만 아니라 계시에 의해 기원되었다는 것은 여러 곳에서 발견된다. 특히 이 점은 그가 자신의 주장을 반박한 가우닐로(Gaunilo)에게 하는 답변에서도 명백하게 드러난다. 즉 안셀무스의 답변은 신 관념을 논증하기 전에 우리가 신 관념을 가질 수 없다는 데에 반대하는 것이다.[8]

그런데 이것은 단순히 관념에 관한 것인가, 아니면 관념이 실질적이라는 것, 다시 말해 신이 실제로 존재한다는 종교적 확신에로까지 연장되는 관념인가? 만일 후자의 경우라면 안셀무스는 신학에 속하는 이론을 전개한 것이므로 그의 이성적 논증은 공허한 것으로 남게 될 것이다. 바르트(Barth)와 스톨츠(Stolz) 그리고 다른 몇몇 사람들은 실제로 그렇게 생각하기도 했다. 사실 이성적으로 신 존재를 알기 위해 신앙으로부터 출발하는 안셀무스의 일반적인 방법론은 그러한 점을

---

8) 불프(M. De Wulf)가 말하듯이, 안셀무스의 형이상학은 광범위한 신학에 그 출발점을 두고 있다. 한마디로 안셀무스는 신 중심주의자로서 그가 말하는 신은 감각계와 가지계의 모형인이고 능동인이며 목적인이다. 그의 모든 학설은 신에게서 출발하고 신에게로 귀환하는 특징을 지니고 있다. 이 점을 알지 못하면서 안셀무스의 사상을 이해한다는 것은 있을 수 없는 일이다.

요청하고 있는지도 모른다. 그렇지만 위의 사실을 주장하기 위한 결정적인 증명은 아직까지 나오지 않고 있다.

그렇다면 우리는 여기서 안셀무스의 아우구스티누스주의를 이해해야 할 필요가 있다. 예컨대 토마스가 그렇게 하고 있듯이 안셀무스를 아리스토텔레스적인 맥락에 위치시키는 것은 분명 그를 왜곡시키는 일일 것이다. 안셀무스는 토마스가 제시하였던 바대로 "신은 존재한다"라는 명제가 자명하다는 것을 어떤 식으로도 표현하지 않고 있다. 오히려 그의 신 존재의 인식은 추리의 복잡한 과정의 결실이다. 이 과정은 『대어록』의 최소한 두 개의 장과 『변론서』(*Liber Apologeticus*) 전체에서 다루어지고 있는데, 이는 훈련된 철학자들마저도 따라가기가 매우 힘든 문제로 간주되고 있다. 아마도 아우구스티누스-안셀무스의 노선에는 범인들로는 쉽게 이해할 수 없는 다음과 같은 관념들이 깔려 있는 것이 사실이다. 즉 신은 인간 영혼 안에 현존하고 스승(magister)은 우리 안에 계시며 또 말씀하시고 우리로 하여금 듣도록 한다는 것이다. 그리고 인간 정신은 빚어진 것으로 다른 어떤 것이 아닌 신의 지성적 빛에 의해 조명된다. 그러므로 신 관념은 이성적인 면에서도 아주 즉각적이기에 신이 없다고 주장하는 자는 어리석은 자일 수밖에 없다는 것이다.

이렇게 볼 때 안셀무스의 논증은 다음의 두 가지 관점을 토대로 성립된다. 하나는 지성을 포함하여 실재 안에 존재하는 것은 지성 안에만 존재하는 것보다 더 크거나 완전하다는 것이고, 다른 하나는 더 큰 것을 생각할 수 없는 것을 부정하는 것은 모순을 범한다는 사실이다. 왜냐하면 그것은 동시에 실재에 현존하는 더 큰 것을 생각할 수 있음을 인정하는 격이 될 것이기 때문이다.

안셀무스의 논증은 완전성이라는 개념에 근거하고 있다. 존재는 순수 완전성이라고 일컬어지는데, 이는 존재 개념이 단순 혹은 복합, 직접 혹은 간접적이든 간에 어떤 불완전성도 내포하고 있지 않기 때문이다. 인간은 이러한 최고의 완전한 존재인 신 개념을 지닌다. 안셀무스에 의하면 이 점은 다음과 같은 사실에 입각해서도 명백해지는 바, 즉 신앙에 의해 신을 이해하는 시도라는 『대어록』의 바로 그 성격으로부터 뿐만 아니라 우리가 경험하는 존재의 선의 정도를 통해서도 그러하다. "그렇기 때문에 더 저급한 선으로부터 더 상급적인 선으로 상승함으로써 더 큰 것을 생각할 수 없는 존재에 관한 중요한 개념을 형성할 수 있다는 것은 여하한 모든 이성적인 정신에게 명백하다."9)

안셀무스가 순수 추상개념 혹은 논리 질서 상 최고로 생각되는 존재 개념으로부터 신 존재를 증명해 냈을지라도 그 증명이 관념질서로부터 실재질서로의 불법적 전이를 포함하고 있다고 단정짓는 것은 올바르지 않다. 오히려 그가 보여주고자 했던 것은 아우구스티누스적인 관념론적 실재론에 입각한 그 자체의 객관적인 가지성이다. 따라서 순수추상이 아닌 최고로 생각되는 존재 개념은 그 존재의 바로 그 본성인, 문제 상의 존재의 현존이다. 현존이 그러한 존재에게 필연적으로 함축된 것을 정신으로 하여금 받아들이도록 하는 것은 관념의 존재론적 가치이다. 이런 면에서 안셀무스의 이론은 인간 정신이 더 이상 큰 것을 생각할 수 없는 존재 개념의 의미와 관념론적인 내용을 완전하게 이해한다는 것 그리고 동시에 그러한 존재에 대한 현존을 부정하는 것은 불가한 일임을 보여주고자 한 시도임을 알 수 있다.10)

---

9) *PL.*, 158, 258.

10) 안셀무스의 논증은 추상적 혹은 논리적 질서 안에서 최고로 생각될 수 있는 존재에 대해 우리가 지닌 관념으로부터 신 존재를 증명해 내려는 시도가 아니다. 비록 신이 존재한다는 것을 확실히 알고 있음이 그러한 관념을 충분히 지니게 할지라도 그러하다. 안셀무스의 지향은 그보다 더 큰 것을 생각할 수 없는 존재, 그러한 관념이 가치를 지닐 수 있으려면 문제 상의 존재의 현존을 필연적으로 내포함을 동시적으로 인정하지 않고서는 능히 생각할 수 없다는 것을 보여주려는 데 있다. 다시 말해 안셀무스의 추론에 의하면 우리는 순수 정신적인 구조로서의 신 관념으로부터 신에게 도달할 수는 없지만 신 존재 혹은 정확히 말해서 신의 실제적인 존재를 내포하지 않는 신에 대한 관념을 지닐 수 없다는 것이다. 이것은 매우 미묘한 구별처럼 보일지 모르지만 실제로는 그렇지 않다. 이러한 구별은 우리가 이미 지적하였듯이 안셀무스가 아우구스티누스적 전통과

1) 가우닐로의 비판과 안셀무스의 답변

수도승인 가우닐로(1083년 사망)는 안셀무스 논증을 못마땅히 여기고 누구보다도 먼저 논쟁에 불을 당긴 사람으로 잘 알려져 있다. 그는 안셀무스 당대에 이미 논증에 대한 다양한 반박들을 개진한 바 있는데, 그 내용은 그의 「소품집」(Quid ad haec respondeat quidam pro insipiente) 에 잘 담겨져 있다.11) 그가 남긴 반박들은 크게 두 가지로 구분되어 다음과 같이 요약될 수 있다.

우선 그는 사유 속의 존재에 의거하여 사유 밖의 현존을 귀결짓는다는 것이 있을 수 없는 일이라고 못박는다. 즉 사유 속에 존재하는 것은 참으로 존재한다고 볼 수 없다는 것이다. 그것은 어디까지나 사유된 존재에 불과하다는 것이 그의 주장이다. 따라서 신 관념 역시 그것을 논증하기 전에는 우리로서는 아무런 관념도 가질 수가 없다. 따라서 관념들은 사물로부터 우리에게 와야 한다는 것이다. 다시 말해 실재에서 이끌어진 관념일 경우에만 우리는 허구적 관념이 아닌 실재 관념으로서의 신 관념을 가질 수 있다고 가우닐로는 단언한다. 이렇게 볼 때 안셀무스는 신앙에서 우리에게 이끌어진 관념에 의지하면서, 다시 말해 플라톤적 관념을 토대로 자신의 논증을 전개하였음을 알 수 있다.

가우닐로의 두 번째 반박은 다음과 같다. 만일 논증을 증명한다면, 그것은 과다하게 논증할 것이며 과다하게 증명하는 것은 결국 아무것도 증명하지 못한다(Quod nimis probat nihil probat)는 사실이다. 신 관념으로부터 신 존재가 증명된다면, 사유 가능한 완전한 존재들, 예를 들어 넓은 바다의 그 어느 곳인가 아무도 알지 못하는 무인도,

---

함께 공유하던 관념론적 실재론의 관점에서 논증의 합당한 이해를 위해 행해져야만 한 구별이다.

11) Cf. *Liber pro insipiente adversus S. Anselmi in Proslogio ratiocinationem*, *PL.*, 158. cols. 241-248.

꿈과 낭만 그리고 보물이 가득한 '환상의 섬'의 존재 역시 증명될 것이다. 이것은 칸트가 『순수이성비판』에서 이미 언급한 바 있듯이, 내가 호주머니에 얼마만한 돈을 지니고 있다고 생각할 때 이때의 사유는 실제로 내가 그 돈을 가지고 있는 현실의 상태와 똑같은 것이 된다. 다시 말해 내가 사유하는 모든 것은 현실의 실재로 드러나야 한다는 것이다.

그러나 안셀무스는 이 점에 대해 논증은 모든 것에 유효하지 않다고 말한다. 다시 말해 나의 사유든 환상이든, 그것이 가리키는 환상의 세계까지도 이 논증에 적용될 수는 없다는 것이다. 한마디로 존재론적 논증은 신에게만 유효하다. 왜냐하면 신 관념은 "그것보다 더 큰 것을 생각할 수 없는" 개념을 필연적으로 함축하고 있기 때문이다. 다시 말해 본질과 존재의 동일성은 신 안에서만 자리하고 있기 때문이다. 이 두 번째 반박은 세련된 형식으로 구성된 것은 아닐지라도 논리적 질서에서 실재질서, 다시 말해 사유질서에서 존재질서로 나가는 것과 관련하여 부당한 이행을 지적하는 데 그 큰 의미가 있다 하겠다.

그렇다면 안셀무스의 논증은 어떤 가치를 지니고 있는 것일까? 또한 우리는 절대성 안에서 그 자체로 파악되는 안셀무스의 증명을 어떻게 받아들여야 할 것인가? 논증에는 안셀무스적인 논증과는 전혀 반대적인 성격을 지닌 논증들도 있는데, 과연 그러한 논증들을 어떻게 조화시킬 수 있단 말인가?

실제로 역사 안에서 많은 사람들이 그의 논증을 지지하거나 수식하거나 아니면 반박하는 것을 바라보게 될 때 우리는 '이 논증 혹은 저 논증'만이 진정 가치 있다고 단정지어 말할 수는 없다. 다양한 논증들을 마주하면서 어느 하나의 주장만이 참되다고 말하는 것은 어쩌면 황당무계한 일일지도 모르기 때문이다. 실제로 우리가 어느 하나만을 고집하게 되는 경우 그것은 있을 수 있는 논쟁만을 가열시키는 격이 될 것이다.

우리는 안셀무스의 논증을 두고 다음과 같이 말하는 것이 별 무리가 없을 듯싶다. 즉 그는 신앙을 통해 신 존재를 인정하고 이성으로 자신의 논증을 전개하고자 했다는 점이다. 따라서 그의 논증은 증거를 제시하는 논증이라기보다는 오히려 '심오함'의 전개라 할 수 있다. 그렇지 않다면 그의 논증은 단순관념(idea simplex)에서 실재에 도달하는 데 있어서 그리고 그렇게 여겨지는 데 있어서 어떤 한계에 부딪힐 수밖에 없지 않을까 싶다.

2) 성 토마스의 비판

토마스에 있어서 신에 관한 이데아는 늘 불완전하게나마 경험이 우리 앞에 제시하는 유(ens)로부터 출발함으로써 얻어질 수 있다. 따라서 그에게 있어 신 관념 혹은 이데아로부터 출발하여 존재를 논증한다는 것은 있을 수 없는 일이다.

토마스는 여러 작품에서 안셀무스의 논증을 다루는 가운데 비판을 가하고 있다. 『신학대전』(Summa Theologiae)에서 종합적인 형식으로 문제의 논증을 전개한 다음, 그는 다음과 같이 세 가지 측면에 대해 기술하고 있다.12)

① <신>이라는 명사를 발음하고 싶어하는 모든 사람들은 신이 "그것보다 더 큰 것을 생각할 수 없는 것"을 의미한다고 생각하지는 않는다. 실제로 신체를 지닌 신을 생각한 사람들도 있었다. 예컨대 스토아학파 사상가들이 바로 그런 사람들이었다. 따라서 증명의 출발점은 수용할 수가 없다.

② 안셀무스의 정의(definitio)가 주장하는 바를 두고 모두가 신을 겨냥한다고 가정하는 경우라 할지라도 이렇게 사유된 존재는 실재 안에서 존재하는 것으로 이해된다는 것이 따르지 않고 다만 유일하게

---

12) Cf. A. L. Gonzalez, *Filosofia di Dio*, p.57.

지성 개념 안에만 존재한다.

③ 사실 그것보다 더 큰 것을 생각할 수 없는 것이 존재한다고 인정하는 것을 제외하고는 그것이 실재 안에 존재한다는 것은 증명될 수 없다. 이것은 신의 비존재를 주장하는 자들을 인정하지 않는 것이다. 결국 무신론자는 안셀무스가 출발점으로 삼는 동일한 전제를 부인하게 될 것이다.

가장 엄밀한 철학적 사고는 『반이교도대전』(Summa contra gentiles) 10장에서 토마스가 안셀무스의 논증을 산발적으로 다룬 다음 11장에서 제시되고 있다. 비판의 핵심은 안셀무스의 논증이 관념질서에서 실재질서로 이전하는 데 있어서 비합법성을 드러내고 있다는 점이다.[13] 토마스는 범주적인 주장을 내세우면서 언급된 실재와 이름방식(ratio nominis)이 동일한 차원에 자리해야 한다고 본다(eodem enim

---

13) Cf. *Sum. C. Gentil.*, I, c. IX; 우리가 토마스에게 관심을 돌리게 되는 경우 거기에는 전혀 다른 판도가 나타나고 있음을 알 수 있다. 즉 그는 안셀무스의 이론에 대해 당시 사상가들이 내린 해석과는 전혀 다른 태도를 견지하고 있다. 사실 보나벤투라의 경우만 해도 아리스토텔레스의 작품들을 광범위하게 사용하고 있을지라도 그리스도교 사상과 자신의 신학적 사고에 좀더 부합한다고 여겼던 아우구스티누스적 전통을 기본적으로 고수하였다면, 토마스는 자신의 체계에 있어서 이전의 어떤 전통으로부터도 그 강력한 영향권을 벗어나 있었기에 아리스토텔레스의 철학을 자신의 철학에 통합시키려는 노력을 계속하였다. 이러한 관점에서 안셀무스의 논증에 대한 토마스의 태도는 일면 타당한 것으로 보인다.
관념들이 구체적인 물질 대상들을 반영하고 물질로부터 추상과정을 통해서 생겨난 경우를 제외하고 아무런 가치 내용을 지니고 있지 않다면, 우리의 정신 안에 있는 관념으로부터 유의 존재에 대한 논증을 구성하려는 것은 설사 최대로 생각할 수 있는 존재에 대한 관념의 경우라 할지라도 그것은 무용한 것이다. 아리스토텔레스적 관점에서 볼 때 문제 상의 관념은 존재론적 가치를 지니고 있지 않으면 그에 대한 신학적 논증을 세우려는 그 어떤 시도들도 결국 실패로 끝나게 되어 있다. 그러한 관념은 정신과 실재 사이를 메울 수가 없으며 그로 인해 안셀무스의 논증에 퍼부어진 비난, 다시 말해 관념질서로부터 실재질서로의 불법적인 전이라는 비난은 피할 수 없게 된다.

modo necesse est poni rem et nominis rationem). 따라서 "신이라는 명칭으로 주장되는 바가 정신으로 개념된다는 사실로부터 신이 지성 안에서가 아닌 곳에 존재한다는 것은 따르지 않는다." 만일 모순원리를 구제하고자 한다면 주관에 돌려진 고유성은 그 동일한 주관의 차원에 머물러야 함이 필수적이라는 것이다.

이와 같은 비판과 관련하여 우리는 현대 이탈리아 철학자 로비기(S. V. Rovighi)와 파올로넬리(M. Paolonelli)의 견해를 제시함으로써 문제를 좀더 깊이 파악할 수 있으리라고 확신한다.

로비기 역시 애초에는 토마스의 비판이 가우닐로의 강력한 비판적 입장에까지는 도달하지 못하고 단지 백 탈레르(Thaler)의 사례를 들어 안셀무스의 논증에 공격을 가하는 칸트적 입장 정도에 해당할 뿐이라고 생각하였다.14) 그렇지만 그도 파올로넬리의 뛰어난 연구 업적에 감명을 받아 토마스의 비판이 가우닐로의 비판과 동일 선상에 위치하고 있음을 인정하기에 이르렀다.15) 로비기와 파올로넬리에 의하면 토마스 편에서 볼 때 안셀무스의 논증은 불가능하다고 본다. 왜냐하면 신 존재는 즉각적으로 명증적이지도 않고 신 개념 안에 포함되지도 않기 때문이다. 그리고 신 존재를 논증하기에 앞서 우리는 신에 관한 아무런 개념도 갖고 있지 않기 때문이다. 여기서 파올로넬리가 주장하는 근본 관점은 다음과 같은 두 가지 내용으로 소개될 수 있을 것이다.

① 토마스 비판의 핵심은 "그 자체로 자명한 것"(per se notum quoad se)과 "우리에게 자명한 것"(il per se notum quoad nos) 간의 구별 안에 자리하고 있다. 명제를 구성하는 용어들에 있어서 자명한 명제나 술어가 주어와 필연적으로 연관된(de ratione subiecti), 다시

---

14) S. V. Rovighi, *La filosofia e il problema di Dio*, p.86.
15) Cf. M. Paolonelli, "San Tommaso e Ch. Wolff sull'argomento ontologico", *Rivista di filosofia neo-scolastica*, LXVI(1974), pp.897-945.

말해 주어 안에 함축된 명제를 두고 우리가 주어에 대한 개념을 갖고 있거나 아니면 주어가 명제 안에서 행하고 있는 용어를 의미하고자 하는 경우, 우리는 그러한 명제를 우리에게 자명한 명제(per se nota quoad nos)라고 말하거나 즉각적으로 자명하다고 말할 것이다. 그런데 존재는 신의 본질에 내포된다. 따라서 신의 통성원리적(通性原理的) 개념, 다시 말해 통성원리와 본질(essentia)을 표현하고 있는 개념은 존재를 함축한다. 그렇지만 우리는 그러한 신 개념을 알지 못하는 까닭에 그 개념 안에 존재(existentia)가 포함되어 있는지는 알지 못한다.16)

② 신 존재(Deum esse)를 논증하는 경우 그것은 신이 존재한다는 현실태를 모아들이는 것이 아니다. 단지 그것은 "신이 존재한다"(Deus est)는 명제의 진리만을 받아들이는 것이다. 이렇게 볼 때 그것들은 동일한 의미를 지니고 있다고 볼 수 없는데, 왜냐하면 하나는 신에게 돌려질 수 있는 것이고 다른 하나는 피조물에게 할당될 수 있기 때문이다. "신이 존재한다"는 것은 "홀로 존재함에 있어서 그 불충분함을 지적해 내는 방식으로 우리가 존재하는 것으로 지각하는 것의 어떤 한 원인이 존재함"을 의미한다.17)

3. 존재론적 논증과 중세 사상가들

대부분의 위대한 스콜라 사상가들은 안셀무스의 논증을 옹호하는 입장이었는데, 그 중 가장 유명한 사상가들로는 대알베르투스(Albertus Magnus), 보나벤투라(Bonaventura), 알렉산더 할레시우스(Alexander Halesius), 강의 헨리쿠스(Henricus Gandavensis), 둔스 스코투스(J. D.

---

16) Cf. *Quaestiones disputatae de Veritate*, q. x, a. 12; *Summa theol.*, I, q. 2, a. 1; *Summa C. Gentil.*, cc. 10-11.

17) S. V. Rovighi, *La filosofia e il problema di Dio*, p.87.

Scotus) 등이 있다. 또한 이들 중에서 가장 대표적이고 중요한 논증을 전개한 자로는 '세라핌적 박사'(Doctor Seraphicus)라 불리는 보나벤투라와 명민한 박사(Doctor Subtilis)로 칭해지는 둔스 스코투스가 있다. 여기서 우리는 무엇보다도 안셀무스의 존재론적 논증을 심화시키면서 채색화한 보나벤투라와 스코투스의 논증을 중점적으로 다룰 것이다.

1) 성 보나벤투라의 논증

감각 대상의 필연성을 거부하지 않는 보나벤투라는 아리스토텔레스의 '제일원리'를 초자연적 도움으로 강화된 제일존재자로 제시한다.[18] 따라서 보나벤투라의 신 존재 증명은 신적 조명(illuminatio divina)을 전제로 할 때, 비로소 철학이 지향하는 최고 목표에 부합하는 것으로 간주된다.

보나벤투라에 의하면 "제일원리는 자명하다."(Primum Principium per se notum est)[19] 그러나 인간 인식에는 여러 가지 방해 요소들이 작용함으로 신 존재 증명은 용이하지 않다. 따라서 사물들의 현상을 초월하여 신적 조명 하에 제일원리를 밝혀내는 것만이 확실하다고 그는 주장한다.

여기서 신은 근본적으로 인간 인식 속에 존재하는가? 그러면서도 동시에 "신은 인간에게 본질적으로 인식될 수 없는 존재인가?"의 물음이 제기될 수도 있다. 보나벤투라는 우리가 신 존재에 대해 의문을 제기하기도 전에 신은 인간 지성이 파악할 수 있는 어떤 대상으로 스스로를 드러내었다고 말한다.[20]

---

18) Bonaventura, *Opuscula Varia Theologica, Itinerarium Mentis in Deum*, c. 1, 2(*Bonaventurae Opera Omnia*, Vol. 5, Quaracchi 1891, p.297).

19) *De Mysterio Trinitatis*, 1, 1, 20.

20) *Sent.*, 1, 3, 1, 1, 3(*Bonaventurae Opera Omnia, Comm. in I libr.*, Quaracchi, 1882).

(1) 무한자에 대한 인간의 열망

인간 인격 안에는 자기 자신을 초월토록 인도하는 심오하고도 새로운 염원이 자리하고 있다. 보나벤투라는 이를 두고 신에게로의 접근(propinquitas)이라고 주장한다. 왜냐하면 창조주는 우리의 존재 안에 숨겨져 있기 때문이다.[21] 인간은 자신에 의해서는 묘사될 수 없는 단일성(unitas)을 열망한다. 인간 안에는 인간이 그럴 수 있는 무한자가 아닌, 성취하고자 하는 무한자에 대한 열망이 존재한다. 이러한 무한자는 단순한 통일 관념으로 환원되지 않고 인간 존재의 가장 심오한 염원들 중의 목적지로 환원된다. 그러한 염원들은 단순한 범주들이나 주관적 도식에 의해 성취되는 것이 아니다.

인간의 영혼은 의지 안에서처럼 그렇게 지성작용 안에서도 무한자를 향하도록 하는 무제한적인 충동을 본래부터 타고났다. 신은 의식과 의지의 동적주의에 대한 궁극적이며 만족스런 답변이다. 이러한 본질적인 유동성은 최상선을 획득함으로써만 채워질 수 있다.[22]

만일 인간 인격이 그 자신의 동적주의를 요구하는 지시적 중심들을 향해 동향된 존재 사실이라는 특징을 지닌다면, 그때에 절대자인 '당신'(Tu)을 향한 그의 다이나미즘은 끊임없는 정복이라는 긴장과 태도 안에서 전 인간을 지탱시켜 줄 만큼 아주 막강한 힘을 지닌다고 주장해야만 한다. 보나벤투라적 인간은 신의 모상-존재로 정의된다.[23] "모상은 본질적인 종속성과 관계이다."[24] "피조물이 창조주와 갖는 관계는 우연적인 아니라 본질적이다."[25] 그런데 인간은 신의 고유한 모상-존재임을 알지 못할 수도 있고 망각할 수도 있다. 그리고 자신과 하느

---

21) Cf. *III Sent.*, d. 29, dub. 4.

22) *II Sent.*, d. 25, p. 1, a. un., q, 1, concl.

23) *I Sent.*, d. 3, p. 2, a. 1, q. 1, concl.

24) *Hexaém.*, col. 10, n. 7.

25) *Ibid.*, col. 4, n. 8.

님 간의 심오한 존재 관계에 대해 무지할 수도 있다. 더구나 인간은 근간이 되는 존재와의 고유한 기초적 관계를 알지 못할 정도에 이르기까지 물질적 사물들에 대해 근심스러워 하는 인간 존재로 화할 수도 있다. 그리고 심오함 안에서 바라보는 눈길을 지니지 못할 수도 있으며 자기 자신 안에서 발생하는 것에 대해 무지할 수도 있다.

보나벤투라는 일부 사람들이 하느님을 알지 못하는 원인이 세 가지라는 것을 아주 잘 알고 있었다. 그것들은 우선 그들이 아무 것도 바라보지 못하기 때문이거나 아니면 그들 눈길의 근원이 조명되지 못했거나 아니면 그들이 순전히 자기 자신만을 바라볼 줄 알기 때문이다. 그럼에도 불구하고 하느님은 그들 모두를 신적 사랑의 빛 안에서 바라보며 그들에게서 고유한 선택의 눈길을 결코 거두지 않는다. 인간은 자유롭기에 신을 거부할 수도 있다. 왜냐하면 그는 때로 근원적인 모상을 흐리게 하는 하루살이 식의 종속감과 우상을 새롭게 창조하면서 "자신의 얼굴에 손상을 가져다줄"26) 수 있는 여지를 마련하기 때문이다.

무신론의 근원은 보나벤투라가 인간을 '신의 모상(imago Dei)-존재'로 정의하면서 날카롭게 지적해 내고 있다. 인간은 그러한 모상을 망각하고자 노력한다. 뿐만 아니라 그것을 감추며 더럽히고 파괴하고자 한다. 인간이 근본 존재와의 기본 관계를 파괴하고 다른 유일하고 존재론적이며 거짓되고 순간적인 근본들을 찾을 경우, 그때 그는 고유한 형이상학적 실재의 근본을 파괴하면서 무신론자가 된다. 그럼에도 불구하고 신은 계속해서 그를 보전하고 호출한다. 이럴 경우 무신론은 심중의 교만(superbia cordis)의 산물일 것이며 근본적인 관계를 청산하고자 하는 삶의 욕구일 것이다. 현대 에스파냐 철학자 주비리(X.

---

26) *III Sent.*, d. 28, a. un., q. 2, solut. 2. 보나벤투라는 인간이 세 가지 주요 원인으로 인해 신을 받아들이지 않는다고 말한다. ① 신과 관련하여 지니고 있는 잘못된 개념들로 인해, ② 반론들을 잘못 해결하기 때문에, ③ 신에게로 상승하는 동안 감각들에서 멀어질 수 없는 까닭으로 인해 바로 그러하다.

Zubiri)도 이러한 전망 안에서 무신론이 존재하게 된 가장 뿌리깊은 원인을 바라보고 날카롭게 지적한 바 있다. 신과 무관하다는 것을 느끼는 존재는 무신적 존재이며 "무신론의 가능성은 고리가 없음을 느끼는 가능성이다."

보나벤투라적 인간 안에는 무한자에 대한 욕구가 살아 숨쉬고 있다. 왜냐하면 "이성적 영혼의 사랑과 지성작용은 무한한 한에서 무한한 선과 참된 선을 지향하기 때문이다."27) 그렇지만 그것은 환상에 대한 대상이나 실재에 대한 욕구를 결코 박탈하고자 하지 않는다. "만일 신의 모상인 존재가 인간의 동일한 원천적 구성에 속한다면,"28) 인간은 원천에로 새롭게 나가도록 하는 순수하고 명백한 모상을 늘 유지해야 할 것이다. 모상과 유사성에 고유한 것은 원형을 반성하는 것이고 나아가서는 그것을 묘사하는 것이지 결코 박탈하거나 짓누르는 것이 아니다. 따라서 '무신론적'이라는 것은 순간적이고 기만적인 정당성을 고유한 것으로 획책하는 것이며 인간 존재에 허위적인 토대를 마련하는 것이고 근원적인 존재와의 유적(有的) 관계와의 연관성을 부수어 버리는 것이다.

(2) 신을 인식하는 방법

신플라톤주의적 맥락에서 안셀무스의 뒤를 잇는 보나벤투라의 철학적 지평은 근본적으로 종교적이다. 그는 증명하는 것보다는 밝히 드러내 보이는 데 더 많은 관심을 기울인 신비주의자였다. 왜냐하면 만사는 그에게 신을 말해 주는 흔적(vestigium) 내지는 발자취였기 때문이다. 이는 분명 신플라톤주의자들이 추구하던 본질철학의 대표적인 사례이기도 하다.

---

27) *De scientia Christi*, n. 6, concl.
28) *II Sent.*, d. 16, a. 1, q. 2, f. 1.

보나벤투라는 피조물을 통해 신을 바라보고 발견한다. 그는 감각계로부터 출발하여 고유한 존재 이유를 절대자 안에서 발견한다. 신은 모든 존재의 기반이고 인식의 토대인 까닭이다. "사물들 전체는 신에게까지 도달하는 사다리이다."[29] 그리고 "모든 피조물에 대한 관조는 우리를 영원한 신에게로 인도한다."[30] 신이 전 우주의 원천적 원인이고 모형인(模型因, Causa exemplaris)이며 목적인(目的因, Causa finalis)이라면 지각과 인식의 감각들을 손상시키는 않은 자를 통해 그것은 쉽게 발견된다. 이러한 주장은 일단 그의 가르침이 존재론적 논증과는 거리가 먼 결과에서 원인에 이르는 인과원리를 토대로 하고 있다는 것을 보여준다.

이렇게 볼 때 보나벤투라는 당대의 아들로서 현대에 와서 커다란 문제점으로 제기되고 있는 신의 침묵이나 엄폐와 관련된 신 부재 내지는 무신사상에 대해서는 감히 상상조차도 할 수 없었던 사람으로 여겨질 수밖에 없다. 그로부터 시작해서 스코투스에 이르기까지 신플라톤주의적 성향을 지닌 학풍은 신에게 이르는 다양한 방식들을 끊임없이 논구하였다. 무엇보다도 그것은 이해와 파악을 통해서였다.

특히 보나벤투라에게 있어서 인식(cognitio)은 완전한 이해(comprehensio)와 파악(apprehensio)이라는 두 가지 유형으로 구분되어 나타난다.[31] 우리가 어떤 대상을 완전히 이해하고 전적으로 포용하려면 적어도 그 대상과 동등한 위치가 요구된다. 이런 의미에서는 우리가 신을 인식할 수는 없다고 보나벤투라는 단언한다.[32] 그러나 인간의 이해력을 본질적으로 초월하는 것일지라도 한 대상을 파악하기 위해

---

29) *Itin.*, c. 1, n. 2.

30) *Ibid.*, c. 2, n. 11.

31) *Ibid.*, 3, 1, 1: "Cognitio per apprehensionem consistit in manifestatione veritatis rei cognitae; cognitio vero comprensionis consistit in inclusione totalitatis."

32) *Ibid.*, 3, 1, 1, Conclusio.

서는 증명을 통해서 그 존재를 입증하고 그런 사실이 명백하게 제시되면 충분하다고 그는 말한다. 신을 인식한다는 것은 이러한 의미에서 가능한 것이다. 이런 사실은 어떤 이성적 사고로도 부정되지 않는다는 것이다. 따라서 "신 존재는 최상의 지성적 존재이며 모든 인식의 제일 원리이다."[33]

이 제일원리에 대한 인식 가능성은 다음과 같은 사실에 의해 명백해진다. 우선 창조된 지성과 비창조적 진리와의 차이는 감각들과 사물들 속의 지각적 요소와의 차이보다 더 크다는 사실이 타당하게 주장될 수 있다는 점이 바로 그것이다. 따라서 감각 기관들은 최고의 지성 존재인 신에게 도달함이 불가능하다는 사실이 뒤따른다. 이러한 견해는 존재와 그에 따르는 모든 인식의 범주를 혼란시킨다. 사실 무한한 신(Deus infinitus)과 유한한 지성(intellectus finitus) 간의 차이는 유한한 감각들과 지성적인 것들의 차이보다 더 크다. 그러나 인식의 측면에서 고찰할 때, 그 차이는 심하지 않다. 왜냐하면 감각적인 것과 지각적인 것은 지성적 범주에 속하지 않는 반면, 신과 영혼은 지성적 범주에 속하기 때문이다.[34]

둘째, "무한자는 유한자로부터 파악되지 않는다"(Infinitum non capitur a finito)고 말할 수 있다. 그러나 우리는 공간으로 확장되어 다양성을 띤, 다시 말해 부피를 지닌 유한성과 완전한 단순성(simplicitas perfecta)을 함축하는 절대적 무한성을 구별해야 한다.

보나벤투라는 신이 절대적으로 무한한 존재이며 완전한 단순자라고 말한다.[35] 그러므로 신은 전체성(totalitas)을 갖는다. 반면 유한성을 지닌 육체는 무한한 부피를 파악할 수 없으나 유한성을 지닌 인간 정

---

33) *Ibid.*, 3, 1, 1, ad 2.

34) *Ibid.*, 3, 1, 1, ad. 2: "Primo modo est major distantia; Secundo modo non, quia utrumque est intelligibile, scilicet Deus et anima. Non sic est de intellectus et sensu."

35) *Ibid.*, 1, 1, 3.

신은 "지극히 단순한 무한자"(Infinitus simplex maxime)를 파악할 수 있다. 그 이유는 다음과 같은 사실로 입증된다. 즉 신은 완전성과 전체성을 지니므로, 인간이 신의 어느 일부분을 파악하는 것이라면 그 전체성을 파악하는 것이 된다. 따라서 인간은 전체성 속에서만 무한자를 인식할 수가 있다. 그렇지만 인간은 무한자를 완전히 이해(comprehensio)할 수는 없다. 왜냐하면 무한자가 단순한 한에 있어서 전체성 속에 드러날지라도 무한자는 무한한 까닭에 유한한 어떤 것에 의해서도 인식될 수 없기 때문이다.

이렇듯 이해를 통한 인식은 우리에게 참된 관념을 심어주지만 신에 관해서는 불완전한 인식을 심어준다. 이것은 공동직관을 통한 인식에 관한 것이다. 그러나 파악에 관한 인식은 직관을 통해 그 전체성 안에서 신에게 도달한다. 인식의 첫 번째 형식은 우리의 지성과 신과의 관계를 요청한다. 그런 명제는 우리 사유의 무한성 안에 성립된다. 두 번째 형식은 동등성과 유사성의 관계를 요청한다. 이러한 형식들은 우리 안에 주어지는 것이 아닌데, 이유는 인간 영혼은 유한하고 신은 무한하기 때문이다. 인간이 우주의 시·공간적인 상황에 유폐되어 있다는 사실은 이 점을 잘 뒷받침해 준다.[36]

보나벤투라는 아우구스티누스의 뒤를 잇는 신플라톤주의자였던 위-디오니시우스(Pseudo-Dionysius)의 가르침을 따르는 가운데 긍정보다 상위적인 노선으로서의 부정의 길에 대해 특별한 애정을 품고 있었다. "이 (부정의) 방법은 더 편리하다."[37] 그럼에도 불구하고 그는 라베르나 산에서 펴낸 신을 향한 철학적 저술인 『하느님을 향한 인간 정신의 여정』(Itinerarium mentis in Deum)에서 모든 피조물을 통한 신적 공동직관인 한에서 긍정의 길을 계속하고 있다. 아무튼 이 두 가지 형식들간에는 모순이 없는데, 이유는 양자 모두 무한 존재를 향한 동일

---

36) Cf. *I Sent.*, d. 3, p. 1, a. un., q. 1, ad 1.
37) *Hexaém.*, col. 2, n. 33.

한 상승 과정 안에 포함되고 있기 때문이다. 모든 피조물은 신에게 오르는 데 필요한 사다리이며 신의 현존을 비추는 거울이다(긍정의 길). 그럼에도 불구하고 인간은 모든 피조물을 포기하고 피조물 위에 들어 높여지면서 진정으로 신에게 도달하게 된다(부정의 길). 긍정의 길이 존재에 관한 인식과 상승의 수단이라지만 부정의 길을 통하지 않고서는 정상에 다다를 수 없다. "피조물들은 신에게 들어 높여지기 위한 수단이지만 그것들을 포기하는 조건을 달지 않고서는 노정을 계속하면서도 신에게 도달하지는 못한다."[38] 따라서 보나벤투라의 목표는 부정의 길을 통해서만 완성될 수 있을 뿐이다.

마지막으로 보나벤투라의 철학에는 지성작용(intelligentia)과 사랑(amor)을 통해 성취되는 인식이 있다. 인식의 고유 기능은 지성이다. 지성작용은 주관과 객관의 일치를 함축하고 또 참된 일치는 사랑의 업적이기에 "사랑이 없는 완전한 인식은 있을 수 없다"[39]는 것이 따른다. 사랑은 인식을 완전하게 할 뿐만 아니라 인식의 출발점이기도 하다. 인식하기 전에 인간은 어떤 것을 알고자 원의하기 때문에 앎의 원의(desiderius)와 욕구(appetitus)는 지성으로 하여금 고유한 대상을 향해 나아가도록 한다. 보나벤투라는 아우구스티누스의 노선을 따르는 가운데 "욕구는 지성의 세대를 앞서가며 바로 거기서 우리가 알고자 하는 것의 인식이 싹튼다"[40]고 말한다. 따라서 사랑은 인식의 시초이며 모든 인식 과정을 동반하고 인식 주관과 인식 대상이 서로 일치함으로써 그것을 완성하게 된다.

인간은 신에게 사랑을 통해 도달한다. 이유는 사랑을 통해서 더욱 완전한 인식에 이를 수 있기 때문이다. 그것은 특히 사랑이 체험적일 경우 그러하다. "인식은 하느님의 사랑 안에서 실현된다. 신을 인식하

---

38) *I Sent.*, d. 3, a. un., q. 3, ad 2.
39) *I Sent.*, d. 10, a. 1, q. 2, f. 1.
40) *Ibid.*, d. 12, a. un., q. 4, contra 1.

기 위한 가장 완전한 방법은 고유한 감미로움의 체험 안에서 성립된다."41) 보나벤투라는 이러한 점에 있어서 생 빅토르(S. Victor) 학파가 그랬듯이 신플라톤적-아우구스티누스적 흐름을 따른다. 사랑의 인식은 어떤 면에서 이성지(理性知)와 지성지(知性知)를 배격하지 않는다. 오히려 그것은 그런 지식들을 인도하며 완성한다. 사랑은 인간학에 속하는 만큼 신에 관한 학에 속한다.

우리가 여기서 한 가지 유념할 사항은 보나벤투라의 신 존재 논증이 도달하는 신에 관한 문제이다. 그가 논증하는 신은 가지성의 추상적 원리가 아니다. 논증된 신은 이성적, 범주적 대상이 아닌 경배의 대상이다. 이 대상은 감각계에서 추구되는 것만큼 그렇게 내성화(內省化) 작업을 통해서도 발견되어야만 한다. 신이 영혼 안에 명증적으로 나타나기 위해서는 순수한 마음과 성실한 정신작용이 요청된다.

(3) 신 존재

보나벤투라가 말하는 철학적 개념으로서의 신은 절대존재, 절대적 완전성이며 모든 피조물의 존재 이유가 되는 원리이다. 신에게 고유한 명칭은 존재(Esse)이다. 이 존재는 가장 명증적이고 완전하며 일차적인 개념이다. 신의 원초적 개념은 자연주의 철학자들이나 이교도 철학자들과는 아무런 상관도 없다. 신에 관한 인식은 동일한 하느님이 모세에게 "나는 나다"(Ego sum qui sum)라고 말해 준 답변에서, 즉 계시로부터 우리에게 주어졌다. 보나벤투라는 이 점을 다음과 같이 주석하고 있다.

"하느님에 대해 말해질 수 있는 모든 것은 존재로 환원된다. 한편 존재는 신에게 속하는 고유한 이름이며 첫 번째 입법자에게 건네준 것이다."42)

---

41) *III Sent.*, d. 35, a. un., q. 1, ad 5.
42) *Hexaém.*, col. 3, n. 11.

그리고 그는 덧붙여 다음과 같이 말한다.

"이 존재는 순수존재(Esse purum)이며 단순하게 존재인 존재이고 절대존재이며 제일존재이고 영원하고 가장 단순하며 가장 현실태적이고 가장 완전하며 최상적으로 하나인 존재이다."[43]

신은 절대존재(Ens absolutum)이다. 왜냐하면 그 자체로 있으며 다른 존재와는 독립적이기 때문이다. 신은 완전한 현실성을 소유하고 그어떤 존재의 가능성도 지니고 있지 않기에 순수 현실태이다. 이러한 신은 시작도 마침도 없다. 이와 같은 존재의 충만성 안에 신의 속성은 무한하다.[44]

보나벤투라에게 있어서 신 존재는 명백하게 보여줄 수 있는 실재인 동시에 얼마든지 논증 가능한 문제이다. 본질철학자이고 신학자이며 신비주의자였던 그는 세계와 인간 안에서 신의 현존을 드러내 보이는 많은 증명들과 사례들 그리고 경험들을 우리에게 제공하여 주었다. 형이상학자로서 그는 신 존재를 논증하기 위한 자신의 고유한 증명들도 제시한 바 있다. 물론 다양한 증명들이 모두 그의 독창적인 산물이라고 볼 수는 없다. 그것들은 당시 학파들 안에서 통용되던 증명들을 수집하여 자신의 고유한 필체로 다시 엮어낸 것이다.

a. 감각계에 기초한 증명들

우리는 여기서 안셀무스의 신 존재 증명에 대한 보나벤투라의 이론을 설명하기 전에 일차적으로 그 서론에 해당하는 후험적 증명에 대해 살펴보기로 한다. 보나벤투라는 신 존재가 후험적으로(a posterior), 다시 말해 피조물에서 출발하는 가운데 증명될 수 있다고 확실하게 주장한다. 그는 『명제집』(Sententiae) 해설에서 신이 결과를 통한 원인

---

43) *Itin*, c. 5, n. 5.
44) *De Mysterio Trinitatis*, 4, 1, 6.

과도 같이 피조물을 통해서도 인식 가능하다고 말한다.

보나벤투라의 모형론 혹은 범형설(範型說)은 원형인 능동인인 신을 정상에 위치시키면서 피라미드 형태로 세계와 피조물들을 그려낸다. 이러한 도식은 어떤 면에서 아리스토텔레스적인 경험을 범주화하는 것처럼 보이기도 하며, 또 어떤 면에서는 아우구스티누스적 세계관의 흐름을 수용하는 것처럼 보이기도 한다. 이러한 신의 발자취이며 흔적들인 피조물에 대한 인식 방법은 우리에게 있어서 감각 사물들이 가지적(可知的)인 것, 즉 감각을 초월하는 대상들에게 우리를 인도하는 수단들이라는 점에서 인간에게 있어서는 본성적인 것이다.

보나벤투라는 형이상학적·윤리적·우주론적 및 심리학적인 논증들을 사용하는 가운데 신에 관한 본성적·철학적 인식의 가능성을 단순하고도 분명하게 제시한다. 그는 충족이유율(充足理由律)이라는 공통적으로 인정되는 원리로부터 출발한다. 즉 모든 존재는 자기 혹은 다른 것 안에 그 고유한 이유를 가져야만 한다는 것이다. 여기서 말하는 '다른 것'은 비규정적이고 무제한적인 방식으로 분리될 수는 없다. 그렇게 될 경우 이 '다른 것'은 필경 부조리와 악순환에 빠져들게 된다. 그가 펼친 신 존재에 관한 후험적인 주요 증명들은 다음과 같다.

① 운동 혹은 생성(fieri)

이는 생성과 변화가 필히 제일원리(Primum Principium)를 요청한다는 아리스토텔레스적 증명과 연관된다. 즉 후차적 존재는 언제나 선차적 존재를 내포한다. 왜냐하면 유한하고 창조된 존재들의 연결 고리 안에서는 무한하고 창조되지 않은 제일존재에 도달하지 않으면 안 되기 때문이다. 그렇지 않으면 무한대로 소급하는 우를 범하게 된다. 그럴 경우 아무런 원인에도 이르지 못하는 무한정의 여정만이 반복될 뿐이다. 따라서 무한대로의 소급 불가능성에서 연유하는 고리의 최종적·궁극적 존재는 다름 아닌 신이다.

이러한 보나벤투라의 신 존재 증명은 인과원리(principium causalitatis)를 응용한 것에서 도입된 것으로 우리는 이 원리의 도움을 받아 결과에서 원인으로 또 원인에서 결과로 이치에 맞게 논증을 펼칠 수 있다. 그래서 보나벤투라는 신이 사물들의 원인이라면, 신의 결과인 피조물을 통해 신이 인식될 수 있다고 말한다.[45] 인간 지성은 질료와 밀접한 관계에 놓여 있으므로 신을 순수 영성 속에서 파악하기란 현실적으로 불가능하다. 따라서 이 논법은 어떤 면에서는 가장 효과적인 신 존재 증명이 될 수 있다.

② 능동인(causa efficiens)

"그 자체로서가 아닌 존재는 다른 것에 의한 존재이다. 그 자체로서가 아닌 것은 그 어떤 것도 비존재(non-esse)에서 존재로 넘어갈 수 없기 때문이다. 따라서 다른 것에게 의존하지 않는 제일존재(Primum Esse)에 도달할 필요가 있다. 다른 것으로 인한 존재가 창조된 존재라고 불린다면, 그 자체로 인한 존재는 창조되지 않은 존재이며 그것은 신이라 호칭된다. 창조된 모든 존재, 다시 말해 그 자체로 인한 것이 아닌 존재는 신 존재 혹은 자기유(自己有)를 요청한다."[46] 이는 아비켄나(Avicenna)의 영향과 함께 아리스토텔레스적 논증과 연관된 것이다.

③ 우연성(contingentia)

세계의 모든 유들은 존재하지 않을 수도 있다. 왜냐하면 그것들은 필연적이 아닌 가능성을 함축하고 있기 때문만이 아니라 세계 존재들은 어떤 시대에는 존재하였는 바 그것들은 순수하게 우연적인 까닭이다. 우연유(res contingens)는 그 유의 특성을 지닌 다른 어떤 유에 의해 자기 존재를 갖는다. 따라서 우연유는 존재와 관련하여 필연적 원

---

45) *Sent.*, 1, 3, 2, 2: "Si Deus est causa operans secundum suam nobilitatem et creatura effectus, poterit Deus conosci per creaturam."

46) *De mysterio Trinitatis*, 1, 1, 12.

인을 인정해야만 한다. 이 필연존재는 신이라고 불리는 존재이다. 상대적이고 우연적인 존재는 절대적이고 필연적 존재인 신을 함축한다. "창조된 어떤 사물들은 신의 흔적이며 어떤 것은 신의 모상이다. 어떤 것은 질료적이고 어떤 것은 영적이다. 어떤 것은 시간적이고 어떤 것은 영원하다."[47] 이렇게 볼 때 모든 사물들은 어떤 원인에 의한 존재이므로 불완전하고 유한하다. 이러한 증명은 유대철학자인 마이모니데스(M. Maimonides)의 전망 안에서 그리고 아리스토텔레스적 변증법의 연속성 안에 자리하고 있다.

근본적으로 위에 열거한 세 가지 증명들과 다른 여러 증명들은 실제로 동일한 것으로 환원될 수 있는데, 그것은 연계적인 체계에 입각한 종속 명사로 '무한대로의 소급'(regressus in infinitum) 불가능성과 인과율의 원리를 주장하는 것과도 같다.

한편 보나벤투라는 심리적 논증을 사용한다. 즉 인간은 본성적으로 행복, 다시 말해 앎에 관한 행복과 무한한 사랑에 대한 행복을 지향한다. 이러한 것들은 무한한 존재 안에서만 충족될 수 있다. 무한존재인 신이 존재하지 않는다면, 이 세계에는 원인이 없는 결과만이 있는 격이 될 것이다. 이는 인과원리에 반하는 것이다. 이러한 증명은 근본적으로 아우구스티누스적이다.

b. 신에 관한 선험적(a priori) 인식

이제 우리는 보나벤투라의 후험적 논증을 뒤로 하고 신 존재가 모든 이성적 영혼 안에 본유적 진리(veritas innata) 내지는 실재(realitas)로 현존한다는 그의 선험적 인식에 관해 살펴보기로 한다. 이는 신 존재에 관한 것이라기보다는 신 존재의 명증성(evidentia)에 관한 것이다.

---

47) *Opuscula Ver. Theologica*, c. 1, 2.

그런데 우리가 여기서 신에 대한 본유관념(idea innata)을 인정하게 될 때에는 난처한 입장에 빠질 수도 있다. 왜냐하면 우상 숭배자들이 자신들의 신상을 모시고 그들의 신을 숭배하고 있다는 사실을 감안하는 경우 그러한 개념이 얼마나 모순된 주장일 수 있는지 되묻지 않을 수 없기 때문이다. 신 개념이 인간 정신과 불가분의 관계에 놓여 있을 뿐만 아니라 그 안에 본성적인 것이라면 어떻게 그런 일이 발생할 수 있단 말인가?

보나벤투라에 의하면 우상 숭배라는 현실적인 행위조차도 이 주장을 반박할 수는 없다. 오히려 문제의 핵심을 더 공고히 할 뿐이다. 왜냐하면 우상 숭배는 신적 본질과 관련하여 인간이 오류를 범하는 행위이지만, 그것은 무한한 본질을 지닌 존재에 대한 본유관념을 확인시키면서 숭배자는 자신의 영혼 안에 타고난 신 관념을 대상 안에 의인화시키는 행위에 머물고 있는 것에 불과하기 때문이다. 이러한 전망에 입각하여 문제의 의미를 파악할 때 보나벤투라는 신에 대한 인간의 절대적 인식과 절대적 무지 사이에 상당수의 등급들이 존재한다고 있음을 인정한다.[48]

결국 보나벤투라는 본유관념을 인간 인식의 차원에서 형상적으로 (formaliter) 이해한다. 그것은 불완전한 인식이지만 의심할 수 없는 것이며 모든 앎을 명백하게 해준다.[49]

보나벤투라는 신에 관한 명석하고도 명시적인 관념을 인간 안에 공식적으로 표출하지도 않았고 신에 관한 즉각적인 현시나 체험에 대해서도 밝히 드러내 보이지도 않았다. 그렇지만 그는 부정할 수도 없을 뿐만 아니라 내적 반성을 통해 명석하며 분명한 것으로 변모될 수 있는 인식에 대해서는 철저하게 따져 묻고 있다. 이는 명석하고 반성적인 인식으로 결론이 날 수밖에 없는 신에 관한 잠세적 인식에 관한

---

48) É. Gilson, *The Philosophy of Bonaventure*, p.111.
49) *De mysterio Trinitatis*, 1, 1, 6-8.

것이다.

　보나벤투라는 이러한 사실을 심리적인 질서와 관련하여 다음과 같이 논증한다. 아리스토텔레스의 말대로 "모든 인간은 본래적으로 아는 것을 갈망한다."[50] 최고로 욕구할 만한 지혜는 영원한 지혜이다(Sapientia maxime potibilis est sapientia aeterna). 그러므로 무엇보다도 인간 정신 안에 본유적인 것은 지혜에 대한 사랑이다.[51] 그러나 누가 지혜에 대해 절대적으로 무지하다면, 지혜를 사랑하는 것은 불가능하다. 그러므로 최상의 지혜에 대한 몇 가지 인식 형태는 "인간 정신 안에 본유적"(sit menti humanae impressa)인 것임이 확실하다. 이런 형태의 논증은 인간의 행복추구(appetitus beatitudinis)에도 적용된다. 즉 인간은 최고선에 대한 욕구를 갖는데, 그 욕구는 대상에 대한 일정한 인식 없이는 지각될 수 없는 고로, 인간은 최고선이신 신 존재에 관한 본유적 인식을 갖고 있음이 확실하다.

　보나벤투라에게 있어서 본성의 욕구는 변덕스런 것이 아니라 그 고유한 지향성(intentionalitas)을 내포하고 있다. 그것은 구속력이 있으며 배반치 않는다.[52]

　그는 『삼위일체 신비론』(De Mysterio Trinitatis)에서 이상의 두 가지 논증을 보완한다. 인간은 평화에 대한 욕구(appetitus pacis)를 지니는데, 이성적 존재의 최상의 평화에 대한 욕구는 불변적이고 영원한 하나의 존재자에게만 귀속될 뿐이다. 이러한 갈망은 구체적 대상에 대한 개념 내지는 인식을 전제조건으로 한다. 따라서 불변적이고 영원한 존재에 관한 인식은 모든 이성적 정신에게는 본유적이다.[53]

---

50) Cf. Aristoteles, *Metaphysica*, I, c. 1, 980.

51) *De Mysterio Trinitatis*, 1, 1, 8.

52) 이 주제와 관련된 보나벤투라의 종합적인 가르침을 보기 위해서는 *Hexaém*., col. 10, nn. 10-18을 참조할 수 있다.

53) *Ibid*., 1, 1, 8.

2) 신과 인간 영혼

보나벤투라가 주장하는 제일원리에 대한 인식 가능성은 신과 영혼의 관계 유형에서도 발견된다. "영혼은 자기에게 현존하며"(Anima sibi praesens est) 자체를 인식할 수 있다.54) 신은 영혼 안에 "가장 현존적이며"(praesentissimus est), 영혼과 마찬가지로 그 자체를 인식할 수 있다.55)

그런데 최상의 지성적 존재는 무한히 고차원적이어서 인간 존재와는 비교조차 할 수 없다. 이런 사실만으로 신에 대한 인식 가능성을 증명할 수는 없다. 인식 문제에 있어서 주체와 대상 간의 조화가 필연적으로 요청된다면, 인간 정신은 신에 관해 아무런 인식도 가질 수 없다. 이유는 "인간 정신은 본성적으로나 은총에 있어서나 영광(gloria)에 있어서 신과 비례할 수 없기 때문이다."56) 무한자가 인간에게 본성적으로 인식되기 위해서는 적절한 관계, 근본적인 면에서의 조화, 일정한 양립성이면 족하다.

앞에서도 언급했듯이 영혼은 모든 것에 유사해질 수 있기에 본성적으로 모든 것을 인식하고자 한다. 덧붙여 말하자면 영혼은 유사성(similitudo)의 방식에 입각하여 특별히 신을 인식하고자 한다. 이유는 그것이 신의 모상(imago Dei)과 유사성에 따라 조성되었기 때문이다.57) 신 존재에 대한 본유적 인식 역시 이러한 두 가지 중의 하나가 원인(causa)이며 다른 존재들의 원형이 됨을 의미한다.

---

54) *Ibid.*, 1, 1, 10.

55) *Ibid.*, 1, 1, 10.

56) *Ibid.*, 1. 1. 10: "quia proportionari ei non potest, nec per naturam nec per gratiam nec per gloriam."

57) *Ibid.*, I, 1, concl.

3) 안셀무스의 존재론적 논증에 대한 보나벤투라의 입장

보나벤투라는 안셀무스가 『대어록』(*Proslogium*)에서 제시한 논증을 받아들여 거기에 논리적이고 존재론적 가치를 부여한다. 안셀무스에 의하면 이성은 자기 자신 안에서 존재 관념, 사유 가능한 최상의 존재, 즉 "그것보다 더 큰 것을 생각할 수 없는 것"(id quod majus cogitari non potest)을 발견한다. 보나벤투라는 이 점을 다음과 같이 분명하게 표현하고 있다. "존재의 진리는 그 자체로 명증적이다. 왜냐하면 술어는 주어 안에 포함되기 때문이다."[58] 신이 존재한다는 것은 명백함으로 신 관념을 갖는 것으로 충분하다. 왜냐하면 존재(existentia)는 주어인 신 안에 포함되기 때문이다. 신, 즉 최상 진리는 그 어떤 것도 그것보다 더 낮게 생각될 수 없는 존재 자체이다. 한편 그것은 존재하지 않는 것으로 생각될 수 없다. 왜냐하면 신이 존재하지 않는다면 존재를 갖는 다른 존재에 대해 사고할 수 있기 때문이다.

이렇게 볼 때 보나벤투라의 신 존재 증명은 영혼과 그 작용의 자기 경험에 있어서의 선천적 직관인식(直觀認識)이다. 그의 신 존재 증명은 결과로부터 제일원리를 이끌어내는 분석적 작업이 아니다. 그는 증명을 통해 신에 대한 함축적 인식을 강조하면서 신이 하나의 대상으로 인간 사고에 비례하는지에 관한 문제를 증명했을 뿐이다. 이 점은 신적 조명을 통한 인간 이성의 긍정 여하에 달려 있다.

마찬가지로 진리가 더 기초적이고 보편적일수록 더 잘 알려진다는 아리스토텔레스의 원리에 따라 보나벤투라는 신 존재에 관한 진리는 그 자체로 그리고 우리가 이해하는 데 있어서 최고 진리이기 때문에 가장 확실하며 명증적이라고 주장한다. 이러한 명백함으로 인해 신 존재는 그것에 대한 부정의 가능성조차도 배제된다. 인간이 신에 대해 갖고 있는 관념으로부터 신 존재의 절대적 필연성에 긍정적인 일련의

---

58) *I Sent.*, d. 8, p. 1, q. 2, concl.

논증들을 마감하면서 보나벤투라는 다음과 같이 말한다.

"만일 신이 신이라면 신은 존재한다. 그런데 전제는 신이 존재하지 않는다는 것이 사유 불가능할 만큼 참된 것이므로 신 존재는 의심할 수 없는 진리이다."[59]

이러한 개념의 내재적 명증성(內在的明證性) 혹은 신의 이데아는 신 존재 긍정의 기반이 된다. 신 개념은 — 그것보다 더 큰 것을 생각할 수 없는 것 — 분명한데, 이유는 주어와 술어 간에 아무런 모순도 발견되지 않는, 아주 명백하게 인식할 수 있는 관념이기 때문이다. 보나벤투라는 이러한 논증이 신에게만 적용 가능하다고 주장한다. 신만이 가장 완전한 존재이기 때문이다. 동일한 추리 방식을 통해 여타의 모든 것 역시 그러한 가치가 있을 것이라고 지적하는 비판들은 (예컨대 개념을 통해 파악 가능한 가장 완전한 섬의 경우) 신이 아닌 모든 것은 불완전하다는 점에서 논증의 가치를 파악하지 못한다. 신적 존재만이 그것보다 더 큰 것을 결코 생각할 수 없는 그것으로 기술될 수 있다.

이와 같은 보나벤투라의 증명은 바로 칸트가 존재론적 논증이라고 부른 그 유명한 증명 중의 하나로 손꼽힌다. 이 논증은 여러 번에 걸쳐 비판은 받았을지언정 거부된 적은 없다. 앞에서 언급했듯이 토마스 자신은 이 논증에 대해 비논리적이라고 생각했다. 왜냐하면 논리 질서에서 존재론적 질서로의 불법적인 비약을 함축하고 있다고 보았기 때문이다.

토마스에 앞서 가우닐로 수도승은 안셀무스의 주장에 대해 강력한 공격을 퍼부은 적이 있었다. 가우닐로의 주장에 의하면 가장 완전한 섬이 존재하고 있음을 생각한다는 사유는 그 섬이 실제로 존재한다는 것을 포함하고 있지 않다. 뒤에 가서 칸트는 어떤 것에 대한 개념을

---

59) *De Mysterium Trinitatis*, 1, 1, 29.

소유하는 경우 그 존재가 주어지지 않는다고 말할 것이었다. 만일 내가 칸트 식으로 백 탈레르(thaler)를 정신적으로 표상한다고 해서 나는 이 개념으로 인해 그것을 소유하게 된다고 말할 수는 없다. 만일 어떤 예술가나 조각가가 한 폭의 그림이나 책을 생각한다 해서 그것들이 존재한다고 말할 수는 없을 것이다. 그러나 이 모든 비판들은 한결같이 문제의 핵심을 건드리지는 못한다. 왜냐하면 우리는 신 관념 안에서 우리의 표상들만을 가지고는 아무 것도 알 수 없는 유일 무이한 경우에 직면해 있기 때문이다. 데카르트 역시 존재론적 증명을 신 존재에 관한 명석한 증명으로 받아들였다.

존재론적 논증의 영역을 이해하기 위해서는 개념(conceptus)과 관념(idea)을 서로 구별해야 한다. 개념은 한 사물의 실제적 본질의 주관적 상관성이며 추상작용의 산물이다. 개념이 많은 구체적 사물들을 받아들이는 정신의 일치라면, 관념은 의미의 일치이며 유적 가치(有的價値)를 지닌 본질의 일치이다. 플라톤에게 있어서 관념들은 실제화된 정의들이다.

일반적으로 근대 이후의 철학에서 관념은 분명 플라톤적 흐름을 따르지 않는다. 그것은 모호하고 다양한 의미로 해석될 수 있다. 한 예로 로크(J. Locke)에게 있어서 관념은 데카르트가 사유(cogitatio)로 지향하는 바인 내성(內省)의 세계를 감싸고 있다. 흄(D. Hume)에게 있어서 관념들은 감각 인상들에 대한 표상들이다. 칸트에게 있어서 관념은 규제적 원리이며 문제시된 목적을 향해 오성의 사용을 안내하는 엄밀한 규정이다. 이러한 관념의 해석에서 출발하게 되는 경우 존재론적 논증을 이해할 수 없게 된다는 것은 너무나 분명한 사실이다. 그럼에도 불구하고 그것을 활성화시키는 정신에서 출발하는 경우와 그들 자체의 해석학에 입각하여 출발하는 경우 존재론적 논증은 이해 가능하게 될 것이다.

우리는 여기서 보나벤투라의 논증과 관련하여 전체적인 결론을 내려보기로 한다. 보나벤투라의 추론은 안셀무스의 추론보다도 훨씬 더 계시나 이성 혹은 경험과 같은 다른 원천으로부터 이미 신 관념을 지니고 있다는 전제하에 있음을 알 수 있다. 인과관계의 원리를 근거로 하여 피조물로부터 창조자를 주장할 수 있는 것처럼, 우리 경험상의 결핍과 한계들은 그 반대가 되는 완전성들을 터득함으로써만 알 수 있다는 것이다. 이는 인간 정신이 필연적으로 자체 안에서 어떤 종류의 빛을 경험하고 그 빛을 통해 최고존재를 안다는 것을 의미한다. 나아가서 보나벤투라는 아우구스티누스의 견해에 동조하여 인간은 그 자체에 참여함으로써 그 자체를 직접 인식한다고 본다. 신은 영혼보다 더 영혼에 참여하기 때문에 신에 관한 인식은 사실 그대로 우리의 영혼에 주입되어 있다.[60]

시편 작가에 의해 묘사된 어리석은 자를 포함한 많은 사람들이 문제가 되고 있는 인식을 자각하지 못한다는 반론에 대해 보나벤투라는, 안셀무스처럼 그러한 무지는 우리의 정신이 신을 인식할 능력이 없다는 데에서 기인하지 않고 신이라는 말이 진정으로 의미하는 바를 인식자가 고찰하지 못하는 데 있다고 답한다.[61]

인간이 이승에서 획득 가능한 신 인식의 종류에 대해 말하면서 보나벤투라는 그것이 완전하고 포괄적일 수 없다고 보며, "그러한 인식은 천상에 속하고" 또 천상의 성도들이 지니고 있는 인식처럼 그렇게 신에 관한 우리의 인식이 분명하고 확연한 것이 아니라고 본다.

보나벤투라의 경우 존재론적 논증에 있어서 일반적으로 제기되는 반론인 신 관념으로부터 신 존재로의 불법적인 전이에 관한 문제는 거론되지 않는다. 우리는 여기서 질송(É. Gilson)의 말을 떠올림으로써 보나벤투라적 논증의 참된 의미를 되새겨보고자 한다.

"관념은 보나벤투라에게는 단순히 존재가 그의 사고에 현존하는 그 양식대로 있다고 할 때의 양식이다. 그러므로 존재가 필연적인 신 관념과 필연

---

60) *Ibid.*, 1, 1, 10.
61) *Ibid.*, Conclusio, nos. 1, 2, 3.

적으로 존재하는 신 사이에는 메워져야 할 간격이 없다."62)

보나벤투라의 논증과 관련하여 전체적인 결론을 내려본다면 그의 추론은 안셀무스의 추론보다 훨씬 더 심오한 계시나 이성 혹은 경험과 같은 원천으로부터 신 관념을 이미 지니고 있다는 가정 하에 전개되고 있다는 점에서 철학과 신학을 넘어선 신비론의 차원에 머물고 있다고 말할 수 있다.

4. 둔스 스코투스와 논증의 채색화

역사의 인간은 개념의 매개나 종(species)의 형상(eidos)에 힘입지 않고서는 개별 대상들을 직접 인식할 수 없다. 따라서 인간 지성은 주어진 본성적 직관이나 힘을 통해서는 신을 즉발적으로 알 수 없다. 인간은 신에 대한 완전한 매개 개념이나 즉발적·추상적 개념도 소유하고 있지 않으며 불완전한 개념만을 지니고 있을 뿐이다. 따라서 신 존재는 명증적이지 못하고 '무한존재'가 존재한다는 명제 역시 명증적이지 않다.63)

1) 신 인식을 위한 이성의 사용

사상사 안에서 많은 철인들이 신 존재를 증명하려 했으나, 그 중에서도 가장 완전한 형태의 증거를 애써 찾아내려 한 사람은 다름 아닌 둔스 스코투스(J. D. Scotus, 1266-1308)였다. 그가 제시한 신 존재에 관한 논증은 인류 사상사에서 매우 가치 있는 자료로 평가되고 있다.

---

62) É. Gilson, *The Philosophy of Bonaventure*, p.129.
63) *Ord.*, I, d. 3, n. 26.

이 글에서 우리는 그가 전개한 신 존재에 관한 다양한 논증들을 거론하지는 않고, 다만 존재론적 논증에 대한 그의 사상적 대응이 어떠한 것이었는지를 밝히는 데 역점을 둘 것이다.

그는 당시 위력을 떨치고 있던 아우구스티누스의 주요 주제인 안셀무스의 존재론적 논쟁에 대해 무관심할 수 없었다. 결론부터 말하자면 그는 안셀무스의 논증을 받아들여 변화시켰다.[64] 신플라톤주의적 계열의 보나벤투라와 같은 학자들이 토마스와는 다른 견해를 취하면서 안셀무스의 논쟁을 후원하였다는 사실은 스코투스로 하여금 문제에 대한 깊은 관심을 갖게끔 하는 계기로 작용하였다. 그는 모든 학파의 편견을 배제한 채 존재론적 논증을 이용하여 과연 신에게 접근할 수 있는지를 타진하기에 이른다.

스코투스는 신 존재를 단순한 믿음의 대상으로 수용하는 데 그치지 않고 자신이 신앙으로 믿는 바를 이성적으로 증명해 내고자 힘썼다.

"처음이시고 마침이시라고 선언하신 우리의 하느님이신 주님이시여, 여기 있는 당신 종에게 신앙으로 열심히 믿는 바인, 즉 당신이 제일능동자이시며 제일탁월자이시며 제일목적자시라는 것을 이성으로 증명토록 도움을 베푸소서."[65]

---

64) 스코투스는 자신의 여러 저술들에서 신 존재 논증을 펼쳤다. 가장 완벽한 논의는 『옥스퍼드 강의록』(Opus oxoniense)으로 알려진 『정리』(Ordinatio)와 『제일 원리론』(De primo principio)에서 발견된다. 특히 안셀무스의 저술과 뚜렷한 유사성을 보이고 있는 소논문인 『제일 원리론』은 몇몇 사가들이 '13세기의 대어록'(Proslogium)이라고 부를 정도였다. 『제일 원리론』의 논법은 『정리』의 전반적인 문맥을 따르고 있으며 실상 그 논문의 대부분은 『정리』에서 따온 것이라 해도 과언이 아니다. 따라서 우리의 경우 될 수 있는 한 『정리』의 원본을 이용하는 것이 논리 전개상 원칙이라는 사실을 잊지 말아야 할 것이다.

65) De Primo Principio, c. 3: c. 4와 마지막 결론; De Primo Principio는 안셀무스의 『대어록』(Proslogium)을 상기시킨다: 이 점에 관해서는 R. Prentice, "The Primo Principio of D. Scotus, a Thirteenth Century Proslogium", Antonianum, 39, 1964, pp.78-109.

스코투스의 형이상학은 근본적으로 세계의 전 질서를 제일원리로 인도하는 존재론적 특성을 지니고 있다. 여기서 지칭되는 제일원리는 가깝게는 보나벤투라의 사상이 궁극적 목표로 삼은 절대자이며, 약간 멀게는 안셀무스의 신이기도 하다. 이렇게 스코투스가 제시하는 신은 삼라만상의 온갖 요소들과 무관한 존재가 아니며 오히려 모든 존재들의 정초(定礎)이고 세계 사물들이 지향하는 최종목적이다. 인간은 신이 실제 자체의 내부에 자리한 까닭에 이성적·분석적 과정을 통해 그에게 도달할 수 있다. 이것은 분명 신플라톤주의적 계열에 놓여 있는 사상가들의 일관된 주장이기도 하다. 일례로 아우구스티누스의 사상이 바로 그러하였으니, 그에게 있어서 인간 영혼은 곧 신의 현존처였다(Ubi homo ibi Deus).

인간은 자기 자신과 자신을 둘러싼 피조물을 통해 신을 인식할 수 있다. 이런 이유로 스코투스는 보나벤투라의 신 존재 논증과 관련하여 더욱 적극적인 자세를 취할 것을 요구한다. 즉 논증에 그쳐서는 안 되고 분명한 증명의 차원에로 그것을 이끌어내야만 한다는 것이다. 이 점은 스코투스가 보나벤투라의 한계를 극복하여 새로운 학문적 지평을 펼쳐 보이는 놀라운 능력으로 평가된다.

스코투스는 당시 소수의 사상가들이 그랬던 것처럼 철학의 도움 없이는 신학이 아무 것도 할 수 없다는 것을 분명하게 의식하고 있었다. 그에게 있어서 철학은 결코 신학의 시녀가 아니었다. 그는 이성과 철학의 중요성을 부르짖었기에 신학의 모체가 되는 요청들에 무조건 의지하지 않고 이성적이며 사변적인 기반을 마련하는 데 온갖 심혈을 기울였다. 이렇듯 강력한 이성을 도구로 삼은 그는 마침내 형이상학적 근본주의(形而上學的 根本主義)를 마련할 수 있었으니, 그것은 다소의 논쟁에도 쉽게 흔들리는 사상적 누각이 아닌, 그 어떤 지성적 공격에도 끄덕하지 않는 지적 성채와도 같았다.

2) 존재의 자명성

스코투스는 신 존재를 논증하는 데에 있어서 토마스가 그랬던 것처럼 운동에 대한 아리스토텔레스적 증명을 사용치 않는다. 그는 새로운 형이상학적인 전제들로부터 출발하는 것을 선호한다. 예컨대 무한존재에 대한 증명은 존재 일반의 현존을 전제로 한다. 그는 '있는 자'라고 자기 명명되는 자의 현실적 존재로 기울어진다. 우리는 여기서 신 존재 논증에 관한 스코투스의 논증을 낱낱이 다 소개할 수는 없다. 단지 안셀무스의 존재론적 논증과 관련하여 그가 남긴 공헌이 어떠한 것인지를 제한적으로 밝히는 데 만족하고자 한다.

한마디로 스코투스는 안셀무스가 남긴 논증의 가치를 인정하고 받아들인다. 이성은 그 자체 안에서 존재에 관한 이데아나 사유 가능한 최고존재에 대한 관념을 발견한다. 명민한 박사는 안셀무스가 출발점으로 작용하며 명증적인 것으로 여긴 개념의 비모순성에 대한 토대를 마련하지 못한 데서 실수를 범했다고 본다. 증명은 개념의 명증성이나 신 관념이 아닌, 가능성(possibilitas), 다시 말해 사유성(cogitabilitas) 위에 그 토대를 마련해야 한다는 것이다.

안셀무스 논증에 대한 스코투스의 접근은 그의 유신론적 증명의 목표인 무한존재(Esse infinitum)의 현존이 자명한 진리인지에 대해 반론을 취하면서 시작된다. 안셀무스의 논증을 대하면서 반론에 대해 논의하는 것은 스코투스에게 있어서는 어쩌면 당연한 논리인지도 모른다. 반론에 대한 긍정적인 답변이 주어진다면 모든 논증은 무용한 것에 불과할 것이기 때문이다. 어떤 것이 명백하거나 자명하다면 그것은 더 이상 논증을 필요로 하지 않는다. 그래서 그는 우선 신 존재의 자명성에 대한 추정된 지식으로 더 큰 어떤 것도 생각할 수 없는 존재는 반드시 존재하거나 아니면 그것은 그와 같은 존재가 아니라는 안셀무스의 말을 인용한다.

문제에 답하기에 앞서 스코투스는 자명한 명제라고 생각하는 것에 대한 상세한 분석을 시도한다. '자명한'(per se nota) 명제와 '우리에게 분명한'(nota quoad nos) 명제, 즉 안셀무스의 증명에 대해 토마스가 반론의 기초로 활용하는 명제들간의 차이를 무시하고, 그 명사(名辭)들과 그것들의 관계가 즉각적으로 알려진다면 명제는 자명하다고 스코투스는 언급한다.66) 명제의 명사들이 그것들의 의미가 이해되자마자 알려지는 것이 아니라 그것들을 정의하기 위해 제3의 개념이 도입되어야만 한다면, 그 명제는 자명한 것이 아니다. 마찬가지로 명제의 주어(subjectum)와 술어(predicatum) 사이의 관계가 분명치 않고 논증을 통해서만 자명하게 된다면, 그 명제 역시 자명하지 않다. 더 나아가 마치 그 자체가 자명한 명제와 우리에게 분명한 명제 사이에 차이가 없듯이 스코투스에게 있어서 그 자체에 의해 알려진(자명한) 명제와 그 자체로 알 수 있는(per se noscibilis) 명제 간에는 아무런 차이도 없다. 왜냐하면 명제의 자명성은 그것의 실제적인 인식에 의존하는 바가 아니라 자명한 지식을 생기게 하는 명사들의 일치 혹은 적합성(aptitudine)에 달려 있기 때문이다. 더 정확히 말해 명제의 자명성이 초월적 지성, 즉 신의 지성이나 천사의 지성 혹은 그들의 지성이 신성과 직접적으로 접촉하는 천상에 있는 성도들에 의해 알려질 수 있다면, 명제는 그 명사들이 우리에게 즉시 알려지지 않는다는 사실에도 불구하고 자명하고 또 자명하게 존재한다.

자명한 명제의 의미를 명백히 밝히고 난 다음 스코투스는 "신이 존재한다"라는 명제가 자명한지에 대한 문제를 그의 원리에 계속 적용하여 분석한다. 이 명민한 박사에 의하면 "신이 존재한다"(Deus est)는 명제는 명사(terminus)들의 필연성을 함축하고 있다. 그러나 그는 명제의 필연성이 실재하는 것들의 필수적인 특성과는 다르다고 주장한다. 명제들의 필연성은 명사들이 있음으로 해서 마음속에 있는 명제들을 증명해 내는 요소일 뿐이다.67)

---

66) *Ord.*, I, d. 2, p. 1, q. 2(Vatican ed., Vol., II, p.129).

스코투스에게 존재의 명증성은 "신이 존재하는 것과 같이 무한한 어떤 것이 있는지"(Aliquid infinitum esse ut Deum esse)의 물음으로부터 논증된다. 그는 신 존재와 같은 어떤 무한한 존재가 '자명하다'(sit per se notum)는 것은 인식의 물음을 통해 제일원리의 자명성을 규명하여 존재 일반을 서술하는 것이다.

스코투스는 우선 "신이 존재한다는 인식이 모든 사람에게 심겨져 있다"고 말하는 다마스케누스(Damascenus)의 주장을 거부하지 않는다. 그리고 그는 신 존재가 자명하지 않고 자연적 지식만이 자명하다는 주장을 거부한다.[68] 스코투스는 신에 관한 인식이 만인에게 본성적으로 심겨져 있다는 주장을 기초로 "인간은 아무도 계시에 의하지 않고는 신이 존재한다는 것을 알지 못한다"(nullus novit Deum esse nisi per revelationem)고 동일한 장에서 주장하는 다마스케누스의 주장을 받아들인다.

스코투스는 특수개념(conceptus particularis)이 아닌 보편개념(conceptus universalis)과 신에게 가장 적합하게 적용되는 공통개념에 의해서 신에 대한 인식이 모든 사람에게 주입되어 있다고 말한다.[69]

그런데 존재의 자명성을 정의하는 경우, 그것보다 더 큰 어떤 것을 생각할 수 없다면 그것의 존재는 자명한 것이 아닐까? 왜냐하면 앞서 고찰하였듯이 그 술어의 반대가 허용되면 주어는 파괴될 것이기 때문이다. 사실 어떤 것이 존재하지 않는다면 "비존재보다 더 큰 존재"(esse quod est majus quam non esse)를 생각할 수 있다.[70] 따라서 더

---

67) *Lec.*, 123.

68) 여기서 말하는 자연적 인식은 모순원리와 같은 논리적 원리를 말한다.

69) *Lec.*, 123: "Ideo potest dici quod ejus cognitio omnibus est inserta non in particulari, sed in universali et secundum conceptus communes, qui propriissime Deo conveniunt."

70) Cf. Anselmus, *Proslogium*, c. 2: "Quid. si non esset, posset cogitari aliud majus, scilicet existentia praeditum, Ergo ens, quo majus cogitari nequit, est." 이것은 가장 크고 위대한 유(ens)에 존재를 포함시켜 주는 논증이다. 이

큰 어떤 것을 생각할 수 없는 것은 자명하다고 안셀무스는 주장한다.

그러나 스코투스는 안셀무스의 주장에 대해 다음과 같은 점을 지적한다. 안셀무스는 신 존재가 참된 존재임을 논증하는 데 머물렀다는 것이다. 이 점은 안셀무스의 삼단논법을 열거함으로써 반증된다.

> 존재하지 않는 모든 것보다 더 큰 어떤 것이 있다(유는 비유보다 더 크다).
> 그러나 최고자보다 더 큰 것은 아무것도 없다.
> 고로 최고자는 비존재가 아니다.[71]

이러한 신 존재의 자명성에 대한 안셀무스의 논증은 유의 초월적 특성들 중의 하나인 유의 진성(眞性)에 대한 규명이다. 우리는 여기서 "진리가 존재한다는 것"(veritatem esse)은 자명하다고 볼 수 있지 않을까? 안셀무스의 논증도 최고자(Summum)가 존재한다는 것을 그 진리 자체로 파악하는 경우 자명하지 않은가? 더구나 보나벤투라는 "만일 누가 진리가 존재하는 것을 확신한다면 진리는 자명한 것이 된다. 그리고 누가 진리가 존재한다는 것을 부정한다면 진리가 존재하지 않는다는 것은 사실이 될 것이므로 진리는 자명한 것이다"[72]라고 말함으로써 "그렇게 어떤 진리는 존재한다"(ita aliqua veritas est)고 주장한다.

그러나 스코투스의 위의 논증이 신 존재의 자명성에 근거하고 있지 않기 때문에 논리 자체는 타당성을 지니지 못한 것으로 간주한다. "진리가 존재하는 것은 자명하다"(veritatem esse per se notum)는 명제는

논증에서 지적할 수 있는 것은 전개에는 모순이 없을지 모르나 신앙 개념을 분석할 때 신을 현존하는 존재로 받아들일 수 있다고 확신한 점이 오류를 범한 것이다. 그러한 오류는 플라톤적 사상 배경에서 나오는 것으로 개념에서 직접 존재성을 이끌어내는 존재론적 비약에 의한 것이라고 볼 수 있다.

71) *Lec.*, 123: "Omni eo quod non est, aliquid est majus; sed summo nihil est majus; igitur Summum non est non-ens."

72) *Ord.*, 129.

일반적인 진리로부터 신이 존재한다는 진리를 이끌기 때문에 위의 논증의 결론은 허위적 긍정에 불과하다는 것이다.

스코투스는 "그렇게 어떤 진리가 존재한다"는 것은 자명하지 않다고 주장한다. 만일 "진리가 없다면 진리가 존재하지 않는다"는 것을 논증했을 때 기초적으로 사물 안에, 형상적으로는 지성 안에서가 아니라면 진리는 존재하지 않기 때문에 결론은 아무런 가치도 없다는 것이다.[73] 그러므로 진리가 없다면 어떠한 진리도 없다는 것은 참되다. 결국 "진리는 있는 것이다"를 스코투스는 받아들이지 않는다.[74]

여기서 스코투스는 보나벤투라의 "그렇게 어떤 진리는 존재한다"(ita aliqua veritas est)를 거부한다. 다시 말해 스코투스는 진리가 존재하지 않는다면, "진리가 존재하지 않는다는 것이 진리"라는 언명이 따르지 않는다는 것이다.

스코투스는 한정된 명사들의 존재성에서(ex entitate terminorum secundum quid) 필연성을 갖는 복합(명제)들은 자명하다고 본다.[75] 그가 말하는 명사는 신 인식을 자체 안에 내포한 모든 주어와 술어를 의미하며 특수 명사가 아닌 보편 명사를 의미한다. 그리고 '필연성이 도출되는 명제들'은 그러한 명제들로 구성된 것을 뜻한다. 따라서 신에 대한 인간 인식과 보편적 명사들이 내포된 명제는 그 자체로 자명하다고 규정한다. 예컨대 "신이 존재한다"(Deus est)의 명제가 바로 그런 경우이다.

이 사실을 증명하면 다음과 같다. 전체도 부분도 존재하지 않는다

---

73) *Lec.*, 123: "Et quando arguitur quod <si veritatem non est, verum est veritatem non esse>, dico quod consequentia non vales, qua veritas non est nisi in re fundamentaliter vel in intellectu formaliter."

74) Cf. *Ord.*, 129. 즉 스코투스는 "Si nulla veritas esset, ergo verum est nullam veritatem esse: ergo veritas est"를 받아들이지 않는다.

75) *Lec.*, 114: "Complexiones quae habet necessitatem ex entitas terminorum secundum quid, sunt per se notae."

고 가정할 때, 마음속에는 언제나 '부분'의 명사는 이미 전체, 부분의 존재와 연관되어 있다. 이 사실은 "모든 전체는 그것의 부분보다 더 크다"(omne totum est majus sua parte)의 진리가 되는 것을 보장한다. 이때 명사들은 필연적 진리로 존재하나 단지 마음속에서 한정된 존재(secundum quid)를 가질 뿐이므로, "신이 존재한다"의 명제와는 다른 것임을 알 수 있다. 명제의 필연성은 스코투스에 의하면 실재하는 것들의 필수적인 특성이 아니라고 간주한다. 그것은 오로지 명사들이 있음으로 해서 마음속에 있는 명제들을 증명해 내는 요소일 따름이다.

우리는 다시 한번 자명한 존재가 의미하는 바가 무엇인지를 고찰하지 않을 수 없다. 사실 "신이 존재한다"가 자명하다면 그것은 자명해질 것이다. 또한 "무한유가 존재한다"(ens infinitum est)와 같이 신에 예속된 어떤 것을 서술하는 다른 명제가 자명하다면 그것은 확실해질 것이다. 스코투스에 의하면 명제는 그 명제의 인식이 오로지 명사들의 정의에서 유래하는 것이라면 자명한 것이 못된다.[76] 명사들의 정의로부터 유래된 명제가 자명하다면 "사람은 동물이고 육체이다"(homo est animal et corpus)의 명제 역시 자명한 것이 될 것이다. 스코투스는 정의에 대한 인식은 어떤 명제를 자명한 것으로 만드는 데 충분치 않다고 본다.

스코투스는 능동적 지성작용을 강조하여 명제를 그 자체로 충분한 원인으로 파악한다. 이러한 지성적 작업은 인간의 사고 수단과 인식 대상 사이에 어떤 관계를 수립하는 데 있다. 대상과 주체의 관계는 그의 『제일원인론』(De Primo Principio)에서 원인과 목적의 관계로 나타난다. 그는 "목적은 원인을 주는 제일원인이다"[77]라고 말함으로써 원인과 목적을 긴밀히 결속시킨다. 따라서 '본성적으로 자명한 것들'로

---

76) 스코투스는 자명한 명제를 규정함에 있어서 <다른 것으로부터>(ex aliquo)와 <자기 안에>(in se)를 크게 강조하기 때문이다(Cf. Ord., 131).

77) De Primo Principio, c. 2, 11: "Finis est prima causa in causando."

서 자명한 명제들이란 특정한 마음속에 존재하는 것으로 발생되는 까닭에 자명한 것이라 규정되지 않고, 다만 명제의 명사들이 자체 안에서 자명한 것으로 인식되는 것을 지성에서 본성적으로 유발하고자 하는 경향으로 인해 자명하다고 말한다. 따라서 어떤 지성에 의해서만 논증될 수 있는 명제라면 그것은 자명하지 않으며 한편으로 지성이 실제로 인식할 수 없는 경우 그 어떤 명제도 자명한 것이 될 수 없다.

3) 안셀무스의 존재론적 논증에 대한 스코투스의 채색화 작업

스코투스에 의하면 "신이 존재한다"는 명제는 순전히 용어들의 필연성을 갖는다.[78] 그런데 이 명제의 필연성은 명사들이 있음으로 해서 마음속에 있는 명제들을 증명해 내는 요소일 따름이다.[79] 그래서 스코투스는 즉시 자신의 답변에 제한을 가한다. 이 명제는 명사들이 천국 성도들의 지성이나 신의 지성과 같이 그것들을 인식하는 지성 내에서 자명한 진리를 산출하려는 경향 때문에 자명하다고 말해야 한다는 것이다. 더 나아가 자명한 명제와 우리에게 분명한 명제 사이에는 아무런 구별이 없기 때문에, 문제가 되는 명제는 또한 우리들에게 자명한 것이라고 알려진다. 그렇지 않다면 우리가 어떻게 그것이 신과 관련된 것이라고 말할 수 있겠는가? 그러나 현상태에서 신에 대한 우리의 지식은 피조물을 통해 이끌어지는 공통 개념들을 통해서만 가능하기 때문에 우리는 존재가 신적 본성에 속한다는 어떠한 논의나 논증을 통해서도 그 명제의 명사들을 직접 파악하지는 못한다. 그러므로 "신이 존재한다"는 명제는 상세하게 자명한 것으로 우리에게 이해되지 않는다. 그 진리는 논증될 수 있고 또 논증되어야만 한다.[80]

---

78) *Lec.*, XVI, d. 3, p. 1, q. 1-2(Vatican ed., p.123).

79) *Ibid.*, p.124.

80) *Ord.*, I, d. 2, p. 1, q. 2(pp.137-138).

마치 "필연유는 존재한다"거나 "무한유는 존재한다"와 같이 신이 우리에게 알려지고 존재가 개념으로 서술됨으로써 말해진 다른 진술들도 진리이듯이, "신이 존재한다"는 명제에 대해 말해진 것도 똑같은 진리라고 스코투스는 주장한다. 이러한 명제들은 세 가지 이유로 인해 자명하지 않다. 첫째, 자명한 명제는 아무런 논증을 허용치 않는데 반해, 그것들은 논증 가능하기 때문이다. 둘째, 그 명사들은 우리에게 믿음이나 논증에 의해 알려지기 때문에 자명하지 않다. 셋째, 무한유, 필연유 등과 같이 우리가 신에 대해 가지고 있는 고유한 개념들 중 어떤 것도 절대적으로 단순하지(simpliciter simplex) 않고 모든 것들은 복합적이기 때문에 자명하지 않다. 그것들은 복합적인 고로, 그러한 개념들로 이루어진 복합물들이 명백하게 알려지지 않는다면 그것들에 대한 명제는 결코 자명할 수 없다.

이것이 본질적인 질서에 있어서 참이라면, 문제의 유가 즉각적으로 알려지지 않는 존재론적 질서에 있어서는 훨씬 더한 것이다. 그러므로 스코투스는 "무한유가 존재한다"라는 명제는 자명하지 않으며 필히 논증되어야 한다고 결론짓는다.[81]

자칫 진부한 문제로 치달을 수도 있는 이 어려운 논점들을 좀더 이해하기 쉽게 한두 가지 관점에서 정리해 보도록 하자. 그러기 위해서는 처음에 제기된 원천적인 문제로 우리의 눈길을 돌릴 필요가 있다.

스코투스는 안셀무스가 "그것보다 더 큰 어떤 것을 생각할 수 없는 유는 존재한다"는 것을 자명한 명제라고 주장한 적이 없다고 분명하게 말한다. 안셀무스의 추론은 적어도 두 개의 삼단논법을 포함하고 있는데, 그 중 하나는 이미 앞에서 언급한 바가 있기에 여기서는 다른 하나만을 지목하여 기술한다.

비유가 아닌 것은 유이다.

---

81) *Ibid.*, pp.138-142.

최고자(最高者)는 비유가 아니다.
　　그러므로 최고자는 유이다.

　　안셀무스의 명제가 자명하지 않다는 것은, 최고의 인식 가능한 유의 비존재는 모순을 내포하고 있고, 최고의 인식 가능한 유개념이 지닌 성분들은 실제로 공존한다는 것이 즉시 알려지지 않았다는 사실에 의해 입증된다. 이 두 가지는 명제가 자명하기 위해 요청되는 필수적인 요소이다.[82]
　　스코투스는 아주 중요한 '비모순'(non-contradictio)의 요소를 안셀무스의 명제에 끌어들인다. 스코투스에게 있어서 신 관념의 비모순은 신 존재를 논증하는 데에 있어서 근본적인 것이다. 따라서 무한유의 가능성에서 출발하는 것으로 충분하지 않고 그러한 가능성을 경험유에 의지할 필요가 있다. 신은 비록 상급적이지만 우리가 알고 있는 그런 실재가 아니다. 신은 개별적이고 상위적이다. 왜냐하면 그것을 정의하는 범주는 존재하는 가능한 존재성인 동시에 참으로 작용적인 유일자이기 때문이다.
　　안셀무스의 명제가 자명하지 않다고 말하는 것과 그것이 진실이 아니라고 말하는 것은 전혀 별개의 문제이다. 스코투스는 그 명제가 참이라는 것을 받아들였지만 이 명제는 입증되어야만 한다고 말한 바 있다. 안셀무스 자신은 그것은 언급할 가치가 있다고 보았지만 결코 자신의 『대어록』(Proslogium)에서 최고의 인식 가능한 존재의 가능성을 입증하려 들지는 않았다. 만일 그가 신 존재 증명이 필요하다는 것을 믿었거나 당연한 것으로 여겼다면, 그의 이전 작품인 『독어록』(Monologium)에서 이미 그것을 제시했을 것이고, 거기서 가능성뿐만 아니라 초월적 유의 실제적 현존이 후기 논증에 의해 증명되었을 것이다.

---

82) *Ibid.*, pp.145-146.

만일 우리가『대어록』을 단순한『독어록』의 후속 작품으로 여긴다면, 그 저술 안에서 이미 우리에게 알려진 최고의 사유 가능한 존재의 현존에 대한 개념 분석에 토대를 두고 신을 믿는 것과 결부된 논거를 가지게 된다. 그럴 경우 안셀무스의 논거(ratio)는 그 독특한 성격을 상실하게 될 것이고, 그 저자가 그것에 대해 품고 있는 것처럼 더 이상 신 존재 증명을 위한 논증이라 불릴 수도 없을 것이다. 스코투스는 안셀무스의 논증의 약점을 간파하였기에 그것이 더 수용적이게끔 논리적 힘과 견고성을 불어넣어 줄 이성적 실마리를 제공하고자 하였다.

　스코투스에 의하면 안셀무스의 논법은 다음과 같은 방법으로 착색화되어 재구성될 수 있다. 즉 "신이 모순 없이 사유 가능하다면, 신은 다음과 같은 존재로 그것보다 더 큰 어떤 존재도 모순 없이 생각될 수 없는 존재인 것이다."[83] 이 논증의 기초가 되는 신 관념을 정당화하기 위해 모순의 원칙을 도입하는 것은 매우 중대하다. 스코투스에게 있어서 더 큰 어떤 것도 생각할 수 없는 존재의 모순적 형태인 "사유 가능한 최고자"(summum cogitabile)가 자기 모순이라는 것이 밝혀진다면, 그것을 토대로 구축된 그 어떤 것도 논증이라는 볼 수는 없을 것이다. 다시 말해 논증은 이미 예비적인 시험대에서 실패로 끝나고 말 것이다. 그러나 결코 자기 모순이 아닌 사유 가능한 최고자는 그것이 마치 인식 능력의 최고 대상에 직면한 것처럼, 그 안에서 어떤 기쁨을 발견한 나의 지성을 완전히 만족시키고 있는 것처럼 보인다. 더구나 사유 가능한 최고자의 관념 안에 어떤 모순이 존재한다면 유를 일차적이고 고유한 대상으로 삼는 나의 지성은 마치도 나의 청각이 불협화음을 알아차리듯 그것을 파악하는 데도 실패하지 않을 것이다.[84]

　그러므로 사유 가능한 최고자라는 관념은 모순이 아니다. 그리고

---

83) *Ibid.*, p.209.
84) *Ibid.*, p.208.

어떤 모순도 포함하고 있지 않기에 "더 큰 어떤 것도 생각할 수 없는 유"는 가능하다.

최고의 인식 가능한 존재의 가능성을 입증하는 것은 안셀무스 논증을 재구성함에 있어서 중요할 뿐만 아니라 결정적인 방법이기도 하다. 스코투스는 존재 개념에 대한 일의성(一義性)에 관한 학설과 인간 지성의 적합한 대상으로서 유에 대한 이론으로 인해 이러한 조치를 취할 수 있었다. 안셀무스의 경우에 있어서는 관념론적인 실재론에 입각하여 그의 논법을 이해해야 한다고 생각한다면 그 어떤 것에도 의지할 필요가 없다.

일단 최고의 인식 가능한 존재의 가능성이 상정되면 그것의 실재적인 존재를 입증하는 일이 남게 된다. 본질적 질서에서 존재론적 질서로의 이행이나 스코투스의 용어에 의한 하성의 존재(esse quidditativum)에서 현존의 존재(esse existentiae)로의 전환은 어느 정도 라이프니츠의 추론을 예감이나 하듯 그렇게 스코투스에 의해 이루어졌다. 이것은 안셀무스의 논법을 입증하는 데 도움을 준다.

스코투스의 추론은 다음과 같다. 최고의 인식 가능한 유는 단순히 우리의 정신 안에 있을 수는 없다. 그것은 모순 없이 존재함으로써 인식될 수 있기에 가능하며, 그러면서도 동시에 그것은 가능치 않다. 그것은 본성 상 그 존재를 위해 어떠한 원인에도 의존할 수 없기 때문이다.[85] 그가 한 다른 언급을 보면, 최고의 인식 가능한 존재는 단지 자존하는 것으로 사유될 수 있다. 왜냐하면 한편으로 그것은 그것의 존재에 대한 아무런 외부 원인도 인정하지 않기 때문이며, 다른 한편으로 그것은 존재하지 않음으로 인해 그것의 본성에 반대되기 때문이다.

실제로 존재하는 것은 정신 안에만 존재하는 것보다 더 크다. 그러므로 우리의 사유가 어떤 객관적 가치를 지니고 있다면 최고의 인식

---

85) *Ibid.*, pp.209-210.

가능한 존재의 바로 그 본성은 그의 현실적인 존재를 요청한다.

안셀무스 논증에 더 강력한 힘을 부여하기 위해 스코투스는 또 다른 이유를 제시한다. 그는 주장하기를 존재하는 것은 무엇이나 존재하지 않는 것보다 더 큰 가지성과 더 큰 완전성의 정도를 지니고 있다. 우리는 전자를 직관적으로 알 수 있지만, 후자는 현존하거나 볼 수 있는 것이 아니기에 추상적으로만 인식할 수 있다. 그러므로 최고의 인식 가능한 존재는 반드시 존재한다. 그렇지 않다면 최고의 가지성(可知性)과 함께 하는 완전성들 중의 하나가 결핍될 것이다. 다시 말해 존재의 완전성은 직관적으로 알려진다. 이것은 하나의 대상이 그 실제적인 존재 안에서 직접적으로 인식되는 직관적 인식이 비존재적 대상 내지는, 존재는 하지만 생생하게 알려지지 않은 대상의 지식인 추상적 인식보다 우월하다는 스코투스의 가르침과 일치한다.86)

이와 같이 스코투스는 안셀무스의 논쟁의 착색화에 대한 결론을 맺는다. 그것에 대한 철저한 보증은 불가능하다는 논증의 조건적 승인에까지 착색화가 성공적으로 이루어졌는지 아니면 그것이 단순한 수정이나 유신론적 논증으로 어떠한 실제적 가치도 그것에 부여하지 못한 논증의 재구성 내지 형식화에 그친 것인지에 대한 많은 논쟁이 스코투스를 해석하는 사상가들 사이에서 대두되었다. 이 두 가지 해석은 아마도 안셀무스의 이론이 그것이 본질적이고 필수 불가결한 요소로서가 아니라 최고의 인식 가능한 존재 혹은 그와 같은 것에 해당하는 것으로서의 무한유는 모순이 아니며, 따라서 이것은 적어도 실제적으로 가능하다는 의미에서 확증적인 논증으로 무한유의 존재에 대한 스코투스의 증명에로 통합된다고 말함으로써 하나의 의견으로 모아질수 있다. 이것은 스코투스 자신의 생각인 것 같다. 우리가 여기서 잊지 말아야 할 점은 스코투스의 증명은 자명하고 안셀무스의 논거 없이도 가치가 있다는 점이다. 스코투스는 무한유의 현존에 대한 앞의

---

86) *Ibid.*, pp.23-24.

논증이 전혀 가능한 것이 아니라면, 몇 개의 설득력 있는 논거들이 안셀무스의 추론을 지지하는 데 이용될 수 있다고 본다.[87]

그러므로 스코투스의 견해는 두 가지 극단적인 면을 피해 균형 잡힌 판단을 내리고자 한다. 참된 시초를 가지고 그것을 이해하려는 어떠한 노력도 기울이지 않거나 거의 하지 않기 때문에 전적으로 안셀무스 논쟁을 반박하려는 사람들의 견해와 그것의 논증적 가치에 대해 무조건 신학적 증거로 받아들이는 사람들의 견해가 있는데, 스코투스가 안셀무스의 논쟁에 대해 이룬 주요한 공헌이 있다면 그것은 논증이 비모순적이라는 것을 보여줌으로써 진정으로 이성적인 토대를 마련하여 그것을 입증하였다는 데에 있다. 최고의 인식 가능한 존재에 대한 가능성의 증명은 안셀무스가 해냈던 것보다도 훨씬 효과적이었다.

스코투스는 자명한 명제를 규정할 때 명제의 명사들을 인식하는 지성이 그 명제가 참이라는 사실을 인식할 때 비로소 성립할 수 있다고 보았다. 다시 말해 다른 어떤 개념들에서가 아니라 명사들의 개념(conceptus terminorum)으로부터 증명을 이끌어내는 명제임을 알고 지성이 그러한 명사들을 인식하는 경우, 모든 명제는 자명하다고 그는 확신한다. 또한 스코투스는 안셀무스와는 달리 무한존재에 대한 가능성 내지는 사유성이 즉각적 명증성의 진리라는 것에 대해 부정한다. 실질적으로 명증적인 유일무이한 것은 우리가 인식 과정에서 출발점으로 삼는 무한존재와 감각계의 가능성이다. 무한존재의 가능성에 올바른 토대를 마련하고자 한다면 우리가 출발해야 하는 곳은 바로 그곳이다. 세계의 가능성은 절대자의 가능성을 함축하며 절대자의 가능성이야말로 제일작용자, 최종 목적 및 탁월한 본성으로 현시 된다. 다시 말해 절대자가 존재하지 않는다면 그것은 가능하지도 않을 것이다.

---

87) *Ibid.*, pp.207-208.

5. 합리론에 있어서 존재론적 논증

중세로부터 근세철학의 근본적인 방향전환은 철학과는 구별되는 또 다른 앎의 형태인 당대의 자연과학에 의해 주로 규정되었다.[88] 새로운 지식의 형태는 거의 16-17세기에 이르기까지 사람들이 폭넓게 받아들였던 아리스토텔레스적 '물리학'과는 모순되는 결론으로 나타났다. 데카르트는 『철학의 원리』(*Principia philosophiae*, 1644)에서 지지할 수 없는 아리스토텔레스의 『물리학』의 주제들 중에 중력, 공간, 열, 추위 등에 관해 언급하고 있다.[89] 아리스토텔레스주의자들에 의하면 이러한 성질들은 물체의 본질에 대한 표현들이다. 그리고 물체의 본질을 규정하는 원리는 형상이며 엔텔레키아(entelechia)이고 실체적 형상(實體的形相)이다. 물론 사물들이 그 형상들에 의한 것이라는 이러한 일반적인 주장은 정당한 언사이지만, 어떤 것들이 사물들의 실체적 형상들이며 종적 본질(種的本質, essentia specifica)인지를 인식할 수 있는 결론을 내리는 데는 아무런 근거를 대지 못하였다.

아리스토텔레스주의자들은 자연 현상들을 설명하기 위해 실체적 형상 개념을 사용하였다. 그러나 우리는 아카시아 나무가 아카시아 나무일 수밖에 없고 또 당나귀가 당나귀일 수밖에 없는 것을 실제로 알 수 없는 까닭에 아무 것도 말할 수 없는 허구적인 설명에 직면해 있다. 이런 기만적인 설명에 대한 역반응은 전반적인 형상 개념을 포괄한 아리스토텔레스의 물리학과 그의 철학 전반에 나타나기에 이른다.

성질(性質, qualitas)의 원천이었던 형상은 급기야 새로운 학이 이해할 수 없는 개념이었고 질적인 면들도 양적인 것들로 표현할 수 있는, 다시 말해 수학화가 가능한 것들에 대해서만 관심을 쏟기 시작했다.

---

88) 이러한 주장을 정당화시키는 내용으로 S. V. Rovighi, *La storia della filosofia moderna*, La scuola, Brescia, 1976의 갈릴레이에 관한 장을 참조할 수 있다.

89) Cf. *A. T.*, IX/2, pp.1-20.

그때까지만 해도 신앙의 제전제(praeambulum fidei)인 형이상학을 배우고자 한 자는 형이상학적 진리들, 특히 신 존재를 아리스토텔레스의 물리학과 적대시하는 가운데 모든 우주론적 연관성으로부터 떼어놓고자 하였다. 예컨대 아우구스티누스의 형이상학은 이러한 당대의 염원을 만족시켜 줄 수 있었는데, 왜냐하면 그것은 아무런 우주론적 단계를 거치지 않으면서 신에게 이르는 인간 영혼의 여정을 지시해 주고 있던 터였기 때문이다. 17세기 프랑스에서 아우구스티누스의 재생은 바로 이런 연유에서 비롯되었다. 그리하여 사람들은 신 존재를 증명하는 데 있어서 아무런 장애도 받지 않고 아리스토텔레스적 물리학과는 전혀 무관한 별도의 물리학을 사용할 수 있었다.

그렇다고 해서 근세의 존재론적 논증이 안셀무스의 논증과 동일하다는 말은 결코 아니다. 오히려 양자는 근본적인 차이점을 드러내고 있다. 안셀무스의 논증이 완전성의 개념에 토대를 두고 있다면, 근대에 생겨난 논증들은 필연적 본질 안에 그 근거를 마련하고 있기 때문이다. 근대철학, 그 중에서도 합리론이 생겨나면서 존재에 대한 판단은 인간 의식에 그 기반을 두게 된다. 회의를 통해 얻어낸 확실성으로서의 자기 의식(自己意識, Cogito)은 비록 유아론(唯我論, Solipsism)에 머물긴 하지만 그것은 모든 것의 원리로 작용하고 있었기 때문이다. 따라서 의식은 존재와 신을 선행하며 존재의 기초로 자리매김된다.

"나는 신을 생각한다"(Ego cogito Deum)는 언사는 의식 철학의 시초에 데카르트적 공식이 될 것이었다. 이것은 개선되고 수식되는 과정을 거치지만 언제나 동일한 논법과 관련된 것인데, 왜냐하면 그것은 거듭해서 정신적 존재의 차원에서 움직여지는 것이기 때문이다. 신 존재와 관련된 데카르트의 증명들은 비록 아우구스티누스적 논법의 재생이라고 할 수는 없지만 아우구스티누스적 형태의 노정을 따르고 있는 것만큼은 확실하다.

1) 데카르트의 존재론적 증명

(1) 신 존재 증명 서언

아우구스티누스처럼 데카르트 역시 물질계와 구분되는 사유하는 주체(res cogitans)의 존재인 자기 의식(Cogito)에서 출발하고 있다. 『제일철학 성찰록』(*Meditationes de Prima Philosophia*) III을 시작하면서 데카르트는 자기 자신의 존재를 사유하는 본체(res cogitans)로 드러낸다. 이러한 주장의 확실성은 그 명석 판명(明晳判明, clara et distincta)함에 달려 있다. 명석 판명하게 지각되는 모든 것은 참되다.[90]

데카르트는 철학을 시작하기 전에 내가 참된 것이라고 받아들였던 명제들을 조사하는 경우 그 명제들 안에서 명석 판명한 것으로 여겨지는 것에 대해서는 지금도 의심할 수 없고 또 내가 의심하는 그것은 명석 판명하지도 않았다는 것을 안다고 말한다. 예를 들어 감각 사물들에 있어서 어떤 것이 명석 판명하지 않은지(명증적이지 않은지), 그것들이 비록 '나를 떠나 있는' 것들이지만 그것들에 대한 관념을 내가 가지고 있다는 것, 그것만큼은 도저히 의심할 수 없는 것이다.

그렇다면 나는 무슨 이유로 기하학적인 명제들에 대해 의심하였는가? 나는 무엇 때문에 신에 관해 기만자라는 '악령의 가설'을 만들었을까? 여기서 데카르트는 어떤 동요를 일으키고 있는데, 즉 가설이 나에게 제시될 적마다 내가 바라보고 또 현존하는 것에 대한 명제와 관련해서도 실수할 수 있다고 나에게 생각하게끔 할 수 있다는 것이다. 그러나 현존하는 것으로 내가 몸을 돌리는 경우 나는 이렇게 말해야 한다. 즉 원하는 자는 나를 기만하지만 그렇다고 해서 그가 ① 내가 존재하고 있음을 사유하고 있는 동안 내가 존재하지 않는다고 할 수 없고, ② 내가 지금 있다면 나는 전에 결코 있지 않았으며, ③ 둘 더

---

90) *A. T.* VII, p.35.

하기 셋은 다섯이 아니라고 할 수 없다. 우리는 이러한 세 가지 명제 들이 동일한 차원에 놓여 있기에, 세 번째 것인 교활한 악령 혹은 기 만자인 신을 의심할 수 있는 동기는 첫 번째 것에 대해서도 의심하게 끔 할 수 있다. 데카르트는 과장된 의심(hyperbolic doubt)을 통해 후 자를 구제하였다. 기만자인 신에 관한 가설에 기초한 의심의 동기는 그 가치가 유보된다(e valde tenuis et, ut ita loquar, Metaphysica dubitandi ratio). 이를 제거하기 위해 우리는 신 존재가 증명 가능한지 아니면 신이 기만자일 수 있는지에 대해 살펴보지 않을 수 없다.

데카르트는 실제적 지각을 기억과 구분하면서 답하는 악순환에 관 한 반박을 제시하는데[91] 우리는 다음과 같은 점을 우리의 논점에 끌 어들일 수 있을 것이다.

신 존재를 증명하는 일에 착수하기 위해서는 나의 사고들에 대한 일종의 목록을 작성해야 한다. 어떤 사고들은 사물들에 대한 상(像)들 이고 어떤 것은 내가 사람이나, 하늘 혹은 천사 혹은 신을 생각할 때 갖게 되는 관념들이다. "관념이라는 명칭을 두고 나는 동일한 사유에 대해 내가 의식하는 즉각적인 지각을 통한 모든 사유의 형태를 뜻한 다."[92] 다른 '사유들'은 원의, 느낌, 판단들이다. 관념들과 원의들은 존 재하는 것으로 충분하다. 판단으로 나는 내 밖에 있는 사물들과 관념 들간의 관계를 설정하며 여기서 나는 실수할 수 있다. 그렇지만 나의 관념을 다른 것에 연관시키지 않고 내 안에 묻어 두는 경우 나는 거 의(vix) 오류를 범하지 않을 수 있다. 생득관념(ideae innatae)들과 밖 에서 온 관념(ideae advenientiae) 그리고 내가 만든 관념(ideae a me ipso factae)은 서로 구별된다. 생득관념은 무한실체의 관념, 즉 신과 유한실체(substantia finita), 즉 생각하는 것(res cogitans)과 연장적인 것(res extensa)이며,[93] 사물(res), 진리(veritas), 사유(cogitatio) 등이

---

91) Cf. *A. T.* VII, p.69.
92) Cf. *Ibid.*, VII, p.160.

여기에 해당한다. 밖에서 온 관념은 소리, 태양, 불 등과 같은 관념들이며 마지막으로 내가 만든 관념들은 인어와 도깨비와 같은 관념들이다.[94] 그런데 밖에서 온 관념을 두고 나는 왜 그것이 내 밖에서 나에게 오고 있는 것인지를 믿고 있는 것일까? 분명 그것은 본성적인 빛위에 기초한 명증적인 것이 아니라 본능에 토대를 둔 것이다. 이러한 본능은 진리에 대한 아무런 확신도 가져다줄 수 없다. 그런데 그러한 관념은 나의 의지와는 아무런 상관도 없는 것이라 말할 수 있을까? 그럴 수는 없다. 왜냐하면 그러한 관념들을 무의식적으로 산출하는 어떤 것이 내 안에 있을 수 있기 때문이다.

데카르트가 말하는 관념은 두 가지로 구분된다. 하나는 사유방식(modus cogitandi)에서, 다른 하나는 나에게 대상을 표상해 주는 관점에서 그러하다. 우리는 존재론적 실재(realitas ontologica)와 지향적 실재(realitas intentionalis)를 구분한다. 데카르트 역시 스콜라적 용어를 사용하여 관념의 형상적 실재(realitas formalis)와 객관적 실재(realitas objectiva)를 구별한다. 앞의 것은 사유방식(modus cogitans)과 같은 관념의 실재이고, 뒤의 것은 관념이 표상하는 실재이다. 따라서 관념의 객관적 실재에는 원인이 결과를 포함하는 그만큼 적어도 그렇게 실재를 포함해야 한다는 원리가 적용된다. 따라서 어떤 관념의 원인은 관념의 객관적 실재인 만큼 적어도 그만큼의 형상적 실재를 자기 안에(in se) 포함해야 한다. 예컨대 돌의 관념에 대한 원인은 돌의 실재인 그만큼의 실재나 완전성(perfectio), 존재의 강도(intensitas)를 자기 안에 혹은 동일한 형상 안에(formaliter 혹은 eminenter) 포함하고 있어야 한다.

그런데 나는 신 관념과 무기체에 대한 관념, 천사들, 동물들 그리고 인간에 대한 관념을 지니고 있다. 신을 제외한 후자의 것들에 대해 나

---

93) 정의채, 『삶을 생각하며』, 바오로딸, 1994, 401쪽.
94) 김현태 편저, 『철학의 원리 I』, 167쪽.

는 원인이 될 수 있다. 왜냐하면 나는 인간이기 때문이다. 천사에 대한 관념은 신과 인간에 대한 관념의 조화일 수 있다.

신체에 대한 관념들과 관련하여 거기에는 어떤 명석 판명한 것이 있는가? 실체에 대한 관념과 연장(延長, extensio) 그리고 장소적 운동(motus localis)은 어떠한가? 나는 실체이기에 실체에 대한 나의 관념의 원인일 수 있다. 연장(延長)과 운동은 실체의 유일한 유형이기에 실체로부터 그 모든 존재를 관통하며 실체 관념의 원인은 연장과 운동의 관념의 원인일 수 있다.[95]

여기서 남는 것이 있다면 그것은 신 관념이다. 나는 신 관념의 원인이 될 수 없다. 신 관념은 무한하고 독립적이며 전지하고 전능하며 창조주적인 존재의 관념인 데 반해, 나는 유한하고 그와 같은 성질을 소유하고 있지 못한 까닭이다. 따라서 무한존재는 내 밖에 존재해야만 한다.

내가 지닌 무한자의 관념은 '참된 관념'일까? 부정적인 관념(ideae negativae)만을 지니고 있는 것은 아닐까? 이에 대해 데카르트는 다음과 같이 답한다. 나는 무한자에 관한 긍정적인 관념을 지니고 있다. 이 관념은 논리적으로는 유한자에 대한 관념보다 앞서 있으며, 어떤 의미에서 신에 관한 지식은 내 자신에 관한 지식보다도 내 안에 선행하고 있다. 분명 이 점은 아우구스티누스적인 가르침의 반향이다. 내가 더 완전한 존재의 관념을 가지지 않고서 어떻게 의심하고 있고 원의하고 있으며 무엇인가가 나에게 결핍되어 있고 또 내가 완전하지 않다는 것을 알 수 있을까? 신, 최고로 완전하고 무한한 존재에 대한 나의 관념은 최대로 명석 판명하며 극대적으로 참되다(maxime vera).

---

95) 여기서는 존재론적 질서에서 인식의 질서로 임의적인 비약이 자리하고 있다. 그러나 지금으로서는 이것이 우리의 관심의 대상이 되지는 않는다. 물체적 실체의 방식으로 연장의 환원 역시 우리에게는 무척 당혹스런 것인데, 데카르트에게 있어서 이것은 속성(attributus)이거나 아니면 본질을 적합하게 표현하는 것이다.

그것은 감각적 성질을 지닌 관념들처럼 그렇게 모호하거나 혼란스럽지 않다. 나는 무한자를 이해하고 있지 못함이 진실이지만 명석한 관념만큼은 지니고 있다. 왜냐하면 나의 지성이 모든 실재와 모든 완전성을 명석 판명하게 지각하는 것은 그 관념 안에 포함되고 있기 때문이다.

이러한 논의는 다음과 같은 두 가지 주장을 내포하고 있다. 하나는 유한자를 파악하는 것은 무한자에 대한 관념을 지니고 있다는 것, 다른 하나는 무한자는 전존재(全存在)를 포함한다는 것이다. 따라서 전존재에 대한 관념 혹은 신 관념은 최고로 명석하다.

(2) 존재론적 논증

이상과 같은 데카르트적 관념과 존재를 염두에 두고 우리는 데카르트의 존재론적 논증을 고찰해 보기로 하자.

데카르트는 여러 경우에 걸쳐 존재론적 논증을 전개한다. 가장 명백한 형태는 「제일 반박에 대한 답변」에 잘 나타나고 있다.

> "나의 논증은 다음과 같다. 즉 어떤 것의 불변적이고 참된 본성과 본질 혹은 형상의 고유한 것으로서 명석 판명하게 우리가 이해하는 것은 완전한 진리로 서술될 수 있다. 명석 판명하게 신이 존재한다는 것을 주의 깊게 살핀 다음 그 존재가 참되고 불변적인 신적 본성에 고유한 것이라고 이해하는 경우 우리는 신이 존재한다는 것을 완전한 진리로 파악할 수 있다."

이것은 삼단 논법에 준하고 있다. 무엇보다 대전제는 진리에 대한 데카르트적 비판기준의 현시이다. 그것은 명석 판명하게 개념되는 모든 것이 참되다는 것이다. 소전제는 신의 경우에 그러한 비판기준을 적용함이다. 그럴 경우 존재는 신적 본성에 고유하다고 관측된다. 결론은 신이 존재한다는 것이다.

안셀무스처럼 데카르트 역시 신 관념은 보편적이라 생각한다. 신이 모든 것에 대해 의미하고 모든 것이 신이라고 부르는 것은 우리가 개념할 수 있는 가장 완전한 것이다(『제일철학 성찰록』 V). 가장 완전한 존재로 이해되는 신은 모든 사람 안에 — 정신적 존재와 함께 — 존재한다. 이러한 관념이 가능한 이유는 그것이 그 자체로 그 어떤 모순도 포함하고 있지 않기 때문이다. 신의 본성은 논리적으로 가능하다.

그런데 가장 완전한 존재인 신에게 속하는 존재는 정신적인 것만이 아니라 필연적으로 실제적인 것이다. 왜냐하면 만일 신이 최고로 완전하다면 하나의 완전성인 실제적 존재 없이는 그렇게 있을 수 없기 때문이다. 신이 최고로 완전하다는 것을 이해하는 경우 우리는 신에게 존재가 결핍되어 있지 않음을 확실히 알 수 있다. 따라서 삼각형의 본질에 있어서 내각의 합이 두 개의 직각과 동일하다는 사실을 따로 떼어놓고 생각할 수 없는 것처럼, 신의 본질을 신 존재로부터 분리시키는 것은 불가능하다고 데카르트는 지적한다(「제일 반박에 대한 답변」).

한편 신에게 속하는 실제적 존재는 '필연적'이라고 말해야 한다. 그것은 신에게 있어서만 유효하다. 이유는 신 안에서 존재는 필연적으로 하나의 완전성이라는 점과 신의 본질은 모든 완전성들의 전체라는 점에서 본질에 포함되는 까닭이다.

네덜란드의 가톨릭 신학자였던 카테루스(Caterus 혹은 Johan de Kater)는 가우닐로에 대해 이전에 있었던 동일한 고찰을 벗어나지 않으면서 데카르트를 비판한다(「제일 반박에 대한 답변」). 하나의 완전성으로 이해되는 존재에 관해 언급하는 것과는 달리 — 존재론적 논증이 전적으로 그 기반을 갖는 진리 — 데카르트적 형식의 맥락과 형식 자체는 커다란 내적 모순을 드러낸다는 것이다. 카테루스는 관념의 객관적 실재에 관한 데카르트의 개념과 관련하여 객관적 실재는 "그것이 지성 안에 객관적으로 있다는 한에서 사유된 것이다"[96]라고 말한다.

데카르트의 명석 판명함의 비판기준은 진리를 정초하는 것으로 알려진다. 그의 철학을 총체적으로 기억하는 경우 명석 판명하게 이 프랑스 철학자에게 제시되는 유일한 진리는 사유하는 자아이다. 사유하는 자아에서는 순수 자아의 이념적 영역 안에 그것을 강제하는 의심의 움직임들을 파괴하지 않고서는 밖으로 나올 수 없는 유아론(唯我論, solipsism)에 머물게 된다.

데카르트는 신의 진실성에 호소하여 존재를 증명해야만 했다. 악순환은 분명하게 드러난다. 다시 말해 진리의 비판기준은 한편으로 신 존재를 논증하기 위해 필요하고, 다른 한편으로 그러한 논증은 진리의 비판기준에 대한 보편화의 토대가 된다. 데카르트의 존재론적 논증은 이러한 철학적 전제들에서부터 출발하기 때문에 문제가 된다.[97]

소전제와 관련하여서는 우리가 다음과 같은 물음을 던질 수 있다. "충분히 주의를 기울여 고찰한 다음 신이 존재한다는 것"이라는 소전제는 무엇을 의미하는가? 그리고 데카르트는 존재하는 그것을 분석하기 위해 어디서 신을 발견하는 것일까? 데카르트는 신의 실제적 본질을 연구한 것인가, 아니면 완전한 존재(Esse)의 관념만을 탐구의 대상으로 삼았는가? 만일 신의 실제적 본질을 분석한다면 신은 그에게 이미 주어질 것이므로 다른 논증은 필요치 않을 것이다. 데카르트는 자신의 순수 자아 속에 폐쇄된다. 그 안에서 관념의 영역은 다수의 노에마(noema, 사유의 대상)들을 발견한다. 그러한 것으로는 신의 노에마, 무한자와 완전성의 노에마가 있다. 그러한 노에마 안에는 그 본성에 속하는 것으로서 다른 어떤 것이 아닌 노에마틱한 존재함(existere)을 명석 판명하게 파악할 수 있다. 데카르트는 신 관념을 통해 신의 본질을 알고자 한다. 관념, 이데아는 실재의 원형이고 신 관념 안에는 그 존재가 포함되는 까닭에(신 관념은 모든 완전성의 총체이며 존재는

96) *A. T.* VII, p.92.
97) A. L. Gonzalez, *Filosofia di Dio*, p.61.

완전성인 고로) 신 존재는 명백하다.

이러한 논증은 전적으로 부정되어야만 한다. 왜냐하면 근본적인 관점에서 살펴볼 때 이것은 여기서도 관념적인 것에서 실제적인 것에로의 불법적인 전이와 관련된 것이기 때문이다.

"관념적 존재는 절대적으로 완전한 존재 관념에 고유한 것이지 신적 본성이나 신에게 고유한 것이 아니다. 이와는 달리 실제적 존재는 그것이 신 자체와 동일한 것인 한, 신과 신적 본성에 고유한 것이다. 그런데 신 관념과 신 자체 간에 굳건한 병행론이 존재한다는 사실은 그것이 관념적인 차원에서 참된 것인 한, 실제적인 차원에 그것을 위치시키는 것을 허용치 않는다. 왜냐하면 신 관념의 (관념적) 존재가 확실되고 우리는 이러한 신 관념의 (관념적) 본질에 대해 필수적으로 그것을 서술할 수 있는 동안 아직 증명되지 않는 신의 실제적 존재의 경우에는 동일한 것이 아니기 때문이다."[98]

근본적으로 말하자면 데카르트의 오류는 주관주의적 전제들 안에 그 뿌리를 두고 있다. 의식의 원리는 논리학 안에서 이미 형이상학의 변질을 유발하며, 그때 실재는 우리의 인식에 의존하게 된다. 이와는 달리 모순은 참되다고 볼 수 있다. 즉 우리의 지식은 실재에 달려 있는 것이다. 데카르트와 토마스를 서로 비교하는 경우 데카르트는 분명히 반명제적인 입장을 주장하여 존재에 대한 사유의 일차성을 고집하였다. 토마스에게 있어서는 여타의 모든 인식이 해결되는 것도 유이며 인식의 제일차적 대상도 유인 반면, 데카르트에게 있어서의 유는 사유하는 주체 내지는 이성의 참됨(verum) 안에서 해결되는 내재주의적 사상의 이차적 객체로 취급되었다.[99]

---

98) J. García López, *El concimiento de Dios en Descartes*, Pamplona, 1976, pp.128-129(A. L. Gonzalez, *Filosofia di Dio*, p.62에서 인용).

99) Cf. A. L. Gonzalez, *Filosofia di Dio*, p.62.

2) 라이프니츠의 존재론적 논증

근대에 존재론적 논증을 지지한 또 다른 중요한 인물로는 라이프니츠(G. W. Leibniz)가 있다. 그의 체계는 여러 면에서 안셀무스와 데카르트가 발전시킨 사상적 노선과 별다른 무리 없이 양립될 수 있는데, 특히 데카르트의 경우와 그러하다. 데카르트와 라이프니츠는 엄밀한 수학적 방법을 사용, 순수 이성적인 기반을 축으로 새로운 철학 체계를 건설하고자 하였다. 라이프니츠는 생득관념(生得觀念)과 생득진리들을 인정하며 이러한 진리들 사이에 신 관념과 신 존재의 진리를 포함시키고 있다.100) 그는 존재가 완전성이며 술어라고 가르친다.101) 그리고 관념들은 그 자체로 존재론적 가치를 지닌다는 견해를 피력한다.

데카르트의 존재론적 논증에 대한 호의적인 반응과 그 유사성에도 불구하고 라이프니츠는 데카르트의 신 존재에 관한 논증을 불완전한 것으로 간주한다. 왜냐하면 데카르트의 논증은 수학적으로 명증적이지 않은 것을 참된 것으로 받아들이기 때문이다. 다시 말해 최고로 완전한 유는 아무런 모순도 포함하지 않기에 가능유의 관념이라는 것은 배격한다. 이러한 가정이 정당화될 때까지 논증은 확신할 수 없는 것이라고 본다.

라이프니츠에 의하면 데카르트는 존재론적 논증을 재건한 일에 종사한 사람으로 그가 행한 작업은 어디까지나 정당하다고 본다. 그것은 분명 하나의 오류추리(誤謬推理)가 아닌 무엇인가를 상정한 불완전한 논증이었다. 따라서 라이프니츠는 그것을 수학적 명증성으로 다시 증명해 낼 필요가 있었다. 즉 논증에서는 가장 위대하고 가장 완전한 존재 관념이 가능하며 모순을 내포하지 않는다는 것이 암묵적으로 제시될 수 있다고 여긴다.

---

100) Cf. *New Essays on the Human Understanding. in Leibniz: Selections*, ed., P. Wienner, Charles Scribner's Sons, New York, 1951, p.471.

101) *Ibid.*, p.461

우리는 여기서 먼저 라이프니츠의 논증의 핵심을 살펴보고 그 내용은 뒤에 가서 상술하기로 한다. 논증의 핵심은 무엇보다도 그의 형이상학적인 사상을 기술하고 있는 『단자론』(*Monadologia*, n.44)에 잘 나타난다. 라이프니츠의 전개 방식을 이해하기 위해 우리는 "그와 같이 언급된 필연적 진리들은 신적 의지에 달려 있다. 즉 둘 더하기 둘은 넷인데, 이유는 신이 그렇게 확정했기 때문이며, 신은 이와는 다르게 확정할 수도 있었다"고 말한 데카르트를 기억해야만 한다. 여기서 라이프니츠는 데카르트와 논쟁한다. "만일 사물들의 본성과 진리들이 신의 뜻에 달려 있는 것이라면, 나는 신에게 어떻게 앎과 의지를 돌려드려야 할지를 알지 못한다. 실제로 의지는 지성작용을 추정하며 그 누구도 어떤 것을 선한 것으로 간주하지 않는다면 그것을 원의 할 수는 없다. 그리고 지성작용은 거기에 가지적(可知的)인 것이 있음을 추정한다."[102] 라이프니츠는 필연적 진리들이 신의 의지에 달려 있는 것이라면 의지 개념은 의미를 상실한다고 본다. 실제로 의지(voluntas)가 반의지(non-voluntas) 외에 다른 것이 아니라면 모순 원리는 신의 의지와는 별도로 존재에 해당할 것이다. 만일 실재를 표현하는 객관적·필연적 진리들이 있다면 그것을 구성하고 있는 용어들 역시 어떤 실재를 가져야만 할 것이다. 다시 말해 그것들은 가능한 본질들을 표현해야 한다. 그런데 가능한 것이란 무엇을 의미하는가? 그것은 사유 가능한 것이다. 다시 말해 인간 지성이 구성하는 것이 아닌, 발견하는 사유 가능성에 관한 것이다. 따라서 '가능한 것'이란 우리 지성이 속한 지성작용(Intelligentia)에 의해 가능한 것을 의미한다.

논증의 완벽함을 기하기 위해 라이프니츠는 최고로 완전한 존재에 대한 가능성을 논증할 필요가 있다고 생각한다. 신 관념은 가능한 존재 관념이고 그것을 증명할 필요가 있다는 것은 논증 없이는 예상할

---

102) G. W. Leibniz, *Die philosophischen Schriften*, C. I. Gerhardt 1875-1890 vol. iv, p.259.

수 없다. 그의 철학에 의하면 불가능한 것으로 논증되지 않는 모든 것은 가능한 것으로 여겨져야만 한다. 즉 거기에는 언제나 가능성을 위한 가정이 자리하고 있다. 다시 말해 어떤 것이 가능하다고 논증되어야만 한다. 그러나 오히려 그것은 어떤 것에 대한 가능성의 역이다. 어떤 것이란 가능한 것으로 이 어떤 것을 거부할 수 있는 충족이유(充足理由)의 원리들을 지니고 있어야만 한다. 그럼에도 불구하고 가능성의 추정은 존재론적 논증을 분명히 하는데 충족적이진 않다.[103]

최고로 완전한 존재라는 관념에 기초한 신 존재 논증을 추론하면서 라이프니츠는 그것을 유효한 논증으로 만드는 데 문제가 되는 관념은 참된 관념, 다시 말해 아무런 모순도 포함하지 않는 관념이라는 것을 우선 밝혀내야만 했다.[104] 내부 모순을 용인하지 않는 모든 것, 모순적인 아닌 것, 나아가서 모순을 내포하지 않는 것은 가능하다. 최고로 완전한 존재의 가능성은 『가장 완전한 유가 존재한다는 것』(Quod ens perfectissimum existit)이라는 저술에서 그가 증명한 바이다. 아무런 제한 없이 존재하는 모든 것을 표현하는 여타의 단순하고 긍정적이며 절대적인 성질을 그는 완전성이라고 지칭한다. 그것은 부동적이며 해체 불가능하다. 그런데 만일 두 개의 완전성의 양립 불가능성이 논증될 수 없다면, 그들 완전성들의 양립 사이에 있는 존재(Esse)는 존재할 수 있다. 그 존재는 가장 완전한 존재이며 파악 가능한 존재이다. 따라서 그것이 존재한다는 것도 명백하다. 왜냐하면 존재는 완전성들의 수 안에 포함되기 때문이다.[105]

신 관념의 가능성을 논증한 다음 우리는 즉시 신 존재를 논증해야 할 것이다. 라이프니츠의 방식은 다음과 같은 삼단논법으로 말해질 수 있다.

---

103) Cf. *Monadologia*, nn. 43-44.

104) *Ibid.*, p.324.

105) A. L. Gonzalez, *Filosofia di Dio*, p.63.

필연유가 존재한다는 것은 가능하다. 왜냐하면 필연유의 개념은 아무런 모순도 포함하고 있지 않기 때문이다. 필연유가 가능하다면 그것은 존재해야만 한다. 왜냐하면 존재는 필연유의 본성의 부분이기 때문이다. 따라서 필연유는 존재한다. 우리는 이것을 간단하게 다음과 같이 표현할 수 있을 것이다.

① 신(필연적 존재)이 만일 가능하다면 존재한다.
② 그것은 가능하다!
③ 그러므로 존재한다.

출발점은 신을 필연적 존재로 고찰하는 데 있다. 그 유(ens)의 본질은 현존(existentia)이다. 최초의 전제는(만일 가능하다면, 존재한다) 우리가 이미 말한 것으로 증명되었다. 두 번째 것과 관련하여 라이프니츠는 이렇게 논증한다. "이처럼 신(필연적 존재)만이 특권을 지닌다. 그 존재가 가능하다면, 존재할 필요가 있다. 그 어떤 것도 아무런 한계나 부정 혹은 아무런 모순을 내포하지 않는 것의 가능성을 방해할 수 없는 고로, 이것만이 신 존재를 선험적으로(a priori)알도록 하는 데 충분하다."106)

이러한 것들은 라이프니츠가 존재론적 논증을 통해 데카르트의 논증에 대한 개선책으로써 뿐만 아니라 문제를 해결하는 데 원천적인 공헌을 한 것으로 그 자신이 스스럼없이 제시하고 있는 요소들이다. 우리는 과연 그의 주장들이 정당화될 수 있는 것들인지 질문하지 않을 수 없다. 코이레(Koyré)의 경우는 라이프니츠가 논증을 분석적인 명제로 되돌려 놓았다는 점에서 그의 주장에 동의하지 않는 것처럼 보인다. "라이프니츠는 완전성의 관념이 논증의 필수적인 기반을 구축한다는 것을 바라보는 데 실패하였고 이를 제거함으로 인해 논증의 모든 힘을 박탈하였다."107) 결국 라이프니츠는 데카르트의 존재론적

---

106) *Monadologia*, 45.

증명의 토대를 무너뜨리고 칸트의 비판론이 겨냥하고 있는 목표에 힘을 실어 주었다.

이러한 관점에서 우리가 언급한 실질적 가능성을 구제하려는 라이프니츠의 시도는 어떤 면에서 완전히 수포로 돌아갔다고 볼 수 있다. 가능성의 개념은 이 독일 철학자의 형이상학에 있어서 기본적인 이론이었다. 그렇지만 그는 실질적 가능성을 확보하는 데에는 실패했다. 라이프니츠의 사상 안에서 아리스토텔레스의 실질적 가능성 혹은 토마스의 존재 가능성(potentia essendi)은 논리학의 가능성으로 화한다. 다시 말해 그가 이끌고자 했던 실질적 가능성은 고유한 형이상학적 가치를 상실하고 순전히 논리적 가치로 변모된다. 신에게 적용된 이러한 논의는 논리학의 가능성(하나의 개념에 의해 지시된 특성들간에 모순의 부재)이 신적 존재의 실질적 가능성을 논증하기에 충분치 않다는 것을 의미한다. 실질적 존재는 가능성 위에 정초되지 않고 오로지 그 역으로만 생겨날 수 있다. 그것은 존재 위에 정초되는 가능성이다. 신은 가능하기 때문에 실질적이 아니라 실질적이기 때문에 가능하다.[108]

6. 칸트의 비판과 신 존재 이해

안셀무스의 논증방식(ratio Anselmi)과 연관성을 맺고 있는 사람 중에 우리는 칸트를 떠올리지 않을 수 없다. 비록 그는 논증을 배격한 인물로 널리 알려져 있기는 하지만, 다른 한편으로는 자신의 비판론을 통해 존재론적 논증을 일반에 소개하고 사람들의 이해를 끌어들이는 데 크게 이바지 한 사람으로 여겨지고 있다.

사실 현대철학에서 신 존재를 거부하는 입장들이 속속 드러나면서

---

107) A. Koyré, *L'idée de Dieu dans la philosophie de St. Anselme*, Editions Ernest Leroux, Paris, 1923, p.232.

108) A. L. Gonzalez, *Filosofia di Dio*, pp.63-64.

무신사상이 줄을 잇고 있는 것은 일단 칸트가 형이상학의 불가능성을 주장한 데에 그 결정적인 원인이 있다. 실제로 신 존재에 관한 전통적인 증명들을 더 이상 지지할 수 없다고 밝힌 그의 입장은 물자체에 대한 거부와 맞물려 전통적인 신앙의 대상을 이념의 산물로 격하시켰다. 이를 지지한 많은 이들은 칸트 이후의 형이상학의 불가능성을 아무 거리낌없이 공공연한 사실로 선포해 왔다. 그의 비판철학(kritische Philosophie)은 관념론과 경험론에 대한 비판이라기보다는 신 존재 증명의 불가능성을 주장했던 것인데, 이러한 입장은 역으로 전통적인 신 존재 증명들, 특히 존재론적 입장에 대한 포괄적 이해를 부정적인 관점으로 몰아붙이는 것이어서 시사하는 바가 적지 않다.

우리는 칸트의 불가지론을 다루면서 전통적인 신 존재 논증들에 관한 칸트의 입장을 밝힌 바 있다. 칸트는 사변적 이성이 신 존재를 증명할 수 있는 데는 세 가지 노선이 있다고 범주적으로 진술하였다. 세 가지 길들 중에 두 가지는 감각 경험에 출발점을 두고 있는데, 물리-목적론적 논증과 우주론적 논증들이 바로 그것이다. 한편 세 번째 길은 순수 정신적인 개념에서 진행된다. 그것은 전적으로 선험적(a priori)이라 할 수 있다. 칸트는 이것을 존재론적 논증이라고 부르고 있으며, 최고로 완전한 유(ens perfectissimum)나 최고로 실질적인 유에 대해 우리가 가질 수 있는 개념으로부터 신 존재를 증명해 내는 시도라고 칭한다.[109)]

칸트에 의하면 신 존재에 관한 모든 논증들은 존재론적 논증을 포괄적으로 내포하고 있으며, 따라서 논증들은 존재론적 논증으로 환원될 수 있다. 이와 같은 사실을 제시하는 가운데 그는 신 존재에 관한 여타의 모든 증명들에 대한 비판적인 토대를 구축한다.

칸트는 『순수이성비판』(Kritik der reinen Vernunft)의 제 2 권 선험적 변증론, 제 3 장, 4절에서 신 존재의 존재론적 증명의 불가능성에

---

109) B. M. Bonansea, *God and Atheism*, p.141.

대하여 논하고 있다. 거기서 그는 안셀무스의 이름이나 『대어록』 (*Proslogium*)에 관해서는 전혀 언급하고 있지 않으며 단지 "유명한 데카르트의 논증"이라든지 라이프니츠의 논증과의 우연적인 관련성만을 언급하고 있을 따름이다. 아마도 칸트는 존재론적 논증의 참된 저자가 안셀무스라는 것을 알지 못한 것 같으며 라이프니츠의 논증의 원문을 제시하고 있지도 않다.110)

신 존재의 존재론적 증명의 불가능성에 대한 해설과 반박에서 칸트는 논증의 합리론적인 형식과 마주하고 있다.111) 절대적으로 필연적인 존재 개념은 이성의 순수 개념이며 이성이 필요로 하는 관념이다. 그렇지만 그것은 필요로 하는 한에 있어서 객관적 실재에 결코 근접하지 않는다.112) 판단들의 절대적 필연성은 실제로는 사물들의 절대적 필연성이 아니다. 존재론적 논증에서 발생하는 것은 우리가 신이라고 부르는 유 관념으로 형성되면서 그 안에 존재가 포함되는 방식으로 그렇게 우리는 그것을 결정한다. 한마디로 칸트에 있어서 신은 '순수 이성의 이념'이다. 이념으로써 칸트가 의미하고자 한 바는 바로 '개별자 안에 존재하는 관념'이다.

분석 명제들 안에서는 술어가 제거되고 대신 주어가 보존되면서 모순이 나타난다. 그러나 우리가 주어와 술어를 모두 없애버리거나 제거하게 되면 거기에서는 더 이상 아무런 모순도 발생하지 않는다. 한편 필연적 존재에 현존재(existentia)가 제거되는 경우 그것은 모든 술어와 함께 제거된다. 신이 존재한다는 것을 인정하고 "신은 무한하다"라는 판단이 형성되는 경우 그 판단은 필연적이다. 왜냐하면 무한은 신에게 속하기 때문이다. 그러나 "신이 존재한다"고 말해지는 경우에 모든 술어들은 제거되는데, 그것은 주어가 제거된 다음 그것과 함께 주

---

110) Cf. *Ibid.*, p.140.

111) I. Kant, *Critique of Pure Reason*, trans. by N. K. Smith; reprint. Macmillan, London, 1929, A 592-602, B 620-630, pp.500-507.

112) *Ibid.*, A 592, B 620, pp.500-501.

관의 모든 속성들이 사라지기 때문이다. 사실 우리가 움직이는 것은 두 개의 영역들이다. 하나는 논리적 영역이며 다른 하나는 실제적 영역이다. 그러므로 신이 존재한다면 그것은 필연적으로 존재하게 된다. 그러나 일차적으로 신 혹은 절대적으로 필연적인 존재자는 실제적인 어떤 것임을 증명해야만 한다.[113]

"신은 존재한다"라는 판단은 분석적일 수 없다. 왜냐하면 그 어떤 존재론적 판단도 분석적이지 않기 때문이다. 존재는 술어도 아니며 사물들의 어떤 규정 안에 자리하지도 않는다. (우리는 칸트의 분석판단이란 것이 술어가 다만 주어 안에 이미 포함된 것의 명료화일 뿐임을 기억해야만 한다.) 존재는 논리적 영역에 속하지도 않는다.[114]

그렇다면 존재는 무엇인가? 무엇보다도 그것은 술어도 아니며 사물들에 대한 규정도 아니다. 이미 『신 존재 증명을 위한 가능한 유일한 논증』(*Der einzig mögliche Beweisgrund zu einer Demonstration des Daseins Gottes*)[115]에서 칸트는 다음과 같이 기술하면서 이 점을 명시한다.

"여러분의 취향대로 예컨대 줄리우스 카이사르와 같은 주어를 택하라. 그리고 그 안에서 시간과 장소성을 배제시키지 말고 상상 가능한 모든 술어들을 수집하여라. 그러면 여러분은 즉시 그것이 이 모든 규정들과 함께 존재할 수 있는 것인지 아니면 그렇지 않은지에 관해 알게 될 것이다."[116]

---

113) A. L. Gonzalez, *Filosofia di Dio*, p.65.

114) *Ibid.*, p.65.

115) Cf. *I. Kant: Werk*, vol. I, pp.617-730, ed. by W. Weischedel, Insel, Wiesbaden, 1960; *L'Unico argomento possibile per una dimostrazione dell'esistenza di Dio* in Kant, *Scritti Precritici*, a cura di R. Assunto e A. Pupi, Laterza, Bari, 1982,

116) *Scritti Precritici in Kant*, a cura di R. Assunto e A. Pupi, Laterza, Bari, 1982, p.113.

줄리우스 카이사르는 그것이 가능하다는 한에서 존재하지 않는다. 줄리우스 카이사르의 개념은 존재를 포함하지 않고서는 완전할 수 없는 것이다. 한편 존재는 어떤 규정도 아니며 사물들의 술어도 아니다. 완전하게 규정된 물자체(Ding an sich)의 가능성 안에서는 어떤 속성도 결핍될 수 없다. 이 때문에 존재 사실은 완전하게 규정된 것에게 새로운 속성을 덧붙이지 않는다. 공통적인 언어 안에서 존재가 하나의 속성으로 여겨지는 경우 그것은 물자체의 속성에 관한 것이 아니라고 칸트는 말한다. 그것은 그것과 관계된 사유의 고유한 어떤 것에 관한 것이다.117)

칸트는 존재가 있음에 관한 실증적 기술을 제공한다. 존재는 한 사물의 절대적 입장이다. 그 안에서 그것은 다른 모든 속성과는 차이 난다. 속성은 언제나 상대적으로 다른 것에 적용된다. 한편 장소 관념은 "절대적으로 단순하며 존재의 관념 일반과 동일시된다."118)

이러한 개념은 보다 더 명료화될 수 없을 만큼 매우 단순하다. 그러기에 현존재(existentia)로서 존재(esse)를 주어와 술어 간의 관계로서의 존재(esse)와 혼돈하지 않도록 조심해야 한다. 이 두 번째 경우에 순수하게 상대적 입장(respectus logicus)인 관계가 주어진다. 관계의 입장은 판단의 연계사 외에 다른 것이 아니다. 그 대신 첫 번째 경우는 절대적 입장과 관련된 것이다. 칸트의 표현들과 모형들은 아주 명백한데, 그 이론은 전문을 여기다 옮겨다 놓을 만큼 상당한 가치를 지니고 있다.

"신이 전능하다고 내가 말할 때 거기에는 신과 전능성 간의 논리적 관계만이 사유되고 있다. 왜냐하면 후자는 신 개념을 구성하는 요소이기 때문이다. 더 이상 거기에는 아무 것도 제시되지 않는다. 만일 신이 존재하고, 다시 말해 절대적으로 제시되거나 존재한다면, 거기에는 내용이 없다. 그러므

---

117) A. L. Gonzalez, *Filosofia di Dio*, p.65.
118) Cf. *Ibid.*, pp.65-66.

로 이 존재는 물자체가 아닌 것들이 그들간에 갖는 관계들 안에서도 정확하게 사용된다. 예를 들어 스피노자의 신은 계속적인 변화에 묶여 있다. 우리는 신이 가능한 세계를 위한 전능한 성취(fiat)를 발설한다고 생각한다. 그는 자신의 지성 안에 표상된 모든 것에 새로운 규정들을 참여시키지 않으며 새로운 술어를 부언하지 않는다. 그러나 먼저 모든 것이 상대적으로만 이 모든 것에 제시된 바 있던 일련의 이 물(物)들을 그는 모든 술어들과 함께 절대적으로, 상대적으로 제시한다. 그것들의 주어에 모든 술어들이 갖는 관계들은 주어가 이미 현존하는 것으로 예상되지 말아야 한다는 것을 제외하고는 결코 현존하는 어떤 것을 지시하지는 않는다. '신이 전능하다'는 것은 현존재를 인식하지 못하는 자의 판단 속에서도 참된 것으로 남아 있어야 한다는 명제이다. 그때에 그는 나로 하여금 신을 개념하도록 한다. 그렇지만 신 존재는 즉각적으로 그 개념이 제시되는 방식에 속해야 한다. 왜냐하면 그것은 그 술어들 안에 있지 않기 때문이다. 주어가 이미 존재하는 것으로 예상되는 경우 술어로서는 현존하는 주어에 속하는 것인지 아니면 순수 가능한 주어에 속하는지가 규정되지 않는다. 신이 현존하는 어떤 것이라고 내가 말하는 경우, 나는 술어와 주어와의 관계를 표현하고 있는 것처럼 보인다. 그러나 실제로는 이 표현에 있어서는 부정확함이 있다. 정확하게 말하자면 그것은 다음과 같이 말할 수 있을 것이다. 현존하는 어떤 것이 신이다. 하나의 현존하는 물에는 우리와 함께 파악된 신 표현으로 우리가 확인하는 그 술어들이 속한다. 이러한 술어들은 상대적으로 이 주어에 제시된다. 그러나 물 자체는 그 모든 술어들과 함께 단순하게 제시된다."119)

사실 "존재(esse)는 명시적으로 실제적 술어가 아니다. 다시 말해 그것은 물(物)의 개념에 첨부될 수 있는 그 무엇의 개념이 아니다. 그것은 단지 물 그 자체나 혹은 규정 그 자체의 정립이다. 그것은 결국 논리적 사용에 있어서 판단의 계사(繫辭)에 지나지 않는 것이다."120) 칸트의 그 유명한 예가 우리에게 설명하고 있듯이 실지의 백 탈레르(Taler는 독일, 오스트리아에서 15-19세기에 유통되었던 은화)는 가능한 백 탈레르를 포함하지 않는 것보다 더 이상 아무 것도 포함하고

119) *Scritti precritici*, pp.115-116.
120) *Critique of Pure Reason*, A 598, B 626, p.504.

있지 않다. "현실적인 것은 단지 가능적인 것 이상의 아무 것도 포함하지 않는다."121) 즉 대상이 개념에 어떤 것을 첨부한다면 그것은 그 객체의 참된 개념이 아닐 것이다. "대상과 개념이 포함하는 것은 꼭 같지 않으면 안 된다."122) 이와 마찬가지로 존재는 개념에 아무 것도 첨부하지 않는다.

개념과 대상은 이러한 방식에 입각해서 살펴볼 때 경험에 의해 연관되어 있다. 그러나 신에 관한 경험은 존재하지 않는 고로 어떠한 연관 고리도 있을 수 없다. 신 존재는 불가능하다는 것 외에 우리는 그것을 정당화할 수 없다는 하나의 명제가 구성된다. "최고존재자의 현존재를 개념에서 이끌어내는 저 유명한 존재론적(데카르트적) 증명에서는 모든 노력과 작업이 허사였다. 상인이 자기의 재산 상태를 개선하기 위하여 그의 재산의 현재고(現在庫)에 영(零)을 몇 개 더 첨가한다고 해서 그의 재산이 더 느는 것이 아니듯이, 단지 이념만으로 지식이 풍부해질 수는 없는 것이다."123) 논리적 술어를 실질적으로 취하고자 하는 모든 시도는 환상에 불과하다. 개념의 분석을 통해서는 마치도 존재론적 논증이 그렇듯 결코 실제적인 어떤 것에 결코 도달하지 못할 것이다.

"신이 존재한다"는 판단은 분석적이 아니다. 그렇다고 해서 그것은 종합적이지도 않다. 칸트에게 있어서는 술어가 주어의 개념 안에 포함되는 것에 어떤 것을 부여하는 판단이 곧 종합적이라는 것을 우리는 이해해야만 한다. 그것은 후험적(a posteriori)인 종합일 수도 없다. 그렇지 않다면 주어는 경험적 직관 안에서 우리에게 소여 될 것이기 때문이다(그것은 실제적 경험의 대상과 일치할 것임). 그것은 선험적 종합도 아니다. 왜냐하면 주어는 가능한 경험의 영역 안에서 직관될 수 없기 때문이다.124)

---

121) *Ibid.*, p.505.

122) *Ibid.*, p.505.

123) *Ibid.*, p.507.

124) *Ibid.*, p.68.

1) 칸트적 비판의 부당성

우리는 이제 존재론적 논증에 대한 칸트적 비판이 과연 올바른 것인가를 묻고자 한다. 다시 말해 우리가 지금까지 이 독일 철학자가 가한 비판적인 요소들을 살펴보았다면 이제부터는 존재론적 논증에 대해 가한 칸트적 비판이 과연 정당한 것이었는지 따져보아야 할 것이다.

칸트는 신 존재 증명의 불가능성에 대해 언급하는 제3 항과 제4 항에서 전통적인 세 가지 증명들의 부당성을 제시한 다음 이성의 본래적인 여정이 아무런 논증적 가치를 지니고 있지 않음을 지적하였다.[125] 그는 신 존재를 밝히는 모든 증명들의 기초에는 존재론적 논증이 자리하고 있다고 생각한다. 존재론적 논증은 가장 완전한 존재의 관념 안에 필연적 존재자가 포함되어 있다고 본다.

이때 칸트는 다음과 같이 자문한다. 우리는 필연유에 관한 관념을 소지하고 있는가? 그리고 나서 그는 즉시 정의한다.

"그 무엇이 실존한다고 전제할 때에, 또 어떤 그 무엇이 필연적으로 실존한다는 추론이 불가피하다는 것은 매우 주목할 만한 일이다. … 그러나 내가 원하는 어떤 물의 개념을 상정하더라도, 그 물(物)의 현존재가 결코 나에 의해 절대 필연적이라고 표상될 수 없다는 것, 그리고 거기에 실존하는 물이 무엇이든지간에 내가 그 물의 비존재를 생각하는 것을 방해할 아무 것도 없다는 것을 나는 안다. 따라서 나는 물론 실존하는 것 일반에 대하여 필연적인 그 무엇을 상정하지 않을 수 없지만, 그러나 어떠한 물이라도 그 자체를 필연적이라고 생각할 수는 없다."[126]

이렇게 볼 때 필연적 명제들을 인식하는 경우 거기에는 필연적 존재자를 생각토록 기만하는 것이 있다. 예컨대 사람들은 기하학적 명제들에 대해 말하지만 그러한 명제의 필연성은 순전히 논리적 필연성이

---

125) *Critique of Pure Reason*, pp.500-514.
126) *Ibid.*, p.515.

며, 가상의 필연성인 것이다. 좀더 구체적인 예로 우리는 관계의 필연성을 들 수 있다. 삼각형과 세 각을 떠올릴 때 우리는 삼각형이 네 각이 아닌 세 각을 가져야만 한다고 생각한다. 이러한 명제는 삼각형이 필연적으로 존재해야 한다고 주장하지는 않는다. 만일 내가 삼각형을 제시하고 나서 그것이 세 각을 갖고 있음을 거부하는 경우 나는 모순을 범한다. 그렇지만 삼각형을 제시하지 않는다면 나는 아무런 모순도 범하지 않는다.

존재론적 증명을 지지하는 자들은 존재하지 않는 것으로 사유될 수 없는 유일한 대상이 있다고 말하고 있으니, 그것은 곧 가장 완전한 존재를 의미하는 최고의 실재적인 유(allerrealstes Wesen)이다. 칸트는 이러한 주장에 대해 반박한다. 즉 그는 가장 완전한 존재가 가능하다고 보지만 그 개념은 현존을 함축하지는 못한다. 그리고 칸트는 존재가 술어가 아니라는 것을 강력히 주장한다. 존재는 사유된 물의 특성이 아니라 물의 입장이다. 여기서 불행하게도 칸트의 백 탈레르(Taler)의 예가 말해진다.

무엇보다도 칸트가 주장하듯이 존재는 본질 안에 결코 포함되지 않는다는 것이 확실하다. 그러나 실재의 원리로서 그것을 고찰하는 대신 본질과 함께 그 추론은 유한한 모든 개별유(個別有)의 존재성을 구성하며 본질을 지성의 순수 개념으로 해석한다. 칸트에게 결핍된 것은 — 가장 중요한 물과 관련된다 — 유로서의 존재 인정과 모든 유에 실재를 부여하는 원리인 본질의 현실태로서의 존재 인식이다. 물론 유는 본질 안에 포함되지 않는다는 의미로 우리가 그것을 받아들이는 경우 그것은 실제적 술어가 아니다. 왜냐하면 유는 참으로 외적으로 본질적이며 본질의 부분을 형성하는 것이 아니기 때문이다. 본질과 존재(esse)는 유의 공통원리들이다. 즉 존재는 유의 현실태이며 본질은 그 척도이다. 그런데 칸트는 <본질적>인 것에 대해 언급하지 않는다. 오히려 그는 <실제적>인 것에 대해 말하며 존재를 현실태로가 아닌 사실적 존재 내지는 현재의 순수 현존으로 받아들인다. 존재의 망각은

칸트에게서 분명하게 드러난다. 이러한 의미에서 칸트는 본질론적인 전통을 극복하지 못한다.[127]

어떤 것의 절대적 입장으로서의 존재는 경험에 의해 규정되는데, 이는 칸트에 의하면 대상이 대상성의 물질적 조건들과 합치하는 경우 실제로 존재한다고 말해져야 하는 것과도 같다. 우리는 존재 범주의 적용과 상응하는 두 번째 요청이 있음을 기억할 것이다. 경험(감각작용)의 물질적 조건들과 연관 속에 있는 것은 실제적이다. 그때에 하나의 사물은 실질적으로 존재하는데, 그 사물은 지각이나 실제적 경험에 연루된다. 연루된다는 것은 관계 속에 놓인다는 의미이다. 그런데 무엇과의 관계 속에 놓인단 말인가? 칸트적인 노에티카(noetica) 안에서 대답은 명백하다. 그것은 지성과의 관계 속에 놓인다. 질송은 칸트에 있어서 존재에 관한 인식 이론을 연구하면서 그러한 면을 다음과 같이 주석하고 있다.

"그러한 이론 안에서 그것은 감각적 직관 안에 주어져 지성에 의해 인식되어야만 한다. 만일 감각 직관 안에 소여 되지 않는다면 지성에 의해 알려질 수 없다. 한편 사유가 감각 직관과 일치되지 않는 경우 거기에는 아직 사유가 있을 수는 있지만 인식은 없다. … 그때 존재는 'x는 존재한다'와 같은 확언적 판단이 실제적인 것으로서 감각적 직관에 일치하는, 즉 자료에 일치할 정도의 사유의 대상을 제시하는 곳에 현시된다. … 존재는 나에 의해 제시된 그런 것이 아니라 내가 그것을 제시한 방식이다."[128]

우리가 알고 있듯이 인식에 관한 칸트의 개념 안에는 두 가지 면이 서로 구분되어 제시된다. 하나는 감각 작용에 의해 제공된 자료이며 다른 하나는 선험적 형상이다. 이 두 가지의 일치와 직관(감각적 직관

---

127) A. L. Gonzalez, *Filosofia di Dio*, p.69.
128) É. Gilson, *Being and Some Philosophers*, Pontifical Institute of Medieval Studies, Toronto, Ont., 1952; É. Gilson, *El ser y los filosofos*, Pamplona, 1979, p.198.

으로 칸트는 지적 직관을 인정하지 않는다)과 개념은 인식을 규정한다. 여기서 우리는 존재(Existenz)가 선험적으로 인식될 수 없음을 연역해 낼 수 있다. 『순수이성비판』에서 칸트가 기술하고 있듯이 "감각 대상의 그 어떤 존재도 절대적으로 인식될 수 없으며 오로지 이미 소여 된 다른 존재와의 관계 속에서 상대적으로 선험적으로만 알려질 수 있다. …"[129] 칸트는 존재를 거부하지는 않았다. 오히려 그는 질송이 말하듯 존재를 괄호 치면서 보존하였다. "칸트는 존재를 물자체의 인식 불가능한 왕국으로 추방하면서 인식을 위한 필수조건으로 그것을 보존하였다. 그러나 그는 그것에 대해서는 우리가 아무 것도 인식하지 못하고 인식할 수도 없는 인식의 기본 조건으로 그것을 변형시키기도 하였다." 결과적으로 신과 관련하여 우리가 지각하는 것과 연결된 이것들이 아닌 그것은 어떤 면에서 경험 안에 현시되지 않는다. 따라서 우리는 존재를 인식한다는 것이 불가능하다고 결론을 내려야 할 것이다. 신을 인식함이 불가능한 이유는 신 존재가 경험 불가하기 때문이며 경험의 직관과 연관되어 있기 때문이다. 바로 이 점은 칸트에 있어서 우리가 이미 앞에서 언급하였듯이 불가지론을 구축하기에 이른다.[130]

그는 존재론적 논증에서 그 자신이 논리적 반박이라고 칭한 것으로 이동한다. 그는 존재론적 논증을 무가치한 것으로 선포한 적이 있는데, 최고로 완전한 존재는 바로 그 존재가 개념을 벗어나 있지 않기 때문이다. 개념에 존재를 부여하기 위해 탈개념화한다는 것은 참되지 못하다. 그럼에도 불구하고 그에 의하면 우리는 필연적 존재자에 대한 관념을 갖고 있음을 논증하기 위해 최고로 완전한 존재는 필연적이라고 말한다는 것이다. 그런데 우리는 필연적 존재자가 어떤 것인지를 알지 못하고 또 '필연적으로 존재하는' 술어에 어떤 주어를 갖다 붙여

---

129) *Kritique of Pure Reason*, p.247.
129) *Kritique of Pure Reason*, p.247.
130) A. L. Gonzalez, *Filosofia di Dio*, p.70.

야 하는지를 모른다는 반박에 대해 존재론적 논증의 지지자들은 주어
는 최고로 완전한 존재이며 그때 우리는 필연적 존재자와 최고 완전
자를 사유하게 된다고 말한다.[131]

2) 종 합

이렇게 볼 때 우리가 지금까지 전개한 전체 이론은 전제된 확신으
로 인해 인간 지성의 원천들과 그 작용 방식을 인정하지 않는다는 점
에서 지지할 만한 것이 못된다. 칸트가 주장한 그러한 근원성을 가지
고 인식을 유일한 감각적 직관의 기능으로 바라보는 것은 완전히 잘
못되었다는 명제를 받아들임으로써 우리는 이 점을 극구 강조할 수
있다. 칸트적 주장은 실재에 대한 인식 접근방식인 존재 안에 사물들
의 분리와 형상적 추상이론을 거부하는 데서 충분히 생겨날 수 있다.
그러한 추상이론과 분리를 부정한다는 것은 신적인 것에 도달하고자
하는 가능성을 근원으로부터(a radice) 차단해 버리는 것이다. 그러한
경우에는 우리가 신 존재 논증을 완수하도록 하는 형이상학적 도약대
인 피조물의 존재에도 도달할 수 없게 된다.[132]

이러한 의미에서 "칸트는 오로지 규정된 존재들과 관련된 어떤 것,
다시 말해 감각 경험의 영역 안에서 지정 가능한 것들을 존재의 기본
특성으로 제시한다. 결과적으로 그러한 실재 개념은 실질적 대상의 특
성인 경험의 한계들을 초월하는 모든 것을 부정하게 된다. 바로 이 개
념은 우리가 공유할 수 없는 개념이다. 칸트는 존재의 형상적 구조와
오로지 어떤 구체적인 존재만을 따르는 것을 서로 혼동한다. 인식의
영역에 관한 현상학적 분석은 인식에 대해 어떤 한계를 긋는 것을 인
정하지 않는다. 왜냐하면 일단의 한계를 부여하는 것은 어떤 면에서

---

131) *Ibid.*, p.70.
132) *Ibid.*, p.70.

그것들을 초월하는 것을 의미하기 때문이다."133)

한편 우리가 강조하였듯이 존재는 사실의 일의적(一義的) 존재가 아닌 본질의 현실로 이해되어야 한다. 칸트는 토마스가 신 존재의 유효한 논증과 관련하여 자신의 기본 명제들 중 하나로 이미 주목한 그 무엇인가를 망각하고 있다.

> "존재는 두 가지 유형으로 말해진다. 하나는 존재의 행위(현실태)를 의미하며 다른 하나는 지성이 한 명제의 두 용어들 사이에서 발견하는 일치인데, 그때 술어와 주어는 비교된다. 제일차적인 의미로 존재를 파악한 다음엔 우리가 신의 존재나 본질을 인식할 수 없다. 그것은 제이차적인 경우에 가능하다. 사실 우리는 <신이 존재한다>고 주장할 때 신에 대해 우리가 구성하고 있는 명제가 참되다는 것을 안다. 우리는 그것을 그 결과로부터 출발하면서 인지하게 된다."134)

이와 같은 단순하고도 심오한 문장 안에서 존재론적 논증에 칸트가 가한 비판과 관련하여 우리는 칸트적 이론을 선행하는 비판을 발견하는 동시에 신 존재 증명의 토대가 지시되면서 존재론적 논증의 전제 조건이 비판받게 됨을 알게 된다.135)

7. 헤 겔

1) 헤겔에 있어서 종교의 극복

우리는 여기서 헤겔의 신 존재 증명을 논하기 전에 그 선이해로서 종교와 관련된 학설들을 살펴보고자 한다. 왜냐하면 헤겔에 있어서 종

---

133) *Ibid.*, pp.70-71.
134) *S. Th.*, q. 3, a. 4, ad 2.
135) A. L. Gonzalez, *Filosofia di Dio*, p.71.

교는 그의 사상의 본질적인 부분에 해당하며 따라서 이에 대한 올바른 이해 없이는 그의 논증이 의미하는 바를 제대로 파악할 수 없기 때문이다. 사실 그는 철학과 종교의 대상이 유일하다고 생각한다.

"철학은 먼저 종교와 그 대상을 공유한다. 양자는 다 같이 진리를 그 대상으로 삼되 그것도 신이 진리이며 신만이 진리라는 최고의 의미에서 진리를 대상으로 삼는다."[136]

(1) 청년기의 신학 저술들

최근에 이르러서 헤겔이 청년기에 남긴 신학 작품들에 대한 관심사가 점차 고조되고 있다. 그러한 저술들은 헤겔 사상의 발생을 이해하고 종교가 그의 사상에 끼친 영향력을 이해하는 데 있어서 매우 중요한 것으로 간주된다. 여기서 우리는 가장 의미 있는 그의 청년기의 두 가지 저술들에 대해서만 논급하기로 한다. 그 중 첫 번째 작품은 『그리스도교 정신과 운명』(1798)인데, 이는 베른과 프랑크푸르트 시기의 저술에 속한다. 그리고 두 번째 것은 『신앙과 앎』(1801)으로 예나 시기에 속한다.

우선 『그리스도교 정신과 운명』에 대하여 살펴보기로 하자. 헤겔은 인간 세계의 의식 내부에 분열이 존재한다고 주장한다. 이 분열은 상징적으로 유대인들의 삶 속에서 드러났다. 그리스인들은 개인과 사회, 인간적인 것과 신적인 것 간의 조화를 이루면서 살았는데, 그때 그들의 삶은 행복했다. 이와는 달리 유대인들은 인간적인 것과 신적인 것의 분열을 삶 속에서 느끼며 살았다. 그들은 노예의 슬픈 느낌을 떨쳐버릴 수 없었다. 이렇듯 유대인들은 신을 자신들과는 전적으로 모순되는 실재로 파악하였고 자신들을 신의 노예로까지 감지하였다. 한

---

136) G. W. F. Hegel, *Enzyklopädie der Philosophischen Wissenschaften in Grundrisse*, 『철학강요』, 서동익 역, 을유문화사, 1992, 61쪽.

마디로 그들은 보편적인 본질과의 분열을 떠 안은 존재였다. 인간 의식이 지닌 이러한 분열은 그리스도에 의해 이룩된 '화해'를 통해 극복된다.

그리스도는 인간을 하느님, 특별히 보편자와 화해시킨다. 그리스도교는 개별자와 보편자 간의 본래적인 행복과 조화를 다시금 성취한다. 이러한 재구성은 단순한 귀환에 그치지 않는다. 사랑에 의해 이룩된 화해는 생명의 약동이며 생과 화해하고자 함이다. 죄로 인해 인간은 본래적 조화를 깨트렸기에 내적으로는 단절된 삶을 살았다. 사랑을 통해 인간은 죄로 인해 단절된 삶의 일치를 이룩할 수 있는 힘을 지닌다. 사랑은 원천을 향한 순수하고 단순한 귀환에 불과한 것이 아니라 대립물(對立物)들과의 참된 조화를 이루는 것이다. 이렇게 해서 헤겔 변증법의 근본 요소들 중의 하나인 '대립자들' 안에서 실재의 분열과 종합 안에서의 화합 내지 화해가 그 꼴을 드러낸다.

『신앙과 앎』은 청년 헤겔의 철학적 과정에 있어서 어떤 궁극적인 이행을 말해 준다. 사유는 데카르트로부터 시작해서 계몽주의에 이르기까지 근대철학에 대한 반성이다. 헤겔은 근대철학 안에서 지성과 신앙 간의 이원론을 바라본다. 한편으로 지성은 경험 실재에 대해서만 관심을 두고 절대자는 사유를 넘어선 것으로 제한하며, 다른 한편으로 신앙은 절대자에게 호소하면서 오로지 느낌 안에 피신한다. 헤겔은 근대 위기의 원인이 바로 여기에 있다고 본다. 즉 그것은 신앙과 앎의 분열이다. 신앙은 외부의 지배에서 과학적 앎을 회피하고 지식은 신을 그 대상으로 삼지 않는다. 헤겔에 의하면 이와 같은 분열을 극복하기 위해서는 신앙과 앎, 유한자와 무한자를 화해시켜 다양한 요소들이 모두 필요한 역사적 수고의 결실인 일성(一性)을 얻어내야만 한다.

청년기의 헤겔 저술들은 철학과 종교가 동일한 것을 대상으로 하며 유한자와 무한자 간의 변증법적 종합으로서의 신이라는 확고한 점을 그 특성으로 삼고 있다. 유한자인 인간이 무한자인 신과 일치될 수 있는 것은 삶 속에서인데, 종교는 이러한 과정을 실현한다. 그리하여 청년 헤겔에 있어서 철학은 종교 밑에 놓인다. 종교만이 유한자나 무한자 간의 대립을 극복해야 할 필요성을 충족시킬 수 있다. 이는 그리스도교가 사랑의 실천을 통해 행하는 것이기도 하다. 후기의 반성은 그 역할들을 전복시키는데, 즉 철학만이 이러한 조화를 가져다줄 수 있다고 본다.

(2) 성숙기의 헤겔: 종교의 극복

성숙한 헤겔은 정신이 자신에 대해 갖는 자기 의식을 통하여 유한자와 무한자를 조화시킨다. 이것이 의미하는 바가 있다면 절대정신은 철학 안에서 모든 요소들을 통해 즉각적으로 알려진다는 것이다. 젊은 시절의 헤겔이 종교에 내맡긴 우위성은 이제 철학에 되돌려진다. 물론 헤겔의 새로운 입장에는 심오한 논리가 자리하고 있다. 헤겔은 절대자를 정신, 이성, 사유 중의 사유라고 보았기에 절대정신이 사유 자체에 의해서만 가장 적합하게 파악된다는 것은 어쩌면 매우 논리적이다.

그렇다면 헤겔에 있어서 종교는 어떻게 되는 것일까? 그것은 무엇보다도 절대자를 파악한다. 그러므로 종교와 철학간에는 다시 한번 동일한 대상인 절대자가 있게 마련이다. 차이점이 있다면 그것은 형식에 있을 뿐이다. 종교는 묘사(Vorstellung)를 통해 절대자를 파악하고, 철학은 개념을 통해 파악한다. 따라서 종교는 '상징적 사유' 내지는 묘사이다. 종교는 상상, 묘사, 신화, 상징 그리고 의식을 필요로 하는 사유이다. 예술 앞에서 종교는 새로운 요소를 제시하는데, 그것은 사유지만 아직은 상상적인 사고, 상징적인 사고이다. 발전 과정의 최종적 요소는 순수 사유인 철학에 의해 주어진다. 그래서 헤겔은 철학을 종교 내부에 위치시킨다. 그러나 그것은 아직 상상력에 의해 파악되고 상상력에 연루되며 상상력에 의해 이끌어지는 종교이다. 종교는 묘사를 통해 표현되며 신화, 상징, 그리고 의식들은 종교 언어의 고유한 표현이다. 개념들은 상상과 묘사를 통해 표현되는데, 이는 곧 종교의 특성이다. 다시 말해 그것은 예술과는 공통적으로는 묘사를, 철학과는 사유라는 공통분모를 지닌다. 그러나 종교는 단순한 묘사에 그치는 것이 아니며 그렇다고 해서 순수사유도 아니다. 묘사를 통해 인식 본성이 주어진 종교는 철학보다 더 확산적인 힘을 지닌다. 그리하여 종교는 대중의 사유가 되며 순수 사유에 도달할 수 없는 자들의 사유가 된다. "종교는 만인을 위한 것이다. 그것은 만인을 위한 것이 못되는 철학과는 같지 않다. 종교는 만인이 진리를 의식하는 방식이며 무엇보다도 느낌과 묘사와 지적 사고를 통해 도달한다."

헤겔은 종교가 철학에 의해 극복되어야 한다고 분명하게 말한다. 그러나 사람들 속에서 종교를 제거할 수는 없다. 왜냐하면 순수 사유에 도달할 수 없는 사람들은 늘 존재할 것이기 때문이다. 그 대신 순수 사유인 철학은 정신의 종합 과정의 결정적인 최종 단계이다. 그런데 종교의 역할은 만인이 순수 개념을 통해 인식할 수 없는 불가능한 상황이 지속되는 동안 계속 살아 있다. 그러한 상황은 늘 인간들 사이에 현존할 것이기에 종교는 제거할 수 없다. 그렇지만 종교는 극복되어야 한다. 여기에 헤겔 변증법의 기본 개념이 자리하게 된다. 극복하는 것은 부정하는 것이며 동시에 보존하는 것이다.

(3) 그리스도교 혹은 철학으로서의 종교

헤겔에 있어서 종교철학은 철학에 의해 종교가 극복되어야 한다는 필요성에 대한 의식 파악이다. 따라서 종교철학은 신 존재 논증에 관한 문제가 아니라 종교적 의식(意識)과 신을 파악하는 형식의 문제이다. 종교 의식은 추상적 종교만이 아닌 종교의 역사적 형식을 통해 구체화된다. 종교들의 역사도 헤겔에 의해 세 가지 도식에 따라 구분된다. 종교의 제1 단계는 헤겔이 자연종교라고 부르는 것이다. 이 안에서 신은 자연과 동일시된다. 의식은 신을 무차별적인 보편자로 개념한다. 이는 범신론이다. 즉 유한자는 무한 존재인 신의 요소로 개념 되는 것이다. 이러한 일차적 형식과 부합하는 가장 중요한 종교들은 마법종교, 유교, 힌두교 그리고 불교 등이다.

종교의 제 2 단계는 헤겔이 "정신적 개체의 종교"라 부르는 것이다. 이 단계에서 신은 한 개인 혹은 여러 인간들과 동일시된다. 실제로 종교 의식은 신적인 것을 인간으로서 파악하지만 신적인 것은 인간적인 것과 모순된다. 신적인 것에 대한 이러한 형태의 의식은 그리스, 로마 종교들과 특별히 유대교에 의해 발전되었다. 거기서 하느님은 인간을 두고 절대적 초월 형식으로 개념된다.

종교의 세 번째 단계는 헤겔이 절대종교라 정의하는 것이다. 이는 그리스도교를 두고 하는 말이다. 그리스도교 안에서 신은 실재를 초월하는 것으로 개념 되지만, 동시에 신은 실재 안에 내재적(內在的)이기도 하다. 인간은 인간이며 하느님인 그리스도로부터 오는 은총을 통해 하느님과 일치를 이룬다. 우리는 더 이상 모순에 빠지지 않고 아무런 혼돈 없이 일치되는 유한자와 무한자 간의 결정적 종합 안에 서 있다. 오로지 그리스도교 안에서만 종교는 묘사 안에서 신의 계시로 실현되었다.

그런데 헤겔에 있어서 삼위(성부-성자-성신)로서의 유일신 개념은 관념에 대한 변증법적 발전이 세 가지 요소들을 모사함 외에 다른 것이 아니다. 철학은 개념의 형식으로 <관념>의 변증법적 발전을 사유하며, 그리스도교는 삼위의 <모사>를 통하여 동일한 발전을 사고한다. 그래서 그리스도교가 절대종교라고 말하는 것은 그것이 절대 진리라고 말하는 것과 같다. 그래서 다시 한번 종교와 철학은 같은 대상, 즉 진리를 대상으로 한다. 그렇지만 철학이 순수 사유를 통해 그러한 대상에 도달하는 것과는 달리 그리스도교는 삼위인 하느님의 묘사를 통해 그러한 대상을 성취한다.

그리스도교는 계시종교이다. 헤겔에 있어서 이것은 그리스도교가 신비가 없는 종교, 즉 아무 것도 감추어져 있지 않은 종교를 의미한다. 그것은 종교적 의식에 대한 신의 완전한 자기현시이기 때문이다. 철학은 개념을 통해 진리에 도달해야 하고 그리스도교는 진리를 인식하는데, 이유는 진리를 계시하는 존재는 동일한 하느님이기 때문이다. 그러므로 더 이상의 아무런 신비들도 있을 수 없으며 오직 진리를 인식하는 상이한 방식만이 존재할 따름이다. 따라서 철학과 종교는 둘 다 종교적인데, 이유는 양자가 모두 신을 대상으로 삼기 때문이다. 종교와 철학간에는 모순이 존재하지 않으며 동일한 대상인 영원한 진리인 신에게 도달하기 위한 형식의 차이성만이 존재할 뿐이다.

이렇게 볼 때 헤겔에 있어서 종교철학은 종교로서의 철학, 다시 말해 절대 종교와 같은 절대 철학이 된다. 이 두 가지는 진리에 도달하는 방식이 다를지라도 모두 참된 것이다. 양자는 늘 존재할 것이다. 이유는 인간이 단순히 순수 사유만도 아니고 항시 철학자도 아니기 때문이며 그리스도에 의해 이루어진 신의 모사를 늘 필요로 할 것이기 때문이다. 그렇게 함으로써 그는 순수 사유를 통해 진리에 도달할 수 없을 경우라 할지라도 진리에 도달할 수 있게 된다.

2) 종교로서의 철학

헤겔의 종교철학은 이러한 일차적 형식에 대한 가장 완전한 표현이다. 이는 헤겔 안에서 참으로 종교는 철학에 직면하여 아무런 자율성도 갖지 못한다고 말할 수 있는 한에서 그러하다. 헤겔은 신 존재를 선포하고 변호하는 데 있어서 매우 노심초사했다. 그 누구도 헤겔만큼 종교의 중요성, 특히 그리스도교의 중요성을 주장한 적이 없다. 왜냐하면 이 종교는 자신의 철학과 완전한 조화를 이루고 있었기 때문이다. 그러나 그것은 파브로(C. Fabro)가 말하고 있듯이, "매장의 영예"인 것이다. "물론 헤겔의 비판은 종교를 제거하고자 하는 것이다. 그러나 그가 사용하는 방법은 거부의 방법이 아닌 안락사의 방법이다. 존재함을 멈추면서 종교는 철학의 차원에서 들어 높여지는 종교로 자

기 자신을 실현한다."(Morra, Dio senza Dio)

헤겔에 있어서 형식적인 인정 배후에는 신과 종교에 대한 심각한 불만이 자리하고 있다. 모든 것은 그 고유한 정체성을 상실한다. 신은 오로지 세계와 함께 하는 그런 존재이다. 실제로 헤겔은 신을 공격하지는 않지만 인간과 인간의 역사를 신격화하고자 한다. 인간에 대한 이러한 자기 고양(自己高揚)의 요청은 현대 무신사상의 개념 안에서 괄목할 만한 추종세력을 낳게 만들었다. 헤겔은 종교를 공격하지는 않았을 지 몰라도 종교를 철학보다 하위적인 요소로 축소시킨 것만은 사실이다. 그리스도교는 삼위일체 교의와 함께 '보편적', '특수적', '개별적'인 것 사이의 변증법적 의미를 표현하기 위한 유아기적 형식 외에 다른 것이 아니다. 종교는 헤겔에 있어서 역사적 요소뿐만 아니라 무엇보다도 가치와 내용으로서의 일시적 사실이다. 왜냐하면 그것은 구조적으로 철학보다 하위적이기 때문이다.

3) 헤겔 증명의 구조와 의미

무엇보다도 우리는 신 존재에 관한 헤겔의 논증이 어떤 의미를 지니고 있는지 가늠해 볼 필요가 있다.

헤겔은 인간 사유가 존재를 인식할 수 있다는, 그래서 형이상학을 할 수 있다는 권리주장을 편다. 이러한 주장들은 『정신 현상학』이나 『논리학』, 『철학강요』의 서론에 나타나고 있다. 그렇지만 불행하게도 백성들이 자신들의 형이상학을 상실한 경우는 마치도 지성소(至聖所)가 없는 성전과 다를 바 없다고 헤겔은 말한다.

이와 같이 형이상학을 폄하하게 된 저변에는 칸트철학의 통속적인 가르침이 단단히 한몫을 하고 있다. 여기서 헤겔은 칸트철학이라고 하지 않고 '칸트철학의 통속적인 학설' 혹은 칸트철학이 통상적으로 이해하는 방식이라는 표현을 쓴다. 즉 헤겔은 칸트철학의 진리가 실상은 별개의 어떤 것이라 간주하였다. 칸트철학이 통상적으로 지향하고 있는 방식은 인간 지식을 오성(悟性) 단독에만 제한시키고자 한 것이었다. 그렇지만 오성은 '추상하는 것'이며, '추상함'은 헤겔에 있어서 인식을 존재에서 분리시키는 것을 뜻한다. "이 형이상학은 사유 규정을 사물의 근본 규정으로 본다. 이것은 존재하는 것을 사유함으로써 그 자체를 인식할 수 있음을 전제로 하고 있다. 이 점에서 형이상학은 그 후의 비판철학보다 더 높은 입장에 서 있는 것이다."137)

헤겔이 인정하고 있는 것처럼, 사유가 물자체를 수용하고 사유는 존재에 관한 사유라는 동일한 입장을 우리가 취하게 되는 경우 형이상학은 가능하게 되며 오히려 형이상학을 하지 않을 수 없고 철학적 신학을 할 수밖에 없다. 이런 관점에서 헤겔의 논리학은 하나의 형이상학이며 철학적 신학이다.

엄밀한 의미에서 헤겔은 신 존재와 관련된 어떤 논증도 필요로 하지 않았던 것이 사실이다. 왜냐하면 절대자는 존재(esse)이기 때문이다. 모든 시초는 절대자로부터 출발하여 이행되어야 하며 모든 과정은 절대자의 명시에 불과하다.138) 그리고 세계는 신의 확산이며 신 존재는 이러한 신의 확산과 동일시된다.

그런 헤겔도 언제나 신 존재에 관한 전통적 증명들은 매우 중시하였다. 이러한 논증에 봉정된 작품이 그 유명한 『신 존재 증명에 관한 강연』(*Vorlesungen über die Beweise von Desein Gottes*)이다.

존재론적 논증과 우주론적 논증 그리고 목적론적 논증에 대한 칸트의 비판이 있은 다음, 헤겔은 절대자의 논증을 위한 전통적인 논증들을 항시 자신의 특수한 철학적 맥락 안에서 재평가하는 가운데 특별한 의미를 논증들에게 부여하였다. 칸트의 비판을 두고 관념론자들은 고대 형이상학의 종합 내지 그와 같은 비판의 종합으로 이해하였다. 그렇지만 헤겔에 있어서 철학적 신학과 관련된 입장은 칸트와는 근본

---

137) *Enzyklopädie der Philosophischen Wissenschaften in Grundeisse*, op. cit., p.86.
138) Cf. *Wissenschaft der Logik*, II, Lasson, Hamburg, 1971, p.490.

적으로 다른 것이었다. 헤겔은 칸트의 증명들을 전개하면서 비판을 가하는 동시에 자신의 고유한 입장을 취한다. 이를 통해 신에 대한 인식은 그 자체로 고유한 정당성을 지니게 된다.

이와 관련된 근본적인 요소들을 발견하기 위하여 우리는 『신 존재 증명에 관한 강연』을 종합하고 있는 『철학강요』(*Enzyklopädie der Philosophischen wissenschaften in Grundrisse*)의 한 절(節)을 참고할 수 있다. 헤겔은 여기서 칸트가 언급한 우주론적 증명과 칸트적 비판을 종합적으로 전개하고 있다.

"인간은 사유하는 존재이므로, 철학과 마찬가지로 상식도 경험적 세계관에서 출발하여 신에게까지 상승하려는 욕망을 포기하려 하지 않을 것이다. 따라서 이 상승의 토대는 한갓 감성적·동물적 세계관이 아니라 사유적 세계관일 수밖에 없다. 본질과 본체가 세계의 보편적인 힘이나 목적 규정이라고 말할 수 있는 것은 사유에서, 그리고 오직 사유에서만 그러하다. 그리고 이른바 신 존재의 증명이라는 것도 사유자(思惟者)이자 감성적인 것을 사유하는 정신 그 자체가 진행하는 과정을 기술하고 분석하는 것이라고 볼 수밖에 없다. 그리하여 사유가 감성적인 것을 초월한다는 것, 사유가 유한적인 것을 넘어서 무한적인 것으로 초월한다는 것, 또는 감성적인 것의 인과관계를 끊고 초월성적인 것으로 비약한다는 것, 이것은 모두 사유 그 자체요, 이 이행이 바로 사유다."[139]

우리는 여기서 다음과 같은 연속성의 파괴에 주목할 필요가 있다. 즉 신은 원인들, 더 정확히 말해서 생성 원인들(causae fiendi)의 연속들의 시초가 아니라는 점이다. 신은 경험 안에 소여된 연속성을 떠나 있다는 것이다. "그러므로 이러한 이행을 해서는 안 된다고 할 경우에 그것은 바로 사유하여서는 안 된다는 말과 같다. 동물은 이러한 이행을 하지 못한다. 동물은 감성적인 지각과 직관을 벗어나지 못한다. 그

---

139) G. W. F. Hegel, *Enzyklopädie der Philosophischen Wissenschaften in Grundrisse*, p.50.

러므로 동물에게는 종교가 없다."140)

당대에 마음속에 품게 된 증명들에 대한 불신은 시대의 정신적 상황의 결과라고 헤겔은 말한다. 그는 당시 사람들이 신 존재 증명을 하려는 시도를 반종교적인 처사로 여기고 있음도 잘 간파하고 있었다. 야코비(Jacobi)와 관련하여 헤겔이 말하는 신앙 절대론적인 태도는 사유와 이성을 평가 절하하는 데서 근원적으로 발생한다.141) 이런 맥락에서 헤겔과 마찬가지로 하이데거 역시 뒤에 가서 비록 전망은 다를지라도 우리 시대의 잘못은 무엇보다도 사유의 부재라고 말하게 되는데 그 의미들은 서로 동일하다 하겠다.

신 존재를 증명하기 위한 이러한 논증들은 지금에 와서 이성적 논증이나 모든 '이성'을 거부하는 생생한 신앙과 열정 어린 종교심에 내맡겨진 이상, 한쪽에 밀쳐진 고대 형이상학(antiquiertes Metaphysik)에 속하는 것쯤으로 여긴다. 신에 대한 이성적 인식에 반대하는 루터 사상이 떠받들고 있는 지주들 중의 하나인 이러한 신앙의 반항은 칸트 안에서 가장 재간 있는 표현을 발견했던 것이 사실이다.

칸트의 명제와 관련하여 이미 앞에서 살펴보았듯이 신 존재 증명들에 대한 불신은 이러 저러한 연유에서 비롯된 것이 사실이지만 특히 그것은 인식 개념을 현상에 제한을 둠으로써 그러하였다. 헤겔은 인간 사유에 존재를 알 수 있는 능력을 끌어들인다. 그렇게 하여 그는 형이상학의 가능성을 새롭게 제시하였다.

---

140) *Ibid.*, p.50.

141) 이와 관련하여 헤겔은 다음과 같이 말하고 있다. "야코비가 오성적 증명을 공격할 때 끝까지 고수했던 것은 오성이 주로 감성적인 것과 초감적인 것과의 관계를 다만 긍정적인 것으로만 이해했다는 점이다. 오성은 무제약자에 대하여 제약하는 것(세계)을 탐구하는 바, 이러한 방식으로는 도리어 무한자(신)가 정초되고 의속되는 것으로 생각된다는 점을 야코비는 정당하게 비난하였다. 그러나 이러한 정신의 상승도 그것이 정신의 내부에서 일어나는 이상, 이러한 가상을 스스로 바로잡을 수도 있다. 이러한 가상을 바로잡는 것이 바로 정신의 상승의 전 내용이 된다."(*Ibid.*, p.50)

신에게로의 상승은 필요하다. 이와는 달리 세계에서 신, 유한자에서 무한자에로의 여정을 완수하지 말아야 한다고 누가 말한다면 그것은 마치도 우리가 사고하지도 말아야 하는 것과도 같다. 물론 우리의 대상인 신은 '그분'의 유일한 이름으로 인해 우리의 정신을 고양시킬 수 있으며 우리 심중의 가장 심오한 곳에 다다를 수 있다. 신이 존재한다는 확신은 우리가 이성적 논증들 위해 그 토대를 마련할 수 있다는 확신이라고 헤겔은 강조한다. 그렇지만 헤겔이 서술하고 있는 당대의 사고 방식으로 볼 때 이 모든 것은 무의미한 것으로 결론 난다.

비판주의에 대한 반응으로 나타난 헤겔의 명제는 이성적인 논증들을 더욱 정교히 다듬어내는 것이었다. 그것은 '현시들'에 의해 기만당해서는 안 된다. 왜냐하면 헤겔 철학은 '외부로부터 논증되지 않고' 신에게 이르기까지 정신의 고양에 관한 반성을 시도하는 까닭이다. 즉 과정 안에는 사유가 관측되는데, 그것은 신인 최고사유(最高思惟)에 이르기까지의 사유의 고양(高揚)인 것이다. 이 안에 헤겔의 증명이 구성된다. 신과 관련하여 논증을 한다는 것은 절대자가 어떻게 그 자체로 결과되었는지를 아는 것을 의미한다. 신이 사유하는 정신에 의해 알려진다는 것은 그 어떤 것도 방해할 수 없다. 이는 절대자가 인간과 관련을 맺고 있기 때문이다.

이 때문에 신과 인간간의 전달은 마침내 절대자를 인식하는 것이 인간 이성이 아닌, 인간의 사유 안에서 그 자체를 알도록 하는 것이 절대자의 자기 의식이라고 헤겔은 생각한다. 인간 정신이 신을 알게 되는 경우 그것은 신의 정신 자체 외에 다른 것이 아니다. "신을 인식하는 것은 자기 제한을 지닌 이른바 인간 정신이 아니며 인간 안에 있는 신의 정신이다. … 이 신의 자기 의식은 인간의 앎 속에 알려진 신의 자기 의식이다."[142]

---

142) G. W. F. Hegel, *Lezioni sulle prove dell'esistenza di Dio*, trad. ital. a cura di G. Borruso, Messina-Firenze, 1966, p.66.

신에 대한 우리의 앎은 신 안에서의 앎이다. 이러한 이론으로 헤겔은 무한자로부터 유한자를 분리시키는 단순한 형식적인 앎을 극복하고자 한다(Verstandesmetaphysik의 차원). 그리고 절대이성의 사변적 논리로 그러한 사상을 뒷받침하면서 자기 의식의 철학(Glaubensphilosophie)과 신앙 그리고 논증들과 유리된 앎으로부터 점차 멀어지고자 한다. 근본적으로 우리는 일련의 사상가들이 그러하였듯이 신에 대한 참된 증명은 헤겔의 전체적인 체계라고 말할 수 있을 것이다.

출발점들과 서로 일치하는 여러 가지 증명들이 있을 수 있다. 그렇지만 그것은 다음과 같은 방식을 지향해야 한다.

"우리는 다수의 출발점들을 조용히 인정할 수 있다. 그러한 다수성은 요청에 아무런 장애물로 작용하지 않는다. 여기서 요청이란 진정한 증명이 유일하게 하나이며 어떤 형태로든 그 자체로 그러한 증명을 감소시키지 않는데, 이는 사유의 내성(內省)인 사유에 의해 인식된 증명 자체가 비록 서로다른 시초에서 출발하였을지라도 하나이며 동일한 노선으로 증명되는 한에서 그러하다."143)

각각의 그러한 증명에서 상이한 고유성과 속성들이 유발되지만 모든 것들의 총체성은 절대자 개념이다.

4) 헤겔의 존재론적 논증

헤겔은 존재론적 증명을 늘 즐겨 사용하였다. 이 논증 안에서 그가 사변적 사상 체계의 지주 중의 하나인 무한자와 유한자의 해결책을 발견할 수 있다는 것은 전혀 이상한 일이 아니다. 칸트의 비판이 있은 다음 존재론적 논증은 헤겔에게서 최고가는 인정을 받기에 이른다. 우리는 이하에서 존재론적 논증이 헤겔로부터 부여받은 의미가 도대체

---

143) *Ibid.*, p.86.

어떤 것인지를 캐물으면서 문제의 핵심에 다가서도록 해보자.

우주론적 논증들과 목적론적 논증들을 논증한 다음 헤겔은 존재론적 논증을 고찰한다. 이 논증은 별칭으로 신 존재에 관한 가장 심오한 논증이라 불린다. 헤겔에 의하면 만일 우리가 엄밀해지기를 원한다면 이 논증이야말로 유일하게 참된 것이라고 본다. 거기에는 다른 어떤 것이 있을 수 없는데, 이유는 관념론적 체계에 있어서 가치 있는 논증은 본질에 의해 추론된 가장 완전한 있음의 존재에 관한 증명이기 때문이다.

흔히 존재론적 증명은 '사유의 추상성'으로부터 출발하여 존재를 추론한다. 여기에 대해 헤겔은 이렇게 말한다.

  "이상이 실현될 그 통일의 둘째 길은 사유의 추상체에서 출발하여 존재라고밖에 말할 수 없는 규정에까지 진행하는 방도 즉 신 존재의 존재론적 논증이다."[144]

이와 같은 존재론적 증명에 대한 칸트의 비판은 우주론적 증명에 대해 가해진 비판과 근본적으로 동일하다.

  "곧 경험적인 것 중에는 보편이 없는 것과 같이, 그와 반대로 보편 중에는 역시 특정한 것이 없다는 것이며, 이 특정한 것은 여기서 존재를 의미한다. 다시 말하면 존재라는 것은 개념에서 나오는 것도 아니고 또 개념에서 분석되는 것도 아니다."[145]

이 구절은 칸트와 맹렬한 논쟁을 일으키는 대목으로 남아 있기도 하다. 헤겔은 칸트의 비판이 지닌 행운이란 것이 백 탈레르의 사례에 의거하고 있다고 말한다.[146] 이것은 사유와 존재의 구별처럼 가장 기

---

144) G. W. F. Hegel, *Enzyklopädie der Philosophischen Wissenschaften in Grundrisse*, p.51; 『철학강요』, 서동익 역, 102쪽.
145) *Ibid.*, p.51.

초적인 구별이 철학자의 눈을 피해 달아난다고 예상할 수도 있다. 그렇지만 헤겔에 의하면 이것은 어디까지나 유한한 대상들에게만 가치 있는 구별이다. 헤겔은 이렇게 말한다.

"… 이 경우에 신이 문제될 때, 그들은 신이라는 것은 백 탈레르나 또는 그 어떠한 특수한 개념이나 표상이나 그 명칭이야 여하튼 이러한 것들과는 전혀 류(類)가 다른 한 대상이란 것쯤은 염두에 두어야 할 것이다. 사실 모든 유한자는 그 존재와 개념이 다르고 또 다를 수밖에 없는 것이다."147)

계속해서 헤겔은 『철학강요』에서 다음과 같이 말한다.

"신은 현존하는 것으로만 사유 가능한 것이어야 한다. 여기서는 개념 속에 존재가 포섭되는 것이다. 개념과 존재와의 통일이 바로 신 개념을 이룬다. 개념과 존재와의 이러한 일치가 신 개념을 구성하는 것이다. 그러나 이것은 신을 형상적으로 규정함이며 이 규정은 그것이 바로 형식적 규정이기 때문에 실은 오직 신 개념의 본성을 포함하는 것이다."148)

우리는 여기서 잠시 멈출 필요가 있다. 헤겔이 신 개념을 두고 그것이 현존하는 것으로 사유될 수밖에 없다는, 다시 말해 필연유나 현존 불가피한 존재로서 순수 형상적인 규정이라면, 이는 무엇을 의미하는 것일까? 이것이 의미하는 바는 신이 어떤 존재인지, 또 신의 본질은 어떤 것인지에 대해 아무런 규정도 말해지지 않는다는 것이다.

이에 대해 헤겔은 칸트와 일치점을 보이고 있다. 헤겔에 있어서 칸트와 다른 점이 있다면 개념은 본성 상 존재와 일치한다고 헤겔 자신이 생각하고 있다는 사실이다. "신이라는 개념은 그것의 전연 추상적인 의미에서도 벌써 그 자체 중에 존재를 포함하고 있다는 것을 우리

---

146) Cf. *Ibid.*, p.51: 『철학강요』, 102-103쪽 참조
147) *Ibid.*, p.51; 『철학강요』, 102쪽.
148) *Ibid.*, p.51.

는 잘 알 수 있다. 왜냐하면 이 개념은 달리 규정될 수도 있겠지만, 적어도 매개의 지양으로서 산출된 관계에 따라서 직접적인 자기관계이기 때문이요, 또 존재하는 것은 다름 아니라 바로 이것을 말하는 것이기 때문이다."149) 개념은 개별 규정들, 개별성들의 극복이며 그 자체와의 동일성이다. 그리고 존재는 이것 외에 다른 것이 아니다.

이와 관련하여 헤겔은 『신 존재 증명에 관한 강연』에서 다음과 같이 설명하고 있다.

"개념은 필연적으로 존재를 포함한다. 이것은 자기 안에서의 단순한 관계이며 매개의 결핍이다. 우리가 개념을 더욱 근본적으로 고찰하는 경우 그것은 자기 안에 모든 차이성들을 흡수하는 것이며 거기에서 모든 규정들은 이상적(理想的)일 뿐이다."150)

예를 들어 인간의 개념은 그가 문학가, 예술가, 교수, 노동자 등 그 무슨 일에 종사할지언정, 백인 혹은 황인 혹은 흑인을 따지지 않고 인간의 본질을 표현하고 있는 것이다. 이러한 이상성(理想性)은 극복된 매개이고 극복된 차이성이며 완전한 명석함이고 순수 조명이며 자기 안의 존재이고 즉각성이기도 한 동일성이고 매개 없는 통일이다.

이렇게 개념은 자기 자신 안에 존재를 갖는다.151) 왜냐하면 있는 것을 받아들이기 때문이다. 뿐만 아니라 개념은 그 자체로 존재를 지닌다. 이유는 주관성을 극복하며 대상화되기 때문이다. 인간은 자신의 목표를 성취한다. 앞서 유일하게 이상적이었던 것은 그 일방성으로 떨어져 나가고 이상적인 것이 현존하는 것으로 이루어진다. 개념은 이러한 영속적인 활동이다. 다시 말해 개념은 그 자체로 동일한 존재를 부여한다.152)

---

149) *Ibid.*, p.51.

150) G. W. F. Hegel, *Lezioni sulle prove*, p.213.

151) Cf. *Ibid.*, p.213.

이렇게 볼 때 헤겔의 존재론적 논증의 출발점은 신 개념으로 이는 충만하고 완전하고 절대적인 자기 규정(autodeterminatio)이라는 의미에서 무제약적으로 고찰되고 가장 완전한 것으로 여겨지는 개념이다. 논증의 과정은 유한자와 무한자, 유형과 신의 일성을 보여준다.

이로 인해 칸트에 대한 반대적인 비판을 통해 헤겔은 칸트 안에서 분리된 것, 유한자와 무한자. 존재와 개념을 변증법적으로 합치하는 것이 필요하다고 주장한다. 헤겔의 범논리주의는 바로 이러한 동일성에 그 바탕을 두고 있다. "이성적인 것은 실제적이고, 실제적인 것은 이성적이다"153) 이것이 의미하는 바는 실재가 이성성에 의해 침투되거나 이성에 접근 가능하다는 것이 아니라 실재는 이성이라는 것이다. 마찬가지로 이성은 추상적이고 관념적인 어떤 것이 아니라 실질적으로 존재하는 것이다. 그러므로 존재함과 존재해야 함은 서로 일치한다. 실재는 존재해야 하는 것으로 전적이고 완전한 이성성이다. 실재는 절대관념의 전개이다. 이성적인 것은 현실적인 것인데, 그것은 이성이 변증법적으로 발생되기 때문이며 또 현실적인 것은 이성적인데, 이유는 그것이 생성에 있어서 절대이성의 요인이기 때문이다. 이렇게 해서 헤겔의 범논리주의는 정적인 것이 아니라 동적인 성격을 띤다.

정신 안에 더 내밀한 어떤 것이 있다고 말한다면 그것은 이상한 일일지도 모른다. 개념 혹은 신이라는 이 구체적인 전체성이 자기 안에 보잘것없는 규정을 포섭하지 못할 만큼 부요하지 않다면 그 개념은 규정들보다도 더 보잘것없고 더 추상적인 존재일 것이다. 이와 같이 신 개념을 존재로부터 분리하지 못하는 불가분성(不可分性)과 신을 사유하는 것은 신이 현존하는 것을 의미한다고 하는 안전성, 즉 신은 신앙의 대상이라고 하는 야코비(F. H. Jacobi)의 이론 안에 포함된 진리에 관한 논점이다. 칸트의 비판은 이러한 인간의 안전성에 혼란을

---

152) Cf. *Ibid.*, p.213.

153) G. W. F. Hegel, *Enzyklopädie der Philosophischen Wissenschaften in Grundrisse*, p.66.

일으킬 수 있지만 이것을 인간으로부터 떨쳐버리지는 않는다.

혜겔은 신 존재에 관한 증명을 힘있게 재평가한다. 그리고 참된 인식, 즉 그에게 있어서 철학적 인식은 즉각적인 것을 넘어서 갈 수밖에 없다. 그렇게 해야만 참된 존재를 받아들일 수 있다. 그리고 자신의 언어를 사용하기 위해서는 세계에서 신에게로 상승해야 한다. 그렇지만 이때 우리는 '어떤 신에게'라고 자문하지 않을 수 없을 것이다. 우리는 여기서 존재론적 논증을 사용하면서도 인간 개념 속에 묶여버리는, 다시 말해 인간을 신격화하는 혜겔의 논리를 조심스럽게 살펴보아야만 한다. 혜겔은 존재론적 논증에 반대하는 비판들이 아무런 가치도 없다고 여겼다. 논리적 질서로부터 실제적 질서에로의 이동 내지 비약은 정당화된다. 다시 말해 논리적 질서와 실제적 질서가 동일시된 이유로 인한다면, 거기에는 아무런 비약도 있을 수 없다. 우리가 살펴보았듯이 이 때문에 논증의 출발점인 신 개념은 전제되지 않았으며 신 개념을 사고하는 인간 지성은 실제로 신적 지성의 요소이고 결국 "사고하는 자는 인간이 아니라 신이다." 신은 인간의 개념 안에서 자기 자신을 사유한다.

여기에 혜겔의 존재론적 논증의 신격화가 자리한다. 즉 그러한 것으로서의 증명은 혜겔의 내적 체계의 전체적인 건축학과 일치한다. 이는 혜겔 사상에서 커다란 모호성으로 자리잡고 있다. 무한자, 신은 우연적인 것과 유한자를 극복하는 데 있다. 신적 초월성에 대해서는 조금 뒤에 가서 살펴보겠지만 이러한 이론 안에는 참된 초월이나 피조물로부터 신에게로의 전이가 없는 것이 분명하다. 스베비아 철학자가 말하는 인간 정신을 신에게로 고양함은 그런 것이 아니다. 오히려 인간 정신에로의 신의 축소적 하강이 산출되는 것과 같다. 신을 정당화하고 그에게 내용을 부여하는 것은 후자이다.[154]

---

154) Cf. A. Llano, "Dialectica del Absoluto", *Anuario Filosofico* X, 1(1977), p.193.

결국 키에르케고르가 말한 것처럼 헤겔의 신은 신이 아니고 오로지 "최고로 인간적"이다. 유한자와 무한자의 변증법적 동일성은 무신론에로 인도할 것이다. 한편 절대자의 일성 안에서 유와 개념의 동일화는 논리-형식의 차원에서만 실현될 수 있다. 왜냐하면 유한자와 무한자는 구별된 실재들이기 때문이다. 바로 이러한 이유로 유비(類比)를 통한 참다운 초월은 가능하다. 신이 세계의 유이고 세계는 신의 본질이라고 헤겔이 사고하는 동안 토마스의 철학은 신은 그 어떤 것에 대해서도 상대적이 아님을 강조하였다(그 대신 피조물은 신에게 실제적 관계라고 말한다). 신은 물질로 구성되어 있지 않으며 엄밀한 의미로 '그'가 아닌 그 모든 것으로부터 해방되고 자유롭게 된 실체적 존재이며 절대자이다.

8. 현대철학에 있어서 존재론적 논증

20세기는 그 어느 때보다도 화려한 색상을 지닌 다양한 사상적 흐름들이 사방팔방에서 마구 생겨나 역사를 들쑤셔 놓았다. 대부분의 사상들이 위세를 떨치는가 싶더니 아닌가 아니라 이내 왔다가 사라지고 마는 불운한 시한부 인생의 전철을 밟는 듯했다. 그것들은 모두가 일시적이고 단편적인 성격을 그대로 노출하고 말았다. 노도와도 같이 인생 구석구석에까지 밀려들게 된 인간학적 가르침들 역시 재래의 전통적인 사상들을 뒤엎고 신을 멀리하도록 강요하는 듯한 호통을 끊임없이 외쳐댔다. 이러한 호통 아닌 호출은 지금도 사람들의 귓전을 맴돌고 있다고는 하지만 만족할 만한 가르침으로 어필하지 못하고 있는 것은 어찌된 일일까?

그런데 이상하게도 존재론적 논증은 오히려 지금에 와서 위세를 떨치며 발전에 발전을 거듭하고 있다. 사람들은 이 논증이 신학적이며 철학적인 관점에서 새로운 변신을 시도하고 있는 것에 대해 적지 않은 관심과 흥미를 보이고 있다. 실제로 이 논증은 신학적인 관점과 철학적인 차원에서 보다 깊이 있는 연구가 진행되어 왔는데, 칼 바르트 (K. Barth)는 신학적 노선에서, 코이레(A. Koyré), 질송(É. Gilson), 말콤(N. Malcolm), 플란팅가(A. Plantinga), 하트숀(Ch. Hartshorne) 등은 철학적 노선에 자리하면서 누구보다도 강력한 이론들을 전개한 인물들로 잘 알려져 있다.

1) 신학적 논증

(1) 코이레

지금까지 우리는 안셀무스의 신 존재 증명으로부터 시작해서 중세의 보나벤투라, 둔스 스코투스, 그리고 근세적 인물인 데카르트와 라이프니츠, 칸트와 헤겔 등이 벌이는 논쟁들과 대응책 및 해결책을 논하였다. 특히 그 중에서도 칸트와 칸트학파의 많은 사람들은 내외적으로 여러 각도에서 적용되어 온 존재론적 논증에 대한 비판 모델을 정립한 반면, 헤겔은 존재론적 논증을 받아들여 그것을 자신의 고유한 사상에 적용하였다.

우리는 이하에서 논증의 변이들을 연구하여 더 이상 범위를 확대시키는 작업을 중지하고 원천적인 안셀무스의 존재론적 논증과 관련된 주제들을 이해함에 있어서 우리의 시각을 넓혀줄 수 있는 더욱 최근의 해석들에 대해 눈길을 고정시키고자 한다.

20세기 사상의 역사적인 인물로 커다란 영향력을 미친 사람들 중의 하나로 평가받고 있는 코이레(A. Koyré, 1892-1964)는 자신의 작품인 『안셀무스 철학 안에서의 신 관념』(*L'idée de Dieu dans la philosophie de St. Anselme*)을 통해 안셀무스의 논증을 분석한 바 있다.[155]

---

155) A. Koyré, *L'idée de Dieu dans la philosophie de St. Anselme*, Editions

그는 이 작품에서 안셀무스의 논증을 자신의 철학 및 신학 사상의 역사적이고 전반적인 배경 하에서 매우 날카롭게 분석한 바 있다. "저자의 불후의 명성을 보증하는"『대어록』의 논증이야말로 안셀무스의 전체 변신론(辯神論)의 결론이자 장점이라고 확신하는 코이레는 이 점에 대해 작품의 마지막 두 장에서 언급하고 있다.156)

그에 의하면 안셀무스는 무엇보다도 신 존재에 관한 호교론적인 작품인『대어록』에서 시편 작가가 지적하는 어리석은 자에 반대하여 신 존재를 거부하는 것이 논리적으로 불가능함을 보여줌으로써 간접적으로 신 존재를 증명하고자 한다. 논증의 기초는 신플라톤주의의 완전성의 원리인데, 이 원리는 그것에 의해 선험적으로 실제적 존재를 언급하는 것이 가능하고, 완전성으로부터 존재들이 나온다고 말할 수 있는 원리이다. 선험적인 논증이라고 말할 때 그것은 존재론적인 논증이 아니다. 안셀무스가 말하고 있는 것은 애초부터 완전성을 띠고 있는 유이다. 이것은 존재 자체가 완전성임을 말하는 것이 아니다.157) 실제로 안셀무스는 존재와 완전성을 동일시한 적도 없다.

안셀무스의 논증은 피조물의 존재나 거기서 나온 어떤 개념도 전제로 하지 않는다는 점에서 매우 독자적인 것이다. 그는 완전성과 대립되는 개념을 혼합하여 신의 비존재에 대한 형이상학적 불가능성뿐만 아니라 신의 비존재를 생각하는 것조차 논리적으로 불가능하다는 것을 논증하려 했다. 이것은 신의 본질에 대한 명석 판명한 데카르트식 증명과 구분되는 안셀무스의 특징적인 논법이라고 코이레는 주장한다.158)

Ernest Leroux, Paris, 1923.

156) 반면에 그는 부록 1에서는 아들로흐(D. B. Adloch)의 논증에 대한 심리학적인 해석을 실었고, 부록 2에서는 존재론적 논증에 대한 칸트의 비판과 가우닐로의 반박에 대한 연구를 담아내고 있다.

157) B. M. Bonansea, *God and Atheism*, pp.145-146.

158) *Ibid.*, p.146.

코이레에 의하면 안셀무스의 논증은 다음과 같은 명제로 정식화될 수 있다. 즉 신이 가능하다면, 그는 반드시 존재해야 한다. 가능성(posse)으로부터 존재(esse)로의 추론은, 유의 비존재(nonexixtence)를 생각하는 것이 불가능하다는 것으로부터 나오고(non posse concipi non esse), 그것으로부터 그것을 존재하는 것으로 생각할 필요성이 나오거나(necesse concipi esse) 혹은 존재의 필요성은 존재하지 않는 것의 불가능성으로부터 직접 암시될 수 있다(non posse non esse ergo necesse esse). 우리는 안셀무스의 논증에서 두 개의 서로 다른 동기들인 가설적인 부분과 사실적인 진리의 부분을 구별해 낼 수 있다. 즉 신이 가능하다면 그는 반드시 존재해야 한다. 그렇지만 이 진리는 신의 실제적인 존재를 포함하지 않는다. 다만 그것은 신 존재에 대한 가능성과 필요성 사이에 필요한 관계를 확인하고 있다.

신의 가능성에서 존재로의 실제적인 전이는 개념적 가능성이 실제적이고 사실적인 가능성으로 변할 또 다른 전제가 있어야 비로소 가능하다. 그러한 가능성을 기꺼이 받아들이지 않는다면, 우리는 먼저 신이 가능하다는 것에 대해 증명해야 할 필요가 있다.[159]

안셀무스는 신앙인이 관심을 두는 한, 하느님의 가능성의 보증은 신앙에 의해 그에게 주어진다고 말할 것이다. 그러므로 그에게 논의의 종합적이며 실제적인 부분은 증명이 필요치 않다. 그가 필요로 하는 것은 가설적인 부분이다. 두 부분의 논의를 모두 필요로 하는 사람은 어리석은 사람이거나 비신앙인들 뿐이다. 어리석은 자는 신을 부정하는 어리석음을 이해하는 데 의심하지 않을 것이지만, 그에게 신의 가능성을 증명할 길은 없다. 그렇게 할 수 있는 모든 이는 그를 침묵으로 몰아넣는데 이것은 바로 안셀무스가 의도했던 바이다. 그러나 코이레는 우리가 신의 가능성이 확실히 입증되는 『독어록』을 고찰한다면, 『대어록』에 대한 준비나 서언으로 그때 우리는 두 가지 작품 안에서

---

159) *Ibid.*, pp.146-147.

신에 대한 완전한 가설적·선험적 존재 논증을 바라볼 수 있음도 시사하고 있다.[160)

(2) 칼 바르트

칼 바르트(K. Barth)는 자신이 종종 인용하는 코이레와 마찬가지로 안셀무스의 논증을 광범위한 연구 대상으로 삼는다. 바르트는 안셀무스적 논증을 이성적이 아닌 신학적 관점에서 바라보고 옹호하고자 하였다. 그는 안셀무스가 논증에서 신앙과 별개의 것이 아닌 신학에 대해 다루었음을 직시하고 신학자의 눈길로 문제를 바라본다. 바르트는 자신의 작품인 『안셀무스: 지성을 요청하는 신앙』(*Anselm: Fides quaerens intellectum*)에서 안셀무스의 신학적 테두리를 감안하여 주제 접근을 시도한다. 안셀무스의 신 존재 증명은 "선의 모형적 일면이고 정통한 적절한 신학이며 … 개신교와 가톨릭 모두의 현대신학에 크게 할 말을 지닌 것"[161)이라는 평과 함께 서문을 쓴다.

자유신학을 거슬러 변증신학을 전개한 바르트는 '유(有)의 유비(類比)' 대신 '신앙의 유비'(analogia fidei)를 강조한 인물로 널리 알려져 있다. 그에 의하면 신 중심주의자였던 안셀무스의 논증은 이전의 그 어떤 논증에 토대를 두지 않고 신앙 자체에 의거한 신앙의 논증을 전개하였다. 따라서 올바른 노선은 위에서 아래로 향하는 노선인 '신앙의 유비'이다.[162) 바르트는 『대어록』 2-4장의 증명에서 제한된 것으로 나타나는 유에 관한 안셀무스적 논법을 고찰하지 않고 주로 신의 본성에 관한 연구에 집착한다. 그러나 바르트는 그러한 연구를 실현시키

---

160) *Ibid.*, p.147.

161) K. Barth, *Anselm: Fides quaerens intellectum*, The World Publishing Co. 'Meridian Books', Cleveland and New York, 1962, p.9.

162) G. Reale / D. Antiseri, *Il Pensiero occidentale dalle origini ad oggi*, III, p.559.

기 위한 일환으로 『대어록』 2-4장에 대한 분석을 소홀히 할 수는 없었다.[163]

증명의 개념을 따져 묻는 바르트는 용어의 의미가 안셀무스에게 있어서는 엄밀히 말해 '증명하다'(probare)는 의미보다는 통상적으로 말해지는 '이해하다'(intelligere)라는 의미를 지니고 있는 것이라고 본다. 즉 'probare' 안에서 이슈가 되는 것은 'intelligere'라는 것이다. 따라서 'provare'는 안셀무스가 주창한 확실한 명제의 정당성이 그것들을 의심하거나 부인하는 사람들과는 대조적으로 확증됨을 의미한다. 말하자면 증명한다는 것은 'intelligere'의 논쟁과 옹호의 결과이다. 한편 안셀무스와 관련되는 'intelligere'는 신앙에 의해 자극되는 것이다. 이는 안셀무스가 말하는 "이해하기 위해 믿는다"(Credo ut intelligam)라는 정식이 내포하고 있는 의미 외에 다른 것이 아니다.[164] 이는 바르트가 신에게서 출발하여 신에게 종결짓는 신학의 특성을 가지고 안셀무스의 신 중심 이론의 증명을 잘 꿰뚫어본 것이라 하겠다. 이러한 견해를 토대로 바르트는 안셀무스의 논증을 자신이 확신하는 증명을 통해 주장하는 철학자들의 그것과는 다른 것으로 취급한다. 바르트의 관점에서는 안셀무스의 증명이 신앙의 대상에 대한 긍정적 고찰로 여겨질 수 있으며 이해함(intelligere)으로 환원되는 안셀무스의 논증은 신학자들의 관심의 대상이 될 뿐이다.[165]

실제로 바르트가 관심을 쏟고 있던 문제 중의 하나는 그리스도인이 그리스도교 진리를 이해하기 위해서는 고유한 이성이 아닌, 신앙에 출발점을 두어야 한다는 것이었다. 왜냐하면 신앙은 이성의 지원을 힘입을 때 신앙이기를 멈춘다고 보기 때문이다. 그가 바라본 안셀무스의 모든 자연적 논증들(natural arguments)은 이미 신앙 안에 자리하고

---

163) Cf. B. M. Bonansea, *God and Philosophy*, pp.147-148.

164) Cf. *Ibid.*, p.148.

165) Cf. *Ibid.*, p.148.

있다.[166] 이러한 신앙과 이성 간에는 무한한 차이점과 대립적인 요소들이 자리하고 있다.

『대어록』은 본래 그 부제(副題)가 달고 있던 명칭처럼 "이해를 추구하는 신앙"(Fides quaerens intellectum, Faith in Search of Understanding)을 말하고자 한 까닭에 바르트는 우리의 신에 대한 인식 문제와 관련하여 안셀무스가 신앙에 접근하는 데 있어서 드러내 보이는 이성(ratio)과 필연성(necessitas)의 관계에 특별한 관심을 갖고 분석 작업에 임했다. 그가 내리고 있는 결론은 다음과 같다. ① 신앙의 대상의 특성인 필연성은 그 대상이 존재하지 않다거나 다르게 존재한다고 개념하는 사고가 불가능한 것처럼 그 대상이 존재하지 않거나 자신의 존재와 다른 것일 수 없다는 불가능성이다. ② 이성, 특별히 신앙의 대상에 관한 이성은, 그 존재가 법칙에 부합되고 그것이 이러한 특별한 방식으로 존재한다는 사실이며, 그것에 대한 지식은 그러한 부합성과 특별한 존재 양식에 대한 개념이라는 사실이다. 이상과 같은 고찰을 통해 존재론적 필연성은 지적 필연성에 선행한다는 것이 따른다. 즉 신앙의 대상에 대한 이성적 지식은 신앙의 대상에서 도출되는 것이며, 그 역은 성립되지 않는다. 이 신앙의 대상과 그에 관한 지식은 진리로부터, 즉 하느님과 그의 의지에서 나온 것이다.[167]

따라서 바르트는 "그것은 신학의 문제이다. 이미 증명 없이 자체 안에 건설된 신앙에 의한 신앙의 증명에 관한 문제이다"라고 주장한다. 그러므로 안셀무스의 논증에 대한 데카르트와 라이프니츠의 노선을 따르는 모든 해석과 칸트의 비판은 옳지 않은 것으로 판단된다.[168]

이러한 전제들을 바탕으로 바르트는 "신은 존재한다"는 진술이 필수적임을 함축하는 의미를 지닌 신명(神名)에 대한 가정에 기초하고

---

166) Cf. G. Reale / D. Antiseri, *Il Pensiero occidentale dalle origini ad oggi*, III, p.559.

167) B. M. Bonansea, *God and Philosophy*, p.148.

168) *Ibid.*, p.149.

있다고 주장한 『대어록』 2-4장의 실질적 증명에로 나아간다. 안셀무스는 신명이라는 이름을 그것보다 더 큰 것을 생각할 수 없는 존재라는 용어로 옮겼으나 이것은 그 자신의 개념이 아니다. 그것은 신의 존재성이 계시된 교의처럼 그렇게 계시된 개념이다. 안셀무스는 자신이 신앙으로 받아들인 신 존재가 똑같이 신앙에 의해 받아들여진 신의 이름의 전제 하에 인식되고 증명되어야만 하고, "사고의 필연인 것처럼" 이해되어야 함을 보여주고자 했다. 나아가서 그는 우리 마음에 소위 강요되는 신 존재의 필연성이 단지 개념적인 필연성에 그치지 않고 신 자신에 속한다는 것과 우리가 그의 부재(不在, nonexistence)를 생각할 수조차 없게 만드는 것임을 보여주고자 하였다. 이것은 말할 필요도 없이 우리 신앙의 자료의 발전이며 안셀무스가 그리스도교 신학에 기여한 공로이기도 하다.[169]

바르트는 자신의 저서에서 안셀무스 증명의 다양한 단계들을 따르는 가운데 안셀무스와 가우닐로의 대화로부터 나온 많은 가치 있는 통찰들을 종합한다. 그는 다음과 같은 말로 자신의 분석을 끝맺는다.

"『대어록』 2-3장의 전체적 시도는 신이 존재하지 않는 것으로 개념될 수 없음을 단정적으로 증명한다. 안셀무스의 신 존재 증명은 바로 이것이 불가능하다는 논증이다."

증명에 대한 그의 이해를 요약하고 나서 다시 한번 다음과 같이 주장한다.

"그것은 신학의 문제이다 이미 증명 없이 자체 안에 세워진 신앙에 의한 신앙의 증명에 관한 문제이다."

그러므로 안셀무스의 논증에 대한 토마스나 칸트의 비판은 아무런

---

169) *Ibid*., p.149.

의미도 지니지 못하며 단지 그것은 장님의 지팡이에 비교될 수 있을 뿐이다.170)

(3) 바르트의 주장에 대한 질송의 견해

안셀무스의 논증에 대한 바르트의 신학적 해석이 예상했던 것처럼, 많은 학자들은 『대어록』에 대한 상이한 시각을 수용했으며 그의 결론이 과연 정당화될 수 있는지에 대해 따져 물었다. 이러한 학자들 중 대표적인 사람이 질송(É. Gilson)인데, 그는 스콜라 철학에 대한 탁월한 능력을 소유하고 있던 자였다. 질송은 다른 저작들에서 이미 『대어록』의 논증에 대해 다룬 적이 있지만, 바르트가 쓴 저서의 출현으로 그는 문제를 새롭게 받아들여 더욱 깊이 숙고하게 된다. 1934년 프랑스 대학(College de France)에서 행해진 안셀무스의 사상에 대한 강좌의 마지막 네 강의를 포함하고 있는 자신의 논문("Sens et nature de l'argument de Saint Anselme")에서, 그는 먼저 안셀무스의 논증에 대한 자신의 해석을 제시하고 그것을 바르트와 스톨츠의 신학적·신비적인 해석들과 비교하였으며, 마지막으로는 『대어록』의 본성에 대한 부분으로 끝을 맺었다.171) 여기서 우리는 바르트의 견해에 대한 그의 반응에만 관심을 두고자 한다.

질송은 『대어록』의 논증이 그 개념을 규정하는 것(object 혹은 res)을 제공하는 계시로부터 주어진 하느님의 개념을 전제로 하고 있다는 점에 대해 바르트의 견해에 동의한다. 그러므로 논증의 출발점이 단지 논리적 개념이 아닌 실제적 개념에 근거를 두고 있는 까닭에, 안셀무스에게 있어서 신앙의 진리는 이성적 성찰과는 무관한 것이고 따라서 신앙의 교의는 믿어지기 위해 이해될 필요가 없다고 본다.

---

170) Cf. *Ibid.*, pp.149-150.
171) *Ibid.*, p.150.

그럼에도 불구하고 인간 지성이 그것을 이해하는 데 도움을 줄 수 있는 것 — 나는 이해하기 위해 믿는다(Credo ut intelligam) — 이라고 하는 점에서 바르트에게 동의한다. 나아가서 그는 안셀무스에게 있어서 신앙에 의한 것과 이성에 의한 것이라는 이중의 진리를 소유하는 것이 불가능한 것처럼 이성은 결코 스스로의 진리를 만들어낼 수 없는 것이라고 말하는 바르트의 근본 관점을 수용한다. 그 반대적인 입장을 취하는 경우에는 사고가 객관에 종속되거나 그것에 의해 결정되어야만 한다고 인정하는 안셀무스에게 직접적으로 반기를 드는 것과도 같다. 이렇게 양보한 후 질송은 『대어록』의 논증이 바르트가 생각했던 것처럼 단순한 신학 작품에 불과한 것인지를 자문한다. 그의 답변은 명백히 부정적으로 나타난다. 이유는 다음과 같다.172)

우선 그 첫 번째로 질송은 바르트가 철학적인 방법을 거의 사용하고 있지 않다고 단언한다. 왜냐하면 바르트는 '신 인식론'(ontologismus)을 벗어나 캘빈주의자와 같은 철학적 태도를 지니고 있기 때문에 신 존재에 대한 명확한 관점을 소지할 수 없었다는 것이다. 그것이 존재론적 논증이 아니었더라면 바르트는 다른 선택권을 지닐 수 없다고 본다. 따라서 바르트의 편에서 볼 때 안셀무스의 논증은 순수 신학적이거나 아니면 아무런 논증도 아닐 수 있다. 이렇게 볼 때 그 자신의 증명의 전제인 신앙을 토대로 바르트가 받아들인 신 존재는 이성적으로는 증명될 수 없었다. 결국 바르트가 할 수 있었던 유일한 것은 어떻게 신 존재가 가능한지를 보여주고자 한 것뿐이었다.173)

질송은 이 점이 우리가 『대어록』에서 읽어낼 수 있는 것이 아니라고 계속해서 말한다. 『대어록』에서는 안셀무스가 "하느님이 진실로 존재한다는 것"을 유일하게 설정한 논증을 전개하고자 하는 의도를 분명하게 말해 주고 있다(ad astruendum quia Deus vere est). 마찬가

---

172) *Ibid.*, p.150.
173) *Ibid.*, p.151.

지로 가우닐로에 대한 답변에서 안셀무스는 자신이 이끌어내는 논증력에 대해 말해 주고 있다(Tantum enim vim huius probationis in se contines significatio). 질송은 바르트 자신이 미리 개념한 이론에 맞추고자 잘못 번역한 표현들에 대해 놀라워한다. 따라서 안셀무스가 계시에 의해 우리에게 알려진 하느님의 이름에 대한 그 자신의 논증을 구축한다고 하는 것은 진실일 수 없다. 안셀무스의 출발점이 어디까지나 "그것보다 더 큰 것을 생각할 수 없는 것"이라면, 바르트는 그것이 어디까지나 하느님의 이름이라고 보았다. 따라서 개념될 수 있는 최상의 유로 신 개념을 출발점으로 삼는 안셀무스의 논증은 바르트의 견해와는 매우 상이한 것이다.

2) 분석철학 안에서 존재론적 논증

카르납(Carnap), 라이헨바흐(Reichenbach), 프라이글(Freigl) 등 비엔나 서클에 속한 학자들은 검증원리에 바탕을 두고 형이상학뿐만 아니라 종교의 불건전성을 선포한 이들이다. 이들의 견해에 의하면 종교적 언어는 별다른 인식 가치가 없다. 종교언어는 신과 세계에 관한 정보를 제공해 주지 않으며 다만 생생한 감각을 통해 체험하는 온갖 잡음만을 전달해 줄 뿐이다. 그러한 잡음으로는 두려움과 희망, 기다림과 고뇌 같은 것들이 있다.

최근 들어 이러한 현상은 분석철학 안에서 많이 개선되었다. 다시 말해 상황은 호전되어 종교언어의 모순은 종교철학의 출발점으로까지 작용하기에 이르렀다. 특히 지난 세기 동안 영미 언어철학 내부에서 펼쳐진 존재론적 논증은 커다란 관심사로 고조되면서 학자들의 연구 대상이 되었을 뿐만 아니라 그에 속하는 폭넓은 참고문헌들 역시 다수 발간되었다. 어떤 면에서 논증에 대한 설명에 있어서나 정당화에 있어서 주요 관심사는 종교적 언어의 가능성에 집중되었다. 그것은 60여 년 전의 일방적인 논리 실증주의와는 차별화된 것이었는데, 실제로 논리 실증주의에서는 신 그리고 변신론과 관련된 모든 명제들이 그 의미를 상실하고야 만 불운을 겪은 바 있다.

현대철학 안에서 존재론적 논증과 관련하여 거명될 수 있는 사상가들이 있다면 말콤(N. Malcolm)과 플란팅가(A. Plantinga)가 바로 그들일 것이다. 영국계 철학의 내부에서는 하트숀(Ch. Hartshorne)의 작품들도 지적될 수 있다.174) 말콤처럼 하트숀은 필연적 존재가 완전성이라는 사고로부터 출발하여 존재론적 논증을 옹호하고자 힘쓴 인물이다.175)

(1) 말콤의 증명

비트겐슈타인의 문하생이었던 말콤(N. Malcolm)은 안셀무스의 존재론적 논증을 둘로 나누어 고찰한다. 그에 의하면 안셀무스 자신은 이 논증을 두 개의 뚜렷한 논증으로 구별하지 않았기에 후대에 커다란 혼란을 가중시켰다고 지적한다. 논증을 둘로 가를 때, 첫 번째 논증은『대어록』2장에, 다른 하나는 3장에 나타난다. 여기서 그가 논하는 증명들을 종합적으로 요약한다면 다음과 같다.

"신이 필연적으로 존재한다는 명제"는 '신이 존재한다'가 선험적 명제로 이해되는 경우 논증은 선험적(증명)이 된다. 그런 경우 두 명제는 서로 동등하다. 이러한 의미에서 안셀무스의 증명은 신 존재에 관한 증명이 되는 것이다.

그는 1960년에 수많은 논쟁의 출발점으로 작용한 「안셀무스의 존재론적 논증」(Anselm's Ontological Arguments)이라는 기사를 썼다.176) 거기서 말콤은 다음과 같은 중요 대목을 기록하고 있다.

---

174) Cf. *Ibid.*, pp.158-164.
175) Cf. A. L. Gonzalez, *Filosofia di Dio*, p.78.
176) *The Philosophical Review* 69(1960), pp.41-62.

"우리는 신이 필연적 존재로 나타나는 사유의 종교적 체계를 완전하게
받아들이는 가운데 그 안에서 존재론적인 명제들이 결코 필연적일 수 없다
고 본 흄과 그밖의 다른 이들이 주장한 독단론에 맞서 증명을 눈여겨보아
야 한다."177)

의미의 일의적 비판기준의 이론을 제시한 이전의 논리 실증주의에
맞서 말콤은 후기의 비트겐슈타인에 의지하면서 필연적 존재의 의미
는 유대-그리스도교 정신의 그것과 같은 결정적인 '언어놀이'에서 가
치를 지닌다고 힘있게 주장한다. 따라서 그것은 참으로 의미 있기에
논리적 관점에서 필연적 존재 개념은 거부될 수 없다.
　말콤처럼 우리도 존재론적 증명을 두 개의 종합적인 관점에서 바라
보는 경우, 논증은 존재를 완전성으로 여기는 노선에서 진행시키고 있
지 않고 가능성과 불가능성이라는 필연성의 노선, 증명의 양태적 형식
으로 전개하고 있음을 알 수 있다. 존재를 완전성으로 여기려 한 시도
들은 이미 가우닐로와 가상디(P. Gassendi) 그리고 칸트에 의해 비판
된 바 있다. 이 두 개의 합리화는 분명 『대어록』에서 발견되고 있지만
앞의 것은 거부되어야 한다. 그 대신 후자의 것은 적어도 말콤의 판단
에 따르면 확신할 만하다. 종합적으로 그 움직임들은 다음과 같다.

① 만일 신이 존재하지 않는다면 그의 존재는 불가능하며, 이와는 달리
　 신이 존재한다면 신 존재는 필연적이다.
② 따라서 신 개념은 모순적이지 않다.
③ 그러나 신 존재가 불가능하다면 신 개념은 모순적이다.
④ 그런데 신 개념은 모순적이 아니다.
⑤ 결과적으로 신 존재는 필연적이다.

말콤의 논법은 이것에서 저것으로 이행하는 중에 논리적 필연성과
존재론적 필연성을 혼돈하고 있으며 자신의 전개를 결론으로 이끌지

---

177) *Ibid.*, p.56.

못하고 있다. 존재론적 논증은 논리적 필연성의 차원에서가 아닌 존재론적 필연성의 차원에서 움직이고 있다. 물론 신 존재는 필연적이다. 그렇지만 그것은 신 존재가 논증되었을 때 그러하다. 이와는 달리 말콤이 논리적 차원에서 움직이고 있는 명제인 "신은 필연적으로 존재한다"는 필연적이지 않고 그것은 우리에게 우연적일 뿐이다. 말콤은 논증의 오류에 빠지게 되며 결국 신 존재를 논증하지 못한다.[178]

(2) 플란팅가

플란팅가(A. Plantinga)는 의심할 필요도 없이 우리가 다루고 있는 주제와 관련된 가장 주요한 저술가 중의 한 사람이다. 그는 언어철학 내부에서 일반적인 변신론 및 신 문제와 관련된 논의를 취급하는 데 있어서 가장 엄밀하고 심오한 면들을 드러내 보인 철학자이다.

플란팅가는 자신이 편집한 책 『성 안셀무스로부터 현대철학자들에 이르는 존재론적 논증』(The Ontological Argument from St. Anselm to Contemporary Philosophers)에서 "안셀무스의 논증은 그 고안자에게 뿐 아니라 인간 이성 자체에 대해 인간 이성이 이룩한 가장 대담한 창조이며 영예 중의 하나"라고 격찬한 바 있다.[179] 안셀무스적 논증의 형성 배경과 요약적인 설명 그리고 칸트적 논박에 대해 비판을 가한 다음, 그는 칸트 노선을 따른 현대 저술가들의 여러 정식들을 제시하고 비판한다. 즉 이 모든 문구들은 논증에 대한 논박들이 수용할 수 없는 것들일 뿐만 아니라 나아가서는 말콤과 하트숀의 고찰들 역시 받아들이기 어렵다고 말한다. 근본적으로 플란팅가에 의하면 이들 저술가들은 최대의 크기 정도가 필연적 존재를 포함한다는 식의 주장

---

178) A. L. Gonzalez, *Filosofia di Dio*, pp.79-80.

179) R. Taylor, *Introduction to The Ontological Argument from St. Anselm to Contemporary Philosophers*, ed. by A. Plantinga, Doubleday Anchor Books, Garden City, N.Y., 1965, p. xviii.

을 펼친다는 것이다. 그렇지만 그것은 소여된 세계 안에서만이 아니라 가능한 모든 세계 안에서 주어질 때에 가능한 것이다. 다시 말해 존재는 모든 가능한 세계들 안에서 존재할 때에만 세계 안에서 최대의 크기를 지닌다. 최대의 크기를 지닌 존재인 신은 가능한 모든 세계 안에 존재하며, 한편으로는 실질적 혹은 현실적 세계 안에서도 존재한다. 따라서 그러한 논증을 두고 플란팅가는 유효하지 않다고 주장하는데, 이유는 그것이 최대의 크기를 지닌 존재 사실의 실재를 논증해 주지 못하기 때문이다. 그것은 최대로 어떤 세계 안에 최대의 크기를 지닌 존재가 있다고 말하는 것에 지나지 않는다.[180]

그럼에도 불구하고 우리는 가능한 세계의 논리로 나아가면서 가치 있는 존재론적 논증의 유일한 "승리적인 양태적 구절"을 만나게 된다. 그것을 간단하게 요약하면 다음과 같다.

증명은 "초과될 수 없는 크기"가 "가능한 모든 세계 안에서 최대의 출중함"과 동일하다는 논제에서 출발하면서 아래와 같이 진행하고 있다.

① 초과될 수 없는 크기가 소여되는 가능한 세계가 있다.
② 어떤 것이 가능한 모든 세계 안에서 최대의 출중함을 지니면서 필연적으로 참이라면 그것은 초과할 수 없는 크기를 소유하는 것이다.
③ "최대의 출중함을 소유하는 것은 전능하고 전지하며 윤리적으로 완전하다"는 명제는 필연적으로 참되다.
④ 초과될 수 없는 크기를 소유하는 것은 모든 세계 안에 소여된다.

결론적으로 그것보다 더 큰 것을 생각할 수 없는 존재인 신이 가능한 모든 세계 안에 주어진다면, 이 세계 안에서도 주어진다. 따라서 신은 실제로 존재한다. 이러한 주장을 올바로 이해하기 위해 다음과 같은 두 개의 진리를 반성하는 것은 기본이다. ① 초과될 수 없는 크

---

180) Cf. A. L. Gonzalez, *Filosofia di Dio*, p.80.

기가 규정된 세계 안에서가 아닌, 가능한 모든 세계 안에서 최대의 크기라는 점, ② 최대의 크기는 고유성으로서 필연적 존재를 지닌다는 점이다. 그렇지만 이것은 존재와 완전성의 동질성이라는, 즉 논증의 전통적 해석 방식으로 이해해서는 안 된다. 필연적 존재 역시 완전성의 필수조건(conditio sine qua non)이다.[181]

결론적으로 우리는 논리적 관점에서 논증이 흠잡을 만한 곳이 없을 만큼 완전하다고 단언할 수 있다. 그러나 문제는 초과될 수 없는 크기를 갖는 것으로 개념되는 존재가 있다거나 또 그것이 가능한 세계에 소여된다는 식의 확신할 만한 것으로 그렇게 있는 것은 아니라는 점이다. 이러한 전제와 함께 결론은 유효하겠지만 논증은 늘 논의의 대상으로 남아 있는 것이 사실이다.

(3) 하트숀

하트숀(Ch. Hartshorne)은 안셀무스의 존재론적 논증이 형이상학적 근거에 바탕을 두고 해결되어야 한다는 사실을 정확하게 간파하였다.

그의 논증은 가능성과 현실성, 신에 있어서의 존재와 본질 사이의 독특한 관계를 중심으로 전개된다. 우선 유한한 사물들에 대해 사고하는 경우 거기에는 본성과 내용들의 가치에 관한 다음과 같은 세 가지의 뚜렷한 경우들이 있을 수 있다.

① 개념되는 것이 불가능하기에 따라서 비존재적인 것
② 가능하지만 실현되지 않는 것
③ 가능하고 현실적인 것

그에 의하면 신 개념과 관련되는 경우 존재론적 논증은 두 번째 경우는 무의미하다고 보며 ①과 ③의 경우만이 고려될 수 있다. 더구나

---

181) *Ibid.*, p.81.

신이 존재하지 않는다고 한다면 그에게는 존재할 가능성마저 없다. 그렇게 될 경우 신 개념은 무의미하다. 결국 신 개념이 무의미하지 않고 적어도 가능한 객체이어야 한다면, 거기에는 사고가 실제적 객체에 대해 언급해야 한다는 사실이 따른다. 왜냐하면 단순히 가능적인 신은 인식 불가하기 때문이다. 그러므로 "불가능성과 단순히 현실화되지 못한 가능성이 모두 배제된 곳에는 현실성 이외에 그 어떤 것도 남아 있지 않다. 신에 대한 관념이 어떤 의미를 지니고 있다면 말이다."[182]

하트숀이 말하는 안셀무스의 존재론적 논증은 그 자체로 신의 불가능성이나 무의미함을 배제할 만큼 충분한 것이 되지는 못한다. 이와는 달리 그것은 단순히 가능유로서의 신 개념에 반대된다는 것을 보여준다. 신에 있어서는 가능성으로부터 현실성에로의 전이가 필요하다는 사실이 인정된다. 신 관념은 영속적이고 다른 어떤 존재에도 의존하지 않는 유개념이다. 이렇게 볼 때 하트숀은 말콤의 추리 노선을 벗어나지 않고 있다. 생산된 존재는 생산자에 의지하기에 그 지속성에는 어떤 한계가 있다. 이것은 논란이 되고 있는 유의 본성과 모순되는 두 가지 조건이다. 그러므로 단순한 가능유로서의 신 개념은 불가능한 관념을 생각하는 것이라고 결론지을 때 그것은 단순히 논리적인 것에 불과하다. 신은 현존하는 것으로 생각되어야 하며 그렇지 않은 경우 신은 인식 불가능하다.[183]

이 점과 관련하여 하트숀은 논증의 반대자들이 단순한 논리적 가능성으로부터 실재로의 추론에 대해 이의를 제기할 것이라는 점을 안다. 그래서 그는 논리적 가능성에서 추론될 수 있는 모든 것은 순수 개념 단계의 논리 정연함에 불과할지 모르지만 그것은 어떤 의미들을 지니고 있어야 한다고 본다. 그렇지 않고서 아무 것도 실현될 가능성마저 없다면 그것은 매우 우스꽝스러운 것이라 단언한다. 자신의 입장을 좀

---

182) Cf. B. M. Bonansea, *God and Atheism*, pp.158-159.
183) Cf. *Ibid.*, pp.159-160.

더 충분히 설명하기 위해 하트숀은 존재 자체인 신의 독특한 본성을 주장한다. 신에 대해 생각한다는 것은 존재할지도 모르는 어떤 존재에 대해 사고하는 것이 아니라 그 관념이 어떤 의미도 결여되어 있지 않다면 그 자체로 반드시 존재해야만 하는 것으로 신 존재를 생각하는 것이다. 신이 이러한 방식으로 인식되어야 한다는 것은 마치 우주론적 논증이 설명하듯, 다른 모든 존재가 오직 그를 통해서만 존재할 수 있지만 그는 다른 어떤 존재를 통해서도 존재할 수 없으며 스스로 존재해야만 한다는 것이다. 이외에도 존재의 유일한 가능성은 그러한 가능성의 궁극적 바탕이 되는 존재 없이는 인식 불가능하다. 가능성은 실제적인 것이므로 그 가능성의 원천 역시 실제적인 것이어야 한다. 즉 그것은 '실재 그 자체'이어야 한다. 이것이 바로 가능한 것들로부터의 논증인 관념론적 논증이다.184)

존재가 '술어'가 아니라는 것에 대해서는 이론의 여지가 없다. 그것은 '완전함'이라는 술어에 의해 의미될 수도 없다. 왜냐하면 존재함이 술어가 아니라 할지라도 사물의 '존재 양식'은 모든 술어에 포함되기 때문이다. 그래서 필연존재나 자기존재는 신에게만 속하는 술어인 반면 존재의 우연성은 특별히 피조물과 관련한 모든 술어에 해당한다.185)

사물의 정의로부터 연역한 고유성의 존재 양식에 대한 자신의 관점을 발전시키면서 하트숀은 계속해서 그것을 정의에 고유한 존재의 세 가지 독특한 종류에 적용시키고자 한다. 가능성의 양식에 있어서 존재와 비존재는 똑같이 인식 가능하다. 그리고 불가능성의 양식에 있어서 존재는 인식 불가능하다. 그렇지만 필연성의 양식에 있어서는 단지 존재만이 인식 가능할 뿐 비존재는 인식 불가능하다. 이 후자의 경우에 있어서만 존재는 확인되어야 한다. 그것에 대한 부정은 모순이다. 이

---

184) Cf. *Ibid.*, p.160.
185) *Ibid.*, p.160.

것은 바로 안셀무스 논증의 요점이며 몇몇 비평가들이 말하고 있듯이 신 존재는 신이 존재한다는 조건에서만 필연적이기에 논증하는 것은 무의미하다는 이유가 되기도 하다. 하트숀에 의하면 신 존재는 무조건 적일 수밖에 없으며 우리는 그것을 긍정하거나 그것에 대해 무지하다고 할 때 논리적으로는 그것을 부정할 수 없다.[186)]

논증의 명백한 논리에도 불구하고 하트숀은 존재론적 논증이 단지 가정적임을 인정한다. "만일 신이 인식 가능한 어떤 것을 드러낸다면, 그것은 현실적인 어떤 것을 의미한다." 이 논증은 "신이 신이라면 신은 존재한다"라고 하는 성 보나벤투라의 언급을 떠올리게 한다. 그렇지만 논증의 이러한 가정적 특징은 안셀무스적 논증의 가치를 박탈하는 식으로 설명되어서는 안 된다. 그것은 오히려 "필연적인 유라는 어구가 의미를 가질 때, 그것은 필연적으로 존재한다는 것과 그것은 보다 강력하게(a fortieri) 존재하는 것을 의미한다"는 관점에서 이해되어야 한다. 이를 인정치 않는 것은 신에 대해 우리가 지니고 있는 관념의 모든 가치를 부정하는 것이다.[187)]

우리의 관심은 존재론적 논증에 대한 하트숀의 해석을 될 수 있으면 충실하게 소개하고 그의 가장 중요한 진술들과 관련한 약간의 어구(verbatim)를 인용하는 데 있었다. 존재론적 논증이 형이상학적인 문제라는 그의 머리말에 개의치 않고 그의 추론에 대한 논리를 주의 깊게 따른다면, 우리는 지금까지 살펴 본 모든 것이 순수하게 논리적 근거를 바탕으로 문제를 해결하고자 한 시도였음을 알 수 있다. 이것이 사실이라면 안셀무스적 논증에 대한 그의 해석은 말콤의 논증과 거의 다를 바 없을 것이다. 안셀무스가 추상적인 개념으로부터 신의 구체화를 유추하려 시도한 점과 관련하여 하트숀은 현실화는 '드러낸 존재'(bare existence)보다 훨씬 더 많다고 하는 사실이다. 안셀무스는

---

186) *Ibid.*, pp.160-161.
187) *Ibid.*, p.161.

신이 개념으로부터 추론되는 전제가 정당하다고 보지만 하트숀은 드러낸 존재와 현실화 사이에는 거대한 심연이 자리하고 있음을 바라본다. 현실화는 결코 개념으로부터 추론될 수 없으니 심지어 최고로 상상될 수 있는 존재까지도 그러하다.[188]

이것이 본질과 존재가 동일한 가장 단순한 존재인 신 개념을 생각했던 전통적 유신론자에게 다소 혼돈을 주는 말이라면, 하트숀은 신 안에서 존재(existence)는 신의 추상적 본질이고 현실화(actuality)는 신의 구체적 실재로 각각 구별되어 설명되어야 한다고 본다. 이와 같이 "필연적으로 존재하는 개별자(necessarily-existing individual)로서의 신은 그의 구체적인 현실화 안에서 신이 아닌, 어떤 현실화를 있게 하는 추상적 필연성(abstract necessity)이다." 이런 가정 하에서 신 존재에 대한 존재론적 논증은 두 가지 단계, 즉 본질에서 존재로 나가는 단계와 존재에서 현실화로 나가는 다른 한 단계를 포함해야 한다. 안셀무스뿐만 아니라 그의 반대자의 오류는 이런 두 단계를 하나의 단계로만 추론하는 데서 발생한다. 안셀무스는 논증에서 신 안에서 본질로부터 존재로의 단계를 필연적인 것으로 보여주는 데에는 정당성을 지니고 있지만 신 존재가 어떻게 구체적인 실재 안에서 현실화되고 있는지를 보여주는 데에는 만족스럽지 못하다.[189]

만일 우리가 하트숀에게 신에게 있어서 현실화가 존재로부터 필연적으로 따르는 것인지를 묻는 경우, 그는 신적 현실화(divine actuality)가 그 자체 안에서나 우리 지식에 있어서 전혀 필연적이 아니라는 이유로 결코 그럴 수 없다고 말할 것이다. "나는 신적 현실화가 우리에게서 뿐 아니라 그 자체 안에서 우연적이어야 한다고 생각한다." 만일 신이 그의 구체적인 현실화 안에서 우연적이라면, 더 위대하고 좋은 세계를 이해하기 위해 다가가는 경우처럼 신은 한정적이면서 그 자신

---

188) *Ibid.*, p.161.
189) *Ibid.*, p.162.

을 초월한다. 이와 같이 하트숀의 신은 비록 동일한 면에서는 아닐지라도 동시에 일치되는 존재이다. 간단히 말해 신은 그의 완전성 안에서 절대적이고 초월적이지만 동시에 "살아 있고 감각적이며 자유로운 인격성이고 모든 실제적인 사건들을 공평한 관심으로 유지시키고, 영원히 새로운 사건을 그의 경험에 더해 간다." 하트숀은 일단 신에 관한 새로운 개념을 인정하면서 신 존재와 현실화 사이에 타당한 구별을 하는 경우, 안셀무스주의자의 증명의 모호성을 제거하고 그 증명을 효과 있게 한다고 말한다. 그러나 그는 그것이 신의 필연적 현실화에 대한 논증이 아닌, 신의 필연적 존재에 대한 논증이 될 것이라고 주장한다. 이상의 내용이 안셀무스주의자의 논증에 대한 하트숀의 이해이다. 말할 필요도 없이 논증에 대한 그의 접근은 많은 문제점을 야기하기 때문에 그것에 대한 공정한 판단을 내리기는 거의 불가능하다. 따라서 우리는 안셀무스의 논증과 그의 논증에 대해 가하는 하트숀의 해석을 적절히 평가하는 데 있어서 특별하게 중요하다고 인정되는 점들을 잘 선택해야 할 것이다.[190]

9. 존재론적 논증에 대한 비판

지금까지 우리는 존재론적 논증을 나름대로 주장하거나 비판 혹은 부정하는 다수의 사상가들을 마주하였다. 논증의 강력한 반대자들로는 가우닐로, 토마스 아퀴나스 그리고 칸트가 있었다. 여기서 우리가 특기할 만한 한 가지 사항이 있다면 그것은 존재론적 논증의 중요성일 것이다. 이 논증은 그칠 줄 모르는 공격과 논박에도 불구하고 수많은 형이상학자들의 관심사로 계속 등장하는 이변을 연출하였다. 뿐만 아니라 그들 중 어떤 이는 논증을 역 방향으로 발전시켜 나간 참으로

---

190) *Ibid.*, pp.162-163.

위대한 사상가들이었다. 이러한 사실은 존재론적 논증이 얼마나 심오한 것인지, 그 심오성에 대한 약간의 오해나 착오는 충분한 이율배반적인 결론을 도출할 수 있는 이유가 되기도 한다.

우리는 다루어진 각각의 저술가들의 연구 과정에서 이미 존재론적 논증의 부당성을 밝히는 비판 내지 역 비판들이 줄기차게 꼬리를 물고 있다는 사실도 부인하지 않는다. 이제 그러한 증명의 부당성의 본질적 동기들이 어떤 것인지를 간명하게 언급하면서 문제를 다음 장으로 넘기고자 한다.

특히 토마스의 경우 정신적 존재에서 실제적 존재에로의 전이는 정당화되지 않으며 또 정당화될 수도 없다. 주어의 서술화된 모든 속성들은 주어의 동일한 질서에 속해야만 한다. 실질적 주어에는 실질적 속성들이 일치하며 정신적 주어에는 정신적 명제들이 일치하기 때문이다. 본질과 존재와 같은 유의 내적 공통원리들은 실제적이거나 정신적인 존재들로 환원된다. 그러나 실질적 존재와 정신적 존재를 혼합하는 것은 불가능하며 실질적 존재와 정신적 본질을 혼합하는 것 역시 용납될 수 없다. 그런 경우 정당화될 수 없는 주제전이(主題轉移, metabasis), 즉 정신적 질서에서 실질적 질서에로의 비합법적인 전이가 이루어질 것이다. "실질적 존재에 정신적 본질과 존재를 부여하거나 정신적 존재에 실질적 본질과 존재를 부여하는 것은 모순이다. 그것은 비모순 원리를 요청하는 것과는 상반되는 일이다. 가장 가능한 큰 유의 이데아(존재론적 논증을 주장하는 자들이 머리 안에 지니고 있는 유일한 존재성)는 분명히 존재 관념을 요청하지만 다른 질서 안에서는 아무 것도 요청할 수 없다. 가능한 가장 큰 사고된(ideato) 유는 정신적 존재를 요청하지만 거기에는 실질적 존재가 주어질 수 없다. … 헤겔에 있어서 그런 것처럼 정신적이고 실질적인 동일성을 요청하지 않고 또 이율배반적이고 모순적인 실재를 선포하지 않고서는 존재론적 논증은 그 가치가 떨어질 수밖에 없다."[191]

출발선상에서 신이 실제적 질서 안에 놓인 경우에만 존재는 신에 대해 서술될 수 있다. 그렇지만 이러한 경우에 그의 존재는 이미 명증적일 것이다. 다른 방식으로 진행되는 경우라면 비모순원리에 반하여 진행하는 격이 된다. 한편 다른 특수한 경우로 신의 이데아가 고찰되는 것 역시 받아들일 수 없을 것이다. 왜냐하면 신 관념은 그 모든 것과는 본질적으로 다른 것이지만 존재가 논증된 이후에만 실질적 존재에 신이 필연적으로 속한다는 사실이 따르기 때문이다. 한편 그 존재는 우리에게 계속해서 알려지지 않고 있다. 이러한 경우 그 자체로 자명한 명제(per se notae quoad se)와 우리에게 자명한 명제(quoad nos) 사이에 커다란 중요성이 다시 제기된다. 신 존재에 관한 선험적 논증들은 가능하지 않으며 존재론적 논증과도 같은 준선험적(quasi a priori)이며 동시적(simultaneo) 증명들 역시 있을 수 없다. 이는 존재가 사유에서 유래하지 않고 또 신의 존재는 개념이나 그 본질에서 출발하는 것을 증명하지 못하는 경우이다.[192]

10. 결 론

우리는 지금까지 안셀무스의 존재론적 논증을 출발점으로 중세 이후 근대와 현대에 이르기까지 이 논증이 위대한 철학자들에 의해 어떻게 발전되어 왔는지 관심 있게 지켜보았다. 존재론적 논증의 애호가들은 말할 필요도 없이 대부분 신플라톤주의적 성향을 지닌 철인들이었다. 그들은 한결같이 경험계의 존재를 탐구하는 실재론자가 아니었다. 그들은 철두철미 칸트적 물자체라 할 수 있는 관념과 개념에 집착하여 신 문제를 의식적으로 해결하려 한 본질주의 철학자들이었다. 우리는 이러한 사상적 맥락에 바로 보나벤투라와 스코투스, 데카르트와

191) Cf. A. L. Gonzalez, *Filosofia di Dio*, pp.83-84.
192) *Ibid.*, p.84.

라이프니츠, 헤겔 등이 자리하고 있음을 눈여겨봤다.

존재론적 논증에 충실성을 기하던 철인들이 본질철학의 대가라 할지라도 이들이 전적으로 아리스토텔레스적 가르침이나 명제들을 거부한 것은 아니었다. 이와는 반대로 그들은 감각계와 일상의 존재들의 소중함을 인정했을 뿐만 아니라 결과에서 원인에 이르는 인과율 같은 원리들도 다수 수용하였다. 우리는 이 점을 간과하지 않기 위해 보나벤투라의 경우 외부세계로부터 신을 증명해 가는 논법들도 앞서 전개한 바 있다.

신앙을 재고함 없이 '철학함'(philosophieren)이란 면에서 관찰할 때 존재론적 논증은 어쩌면 부당한 논의로 낙인찍힐 위험도 있다. 왜냐하면 그것은 실재에서 출발하기보다는 관념에서 이미 얻어낸 듯한 결론을 실재에 적용시키고 있기 때문이다. 이런 면에서 가우닐로와 토마스는 극구 반대 입장을 취했는지도 모른다. 그러나 문제는 인간이라면 누구에게나 정신 안에는 제일원리에 대한 궁극적 염원과 거기에 합치되는 본유관념이 자리하고 있다는 사실이다. 이것은 부정할 수 없는 보편진리인데, 왜냐하면 실재론이 말하는 감각 작용의 영상과 능동지성의 추상작용 이후 얻어지는 그것과 이 관념은 서로 일치하고 있기 때문이다. 이렇게 볼 때 결과적으로는 동일한 관념일진대, 문제는 역발상이다.

그 결과 안셀무스가 역사적으로 처음 선보인 존재론적 논증은 때로는 찬양 일색으로, 때로는 비판 일색으로 물들여졌다. 근대에 이르러서도 데카르트, 라이프니츠, 헤겔 등은 그의 논증을 지지하였고 칸트의 경우는 비판의 목소리를 드높였다. 이러한 현상은 현대철학의 흐름 안에서도 결코 예외가 아니었다.

그런데 다양한 철학들이 생겨나 발전하는 20세기에 이르러서도 신 존재를 증명하기 위한 존재론적 논증은 둔화되거나 퇴보하지 않고 오히려 새로운 생명력을 얻어 발전되기에 이른다. 논증을 새롭게 심화시키는 데 있어서 두 개의 근본 노선이 채택되었으니, 하나는 신학적 노선으로서 그 대표적인 인물이 칼 바르트(K. Barth)이고, 다른 하나는 철학적인 노선으로서, 코이레(A. Koyré), 질송(É. Gilson), 말콤(N. Malcolm), 하트숀(Ch. Hartshorne) 등이 자리하고 있으며, 누구보다도 플란팅가(A. Plantinga)는 그 심장부에 위치하고 있다.

아무튼 존재론적 논증의 중요성과 관련하여 우리는 이 논증이 관념론적인 사상 체계 안에서는 천부적인 의미를 지닌 유일무이한 것임을 인정해야만 한다. 특히 본질주의적인 형이상학 안에서는 이 논증이 참으로 가치 있는 것으로 평가받고 있는 것에 유념해야 한다. 예컨대 근대 형이상학의 흐름은 존재론적 논증을 정당화하거나 비판하는 데서 도리어 큰 힘을 얻기도 했다. 그것은 무엇보다도 데카르트나 스피노자, 라이프니츠, 칸트 그리고 헤겔의 사고 체계 안에서 잘 드러난다. 이 때문에 존재론적 논증은 가장 위대한 철학자들 사이에서 그들의 존재론적 변신론을 총괄적으로 설명해 주는 것일 뿐만 아니라 이러한 증명의 발전이 형이상학과 변신론의 개념을 올바로 취급토록 하는 데에 있어서 이상적인 길잡이가 되고 있음은 매우 고무적인 일이라 하겠다.

제 6 장
후험적 증명들

우리는 앞장에서 신 존재에 관한 안셀무스의 존재론적 논증을 중심으로 다양한 학자들의 견해를 피력한 바 있다. 그런데 이러한 논증을 취급하는 각각의 저술가들의 연구 과정에서 우리는 존재론적 논증의 부당성을 밝히는 다양한 비판과 역 비판들이 계속해서 꼬리를 물고 있음을 관심 있게 지켜보았다. 우리는 이러한 움직임들과 관련하여 파생될 수 있는 증명의 부당한 본질적 동기들이 무엇인지를 지적하면서 신 존재에 관한 후험적 증명의 타당성을 개진해 보기로 한다.

인류사에서 가장 뛰어난 사상가였으며 위대한 신학자 중의 한 사람이었던 천사적 박사(Doctor Angelicus)인 성 토마스의 경우 정신적 존재로부터 실제적 존재로 나아가는 전이(轉移)를 담지하고 있는 존재론적 논증은 정당화되지도, 정당화될 수도 없다고 확신하였다. 그의 눈에 비친 안셀무스의 논증은 동일한 방식으로 사물(res)과 이름방식(ratio nominis)을 동시에 부여하고 있음으로 인해 주제전이(主題轉移)에 어긋나는 우를 범하고 있다. 토마스에게 있어서 정신의 문제는 어디까지나 정신 그 자체에 국한되어야 하기 때문에 그것은 사물의 문제와는 별개의 것으로 취급되어야만 한다. 정신적 본질과 존재는 감각계를 통해 추상될 수 있을 따름이지 애초부터 본유관념(idea innata)으로 상정될 수 없다고 확신한 것은 어쩌면 실재론자(實在論者)였던 그가 내세울 수 있었던 주장치고는 매우 소박한 것이 아니었나 싶다.

후험적으로 신을 논증하는 사상가들에게 있어서는 신이 출발 선상에서 실제적 질서(ordo realis) 안에 놓여 있는 경우에만 존재는 신에 대해 서술 가능하다. 왜냐하면 신의 이데아가 그 모든 것과는 본질적으로 다른 것이라 할지라도 존재가 논증된 연후에만 실제적 존재에 신이 필연적으로 귀속한다는 사실이 따르기 때문이다.

후험적 논증을 중시하는 자들은 신 존재에 관한 선험적 논증들이 가능하지 않으며 존재론적 논증과 같은 준선험적(準先驗的, quasi a priori) · 동시적(simultaneo) 증명들 역시 올바른 논증 방식이라고 여기지 않았다. 왜냐하면 존재는 사유에서 유래하지 않기에 신 존재 역시 그 개념이나 신적 본질로부터 출발하게 되는 경우 아무런 결론도 이끌어낼 수 없기 때문이다.

이 장에서는 무엇보다도 토마스의 후험적 논증인 '다섯 가지 길'(five ways, quinque viae)을 통한 신 존재 증명의 타당성과 그 진의를 밝히고자 한다. 이에 앞서 우리는 고대와 중세의 세계관, 아리스토텔레스의 신관과 토마스의 신을 철학적 관점에서 조명할 것이다. 그렇게 함으로써 '그 자체로 자명한'(per se notae quoad se) 명제와 '우리에게 자명한'(quoad nos) 명제 사이에 있을 수 있는 갈등의 폭을 줄일 수 있을 뿐만 아니라 존재론적 논증과 후험적 논증 사이에 가로놓여 있는 많은 문제점들을 해결할 수 있는 실마리를 제공해 줄 수 있을 것이다.

1. 그리스와 중세의 우주관

중세는 형이상학과 물리학 그리고 세계관에 있어서 그리스 사상의 강력한 영향권 하에 놓여 있었다. 우리는 그 대표적인 사례들을 플라톤 사상이 아우구스티누스와 안셀무스를 거쳐 보나벤투라에게 이르기까지의 지성적 흐름들을 통해서, 다른 한편으로는 아리스토텔레스의 학설이 토마스에게 끼친 지적 결과들 안에서 찾아볼 수 있다. 그리스 사상은 천계적 기계론과 관련하여 신비적인 형태를 완전히 벗어나지는 못했을망정 나름대로 그것에 수학적·형이상학적 해석을 가하고자 힘썼다. 예컨대 피타고라스의 사상은 출발점이면서도 그 대표적인 사례로 손꼽힌다.

그리스 사상은 우주가 천체들을 포함한 집중된 천계(天界)로 둘러싸여 있다고 믿었다. 이러한 천계 주변에는 빈 공간이 자리하고 있으며 그 주위에는 또 다른 보상의 영역이 자리하고 있다고 믿었다. 그리고 지구는 세계의 확고한 중심으로 주변에는 50여 개 이상의 집중적인 천계들이 자리하고 있었다. 이러한 천계들은 고유한 운동을 하지 않는 연유로 인해 어떤 영속적인 동자(動者)를 필요로 하고 있었다. 그것은 다른 어떤 것에 의해 움직이지 않으면서도 전체 천계를 움직이는 동자였으니, 그것은 곧 제일원동자(第一原動者, Primus Motor)였다. 아리스토텔레스의 사상은 바로 이러한 선상에 자리한 빼어난 가르침으로 그 모습을 드러내고 있다. 영원한 운동 중에 있는 제일원동자는 영적으로 이해되는 모든 영역들과 원동자의 영원한 삶을 모방하고자 하는 모든 영역들을 움직이게 하는 목적인(Causa finalis)이었다.

플라톤과 아리스토텔레스의 전 우주는 본래 생명을 타고난 것으로 보이며 완전히 위계적인 것으로 나타난다. 모든 존재들은 다른 것에 (ad aliud) 질서 지어져 있고 상호 연관성을 맺는다. 이는 감각적인 차원에서가 아니라 존재를 포함한 전체적인 관점에서 문제를 바라보는 경우 잘 이해될 수 있는 형이상학적 문제였다.

물리적 관점에서 천체계는 월하(月下)의 세계인 지구 세계에 비해 아주 이질적인 것이었다. 이렇게 해서 우주 안에는 자연의 이원성(二元性)이 존재하였다. 천계들은 신적이고 부패될 수 없으며 행복을 전해 주는 전달자인 데 반해, 월하의 세계인 지구는 변화하고 일정치 않으며 부패하고 불행하다. 이러한 월하의 세계는 독립 자존할 수 없으며 오로지 천계에 의존할 따름이다. 천계의 운동은 순환적이며 영원한 우주 안에 항존하기 위한 유일하고도 완전한 방식이다. 이와는 달리 지구의 움직임은 직선적이고 영속적이지 못하다. 인간은 이러한 기계의 전동장치 내부에 자리한 존재로 이 기계 안에서 그는 순환적이며 화해하기 힘든 운세 및 운명과 마주친다. 결국 인간의 올바른 자세는 적의적이고 필연적인 세계의 불운과 마주치면서 운명과 무감각함을 수용하는 일이다.

중세는 이러한 우주에 대한 그리스적 묘사 방식을 받아들여 신학적으로 해석하였다. 제일원동자는 신으로 대체되고 신은 존재하는 모든 것의 표본이며 모형인(Causa exemplaris)이었다. 그리고 아리스토텔레스에게 있어서처럼 신은 목적인(Causa finalis)일 뿐만 아니라 창조의 교의에 있어서처럼 능동인(Causa efficiens)이기도 하였다. 천계들의 영적 활력소는 천사들이 제공하는 것이었고, 천사들은 천계의 위계제도를 위한 동기로 작용하였다. 우주 세계는 절대적으로 신에게 의존하고 창조주에게 방향 지어져 있으며 조물주(Demiurgus)와 관련을 맺고 있다. 이렇게 해서 그리스인들의 영원한 질서와 필연적 생성은 섭리(攝理, providentia)로 대체되기에 이른다. 그 결과 사람들은 우주가 두 가지의 운동을 본래부터 타고났다고 생각하게 되었다. 하나는 신에게서 오는 실재성으로서의 하강 운동이며 다른 하나는 모든 것이 신을 향하는 경향이 있다는 상승 운동이다. 신은 모든 것의 알파요 오메가이다. 이렇게 해서 우주는 전적으로 종교적이며 거룩한 토양에 뿌리를 내리게 되었다.

2. 아리스토텔레스의 신관과 제일원리

그리스인들은 처음에 세계와 인간의 영혼들 가운데서 우월한 힘의 효능을 체험할 때마다 신이 직접 임재(臨在)한 것으로 믿었다. 왜냐하면 세계는 신으로 가득하였기 때문이다.[1] 그들의 신은 이 세계를 초월한 존재가 아닌, 세계 속에서만 감지될 수 있는 힘이었다. 이렇듯 자연종교의 단계에 있어서 신과 인간의 연락을 상징하는 정상적 문학 형태로서 등장하는 것이 하나 있으니 그것은 곧 신화였다. 특히 그리스 세계에서 신화는 모든 인간사의 표본들이 어떤 원형적인 세계 안에 갇혀 있음을 긍정하는 가운데 흔히 신의 기원 내지는 발생 문제를 서술한다.

'신의 기원'을 묻는다는 것은 아리스토텔레스의 신관을 논술함에 있어서 중대한 출발점이 될 것이다. 이유는 그가 신화론적 세계관을 근간으로 하여 제일원리를 이끌어내기 때문이다.[2]

우주의 발생을 대상으로 하는 신화는 "영구 불변하는 모델로서의 신이나 초인적 영웅들은 영원한 동작을 완수하는 표본들"[3]이라고 간주한다. 이와 같이 신화론적 세계관에서 신은 물리적 측면에서의 무한자(Infinitus)로 규정된다. 중요한 점은 이 신화론적 세계관이 이성적으로 사유하기 전에 나름대로의 인간 사고의 형태로 신의 발생 문제를 최초로 취급하였다는 점이다.

이와 같은 신화론적 세계관이 담고 있는 신관을 아리스토텔레스는 어떻게 철학적 체계로 재구성하는가? 우선 그는 제신들의 통합을 주

---

1) Cf. Aristoteles, *Metaphysica*, I, c. 3, 986b; 아리스토텔레스도 "모든 사물들은 제신(諸神)들로 가득하다"고 말한다. 초기 그리스철학에서의 그러한 공통된 개념의 특성은 탈레스에게서 최초로 나타난다(É. Gilson, *God and Philosophy*, Michigan, 1959, p.1).

2) Cf. J. Bunnet, *Early Greek Philosophy*, London, 1930, p.50

3) 황민성, 『신과 인간』, C.C.K, 1959, 34-35쪽 참조.

장한다. 왜냐하면 세계를 통어(統御)하는 힘으로서의 참된 요소는 하나의 합리적인 원리(principium)여야 하기 때문이다. 아리스토텔레스는 전 우주(universus totus)에 있어서 이 통일된 하나(unum)가 신이라고 말한다.[4] 이러한 견해를 따라 그는 자연 세력의 관점에서 제일원인(Causa Prima)을 설정하게 된다.[5]

그런데 아리스토텔레스의 제일원리론은 그의 실체론과 직접적으로 관련된다고 보아야 할 것이다. 아리스토텔레스가 말하는 실체는 형이상학적으로 다음과 같이 설명될 수 있을 것이다. "만일 변하지 않는 실체가 존재한다면 형이상학은 그런 종류의 실체를 다룬다. 왜냐하면 그것은 존재인 까닭에 존재(ens quia ens)와 관련되어 있기 때문이다."[6] 그리고 존재의 참된 본성은 변화하는 주체에서가 아니라 오히려 변화할 수 없고 자존하는 것에서 파악될 수 있는 까닭이다.[7] 그런데 아리스토텔레스는 형이상학에서 집합적으로 자연 세계를 이루는 일체의 실체(substantia), 관계(relatio) 및 과정(processus)을 주제로 삼으며 그리하여 어디서나 보편적으로 적용되는 원리들을 진술하고자 한다.

이와 같은 그의 형이상학은 우선적으로 실체들을 대상으로 하고 있는데, 그것들은 세 가지 유형으로 분류될 수 있다고 말한다.[8] 이들 실체들 중에 자체는 움직이지 않으면서 운동을 일으키는 하나의 불변적 존재가 궁극적인 원리, 다시 말해 제일원리(principium primum)로 설

---

4) *Metaphisica*, I, c. 5, 986b.

5) Cf. G. Siegmund, 『원시인의 신앙』(*Der Glaube der Urmenschen*), 김태관 역, 분도출판사, 1972, 7-8쪽.

6) *Metaphysica*, IV, c. 2, 1005a.

7) F. Coplestone, *A History of Philosophy*, Vol. 1, Part 2, N.Y., 1962, p.48.

8) 아리스토텔레스는 『형이상학』에서 실체들을 단순히 변화적이고 불변적인 것으로 구분하기도 하며, 감각적이고 사멸적인 실체, 감각적이고 영원한 실체 그리고 비감각적이고 영원한 실체로 구별하기도 한다. 그런데 형이상학은 존재와 관련되는 학이며, 실체의 범주 안에서 일차적으로 우연유가 아닌 존재를 탐구한다.

정되어야 할 것이다. 따라서 최고의 종류의 존재에 대해 언급하는 그의 형이상학은 결국 신학과 동일한 의미를 갖는다. 그리고 아리스토텔레스는 존재의 충만한 본성을 함축하는 부동의 실체가 신적 특성을 가지고 있을 것이라고 보았기 때문에 신에 관한 주요 논의는 그의 형이상학에서 '제일원인론'(第一原因論)에 해당하는 것이라 말할 수 있을 것이다.9)

그리고 아리스토텔레스는 『형이상학』 2권에서 필연적으로 제일원리는 존재할 수밖에 없음을 논증하며, 일성(一性, unitas)이 존재의 본질적 속성임을 명시한다. "사물들의 원인들은 무한한 계열로 존재하지 않으며 그 종류에 있어서도 무한하게 다양하지도 않다."10) 왜냐하면 우리는 원인들을 확인했을 경우에만 인식한 것을 사고해 낼 수 있기 때문이다. 무한한 원인들은 계속적으로 무한한 시간 속에서만 파악해 낼 수 있다.11)

개체 사물과 분리된 존재가 전혀 존재하지도 않고, 개체 사물의 수가 실제로 무한하다면 어떻게 무한한 개체 사물들에 대한 인식이 가능하겠는가? 이 점에 관해 아리스토텔레스는 다음과 같이 주장한다.

"우리가 인식할 수 있는 모든 사물들은 일성(unitas)과 동일성(identitas)을 가진 한에서만 인식 가능하며, 사물이 보편적인 어떤 속성을 가졌을 때만 가능하다."12)

이것이 필연적이라면 개체 사물과는 분리된 어떤 것이 존재해야 할 것이다. 이러한 류(類, genus)는 모든 것에 대해 보편적으로 서술되어야 할 것이므로 최하위류나 중간류가 아닌 최고류여야 한다.13) 이와

---

9) Cf. *Metaphysica*, VI, c. 1.
10) *Ibid.*, II, c. 2, 994a.
11) *Ibid.*
12) *Ibid.*, II, c. 4, 998a.

같이 제일원리는 개체 사물과는 분리된 하나의 존재로서, 개체 사물들에 공통적인 어떤 것으로 존재하는 경우에만 인식 가능하게 된다는 것이다. 즉 그것은 지각 가능한 사물과는 다른 어떤 것으로 존재함으로 인해 개체 사물과는 다른 관점에서 존재하는 하나이다.

이러한 하나의 존재는 아리스토텔레스에 의하여 부동의 원동자(Motus immobilis), 영원한 실체로 규정된다.[14]

따라서 제신들을 제일원리로 간주하는 신화론적 세계관은 배척될 수밖에 없다. 이유는 제신들의 수효가 제일원리의 일성에 비추어볼 때 다수이며 또 보편성이 아닌 투쟁으로부터 제신(諸神)들이 규정되기 때문이다. 아리스토텔레스에 의하면 욕구의 대상과 사유의 궁극적 대상은 그 자체는 운동하지 않고 다른 것의 운동의 원인이 된다.[15]

그러므로 개체 사물과 분리된 어떤 것이 존재하지 않는다면 사유의 궁극적 대상은 존재하지 않을 것이다. 여기서 신은 사유에 관한 사유로 규정될 수 있으며, 따라서 신은 순수 사유인 것이다.[16]

이와 같이 제일원리로부터 연역되는 아리스토텔레스적 신은 감각 사물로부터 분리되는 영원한 부동의 실체이다. 그러한 존재는 가능성이 배제된 순수 현실태(actus purus)이다. 즉 어떤 것에 준해서 움직이며 변화의 가능성을 내포한 물질과는 무관한 비물질적 존재이다. 그런데 아리스토텔레스의 신은 신적 섭리(providentia divina)가 배제된 신이라고 보아야 한다. 왜냐하면 그런 속성은 신 자신 이외의 다른 어떤 것에 관하여 사유하게 만들어 신의 완전성을 떨어뜨리는 결과로 보았기 때문이다. 신은 모든 사물들 가운데 탁월한 존재인 연유로 신의 사유가 생각하는 대상은 자신에 관해서일 뿐이다. 다시 말해 신의 사유는 사유에 관한 사유이다.

---

13) *Ibid.*
14) *Ibid.*, IX, c. 8, 1051a.
15) *Ibid.*, I, c. 3, 984b.
16) *Ibid.*, XII, c. 9, 1074.

그런데 아리스토텔레스의 신을 단순히 부동의 원동자라고 정의할 수는 없다. 이는 아리스토텔레스가 부동의 원동자들의 수에 관하여 뚜렷한 확신을 갖고 있지 못했기 때문이다.[17]

그 대신 아리스토텔레스는 신을 제일부동(第一不動)의 원동자 혹은 신이라고도 말한다.[18] 그렇지만 그는 인격적인 존재로서의 신을 말하지는 않았다. 아리스토텔레스의 제일원리가 의미하는 신은 오로지 사유와 지성의 신이었으므로 그것은 철학적 의미의 신이었다. 순수사유(純粹思惟)로 존재하면서 질료를 포함하지 않은 순수형상(forma pura)인 아리스토텔레스의 신은 행복과 완전 가운데 있으면서 실현되지 않는 목적이라고는 전혀 있을 수 없는 그런 존재로 존재한다.

그러므로 아리스토텔레스적 의미의 제일원리는 중세적 의미의 신앙의 신은 아니었지만, 신화론적 세계관에 나타난 제신사상(諸神思想)을 배격한 지성적 탐구의 신임을 알 수 있다.

3. 생성에 관한 경험과 분석

앞에서 살펴본 바와 같이 그리스인들에게 있어서 세계는 본래 기원이나 끝이 없는 신적이고 영원한 실재였다. 실재의 원형들(플라톤에게 있어서는 이데아, 아리스토텔레스에게 있어서는 형상들)은 근본적으로 변화 불가능한 것이었다. 따라서 무로부터(ex nihilo) 어떤 사물의 전적인 산출로 이해된 창조(creatio) 개념은 그리스인들로서는 도저히 받아들일 수 없는 허무맹랑한 개념이었다. 사실 그들이 인정한 유일한 형태의 행위는 변화밖에 없었다. 그들 골수에 박힌 변화란 이전 형상

---

17) 아리스토텔레스는 *Physica*, VIII, c. 6, 259a 6-3과 259b 28-31에서 부동의 원동자에 관련되는 세 가지 사실들을 말하고 있으며, *Metaphysica*, XII, c. 8, 1047a에서는 55개의 부동의 원동자가 존재한다고 말하고 있다.
18) Cf. *Metaphysica*, XII, c. 7, 1072b와 *Eth. Nic.*, 1179.

을 제거함으로써 질료 안에서 새로운 형상의 생산을 의미하는 것이었다. 그들에게 있어서 창조와 관련하여 조물주(Demiurgus)나 로고스(Logos)와 같은 창조주의 개념을 받아들인다는 것은 동의할 수 없는 상상 밖의 일이었다. 따라서 그리스인들에게 있어서는 절대적 무로부터의 창조가 아닌 상대적 무에서의 생성만이 사물의 생산으로 수용되어 이해될 수 있는 개념이었다.

이러한 생성(生成, fieri)은 우연성에 관한 가장 분명한 표지이다. '내'가 아리스토텔레스적 의미로 실체(substantia) 혹은 우주의 전체성 안에서의 하나의 변형(變形, modificatio)이라고 말하는 경우 그것은 '내' 안에 어떤 생성과 변화가 자리하고 있음을 분명하게 말해 주는 것이다. 우리는 엘레아학파의 파르메니데스(Parmenides)로부터 시작해서 일련의 철학자들이 변화의 실재를 거부하고 그것을 환상으로 축소시켰음을 잘 알고 있다. 그렇지만 내가 기만당하고 있다는 것과 또 내가 속고 있음을 깨닫고 있다는 것은 생성 외에 다른 것이 아니며 그 어떤 사실도 이것보다 더 분명한 것으로 여겨질 수는 없을 것이다. 모든 실재적인 것 역시 의식에로 축소된다면 의식은 현상학의 대가인 후설(E. Husserl)이 말하는 것처럼 항상 "의식의 흐름"(Erlebnissstrom)이거나 아니면 생성의 의식 외에 다른 어떤 특성도 지닐 수 없을 것이다.

우리는 여기서 시초가 아닌 생성을 선택하는데, 이유는 시작하는 것이 다름 아닌 비존재(non-esse)에서 존재(esse)로의 전이를 지향하는 것일 경우 시초에 관한 체험을 할 수 없을 것이기 때문이다. 우리는 새싹이 돋아나고 동물이 태어나며 어린아이가 탄생하는 것을 두 눈으로 똑바로 보고 있다. 그렇지만 이러한 생성과 탄생들이 물질의 변형 외에 다른 것이 아니라고 누가 나에게 말해 주고 있는 것일까? 우리는 새로운 유(有) 혹은 새로운 실체가 존재하기 시작한다고 고개를 끄덕이지만, 그러한 것이 즉각적으로 명증적(明證的) 진리인지에 관해서는 말할 수 없다. 이와는 달리 어떤 것이 변화한다는 것은 즉각적으로 명백한 것이다. 이러저러한 것들의 탄생이나 행성 체계의 형성이 단지 물질의 변형에 불과할지라도 이러한 변형은 분명 하나의 변화이며 생성인 것이다. 이 점은 플라톤 사상이나 아리스토텔레스 사상에서도 거의 동일하게 나타났다. 예를 들어 플라톤적인 면에서 감각 사물들은 변화한다. 결국 감각 사물들과 감각 작용은 절대적인 의미로 진리를 담고 있지는 않다. 왜냐하면 진리는 불변하고 영원하기 때문이다. 그럼에도 불구하고 사물들의 변화에 대한 증거인 감각 작용은 참되다고 말해진다.[19] 근본적으로 감각 작용은 그것이 할 수 있는 것을 우리에게 드러내 보여준다. 그렇지만 변화하는 감각계는 불변하는 진리는 결코 아닌 것이다.[20]

따라서 우리는 생성에 대한 분석을 하지 않을 수 없다. 아리스토텔레스의 고전적 기술에 의하면 생성은 "가능태로 있는 것의 현실태"이다. 우리는 여기서 정의가 아닌 기술(記述)에 대해 말하고 있는데, 이유는 '현실태'가 가능태의 실현으로 이해되어야 하기 때문이며, 실현된다는 것은 이미 생성 개념을 내포하기 때문이다. 따라서 "가능태에서 현실태로의 이행"인 생성에 관한 유비적 기술(類比的 記述)에 있

---

19) 그렇다면 감각계와 관련된 오류는 왜 발생하는 것일까? 그것은 감각 작용에 갑작스럽게 동의하는 데에서 발생한다. 오류는 두 가지로 나타날 수 있는데, 하나는 감각계를 절대적인 진리로 추정하는 데에서 비롯되고, 다른 하나는 감각 자료가 그 자체로는 거짓이 아닌데도 그것을 거짓으로 판단하는 데에서 발생한다.

20) 토마스에게 있어서 감각지는 대상을 완전하게 파악하지 못하는데, 이유는 그것이 사물들의 본질적인 본성인 본질(essentia)과 형상(forma)을 피해 달아나기 때문이다. 감각은 물질 기관이기 때문에 물질적인 것이 아니라면 알 수가 없다. 그래서 토마스는 "인식되어진 사물은 인식 자체의 방식에 따라 인식하는 것 안에 있다"라고 말한다.
한마디로 말해서 감각지는 참이지만 부분적이다. 그리고 감각은 개체를 인식하지만 그 형상인 보편을 피해 달아난다. 토마스에게 있어서 감각 작용은 플라톤과 아우구스티누스에게 있어서처럼 인식 과정에 있어서는 거의 우연적인 사실이 아니다.

어서 생성 개념은 이미 이행 개념 안에 함축되어 그 개념은 경험 자료를 표현하고 있는 것으로 이해된다. 빨간색과 관련하여 어떤 이는 그것을 보고 어떤 이는 그것을 보지 못하는 관계로 그것이 정의될 수 없어 오로지 "여기를 바라보라"고만 말해질 수 있는 것처럼 그렇게 생성 역시 정의될 수 없고 단지 각각의 경험에 호소할 수 있을 뿐이다.

우리는 여기서 마스노보(A. Masnovo)의 분석에 주의를 기울일 필요가 있다.

> "… 생성은 변화가 일어나 그것을 어떤 방식으로 유지하고 생성되는 한 에서 생성하는 것을 보존하는 영속적인 기체를 함유하고 있다."[21]

생성은 계기들의 다수성이 생겨나는 일성(unitas)과 주체의 동일성을 함축한다고 말할 수도 있을 것이다. 그러나 '변화'는 이미 생성을 내포한다. 한편 변화가 제거되어 생성만이 일성과 다수성을 포함한다고 말한다면, 그것은 생성을 특징 지우지는 못할 것이다. 이유는 일성과 다수성이 부동의 실재 안에서도 있을 수 있기 때문이다(하나의 주체는 다른 성질들을 가질 수 있다). 마스노보에게서 우리가 인용한 구절이 강조하는 바는 생성하는 동일한 주체가 없다면 거기에는 생성이 있을 수 없다는 점이다.

생성은 내가 새로운 개념들이나 상(像)들을 얻는 그곳에 존재한다. 만일 개념들이나 상들이 나의 것들이 아니라면 거기에는 다수성이 있을지 모르지만 생성은 없을 것이다. 예컨대 영화에는 움직임이라는 환상을 부여하는 다수의 상들만이 존재한다. 그 움직임은 나의 육체 밖의 실재 안에서는 사람을 현혹하는 환각적인 것에 불과하지만 내 안에서는 실제적이다. 이는 내가 상들의 연속성을 모아들이는 시각(視覺) 없이 존재하는 경우라면 그러한 연속성은 움직임으로 파악될 수

---

21) A. Masnovo, *La filosofia verso la religione*, ed. cit., p.52.

없음을 의미한다. 변화하는 것은 상들이 아니라 나일 것이며 내 안에 생성은 있는 것이다.

따라서 우리는 다음과 같이 말할 수 있다. 과거는 현재와 미래 안에 있을 것이다. 그렇게 있었던 것은 인식론적으로가 아니라면 분명히 존재론적으로 지금 있는 것과 앞으로 있을 것 안에서 기억된다. 이러한 영속적인 기체(基體) 없이는 생성에 대해 결코 언급할 수 없다. 생성은 그것에 대해 태도를 취하는 내밀한 변화이다. 이러한 내밀한 관계를 떠나서 우리는 생성들간에 궁극적인 관계들을 갖는 연속성을 지닐 수도 있고 그렇지 않을 수도 있다.

생성되는 것은 자기 안에 생성의 이유를 지니지 못한다. 그것은 필연적으로 다른 것과 연관된다. 즉 "생성되는 것은 원인을 갖는다." 이것은 형이상학과 철학적 신학이 관심을 갖는 인과성의 원리이다. 이는 "움직이는 모든 것은 다른 것에 의해 움직인다"(omne quod movetur ab alio movetur)는 원리로, 첫 번째 '움직인다'는 것은 자동사적인 의미를 지니고 있으며, 두 번째의 것은 수동적인 의미를 띠고 있다. 즉 변화하는 것, 생성되는 것은 다른 것에 의한 움직임인 것이다.

4. 아리스토텔레스의 논증과 성 토마스: 변화와 운동을 위한 가능태와 현실태

운동과 관련된 아리스토텔레스의 논증은 『물리학』 8권과 『형이상학』 12권에 잘 나타나 있으며 토마스는 이를 받아들여 대폭 수정하였고 후에 신스콜라주의자들은 그것을 근본적인 원리로 수용하기까지에 이른다.[22]

---

22) Cf. Aristoteles, *Il motore immobile*, a cura di G. Reale, La Scuola, Brescia, 1963.

아리스토텔레스가 생각하던 동자(動者, motus) 내지 운동은 장소적 운동에 그치지 않고 감각적 운동에 해당하기도 한다. 그렇지만 가능태(potentia)와 현실태(actus)의 명사로 그려내는 운동에 관한 그의 기술(운동은 가능태로 있었던 것의 현실화이다)과 『형이상학』 제 9 권에서 현실태의 우위성에 관한 그의 주장은 아리스토텔레스 이후에 출현한 자들에게 논증의 엄밀성과 완성이라는 노선을 펼쳐 보였다. 따라서 우리는 무엇보다도 먼저 현실태와 가능태가 무엇을 의미하는지 살펴보아야 할 것이다.

가능태와 현실태는 모든 범주(範疇)들에서 발견되며 유들의 구조를 좀더 깊이 있게 인식하게끔 해주는 형이상학의 중심 주제이다. 이는 토마스가 아리스토텔레스에게서 받아들여, 더욱 포괄적인 관점으로 들어 높인 개념이기도 하다. 이와 관련된 논증은 세계에 대한 올바른 해석을 가하도록 하는 데 도움을 주며, 형이상학적 노정을 따라 신에게 도달하는 데 있어서 필수 불가결한 해결책을 제시해 주기도 한다.

위에서 언급했듯이 현실태와 가능태의 일차적 규정은 운동에 관한 분석으로부터 유래한다. 파르메니데스(Parmenides)는 유일하고 불변적인 존재에 관한 엄격한 개념으로 인해 생성에 관한 실재를 설명할 수 없었다. 그러한 실재는 그에 의해 '나타남'의 영역에로 추방되었다. 그에게 있어서 존재(esse)는 존재하고 비존재(non-esse)는 존재하지 않는다. 결과적으로 이것에서 저것에로의 전이는 불가능하다. 아리스토텔레스는 더욱 강력한 실재론(realismus)으로 생성이란 절대적인 새로움이라든가 비존재에서 존재로의 전이가 아니라 단지 주체가 하나의 상태에서 다른 상태로 통과하는 것이라 이해하였다. 이것은 마치도 물이 차갑게도 되고 뜨겁게도 되는 것과도 같다.

생성으로 인해 사물들은 이전에 소유하지 못하던 어떤 완전성을 성취하게 된다. 그럼에도 불구하고 주체는 운동을 통해 얻을 수 있는 성질을 받아들일 가능성을 가져야만 한다. 아리스토텔레스가 제시한 예들은 분명하다. 동물이든 어린이이든 간에 수학 문제를 풀 수는 없다.

그렇지만 동물이 결코 그러한 능력을 지니지 못하는 것과는 달리 어린이는 그것을 배울 수 있다. 무형의 나무 조각은 아직 상(像)이 없지만 조각가의 손을 거쳐 언젠가는 상이 될 수 있다. 이와는 달리 물이나 공기는 그러한 가능성을 지니고 있지 않다.

어떤 완전성을 받아들일 수 있는 수용성(capacitas)에는 가능태라는 명칭이 주어진다. 이는 차후에 얻게 될 어떤 것에 대한 단순한 박탈에 관한 것이 아니라 주체가 어떤 완전성들과 관련하여 소유하는 실질적인 능력에 관한 것이다. 파르메니데스의 존재의 동질성을 침해하는 그러한 형태의 실재는 아리스토텔레스가 운동의 실재를 이해하기 위한 시도에서 형이상학에 옮겨다 놓은 결정적인 공헌을 묘사해 준다.

가능태에는 현실태, 즉 주체가 소유한 완전성과는 대립된다. 가능태의 예들은 나무에 조각된 모양과 물의 열, 소유하고 있는 학문들이 그러하다. 그러한 방식 안에서 운동은 가능태의 현실화, 가능태 안에 어떤 것의 있음으로부터 그것이 현실태로 있는 전이이다. 예컨대 나무는 씨앗 안에 가능태로 존재하지만 그것이 성장함으로 현실태의 나무가 될 것이다.

아리스토텔레스는 두 가지 관점에 입각해서 현실태와 가능태를 고찰한다. 하나는 운동과 관련된 물리적인 것이고 다른 하나는 형이상학적인 것이다. 전자의 경우에는 운동을 설명하는 어떤 요소들로서 현실태와 가능태에 관해 언급하는데, 그러한 차원에서 현실태의 존재와 가능태의 존재 사이에는 근본적인 모순이 현시될 것이다. 예컨대 현실태의 상(像)이 존재함은 가능태로 그것이 존재한다는 것을 배격함이다. 두 번째 경우에 현실태와 가능태는 모든 사물의 확고하고 구성적인 원리들로 여겨지며(가능태) 실체적인 것(현실태)을 형성한다. 이러한 형이상학적 전망에서 형상에 의해 일단 현실화된 가능태는 계속해서 구성물 안에 현존한다.

1) 현실태

아리스토텔레스가 거의 언급하고 있지는 않지만 가장 단순한 개념은 현실태에 관한 개념이다. "현실태는 사물의 존재함이다."[23] 우리 역시 주체의 전적인 완전성인 현실태에 대해 언급한다. 즉 색깔, 성질 그리고 유와 같은 실체적 완전성, 인식 및 의지 그리고 감각 작용 등이 거기에 해당한다. 현실태 개념은 정의될 수 없는 명증적이고 일차적인 개념으로 단지 그것은 가능태와 대립시키는 가운데 예증들을 통해 설명될 수 있을 뿐이다. "현실태는 예컨대 건축하는 자가 집을 세울 수 있는 자에게, 잠을 깬 사람이 잠을 자고 있는 자에게, 바라보고 있는 자가 시각을 갖고 있으면서 눈을 감고 있는 자에 대해 있어서처럼 그렇게 가능태에 대해 있다."[24]

2) 가능태

가능태 역시 엄밀하게 정의될 수 없는 개념이다. 이것 역시 현실태에 상대적인 것으로 경험을 통해 직접 인식되는 개념이다. 아리스토텔레스는 가능태를 다음과 같이 정의한다. 가능태는 "다른 것 안에서 혹은 … 자기 안에서의 변화의 원리이다."[25] 가능태에는 변화를 산출하는 가능태가 있고(능동적 가능태), 변화를 받아들이는 가능태가 있다(수동적 가능태). 그러나 능동적 가능태도 다른 것 안에서 수동적 가능태를 예상한다. 아리스토텔레스는 "혹은 다른 것인 한에서 자기 안에"라고 말하는데, 이유는 때때로 변화의 원인이 변화하는 동일한 주체 안에 있을 수도 있지만 다른 것은 변화의 원리와 변화하는 것의

---

23) Aristoteles, *Met.*, IX, 6, 1048a, 31.

24) *Ibid.*, IX, 1048b, 1-3.

25) *Ibid.*, IX, 1, 1046a, 11-12.

원리인 주체 안에 있기 때문이다.

토마스의 예는 다음과 같다. 즉 의사는 자기 자신을 치유할 수 있지만 의사라는 한에서 치유되는 것이 아니다. 그는 아픈 한에서 치유되며 의사가 치유되는 한에서, 환자가 치유되는 한에서 그러하다. 따라서 어떤 것은 그것이 가능태로 있는 한에서(수동적), 아직 아니라는 한에서, 변화를 통해 그에게 확보될 그것이 결핍되어 있다는 한에서 변화하거나 생성된다. 그러나 그에게 무엇인가가 결핍되어 있다는 한에서 그것이 주어질 수는 없다. 따라서 생성되거나 아니면 어떤 것을 획득한다면, 이 어떤 것은 현실태 안에 그것을 갖고 있는 자에 의해 그에게 주어져야만 한다. "사실 현실태로 있는 존재는 가능태로 있는 존재에서 유래하거나 아니면 이미 현실태로 있는 유의 작용에 언제나 가능태로 있는 존재에 의해 샘솟아 난다." 이는 현실태의 우월성에 관한 명제로 <생성되는 것은 원인 되어진다>라는 원리와 동일하다. 현실태의 우월성에 대한 명제는 <운동 중에 있는 모든 것은 다른 것에 의해 움직여진다>는 원리에 관한 형이상학적 해석 방식이다.

가능태가 현실태와 갖는 관계는 불가피한데, 이유는 어떤 형태의 현실태로의 질서작용은 동일한 가능태에 대해 구성적이기 때문이다. 시각은 바라보는 가능태이다. 가동성(可動性)은 운동 안에 자리하고 있는 수용성이며 그러한 가능태들은 그것들과 깊은 관련을 맺고 있는 현실태들을 통해 인식된다.

가능태는 어떤 현실태를 받아들일 수 있는 것이거나 이미 그것을 소유하는 것이다. 우리는 다음과 같이 어떤 함축된 특성을 목록을 작성하여 기술할 수 있다.

① 가능태는 현실태와 구별된다.

이것은 현실태가 그와 상응하는 가능태에서 분리되는 경우 분명하게 파악된다. 예컨대 시각은 가끔 바라보는 현실태 안에서 발견된다. 그리고 어떤 경우에는 그렇지 못하다. 동물은 그것이 정지 상태에 있을 때이건 실제로 움직이는 때이건 간에 움직일 수 있는 능력을 지니고 있다. 그럼에도 현실태와 가능태 사이의 구별은 이러한 일시적 차원에서 모두 알려지는 것은 아니다. 바라보는 현실태 안에서 시각은 그 시각적 능력을 상실하지 않는다. 대신 그것은 그 현실태에 의해 완전하게 된다. 한편 가능태는 현실화되거나 그렇지 않을 수 있으며 언제나 가능태이다. 그것을 고유하게 특징 지우는 것은 현실태를 가질 수 있는 능력인 존재이며 감수성이 예민한 주체적 존재인 것이다.

② 현실태와 가능태는 완전한 실재가 아니라 사물들 안에 있는 관점들이고 원리들이다.

그럼에도 불구하고 우리 지성에 비례되는 대상은 완전유(完全有)이기에 그 형이상학적 원리들에 대해 언급한다는 것을 매우 어려운 일이다. 그러한 원리들은 결코 고립적으로 존재하지도 않고 물질적인 의미의 부분들도 아니다. 이 때문에 현실태와 가능태는 상이한 실재라고 이해하는 경우에도 상상력으로 그것을 묘사할 수는 없다. 상상력은 고유한 현실태를 받아들이기 위해 기다리는 이미 구성된 실재이지만 공허한 실재로 가능태를 개념하는 경향이 있다.

③ 가능태는 완전한 것에 대한 불완전한 것으로 현실태와는 대립된다.

현실태는 고유하리 만치 완전성이며 완성이고 규정된 어떤 것이다. 이와는 달리 가능태는 불완전성이며 규정 가능한 수용성이다. 예컨대 석상의 모양은 돌의 긍정적인 성질이며 규정이고 현실태이다. 그 대신 꼴을 갖추지 못한 돌덩어리는 그것이 모양을 갖추지 못한 한, 불완전하며 비규정적이다. 그러한 의미 안에서 현실태와 가능태 사이에는 명백한 반대가 자리한다. 즉 가능태는 정확하게 "현실태가 아닌 어떤 것"이다. 이와 같이 현실태가 아닌 가능태 안에서 인식하는 자는 고유하게 인식하는 것이 아니다. 아직도 조각되지 못한 돌덩어리는 석상이 아니다. 이러한 반대 입장은 가능태가 미발달 상태 혹은 감추어진 상태에서 어떤 현실태가 아님을 분명하게 보여주고 있다.

④ 그럼에도 불구하고 가능태는 현실태의 단순한 상실로 축소되지 않고 오히려 완전성에 대한 실질적인 수용성이 된다. 돌은 실제로 바라보지 못하고 또 그러한 현실태를 받아들일 능력도 없다. 그러나 동물들은 그것들이 세상에 낳자마자 비록 그때는 바라보지 못할망정 언젠가는 바라볼 수 있는 실질적인 능력을 갖추고 있다.

3) 현실태의 우월성

본성(natura)과 현실태와 가능태의 형태들을 조사한 우리들은 이제 현실태의 일차성(primatus)을 정당화하는 면들을 캐묻지 않을 수 없을 것이다.

a. 완전성의 우월성(prioritas perfectionis)

현실태는 완전성과 관련하여 가능태보다 상급적이다. 우리가 살펴보았듯이 현실태는 완전함이며 가능태는 불완전함이다. "모든 것은 그것이 현실태로 있는 한 완전하며 가능태로 있는 한 불완전하다."26) 이 때문에 가능태는 목적을 구성하는 현실태에 종속되어 있다. 예컨대 어떤 행위는 그 실천에 질서 지어진다. 그렇지 않으면 그것은 무효화될 것이다. 인간에게 있어서 육체는 고유한 현실태인 영혼을 받아들이는 가능적 주체이다. 그리고 그것은 영혼에 종속된다.

b. 인식의 우월성(prioritas cognoscitiva)

현실태는 인식의 질서에 있어서도 가능태에 우선한다. 모든 가능태

---

26) 토마스는 "모든 현실태가 일종의 완전성이다"라고 말한다(*S. Th.*, I, q. 5, a. 3).

는 현실태에 의해 알려진다. 왜냐하면 가능태는 완전성을 받아들이거나 소유하거나 생산하는 능력 외에 다른 것이 아니기 때문이다. 이로 인해 모든 가능태에 관한 정의에는 고유한 현실태, 즉 여타의 가능태들로부터 그것을 구분하는 것이 모아들여진다. 사실 청각은 소리들을 모아들이는 가능태 내지는 선을 욕구 하는 기능인 의지로 정의된다. 이러한 인식의 선험성(先驗性)은 가능태의 본성 자체에 기반을 두고 있는데, 이러한 본성은 현실태의 수용력인 것이다.

c. 원인의 우월성(prioritas causalis)

현실태는 가능태에 대한 원인적 일차성을 지닌다. 그 어떤 것도 현실태로 있지 않는 한 행위하지 않는다. 이와는 반대로 어떤 것은 가능태로 있는 한 행위를 당한다. 결과적으로 당하거나 아니면 다른 행동을 당하는 주체라는 것은 행위를 받아들이는 것을 의미한다. 이와는 달리 행위한다는 것은 다른 유에 대해 실질적인 영향력을 행사하는 것을 뜻한다. 그 유는 통교하고자 하는 완전성을 현실태 안에 소유하고 있다면 실현 가능하다. 예컨대 뜨거운 것만이 주변에 있는 물체들의 온도를 올릴 수 있고, 등불은 그것이 불이 켜져 있을 때에만 비출 수 있다. 한편 가능태로 있는 것은 현실태로 있는 다른 것에 의해서가 아니라면 현실태로 나아갈 수가 없다.

d. 시간적 우월성(prioritas temporalis)

하나의 동일한 주체 안에서 가능태는 현실태에 비해 시간적 우선성을 누린다. 왜냐하면 유는 규정된 완전성을 받아들이기 전에 그것에 비해 가능태에 있기 때문이다. 그럼에도 불구하고 그러한 가능태는 그것을 현실화하는 현실태에 앞서는 동인(causa agente)에게 연장된다. 예컨대 어떤 나무가 그 완전한 나무가 되기 전에는 이미 씨앗으로 있던 때의 완전함과 비교하는 경우 가능태로 있다. 그럼에도 그러한 씨앗은 이전 나무의 결실을 필연적으로 예상하고 있었다. 가능태에 대한 현실태의 그러한 시간의 일차성은 원인적인 우월성에 기초하고 있다.

이런 이유로 인해 아리스토텔레스는 자연 안에서 생성을 분석하는 가운데 가능태에서 현실태로 나아가는 모든 사물들이 현실태로 있는 이전 원인을 요청하고 있다고 명백하게 바라보았다.

한편 모든 실재의 정점에는 가능태의 혼합 없이 모든 잔여(殘餘)들을 움직이는 순수 현실태(純粹現實態)가 있다. 이는 토마스가 첫 번째 길에서 공들여 작업하는 신 존재 증명 방식이며, 현실태와 가능태로 구성된 운동 안에서 사물들을 관찰하는 경우 즉각적인 방식으로 현시되는 신 존재에 관한 논증인 것이다.

결론을 내리기 위해 우리는 현실태가 주요하고 고유한 의미로 '존재한다'는 것과 가능태는 제이차적 방식으로만 그렇게 있다고 말할 수 있을 것이다. 이런 의미에서 혹자는 어떤 것이 현실태로 있는 한 존재하고, 가능태로 있는 한 존재하지 않는다고 주장한다. 상(像)은 그 모양이 정교화되었을 때 존재하고 단순히 나무 덩어리나 무형의 금속으로 있는 경우에는 존재치 않는다. 혹은 조각의 기원에서 제외된 그러한 용어들로 동일한 개념을 표현하면서, 상은 고유한 형상으로 인해 상인 것이지 받아들인 가능태에 의해서라든가 아니면 그것을 통해 다른 것일 수 있는(옷장, 탁자 등) 가능태에 의한 것이 아니다. 고유한 의미로 유는 현실태로 있는 유이다. 그 대신 가능태는 현실태와 관련하여서만 실제적이다. 어떤 유가 가능태로 있는 한 그것은 존재하지 않으며 오직 그럴 수 있을 뿐이다. 물론 그럴 수 있다는 것은 어떤 것이지만 그것은 오직 어떤 방식으로 현실적인 완전성에 유일하게 묶여 있는 것이다. 사실 가능태만큼 현실태도 유의 이유(ratio)에 참여한다. 그러나 그것은 유비적으로 그러하며 질서에 입각하여 그러하다(secundum prius et posterius). 존재는 현실태로 있는 것을 직접 소유한다. 간접적으로는 현실태로의 질서 안에서 사물들의 잠재성 역시 실제적이다.

현실태의 우월성에 대한 원리에서 출발하면서 아리스토텔레스는 『형이상학』제12권에서 부동의 원동자에 관한 존재를 논증하게 된다.

토마스는 아리스토텔레스로부터 "운동하는 모든 것은 다른 것에 의해 움직여진다"는 것에서 출발하는 논증을 받아들여 이 논증에 대해 우주론적이고 형이상학적 해석을 가한다. 첫 번째 것은 『반이교도 대전』(I, 13)에 나타나 있고, 두 번째 것은 『신학대전』의 첫 번째 길에 잘 나타나 있다. 거기에 나타난 그의 해석 방식은 "첫째이며 더 명백한 길"(prima et magnifestior via, the first and more manifest way)이라고 선언되고 있지만 그것은 천상이나 자연 안에서 실현되는 것과는 달리 통상적인 생성의 특징인 가능태로부터 현실태로의 이행이라는 변화에 대한 고찰로 축소되고 있다.

우리는 여기서 토마스에 의한 신 존재 증명의 다섯 가지 길들 중에서 가장 중요한 길인 첫 번째 길을 제시함으로써 위에서 말한 바를 좀더 명백히 밝혀낼 수 있을 것이다.

토마스의 첫 번째 길은 운동의 경험으로부터 출발하여 제일 부동의 원동자인 신에게 이르는 길이다.27) 이 길은 토마스가 『신학대전』에서 다음과 같은 말들로 공식화하고 있다.

"첫째이며 더 명백한 길은 운동 변화(ex parte motus, from motion)에서 취해지는 길이다. 이 세계 안에는 어떤 것이 움직이고 있는 것이 확실하며 또 그것은 감각으로 확인되는 것이다. 그런데 움직여지는 모든 것은 다른 것한테서 움직여진다(omne autem quod movetur ab alio movetur). 사실 어떤 것도 그것을 향해 움직여지는 것에 대해 가능태로(in potentia) 있지 않은 한 움직여질 수 없다. 움직여주는 것은 그것이 현실태로(in actu) 있지 않은 한에서 움직여준다. 즉 움직인다는 것(movere)은 어떤 것을 가능태에서 현실태로 이끌어 가는 것 외에 다른 것이 아니다. 그런데 가능태에서 현

---

27) 신 존재 증명에 관한 토마스의 첫 번째 길은 아리스토텔레스가 발견한 길이며 마이모니데스와 대알베르투스가 사용한 바 있다(Cf. *Met.*, XII; *Physica*, VIII).

실태로 이끌어 가는 것은 현실태에 있는 어떤 유에 의하지 않고서는 불가능하다. 예컨대 더워질 가능성 안에 있는 나무를 현실적으로 더운 것으로 만드는 것은 불, 즉 현실적으로 더운 것이며, 불은 이런 현실적으로 더운 것으로서 나무를 움직이며 변화시킨다. 그러나 같은 것이 같은 관점에서 동시에 현실태에 있으며 가능태에 있을 수는 없다. 다만 그것은 다른 관점에서만 가능하다. 예컨대 현실적으로 더운 것은 동시에 가능적으로 더운 것일 수는 없고 다만 그것은 동시에 가능적으로 찬 것이다. 그러므로 같은 관점에서 같은 양태로 어떤 것이 움직여지는 것, 혹은 자기 자신을 움직이는 것은 불가능하다. 따라서 움직이는 모든 것은 다른 것한테서 움직여져야 한다. 그러므로 어떤 것이 그것에 의해 움직이게 되는 그것이 움직인다면 그것 또한 다른 것한테서 움직여져야 하며 그것은 또 다른 것한테서 움직여져야 한다. 그런데 이렇게 무한히 소급해 갈 수는 없다. 그 이유는, [만일 움직이는 것의 무한한 소급이 인정된다면] 어떤 첫 움직이는 자(aliquod primum movens)가 없게 될 것이며 따라서 어떠한 다른 움직여 주는 자도 없게 될 것이기 때문이다. 그것은 제이동자(第二動者, moventia secunda)들이 제일동자(primum movens)에게서 움직여지는 것에 의해서가 아니면 다른 것을 움직여주지 못하기 때문이다. 그것은 마치 지팡이는 손에 의해 움직여지지 않으며 다른 것을 움직여주지 못하는 것과 같다. 그러므로 우리는 다른 어떤 것한테도 움직여지지 않는 어떤 제일동자(aliquod primum movens)에 필연적으로 도달하게 된다. 그리고 모든 사람은 이런 존재를 하느님으로 이해한다."[28]

시작이 반이라는 말도 있듯이 모든 것에 있어서는 그 출발점이 매우 중요하게 작용한다. 특히 토마스의 다섯 가지 길들을 이해하는 데 있어서 그 첫 번째 길은 가장 기본적이며 중요한 요소이다. 우리는 지각을 통해 만물이 운동 중에 있으며 운동이 하나의 사실(factum)이라는 점을 알고 있다. 첫 번째 길에서 우리가 출발점으로 취하는 사실은 바로 이러한 운동(motus)의 경험과 변화의 사실이다. 물리적 실재의 영역에서 운동과 변화는 보편적인 것이다. 이것은 경험계에서 무시할

---

28) *S. Th.*, I, q. 2, a. 3; 토마스 아퀴나스, 『신학대전』, I, 제1부, 제1문항-제12문항, 정의채 역, 성바오로출판사, 1985, 66-67쪽에서 인용.

수 없는 평범한 사실과 직결되어 있다. 이 때문에 토마스는 첫 번째 길이 더 분명하며 명백하다고 말한다. 그것은 세계 안에 움직여지는 존재들이 있음을 인정하는 것이다. 이것은 우리에게 출발점이 되는 것으로 단순히 운동인 한에서 운동에 의한 것이 아닌, 주체와 하나의 유 안에 뿌리를 둔 운동에 의거한 것이다.

그런데 이러한 운동은 결코 단순한 물리적 운동으로 이해해서는 안 된다. 여기서 말하는 운동은 물리학을 넘어서는 운동, 형이상학적 운동, 즉 형이상학적으로 고찰된 움직임이다. 그것은 어떤 면에서 길에 관한 설명을 하기 위해 운동의 시공간적 개념들에 복귀하는 것도 아니다. 이 운동은 우리가 앞에서 길게 설명하였듯이 아리스토텔레스가 넓은 의미로 이해하는 운동인 가능태로부터 현실태로의 이행을 포함하는 운동이다. 이 때문에 토마스가 장소적 운동에서 출발했다거나 아니면 아리스토텔레스적 혹은 중세적 '우주 구조론'에 묶여 있다고 말하면서 길을 결정하였다고 주장한다면 그것은 아무런 의미도 없을 것이다. 역사적으로 너무나 많은 사람들이 흔히 그렇게 여겨 왔던 것도 사실이다. 그러나 그것은 규정된 운동 안에서 학문의 상태나 학적 가설과는 무관한 형이상학적 사실에 관한 것이다. 따라서 그 어떤 운동에 관한 학적 개념은 여기서 아무런 역할도 하지 못한다. 중요한 것은 질송(É. Gilson)이 지적하고 있듯이 동자(動者)의 존재이다. 증명이 중요한 것으로 여기고 있는 것은 다름 아닌 동자가 존재한다는 사실에 관한 설명이다. 간단히 말해 증명은 '원인'을 발견하고자 하며 '왜' 세계 안에 운동이 존재하는지를 설명하고자 함이다.

이 때문에 토마스는 증명을 발전시킴에 있어서 운동의 형이상학적 정의를 위한 논증을 시도한다. 즉 운동은 앞에서도 언급하였듯이 아리스토텔레스적 의미로 가능태에서 현실태로 옮아감이거나 "가능태 안에 있는 한에서 가능태에서 유의 현실화"[29] 혹은 "움직이는 한에서

---

29) *Phys.*, III, 2.

움직임의 현실태"30)이다. 우리는 어떤 것일 수 있는 것이지만 아직 그것이 아닌 것을 가능태라고 말한다는 것을 기억할 필요가 있다. 이와는 달리 현실태는 그것이 이미 그것인 것을 말해 준다. 현실태와 가능태는 창조된 유를 구분한다. 유한한 모든 유는 실제로 가능태와 현실태로 구성되어 있다. 그 자체로의 현실태는 완전성이고 그 어떤 제한도 함축하지 않는다는 것을 분명히 해야 한다. 따라서 현실태와 존재는 동일한 것으로 여겨져야 한다. 그리고 움직이는 주체는 그렇기 때문에 현실태 안에 있다.

토마스는 운동과 움직임(movere)을 가능태와 현실태라는 용어로 정의한다. 운동은 가능태 안에 있는 존재의 현실태(act) 혹은 현실화(actualization)이다. 그리고 움직임은 가능태로부터 현실태로 무엇인가를 환원시키는 것이다. 이러한 가능태와 현실태는 무엇보다도 유한한 존재에 대해 말해지는 것이다.31) 이러한 가능태와 현실태는 모든 유들이 구별되는 첫 번째 이유이며32) 토마스 형이상학의 제일차적인 개념에 해당한다.

하나의 존재가 다른 존재를 내포하고 있는 식으로 서로 다른 두 개의 유 사이에 필연적인 관계가 설정되는 경우 그것은 인과성(因果性, causalitas)의 관계라고 말해진다. 그런데 만일 운동이 가능태로 있는 존재에서 현실태의 존재로 전이하는데 요구되는 기능으로 설명된다면, 이러한 운동에 인과성의 이론이 적용된다는 것은 두말할 여지가 없다. 그런데 인과성은 두 가지의 다른 의미를 포함하고 있다. 그 중에서도

---

30) *Ibid.*, 4.

31) *Metaph.*, L. 9, lect. 1: "Potentia enim et actus, ut plurimum, dicuntur in his que sunt in motu, quia motus est actus entis in potentia. Sed principalis intentio huius doctrinae non est de potentia et actu secundum quod sunt in rebus mobilibus solum, sed secundum quod sequuntur ens commune. Unde et in rebus immobilibus invenitur potentia et actus, sicut in rebus intellec-tualibus."

32) Cf. *S. Th.*, I, q. 77, a. 1.

원인은 스콜라철학에서 다른 것을 존재하게 하는 것, "다른 것 안에 존재 상 영향을 미치는 원리 자체"(principium per se influens esse in aliud)라고 말해진다.[33]

이는 다음과 같은 점에서 좀더 명백하게 설명될 수 있을 것이다. 즉 움직여지는 모든 것은 다른 것의 원인에 의해 움직인다는 사실이다. 물론 흄(D. Hume)이 말하는 인과율의 부정이나 칸트(I. Kant)가 말하는 신 존재 증명에 있어서의 원인의 문제점과는 달리 질송은 이 점을 다음과 같이 설명하고 있다.

> "… 아직은 그렇지 않지만 어떤 유가 발전적으로 그럴 수 있는 것으로 되도록 하는 원인은 어떤 것이 있을 수 있는가? 되어지고자 하는 것은 아직까지는 존재하지 않는 고로, 변화하는 유는 그 변화의 원인일 수 없다. 말하자면 그것은 소유하지 않은 어떤 것을 자기 자신에게 부여할 수 있다고 주장하는 것과 동일한 것이리라. 결과적으로 모든 동자나 변화는 이미 동자의 주체가 지금 막 되어지고자 하는 것인 어떤 것에 의해 원인 되어진다. 이미 정의된 기술적 용어들에 의존하면서 우리는 현실태로 있는 그 어떤 것에 의하지 않고는 아무 것도 가능태에서 현실태로 옮겨질 수 없다고 말할 수 있을 것이다. 이러한 결론의 즉각적인 논리적 결과는 그 어떤 것도 자기 자신을 움직일 수 없다는 것이다. 이처럼 불가능한 사태가 발생하는 것처럼 보이는 경우에 효과적으로 입증해 낼 수 있는 것은, 예컨대 걸음을 걷는 사람의 앞에 있는 다리가 미리 나머지 신체를 계획하는 것과도 같이 존재의 한 부분은 다른 부분을 움직이는 것이다. 다시 한번 동일한 기술적 용어를 사용함으로써 우리는 동일한 것이 동일한 시간에 그리고 동일한 관점에서 가능태와 현실태로 있을 수 없다고 말하게 된다."[34]

이와 반대의 경우에는 모순원리에 반하여 나아갈 것이기에, 이것이 앞서 말한 원리에 바탕을 두어야 한다는 점에서 운동에 관한 적합한

---

33) V. Remer, *Summa Philosophiae Scholasticae*, vol. III; *Ontologia*, Università Gregoriana, Roma, 1928, p.201.
34) É. Gilson, *op. cit.*, pp.87-88.

설명은 달리 주어질 수 없을 것이다. 이런 관점에서 신스콜라주의자들 가운데 특별히 인과율을 신 존재 증명에 도입하여 적용한 인물이 있으니 그가 곧 마스노보(A. Masnovo)이다.[35] 그의 뒤를 이어 신 존재 증명의 엄밀함을 고려하면서 출발하는 본타디니(G. Bontadini)는 마스노보의 논증을 심화시켰다.[36]

생성되는 것은 다른 것에 의존한다. 만일 생성되는 것이 다른 것과 관계가 없는 것이라면 그것은 모순이다. 그런데 토마스의 본문에서는 이것이 다음과 같이 표현되고 있다. "그런데 이것은 무한대로 소급하는 것이 아니다."(hic autem non est procedere in infinitum) 따라서 생성의 원인이 지금 생성되고 있다면 그것은 원인되는 것이고 생성되지 않는 원인에게로 다시 나아가야 한다.

그런데 생성의 이유는 비생성(非生成)이어야만 한다. 생성은 비생성의 생성인 고로 모순을 떨쳐버릴 수 있는 것은 순수 존재이며 순수 현실태이어야 한다. 이와 같이 움직이는 모든 것은 타자(他者)에 의해 움직이지만 "무한대로 소급하는 것은 가능치 않다." 왜냐하면 움직이는 동자(movens motum)가 알려지고 자기 자신을 움직일 수 없는 불가능성이 주어진 관계로 그것과는 다른, 즉 동자(動者)인 다른 존재의 현존을 인정할 필요성이 있기 때문이다. 그런데 이것이 움직여질지라도 그 운동의 원인은 다시 탐구되어야 한다. 그런데 현재 안에 본질적으로 종속된 경우 움직여진 동자와 함께 하는 일련의 유들 안에서 무한대로 소급해 나아갈 수는 없다. 일련의 움직여진 동자들 안에서 무한대로 진행을 인정하는 것은 결국 운동의 현존을 거부하는 격이 될 것이기 때문이다.

따라서 우리는 이렇게 말할 수 있다. 실재의 어떤 운동도 일련의 움직여진 동자들, 즉 문제가 되는 운동의 단순한 전달자 안에 존재 이유

---

35) Cf. A. Masnovo, *La filosofia verso la religione*, Vita e Pensiero, Milano, 1977.
36) Cf. G. Bontadini, *Per la rigorizzazione della teologia razionale*, pp.267-301.

를 가질 수 없다. 만일 모든 동자들이 움직여지는 것을 요청하고 거기에 부동의 제일원동자(primum movens immobile)가 없다면, 움직임의 행위인 그 어떤 운동도 존재할 수 없을 것이다. 결과적으로 부동의 원동자는 존재해야 하는데, 그 존재는 자기 자신에 의해서도 혹은 다른 것에 의해서도 움직여지지 않는다. 이는 한마디로 모순을 떨쳐버리기 위한 탐구에서 요청되는 무한 소급의 불가성을 지적해 준다.

우리는 어떻게 제일부동의 원동자가 신이라고 말할 수 있겠는가? 이는 "철학의 신이 신학의 신에게 포함될 수 있느냐" 하는 문제이기도 하지만 여기서는 철학이 만날 수 있는 순수 현실태(Actus purus)나 기체로서의 신을 논하는 데 그치고자 한다.

한마디로 부동의 원동자는 신인데, 이유는 그 존재가 움직여지지 않고 움직이며 절대적이고 또 모든 동자와 각각의 움직임과는 무한할 만큼 요원하기 때문이다. 그러한 존재는 움직여짐 없이 움직이고 가능태에서 현실태로 나아감 없이 움직이며 언제나 현실태 안에 남아 있으면서 고유한 행위와 동일시되는 존재이다. 행위는 존재에 의존하고 행위 방식은 존재방식을 따르며 그 존재는 본질로서 고유한 행위를 지니기에 근본적으로 고유한 존재를 지닐 수밖에 없다. 따라서 그 존재는 아주 단순하며 현실태적인 기체적 존재이다. 다시 말해 그것은 신이다.

이렇게 해서 토마스는 부동의 원동자(movens immovile)인 신 존재에 도달한다. 이 부동의 동자는 제이차적인 동자의 계열에 속하는 것이 아니라 이 모든 것을 초월하는 존재이다. 그리고 그것은 모든 운동과 변화, 가능태로부터 현실태로의 모든 전이를 보장하는 존재이다. 따라서 신은 순수 현실태로 제시된다. 이는 첫 번째 길이 도달하는 아주 중요한 결과이다. 이것은 토마스가 도달한 부동의 원동자인 신 존재의 특수 실재를 부정하거나 감소시키는 것과는 아무런 상관도 없다.

우리는 운동에 대한 분석을 통해 일체의 유한유(有限有)가 실제로 가능태와 현실태로 구성되어 있음을 이해하였다. 가능태와 현실태에 관한 형이상학의 연구 안에서 얻어낸 심오한 이론을 기억하는 경우 현실태는 그 자체로 완전성 혹은 존재의 완전성을 말하고 있는 것이 명백하다(존재하는 것은 그것이 존재하는 한에서 현실태이다).[37] 현실태 자체는 어떤 가능태와의 관계를 말하지도 않으며 그 어떤 제한도 포함하고 있지 않다. 현실태는 그것이 가능태 안에서 수용되는 경우에만 제한된다. 현실태가 가능태에 참여함으로써 현실태는 모든 유들이 현실태와 가능태에 있지 않다는 것을 쉽게 이해하도록 하지만 그것들의 토대로서 순수 현실태(Actus purus)를 지녀야만 한다. 그리고 부동의 원동자는 순수 현실태이어야만 한다. 왜냐하면 그것이 부분적으로만 수동적인 경우일 때는 다른 것에 의해 움직여질 것이고, 그렇게 될 경우 그것은 부동적일 수 없을 것이기 때문이다. 부동의 원동자가 지니고 있는 특성들은 모든 것이 신에게만 되돌려지는 것과 같은 것이다.

따라서 토마스는 "모든 사람은 이런 존재를 하느님이라고 이해한다"라고 말하면서 논증을 결론짓는다. 한마디로 물리적인 의미에서 운동과 결과로서의 운동에 대한 설명은 모든 활동의 원천(the source of all activity)이[38] 제일부동의 원동자인 신과 더불어서가 아니라면 우리는 그것을 다른 어떤 방식으로 기술할 수가 없을 것이다.

토마스 이후 철학사 안에서 신 존재를 논증하기 위한 운동으로부터(ex parte motus)의 논증은 이 논증이 기반을 두고 있는 어떤 전제를 인정하지 않는 자들에 의해 비판의 대상이 되곤 하였다. 토마스 논증의 중요 기반은 간단히 말해서 "움직여지는 모든 것은 다른 것에 의해 움직인다"는 것이다. 그럼에도 불구하고 이러한 원리에 대해 가해진 비판은 가능태와 현실태의 개념들의 기능 안에서 잘못 이해된 운

---

37) S. Th., I, q. 5, a. 3.
38) B. M. Bonansea, God and Atheism, A Philosophical Approach to the Problem of God, p.188.

동 개념으로부터 생겨난 것이었다. 그로 인해 여러 번에 걸쳐 증명은 수아레즈와 칸트를 비롯한 몇몇 사상가들의 이론 안에서 근본적인 변화를 맞기에 이른다.

수아레즈(F. Suarez)는 증명의 제일원리(primum principium)를 인정하지 않았다. 그리고 그는 제일원리가 보편적이지 않다고 여겼는데, 왜냐하면 움직여지는 가능태로부터 운동의 현실태로, 그 자체로 나아가는 어떤 유들이 있다고 생각하고 있었기 때문이다.[39) 우리가 볼 때 그러한 의견은 첫 번째 길이 활동(동자의 현실태)이 아닌, 다만 운동 (움직임의 현실태, 즉 가능태로 있는 한에서 가능유의 행위)을 설명하려는 바를 망각한 것 외에도 가능태와 현실태의 이론에 대한 잘못된 이해에서 비롯되었다. 현실태와 가능태의 이론에서 벗어나는 경우 운동은 그러한 것으로서 비가지적(非可知的)으로 남게 될 것이다. 그리고 데카르트에서처럼 운동은 장소적 운동(motus localis)으로 축소되고 "움직여지는 모든 것은 다른 것에 의해 움직인다"라는 원리는, 특히 운동에 대한 분석에 토대를 두고 있는 신 존재 증명의 경우 그 고유한 의미는 모두 무너질 것이다.

칸트의 경우는 논증의 결론으로 나타나는 부동의 원동자로서의 신을 거부하였다. 이 독일 철학자는 비록 부동의 원동자의 비존재에 관한 논증을 하는 것이 불가능하다고 보면서도 동시에 그 존재의 논증 가능성도 부정하였다.[40) 그러나 우리가 살펴보았듯이 부동의 원동자 (즉 변화하지 않고 또 변화되지 않으며 어떤 변화들을 산출하는 그 동자)는 모순적이 아니다. 칸트는 순수 가능태(Actus purus)의 가능성을 인정하지 않았다. 왜냐하면 모든 동자가 어떤 운동을 일으키기 위해서는 그 자신도 운동할 수밖에 없다는 확신을 지니고 있었기 때문이다. 우리가 증명을 발전시키는 가운데 알 수 있었듯이, 자신은 부동

39) F. Suarez, *Disputationes metaphysicae*, 29. sect. 1., n. 7.
40) Cf. *Immanuel Kant's Critique of Pure Reason*, trans. N. K. Smith, The Macmillan Press Ltd., London and Basingstoke, 1983, pp.416-417.

적이면서 운동을 산출하고 움직이게 하는 동자는 얼마든지 있을 수 있다.

5. 토마스의 논증에 관한 일반적 고찰

토마스는 신 존재를 본격적으로 증명하기에 앞서서 이 부분에 대해 많은 성찰을 한 것으로 보인다. 왜냐하면 그는 "그 자체로(quoad se) 자명한 것"과 "우리에게 있어서(quoad nos) 자명한 것"을 논하면서 신 존재가 그 자체로 자명한 것이 아님을 누구보다도 깊이 확신했기 때문이다. 그는 현실 안에 난무하는 무신론과 자연신학을 거부하는 일반 철학자 그리고 신앙 없이 살아가는 사람들의 모습을 직시하고 이와 반대되는 주장들인 "신에 관한 인식이 인간에게 과연 본유적(本有的)인지", 혹은 "안셀무스의 존재론적 증명이 말하는 하느님 존재가 과연 상상 가능한 것인지"에 관해 의문을 제시하며 문제를 포괄적으로 다루고자 했다. 문제를 해결하기 위해 우선 그는 신 존재의 자명성(自明性)의 한계를 포착하고자 하며, 자명성(evidentia)의 정도를 '그 자체로'(per se notae)와 '우리에게 있어서'(quoad nos)라는 명사로 설정하기에 이른다. 이를 거점으로 신에게 도달 가능한 길을 다섯 가지로 구분, 제시하기에 이른다.

토마스는 『신학대전』에서 신 존재를 증명하기 위한 길들이라고 칭한 다섯 가지 논증들을 제시하고 있다.[41] 이러한 증명들은 특별히 아리스토텔레스, 아비켄나(Avicenna), 플라톤, 다마스케누스(Johannes Damascenus)와 같은 사상가들이 제시한 이전 논증 체계들의 결실로 토마스가 다시 자신의 철학적 종합에 입각하여 심화시킨 것들이다. 이

---

41) *S. Th.*, I, q. 2, a. 3; 토마스 아퀴나스, 『신학대전』, I, 제1부, 제1문제-제12문제, 정의채 역, 성바오로출판사, 66-70쪽 참조.

중에서도 다마스케누스의 논증은 하느님의 존재가 본유적이라는 것이 었지만[42] 토마스는 그것이 그저 막연할 뿐이어서 명확한 설명을 필요로 한다고 여기기도 했다. 이러한 의미에서 우리는 토마스가 다른 저술가들이 남긴 여러 요소들을 취합하였을망정 존재의 형이상학의 원리에 바탕을 두고 고유한 증명들을 정교하게 가꾸어냈다고 말할 수 있다.

토마스가 다섯 가지 길들을 전개하는 절(articulus)은 신 존재 논증의 필연성을 다루는 것을 따른다. 우선 그는 제1절에서 "신이 존재한다는 것은 자명한 것인가"(a.1: An Deus esse sit per se notum)에 대한 문제를 제기한다. 왜냐하면 신 존재는 우리에게 자명하지 않기 때문이며, 다른 것은 우리가 증명의 가능성을 자문하기 때문이다. 그리고 제2절에서는 "신이 존재한다는 것은 논증될 수 있는 것인가"(a.2: An Deus esse sit demonstrabile)를 묻고 답한다. 그리고 나서 고유하게 말해지는 증명에로 넘어간다.

이미 앞에서 살펴보았듯이 토마스는 안셀무스의 논증을 거부하였다. 다시 말해 토마스는 신 존재가 신 관념, 즉 신의 본질로부터 선험적으로(a priori) 증명될 수 없다고 보았다. 그렇다면 그 길들은 후험적(a posteriori) 논증들을 요하는 것이며, 이는 경험을 통해 인식된 그러한 결과들인 한에서 피조물들의 다양한 측면에서 출발하여 원인(causa)인 신에게로 소급되어야 할 것이라고 확신한다.

사실 토마스는 신에 관한 본유적 인식(cognitio innato)이나 선험적 지식을 인정하지 않았다. 그에게 있어서 신앙의 전제(Praeambula fidei)로 신을 알 수 있는 유일한 지식은 후험적(後驗的) 지식과 신적 결과로부터의(ex effectibus) 지식이었다. 이는 현실 세계 안에서 우리 지성의 구조가 바로 그렇게 존재하고 있기 때문이다. 지성이 육체 안에 그 모습을 취했다면 모든 자연적 지식은 감각에서 취할 수밖에 없

---

42) *De fide orthodoxa*, I, 3.

다는 것이 그의 주장이기도 하다. 결국 인간의 자연적 지식은 감각 사물들에 의해 이끌어질 수 있는 한에서 그렇게 얻어질 수 있다.[43] 그러면 우리는 여기서 토마스의 논증을 구성하는 기본 요소들에 대해 살펴보기로 하자.

1) 출발점

토마스 논증의 출발점은 한마디로 '경험'(experientia)이다. 그러나 그것은 물리적 차원에서 말해지는 단순한 경험이 아니다. 그것은 어디까지나 형이상학적인 전망에 입각하여 고찰된 경험의 사실, 경험적으로 알려진 어떤 것이다. "비록 출발점이 언제나 경험의 사실이어야만 할지라도 그것은 논증이 경험적이거나 물리적인 것임을 의미하지는 않는다. 다시 말해 출발점은 경험 안에 수렴되어야 하지만(왜냐하면 경험 안에서만 어떤 것에 대한 경험이 우리에게 주어질 수 있기 때문이다) 경험 안에 주어진 한에 있어서만 고찰되어서는 안 되고 형이상학적 전망에 입각해서 고찰되어야 한다. 이와 같은 입장은 경험과는 분리된다. 예컨대 운동 중에 있는 유는 신 존재를 논증할 수 있는 출발점이 된다. 그러한 유의 존재는 감각들에 의해 지각된다. 그러나 그것은 경험 안에서 지금 여기에 존재하는 한, 고찰되어서는 안 되고 오로지 존재이고 동적(動的) 존재이며 원인된 유라는 한에서 고찰되어야 한다. 이와 같이 신 존재에 관한 논증들은 비록 그것들이 경험 안에서 고유한 출발점을 갖는다 할지라도 경험적이거나 물리적일 수 없으며 엄밀하게 형이상학적일 따름이다."[44] 경험적인 차원에서 발견되는 출발점은 한정되고 불완전하며 변화적인 유들에 대한 고찰을 허용한다.

---

43) Cf. *S. Th.*, I, q. 12, a. 12: "Unde tantum se nostra naturalis cognitio extendere potest, in quantum manuduci potest per sensibilis."

44) J. G. López, *Nuestro sabiduria racional de Dios*, Madrid, 1950, p.84.

바로 여기에 각각의 길에 있어 다른 출발점들이 자리하고 있다.

첫 번째 길은 사물이 세계 안에서 움직인다는 운동(motus)에 대한 경험에서 출발한다. 여기서 운동은 가능성으로부터 현실성, 한 상태에서 다른 상태로의 변화를 가리킨다.[45]

두 번째 길은 피조물들이 행위 한다는 능동적 인과성에 관한 경험에서 출발점을 취한다. 이는 능동적 인과성의 실재에 바탕을 둔 것으로 생성(fieri)의 종착지와 직결되어 있다.

세 번째 길은 가능성과 필연성에서 출발한다. 다시 말해 논증은 가능한 것으로부터 필연적인 것으로 나가는 논증이다. 여기서는 피조물들은 그 자체로 필연적이 아니라는, 그래서 필연성이 아닌 것들의 상이한 등급들이 논해진다.

네 번째 길은 사물들 안에서 발견되는 등급들, 다시 말해 피조물들은 다소간에 완전하다는 완전성의 등급에서 시작한다.

다섯 번째 길은 사물들이 그들의 목적을 향해 있다는 우주 질서의 경험에 바탕을 두고 있다.

2) 인과성

우리는 앞에서 각각의 길에 나타나는 상이한 출발점들에 관해 논하였다. 출발점이 다르듯이 거기에 연루된 인과성(因果性, causalitas) 역시 다르게 나타나고 있다.

첫 번째 길의 운동과 관련하여 움직이는 모든 것은 다른 것에 의해 움직인다는 인과성이 말해진다. 이것은 사상사 안에 제일 먼저 나타난 인과성의 원리에 관한 공식과도 같다. 이 정식(定式)의 저자는 바로 아리스토텔레스였다.[46]

---

45) Cf. *S. Th.*, I-II, q. 9, a. 1; *S. Th.*, I, q. 45, a. 2, ad 2.
46) Cf. Aristoteles, *Phys.*, VII, c. 1., 241 b 24.

두 번째 길에서 종속적인 모든 원인은 다른 것에 의해 원인 되는 것으로 나타난다. 다시 말해 어떤 것이 그 자체의 능동인이 될 수는 없다는 것이다.

세 번째 길에서 우연적 존재는 필연적 존재에 의해 그 원인을 갖는다고 논해진다.

네 번째 길은 상이한 등급에 따라 주어지는 모든 완전성은 분여(分與)되며 다른 한편으로는 원인된다고 말해진다.

다섯 번째 길은 목적을 향한 질서는 원인을 갖는다.

세계 내(世界內) 인과성의 존재는 명증적 진리이다. 따라서 그것은 증명이 필요치 않고 그 토대를 조사하는 것만으로 충분하다.[47] 그러한 토대는 존재하는 유이고 따라서 그것은 원인을 일으킬 수 있다.

인과성 일반을 이해하기 위해서는 우선 유(有)에 관해 알아야 한다. 왜냐하면 인과성은 어떤 것들(원인들, causae)에서 출발하여 다른 것들(결과들, effecti)에 영향을 미치는 과정이기 때문이다. 또한 인과성은 존재론적 가치를 지니는데, 이유는 그것이 감각에 의해 지각되지 않고 지성에 의해 파악되기 때문이다. 우리는 원인이 이미 앞에서 다루고 비판한 바 있는 인과성에 대한 흄(D. Hume)의 현상론과 칸트의 특수 이론과 반대되는 존재를 전달하는 것(causa est quod influit esse)임을 이해할 수 있다. 존재에서 출발하는 모든 것은 하나의 능동인을 필요로 하며 모든 결과는 자기 안에(in se) 자기 존재의 이유를 갖지 못하고 고유한 원인 안에서만 그 이유를 가질 수 있다.

신에게 인과성은 어떻게 적용 가능한가? 만일 존재가 일단 논증된 신이 무한하고 영원하며 불변적이라고 우리에게 제시되는 경우 무한하고 영원하며 불변적인 원인이 어떻게 무한하고 영원하며 불변적인

---

47) 흄에게서 출발하는 칸트는 인과성을 산출의 원리, 즉 시간 내 연계성의 원리라고 주장한다(『순수이성비판』, A. 189, B 232-233). 칸트에게 있어서 인과성은 실질적인 어떤 것으로 존재하기를 멈추고 단지 지성 안에 뿌리를 둔 순수 개념으로 화한다(*Ibid.*, A 189, B 234).

원인을 산출하고 유한하며 일시적이고 변화적인 결과들을 일으킬 수 있단 말인가? 인과성은 그것이 그 자체로 불완전하다고 말해지지 않는 한에 있어서 신에게 적용 가능하다. 한편 원인과 결과 사이에는 상호 종속성이나 상관관계가 없다. 필연적으로 결과는 늘 원인으로부터 독립성을 보여준다.

그렇지만 그 역의 관계는 칸트가 생각했던 것처럼 전혀 필연적이지도 않다. 이는 적용의 관점을 신의 초월성(신적 존재의 최상적 초과성)과 사물의 관계 안에서 발견하는 변신론(辯神論)의 기본 논증이다 (피조물의 인과성에 기인된 창조물과 신 간에는 실질적 관계가 없다. 신은 그 어떤 것에도 의존하지 않으며 아무 것과도 상관성이 없다. 이와는 달리 사물은 그것이 결과들이라는 점에서 신에게 의존한다. 피조물은 절대자와 실질적 관련성을 맺고 있다). 절대적인 결과들은 존재하지 않지만 절대적 관계는 있을 수 있다.[48]

길들의 논증적 전개 과정 안에서 우리는 원인에 도달하기 위해 결과로부터 출발한다. 합리성의 발전은 고유 결과에서 고유한 원인에로 인도한다. 만일 논법이 엄밀하기를 바란다면, 우리가 자문하고 있는 원인은 우리가 출발하고 있는 결과적 존재의 원인이라는 것을 알아야만 한다. 고유한 원인은 일차적으로(primo), 그 자체로(per se), 즉각적으로 그리고 그 자체로 인해(per se stessa) 규정된 결과를 산출할 수 있는 것이며 결과는 그것에 즉각적으로 의존한다. 따라서 여기서 말해지는 원인은 여타의 원인들에 관한 것도 아니며 결과의 실현이 박탈된 원인이나 우연적 원인에 관한 것이 아닌 오로지 신에 관한 것이다.[49]

---

48) A. L. Gonzalez, *Filosofia di Dio*, pp.90-91.
49) Cf. *Ibid.*, p.91.

3) 무한대로의 소급 불가성(遡及不可性)

사물들의 무한대에 질서를 부여하는 것은 불가능한 일이다. 사실 모든 질서는 시작과 중간 그리고 마침을 가지고 있다. 적어도 전체적인 사건들의 연속과 관계되는 한, 시작이 없는 곳엔 중간도 없고 끝도 없다. 따라서 거기에는 질서도 없다.

이러한 원리에 의하면 토마스 논증의 어떤 길들은 일련의 원인들 안에서 무한대로 소급(遡及)하는 것이 불가하다는 논리적 귀결에 쉽게 이를 수 있다. 이것은 특히 네 번째 길과 다섯 번째 길을 제외하고 처음의 세 가지 길들에 잘 나타난다.

무한대로의 소급은 결과로부터 출발하여 일련의 전이(轉移)를 통한 끝없는 주행을 의미한다. 토마스의 논증들 안에서 다루어지는 무한대는 논리적 · 형식적 가치만을 지닌 단순한 수학적 무한대가 아니다. 또한 그것은 원인들이 일의적(一義的)이고 결과의 생성만을 설명하는 물리적인 무한대도 아니다. 진정한 의미로 말해지는 무한대는 실질적 결과들의 원인들에 관해 형이상학적으로 고찰된 것이다. 이러한 의미로 토마스는 결과의 산출을 위해 능동인들의 계열 안에서 무한대로의 소급이 말해지는 경우 거기에는 제일원인(Prima Causa)이 존재하지 않을 것이란 점을 분명하게 밝히고 있다.

"질서 지어진 모든 능동인에 있어서 제일차적인 것은 유일한 중간자(中間者)의 현존의 경우에서든, 더 중간자들의 경우에서든 간에, 그것은 중간자의 원인이며 최종적인 것의 중간자이다. 그런데 일차적인 것이 제거되었을 때 중간자는 원인될 수 없을 것이다. 만일 능동인들의 계열 안에서 부정확하게 소급하는 경우 그 어떤 것도 제일원인이 될 수 없다. 따라서 모든 중간 원인들을 사라지게 될 것이다. 이것은 분명 거짓이다."[50]

---

50) *Sum. contra Gentiles*, I, 13.

아리스토텔레스는 한 짐승이 다른 짐승에 의해 생겨나지 않으면, 지구 주위에 있는 별들의 운행은 결코 있을 수 없다고 가르쳤다. 이제 짐승들은 인과관계에 의해 그 자신들 사이에서 질서 지어진다는 것이 명백하다. 아리스토텔레스에 따르면 만일 그때 원인들 가운데 질서가 필요하다면, 최초의 짐승과 그에 따른 세계의 시작도 반드시 있어야만 한다는 결론을 피하는 것이 불가능한 것처럼 보인다.[51] 여기서 우리는 원인들의 계열 안에서 무한대로의 소급 불가성이 무엇을 의미하는지 알 수 있다. 간단하게나마 로페즈(G. Lópes)의 말을 인용하면서 우리는 간단한 설명을 덧붙이고자 한다.

"우리의 경험 안에 현시되는 어떤 결과로부터 출발하여 신 존재를 논증하고자 할 때 우리는 그 결과가 필연적으로 원인을 가져야 함을 확고히 하면서 출발한다. 그러나 이 원인은 제이차적일 수 있으며 대신 우리는 일차적인 원인에로 나아가기 때문에 이차적인 원인의 원인에 대해 다시금 자문해야 한다. 그 원인이 다시 이차적이거나 원인된 것이라면 다른 원인이 요청될 것이며 그렇게 계속될 것이다. 그런데 종속적인 원인들의 계열 안에서는 무한대로 소급해 나가는 것이 가능치 않다고 우리는 말한다. 그렇지만 우리는 원인되지 않은 일차적인 원인에 필히 도달해야만 한다."[52]

토마스 자신은 과거 안에서 우연적으로 종속된 원인들은 특수 원인이나 자율적 원인이라는 근거(ratio)를 지니는데, 그것들은 무한할 수 있다고 단언한다.

"능동인들의 계열에 있어서 무한히 진행하여 간다는 것은 '그 자체로써'는 불가능하다. 예를 들어 어떤 결과를 위해 그 자체로써 요구되는 원인들이 무한히 다수화되어 가는 경우이다. 그것은 예를 들어 돌은 막대기에 의

---

51) B. M. Bonansea, "성 보나벤투라에 의한 영원으로부터 창조의 불가능성", 김현태 역, 『누리와 말씀』 5(1999. 6), 인천가톨릭대학교출판부, 277쪽 참조.

52) G. López, *Nuestra sabiduria racional de Dios*, Madrid, 1950, p.79.

해 움직여지고 막대기는 손에 의해 움직여지는 등 이렇게 무한히 진행되어 가는 경우이다."[53]

이것이 의미하는 바를 로페즈는 '시간'의 개념 안에서 다음과 같이 적고 있다.

"우리는 과거 안에서 우연적으로 종속된 원인들이란 것이 최종적 결과가 주어지기 위해 모든 원인들의 현재 안에서 행위할 필요가 없다는 것을 뜻하고자 한다. 아들, 아버지 그리고 할아버지 등과 같은 원인들의 계열 안에서는 이전의 원인들이 현재 안에서 행위할 필요가 없다. 그렇게 함으로써 최종적 원인이 존재할 수 있기 때문이다. 이와는 반대로 우리는 최종적 결과를 얻기 위하여 현재 안에서 행위 해야만 하는 것들을(원인들을) 현재 안에서 본질적으로 종속된 원인들이라고 여긴다. 원인들의 계열들 안에서 움직이는 돌, 돌을 움직이는 지렛대 그리고 지렛대를 움직이는 손과 같은 수단들은 현재의 순간 안에서 필요한 행위를 요청한다. 그렇게 함으로써 최종적 결과를 얻을 수 있기 때문이다."

출발점으로 파악된 결과의 고유한 원인의 탐구 내지 정복은 결과의 산출에 질서 지어진 종속적인 원인들의 계열들이 무한대로 진행되지 않을 때만 가치 있다. 원인들의 계열들은 무한할 수 없다. 다시 말해 모든 원인이 원인된다는 것은 불가능한 것이다. 그렇지 않으면 원인이 박탈된 결과의 가능성을 주장하는 격이 될 것이다. 만일 결과가 원인들의 무한한 계열들에 의해 진행된다고 생각한다면, 그 원인들 중의 어떤 것도 제일차적인 것이 못되고 필연적일 수도 없다. 그것은 계열들에서 기인한 결과에 대한 단순한 해설적 기초로 남아 있을 뿐이다. 만일 절대적으로 아무런 원인도 남아 있지 않은 경우라면, 결과 역시 그 어떤 원인도 필요로 하지 않고 다르게 설명될 수 있을 것이다. 다시 말해 결과가 제일차적 원인을 전혀 필요로 하지 않고 제이차적 원

---

53) *S. Th.*, I, q. 46, a. 2, ad. 7; 정의채, 『형이상학』, p.181.

인들의 무한한 계열에서 유래될 수 있음을 인정하는 자는 그 어떤 원인 없이도 결과가 가능하다는 것을 인정해야만 하는 오류에 빠지게 된다.

4) 길들의 종착점: 신 존재의 필연성

토마스는 다섯 가지 길들 속에서 종착점으로 작용하는 존재가 명칭은 서로 다르지만 동일한 본질을 지닌 신이라고 본다. 각각의 길들은 최종적인 계기로 작용하는 신 존재를 필연적으로 긍정함으로써 마무리된다. 그가 제시하는 첫 번째 길에 나타난 신은 제일부동의 원동자이며, 둘째 길의 종착점은 원인되지 않은 원인이고, 세 번째 길에서는 타자를 통한 것이 아닌 필연성이며 네 번째는 본질을 위한 존재이고 마지막 다섯 번째 길에서 마주하는 종착점으로서의 신은 제일차적 질서의 지성작용이다.

이렇게 볼 때 토마스가 전개하고 있는 다섯 가지 길은 모두 동일한 구조로 엮어져 있다. 다시 말해 각각의 길들 안에는 ① 출발점, ② 인과성을 출발점에 적용함, ③ 원인들의 계열 안에서 무한대로의 소급 불가성, ④ 길들의 종착점으로서 신 존재에 대한 필연적 긍정이라는 요소들이 내포되어 있다. 이러한 요소들 중 특히 인과성(causalitas)은 논증의 구조 안에 전체적인 논법을 배치하는 기반으로 작용하는 가장 중요한 요소이다.

토마스의 논증은 우리가 앞에서 살펴본 바와 같이 기본적인 형이상학의 관점들의 이해를 그 전제로 하고 있다. 즉 유의 초월적 구조, 분여(分與)의 학설, 내적·외적 범주적 인과성과 초월적 인과성의 측면으로부터 범주적 인과성을 정초할 필요성 등이 바로 그런 것들이다. 만일 이러한 주제들을 잘 파악하지 못한다면 길들(viae)을 연구하는 데 상당한 어려움에 처하게 된다. 우리는 여기서 토마스의 신 존재 논증에 대해 말하면서 그러한 주제들에 대해 상세한 설명을 모조리 다

첨부할 수는 없다. 그렇지만 문제는 우리가 그것들에 관해 잘 알고 있지 못한 경우라면 심오한 논법의 형이상학적 토대에 도달하지 못할 수도 있고, 최악의 경우에는 그 안에서 아무런 확신적인 증명도 바라보지 못하는 위험에 직면할 수도 있다는 것이다.

아무튼 토마스가 자신의 논증을 일반적으로 합리화하는 데 있어서 적어도 다음과 같은 사실이 그 밑바탕에 작용하고 있음을 우리는 직시해야만 할 것이다. 즉 우리가 감각 경험들을 분석하는 경우 그것들이 그 자체로 적합하게 설명될 수 없다는 사실을 발견할 수 있다는 것이다. 그것들은 복합적인 유(有)들이기 때문에 다섯 가지의 불충분성을 드러내고 있다. 첫째, 그것들은 현실태(actus)와 가능태(potentia)로 구성되어 있는데, 왜냐하면 가능성(potentialitas)에서 현실성(actualitas)에로 나아가기 때문이다(첫째 길). 둘째, 그것들은 본질(essentia)과 존재(existentia)로 이루어져 있는데, 그것들의 존재(esse)는 원인되고 그들의 본질에 속하지 않기 때문이다(둘째 길). 셋째, 그것들은 질료(materia)와 형상(forma)으로 구성되어 있는데, 사멸할 것으로서의 그들의 존재는 분해될 것이기 때문이다(셋째 길). 넷째, 그것들은 '주체'(quod 혹은 quod est)와 대상인 '그것으로 말미암아 있는 것'(ex quo, 다시 말해 ex esse)으로 이루어져 있는데, 왜냐하면 우리 경험의 대상인 모든 존재는 선하고 참된 것으로 간주되는 주체(quod)이면서 그런 종류의 존재(ex quo)이기 때문이다. 이러한 존재들은 다수이며 다양하다. 그것들은 존재를 소유하지만 존재 자체는 아니다(넷째 길).[54] 마지막으로 그것들은 실체(substantia)와 우유(accidens)들로 구성되어 있다.[55]

---

54) Cf. *De ente et essentia*, cap. V; 『토마스 아퀴나스의 유와 본질에 관하여』, 정의채 역, 서광사, 1995, 63-65쪽 참조.

55) 그것들은 실제로 다음과 같은 세 가지의 완전성을 소유하고 있다. 즉 일차적으로는 실체적 완전성으로 그것은 그들 자신의 개별적인 존재성 혹은 실재성 안에서 구성된다. 두 번째로는 우연적 완전성으로 어떤 특수한 권한을 천부적으

그러나 토마스는 구체적인 물질적 존재들 안에서 발견되는 다섯 가지 합성(compositio)을 신에게서 배제시킨다. 신 안에는 아무런 합성도 존재하지 않기에 질료와 형상(2절), 자주체(自主體, suppositum)와 존재(3절), 존재와 본질(4절), 실체와 우유(6절)들의 복합을 찾아볼 수 없다.

우리는 여기서 토마스의 신 존재 논증에 관한 다섯 가지 길이 내포하고 있는 기본 입장이 어떤 것인지를 규명함으로써 논증의 전반적인 흐름을 정리하고자 한다.[56]

토마스적 길은 신에게로의 상승(ascensus)을 목표로 한다. 그것은 수학적 연역에 관한 것이 아니며 물리학의 논증들과 관련된 것도 아니다. 그것은 어디까지나 형이상학적 상승에 관한 것이다.

신에게로의 형이상학적 상승은 원인된 유들이 원인되지 않은 유를 요청하는 한에서 언제나 피조물들 내지는 사물들에 대한 고찰로부터 시작된다. 길들은 유와 인과성에 그 기반을 두고 있다. 그것은 유의 존재(esse)로부터 존재의 순수 현실태(Actus purus)인 존재(Esse)로의 전이이며 비분여(imparticipatio)에서 분여, 유한자에서 무한자에로 나아감이다.

이러한 전이의 중심이 되는 형이상학적 관점은 유에 의해 구성되는데, 유는 본질(그것인 것)과 존재(그것으로 인한 것)로 구성된 구조로 나타나면서 왜 유인지에 관한 물음이 즉각적으로 생겨나게끔 해야 한다. 이제 존재는 모든 현실태 중의 현실태이며 최상의 완전성이고 만물에 더욱 즉각적이며 밀접하게 적합한 것이다. 따라서 그 원인은 빈술적 영역 안에서는 찾아질 수 없다. 사실 빈술적 인과성은 결과의 존재가 아닌 결과의 생성(fieri)을 설명한다. 이와는 달리 존재의 원인이

로 타고났다는 점이다. 그리고 마지막으로는 자신들 밖에서 목적을 성취하고자 하는 완전성이다. 목적을 위해 행위 한다는 것은 어떤 지향을 내포하고 있음을 뜻한다.

56) A. L. Gonzalez, *Filosofia di Dio*, pp.85-86.

나 초월적 인과성을 탐구할 필요가 있다.

그런데 존재의 원인은 유의 본성에 기초하지 않는다. 왜냐하면 그 럴 경우 그것은 존재 안에서 자기 자신을 산출할 것이기 때문이다. 이것은 불가능하다. "그런데 존재 자체가 마치 능동인에서처럼 사물의 형상 자체나 하성(何性 혹은 通性原理)으로부터 결과되어 올 수는 없다. 이유는 그럴 경우 어떤 사물이 자기 자체의 원인이 될 것이며 자기 자신을 산출하게 될 것인데, 이것은 불가능하기 때문이다. 그러므로 존재가 자기의 본성과 다른 그런 사물은 모두 그 존재를 타자로부터 가져야 한다. 왜냐하면 타자(他者)를 통해 존재하는 모든 것은, 마치 제일원인에로 귀결되는 것과 같이 자체로 존재하는 것에 귀결되어야 하기 때문이다. 그러므로 스스로는 존재뿐임으로 해서 모든 사물에는 존재의 원인인 어떤 것이 있어야 한다."57) 이 원인이 존재한다고 말하는 것으로 충분치 않고 그것이 존재(Esse), 즉 본질(essentia)에 있어서 존재라는 것을 인정하는 것이 필요하다.

우리가 이미 앞에서 살펴보았듯이 길들 안에서 말해지는 인과성은 물리적 인과성이 아니라 형이상학적 인과성(causalitas metaphysicae)이다. 즉 그것은 현상들의 인과성이 아니라 존재의 인과성이다.

길들에 관한 연구를 진행하면서 우리는 모든 초월적 형이상학에 있어서 타당한 원리로 작용하는 한 가지 사실을 기억할 필요가 있다. 그것은 토마스가 자신의 다섯 가지 길들을 전개하는 절의 반론(sed contra)에서 추론될 수 있다. 즉 그것은 이성적·논증적으로 실행하는 바가 신앙과 무관하거나 혹은 신앙으로부터 도외시되지 않는다는 확신이다. 토마스는 신앙을 멀리하고 자연적 인식으로부터 진리를 찾기 위한 일환으로 신 존재에 관한 논증을 전개한 것이 결코 아니다. 오히려 그는 하느님 말씀 안에서 신 존재를 굳건히 하기 위한 결정적인 방식으로 이성을 사용하였고 또 신 존재를 증명하고자 했다. 이는 토

---

57) *Ibid.*, cap. V; 『토마스 아퀴나스의 유와 본질에 대하여』, 정의채 역, 61-63쪽.

마스에게 있어 매우 자연스런 일인데, 왜냐하면 그가 믿는 말씀 안에서 만나는 신은 바로 그의 이성이 논증하고자 한 동일한 존재이기 때문이다. 이와 같이 이성에 향방을 돌려 지성을 요청하는 신앙(fides quaerens intellectum)은 모든 그리스도교 신학자들과 철학자들의 공통된 모토이기도 하다. 이를 두고 토마스는 『신학대전』 제 2문제 2절 1에서 다음과 같이 말하고 있다.

"하느님이 존재한다는 것과 다른 이런 것들, 즉 로마인들에게 보낸 편지 (1, 19)에서 말하는 바와 같이 하느님에 대해 자연 이성으로 알려질 수 있는 것들은 신앙 조항이 아니고 신앙 조항들에 대한 선행사(praeambula)이다. 사실 이렇게 신앙은 자연 인식을 전제로 하는 것이며, 그것은 마치 은총이 자연을 전제로 하고 완성은 완성될 수 있는 것을 전제로 하는 것과도 같다. 그러나 그 자체로서 논증 가능한 것(demonstrabile)과 알려질 수 있는 것(scibile)이 논증을 이해하지 못하는 사람들에게 믿을 수 있는 것(credibile)으로서 받아들여지는 것은 불가한 것이 아니다."

그렇지만 신앙(fides)은 어디까지나 신앙이며 구원의 요소일 따름이다. 신앙은 철학의 대상이 아니며 형이상학적으로 논증 가능한 요소도 아니다. 따라서 토마스가 주장하듯이 그 자체로 논증 가능하고 인식 가능한 것을 어떤 사람이 논증을 이해하지 못하는 까닭에 형이상학적으로 받아들이지 못하고 단지 신앙으로만 받아들이는 경우도 얼마든지 있을 수 있다. 어린이들, 이성을 가동하지 못하는 무지하면서도 순진 무구한 자, 철학적 개념들이나 논리에 관한 지식이 전무한 자의 경우가 바로 그러하다. 그렇다고 해서 이때 종교를 백성의 형이상학 내지는 만인을 위한 존재론이라고 매도하거나 고발하면서 그 역으로 형이상학의 우월성만을 강조하고 신앙을 배격하는 일은 토마스적 관점에서 볼 때 참으로 부당한 일이다.

우리는 이하에서 각각의 길들에 대한 상세한 분석은 생략하고 전체적인 맥락에서 그 길들이 의미하는 바가 무엇인지를 살펴볼 것이다.

6. 종합적인 의미 분석

철학자이며 그리스도인이었던 토마스는 자연신학을 자신의 사상의
출발점과 도달점으로 삼았다. 그에게 있어서 만물에 대한 설명은 오로
지 신 안에서만 발견될 수 있었다. 그렇지만 신에게로의 상승은 아우
구스티누스나 보나벤투라에게 있어서처럼 내적이고 신비적 여정을 통
해서가 아닌, 결과를 통해 논리적으로 성취될 수 있다고 믿었다. 다시
말해 형이상학적으로 탐구된 피조물들이 신에게로 연장됨으로써 그것
은 가능하다고 확신했던 것이다. 바로 여기에 토마스의 주지주의적(主
知主義的) 계획이 엿보인다.

위에서도 논하였듯이 토마스는 무엇보다도 신 존재가 이성적으로
논증 불가능하며 따라서 신앙으로만 인정되어야 한다는 주장을 거부
한다. 그는 신이 자명하다는 안셀무스의 논증도 거부하는데, 이유는
신이라는 명사로 "그것보다 더 큰 것을 생각할 수 없는 것"을 존재
개념으로 채택했을 경우, 신은 지성의 인식 안에만 존재하는 데도 불
구하고 표현된 존재가 사물들의 실재 안에 존재한다는 식의 부당한
전이를 통한 실질적 존재 수렴을 선언하기 때문이다.

토마스는 신 존재를 후험적(a posteriori)인 방법으로 논증한다. 이는
이성적·형이상학적으로 결과에서 출발하여 원인에 도달하는 것이다.
그의 논증은 이미 앞에서 누누이 강조하였듯이 다섯 가지 방식으로
이루어져 있다. 그런데 논증들은 한두 가지의 논증으로 축소 가능하
다. 사실 이 논증들은 본래 토마스의 고유한 논증들이라고 볼 수는 없
다. 왜냐하면 논증들은 이전에 여러 사상가들에게서도 찾아볼 수 있기
때문이다. 그렇지만 토마스가 이러한 논증들을 명백하게 구분하고 깊
이 있게 분석하였으며 올바로 체계화하였다는 점은 우리가 결코 부인
할 수 없는 사실이다.

우리는 여기서 '다섯 가지 길'들에 대한 토마스의 학설을 인용·소
개하고 거기에 대한 간략한 설명을 부언한 다음 문제를 총괄적으로

파악하고자 한다.

  "첫째이며 더 명백한 길은 운동 변화에서 취해지는 길이다. 이 세계 안
에는 어떤 것이 움직이고 있는 것이 확실하며 또 그것은 감각으로 확인되
는 것이다. 그런데 움직여지는 모든 것은 다른 것들에 의해 움직여진다
(omne autem quod movetur ab alio movetur). 사실 어떤 것도 그것을 향해
움직여지는 것에 대해 가능태에(in potentia) 있지 않은 한 움직여질 수 없
다. 움직이게 하는 것은 그것이 현실태(in actu) 있는 한 운동을 부여한다.
즉 움직인다는 것(movere)은 어떤 것을 가능태에서 현실태로 이행시켜 가
는 것 외의 다른 것이 아니다. 그런데 가능태에서 현실태로 이끌어 가는 것
은 현실태에 있는 어떤 유에 의하지 않으면 될 수 없다. 예컨대 뜨거워질
가능성 안에 있는 나무를 현실적으로 더운 것으로 만드는 것은 불(火), 즉
현실적으로 더운 것이며, 불은 이런 현실적으로 더운 것으로서 나무를 움직
이며 변화시킨다. 그러나 같은 것이 같은 관점에서 동시에 현실태에 있으며
가능태에 있을 수는 없다. 다만 그것은 다른 관점에서만 가능하다. 예컨대
현실적으로 더운 것은 동시에 가능적으로 더운 것일 수는 없고 다만 그것
은 동시에 가능적으로 찬 것이다. 그러므로 같은 관점에서 같은 양태로 어
떤 것이 움직여지는 것, 혹은 자기 자신을 움직이는 것은 불가능하다. 따라
서 움직이는 모든 것은 다른 것한테서 움직여져야 한다. 그러므로 어떤 것
이 그것에 의해 움직여져야 하며 그것은 또 다른 것한테서 움직여져야 한
다. 그런데 이렇게 무한히 소급해 갈 수는 없다. 그 이유는, [만일 움직이는
것의 무한한 소급이 인정된다면] 어떤 첫 움직이는 자(aliquod primum
movens)가 없게 될 것이며 따라서 어떠한 다른 움직여주는 자도 없게 될
것이기 때문이다. 그것은 제이원동자들(moventia secunda)은 제일동자(pri-
mum movens)에게서 움직여지는 것에 의해서가 아니면 다른 것을 움직여
주지 못하기 때문이다. 그것은 마치 지팡이는 손에 의해 움직여지지 않으면
다른 것을 움직여 주지 못하는 것과 같다. 그러므로 우리는 다른 어떤 것한
테도 움직여지지 않는 어떤 제일동자(aliqod primum movens)에 필연적으
로 도달하게 된다. 그리고 모든 사람은 이런 존재를 하느님으로 이해한다.
  둘째 길은 능동인(causa efficiens)의 이유에서다. 사실 우리는 이 감각계
에 능동인들의 질서가 있는 것을 발견한다. 그러나 이런 세계에서 어떤 것
이 자기 자신의 능동인으로 발견되지도 않으며 또 그런 것은 가능하지도

않다. 만일 그런 것이 있다고 가정한다면 그것은 자기 자신보다 먼저 있어야 할 것이며 이런 것은 불가능한 것이기 때문이다. 그런데 능동인들에 있어서 무한히 소급할 수는 없다. 그 이유는 모든 질서 지어진 능동인의 계열에 있어서 첫째 것은 중간 것의 원인이고 중간 것은 최종적인 것의 원인이기 때문이다. 이때 중간 것이 많건 혹은 하나만 있건 그것은 관계없으며, 원인이 제거되면 결과도 제거된다. 그러므로 만일 능동인들의 계열에 있어서 첫째 것이 존재하지 않는다면 최종의 것도, 중간의 것도 존재하지 않는다. 그런데 능동인들의 계열에 있어서 무한히 소급되어 간다면 제일능동인(prima causa efficiens)이 없을 것이며 따라서 최후의 결과도, 중간 능동인들도 없을 것이다. 이것은 분명히 허위다. 그러므로 우리는 어떤 제일능동인을 인정해야 하며 이런 존재를 모든 사람은 하느님이라 부른다.

셋째 길은 가능과 필연에서(ex possibili et necessario) 취해진 것이다. 즉 우리는 사물 세계에서 존재할 수도 있고 존재하지 않을 수도 있는 것들을 발견한다. 그런 것들은 생성, 소멸하며, 따라서 존재하며(esse) 존재하지 않는 것(non esse)으로 나타난다. 그런데 이렇게 존재하는 모든 것은 항상 존재할 수 없으며 어떤 때는 없는 것이다. 따라서 모든 것이 존재하지 않을 수 있다면 어떤 때에는 사물계에 아무 것도 없었을 것이다. 그런데 이것이 진(verum)이라면 지금도 아무 것도 없을 것이다. 그 이유는 없는 것(quod non est)은 있는 어떤 것(aliquid quod est)에 의해서가 아니면 존재하는 것을 시작하지 못하기 때문이다. 그러므로 만일 어떠한 존재로 없었다면 어떤 것도 존재하기를 시작하지 못했을 것이며 지금까지 아무 것도 없을 것이다. 이것은 명백히 허위이다. 그러므로 모든 유가 가능한 것뿐일 수는 없고 사물계에 어떤 필연적인 것이 있어야 한다. 그런데 모든 필연적인 것은 자기 필연성의 원인을 다른 데에 갖거나 혹은 갖지 않을 것이다. 그런데 그 필연성의 원인을 다른 데에 갖는 필연적인 것들의 계열에 있어서 무한히 소급되어 갈 수는 없는 것이다. 이것은 벌써 능동인의 경우에서 증명된 바이다. 따라서 우리는 자기 필연성의 원인을 다른 데에 갖지 않고 다른 것들에게 필연성의 원인이 되는 어떤 것, 즉 그 자체로 필연적인 어떤 것을 인정할 필요가 있다.

넷째 길은 사물계에서 발견되는 단계에서(ex gradibus) 취해진다. 사실 사물계에서는 선성(善性)과 진성(眞性)과 고상성(高尚性)에 있어서 더하고 덜한 사물들이 발견된다. 또 [진, 선, 고상 외에] 다른 것들에 대해서도 마찬가지다. 그러나 서로 다른 여러 사물들에 대해 더하고 덜하다고 하는 것은 최고도(maxime)로 있는 어떤 것에 여러 가지 모양으로 접근하는 데 따라 말해지는 것이다. 예컨대 최고도로 더운 것에 가까운 것이 더 더운 것이다. 따라서 [유(존재)에 있어서도] 가장 진실하고 가장 선하고 가장 고귀한 것, 따라서 최고도의 유(maxime ens)인 어떤 것이 있다. 그것은 『형이상학』 제2권에서도 말하는 바와 같이 최고도로 진인 것은 최고도로 유인 것이기 때문이다. 어떤 영역에 있어서(in aliquo genere) 최고도의 것으로 불리는 것은 그 영역에 속하는 모든 것의 원인이다. 예컨대 최고도로 더운물은 모든 더운 것들의 원인이다. 이것은 『형이상학』에서 말하는 바이다. 그러므로 모든 사물계에 있어서 존재와 선성과 모든 완전성의 원인인 어떤 것이 있다. 이런 존재를 우리는 하느님이라고 부른다.

다섯 번째 길은 사물들의 통치에서(ex gubernatione rerum) 취해진다. 사실 우리는 인식을 갖지 못하는 사람들, 즉 자연적 물체들이 목적 때문에 작용하는 것을 본다. 이런 것은 자연물들이 가장 좋은 것(optimum)을 얻기 위해 항상 혹은 자주 같은 모양으로 작용하는 데서 나타난다. 그리고 그것은 결코 우연에서가 아니라 어떤 의도에서부터 목적에 도달하는 것이 명백하다. 그런데 인식을 갖지 않는 것들은 인식하며 깨닫는 어떤 존재에 의해 지휘되지 않으면 목적을 지향할 수가 없다. 이것은 마치 화살이 사수에 의해 지휘되는 것과 같다. 그러므로 모든 자연적 사물들을 목적에로 질서 지어주는 어떤 지성적 존재가 있다. 이런 존재를 우리는 하느님이라고 부른다."[58]

이와 같이 첫 번째 길에서 토마스는 운동으로부터 제일부동의 원동자를 논증해 낸다. 이것은 제일차적 논증인 동시에 가장 분명한 논증으로 운동에서 이끌어지는 논증이다. 사실 이 논증은 형이상학적 반성을 통한 출발점을 제시하고 있다. 이 점에 대해서는 우리가 앞에서 상세하게 논한 바가 있다.

우리 경험의 가장 명백하고 첫째가는 사실은 변화와 생성이다. 이는 우리가 신에게 나아가기 시작하는 데 있어서 가장 분명한 사실로 작용한다. 무엇인가가 가능성에서 현실성에로 전이되는데, 이는 무엇

---

58) *S. Th.*, I, q.2, a. 3.(토마스 아퀴나스, 『신학대전』, 정의채 역, 제1집, 성바오로 출판사, 1985, 66-69쪽 참조).

인가가 움직여지고 있음을 뜻한다. 우리는 이러한 가능성에서 현실성에로의 전이를 어떻게 설명할 수 있겠는가? 이를 설명하기 위해 제일부동의 원동자이며 순수 현실태로 상승하는 것은 필연적이지 않은가?

두 번째 논증은 능동인들로부터 제일능동인(Prima Causa efficiens)에로의 논증이다. 변화와 생성보다도 더 근본적인 어떤 것이 존재하는데, 우리는 이것에 대해 설명해야만 한다. 우리는 변화 방식에 의한 어떤 것의 현실적인 산출에 대해서만이 아니라 변화시키는 것들의 유 자체에 대해서도 설명해야 한다. 이는 우리가 경험하는 대상의 유의 산출에 적용되는 인과성의 노선으로 알려진 것에 관한 것이다. 문제가 되는 유가 존재하기 위해 그 원인들에 종속되어 있음을 설명하는 것은 그리 어려운 일이 아니다. 결과를 산출하는 데 기여하는 일련의 원인들에 관한 지식은 우리 조사의 출발점이 된다. 이러한 원인들은 그 수가 얼마이든지간에 결과의 유 자체를 충분히 설명할 수 있고 그리하여 우리는 제일원인과 자존유(自存有)에 이를 수 있다.

세 번째 논증은 우연유들에서 필연유에로의 논증이다. 우리 경험상의 유들은 변화하고 소멸한다. 이는 우연유의 본성이기도 하다. 우연유들은 존재를 위한 아무런 이유도 자기 안에 포함하고 있지 않다. 또 그것들은 산출되고 소멸되기에 지속적이지도 않다. 우연유들은 생성되고 변화하고 사멸하는 과정을 거친다. 그것들은 존재할 수도 있지만 존재하지 않을 수도 있는, 이른바 우연적인 것으로 제한된 시간의 영역 안에 머문다. 존재하는 유들이 모두 이런 것들이라면 우리는 어떻게 존재의 탈출구를 설명할 수 있겠는가? 우리는 존재 가능성을 넘어서서 거기에 어떤 필연유가 존재해야 한다는 것을 인정해야만 할 것이다. 시간을 넘어서는 그 존재는 사멸할 유들의 척도로서 영원하고 불변적인 존재일 것이다.

네 번째 길은 완전성의 단계에서 완전유에로의 길이다. 여기서 우리는 새로운 추리 선상에 서 있다. 이는 형상적으로는 우리가 경험하는 유들의 다수성과 다양성 안에 토대를 두고 있다. 우주 안의 모든 존재는 같은 정도로는 아니지만 어떤 양의 존재와 진리와 선을 지닌다. 어떤 것은 다른 것보다 더 큰 존재를 지니며 더 참되고 더 선할 수 있다. 우리는 이런 것들을 최대치와의 연관성을 두고 그렇게 말할 수 있을 뿐이다. 따라서 다른 것과 아무런 관련도 두지 않고 어떤 것의 제한된 완전성의 유를 말할 수는 없을 것이다. 따라서 우리의 경험상의 유가 분여하는 유일하고 자존하며 무제한적인 유는 존재해야만 한다.

다섯 번째 길은 목적으로부터 지성존재(知性存在)로의 길이다. 경험상의 유들은 행위하고 작용하고 있음을 우리에게 보여준다. 이것들은 목적을 지향하고 있으며 그렇게 함으로써 가장 큰 완전성을 획득한다. 그 목적은 어떤 것이며 누가 이 목적을 향해 유들을 이끄는 것일까? 우리가 혼잡스런 유들의 상태를 벗어나 눈을 크게 뜨고 우주를 바라보게 되는 경우 그 질서는 찬란하고 놀라운 것임을 알 수 있다. 우리는 거기서 전적인 창조의 영역을 초월하는 최종목적이며 그 목적에로 인도하는 제일의 지성존재를 발견할 수 있게 된다.

이렇게 『신학대전』에서 토마스는 "하느님이 존재하는가"[59]에 관한 물음에 대해 "하느님이 존재한다는 것은 다섯 가지 길로(quinque viis) 증명될 수 있다"고 말함으로써 해답을 이끌어내고자 하였다. 그리고 우리가 살펴보았듯이 그는 다섯 가지 증명들을 하나씩 전개해 나간다. 이러한 증명은 토마스 편에서 두 가지 목적을 가진 것으로 보인다.

우선 다섯 가지 길이라고 말하는 경우 각각의 길은 서로 구별되어 신이 존재한다는 것을 증명하는 데 있어서 그 자체로 충분하다는 것이다. 다시 말해 이는 하나의 길이 다른 길로 환원될 수 없다는 것이거나, 다섯 가지 길 전체가 개별적인 논증으로 화할 수 없음을 의미한다. 따라서 다섯 가지 길은 서로 보완관계에 있다고 말할 수 있다. 각각의 길은 그 출발점에 있어서 창조된 유라는 특수한 면을 담지하고

---

59) S. Th., I, q. 2, a. 3.

있으며 그것들은 사상의 고유한 특수 라인을 따르면서 모든 사람이 하느님으로 이해하는 존재에 이르게 된다.

우리가 여기서 던질 수 있는 두 번째 질문은 "과연 토마스가 모든 유신론적 증명들을 다섯 가지로 축소하려 했던 것인가" 하는 점이다. 우리는 여기서· 나름대로 긍정적인 답변을 얻어낼 수 있다. 즉 토마스의 전반적인 추리 노선은 우리 감각 경험의 존재들을 분석하는 가운데 발전한다. 토마스에 의하면 감각 경험 자체를 통해서는 그것들이 올바로 설명될 수 없다는 것이다. 그것들은 반성의 영역에서 살펴볼 때 합성유(合成有)들이라는 사실로 인해 다음과 같은 다섯 가지의 불충분성을 드러내고 있다. 즉 현실태(actus)와 가능태(potentia), 존재(existentia)와 본질(essentia), 질료(mateira)와 형상(forma), 주체(quod)와 대상(ex quo, ex esse et quod est), 실체(substantia)와 우유(accidens)들로 구성된 합성유들이 바로 그것이다. 그러나 이러한 합성유들도 결과 안에서는 세 가지의 완전성을 지닌다. 완전성 중의 하나는 그것들이 고유한 개별적인 존재성 내지는 실재(실체적 완전성) 안에 구성된다는 것이고 다른 하나는 어떤 특수한 능력을 부여받는다는 것이며(우연적 완전성), 마지막으로는 그들 밖에서 목적을 실현한다는 점이다. 목표를 향해 행위 한다는 것은 어떤 지향을 함축하고 있는 것이며, 이는 다섯 가지 길이 담고 있는 신념이기도 하다.

신의 단순성을 다루고 있는 『신학대전』 제1부 세 번째 문제에서 토마스는 구체적·질료적 유들 안에서 발견되는 다섯 가지의 합성물을 신에게서는 배제시킨다. 즉 하느님은 질료와 형상으로 이루어지지도 않았고[60] 자주체(suppositum)나 본성(natura),[61] 존재(esse)나 본질[62] 혹은 실체와 우유로 구성되지도 않았다.[63] 한마디로 하느님 안

---

60) *Ibid.*, q. 3. a. 2.
61) *Ibid.*, q. 3. a. 3.
62) *Ibid.*, q. 3, a. 4.
63) *Ibid.*, q. 3, a, 6.

에는 아무런 합성물도 존재하지 않는다는 것이다.

이 다섯 가지 길은 다음과 같은 사실로 인해 하나의 길로 요약될 수 있을 것이다. 즉 모든 길들은 동일한 형이상학적 원리에 그 기반을 두고 있다는 점에서 그러하다. 다만 다른 점이 있다면 그것은 출발점이다. 그와 같은 형이상학적 원리들은 다음과 같은 점에서 아리스토텔레스와 공통적인 면을 지니고 있다.

① 세계의 존재들 혹은 피조물은 그들 결과의 본성 안에서 불완전하고 우연적인 것으로 나타난다.

② 원인의 탐구하는 데 있어서는 무한대로 소급하는 것이 불가능하다. 이유는 무한대로의 진행은 아무런 설명도 해주지 않기 때문이다.

이러한 관점에서 살펴볼 때 토마스의 존재철학은 분명 플라톤 혹은 신플라톤주의의 본질철학과는 전혀 다르다는 것을 알 수 있다.

토마스와 직결된 아리스토텔레스의 가르침에 의하면 순수 현실태(Actus purus)는 먼저 사고 내지는 이념적 성격을 띤다. 또한 아리스토텔레스는 세계 문제에 있어서도 형상과 질서 그리고 세계의 전개 과정을 가지적으로 설명하고자 했으나 세계 존재에 대해서는 아무런 설명도 하지 않았다. 물론 그는 그러한 설명이 필요치 않다고 생각한 것 같다.

신플라톤주의에 있어서도 세계의 유래 혹은 유출(流出)은 존재가 배제되었다고 할 수는 없겠지만 일반적으로 그것은 먼저 본질의 유출을 의미하는 것이었다. 신은 일자(一者)이며 선 자체(善自體)이지, 자립적 존재 자체이거나 '나는 있는 그'(Ego sum qui sum)가 아니었다. 이와 관련된 토마스 철학의 또 다른 일면은 그의 창조설이다. 창조설은 먼저 존재에 관한 문제로 그리스 철학이 유대교 사상이나 그리스도교주의와의 연계적인 도움 없이는 도저히 이해할 수도, 도달할 수도 없었던 이론이다. 그런데 그리스도교 철학자들이 이 세계를 신에게서 유출된 것으로 그렇게 신플라톤주의적 용어를 사용하고, 또 토마스 자신도 어떤 경우에 그런 표현을 쓰고 있다 할지라도, 그것은 어디까지나 하느님이 세계를 자유롭게 창조한 것임을 뜻하였다. 즉 그에게 창조는 자립적 존재 자체(ipsum esse subsistens)에게서 존재를 받는 것을 의미한다. 토마스가 신을 두고 자립적 존재 자체라고 말할 때 그는 신을 일차적으로 사고나 선으로 본 것이 아니라 존재로 바라본 것이다.

이러한 관점에서 우리는 토마스의 신 존재 논증의 기반이 되는 비판기준이 아리스토텔레스적인 것이라고 말한다면, 그의 신학은 그리스도교 사상에서 많은 영향을 받았다고 말할 수 있을 것이다. 그는 어떤 면에서 아리스토텔레스에게서 멀어지는 것이 사실이다. 즉 그가 아리스토텔레스보다 논리적이고 더 필연적인 사상을 펼쳤다는 점에서 그러하다. 그리하여 토마스는 "아리스토텔레스보다 더 훌륭한 아리스토텔레스"(Aristotele aristotelior)라고 칭해지기도 한다. 특히 그는 제일 부동의 원동자로 개념 된 아리스토텔레스의 물리적인 신을 완전히 그리스도교적인 개념으로 환원시켜 창조주, 섭리라고 명명한 신학자였다. 이것은 정통 아리스토텔레스주의가 말하는 신 개념과는 차이성을 지닌, 아니 전적으로 구별된 새로운 개념이었다.

7. 논증에 대한 접근책의 차이: 오캄과 데카르트 그리고 토마스

후험적 논증은 과학적·실증적 증명들이 아닌 형이상학적 증명 혹은 논법과 직결되어 있다. 그런데 형이상학은 어떤 학인가? 형이상학은 존재인 한에서 존재(ens inquantum ens)를 다루는 학이며 따라서 존재의 일부분인 일상의 소재들을 다루는 경험과학이나 나무의 가지들에 해당하는 개별 학문과는 달리 최상의 학이라고 말해진다. 그런데 학문이 원인들을 통한 하나의 인식이라면, 여타의 학문들은 이성적 질서에 있어서 최대의 지혜라 불리는 형이상학에 맞서 나름대로 커다란 논쟁을 벌일 수 있을 것이다. 이러한 점을 염두에 두고 가리구 라그랑 주(R. Garrigou-Lagrange)는 『신. 그 존재와 본성』(*Dieu. Son existence et sa nature*)에서 다음과 같이 말하고 있다.

> "경험론적 논증들 중에서 더 엄밀하고 그 자체로 확실한 이 논증은 그럼에도 불구하고 우리로서는 쉽게 접근할 수 없을 것이다. … 아리스토텔레스가 바라보고 있는 것처럼 감각적 실재는 그것이 물질적이고 견고하지 않다는 점에서 그 자체로는 아주 어렵게 인식되지만 우리로서는 더욱 쉽게 인식할 수 있다. 왜냐하면 그것들은 감각적 직각(直覺)의 대상이기 때문이며 또 우리의 관념들은 감각에서 유래하기 때문이다. 형이상학적 진리와 순수 가지적 실재는 그것들이 그 자체로는 더 쉽게 인식될 수 있지만 우리로서는 인식하기가 더 힘들다. 왜냐하면 감각적 직각은 그것들을 모아들이지 않기 때문이다."[64]

그렇지만 형이상학적 논증은 그 결론이 결코 경험적은 아니지만 경험으로부터 출발 가능하다. 모든 인식, 형이상학적 인식까지도 경험에서 출발한다. 후험적인(a posteriori) 형이상학적 논증은 형이상학적 정식에 입각하여 고찰될지라도 물리적 실재에서 출발해야 할 것이다.

인간의 지성작용(intelligentia)은 감각지로부터, 다시 말해 물리적이고 질료적인 것으로부터 형이상학적 형식을 취할 수 있다. 지각과 추상작용은 형이상학적 인식 일반과 특수한 신 존재 논증에 접근하는 노선으로 사상사에서 유용화된 두 개의 본질적 과정이다.

그러나 유명론자였던 오캄(W. Ockham, 1280-1349)의 경우는 보편을 말의 발성(flatus vocis) 정도로 간주하고 그 실체를 부정하는 가운데 개별 사물의 생생한 경험만을 받아들였다. 그의 뒤를 이어서 근대 철학이 취합한 것처럼 직각(直覺)은 경험론에서뿐만 아니라 여타의 다

---

64) G. Garrigou-Lagrange, *Dieu, Son existence et sa nature*, Paris, 1933, pp.64-65.

양한 철학들 안에서 가능한 인식의 유일한 형식이 되었으며 개체적, 개별적 주관들에게만 적용되기에 이르렀다. 이는 지성이 추상과 보편 개념을 거부하고 오로지 감각계의 인상과 관념으로부터 지성에로의 직접적인 돌입만을 참된 인식으로 규정한 경험론의 실상을 그대로 드러낸 것이었다.

오캄에 있어서 사물들의 본질을 인식하는 것은 이성에 주어진 가능성과는 전혀 별개의 문제였다. 그는 형이상학적 기반으로 절대적 우연주의를 내세웠는데, 이로 인해 유한유(有限有)는 자신의 고정성과 고유한 존재론적 연속성을 상실하고 유일하게 신적 전능성에 의존하게 된다. 신적 전능은 우리로 하여금 존재하지 않는 것을 알도록 하고 실제로 거짓된 것을 참된 것으로 여기게끔 하는 자유의지로 개념 된다. 이는 오캄이 볼 때 세계에 몸담고 살아가는 인간의 불안한 상황을 대변해 주는 것이었다. 결과적으로 신앙과의 조화를 상실한 철학 내지 인간의 전적인 인식은 문제의 도마에 오른다. 그리하여 우리 인식의 신뢰성에 관한 긴급한 물음인 <비판 문제>가 제기될 수밖에 없었다. 이는 오류적이고 인식 불가한 것을 참된 것으로 여기게 하는 환상으로부터 인간을 구제하기 위한 대책과도 같았다. 오캄의 <비판 문제>는 존재에 대해 사유의 일차성을 긍정하고 인간 인식의 초월적 영역을 부정하는 인간 중심의 내재주의적(內在主義的) 시각에 놓여지면서 결정적인 것으로 여겨질 만한 다른 학설이 출현하기까지 그대로 무사 통과한다. 결과적으로 인간은 고유한 행위에 대해 완전한 지배력을 행사하기에 이른다.

오캄은 즉각적으로 알려지는 것에 대해서만 고유하게 인식된다는 것(Nihil conoscitur nisi intuitive)을 요청한다. 여기에 소위 근대적 길(via moderna)이 자리한다. 이와는 달리 추상작용은 술책과 기만의 원천이다. 그것은 숨겨진 존재성(entitas)의 현존(existentia)인 본질, 실체적 형상, 가능태를 추정하도록 유도한다. 이는 불필요한 것으로 오캄의 유명한 면도칼 앞에서는 더 이상 버틸 수 없는 것이 되고 만다

(non sunt multiplicanda entia sine necessitate). 따라서 경험론자들이 그렇게 여기듯, 감각적 직관의 도움을 받은 직접적으로 인식 가능한 대상들만이 인정될 뿐이다. 그렇지만 이성론자들의 경우는 어떠한가? 그들의 이론에 의하면 인간은 지성적 직관에 힘입어 본질에 대한 직접적 인식을 요청한다. 바로 이 점은 경험론자들과 이성론자들을 가르는 명백한 차이점이기도 하다.

특히 신과 관련된 데카르트(R. Descartes, 1590-1650)의 입장은 근대철학의 전형적인 모습으로 나타난다. 인간 영혼의 존재를 논증한 다음 데카르트는 완전히 내재적인 자신의 형이상학적 여정을 계속하며 아우구스티누스적으로 다른 거대한 진리를 논증하기 위해 신 존재 문제를 해결하고자 한다. 이 진리 위에 자신의 모든 형이상학적 지렛대가 놓여질 것이었다.[65]

그가 전개한 신 존재에 관한 세 가지 증명에 대한 언명에서 이미 우리는 논법의 용어들이 동일한 명사인 완전유로서의 신이라는 것을 알게 된다. 물론 『제일철학 성찰록』에서 신 개념은 무한유로 나타나기도 한다.[66] 이렇듯 부분적으로 명사들의 상이성이 있긴 하지만 그 의미는 어디까지나 서로 동일하다. 신이라는 이름을 가지고 데카르트는 "하나의 무한하고 영원하며 불변적이고 독립적인 실체를 의미한다. 이것으로부터 나 자신 그리고 있는 모든 다른 사물들은 창조되었고 생산되었다."[67]

의심의 개념에 관해 반성하면서 우리는 의심하는 것이 불완전한 어떤 것임을 안다고 데카르트는 말한다. 왜냐하면 아는 것은 의심하는

---

65) 신 존재에 관한 데카르트의 논증은 세 가지이다. ① 완전한 것의 관념 존재에서 완전한 유에로, ② 불완전한 유에서 완전유로, ③ 완전한 것의 관념에서 완전한 유에로.

66) Cf. *The Philosophical Works of Descartes*, trans., E. S. Haldane & G. R. T. Ross, vol. I, Cambridge University Press, Cambridge, 1981, p.157ss.

67) *Ibid.*, p.179ss.

것보다 더 튼튼한 완전성이기 때문이다. 따라서 의심이라는 개념 안에서는 '불완전한 것'의 개념이 함축되고 결과적으로는 완전한 것의 개념도 포함된다. 그런데 내가 불완전함에도 불구하고 완전한 것에 대한 관념을 지니고 있다면, 내 안에 있는 그런 관념은 도대체 어디서 오는 것일까? 아무 것도 아닌 것으로부터 그것이 유래한다는 것은 분명 있을 수 없다. 왜냐하면 아무 것도 아닌 것으로부터는 아무 것도 나올 수 없기 때문이다. 또한 나로부터도 아니다. 왜냐하면 더 큰 것은 더 작은 것에서 나올 수 없는 까닭이다.

이와 같은 데카르트의 논증은 아우구스티누스의 '영원한 관념'으로부터의 논증을 받아들여 자신의 체계에 적합하게 적용·발전시킨 것이다. 결국 우리는 우리 안에 관념들을 갖지만 이 관념들의 특징들인 완전성, 영원성, 불변성 등은 우리에게서 유래하는 것이 아니다. 만일 그것들이 우리에게서 나온다면 그것들에 대해서는 어떤 설명도 할 수 없다. 따라서 그러한 특징을 가진 신에게서 그것들이 유래해야 함은 당연한 일이다. 그러므로 신은 존재한다는 사실이 따른다는 것이다.

우리는 무엇보다도 데카르트가 자신의 저술들을 통해 근대 관념론을 이끌어 가는 원리들이 어떤 것인지를 파악할 수 있다. 그에게서 형이상학의 의미 자체는 전복되었으니, 그것은 곧 존재가 의식 안에서 그 해결점을 찾을 수 있다는 것이다. 이러한 전제에서 출발한 그는 인간 인식에 대한 비판적 입장을 견지하고 발전시킨다. 조사는 근원적 회의에서 출발하며, 이어 회의에서 사유하는 주관적 존재의 확실성이 발견된다. 그리고 여기서 기하학적 연역을 거쳐 연속적인 확실성을 취득한다. 주관은 신을 사유할 정도로 고양된다. 그는 신이라는 개별 존재의 직각에 대해 취급한다. 그에 의하면 이러한 형태의 인식은 가능한데, 이유는 신에 관한 직관은 그에 대해 우리가 지니고 있는 관념 안에 주어지기 때문이다 그러나 그것은 정신적 개념 작용이라는 맥락을 실질적으로는 극복하지 못한, 다시 말해 내재주의적 상태에 머물고 있음을 여실히 보여주고 있다. 이러한 방향으로 움직여 가는 근대사상은 근본적으로 대표적인 의식철학 외에 다른 것이 아니었다.

이와 같은 데카르트의 사상은 토마스가 잘 지적한 바 있는 그 무엇인가를 망각한 것이다. 토마스에 의하면 여하한 모든 것을 탐구하는 데 있어서 무엇보다도 선행되어야 할 조건이 있다면 그것은 존재에 대한 물음이다. 그 다음에 본질과 상관된 것이 질문되어야 한다 (quaestio 'quid est' sequitur ad quaestionem 'an est'). 본질과 구체적 실재의 초월적 공통원리인 존재의 현실태에 의해서만 유는 전적으로 구성될 수 있기 때문이다. 이와 같은 형이상학적 가르침을 토대로 토마스는 다음과 같이 주장한다.

> "진리는 통성원리(본질)보다는 사물의 존재에 그 기반을 두고 있다. 이는 마치도 유라는 명사가 존재에서 출발하도록 요청하는 것과도 같다."[68]

이처럼 중요한 명제를 통해 토마스는 자신이 전개한 인식론의 원천적인 핵심이 무엇인지를 우리에게 잘 보여주고 있다. 그것은 어떤 형식주의나 논리주의보다도 내재주의를 철저하게 극복하고 있음을 선언하는 것과도 같다.

현실태(존재의 행위, actus essendi)로서의 존재(esse)는 진리의 기초이다. 토마스는 형식주의를 넘어서서 자신의 궁극적인 토대를 존재의 현실태 안에서 발견한다. 이 존재의 현실태는 형식적인 내용이 아니라 규정들의 전체성을 행위하는 순수 현실태이다. 존재현실(actus essendi)은 사유를 존재의 기초로 여기는 칸트적 명제가 지향하는 바와 같이 주관에 의해 부여되는 그런 것이 아니다. 또한 그것은 개별 경우처럼 존재론적인 결과나 단순한 사실로 환원됨도 아니오, 신실증주의자들이 주장한 진리의 이론처럼 논리-형식의 구조로 환원됨도 아니다. 존재의 현실태는 구체적인 유의 자기 입장이라는 내부원리이며 사물들의 근

---

68) *I Sent.*, d. 19, q. 5, a. 1; Cf. *I Sent.*, d. 33, q. 1, a. 1, ad. 1; "Veritas fundatur quam in quidditate sicut et nomen entis ab esse imponitur."

원 및 인식 진리와 관련된 최종적인 용어이다. 왜냐하면 진리는 지성이 사물들이 그렇게 존재하는 것(esse rei)으로서 사물들의 존재가 포착되는 작용 안에 현전(現前)하기 때문이다.

결과적으로 모든 인식은 현존(existentia) 안에서, 그리고 존재(esse)를 분여하는 실재 안에 그 명사를 갖는다. 따라서 사물의 존재(esse rei)는 정신이 사물에 대해 나타내는 참된 판단의 원인이다.[69]

그러나 데카르트는 신이 직각의 대상이 아닌 까닭에 본질을 묘사하는 어떤 관념에 호소해야만 했다. 그것은 신이 존재한다는 것을 전제로 함을 뜻한다. 우리는 사물로부터 출발해야만 하는데, 사물들은 우리에게 결과들, 다시 말해 추상작용을 적용함으로 인해 드러난 것들이다.

여기서 우리가 짚고 넘어가야 할 한 가지 중대한 보편진리가 있다면 그것은 인간 지성이 감각적인 것을 넘어서 가는 힘을 지니고 있다는 사실이다. 이런 면에서 인식론의 과제는 바로 인간 지성의 형이상학적 가치의 명증성을 거부하는 자들과 논의하는 것이다. 왜냐하면 인간 지성은 우리가 이미 앞서 언급했듯이 불가지론의 문제와 마주치는, 그래서 결국 감각 현상들에 갇혀 있는 죄수가 아니기 때문이다.

아리스토텔레스에게 있어서 경험은 필연적 실재로 인식의 인간화적 구조 영역에 통합되지만, 삶을 살아가는 사람에게 경험은 모든 것일 수 없었다. 다시 말해 그는 경험이 모든 것을 소화해 내는 충분한 실재라고 여기지 않았다. 이 때문에 추론, 예술 혹은 능력이 요구된다.[70] 경험에서 유래하는 학은 대상에 대한 순수 감각 작용이나 지각에 관한 것이 아니다. 그것은 대상과 우리를 둘러싸고 있는 경험(empiria)과의 만남에서 이룩된 어떤 전적인 과정의 종합이다. 또한 그것은 고립된 지각의 열매도 아니다. 오히려 그것은 지각의 다발을 형성하거나

---

69) *II Met.*, n. 298; *De Divinis Nominibus*, c. 5, n. 625.
70) *Metaphysica*, A. 1, 981, b. 27.

그것들을 통합하는 일련의 공통 요인에 의해 일치되고 조직된 다른 지각들의 다발을 구성하는 어떤 것이다.[71] 칸트에 출발점을 두고 있는 근대 관념철학 안에서 경험은 더 복합적이며 의미와 가능성, 존재적 전망을 수용하는 주관의 영역에서 출발하는 것으로 해석된다. 이는 경험이 자율적 실재성으로 제시되지 않고 단지 인간과 자연의 관계를 총괄하고 정당화하는 형이상학 안에 제시되고 있음을 의미한다. 이러한 형식 하에서는 인간이 세계와 갖는 기이한 접촉은 기형화되어 체험적 관계보다는 나와 세계간의 사유된 관계로 전락해 버리고 만다.

한편 지성이 감각적인 것을 넘어설 수 있음을 거부하는 것은 근본적으로 모든 기관이 고유한 형상적 대상에 의해 세분화되었다는 점에서 그러한 지성을 거부함이다. 감각들의 형상적 대상은 그들에게 상응하는 감각적 실재에 의해 소여되며 지성작용의 형상적 대상(intus legere)은 그런 한에서 가지적이다.

파브로(C. Fabro)는 신 존재 문제의 사변적 해결책에 접근하는 길과 관련하여 인간 지성의 형이상학적 가치에 관한 테제를 다음의 세 가지 관점으로 분류하여 적합하게 종합한 바 있다.[72]

① 외부 세계 혹은 자연과 다른 인간들의 존재를 수용함.

그렇지 않고서는 주관과 대상, 인간과 자연은 서로 구별되지 않는다. 그 대신 의식은 혼돈(chaos) 속에 머문다.

② 영혼과 신체의 합성된 실체 내지는 무엇보다도 존재와 삶에 방향 지어져야 하는 인격적 핵심으로서의 고유한 자아에 대한 의식.

고유한 인간성에 대한 의식 없이는 어떠한 관심이나 문제도 유발할 수 없으며, 신과 관련된 문제도 그 예외가 될 수 없다.

---

71) *Ibid.*, A. 980 b.

72) C. Fabro, *Introduzione al problema teologico*, Studium, Roma, 1954, p.107.

③ 현시로부터 본질로, 부분에서 전체로, 결과들에서 원인들로 통과할 수 있기까지 경험 및 반성과 함께 진행해 가는 능력과 인식함의 타당성 내지 객관성에 대한 확신.

모든 인간은 이와 같은 확신을 갖고 살아간다. 이러한 점들에 관한 의심들은 소피스트적인 색다른 언동들이다.

제 7 장

세계 실재의 형이상학적 반성을 통한
신 존재 긍정: 우주론적 관점에서

　신의 존재와 비존재에 관한 문제는 인간 실존과 불가분의 연관성을 맺고 있다. 다시 말해 신 존재 문제는 신 자체에만 해당된 자존적이고 영원하며 실체적인 문제로 국한된, 세계와는 별도로 독립된 자주체(自主體)로서 초월적 세계에나 거처하는 존재로서만이 아니라 인간의 자기 실현과 직결되어 있기도 하다.

　새로운 21세기를 맞이하고 있는 현대인은 시대적 흐름을 전적으로 배제한 채 편안한 마음으로 하느님, 인간 실존 혹은 자아에 관한 문제를 논할 수 없게 되었다. 이 시대가 과학 지상주의로 대변되는 시대라면 분명 신 존재에 관한 문제는 전대미문의 새로운 난관에 부딪혀 그 실체마저 세계의 수면 아래 녹아드는 것은 아닌지, 아니 영원히 역사의 미궁 속으로 사라져버리고 마는 것은 아닌지, 지각을 가진 사람들마저 이제는 날로 그 궁금증을 더해 가고 있다. 신 존재에 관한 긍정은 일단 세계에 대한 위기, 나아가 '과학 왕국의 절멸'을 전제로 할 때 그 의미가 더욱 극명하게 드러난다. 그러나 작금의 역전된 상황을 직시할 때 신에 관한 문제는 인류 사회 전반에 상당한 파장을 일으키고 있는 것이 사실이다.

인류 역사가 종교와 과학 간의 계속적인 논란으로 점철된 역사라면, 오늘에 와서 이러한 면은 더욱 첨예화되었다고 보아야 할 것이다. 주지하다시피 근대사 이후 양자간에는 배척과 갈등의 소지가 줄기차게 제기되었고 과학은 종교를, 종교는 과학을 질시하거나 멸시하였다. 그러나 인류사는 종교와 과학간의 대립이 아닌 보충적인 관계에서 계속적인 발전을 거듭한 것이 사실이다. 존재의 근원을 탐구하는 철학자의 시선마저도 본질적으로는 과학과 종교의 세계를 '뜨거운 감자'로 바라보면서도 한편으로는 서로가 서로를 요청하지 않을 수 없다는 상호보완관계를 끊임없이 주문하여 왔다.

최상존재이며 절대존재인 신에 관한 문제는 근자에 이르러 확실한 해답이 유보된 채, 한쪽 구석에 밀쳐져 소외된 이차적인 과제 정도로 취급받는 불운을 맞고 있다. 실제로 이론적으로나 실천적으로 신 존재에 관한 문제는 점차 미궁에 빠져들고 있으며, 과학과 기술 문명의 혁신은 더더욱 사람들의 관심사를 일방적으로 자기편으로 끌어들임으로써 현대인은 자신도 모르게 종교적인 문제를 세계 밖으로 몰아내는 우를 범하고 있다. 그 결과 이 시대 사람들은 신 존재와 직결되어 있는 인간의 자기 성취나 자기 실현과는 동떨어진 세계관에 물들게 되었다.

과학 만능주의를 부르짖고 있는 이 시대는 '사실'에 관한 판단 문제에 집중하고 있으며 가치에 대한 문제들에 대해서는 별다른 관심을 보이지 않고 있다. 이로 인해 세계의 법칙과 경험을 우선적 · 일차적 잣대로 삼고 있는 오늘의 우리 사회는 전통적으로 중시되어 온 다양한 가치들을 경시하거나 홀대하기에 이르렀으며 가치 체계 전반을 근원으로부터 뒤흔들어 놓는 결과를 유발하기에 이르렀다. 이러한 현상은 현대 사회를 끊임없는 혼란과 위기로 빠져들게 하는 직접적이고도 근원적인 암적 요인으로 작용하고 있다.

올해는 우리나라에서 <엑스포>의 대제전이 열리기로 되어 있다.[1] 과학 올림픽을 위한 모든 행사가 준비되어 가고 있는 가운데, 필자는 그곳에 바티칸관이 서게 된다는 경사스런 소식을 접하게 되었다. 박람회장 가운데 우뚝 자리한 종교관, 과학기술 한복판에 그리스도교의 뚜렷한 입장 표명이라 할 수 있는 이 특이한 현상은 현대 사회에서 과학과 종교가 상충적이고 모순된 실재가 아닌, 양립 가능하며 상호 보완적이라는 사실을 타진한 격이라 할 수 있기에 매우 신선한 충격으로 받아들여지고 있다.

이러한 행사를 앞두고서 뿐만 아니라 실질적으로 거대한 몸체로 인류를 덮치고 있는 과학 세계의 위력을 보편적인 가치 체계들과 서로 조화시켜 발전시킬 수 있는 가능성을 모색한다는 일환에서 우리는 이하에서 세계 실재의 형이상학적 반성을 통해 — 우주론적 관점에서 — 절대 가치인 신 존재 문제를 다루어보고자 한다.

1. 형이상학적 반성의 필요성

과학자에게 있어서 경험은 여하한 모든 세계 존재를 정당화하는 데 필요시되는 유일한 비판 기준이다.[2] 그 어떤 것도 경험에 의해 입증되지 않고 조정되지 않으면서 존재하는 것으로 주장될 수는 없다. 세계 내 현존하는 실재에 직면하여 지니는 과학자의 태도는 부활한 그리스도를 마주하고 있는 토마스의 태도와 동일하다. 아무런 증명 가능성 없이 세계 실재를 긍정한다는 것은 과학자로서는 도저히 용납할 수 없는 일이다. "나는 내 눈으로 그분의 손에 있는 못자국을 보고 내 손가락을 그 못자국에 넣어 보고 또 내 손을 그분의 옆구리에 넣어 보지 않고는 결코 믿지 못하겠소."[3]

1) 이 글은 필자가 가톨릭대학교출판부에서 발행하는 『가톨릭 신학과 사상』, 제9호(1993. 6), 254-277쪽에 발표했던 글을 수정, 보완한 것이다.
2) O. Bettini, *Appunti per una teologia naturale*, Antonianum, Roma, 1980, p.33.

과학자는 세계 존재가 경험과 비모순적이라는 데에 동의한다. 경험이 있는 곳에 가능한 형태의 경험이 있다. 결정적 현상 내지는 실재 모습이 현시되지 않은 곳에는 존재하는 것으로 고려되는 권리, 구체적으로 현존하는 것으로 말해질 권리가 없으며, 단지 가능성과 가정(假定)의 왕국만이 있을 뿐이다. 결국 경험은 여하한 세계 실재를 긍정하는 데 있어서 기본 조건이다. 그 대신 경험 앞에서 신적 상황은 세계 상황과는 전적으로 반대된다.4) 왜냐하면 신은 가능한 모든 경험을 근본적으로 피해 달아나기 때문이다. 그리고 신은 본질적·전적으로 비경험적이기 때문이다. 따라서 경험과 경험 중심의 세계를 파악하고 이해하려는 경우, 신적 실재는 세계와 이질적인 존재로 나타나게 마련이다. 그러므로 신 존재를 주장한다는 것은 세계 실재의 긍정이 생겨나는 차원에서 발생될 수 없는 철학적 반성의 결실이라 할 수 있다.

신은 인간이 경험할 수 있는 대상이 아니다. 이것은 마치 인간이 태양을 알기 위해 태양을 직접 찾아 그 불 속을 직접 감지하여 체험하는 것과도 같다. 그렇지만 그런 일은 있을 수 없다. 마찬가지로 인간은 신을 감각적인 대상으로 삼을 수 없다. 이유는 신 존재가 모든 형태의 세계 실재를 초월하고 있기 때문이며 또 신은 세계에 속하지도 않기 때문이다. 한마디로 신은 세계의 몫이 아니다. 신은 세계의 모든 것도 아니다. 신 존재는 세계 존재들과는 완전히 다른 본성에 속한다. 신이 경험의 어떤 형식으로 경험될 수 있다면, 그 초월성은 즉시 세계 안에 용해되어 무효화될 것이다.5)

그러므로 즉각적이고 물리적이며 과학적인 경험은 인간 지성이 진리와 사물들의 확실성에 도달하는 데 필요시되는 유일하고 가치 있는

---

3) 요한 20장 25절.

4) 이 점에 관련해서 Bernardino M. Bonansea, *God and Atheism, A Philosophical Approach to the Problem of God*, The Catholic University of America Press, Washington D.C., 1979, pp.323-347을 참고하라.

5) O. Bettini, *Appuunti per una teologia naturale*, p.34.

비판기준이 아니라는 점에 유의해야만 한다. 과학적 경험은 형이상학이 세계와 비경험적이며 반성적인 기술(記述)들을 조사하는 것들과는 다른 기술들을 준비한다. 더 정확히 말해 경험은 형이상학적 반성을 이용하며 그렇게 반성함으로써 어떤 실재가 존재한다고 긍정할 수 있다. 여기서 말해지는 실재는 세계실재와는 공통된 것이라고는 아무 것도 지니지 않은 신적 실재이다.

경험은 고유한 존재 이유를 자기 안에 지니고 있지 않는 현존하는 유(有)들의 결핍 내지는 그들의 우연성을 증명하는 데서 출발함으로써 우연적이 아니며, 자기 안에 고유한 존재 이유를 지니고 있을 뿐만 아니라 우연유들의 존재 기초가 되는 존재를 인정할 필요성에 도달하게 된다. 이것은 바로 이성적인 프로세스이고 정교할 만큼 형이상학적이며 유한유의 매개를 이용, 유한한 실재의 기초와 최종적 이유로서의 무한유를 긍정하는 데 동의함이다.6)

2. 과학과 철학의 관계

우리는 여기서 제일철학(prima Philosophia)으로서의 형이상학과 제이철학(secunda Philosophia)으로서의 물리학을 언급함으로써 이 두 가지 학(學)의 관계성이 역사 안에서 어떻게 이해되었는지를 간단하게나마 살펴보고자 한다. 과학과 철학의 관계는 고대 그리스 세계로부터 시작하여 중세뿐만 아니라 특히 신학문이 도입되는 근대에 와서도 심각한 문제로 제기된 바 있다. 그러나 칸트 이후, 학문으로서의 형이상학의 불가능성과 함께 과학 문명과 기술 문명이 고도로 발달된 새 시대를 마주하면서 철학과 과학의 관계는 근원적으로 재조명되어야 할 입장에 놓이게 되었다. 오늘의 세계가 여러 가지 면에서 엄청난 위기

---

6) Cf. Henry de Lubac, *Sulle vie di Dio*, Edizioni Paoline, Alba, 1959, p.73.

를 맞고 있는 것도 이 두 학의 관계가 제대로 정립되지 않은 이유에 서이다.

오랜 세기에 걸쳐 철학과 과학은 동일한 인물에 의해 다루어져 왔던 것이 사실이다. 예를 들어 피타고라스와 아리스토텔레스는 철학자인 동시에 과학자였다. 물론 이들은 철학과 과학 간에 있을 수 있는 모종의 구별을 인정하였다. 한 예로 아리스토텔레스는 형이상학을 제일철학(第一哲學)이라 불렀다. 이렇게 함으로써 그는 철학을 물리학 혹은 제이철학(第二哲學)과 구별하고자 했을 뿐만 아니라 여타의 모든 학문과도 차별화를 강구하였다. 그렇지만 철학적 활동과 과학적 활동 간의 철저한 분리는 훨씬 뒤에 가서야 이루어질 것이었다.

데카르트, 파스칼, 스피노자 그리고 라이프니츠와 같은 근대 합리주의자들은 사람들의 눈길을 끄는 과학자들이기도 했고 코페르니쿠스(Copernicus), 케플러(Kepler), 뉴턴(Newton) 같은 과학자는 철학과 신학과의 밀접한 관계 안에서 과학을 발전시켰다. 철학과 과학의 엄밀한 구분, 다시 말해 이 두 학(學)의 상이한 계급이 생겨나는 것은 최근에 이르러서이다. 두 가지 학의 구분은 근대 과학의 창시자들이 과학적 탐구에 새로운 의미를 부여하는 데서부터 비롯된다. 근대 과학은 이성과 동시에 경험에 바탕을 둔 엄밀한 학이기를 지향하며, 수학적으로 기술이 가능하고 자연의 계속적인 연관성 안에서 그 현상들에 대한 엄격한 지식이기를 요구하였다. 이와 같은 기계론적인 근대 과학은 기하학을 표본으로 삼으면서 실제 세계에 대한 보편적 설명을 얻어내고자 힘썼다. 전반적으로 근대는 이러한 과학의 절대주의적 개념에 충실하였으며, 실증주의 안에서 종교 지식과 형이상학적 지식은 종지부를 찍었다는 구실을 내세우면서 그 정점에 다다르기에 이른다. 그 결과 실재에 관해 인정할 수 있는 유일한 설명은 오로지 과학적 설명으로 제한될 수밖에 없었다.7)

---

7) 이러한 이론은 실증주의자인 콩트(A. Comte)와 사회 진화론자들에 의해 주장

애초에는 인간의 낭만적인 개념과 연관되어 있다고 본 실증주의는 과학과 철학 간의 부분적인 관계성을 표현해 준다. 실증주의에 있어서 과학은 한때 종교와 형이상학이 차지했다고 보는 왕권을 넘겨받았다고 생각한다. 왜냐하면 과학 지식은 절대 지식으로서 종교와 철학의 가르침들을 완전히 무용한 것으로 되돌려 놓았다고 보기 때문이다. 이 것이야말로 모든 것을 과학으로 변모시키고 과학으로 이끄는 과학주의(科學主義)인 것이다.

그렇지만 이러한 방식으로는 많은 비평가들이 말해 주고 있듯이, 과학은 형이상학과 투쟁한 다음, 과학 그 자체가 형이상학의 한 가지 형식이 되기에 이른다. 그래서 18세기 말에 반과학주의적인 모든 반응은 이처럼 회의론으로 낙착되는 과학의 모순성을 조명하는 업적을 남기게 된다. 그래서 사람들이 과학에 요청하는 점은 전적으로 또 유일하게 과학 그 자체이어야 한다는 사실이었다. 실제로 어떤 철학자가 과학을 철학으로 변모시킬 때 그 오류는 엄청난 것임에 의심할 여지가 없다.

오늘에 와서 과학의 절대주의적 개념은 무엇보다도 과학자들 자신들에 의해 포기되거나 단념되고 있다. 이들 과학자들은 더 이상 과학 법칙에 절대적 가치를 부여하고 있지 않으며, 오히려 그것을 우연적이고 개연적인 가치로 되돌리고 있다. 과학이 말하는 모든 것은 유일하게 현상들간 관계들의 복합성이다. 따라서 과학이 우리에게 제공하는 세계의 모습은 그 부분성에 대해 비판적으로 의식하는 관점에서 가치 있고 유효하다고 할 수 있다.

되었는데 이들은 사회 발전의 단계설을 신화적 단계, 형이상학적 단계, 실증적 단계 또는 주술적 단계, 종교적 단계, 과학적 단계로 구분, 설명하였다. 각 단계를 거쳐 최후의 단계인 실증적 단계 혹은 과학의 단계에서는 자연의 구체적 현상간의 상호 관계를 통하여 마침내 우주의 보편적 법칙이 발견되어 모든 현상과 사실이 설명될 수 있을 것이라고 확신하였다.

3. 세계 실재의 위기를 자아내는 신 존재 긍정

경험과 그 세계에 직면하여 신적 실재와 세계 실재의 이질성은 서로가 서로의 실재를 위기에 처하게끔 한다. 거기서 양자는 절대 실재로 탈바꿈하기에 이른다. 과학 절대주의 안에서 경험으로 말해지는 세계는 모든 것이다. 왜냐하면 경험은 세계를 전체성 안에서, 아니면 그 각각의 부분들 안에서 세계를 조사하고 탐구하기 때문이다. 그 대신 신은 아무 것도 아니다. 왜냐하면 그러한 경우 경험은 신을 만나지 못하고 또 만날 수도 없기 때문이다.

신을 존재하는 것으로서 긍정함은 세계 실재와는 전적으로 다른 어떤 존재를 긍정함이다. 그리고 경험에 의해 형태를 취하는 실재의 한계를 확대시키는 것이며 유일한 실재라는 특권을 세계로부터 삭제시키는 것이다. 간단히 말해 신을 긍정함은 세계의 의미와 영속성과 자발성을 토론에 부치는 것을 뜻한다. 그 대신 경험 안에 주어진 유일한 존재로서의 세계 존재를 긍정한다는 것은 신 존재의 문제를 위기에 처하게끔 한다. 만일 세계가 절대존재라면 신을 긍정하는 모든 의미는 상실된다. 이와는 달리 절대존재가 신이라면 그 모든 의미를 상실하는 것은 세계이다. 무신론적인 전망 안에서는 전자의 가설이 현실화되는 것으로 보며, 유신론적 전망 안에서는 두 번째 가설이 현실화되는 것으로 본다.

4. 신을 긍정함은 무엇보다도 인간 실재를 위기에 처하게 한다

인간 존재 역시 세계 존재와 연루된다. 이는 인간이 세계의 통합적인 부분인 한에서뿐만 아니라 세계를 초월하는 정신이라는 점에 있어서도 그러하다. 따라서 신 존재를 긍정한다는 것은 무엇보다도 인간 정신을 위기에 처하게끔 한다. 여기서 말해지는 위기란 인간 안에 존재하는 본질적인 것, 인간에 의해 열성적으로 수호되는 것, 즉 독자성, 자치성, 자유 등과 같은 것의 위기이다.

세계와 다른 존재에 종속적이라 함은 우리를 완전히 다른 존재로 만들 수 있음을 뜻한다. 우리 정신이 다른 존재에 종속적이라 함은 우리를 커다란 혼란에 빠뜨릴 수도 있다. 거기에 다른 실재가 있다면 인간은 더 이상 결정적으로 자기 자신과 관련되지 않을 수 있다. 자신의 존재 안에서 또 자신의 행위 안에서 인간은 다른 존재와의 종속성을 인정해야만 한다. 이것은 인간 안에 저항 의식을 불러일으킬 수도 있다. 왜냐하면 신은 제약, 방해물, 경쟁자로 느껴질 수 있기 때문이다. 이것은 바로 저항 운동으로 인도하며 신 긍정에 대해 반항심 혹은 반발심을 유발한다.8) 결국 인간은 그 고유한 존재를 부정하기도 한다. 그렇게 될 때 인간은 자신의 존재, 자치성, 고유한 자유를 주장할 수 있게 될 것이기 때문이다.

이러한 맥락에서 살펴볼 때 신 존재에 관한 탐구와 조사는 인간적인 전망 안에서 다루어져야만 더 참되고, 더 고유하며, 더 심오한 의미를 지니게 될 것이다. 다시 말해 신 존재의 긍정은 해결되어야 하는 인간의 문제를 커다란 과제로 안고 있다. 실제로 신 존재를 긍정하고 부정함은 세계 안에서 인간의 의미와 동향 그리고 위치의 변화를 가져온다. 이와 같은 인간의 입장을 분명히 하도록 촉구하는 것은 바로 인간 자신이다.

인간은 탐구의 주체이면서도 객체이다. 그는 스스로 내적으로 안전한 답변을 얻어내도록 재촉하는 모순적인 상태에 놓여 있다. 그는 무한자를 갈구하지만 그의 실재의 전 순간은 유한성으로 꾸며져 있다. 인간은 절대적 자치성을 희구한다. 그렇지만 그는 자기 존재의 전 현시 안에 묶여 있다. 그는 무조건적 자유를 열망한다. 그런데 그의 존재는 항시 그것을 파괴하고 제한하는 것으로 보이는 방해물들 안에

---

8) Cf. B. M. Bonansea, *God and Atheism*, pp.15-36.

놓여 있으며 그것들과 부딪힌다.

이렇게 볼 때 신을 긍정함에 있어서 세계 문제는 형이상학적 탐구에 그 출발점으로 제시된다 하겠으며, 세계 문제 중에서 유일하고 참된 문제, 일차적으로 해결해야 할 문제는 바로 인간에 관한 문제라고 단언할 수 있다.

5. 신 접근 방법의 다수성과 일성

무엇보다도 우주론적 실재에 기반을 두었던 고대의 고전적인 증명들에서부터 인간과 그 인격에 바탕을 두고 있는 가장 최근의 증명에 이르기까지 수세기 동안 다듬어져 온 신 존재 증명들은 서로 다른 것들인지 아니면 유일한 논증들로서 서로 다르게 다듬어져 온 것들인지 우리는 물어야 할 것이다.

물론 그러한 증명이나 논증들은 유일한 도식에로 환원될 수 있다. 그렇지만 증명들은 철학적 반성이 적용되는 다양한 실재나 그 안에 포함된 서로 다른 논증의 엄밀함으로 인해 완전히 서로 달리하는 것을 배제치 않는다.

토마스 아퀴나스의 신 존재 증명에 관한 다섯 가지 길은 유일하고 동일한 증명에 대한 서로 다른 면들인지 아니면 종적으로 구별되는 다섯 가지 증명들인지에 대한 물음들이 때때로 제기된다. 이러한 질문들에 대해 우리는 다음과 같이 말할 수 있을 것이다. 즉 증명 혹은 논증의 형상적 원리는 다섯 가지 길 안에서 서로 같다. 여기서 같다는 것은 순수 현실태(Actus purus)인 제일원인 혹은 그 자체로 존재하는 존재 자체(ipsum Esse)에 대한 요청인 것이다. 그렇다면 우리는 다음과 같이 말할 수 있으니, 즉 존재는 다양한 방식과 관점 하에 제시된 유일한 증명 외에 다른 것이 아니다[9]라고.

증명들은 세계 존재를 정당화함에 있어서 그 근원적인 불충분성을 지적해 준다. 증명들은 사물 전체가 존재에 참여하는 명증성(明證性)에 그 기반을 두고 있다. 그런데 이러한 증명들은 내부적으로 구성된 존재를 설명하고 정당화하는 다른 존재를 요청한다. 그러므로 신 존재 증명은 형이상학적일 뿐만 아니라 모든 형이상학적 탐구는 본질적으로 신을 발견하고자 하는 시도라 할 수 있다. 신 존재를 긍정함에 있어서 형이상학은 오랜 여정과 피곤한 과정을 거친 다음 비로소 그곳에 도착한다. 여기서 말하는 여정과 과정은 무상으로 주어진 세계 실재의 존재로부터 본질을 통한 존재의 전적인 현시, 즉 신에게로 점진적으로 이끌어지는 형이상학적 여정인 것이다. 형이상학적 시초로부터 신을 긍정함은 세계 사물들의 존재 가치를 긍정하는 가운데 이미 암시적으로 내포되어 있다.

6. 이러한 탐구의 형이상학적 본성의 특수성

지금까지 살펴본 문제들은 우리로 하여금 동일한 것에 대한 두 가지 면을 지적하도록 한다.

첫째, 신에 관한 형이상학적 논의는 일시적인 여정의 종착점에서 신을 발견하고자 하는 경향을 지니지 않는다. 형이상학적 논의는 세계 사물들의 존재 기초 내지는 이유로서의 신을 발견하고자 한다. 즉 그들 존재의 모든 순간 — 시작이든 마지막이든 간에 — 에 있어서 시간적이고 공간적인 것과는 전적으로 다른 질서인 형이상학적 질서 안에서 신의 요청은 그것이 시간 안에서 시작이 없고 공간 안에서 제한을 받지 않는다손 치더라도 모든 순간에 그리고 세계 실재의 모든 점에서 나타난다.

둘째, 신에 관한 형이상학적 논의는 하이데거가 제시한 존재에 관

---

9) Cf. *Ibid.*, pp.207-220.

한 형이상학적 논의와는 전적으로 다른 것이다.[10] 물론 양자는 동일한 문제를 해결하고 존재를 기초하는 이유를 발견하는 데 있어서 관심을 두는 것으로 보인다. 그렇지만 실제로는 다른 문제들과 관련된 것이다. 신을 결론하는 형이상학적 논의는 선행적으로 의식을 다듬는 일에 앞서 참으로 사물 안에 있는 존재를 고려하는 논의이다. 그 대신 하이데거의 논의는 존재가 의식에 의해 취해지고 의식은 사물들 안에 존재를 남기는 한에 있어서의 사물들의 존재에 관한 논의이다. 양자는 전적으로 서로 다른 반성 양식들이다. 하나는 객체적 존재에 관한 반성이며 다른 하나는 주관적 존재, 즉 주관에 관한 반성이다.

그런데 우리가 말하고 싶은 것을 바로 다음과 같은 점이다. 즉 하이데거의 분석은 존재에 관한 형이상학적 반성을 약화시키지 않으며, 상대적으로 존재에 관한 형이상학적 반성은 하이데거의 분석의 유효성을 무효화시키지 않는다는 사실이다.

7. 신 존재에 관한 이성적 긍정

신 존재의 긍정에로 이끌어지는 여정은 극단적인 단순성에로 환원되는 가운데 사실의 증명, 원리의 적용 그리고 결론의 연역이라는 세 가지 기본 요소로 이루어져 있다.

출발점으로 취해지는 <사실>은 형이상학적 반성에 제공되는 세계에 대한 증명이다. 다시 말해 본질적으로 우연성 안에 구성된 세계, 존재하는 세계로서 그 존재 이유를 자기 안에 갖고 있지 않은 세계를 입증하는 것이다.

적용되는 원리는 <충족이유의 원리>인데, 이것은 세계의 우연성으로부터 필연적 실재로의 이행을 촉구한다.[11] 필연적 실재라 함은 세

---

10) Cf. M, Heidegger, *Sein und zeit*, I, II, III.

계 존재의 충족이유를 자기 안에 내포하고 있는 것이다.

원리의 적용으로부터 사실의 증명에로 이끌어지는 결론은 세계 내 존재의 제일 원인이며 기반인 신 존재를 긍정함이다.

우리가 살펴보았듯이 이러한 진행 과정은 지극히 단순하고 매우 성급하기까지 한 프로세스이다. 이러한 과정이 가치 있고 유효한 것으로 여겨지는 가운데 완성되기 위해서는 그 안에 내포된 모든 요소들을 잘 이해해야 하고 기능을 수행하고 있는 도구들이 조절되어야 하며, 그 명시성(明示性)에 유익하게 사용되고 있는 명사들을 그 참된 의미 안에 정확하게 위치시켜야 한다.

특별히 형이상학적 논의를 구축하고 있는 기본 개념들은 심화되고 정당화되어야 할 필요가 있다. 다시 말해 세계를 괴롭히는 우연성의 개념, 세계로부터 신에로의 이행을 재촉하는 충족이유의 개념, 탐구의 결과를 구성하고 세계와 신의 관계를 결정짓는 제일원인의 개념 등이 바로 그러하다.

그 극단적인 단순성에도 불구하고 신에게로의 접근 과정은 즉시 두 가지의 난관에 봉착하게 된다. 즉 의미를 깨닫고 모든 것 안에서 그것을 평가하는 일이다. 존재(esse)는 신 탐구의 내용을 더 잘 이해하고 그 탐구를 특징 지우는 두 개의 기본 관점을 정의하는 데 우리에게 도움을 가져다준다. 전자는 세계 인식의 사실 자체와 관련되고, 후자는 인식을 동반하는 합리성의 극단적 · 추상적 성격과 관련된다.

이전에 철학적 사유와 종교적 요청이라는 전망에 입각하여 세계로

---

11) 라이프니츠는 원리에 관한 논리학에서 인간 사유가 두 가지의 원리에 의해 이끌어진다고 보았다. 즉 하나는 동일성의 원리 혹은 모순 원리이며 다른 하나는 충족이유 원리이다. 충족이유 원리는 어떤 것이 자기 존재를 위한 충분한 이유가 없는 경우 존재하는 것이 불가능함을 언명하는 원리이다. 이 원리는 우연적 진리 혹은 사실에 관한 진리들의 기초가 된다. 예를 들어 <그리스도가 베들레헴에서 탄생하였다>는 사실의 진리이다. 이것은 자기 설명은 갖지만 필연적인 것은 아니다. 다시 말해 사실의 판단에 있어서 서술어는 주어 안에 포함되지 않는 것이다. 칸트는 이러한 판단을 종합 판단이라고 부른다.

부터 출발하여 신에게로 접근하는 일은 일련의 많은 수수께끼들로 인해 쉽게 합법화되고 정당화될 수 있었다. 즉 과거에 세계의 기원과 발전, 그 구성과 의미 문제 등이 불가해한 문제들로 남아 있었을 때가 바로 그러하였다. 그러나 오늘에 와서 이러한 문제들의 해결책은 과학 안에서 발견되고 있다. 과학은 여러 가지 어려움과 한계에도 불구하고 세계 실재 안에 감추어져 있는 다양한 신비들을 설명하고 해결할 수 있게 되었다. 미래 안에서는 이러한 문제들이 더 잘 해결될 수 있으리라는 것을 우리는 믿어 의심치 않는다.[12] 즉 학문적인 연구와 방법, 도구들이 더욱 완전하게 될 때 그러한 현상은 우리의 신뢰심과 일치하게 될 것이다. 그 결과 이전에 신에 대한 긍정이 인간 무지의 결과로 파생되었다고 고발하는 경향은 사라지게 될 것이다. 인간 무지가 점차로 자취를 감추게 될 때 신에 대한 긍정적 요청 역시 점차 사라지게 될 것으로 보고 있다. 세계에 대한 설명은 창의적인 과학의 업적이다. 그렇지만 신에 대한 긍정이 온통 세계의 수수께끼와 인간 무지에 그 기반을 두었다고 규정하는 것은 섣부른 판단이다.

한편 세계로부터 출발하여 세계 자체의 정당화의 원리이며 기본 원리인 신 긍정에 도달하는 것이 허용된다. 그렇지만 이러한 원리는 참된 신으로 받아들여질 수 없을 것이다. 참된 신이라고 할 경우에는 인간이 진정으로 염원하는 존재, 즉 인격적으로 지성적이며 자유로운 존재로서 인간과 밀접한 관계 안에 있는 존재이다. 그러나 위에서 언급한 신은 인간 사건들과는 아무런 관련이 없는 늘 비인격적이고 추상적인 원리로 남아 있는 존재일 것이다. 이 원리는 이론적인 차원에서

---

12) 이에 관한 참고 문헌으로는 A. Ayer, *Langugage, Truth and Logic*, Dover Publications, New York, 1957; G. Bergmann, "Logical Pocitivism", *History of Philosophical System*, pp.471-482, ed. by V. Ferm, *The Philosophical Library*, New York, 1950; J. C. Monsma, *Scince and Religion*, Putsam, New York, 1962; G. Morra, *Filosofia pertutti*, Editrice La Scuola, Brescia, 1981; A. Negri, *A. Comte e L'umanesimo positivistico*, Armando, Roma, 1971 등이 있다.

세계 실재의 불충족성을 정당화하는 것으로 유일하게 이해되는 원리이다.

이와 같은 두 가지 난제에 대한 답변은 신에게로의 전 상승 과정을 좌우하며 결정하는 것이다. 이 답변은 출발점으로서 세계를 받아들이는 것에 대한 정확한 의미가 무엇인지, 우주론적 탐구를 이해한 형이상학적(과학적이 아닌) 반성(인간에 그 기반을 두는 형이상학적 반성과 함께)과 함께 우주론적 탐구를 완전하게 하고 이 탐구를 초월하려는 요청이 명백해야 한다는 것을 포함하고 있다.

그러므로 신에게로의 접근은 두 가지의 연계적이며 보충적인 요소들을 통해 발생해야만 한다. 즉 엄격하게 우주론적 관점에서 이해되는 세계 실재의 형이상학적 고찰과 정신적·인격적·해방적 실재로서의 인간적인 관점에서 이해되는 인간학적 실재의 형이상학적 고찰이 바로 그러하다. 그러나 우리는 이하에서 전자에 관련된 문제만을 다루고자 한다.

8. 세계에서 신에게로: 우주론적 탐구

1) 신을 긍정함에 있어서 과학의 역할

과학은 과학인 한에서 신 존재 증명을 하는 것이 불가능하다고 말해야 한다. 동시에 신의 비존재에 관한 증명을 해내는 일도 불가능하다고 보아야 한다. 왜냐하면 과학은 세계 경험과 세계 내에 이미 현존하는 물질에 그 기반을 두고 있기 때문이다.

우주를 탐구하는 데 있어서 경이로운 진전을 보아 온 과학은 신을 만나지도 못하며 또 만날 수도 없다. 따라서 과학은 신을 긍정할 수도 부정할 수도 없다. 행여 과학이 신 존재를 만났다 할지라도 과학은 그 존재를 부정할 것이다. 왜냐하면 과학의 임무는 신의 현시가 모아들여질 수 있는 것과는 전혀 다른 지평에서 행해지기 때문이다. 따라서 유신론을 보증해 주도록 과학에 호소하는 것은 헛된 일이며, 무신론을 선포해 주도록 과학에 호소하는 일 역시 아무런 소용이 없다.

그렇다고 해서 이것은 과학자가 신 문제에 대해 아무런 흥미나 관심을 지니고 있지 않다는 것은 아니다. 우리가 여기서 말하고 싶은 것은, 과학은 과학 안에서 또 과학자는 과학적 확신을 통해 신 존재를 위해서 아니면 신 존재에 반해서 아무런 결정적인 논증도 구성할 수 없다는 사실이다.

일반적으로 과학자에게 인정되는 권한, 과학자의 태도, 과학이 인간 지성에 제기하는 수많은 물음들과 함께 과학의 정복은 신 존재에 직면하여 어떤 결정적인 위치를 파악하도록 인도하며 재촉할 수 있다. 그러나 신에 대한 거부와 신앙은 과학이 끌어낸 결과들의 논리적 귀결이거나 그러한 과학자의 태도로 제기될 수 있는 대상은 결코 아니다.[13]

어떤 위험성에 빠져들지 않기 위해서 우리는 과학의 중립성을 철저하게 강조하여야 한다. 위험들은 항상 도사리고 있다, 여기서 말하는 위험이란 과학적 탐구의 의미를 거짓으로 만드는 일, 신 문제를 해결하는 데 있어서의 올바른 해결책으로의 접근을 미리 배제하는 것 등이다. 무신론이거나 유신론이거나 이러한 것들에 대한 지지자를 만날 수 있는 경우가 있는데 그때에 생겨나는 위험들은 전혀 과학과 양립될 수 없는 과제가 과학에 인정되는 경우다.

과학에 이러한 과제를 인정하는 무신론자는 그가 사용하는 과학적 탐구의 방법론이나 놀라운 도구들을 통해서는 세계 안에서 신을 만나지 못할 것이다. 동시에 믿는 자가 가장 훌륭한 지향을 지녔다 할지라도 과학의 자료들에만 의지할 경우 그 역시 실망을 감추지 못하게 될 것이다. 과학적으로 존재가 주장되는 신은 그가 찾고자 하는 참된 신

---

13) Delanglade, *Dall'uomo a Dio*, Borla Editrice, Torino, 1964, pp.47-49.

이 아닐 것이다. 왜냐하면 신은 세계의 대상이 아니며 과학적 도구나 방법들로 발견될 수 있는 세계의 몫도 아니기 때문이다. 그러므로 과학적이고 경험적인 방법으로 세계를 조사하는 가운데 신에게 접근하는 일은 불가능하다.[14]

오늘에 이르러서 과학적 영감을 받았다고 보는 무신론이 확산되고 있는데 그 저변에는 신 문제를 과학적인 앎에 꿰어 맞추려는 시도가 팽배해 있다. 이러한 현상은 신을 경배하고 신 존재에 대한 깊은 확신을 가지고 있는 자들 속에게서도 찾아볼 수 있다.

신은 과학에 의한 상봉을 원치 않는다. 따라서 과학은 신에 관해 어떤 긍정이나 부정을 선언할 수 없다. 과학은 세계에 관해 모든 것을 말할 수 있다. 그리고 놀랍고도 신비스러운 현상들을 세밀히 설명해 낼 수 있다. 즉 원자의 구성에서부터 별들의 무리에 이르기까지, 세포 조직에서 민족과 문명의 조직에 이르기까지, 생명의 기원에서부터 사고의 사라짐에 이르기까지 과학은 이 모든 현상들에 대한 가능한 설명을 줄 수 있다. 그뿐 아니라 과학은 그러한 현상들을 추적할 수 있다. 그렇지만 과학은 세계에 관한 것이 아닌 것과 세계를 완전히 초과하는 것에 대해서는 아무 것도 말해 줄 수가 없다.

신에 관해서는 오직 초과학(超科學, meta-scientia)만이 말할 수 있고 또 가치 있는 논의를 할 수 있다. 즉 형이상학만이 과학과는 전적으로 다른 도구들과 인식 기술들을 사용하면서 신을 탐구할 수 있다. 과학은 세계와 관련되는 모든 문제들, 예컨대 세계의 내부 구조. 그 기원, 변화, 발전, 사멸들을 해결할 수 있지만, 과학 자체의 문제, 과학자의 문제, 가치 문제, 사고 문제, 세계와 인간의 존재 문제에 대해서는 해결 불가능하다.[15]

---

14) Cf. H. Bergson, *La pensée et le mouvant*, III, ed., Paris, 1934, p.83..

15) Cf. R. Jolivet, *L'uomo metafisico*, ed. Paoline, Catania, 1958; C. Tresmontant, *L'esistenza di Dio. Oggi*, ed. Paoline, Modena, 1970, pp. 40-50.

2) 우주론적 탐구의 형이상학적 내용

우리가 이미 언급한 바 있듯이 우주론적 탐구의 형이상학적 진행 과정은 세 가지의 본질적인 요소들을 전제로 하고 있다. 이 요소들 중에 어느 한 가지라도 결핍되는 경우에는 그 진행 과정은 충만한 유효성을 상실하게 된다. 따라서 출발점인 세계의 우연성의 입증, 충족이유율의 적용 그리고 진행 과정의 필연적 출구라 할 수 있는 우주의 제일원인인 신에 대한 근접은 모두가 한결같이 중요한 것들이다.

(1) 세계의 우연성에 대한 긍정

세계의 우연성에 대해 말한다는 것은 과학자에게 있어서 불가해한 언어나 의미라곤 전혀 찾아볼 수 없는 언어를 말하는 것과 다를 바 없다. 과학에 있어서 세계는 우연성과 관련된 차원들을 제시하지 않는다. 모든 것은 결정론적이거나 필연적으로 발생한다. 거기에는 발생 조건을 우리가 알아채지 못하는 어떤 사건들이 있을 것이다. 그것은 개연성(probabilitas)의 차원을 극복하지 못한 것이라 할 수 있을 것이다. 그러나 사건들이 발생하는 데 있어서는 그 사건과 연관된 필연적인 고리가 알려져 있지 않을 따름이다. 따라서 고리가 부재(不在)하기 때문이라고 말하는 것은 어불성설이다. 세계의 내부에서 모든 것은 필연성의 표지 안에서 발생한다. 과학자는 이러한 고리를 발견하는 데 온갖 성의를 다한다.

세계는 그 전체성에 있어서 우연적인 것으로 그 요건을 갖추어야 함을 요청치 않는다. 우연적인 것은 존재하며 이는 사실이고 실제적이다.[16] 그러나 과학의 입장에서 다른 존재나 필연유에 종속적이거나 독자적인 것이 있는지를 자문하는 일은 무의미하다. 세계는 그것을 지

---

16) Cf. S. V. Rovighi, *La Filosofia e il problema di Dio*, pp.39-41.

배하는 법칙과 세계를 둘러싸고 있는 신비 안에 존재하는 유일한 존재이기 때문이다.

그렇지만 형이상학적인 관점에서는 그렇지가 않다. 물론 과학적 관점에서 세계는 존재하는 유일한 존재이며 절대존재라는 과학의 가정은 정당하다. 왜냐하면 이러한 가정은 과학에 고유한 것이기 때문이다. 그러나 이러한 가정이 바로 문제가 되는 것이다. "과학은 세계의 품안에 어떤 발생(發生)들을 모아들일 수 있을지는 몰라도 <만물>의 발생은 과학이 제기할 수도 없고 해결할 수도 없는 문제이다. 가능한 해결책은 <만물>을 초월할 수 있는 <절대이성>이나 형이상학에 의해 해결될 수 있을 뿐이다."17)

형이상학이 말하는 우연성은 과학이 세계의 내부에 대해 인정하는 필연성과 결정론을 반대하면서까지 주장되는 것이 아니다. 우리가 말하고 있는 우연성은 세계 실재를 절멸시키기 위한 것도 아니다. 오히려 우리는 세계 실재를 필연적으로 전제하고 있다. 이 우연성은 세계의 존재 이유와 세계의 존재 사실을 표현해 준다.

세계는 존재한다. 그리고 세계 존재는 하나의 사실이다. 그렇지만 세계는 존재하지 않을 수도 있다. 왜냐하면 세계 존재는 그 자체에 법적인 것이 아니기 때문이다. 세계 존재가 유일한 존재, 절대존재 그리고 원본적(原本的) 존재라면 아마도 그것은 그 존재 자체에 합법적으로 속하게 될 것이다. 그러나 유일한 원본적 존재만이 필연적으로 존재한다. 이 원본적 존재가 무로부터 생성되거나 분출되어 존재한다는 것은 사유 불가능하다. 문제는 바로 여기에 있는데, 그것은 세계가 과연 절대존재, 유일한 존재 혹은 원본적 존재인지를 알아내야 하는 것이다. 모든 것은 세계가 그러한 존재가 아니라는 것을 우리로 하여금 알게끔 해준다. 왜냐하면 세계에 대한 우리 경험은 절대 존재, 신적 존재의 자격을 갖추게끔 하는 그런 특징들과는 전적으로 반대되는 특

---

17) O. Bettini, *op. cit.*, p.52.

징들을 명료하게 받아들이기 때문이다. 이러한 문제는 세계의 우연성에 대해 언급하면서 그 충만한 의미를 받아들이는 형이상학적 차원에서만 해결될 수 있다.

"우리로 하여금 세계가 신적이고 신 자체이며 절대 존재이고 그 자체로 존재하는 것이며 그 어떤 존재에도 종속되어 있지 않다고 말하도록 하는 어떤 것이 있는가? 아무 것도 없다. 절대로 아무 것도 없다. 우리는 우주가 존재한다는 것을 증명할 수 있지만 … 그 어떤 것도 우리에게 우주가 신적이라는 것을 부가해서 말하도록 하지는 않는다."18)

(2) 충족이유 원리의 적용

세계의 우연성으로부터 신 존재 긍정에로 나아감은 충족이유의 자극을 통해 생겨날 수 있다. 이때 말해지는 충족이유율은 신 접근의 프로세스에 있어서 지렛대와 같은 역할을 한다.

이러한 점과 관련하여 우리는 즉시 다음과 같은 요청들을 제시할 수 있을 것이다.

① 충족이유의 원리를 사용하는 것은 합법적인 것인지, 아니면 원리 자체의 가치성을 정당화해야 하는지 자문해야 할 것이다. 그렇게 할 때 원리의 사용 문제는 그 기능을 제대로 발휘할 수 있을 것이기 때문이다.

② 한편 신 존재 긍정은 원리 일반의 개별적인 결론을 고려해야만 하는 것인지 아니면 원리 자체가 이미 신 존재에 대한 긍정의 원인이 되는지를 물어야 할 것이다.

③ 마지막으로 세계의 우연성이 명백한 것이고 또 충족이유율이 참으로 명증적인 것일 경우 어떻게 무신론자들이 존재할 수 있는지를

---

18) *Ibid.*, p.53; Tresmontant, *L'esistenza di Dio. Oggi*, p.80.

물어야 할 것이다.

이러한 질문 내지는 요청에 대한 답변은 우리에게 형이상학적 프로세스의 일관성과 합리성을 이해하는 데 도움을 줄 수 있다.

a. 충족이유 원리의 가치성

충족이유 원리는 그 구조에 있어서 강제적이고 절대적이며 필연적인 가치를 소유하여야만 한다. 그런데 이 원리는 어디서 절대성과 필연성의 원리를 끌어내고 있는 것일까? 분명 이 원리는 그러한 특성들을 실재에서 끌어내고 있다. 그렇지만 경험 안에서 우리 지성이 파악하여 제공한 실재는 본질적으로는 우연성과는 갈등적인 관계에 있는 실재이다. 따라서 우리는 이렇게 말할 수 있을 것이다. 이 원리는 경험에 제공된 우연적인 세계 실재의 고찰에서 생겨난 것이 아니라 세계유(世界有), 우연유에 대한 파악, 필연적 존재의 전체성 안에서 이해된 존재 파악이라는 점에서의 실재로부터 생겨난다. 그러나 필연적 존재는 충족이유 원리를 선행한다. 그리하여 충족이유 원리는 전개 과정을 악순환으로 이끌면서 마침내 도달하고자 하는 결론을 절대존재의 근거에 기대하게 된다.

실제로 충족이유의 선언은 전체성 안에서 이해된 존재에 관한 지성의 반성에서 생겨나는데 그것은 우연유와 필연유를 파악하는 한에서 그러하다. 이는 그러한 원리의 선언이 임의적인 것임을 의미하지 않는다. 오히려 그 선언은 인간 지성의 가장 심오한 요청과 존재의 본질적인 구조에 일치하는 선언이다.

"인간의 고유한 특권은 … 우주를 지배하고 자기 자신을 지배하는 것이다. 이 특권은 공통적으로 이성 혹은 절대 기능이라는 용어로 정의되며 이성들과 원인들을 탐구한 인간 형식 안에서 … <적합하고 완전하다고 여겨지는 과학 질서의 자료들을 넘어서서 절대자 위에 가치, 사유 그리고 존재

를 기초토록> 한다. 이유의 원리라고 불리는 것은 보편적 가지성의 원리이며 … 이 원리는 … 모든 형이상학에서 효력이 있으며 이성신학에 모든 논증의 토대를 마련해 준다."[19]

충족이유 원리가 속하는 제일원리들에 대한 긍정은 사유와 존재의 밀접한 구조를 표현함이다. 이러한 긍정은 근본적으로 실질적인 것과 인간 이성에 대한 기본적인 신뢰심을 내포하고 있다. 즉 이성에 입각한 것으로서의 실제적인 것과 실재를 우리에게 열어 보일 수 있는 것으로서의 이성에 대한 신뢰인 것이다. 이러한 상호간의 일치는 이성이 받아들일 수 있는 의미를 실재에 부여하고 실재 안에 그 의미를 받아들일 수 있는 구조를 이성에 부과하는 상급 지성을 전제 조건으로 할 때에만 가능하다.[20]

이러한 신뢰심의 태도가 결핍된 곳에는 모든 형이상학적 반성의 가능성이 결핍되게 마련이다. 더구나 인간 지성은 무효화되고 실제에 대한 모든 가지성(可知性)은 질식되기에 이른다. 이는 우리 정신의 실재 내지는 모든 경험 자료들과는 모순되는 경우이다. 그러한 신뢰의 태도가 무효화되었을 때 지성은 순전히 경험적 인식의 차원에로 함몰되며 실재적인 것은 개념할 수 없는 불합리성에로 밀려나게 마련이다.

b. 신 존재 연역

그렇지만 이것은 충족이유 원리가 자기 안에 신 존재에 대한 긍정을 내포하고 있음을 의미하지는 않는다. 다만 이것은 신 존재 긍정과 충족이유 원리가 서로 일치한다는 것 그리고 존재 증명의 프로세스 안에서 신 존재 논증의 특수한 본성을 드러내지 않는 가운데 다른 기

19) *Ibid.*, p.55.
20) J. Delanglade는 자신의 저서인 *Le problème de Dieu*, Aubier, Paris, 1960에서 이 점을 잘 밝혀주고 있는 듯하다; Cf. S. V. Rovighi, *La Filosofia e il problema di Dio*, pp.55-56.

능을 수행하기 위해 제시된다는 것을 뜻한다. 논의 과정에서 이러한 논증은 직관적인 요소를 통해 더 부유해진다. 형이상학적 논의를 통해 신을 긍정토록 하는 발전적이고 명시화된 존재에 대한 원본적 직관이 있는데, 연역적 논의는 신 긍정에 암시적으로 뿐만 아니라 기본적으로 부과되는 원본적 직관의 대상적 부요함에서 그 자양분을 얻고 형성된다.[21]

이러한 신 존재 증명에 있어서 직관과 연역은 서로 섞여 짜여지며 서로는 서로를 좌우하게 된다. 이때 결론에서 얻어지는 신 존재에 관한 명시적 긍정은 이미 전제에서 제시되며 최종적인 순간에 그 전제의 가치성은 결론을 필요로 한다. 이렇게 볼 때 모든 신 존재 증명은 이성과 실재 앞에서처럼 신뢰의 태도에 의존한다는 관점에서 또 다른 문제를 야기한다.[22]

3) 형이상학적 현상과 함께 신뢰의 태도에 기반을 둔 기본 선택

이성과 실재에 못지 않게 신뢰심의 태도를 평가하는 일, 동기들을 이해하는 일, 신 존재 증명과 함께 그것을 받아들인다는 사실에 있어서 범위를 측정하는 일은 전혀 난해하거나 복잡하지 않다. 왜냐하면 이것은 사유의 문제가 아니라 삶의 태도와 관련된 문제이기 때문이다. 이 삶의 태도는 선택을 결정하는 사유를 정향하는 태도인 것이다.

실재 앞에서 그리고 경험과 반성이 실재 안에서 발견하는 긍정적이고 부정적인 면들, 이성적이고 비이성적인 면들과 모순적인 면들 앞에서 인간은 이러한 실재의 심오한 의미에 관해 선택해야 하고, 실재가 이성 혹은 반이성에 기반을 둔 것인지를 해석해야 하며 이 실재가 가지적인지 아니면 그렇지 못한지에 대해 사고하여야만 하는 조건에 처

---

21) O. Bettini, *op. cit.*, pp.55-56.
22) *Ibid.*, p.56.

해 있다. 이러한 면들이 인간에게 끼치는 영향력에 따라 동일한 실재에 직면하여 그는 신뢰심 혹은 불신적인 태도를 드러낼 것이다. 이 두 개의 태도는 동질의 정당성을 제시하지는 못할지언정 모두 가능한 것들이다.

신뢰적인 태도는 긍정적인 면들이거나 부정적인 면들이거나 간에 이 모든 것을 이해하는 데 동의한다. 적어도 그 동의는 현실적으로는 우리의 일상 경험을 피해 달아나지만 유한하고 제한되어 있는 우리의 유한한 존재에 대한 고찰과 완전히 일치하는데, 이는 무엇보다도 인간의 본질적인 특성인 인간 자유의 실행과 전적으로 일치하는 가지성의 상급적인 계획에 이끌어질 수 있다는 한에서 그러하다.

불신의 태도는 고뇌, 고통, 증오심, 불의, 오류, 죽음, 궁극적으로는 악의 문제를 구성하는 부정적인 면들에 대해 합리화할 수 있지만, 긍정적인 자료들(우리 경험에서 나타나는)을 설명하는 데에는 전혀 부적합한 태도이다. 실제로 절대화 안에서 이해된 부정은 결코 어떤 것에 대한 긍정을 유발할 수가 없다. 그렇기에 이러한 의미에서 신뢰심을 지닌 태도는 더 확실한 것이 된다고 할 수 있다. 정확히 말해 그것은 다른 것에 대해 더욱 논리적인 일관성이 있기 때문이 아니라(무신론 역시 논리적 일관성이 있음) 가장 폭넓은 수용성 안에서 이해되는 인간 경험에 더욱 충실한 것으로 비쳐지기 때문이다. 또한 다른 한편으로 불합리성은 자동으로 파괴되기에 이른다.

4) 세계의 제일 원인인 신에 대한 긍정

우주의 제일원인인 신에게 우리가 도달하게 되는 형이상학적 전개 과정의 출구와 관련하여 '원인' 개념이라든가 '제일차적'이라는 개념에 대한 고찰을 해야 한다는 어떤 의무가 따른다. 왜냐하면 이 개념들은 세계 현상에 대한 과학적 설명이라는 맥락에서 사용되는 용어와는 전혀 다른 의미를 지니고 있기 때문이다.

제일원인 혹은 우주의 '궁극적' 설명으로서의 신은 다른 세계적 원인들의 가장자리를 차지하고 있지 않다. 그렇기에 제일원인은 원인들이 세계에 대해 부여하는 과학적 지식에 협력하지 않으며, 이러저러한 이유로 인해 조사하는 현상들에 대한 충만한 이유를 부여할 수 없는 경우 그러한 원인들을 대체하지도 않는다. 오히려 신은 이 모든 원인들을 '넘어서' 있기에 모종의 역할, 즉 형이상학적 역할을 수행하기에 이른다. 여기서 말하는 역할이란 상이한 형태의 과학적 설명으로 무엇인가를 알아내고자 함이 아니라 단지 상이한 관점에서 그러한 형태들을 초월하여 모든 것을 이해하고 정당화하며 근거 지우는 것이다.

따라서 신은 다음과 같은 의미에서 세계의 제일원인이라고 말해질 수는 없다. 즉 모든 세계 원인들 중 세계에 대한 과학적 이해에 있어서 다른 것에 비해 월등한 기능을 수행한다는 의미에서 그러하며 원인과 결과라는 연계적인 세계 사건들 속에서 시간적으로나 공간적으로 그 모든 현상들의 앞자리를 차지한다는 의미에서 신이 세계의 제일원인이라고 말해질 수는 없는 것이다.[23]

제일원인이라고 말할 때는 모든 세계의 원인들이 제일원인을 전제로 한다는 의미에서이며 그 원인은 아무런 원인도 전제로 하지 않을 때 가리켜질 수 있는 존재란 의미에서 그러하다. 세계의 원인들은 존재하고 행위하는 매 순간마다 모든 공간 안에서처럼 그렇게 과거와 현재와 미래라는 시간 안에서도 매번 제일원인을 전제로 한다. 그러므로 제일원인이라고 할 때에는 세계 존재의 원천으로 지속적이고 즉각적이며 불가분적일 뿐만 아니라 동시에 존재들을 초월하는 존재 자체로서 그것을 전제함이다.

과학자는 가능한 도구를 사용하는 가운데 폭풍의 발생 지점, 핵폭발, 경제적 붐과 같은 내외적인 사건들을 다스리고 좌우하는 원인들과 법칙들을 발견할 수 있다. 사건의 자료에 의해 이 모든 것은 과학적인

---

23) *Ibid.*, p.59.

관점에서 완벽하게 설명될 수 있으며 모든 구성 요소들은 미시적이고 거시적인 차원에서 해명할 수 있다. 과학은 이 모든 것을 과학적으로 분석하고 분해하며 재구성한다.

그러나 과학은 존재, 형이상학적 사건들에 대해서는 아무런 설명도 하지 못한다. 오히려 과학은 그러한 사건의 '존재'에 관한 질문마저 던지지 않는다. 다시 말해 과학은 사건을 설명하려고는 했지만 그 설명은 다른 존재나 설명에 호소하는 것으로 그친다. 그리하여 경험에 제공되는 다른 사건과 존재들을 더욱 복잡하게 조종할 따름이다. 이때 과학은 존재들에 대한 문제를 궁극적으로 제기하지는 않는다.[24]

이와는 달리 형이상학적 반성은 세계 경험의 모든 자료 안에 현시되고 세계 실재의 매순간에 나타나는 존재의 원인을 받아들이고자 한다. 그러나 과학자는 실재의 모든 현상을 설명하기 위하여 존재에 근본적으로 참여하는 모든 원인들이 이미 존재 안에 받아들여져 있다고 보기에 별다른 문제로 삼지 않는다.

제일원인을 발견하기 위해 원인들의 계열 안에서 역으로 소급해서 진행할 필요는 없다. 왜냐하면 제일원인은 시간적·공간적 우선성에 관한 것이 아니라 형이상학적 우월성과 관련된 존재이기 때문이다. 형이상학적 우월성은 세계의 기원에 대한 요청만큼 그렇게 시간적인 지속성(持續性)의 모든 순간에 있어서도 그러하다. 아니 그것은 세계는 영원할 것이라는 가정 하에서의 요청일 수 있다. 세계 존재의 영원성(semper)은 우연성 안에서 영원한(semper) 존재에 대한 문제를 억압하지는 못할 것이다. 그것은 문제가 되는 한에 있어서 세계의 존재이며 오히려 세계 존재의 모든 부분이며 모든 순간이다. 그것이 문제가 되

---

24) 이에 관해서는 B. Bonansea, "a Prime Instance Where Science Needs Religion", *Science and Religion*, pp. 93-102. Ed. by J.C. Monsma, Putnam's Sons 1962; E.L.Mascall, *Christian Theology and Natural Science*, Longmans, Green and Co., London and New York 1957; M.K. Munitz, "Creation and the 'New' Cosmology", *The British Journal for the philsophy of Science*, V(1954), pp. 32-46을 참조할 것.

는 이유는 우리가 이 존재를 자기 안에 존재 이유를 갖고 있지 않은, 즉 우연적인 것으로 받아들이기 때문이다.

9. 맺는 말

지금까지 우리는 세계 실재에 대한 반성을 계속하는 가운데 과학과 형이상학, 사실과 가치, 신 문제 등을 살펴보았다. 그리고 우리는 문제를 분석하는 과정에서 신 존재 긍정이 이성과 실재의 문제에 국한된 것이 아니라 신뢰감과 불신의 태도와도 연관되어 있음을 고찰하였다. 무엇보다도 신에 대한 적합한 인식을 명시적이며 계속적으로 추구하기 위해서는 실존적 결단이 요청된다.

과학과 기술 문명이 놀라운 발전을 거듭하는 이 시대, 첨단 과학이라는 기치 하에 모든 것을 과학 안에 용해시키고자 하는 시대적 움직임은 자칫 과학 절대주의에 빠져들 운명을 암시하고 있다. 이러한 시대적 흐름 안에서 신 존재 문제는 이차적이고 후차적인 문제로 밀려날 수밖에 없으며, 신적인 모든 것 역시 과학이란 미명 하에 경험과 검증의 차원으로 추락할 소지마저 떠 안게 되었다. 이는 분명 학으로서의 형이상학의 불가능성 내지는 소홀함을 외쳐대는 이 시대 광장에 필연적으로 대두될 수밖에 없는 전통적 가치의 전도를 의미하며, 이는 세계 존재의 우연성을 배제하고 오히려 그것을 절대화하려는 획책에서 발생할 수밖에 없는 논리의 필연적 귀결이기도 하다.

앞에서도 언급하였듯이 과학은 세계 존재를 정당화하는 데 있어서 필요시되는 유일한 비판기준일망정, 인간 지성이 진리와 사물들의 확실성에 도달하는 데 요구되는 유일무이한 가치를 지닌 비판기준이 아님을 잊어서는 안 된다. 과학은 나름대로 고유한 학문적 영역을 갖고 있다. 과학적 관점에서 세계는 존재하는 유일한 존재이며 절대존재라는 가정이 정당화된다. 이러한 가정은 과학에 고유한 것이다. 문제는 이러한 가정이나 주장이 세계 실재에 대한 근원적 해결책이 될 수 없다는 데 있다. 물론 과학은 세계에 관한 수수께끼와도 같은 많은 문제들을 해명하고 풀어주었다. 그리고 과학은 그 동안 미해결로 남아 있던 세계 현상에 대해 놀라운 설명들을 해줌으로써 마법이나 신비와 같은 허상들을 실재의 틀 안에서 교정시키는 가운데 그 실상을 밝혀주었다. 앞으로도 세계 현상에 대해 과학은 향상된 도구와 방법론을 통해 보다 더 확실한 설명을 해줄 것이다.

그렇다고 해서 과학이 모든 것이라고 말해서는 절대로 안 된다. 과학은 세계에 관한 것이 아닌 것과 세계를 초월하는 것에 대해 말할 수 있는 것이라고는 아무 것도 없다. 이러한 문제들은 오직 초과학(超科學, meta-scientia)이라 할 수 있는 형이상학적 논의의 대상으로 압축된다. 그렇다고 해서 형이상학이 세계와 전혀 무관한 문제들을 다룬다는 말은 아니다. 오히려 형이상학은 세계 문제를 포함, 과학과는 전적으로 다른 도구들과 인식 기술들을 통해 신 문제에 이르는 다양한 문제들을 취급한다. 우리는 이것을 우주론적 탐구의 형이상학이라는 명칭을 사용하여 그 진행 과정을 살펴보고자 하였다.

실제로 과학은 세계의 기원이라든가 그 내부 구조, 변화, 발전, 사멸 등과 같은 문제들을 해결해 줄 수는 있지만, 과학 자체의 문제, 가치 문제, 인간 사유, 세계와 인간 존재와 같은 문제들에 대해서는 아무런 해결책도 제공해 줄 수 없다. 이러한 문제들은 제일철학인 형이상학에서 집중적으로 논의되어야 하는 것으로, 결국 형이상학은 그 필연적 출구인 우주의 제일원인인 신 긍정에 도달하는 가운데 문제를 조명하고 그 근원적인 해결책을 전면에 제시해 준다.

신에 관한 형이상학적 논의는 세계 실재에 대한 탐구의 결말에서 신을 발견하고자 하는 것이 아니다. 그것은 세계 사물들의 존재 기반으로서 혹은 그 이유로서 신을 찾고자 한다. 따라서 신에 관한 형이상학적 논의는 세계 실재의 모든 점을 포괄하며 현시하는 요소라 규정할 수 있다.

앞에서도 말했듯이 신 존재 긍정으로 이끌어지는 진행 과정은 세 가지의 기본적이고 본질적 요소들이라 할 수 있는 사실의 증명, 원리의 적용 그리고 결론의 연역을 통해 가능하다. 우리는 이러한 진행 과정이 가치 있고 유효한 것으로 여겨지도록 하기 위해 그 기본 개념들을 심화시키고 정당화하고자 하였다. 세계의 우연성에 대한 긍정으로부터 출발하여 제일원인인 신에게로의 도달은 충족이유 원리에 입각한 것이었다. 특히 형이상학적 논의의 마지막 출구라고 말해지는 제일원인은 모든 세계의 원인들을 넘어서 있으면서도 동시에 형이상학적 역할을 수행한다. 이 형이상학적 역할은 상이한 형태의 과학적 설명으로 무엇인가를 밝혀내고자 하는 것이 아니라 모든 것을 초월하여 만사를 이해하고 정당화하며 기초하고자 한다. 이때 말해지는 제일원인은 아무런 원인도 전제하지 않고 존재의 원천으로서 계속적, 즉각적인 관계를 지닐 뿐만 아니라 존재 자체를 넘어서 있는 것이다.

오늘의 이 시대는 과학의 발달로 인해 거대한 육체를 지니게 되었지만 영혼은 한없이 메마르고 허약한 모습을 하기에 이르렀다.[25] 기술적 진보에 있어서 인간 육체는 기계의 도움으로 강력한 힘을 발휘하게 되었지만 부끄럽게도 정신과 영혼은 가면 갈수록 점차 왜소해지고 있다. 지상을 향해 너무나 휘어져버린 기술인(homo technicus)이 이제는 하늘을 응시해야 할 때다. 그가 진정 하늘을 바라보기를 원한다면 기술과 정신 사이에 존재하는 극도의 긴장과 불안감을 떨쳐 버리고, 보다 고상한 차원에 관심을 기울여야 한다. 이는 영혼의 보충이라는 용어로 바꿔 표현될 수 있는데, 그것은 세계 실재에 대한 형이상학적 안목을 길러 가는 경우에만 가능하다.

---

25) H. Bergson, *Les deux sources de la morale et religion*, F. Alcan, Paris, 1932, p.355 참조.

제 8 장
인간학적 탐구

신 존재를 논증하는 데 있어서 우주론적 실재에 관한 고찰로부터 인간학적 실재에 대한 고찰로 나아간다는 것은 세계에 관한 형이상학적 반성과 함께 얻어낸 가치 있는 결론들에 의해 강력히 명해지고 요청되는 과제이다. 우주론적 실재에 의거한 결론 내지 결실들은 특별히 인간 존재의 요청들에 충분히 부응하는 것으로 나타나지 못했을 뿐만 아니라 근본적으로는 정신적이고 자유로운 실재(實在)와 관련된 고유하고 다양한 물음들에 대해 이렇다 할 답변도 제시하지 못하고 그런 중요한 문제를 방치하는 것은 아닌지 하는 염려를 불러일으키게 한다.

우주론적인 반성이 마침내 도달하게 되는 존재(esse)는 참으로 세계의 최종적인 이유와 그 결론적인 설명으로 제시되는 바, 그것은 세계에 관한 형이상학적 반성의 가능성을 부정하는 반박들에 대해 한 걸음 앞서 분명하게 그 불법성을 증명해 보인다. 그렇지만 그것이 제이차적으로 있을 수 있는 반박의 불법성을 자명하게 논증해 보인다고 말하기는 힘들다. 왜냐하면 그것은 제일원인(Causa prima) 안에서 인간이 염원하는 가운데 인격적 관계를 맺고자 하는 '살아 계신 하느님'

(Deus vivus)을 발견해 내는 데에 있어서는 극복해야 할 여러 가지 한계성을 지니고 있기 때문이다.

우주론적 탐구가 도달하는 존재(Esse)는 추상적이고 이론적인 원리로 철학자나 과학자들의 요청을 만족시켜 줄 수 있을지는 몰라도 인간들의 요청에 대해서는 충족스런 답변이 될 수 없다. 그러면서도 우연성과 불확실성의 궁지에 사로잡혀 있는 경우 그것은 절대자와 무한자의 요청을 체험한다. 이는 우주론적 증명이 내포하고 있는 한계이기에 우리는 또 다른 차원에로 거슬러 올라가 접해야 하는 필연적 상승 단계를 마주할 수밖에 없다.

신에게로의 접근 문제가 충만하고 완전한 의미를 획득하며 그 참된 해결책을 발견하기 위해서는 인간학적인 문제로 우리의 눈길을 돌리지 않으면 안 된다. 즉 신에 대한 긍정이 완전무결하게 정당화되기 위해서는 그것이 인간적인 모든 문제와 구체적인 상황들 안에서 발생되는 문제들을 정당화하고 그 해결책까지도 마련해 주어야 한다. 그러한 문제는 유한자가 유한성 안에 사로잡혀 있을지언정 무한자를 향한 열망을 지니고 있다는 것, 유한성 안에서 헤매고 있을지라도 절대자에게 개방되어 있다는 것, 유한자가 자신의 무성(無性)에 처해 있을망정 존재의 충만한 빛을 향해 개방되어 있다는 것과 직결되어 있는 문제이기도 하다. 이것은 탐구되어야할 인간의 구체적 상황이면서도 동시에 해결해야만 하는 수수께끼이다. 적어도 그것은 우리가 하느님에 대한 긍정이 전적인 명증성(明證性, evidentia)과 필연성(必然性, necessitas) 안에서 주어지기를 열망하고 있는 한에서 그러하다.

인간학적 탐구의 진행 과정은 우주론적 면을 이탈하지 않고 오히려 우주론적 탐구 과정을 따른다. 양자간에 유일한 차이점이 있다면 그것은 출발점의 특수성이다.

우주론적 탐구 과정의 출발점이 경험 안에서 그리고 경험을 통해 받아들인 우주를 우주인 한에서 받아들이는 것이라면, 인간학적 탐구는 언제나 경험을 통해서이긴 하지만 세계 경험과는 별도의 경험을 통한 본질적인 구성 안에 받아들여진 인간 정신을 그런 한에서, 다시 말해 인간 정신인 한에서 다루는 가운데 출발한다. 그런데 여기서 말하는 경험은 사용하는 도구들이나 상호 작용하는 상이한 수준으로 말미암아 세계 경험과는 다른 것이다. 인간 영혼의 내밀한 구조를 밝혀내는 경험은 내성화(內省化)의 방법을 유익하게 사용하는 일이다. 그것은 '잘 이해되어야만 하는' 방법인 것이다. 어떤 의미에서 내성화는 우리를 주변의 세계 실재와 단절시키는데, 그렇게 함으로써 우리를 신체적이고 물질적인 것과는 다른, 보다 더 심오하고 상이한 차원에 우리를 모아들이고 집중케 한다.

내성화는 가장 진정한 것으로 그 자체로 완전히 폐쇄된 정신적인 실재의 틀 안에 있다고 해서 그러한 경우 그것이 효과적으로 행위한다고까지 말할 수는 없다. 그때에 그것은 다른 정신적인 실재들과도 아무런 연관성도 맺고 있지 않으며 신체적이고 세계적인 동일한 실재와도 이렇다 할 관련성이 없게 된다. 이와는 달리 내성화가 다른 정신들과 통교하고 신체와 세계들과 통교하는 한에 있어서 그것은 우리를 정신 앞에 제시하고자 한다. 사실 이것은 세계와 다른 정신들 그리고 우리 정신간의 내적인 관계에 있어서 매우 고유한 것이다. 이러한 관계는 동일한 것의 '실질적' 상황과 그 역사를 끌어들이도록 허용한다. 바로 그 시점에서 존재 문제가 구축되는데, 그 존재는 절대적인 것에 대한 염원과 함께 가면 갈수록 더 강렬해지는 좌절감에 빠져들게 된다.

인격적 일치 내지 인간 역사로 이해되는 우리 정신 내부에서 그 정체성(正體性, identitas)을 드러내는 분열은 인간과 관련된 중심적인 문제로 부각되는데, 그것을 바탕으로 하여 믿는 자와 불신자의 관심사는 집결되며 모든 의미를 신에 관한 탐구와 조사에 두게 된다. 사실 신에 관한 진정한 문제는 인간의 진리 문제와도 부합한다.

인간, 비록 무한한 열망을 지닌 중압감으로 이해되면서도 유한성과 한계성 안에 구축된 이러한 반성으로부터 자기 정체성을 드러내는 인간은 유일하게 단독자(單獨者)로 설명될 수 있는 존재가 결코 아니다. 따라서 인간은 본질적으로 절대존재(Ens absolutum)와의 상관관계 속에서 고려되어야만 한다. 인간이 은혜를 입은 존재라면 그것은 인간 자신에게 되돌려지거나 귀속되어서는 안 된다. 그것이 다른 존재에게서 주어진 선물이라면 필히 타자(他者)에게로 눈을 돌려야 하는 것은 너무나 당연한 일이다.

1. 문제의 현상학적 분석

비록 유한성이라는 한계 속에 결론되는 인간이라 할지라도 그는 끊임없이 자신을 극복할 것을 요청받는 가운데 무한한 지평(地平)을 향해 시선을 돌리고자 한다. 그 누구도 이러한 경향을 부정할 수는 없다. 이렇듯 인간이 자신을 극복하고자 하는 노력은 역사 안에서 확연히 검증되고 있으며, 인간은 성취된 결과들에 결코 멈추지 않고 그에게 결정적으로 획득된 것으로 여겨지는 모든 것들에 대해 물음을 멈추지 않는다. 이렇게 드러나는 능력 안에서 인간은 자신의 충동과 자극을 발견한다.

> "이런 의미에서 … 무한자는 항시 개방된 사건을 향한 그칠 줄 모르는 충동이라는 용어를 넘어서서 모든 실현과 주어진 모든 가치를 불충분하고 불안정하며 제한된 것이라고 줄기차게 논박하는 능력인 것이다. … 그러한 힘은 항시 명백한 것이 아니라 그 자체 무제한적이라는 것을 알고자 하는 노력과 함께, 인간은 자기 욕구들의 확충에 응답하려는 나름대로의 거처를 늘 세계 안에 마련코자 했다는 점에서, 그리고 마지막으로는 고통과 죽음에 대항하는 의식의 반란을 통해 그러한 힘은 생활화되고 실행된다."[1]

---

1) R. Jolivet, *L'uomo metafisico*, ed. Paoline, Catania, 1958, p.16.

1) 문제의 현상학적 자료들

(1) 존재의 충만함에 대한 염원

우리 안에는 존재의 충만성 내지 완전성에 대한 염원이 자리하고 있다. 이와는 달리 우리는 이러한 존재를 제한하는 산더미 같은 장애물 앞에서 끊임없이 괴로워하고 있으며, 더구나 결정적으로 존재를 무효화시키는 죽음을 눈앞에 두고 고뇌하고 있다.

이렇게 볼 때 유한하지 않은 어떤 존재를 갈망하는 우리의 열망과 우리의 '사멸할' 조건 사이에는 어떤 분열 내지는 대립이 자리하고 있다. 거기에는 삶에 대한 요청이 자리하고 있으면서 동시에 불행하게도 죽음의 실재가 가로놓여 있다. '죽음을 향한 존재'인 우리는 죽어야 함을 알고 있으면서도 죽지 않기를 바라며 살아가고 있다. 우리는 사력을 다해 죽음에 맞서 투쟁하고 있는 것이다. 그런데 동물은 죽을 것이라는 사실을 알지 못한다. 동물은 이러한 모순을 몸으로 체험할 수도 없다. 그러나 우리 안에는 '보다 더 위에'라는 것이 있는데, 이것은 우리로 하여금 삶의 충만함을 욕구토록 한다. 그럼에도 불구하고 존재는 냉혹하게도 우리를 밀치고 떨치며 달아난다. 우리는 그 '보다 더 위에'가 도대체 우리 안의 어떤 곳에 자리하고 있는지 그리고 무슨 이유로 인해 그것이 우리 안에 기거하고 있는지를 알고 싶어한다.

(2) 선의 충만함에 대한 열망

이와 마찬가지로 인간은 완전성에 대한 열망을 지니고 있으면서도 동시에 비극적이라 할 만큼 부분적이고 단명하며 무의미한 선들을 떨쳐버리지 못하고 오히려 그런 것들의 올가미에 꽁꽁 묶여 있음을 확인할 수 있다. 이것은 분명 일차적으로는 개별 존재의 영역 안에서 발생하고 있다. 그것은 충만한 열정과 무시무시한 비열함으로 꽉 짜여진 역사 속에서 훨씬 더 또렷이 드러나고 있으며, 때로는 극적일 만큼 그 모습을 활짝 펼쳐 보이고 있다. 그러면서도 절대선(Bonum absolutum)에 대한 완전성의 요청은 모든 사람들과 각각의 영역에서 정의에 대한 요청으로 나타나고 있다.

많은 이들이 새로 시작하고 새로운 노선을 탐색하며 제도를 변화시키고 있다. 그런데 거기에는 마찬가지로 분열과 대립이 생겨나고 언제나 새로운 방해물이 끼여들며 전에 없던 제한들과 고통스런 실책들이 연이어 따라붙는다. 인간이 모든 여력을 다해 하나의 이상을 고상하게 가꾸려 할 때에도 거기에는 이해할 수 없을 만큼 동시다발적으로 그와 같은 이상에 반하는 일상적인 좌절감과 실패감이 생겨나 그 자리를 넘보거나 넘겨받고자 한다. 우리 안에 있는 그 어떤 것도 그러한 현존을 정당화시키지 못하는 경우라면, 도대체 어느 곳으로부터, 무엇 이유로 이 모든 것을 넘어서는 선에 대한 절대이상(idea absoluta)이 존재하는 것인지 우리는 알고 싶어한다.

(3) 완전한 진리에 대한 열망

마지막으로 인간은 진리(veritas)에 대한 심오한 열정을 지니고 있음을 지적하지 않을 수 없다. 진리에 대해 지니고 있는 인간의 열망은 결코 충족되지 못한 실재로 남아 있다. 그것은 대체로 인간 안에서 매 순간 새로워지고 있을 뿐만 아니라 마치도 정신의 특수한 흥분제처럼 늘 새로운 탐구와 정복을 향해, 아니 더 고차원적인 목표를 향해 나아가도록 끊임없이 자극한다. 이러한 열망은 인간이 더 나은 과학, 철학, 종교적 지식을 완전하게 가꾸어나가는 데 혼신의 힘을 기울이도록 한다. 아마도 개인들 안에서 이러한 앎에 대한 염려는 동일하지도 않고, 때로는 적지 않은 경우 뒤떨어지는 경우도 있겠지만 이러한 지식과 확실하고 결정적인 앎에 대한 본래적인 갈증은 사람들 안에서 언뜻언뜻 그 실체를 드러내 보이고 있는 것이 사실이다. 이는 진리에 대한 양적 성장에 대한 것만이 아니라 질적 성장까지도 포함한다. 여기서 말하는 질적 성장은 존재의 심오함에 안착하여 절대진리를 밝혀내고자 하는 것이다. 그렇지만 인간은 부분적이고 불확실하며 상대적인 진리와 맞서 운명적인 싸움을 벌이지 않을 수 없다. 왜냐하면 거기에서도 원의하는 바와 실현되고 있는 것 간의 계속적인 긴장감과 날카로운 분열이 자리하고 있는 까닭이다. 우리가 맛보게 되는 실망감과 좌절감에도 불구하고 과연 어디서 그리고 무슨 이유로 인해 이러한 절대진리에 대한 열망이 계속해서 꼬리를 물고 나타나는 것인지 우리는 알고 싶다.

2) 현상학적 자료들에 대한 평가 분석

(1) 한편 우리는 요청을 진척시킬 수 있을 것이다

우리가 투쟁을 벌이고 있는 유한성에 대한 조건들을 극복하고자 하는 염려는 절대적인 것을 향한 발걸음을 재촉한다. 그렇지만 이러한 현상들이 모든 사람들에게서 발견되는 것은 아니다. 대다수 사람들은 일반적으로 자신들이 처해 있는 상황에 만족하며 살아간다. 그런 사람들은 자신들의 일상생활에 대해 주저 없이 행복하다고 말한다. 그래서 그들은 위에서 언급한 문제들을 극복하기보다는 부분적이고 실증적인 진리, 비뚤어진 정의감이나 편협한 존재성(存在性)에 자신을 쉽게 넘겨버린다. 우리가 유한성과 관련된 염려에 대해 언급하는 경우 그것은 소수의 인간 집단 내지는 선별되고 완전하며 영웅적인 정신을 갖춘 인간들에게 해당된다. 그렇다고 해서 그들이 이러한 현상의 보편성을 구축하기 위한 규범으로 채택될 수는 없다. 다만 대부분의 사람들에게 있어서 극복에 대한 염려는 공허한 것으로 나타난다는 결과로 인해 그러한 현상은 가일층 눈에 더 잘 띌 따름이다.

한편 그것이 자리하고 있는 곳에서 그 현존과 기원은 인간 본성의 실질적인 요청을 향해 인도될 수는 없는 일이지만 그것을 사회적 교육의 결실로 고찰하게 되는 경우 그것은 쉽게 설명될 수 있다. 즉 그 결실이란 지식과 제도적 차원에서 인간의 정복력이 계속해서 성장하여 성숙된 사회 안에 발전적으로 성취된 결실인 것이다. 그것은 대대로 가면 갈수록 더 완전하고 충만하게 전수되어 마침내 이룩되어야만 하는 절대이념과도 같이 작용한다.

(2) 답변의 시도

사실 우리는 모든 사람들이 영웅들이라거나 선구자들 혹은 성인들이 아니라는 것을 인정해야만 할 것이다. 오직 소수만이 그러한 이상들에 매료되어 그것을 실현하는 데 최선을 다해 효과적으로 행위 한다. 그럼에도 불구하고 그러한 극복 능력이 근본적으로 인간의 통상적인 자료와는 별개의 것이라고 주장하는 것은 결코 정당화될 수 없다. 물론 이것은 그러한 능력이 항시 실현되고 늘 성취되어야 한다고 생각하는 것과는 무관하다. 그러한 실현 내지 성공은 다른 여러 가지 요소들에 달려 있다. 그러한 요소들은 우리가 투쟁하는 인간 조건인 것이다. 요소들은 이상의 현존을 인간 안에 드러내면서 실현되기만을 원하는 실패와 좌절의 참담함 속에 자리한다.

이러한 관점에 비추어볼 때 각 사람과 모든 이에게 있어서 적어도 그들 존재의 어느 순간에 그러한 염원이 발생하기는커녕 그 이상이 빛을 발하지도 못한다고 쉽게 주장할 수도 있을 것이다. 그렇지만 이것은 사실을 외면하는 것에 불과하다. 인간은 끊임없이 어느 순간이라고 확실하게 꼬집어 말할 수는 없겠지만 그러한 염원과 이상을 시시각각 체험하며 살아간다. 인간으로서 절대적인 것을 향한 이러한 정신적 매료를 단 한번만이라도 체험하게 된다면 그는 이것으로서 충분하다. 이러한 염원과 이상은 사실상 인간의 본성 안에 주입되어 있다.

이러한 것을 인간 교육이나 인간 발전의 완전성이라는 기계주의로 인도하는 하는 일은 아무런 가치도 없다. 물론 인간 교육이나 진보적 완성도는 그러한 이상에 대한 해석과 일치할 수도 있겠지만 그런 해석은 이상이 전에 인간 마음 안에 현존하지 않는 경우라면 발생할 수조차 없기 때문이다.

용기가 생기는 식으로 그렇게 인간 마음이 이상으로 채워지는 것은 결코 아니다. 이상이 받아들여지기 위해서는 인간 본성의 요청에 공명해야 하며 외부의 물체처럼 인간 본성에 나타나는 것이 아닌, 그 안에 이미 포함된 것에 대한 현시로 소여되어야만 한다.

교육은 비록 감추어져 있지만 우리 영혼 안에 주입된 것을 발견토록 하는 초대이다. 그러한 이상들을 전수하고 일으켜 세우려는 과제를 교육에 유보하고자 할 경우에도 그러한 이상들이 어떻게 교육자들의 마음속에서 생겨나고 있는지를 설명해야 한다. 이상들이 사회 발전의 완성도와 함께 생겨난다고 주장하는 것은 어쩌면 매우 솔직한 언사처럼 보인다. 물론 발전적이고 진보적인 완성도도 있을 수 있다. 그렇지만 설명되어야 하는 것은 바로 이것과 관련된 점이다. 전적으로 그것을 진척시키는 관점은 차치하고서라도 이러한 상승적인 발걸음 안에서 인간을 재촉하는 것이 있다면 도대체 그것은 무엇일까? 그리고 원하는 완전성에 결코 도달할 수도 없으면서 끝까지 개선하고자 하는 줄기찬 노력을 뒷받침하는 그것은 도대체 무엇이란 말인가?

바로 이것이 문제이다. 이것이 이상의 솟구침을 설명하는 인간의 심리적·역사적 발전이라고 하는 경우, 거기에 대한 합당한 이유가 무엇인지를 우리는 언급하지 않으면 안 된다. 뿐만 아니라 이상들은 인간의 역사적·심리적 변혁을 끊임없이 촉구하는 것이 아니라는 점에 대해서도 언급해야만 한다. 인간을 구성하는 것이 이상이 아니라 이상을 구성하는 것이 인간이라면, 인간은 이상과 관련하여 자신을 창조자로 규정하겠지만, 그럼에도 불구하고 그는 언제나 만족스러워 하지 못하고 계속해서 자신의 완전성을 찾아 나서고 있다.

(3) 현상학적 자료들에 관한 의미 규정

이 마지막 반성은 우리로 하여금 더욱 궁극적인 확실성이 도대체 어떤 것인지를 알아차리도록 도움을 준다. 완전성에 관한 발전적 탐구가 있는 것인지, 혹은 모든 시대에 걸쳐 그러한 탐구가 쇄신되고 강조되었는지, 그것이 인간 활동의 전 영역에 걸쳐 발생하는 것인지에 대해서는 증명할 수 없다.

인간은 늘 도상에 있으며 언제나 만족스러워하지 못하는 존재이다. 인간은 앞을 향해 조금씩 전진하는 가운데 가능한 완전성의 목표가 자꾸 멀어지고 있음을 눈치챈다. 그것은 마치 보행자가 무지개를 향해 발걸음을 옮기는 것과도 같다. 즉 그가 앞으로 나아가는 만큼 무지개도 점차 조금씩 앞으로 밀려 이동하는 것과도 같다.

따라서 도달해야 할 이상의 발전적 이동은 그러한 이상이 인간 역사를 초월해 있는 것인지, 무한한 지평 안에서 언제나 인간의 지평을 초과해 있는 과분한 것인지를 물어야 할 것이다. 그렇지 않으면 그것은 역사에 내재적(內在的)인 것으로 인간의 가능성과 유한한 조건들 안에 포함된 인류의 발전적 완전성을 동반하는 사실들에서 연유한 것인지도 물어야 한다.

첫 번째 가정에서는 그러한 이상은 결코 소멸될 수 없다. 비록 역사가 결말적인 경우라 할지라도 그러하다. 왜냐하면 이상은 초월적 존재의 무한성을 분여(分與)하기 때문이다. 이와는 달리 두 번째 경우에 이상은 사라질 운명에 처한다. 그때 인간은 완전성과 자신을 발견하는 데에 있어서 어떤 한계에 부딪힐 수밖에 없을 것이기 때문이다. 그리고 인간은 자기 존재의 유한성에 매인 것처럼 그렇게 거기에 부자연스럽게 묶여 있어 무한은 한없이 달아날 수밖에 없으리라.

두 가지 경우들 중에 어떤 것이 참된 것인지를 결정하기 위해서는 인간 역사가 결말적인 것인지, 그래서 거의 경험론적으로 증명될 수 있는 것인지, 그리고 그 이상(理想)은 결정적으로 인간 사건들의 결말에서 사라지게 되고 그리하여 그것은 인간 실재의 유한성 안에 포함되었던 것인지를 면밀하게 조사해야만 한다. 아니면 그것은 아직껏 지탱케 하고 인간을 초월하는 지평인 유한한 지평 안에 포함된 반대의 경우 안에 자리매김한 것인지도 살펴보아야 한다.

이는 매우 시급한 문제인데, 이유는 그것이 본질적으로 인간을 양육하는 것과 직결되어 있기 때문이다. 그 누구도 오랫동안 참으면서 증명을 인내심 있게 기다리는 데에 동조하지는 않는다. 그것은 즉각적인 확실성과 마주쳐 반성과 경험이 우리에게 허용하는 수단을 통해 해명되어야 한다.

실제로 경험과 반성은 두 가지 가정들 중에 참으로 어떤 것이 전적인 가치를 지니고 있는 것인지를 평가토록 한다.

무엇보다도 우리는 인간의 진보적인 완성도가 부정할 수 없는 사실이라는 것을 인정해야 한다. 이러한 완성은 연속적인 단계들을 통해 발생하고, 각각의 단계와 도달된 목표는 언제나 새로운 목표와 지평을 향해 개방되어 있다. 새로운 정복을 일구어낸다는 것은 인간 발전의 결정적인 순간이 아니라면 불가능하다. 이런 면에서 새로운 이상의 형성은 역사와 인간의 변혁 그리고 사회 발전의 내재적 이상들, 고대에 품었던 이상들의 실현과 맞물려 있으면서도 또 그것들과 병존한다. 이러한 이상들의 현존과 효력을 설명하기 위해서는 무한한 이상과의 연관성이 요구된다. 그런데 이런 무한한 이념은 역사와 인류를 떠나 작용한다.

그럼에도 불구하고 이 모든 것은 문제의 참된 근본을 그냥 스쳐 지나간다. 여기서 말하는 문제란 어떤 것인가? 그것은 인간이 도달한 입장들에 대해서나 정복하여 얻은 결과들, 실현된 것들에 대해 전혀 만족하지 못한다는 점이다. 이를 설명하기 위해서는 인간이 사회의 품안에서 행동하고 발전한다는 것, 그의 발전 및 행동은 인간 사회의 행동과 발전에 근본적으로 매어 있다고 말하는 것으로는 충분하지 않다. 왜냐하면 인간이 없는 인간 사회는 생각조차 할 수 없기 때문이다. 그것은 인간의 기능과 행위 안에서가 아니라면 발전할 수도, 존재할 수도 없다. 그러한 발전을 명하고 규정하는 것은 언제나 인간이다. 왜냐하면 성취된 모든 목표는 참으로 하나의 목적이며 정복이고 완성이라는 것을 가르쳐주기 때문이다.

문제는 완전성을 향해 밀쳐지는 것을 느끼는 문제에 관한 것인 아니라 초과적인 이상, 규정된 진리, 결정적인 정의를 실현하느냐에 관한 것이다. 다시 말해 그것은 각자의 눈앞에 빛나는 진리, 인간이 손으로 잡아버린 이상 그리고 '최소의 사랑'을 넘어서 있는 정의의 실현에 관한 것이 아니라 균열이 없는 정의, 오류가 없는 진리, 오염되지 않은 이상과 관련된 것이다. 인간 역사는 각각의 인간들과 함께 출발하여 이러한 이상들에 의해 유발되고 도달한 목표들에 대한 불만족에서 시작하여 무한한 완전성을 향해 펼쳐진다.

이러한 이상들은 인간의 품안에 자리한 것이지 인간으로부터 오는 것이 아니다. 이러한 이상들은 인간을 넘어서며 초월하고 자극한다. 한편 있을 수 있는 가능한 모든 실현, 늘 새로운 완전성들의 촉진자들은 완전성과 이상들이 실현하는 무한한 진리를 결코 완벽하게 채택할 수는 없다.[2]

만일 우리가 유일하게 인간의 역사적 발전의 외적인 면에 멈추어서 버리는 경우 그것은 이상의 부정확한 실현이라는 유효한 해석을 내릴 수 있다. 참된 실현은 늘 새로워지고 성취된 모든 결과들을 넘어서서 또다시 제기된다. 인간은 이러한 틀 안에서 역사에 완전히 흡수되며 역사의 내용에 의해 좌우된다.

그런데 우리가 역사의 촉진자 내지는 역사의 주체가 과연 누구인지를 고찰하기 위해 하강하고자 한다면, 인간이 새로워지고 완성되는 그 구체적 실존 안에 그러한 이상이 인간의 생성과 동일시되지 않는다는 점을 발견하게 된다. 그러한 이상들은 생성을 정초하며 촉진시키는데,

---

2) Delanglade, *Dall'uomo a Dio*, Borla Editore, Torino, 1964, pp.85-98 passim.

이는 유한한 제한성들 안에 포함되지 않는 이상들로서 인간을 초월케 하고 자극하는 무한한 지평 안에 자리하고 있다.

2. 인간 실재의 현상학적 자료들에 관한 형이상학적 반성

우리는 여기서 세계로부터 신에게 도달하는 과정을 묵살하고 인간에서 신에게 이르는 진행 과정을 살펴보고자 한다. 이것은 도식적으로 세계와 관련하여 분석된 다음과 같은 세 가지의 단순명제들로 기술될 수 있다.

① 인간 안에는 무한자에 대한 염원이 자리하고 있다. 그런데 이러한 현존이 단지 인간 정신의 유한한 명제들 안에 머무르는 경우에는 정당화될 수 없다.

② 충족이유의 원리로 인해 그러한 염원에로 인도되어야 하는데, 바로 거기서 인간 안에 자리한 무한한 존재의 행위가 있게 된 현존의 기원과 토대가 설명될 수 있다.

③ 따라서 무한자에 대한 인간 염원의 원천 내지 목적인 무한존재는 존재한다.

1) 문제의 용어들의 의미

여기서 우리가 즉시 분명히 해야 할 점들은 다음과 같다.

제시된 바와 같이 인간 정신으로부터 무한존재(無限存在)로 나아감은 무한자(Infinitum)의 관념에서 신 존재로 나아가는 것(성 안셀무스의 경우)과 동일시되지는 않는다. 이러한 진행은 우리가 이미 존재론적 논증에서 다룬 바 있다. 존재론적 논증의 유효성에 힘입어 여기서 채택된 진행 과정은 본질적으로 존재론적 논증에서 작용하는 진행 과정과는 구별된다. 존재론적 논증에서 무한자 관념은 논리적 내용 안에 수렴된다. 그것은 마치 무효화될 수 있는 위험 중에 존재의 표기(nota)도 포함해야 하는 가장 완전한 존재 관념과 다를 바 없다. 따라서 우리 정신 안에 현존하는 관념 안에 포함된 절대적 완전성을 충만히 실현하고자 한다면, 가장 완전한 존재는 존재해야 하며 그것은 존재를 소유해야만 한다.

이와는 달리 우리의 관심을 끄는 인간학적 진행 과정에서는 자기 안에 존재 개념을 포함하는 논리적 개념에 대해서는 취급하지 않고, 오직 인간 정신의 실질적 구체성 안에 모아들여진 무한자에 대한 구체적인 열망만을 다룬다. 그런데 인간 정신은 자기 안에 그러한 열망에 대한 심오하고 궁극적인 이유(ratio)를 포함하고 있지는 않다.

따라서 이것은 추상적인 개념에서 구체적인 실재로 나아가는 것을 의미하지 않고 유한한 정신(mens finita)의 구체적 존재로부터 출발하는 것을 의미한다. 그렇게 함으로써 무한한 다른 실질적인 존재에 귀착할 수 있는데, 그 무한존재는 무한자로 향하는 우리 정신의 열망의 이유이며 토대인 것이다.

우리는 여기서 또 다른 분석을 시도해야 할 것이다.

이러한 신에게로의 접근 진행 과정은 신 존재에 관한 인간 종(種)의 보편적 동의에 의해 다루어지는 논증과 동일시되지는 말아야 한다.

보편적 동의에 관한 논증은 동의라는 가정된 보편성으로부터 그 위력을 발휘한다. 이와는 달리 여기서 고찰하고자 하는 것은 인간 안에 자리한 무한자의 열망이라는 현존에 바탕을 둔 것으로 신과의 연관성 없이는 정당화될 수 없는 것이다. 신과의 관련은 그러한 열망이 유일한 인간 주체 안에 발견되는 경우라 할지라도 필요한 것이다. 한 사람, 여러 사람들 혹은 모든 사람들 안에서 발생하는 것은 무한존재에 대한 유한한 인간 정신의 이러한 관계의 본성을 전혀 변화시키지 않는다. 그러므로 이러한 진행 과정의 참된 의미는 열망의 발견으로부터 인간 정신 안에 현존하는 무한자에 이르는 데 있어서 무한한 정신적 존재를 긍정할 수밖에 없다는 요청으로 결론에 다다른다는 사실에 있다.

세계로부터 신에게로의 진행 과정에 있어서처럼 여기서도 무한존재를 긍정토록 밀치는, 다시 말해 전적으로 자기 자신을 설명하는 데 있어서 한계성을 마주하는 유한존재의 불확실성과 불충분함이 자리하고 있음을 체험한다. 여기서 유한존재는 인간 정신으로 불확실성과 불충분함을 체험하기에 인간 정신 실재의 심오한 이유인 존재를 탐구하도록 재촉한다.

인간학적 진행 과정의 부요함과 특수성이 모아들여지는 곳은 바로 여기서다.

2) 이러한 탐구의 내용과 풍요로움

이제 우리가 탐구의 결과들을 고찰하게 되는 경우, 그 결과들이야말로 참으로 풍성한 것이라는 점에 대해 언급하지 않을 수 없다. 그러나 그것은 어떤 면에서 신에 관한 이해에 조금이라도 동조할 수 있을 만큼 그렇게 부요하고 풍성하다고 말하기는 힘들다. 신에 대한 이해에 관한 한, 그것이 세계에서 출발하든지 아니면 인간에서 출발하든지 간에 결과들은 신에 관한 긍정적 지식이라고 말해질 수 있는 그것 저변에 무한히 깔려 있다.

인간학적 진행 과정은 특별히 우주론적 진행 과정이 그렇게 동의하듯이, 오히려 그것을 넘어서서 인간의 요청에 속하는 더욱 폭넓은 신에 관한 논의를 허용한다.

무엇보다도 존재의 제일원인인 신에 대한 긍정은 인간의 전적인 이해의 결과들에 매우 중요한 암시적 의미를 풍성하게 하면서 신을 '영적' 존재의 제일원인으로 긍정토록 한다. 이렇게 해서 인간은 신 안에서 자신의 고유하고도 완전한 정당성을 발견하게 된다. 그것은 전적으로 세계와 구별되는 것으로 자신의 영적인 존재 안에서뿐만 아니라 세계 실재에 그것을 결합시킨다는 점에서 그러하다.

상호 관계적으로 신은 존재의 추상적이고 보편적인 원리로 더 이상 개념되지 않고 고유하게 영적인 실재의 원천이라고 주장된다. 이러한 영적 실재는 본질적으로 인간 안에 사고와 의지 그리고 자유로 나타난다. 그리고 이것은 무한실재로까지 연장되는데, 무한자 자신은 본질적으로 지성존재(intelligentia)와 의지(voluntas) 그리고 자유(libertas)로 이루어져 있다.

분명히 여기에서도 신이 영적인 무한실재(無限實在)라고 주장되는 질서는 인간을 구축하는 질서와는 전적으로 다른 완전성이며 안전성이다. 이는 초월적 질서이며 완전한 의미로는 인격적 질서이다. 이 때문에 신에 관한 긍정적 이해는 우리의 인식 가능성을 피해 달아난다. 그럼에도 불구하고 인간의 영적 실재에서 출발하는 형이상학적 반성은 인간의 영적 실재의 기반이며 궁극적 이유인 무한한 영적 실재의 존재를 필연적인 것으로 주장하는 데 동의한다.

그렇다고 해서 이것이 전부는 아니다. 인간은 인격적 실재이고 여타의 영적 존재들과의 인격적 관계들을 엮어 나갈 수 있는 능력을 지닌 존재이기에 무한한 영적 실재 역시 인격적 실재의 전망에 도입될 수 있어야 할 것이다. 그러한 전망이란 영적 존재인 인간과 관계를 맺는 것을 뜻한다.

따라서 신에 대한 인간의 종속성은 세계 실재가 신과 갖는 종속성이라는 동일한 의미로 해석되어서는 안 된다. 인간의 종속성은 인격적 차원의 종속성이다. 이것은 인간으로 하여금 신에게 속하게 하는 것일 뿐만 아니라 신에게 질서 지어진 존재임을 의미한다. 바로 이 사실을 성 아우구스티누스는 자신의 『고백록』 제 1 권 첫머리에서 매우 적절하게 지적한 바 있다.

"님 위해 우리를 내시었기에 님 안에 쉬기까지엔 우리 마음이 평안하지 않나이다."(Fecisti nos ad Te, ed in quietum est cor nostrum donec requiescat in Te)

이런 관점에서 우리는 인간학적 진행 과정이 그 풍요로움과 부유함으로 인해 우주론적 진행 과정을 극복하는 것이 그리 어렵지 않음을 알게 된다. 뿐만 아니라 우리는 뛰어나리 만치 영적인 실재라는 점에서 인간의 구체적 존재로부터 주어진 질문들과 요청들에 대해 응답하는 데 기꺼이 동의한다.

말할 필요도 없이 영적이고 인격적인 실재로서의 신에 대한 긍정은 인간과 신 사이의 관계들에 관한 한 어떤 물음들을 제기하고 있는데, 즉 인간 자유에 관한 문제라든가 악에 관한 문제가 바로 그런 것들이다. 이러한 문제들은 더 궁극적인 형이상학적 반성을 통해 직면하고 해결해야 할 문제들이다. 따라서 인간의 중요한 문제들이 해결될 수 있기 위해서는 신에게로의 접근이 세계를 통해서만(우주론적 논증) 해결될 수는 없고, 인간 실재로부터 출발하거나 인간 안에 생겨나는 영적인 요청으로부터 출발하여 신에게 인도되는 여정에 의해 통합되어야 한다는 것을 필히 주지해야만 한다.

3. 둔스 스코투스의 자유론

위에서 지적한 대로 자유는 무엇보다도 인간이 인격적인 실재인 신을 긍정할 때 '그분'과 갖는 관계를 가장 극명하게 드러내주는 참된 요소인 까닭에 우리는 이하에서 인격과 직결된 자유 문제를 그 누구보다도 깊이 있게 사고했던 중세의 대표적 사상가 중의 한 사람인 둔스 스코투스의 학설을 중심으로 살펴보고자 한다. 그렇게 함으로써 우리는 유한존재와 무한존재의 관계가 어떤 것이며, 유한한 인간존재가 어떻게 무한존재에 다다를 수 있는지 그 구체적인 해법을 제시하고자 한다.

지난 5세기는 주로 해방과 자유화를 위한 발전적 과정의 역사라고 할 수 있다. 코페르니쿠스, 갈릴레이, 그리고 뉴턴은 신학적인 방식에서 과학적 방식의 해방을 추구하였으며, 프랑스 혁명은 계몽주의자들의 방식을 따르면서 시민들을 절대 군주주의로부터 해방시켰다. 마르크시즘은 부르주아지의 지배에서 프롤레타리아트를, 니체는 형이상학으로부터 본능적이고 생생한 삶을 해방시키려 하였다. 세계의 여성운동들은 가부장적이고 남성 위주의 문화에서 여성의 해방을 촉진시켰다. 마지막으로 우리가 살아가고 있는 이 시대는 인간, 가족, 젊음, 성(性), 도덕, 종교 등과 관련하여 문제가 되고 있는 원리들과 규범들에 대해 새로운 비판기준을 적용하면서 다양한 해방 운동과 자유화를 끊임없이 부르짖고 있다.

　자유는 여러 가지 형태의 철학 체계와 휴머니즘, 도덕적 운동, 사회혁명, 종교적 논쟁 혹은 거리에서 행해지고 있는 운동들을 통해 계속해서 번져나가고 있다. 현대는 자율성, 존경심, 자유, 자기결정과 관련하여 특별한 의식과 감수성을 지니고 있다. 인간들과 이상들에 대한 고전적인 종속성을 제거하려는 노력과 의지에도 불구하고 현대인은 사물과 전통, 제도 등에 다시 빠져들고 마는, 그래서 결국에는 예기치 못한 새로운 종속성을 마주할 수밖에 없는 뜻하지 않은 이율배반성에 움찔하고 있다. 결국 삶의 복잡한 형식들과 체제로부터 해방과 자유를 기대하는 이 시대 사람들은 또다시 생산주의와 소비주의의 특성을 지닌 오늘의 사회 안에서 현대판 노예제도의 형식들을 암암리에 체험하는 악순환을 거듭하고 있다.

　파우스트처럼 삶이 제공하는 모든 것을 체험하고 증명하기를 바라는 현대인은 때로는 의심으로 고통받는 햄릿처럼 변모하고, 또 때로는 모든 것을 먹어 치워도 배가 차지 않는 사투르네스처럼, 복수의 여신 푸리에와 같은 파괴자, 시지푸스와도 같은 부조리한 자가 되기 일쑤이다. 이와는 달리 참된 인간이라고 말할 때 그는 계속해서 '위대한' 자유를 찾아 나서는 자일 것이다. 과연 전적인 자유는 이 세계가 아닌 아주 소수만이 거처하는 도시인 '유토피아'에서나 만나볼 수 있는 것일까?

우리는 여기서 지복직관(visio beatifica)의 그리스도교적 이상국가를 삶 속에 끌어들이며 완전한 자유를 갈구하고 누린 중세의 철학자이며 신학자인 둔스 스코투스(Johannes Duns Scotus, 1266-1308)의 사상을 고찰해 보기로 하자.

호세 메리노(J. A. Merino)에 의하면 난해하지만 결코 복잡하지 않은 이 명민한 박사(Doctor Subtilis)는 게으르고 피상적인 정신을 지닌 사람들이 아닌, 요청적이고 명석하며 심오한 정신을 소유한 사람들에게 잘 어울리는 사람이다.3) 그는 결코 단편적인 것에 집착하지 않고 종합을 향해 나아가는데, 이유는 전체성을 통해서만 의미와 특수명제를 발견할 수 있다고 믿었기 때문이다. 그는 본질의 형이상학을 추구하면서도 존재에 대한 깊은 사고를 지녔고, 존재론적 원리의 전문가이면서도 구체적 개체들을 옹호한 인물로 널리 알려져 있다. 그의 위대한 가르침은 전적으로 인간 삶과 연관되어 있으며 따라서 그것은 삶을 위한 참된 지침서라 해도 과언이 아니다. 스코투스는 앎이란 '잘 사는 것'(bene vivere)과 '잘 공존하는 것'(bene convivere)에 기여하는 것이라는 그리스도교적 인본주의의 놀라운 가르침을 우리에게 제공하였다.

특히 자유 문제와 관련된 스코투스의 가르침은 매우 심오하다. 일반적으로 자유가 자발성, 자유 의지, 간섭의 부재, 필요성의 실현, 자기 결정, 의지적 행동, 구체화된 존재, 선택의 의무와 가능성, 그 무엇으로부터 해방되고 그 무엇을 위해 자유롭게 된 것을 의미하는 것으로 사람들 사이에서 폭넓게 논의되어 왔다면, 어떤 형태의 자유인지를 알기 위해서는 그 고유한 체계에 입각하여 완전한 틀을 잡는 것이 필

---

3) J. A. Merino, *Storia della Filosofia francescana*, Edizioni biblioteca francescana, Milano, 1993, p.319.

요하다. 왜냐하면 자유 개념은 자치적인 개념이 아니라 그것을 관장하는 철학과 그것을 옹호하거나 고발하는 인간학과 결코 분리될 수 없는 개념이기 때문이다.

사람들은 스코투스의 자유 개념의 근간인 주의설(主意說, Voluntarismus)에 대해 많은 것을 말해 왔다. 그들은 스코투스의 의지 중심설이 토론의 여지가 전혀 없는 너무나 분명한 사실이라고 말해 왔다. 특히 선각자인 보나벤투라와 함께 그는 의지의 자발성과 우월성을 강조하였으며, 지성은 의지를 뒷받침하는 데에 조언적이며 지침적인 기능을 갖는다고 후대 학자들은 생각하였다. 그런데 우리가 스코투스의 사상을 살펴보면 그의 주의설은 사람들이 일반적으로 생각하는 그런 단순한 사상이 아니라는 확신에 도달하게 될 것이다. 따라서 여기서는 스코투스의 자유 사상과 밀접한 관련성을 지닌 보나벤투라의 자유 개념을 먼저 소개하고, 이어서 스코투스의 사상을 면밀하게 분석, 그가 강조하는 무한존재 안에서의 자유로운 인간 존재 방식이 어떠한 것이며 신을 어떻게 만나고 있는지도 살펴볼 것이다.

1) 성 보나벤투라와 자유

자유에 대한 보나벤투라의 해석은 자신의 인간학적 종합에 근거하여 가해졌다. 그에 의하면 인간은 신과 피조물 사이에 있으면서[4] 우주의 중심에 놓인 소우주(microcosmos)이다.[5] 그리고 신의 관용(liberalitas)을 이해하고 그와 통교할 수 있는 유일한 존재라는 점에서 인간은 우주의 '의식'이다.[6] 인간은 자유 의지로 인한 신의 모상(imago Dei)이다.[7] 신은 인간을 위대한 신적 업적의 단순한 방관자로

---

4) *II Sent.*, Proemium.
5) *Itin.*, c. 2. n. 3.
6) *II Sent.*, d. 16, a. 1, q. 1, concl.
7) *Ibid.*, d. 25, p. 1, dub. 1.

서가 아닌, 그것을 위해 혹은 그것과 반대하여 거기에 능동적으로 참여할 수 있도록 세계 안에 그렇게 창조하였다.

이 세라핌적 박사가 영혼을 신과 관련하여 '유사성'(similitudo)이라고 표현할 때, 그것은 하나의 아름다운 은유법에 그치는 것이 아니라 존재론적 의미 안에서 이 말을 사용한 것이다. 즉 그는 신과 인간 사이에는 참으로 공통된 '어떤 것'(numquid)이 존재한다는 사실을 강조한다. 자유는 바로 영혼 안에 현존하는 신적인 이 '어떤 것'이다.

신은 진리-인식에 있어서 또 최상선-의지에 있어서 가장 완전한 존재이기에 신 안에서 모든 것은 자유이며 자기와 존재하는 그 모든 것에 대한 소유이시다. 한편 신은 자기를 떠나 다른 것을 탐구하거나 그 누구의 의견을 구하거나 여러 가능성들 중에서 어떤 것을 선택할 필요가 없다. 이유는 신이 무한한 완전성으로 존재하기 때문이다. 자유의 실행은 언제나 제한이나 소외 없이 행위 하는 신과의 불변적인 원의함 속에 자리하고 있다. 이러한 관점에서 신은 절대 자유이며 투명한 자유이시다.

이와는 달리 인간의 자유는 본질적으로 상대적이며 욕구적이다. 다시 말해 그것은 외부 실재를 향하는 경향이 있는데, 이유는 완전성을 소유하지 못한 까닭이다. 인간은 분석과 비교 그리고 평가할 필요성을 지니면서 모호성과 의심과 위험 속에서 바라보고 해결하고 선택한다. 따라서 자신의 근본적인 한계성으로 인해 자기 자신 안에 정초될 수 없고 오직 자신을 정초하는 신 안에 그 기반을 마련할 수 있을 뿐이다. 그는 신 안에서 그리고 신을 통하여 구성적으로 자유롭게 될 필요성이 있다. 이와 동시에 자유는 인간 안에 다양한 자유화의 과정을 통해 얻어지는 최종적인 정복이다.

인간의 자유로운 행동은 전 인간의 결과이며 그것은 이성의 심사숙고함과 의지의 결단을 필요로 한다. 자유는 이성과 의지 간에 밀접한 협력을 통한 결과이다. 자유 의지는 이성과 의지 양자를 모두 포괄한다.8) 자유의 기초는 이성과 의지에 의해 구성되며 오로지 이 두 기능의 합치에 의해서만 존재할 수 있다. 인간이 유일하게 이성에 따라서만 해결책을 찾으려 한다면, 그는 대상, 인격, 실재를 인식하고 가치를 평가할 수는 있겠지만, 이성은 자기 자신을 움직이거나 선택하는 일만큼은 하지 못할 것이다. 대신 이성 없이 욕구로만 결말을 보고자 한다면, 그는 움직여지고 결정될 수는 있겠지만, 제동이 걸릴 수 없을 것이며 단지 소경의 동작을 취하는 데 그치고 말 것이다. 자유는 지배이며 인간이 실현하고자 원의 하는 행위들의 거침없는 순응성이다. 그것은 오로지 이성과 의지의 일치에 의해서만 가능하다. 그래서 자유는 두 가지를 조화시키는 데에 필요시 되는 연유로 인해 자유 의지라 불린다. 즉 그것은 의지와 관련된 한에서 자유로우며 이성과 관계를 맺는 한에서 의지적인 것이다. "판단은 이성에 대한 것이며 자유는 의지에 관한 것이다."9)

보나벤투라는 주어지고 실현된 것으로서의 자유가 아닌, '소속' (habitus)의 특성을 지닌 순전히 가능적인 것으로서의 자유를 지향한다. 소유의 특성은 필히 이성과 의지의 접합점에 의존하고 있지만 상황이라는 우연성과 시간성이라는 제한 조건에 따라 실현될 수밖에 없는 것이다.10) 자유는 그 실현에 있어서는 진보적 특성을, 그 향방에

---

8) *Ibid.*, d. 25, p. 1, a. un., q. 3, concl.

9) *Ibid.*, d. 25, p. 1, a. un., q. 3, concl.

10) 소속(habitus)은 어떤 견고한 성질들로 이를 통해서 주체는 긍정적이고 부정적인 의미로 그의 본성(존재성의 습관: 건강, 질병)이나 그의 행동과 목표(작용적 습관들: 덕과 악습, 학문 혹은 지성의 기형화 등)에 적합한 것에 방향을 두게 된다. 소속들을 다른 성질들로부터 구분하는 특성은 선의 이유 내지 악의 이유이다(예컨대 건강은 그것을 소유하는 자에게 선하다: 덕은 선이다. 이와 반대되는 악습은 악이다 등). 이것은 도덕적 영역에 그것들의 폭넓은 적용을 정당화하며 그러한 영역에 안에서는 선과 악이 완성되고 그 고유한 의미를 지니게 된다. 작용적 소속들은 그것들에 의해 완전하게 된 힘들에 따라 구분될 수 있다. 즉 지성적 소속들(학문과 현명함), 의지 안에 자리하고 있는 소속들(정의), 혹은 지성과 의지에 의해 다스려진 한에서의 감각적 욕구들 안에 자리한 소속들(용감성과 절제)이 바로 그러하다. 그것들은 기원에 따라 구분될 수도 있다. 따라서

있어서는 목표를 위한 긴장의 특성을 천부적으로 타고났다. 그러나 이러한 과정 안에서 의지와 이성은 충만한 자유의 실현을 방해하는 저항들과 불투명성 그리고 불일치를 마주한다.

자유를 정복하기 위해서는 자아를 지배하고 본능적인 세계를 통제할 필요가 있다. 실상 이러한 요소들은 서로간에 평화로운 협력 체계를 구축하기는커녕, 단지 갈등 상황만을 유발할 뿐이다. 이 때문에 자유로운 삶은 희생과 포기, 의지적인 죽음을 요청한다. 자유는 길고도 험난한 과정을 거친 후에야 얻어지는 자유화의 결실이며 그 결과이다. 자유는 인간을 참으로 자유롭게 하며 참된 평화를 가져다주는 인간(Persona)인 그리스도께 동의함으로써 성취될 수 있다.

2) 스코투스의 자유

(1) 앎과 의지

스코투스에 있어서 의지(voluntas)는 지식의 질서에 참여하지 않는다. 따라서 진리는 행위가 아닌 지성과 판단에 달려 있다. 주의주의자(主意主義者)인 스코투스는 의지의 역할을 강조하고 들어 높이기 위해 지성(intellectus)의 역할을 축소하거나 평가절하하는 데 결코 골몰하지 않는다. 오히려 그는 지성의 중요성을 강조한다. 기실 스코투스만큼

거기에는 얻어지는 본성적 소속들이 있으며(예술, 성실성) 하느님으로부터 타고난 초자연적인 소속들도 있다(타고난 신학상의 도덕적인 덕행들).
소속 주변에는 성향들이 있는데, 그것이 주체 안에 뿌리를 두고 있지 않은 한에서 보다 못한 견고성을 지닌다. 성향들은 어떤 기능으로 주어지지는 않지만 소속으로 변모되면서 주체에 견고하게 집착할 수 있다. 예컨대 덕을 쌓기를 원하는 사람은 처음에는 좋은 성향들만을 지니지만 그것은 훈련하는 힘을 통해 습관화된다. 낭송의 본성적인 습관은 행동의 반복을 통해서 마침내 웅변술로 변모된다. 이는 곧 견고하게 성취된 완전성인 하나의 소속 외에 다른 것이 아니다.

그 누구도 영혼(anima)을 불가분의 위력 있는 실재로 제시하거나 그 안에서 지성과 의지의 조화로운 관계를 올바로 설정한 적은 없다.

지성과 의지에 있어서 그 본래적인 일차성은 지성에 속하는데, 이유는 의지하기(행하기) 위해 우리는 먼저 알아야 하기 때문이다. 스코투스는 주지주의자는 아닐지라도 이 점을 분명히 밝히고 넘어간다. 즉 앎은 모든 의지적 행위를 선행한다. 이는 지성이 의지의 필수조건이며 예비기능이라는 것을 말하는 것과도 같다. 필수조건이라 함은 지식 없이는 거기에 아무런 의지함도 없을 것이기에 의지가 행위하기 위해서는 필히 지성을 필요로 한다는 의미에서 그러하며, 예비적 기능이라 함은 지성의 행위가 의지의 행위에 앞서 이루어지기 때문이다. 그러나 이전의 아우구스티누스주의자들의 주장을 받아들이는 스코투스는 분명히 지성에 대한 의지의 일차성을 옹호한 것이 사실인데, 그것은 심리적 질서와 관련하여 그러하다.

우리는 여기서 '심리적 질서'와 관련된 우리 자신의 체험을 고려해 볼 필요가 있다. 물론 체험이 이러한 진리에 대한 '증인'이 될 수 있는지에 대해서는 의구심을 떨쳐버릴 수 없겠지만, 문제는 본래적인 일차성이 지성의 상위성으로 나타난다고 더 이상 믿을 수는 없기 때문이다. 그래서 둔스 스코투스는 지성이 의지보다 하위적이라는 증명을 연역해 낸다. 물론 지성은 의지의 필수 불가결한 조건이지만 그렇다고 해서 의지가 결단하는 데 있어서 그 원인으로 작용할 수는 없다. 이 점과 관련하여 데오다(P. Déodat)는 다음과 같이 스코투스적 합리성을 제시하고 있다.

"앎의 행위는 원인이 그 결과를 산출하는 것처럼 의지를 산출하지는 않는다. 의지적 행위는 분명히 그것을 위해 질료적인 것을 제공하는 앎의 행위로부터 시작된다. 그렇지만 앎의 행위 역시 그것을 규정하는 의지 행위로부터 시작된다. 어떻게 해서든지 만일 당신이 원인(causa)이라는 단어를 사용하고자 한다면, 앎의 행위는 하위적이고 부분적인 원인으로서 의지의 행위에 유용하다는 것을 말해야만 한다. 그러나 의지의 행위는 부분적이지만 보다 상급적인 원인으로서 앎의 행위를 위해 기여한다."[11]

지성은 행위의 실현을 위해 부분적 혹은 이차적 원인 내지는 준비의 역할을 담당하지만, 이 행위의 실현은 본질적으로 의지에 달려 있다. 모든 의지적 행위에 있어서 지성이건 의지이건 간에 그것들은 동일한 결과에 참여한다. 그렇지만 지성의 임무가 대상을 현시하는 것이라면, 의지의 임무는 이러한 제안을 수용하거나 거부하는 것이다. 이렇게 볼 때 지성은 인간의 자유로운 활동을 위한 필수조건(conditio sine qua non) 외에 다른 것일 수 없다.

만일 자유로운 행위가 의지적 행위와 관련된 원인인 지성과 의지의 현존과 협력을 요청하는 데 있어서 그 행위가 인격적 전망 안에서 생겨나는 것이라면, 말할 필요도 없이 스코투스는 의지를 지성보다 더 고상한 것으로 계속 제시한다. 왜냐하면 대상을 제시하는 것이 지성에 고유한 것이라면, 그것을 평가하고 그 형태와 유용성을 밖에 드러내 보이며 그것을 판단하는 것은 직·간접적으로 의지로 하여금 그것을 받아들이게 하거나 거부하도록 하기 때문이다. 따라서 의지야말로 선택하고, 선택하지 않는 최종적인 언어이다. 왜냐하면 자유롭게 원하고 원하지 않는 것은 의지이기 때문이다. 만일 지성이 제시된 대상을 향해 의지를 직접적으로나 간접적으로 움직일 수 없다면, 의지는 지성이 산출한 것에 대해 직접적으로 결정할 수는 없을지라도, 지성으로 하여금 대상들을 변화시키고 다른 것을 사유하도록 명하면서 간접적으로 그것을 결정할 수 있다.[12] 이 점은 다시 한 번 프랑스 철학자 질송(É. Gilson)이 말하는 내가 사유하거나 혹은 사유할 수 있다는 것에서가 아닌, 내가 원한다는 것 위에 기초하고 있음을 보여준다 하겠다.

우리는 의지가 어떻게 해서 더 상급적인 부분적 원인이 될 수 있는

---

11) P. Déodat, *Scotus Docens*, Le Havre, Paris, 1934, pp.81-82.
12) *Rep. Par.*, 12, d. 42, q. 4, nr. 13-16; Cfr. *I Sent.*, 1. 6, P.; *Quodlibe.*, I, 16.

지를 묻지 않을 수 없다. 스코투스의 답변은 아주 간단하다. 이유는 두 개의 기능들 중에서 명령하는 것은 의지이지만, 의지는 그 어떤 것에 의해서도 명령되지 않기 때문이다. 모든 조직이나 서클, 연합체 혹은 종교단체에서도 명하는 사람은 상급자로, 명령을 하달받는 사람은 하급자로 호칭되고 있는 것처럼 의지가 지성을 명한다는 관점에서 의지는 상급적이라 말해진다.

스코투스는 의지를 "자유로이 이성과 함께 욕구함"(appetitus cum ratione liber)이라고 정의한다.[13] 결과적으로 욕구는 그것이 본성적이고 자유롭다는 점에서 이중적 성격을 지닌다. 그 자체로 의지는 본성적이며 선택에 있어서는 자유롭다. 이는 인식하는 영혼과 의지하는 영혼간에 형상적 구별을 떠올리게 하는 좋은 사례이기도 하다. 사물의 본성으로부터(ex natura rei), 즉 형상적으로 각기 두 개의 기능을 구별하는 것은 양자가 동시적 존재이기는 것이지만 서로는 근본적으로 다르다는 것이다.

지성의 역할은 의지에 대상을 제시하는 일이지만 의지를 의지로 규정하지는 못한다. 의지는 동기 없이 행위할 수 없을지라도 그것은 이성적 욕구인 까닭에 동기와는 무관하게 스스로를 결단(ab intrinseco)할 수 있다. 왜냐하면 이성적 욕구는 자유롭기 때문이다.[14] 대상이 마땅히 의지에 제시되는 경우, 의지는 스스로 하녀처럼 행위하지는 않으며, 그것을 따르기 위해 스스로를 결단할 필요가 있을 경우에만 지성의 요구를 따를 것이다. 왜냐하면 아우구스티누스의 말대로 "의지 자체만큼 의지의 권한 하에 있는 것은 없기" 때문이다.

토마스주의자들에게 있어서 자유는 주관적으로는 의지에, 원인적으로는 지성에 그 뿌리를 두고 있다. 스코투스주의자들이 바라볼 때 그것은 의지의 참된 본질에 관한 문제와는 다소 거리감이 있다. 왜냐하

---

13) *Oxon.*, III, d. 17, n. 2.

14) Déodat, *Scotus Docens*, 1934, p.201.

면 스코투스에게 있어서 "자유는 의지적 행위의 본질적 방식"이기 때문이다.15) 따라서 그는 의지가 강요될 수 있음을 부정한다. 물론 인간이 행동을 강요당할 수는 있겠지만 행동을 원의하는 것만큼은 결코 그럴 수 없기 때문이다. 그리고 의지는 자유를 상실하지 않고서도 필연적으로 행동할 수 있다. 이를 증명하기 위해 우리는 다음과 같은 예를 들 수 있을 것이다. 즉 스스로 목숨을 끊으려 하는 자가 탑 꼭대기에서 자신을 해치고 있다고 가정하자. 그는 중력의 법칙에 의해 필히 떨어지겠지만 그 자신은 의지의 행위에 의해 자유롭게 추락할 것이다. 그러므로 그 추락은 필연적으로 자유로운 행동이다. 그 필연성은 외부로부터 오는 것이 아니며, 의지 자체 안에서 본질적인 행동 방식으로 존속하는 자유에 영향을 주지도 않는다.

아마도 이러한 주장에 대해 반박하는 의견도 있을 수 있다. 예컨대 천상에서 영원히 지복직관(至福直觀)의 영광 안에 선택된 자들은 죄를 짓는 것이 불가능함으로 그들의 의지는 하느님을 사랑하지 않는 것이 불가능하게 될 경우가 그러하다. 왜냐하면 선택된 자들은 지성의 직관에 단단히 고정되어 있어 자유의지는 있을 수 없기 때문이다.

이것은 나름대로 무한한 존재인 신이 당신 자신을 필연적으로 사랑하며 무한히 자유로운 존재라는 것을 떠올리게 한다. 이러한 신은 우리가 존재하는 바로 그 순간 "그분의 모상과 유사성 안에서" 인간을 창조하였다. 그래서 신은 우리의 창조주와의 유사성(similitudo)의 절정(summum)을 천상에서 성취하도록 해야만 했고 완전히 질서 지어진 최상의 상급적인 자유의 상태 안에 신의 영원한 행복을 '그분'과 나누도록 하는 능력을 주었다. 따라서 지극한 행복을 대면함에 있어서도 선택된 자들의 의지는 자유롭다. 왜냐하면 의지는 자유롭지 않고서는 존재할 수 없기 때문이다. 이렇듯 자유는 의지의 활동 방식을 규정한다.

---

15) *Ibid*., p.84.

더 이상 죄지을 수 없다는 사실은 죄짓지 않을 수 없는 지상에서 우리가 지닌 그것보다 더 높은 자유를 말해 준다. 악과 선을 결정하는 힘은 일종의 불완전한 힘이다. 왜냐하면 그것은 악의 선택을 예상할 수 있는 까닭이다. 이와는 반대로 선을 선택할 수 있는 힘만을 갖는다는 것은 신적 능력의 모상을 따른 완전한 능력을 예상한다. 이는 아우구스티누스의 가르침과 매우 흡사하다. 즉 우리는 "죄를 안 지을 수 있는 것"(posse non peccare)과 "죄를 짓는 것이 불가능한 것"(non posse peccare), 이 두 가지 사이에 조심스럽고 정확한 특징적인 차별 개념을 가져야만 한다. 의지의 첫 번째 자유는 죄를 안 지을 수 있는 것이고 다음에는 죄를 짓는 것이 불가능한 것인데, 이것은 훨씬 더 큰 것이라는 점이다.16)

스코투스에 있어서 자유는 최상의 자유인 신(神)인 한에서, 신의 인간-모상이라는 전망에서 바라보고 해석되어야 한다. 그런데 인간의 의지가 신적 자유라는 사실은 그것이 자유 의지성이나 순수 주의주의(主意主義)와 동의어는 아니지만, 인간이 창조의 신적 차원에 집착하고자 하는 실존적이고 기능적인 과정 안에서 발견해 낼 수 있는 이성과 의지가 결합된 결과이다.

(2) 자유: 의지와 합리성

지성적 행위가 그런 것처럼 의지 행위 역시 '자아'(ego)의 체계에 의존한다. 이것은 이성과 의지의 존재가 인간 존재의 특성을 말해 주고 있는 것처럼 거의 모든 학파들 역시 이 두 기능을 아무런 의심 없이 받아들였다. 차이점이 있다면 그것은 이 두 가지 중에 어떤 것을

---

16) De correptione et gratia, c. 12, n. 33(PL 44, 936): "Bina ista quid inter se differant, diligenter et vigilanter intuendum est: Posse non peccare et non posse peccare. Prima libertas voluntatis est: posse non peccare. Novissima (libertas) erit multo major: non posse peccare."

우선적이고 일차적인 것으로 선택하느냐 하는 문제였다. 아리스토텔레스적 흐름을 따르는 자들은 지성의 일차성 내지 상위성을 주장하였다. 그 대신 아우구스티누스의 흐름을 따르는 사람들은 의지를 향해 기울어지는 경향이 있었다. 모든 사람들은 다음과 같은 표현인 "그 어떤 것도 먼저 알려지지 않고서는 욕구되지 않는다"(nihil volitum quin praecognitum)는 정식(定式)에 따라 의지에 비해 지성의 시간적 우선성을 받아들인다는 점에 주목해야 한다. 그러나 그 우선성 내지 상위성은 언급된 기능의 인과적 질서, 다시 말해 의식적으로 선택하는 행위 안에서 이것이냐 혹은 저것이냐를 결정하는 자와 관련된다.

둔스 스코투스는 인식 활동과 의지적 행위의 인과적 종속성을 인정하는 것은 인식의 질서에 있어서나 작용 질서에 있어서 인식된 대상이 의지의 능동인(causa efficiens)의 역할을 떠맡고 있음을 의미한다고 보았기에 지성은 지성작용을 통해 의지작용을 유발한다는 것을 긍정하고 있다.[17]

그러나 지성이 의지에게 대상을 제시하면서 의지를 규정하는 것이라면, 그때에 우리는 어떻게 자유(libertas)를 구제할 수 있는지 알 수 없게 된다. 왜냐하면 자유의 일차적 조건은 자기를 규정하는 데 있는데, 인식 행위가 이미 그것을 규정하는 경우라면 불가능해지기 때문이다.

스코투스는 내적 체험에 의거하여 의지가 영혼의 다른 가능태들(potentiae)에 대해 어떤 지배력을 행사하고 있다고 주장한다. 그것은 감각적인 욕구를 조절할 뿐만 아니라 다른 정신적 가능태들까지도 질서 지을 수 있다. 그것은 지성을 이러저러한 진리로, 이러저러한 대상으로 이끌 수 있으며, 마치 기억하기(recordare) 위해 기억력을 일으킬 수 있는 것(즉 기억력)과 같은 경우가 바로 그러하다. 다른 기관들에 비해 의지의 인과적 우선성은 전적으로 자유롭고 원천적인 행위의 중

---

17) *Ord.*, II, d. 25, q. un., n.5(ed. Vives, XIII, pp.199-200)

요성을 사랑(caritas)에 부여함으로써 생겨난다. 의지는 본질적으로 자유로운데, 왜냐하면 의지만이 의지 작용의 능동인이기 때문이다. 그리고 의지는 본질적으로 자유로운 것을 넘어서서 인간이 영원히 신을 향유할 수 있는 기쁨(fruitio)의 행위의 원인이기도 하다. 따라서 의지는 인간 존재에 있어서 가장 고상한 기능이다.

이와 같은 맥락에서 바라볼 때 스코투스의 자유론은 분명히 주의설 (主意說)에 바탕을 두고 있음을 알 수 있다. 그렇지만 그가 주장한 내용들과 전제들은 후대에 이르러 기형화되고 말았다. 왜냐하면 사람들은 욕구의 절대적 자발성과 의지의 자율성이라는 개념만이 스코투스의 것이라고 여겼기 때문이다. 그러나 이것은 옳지 않다. 사실 스코투스의 사상에 있어서 자유로운 모든 활동은 언제나 지성과 의지가 서로 합치된 결과이다. 한마디로 지성과 의지는 두 개의 통합적이며 불가분한 요소들인 동시에 양자는 인식하고 원의하는 것인 유일하고 동일한 영혼에 있어서 두 개의 본질적인 실재이다.

따라서 명민한 박사가 말하는 의지의 일차성은 지성의 배타성을 의미하지 않는다. 원의 하고 인식하는 것은 영혼이며, 바로 이 영혼 안에 인간의 자유롭고 의식적인 모든 행위에 개입하는 원의함과 인식함의 두 기능이 그 뿌리를 두고 있다. 따라서 절대적 주지주의에 대해서 말할 수 없는 것처럼 절대 주의주의에 대해서도 말해질 수 없다. 이 두 개의 기능 중에 어느 하나에 있을 수 있는 과도한 강조는 통합적인 인간 실재를 기형화시키는 것을 의미하기 때문이다.

지성이 의지에 대상을 현시 하여 의지를 좌우할 수 있다는 것은 의심할 수 없는 사실이다. 그러나 문제는 최종적인 결정이 의지에 달려 있다는 점이다. 의지는 자유롭게 원하기도 하고 원하지 않기도 하며 자유롭게 그와 같은 원의를 중지시키기도 한다. 지성은 대상을 현시하고 그것을 자극하며 추천하고 판단하며 승화시킬 수 있고 그 유익과 유리함을 보여줄 수 있다. 이러한 지성의 행위 없이 의지의 행위는 불가능하며 비이성적이게 될 것이다. 그러나 결단하는 의지는 이 결단적인 주도권을 통해서만 움직일 수 있는 자유로운 활동의 원리이다.

스코투스의 자유론은 기본적으로 의지가 본성적 활동의 원리와는 전적으로 다른 활동의 원리라는 사실에 그 바탕을 두고 있다. 왜냐하면 의지는 외부적인 어떤 것에 의해 결정되지 않고 언제나 자유롭게 행위하기 때문이다. 이와는 달리 본성적 원리의 활동은 필연적으로 결정된다. 이러한 의지의 자유로운 활동에는 자유로운 행위의 공통원인(共通原因)이라는 제목을 달고 있는 지성이 필연적으로 개입한다. 질송(É. Gilson)은 "그의 학설 안에서 의지의 원동자가 절대적으로 일차적이라는 것이 모순된다고 생각하는 경우, 그러한 주의설이 어디서 구성되는지를 질문할 수도 있을 것이다. 가장 지혜로운 일은 거기에 대해 더 이상 언급하지 않는 것이다"18)라고 말한 바 있다. 질송에 의하면 스코투스에 있어서 지성과 의지는 각각의 본성에 따라 동등하게는 아닐지라도 동일한 결과에 이르는 데 함께 참여한다. 물론 두 개의 기능들은 같은 결과를 내는 데 능동인으로서 협력하지만, 주요 능동인으로 그렇게 행위하는 것은 지성이 아닌 의지이다.

의지는 자신의 본질과 우연성 안에서 자유롭다. 의지만이 인간 안에 도덕적 질서를 가능케 한다. 의지는 여하한 모든 대상들을 향해 자유롭게 방향 지어질 수 있으며 대상을 수단이나 목적 혹은 아무 것도 아닌 것으로 만들 수도 있다. 그런데 자유 의지가 도덕 질서를 가능케 한다 할지라도 자유 의지만이 그것을 구성하는 것은 아니다. 왜냐하면 도덕적 질서는 의지 행위가 올바른 이성과 일치함으로써만 형성될 수 있기 때문이다.19) 의지는 지성에 집착하고 집착하지 않으면서 지성에 종속되고 반항하면서 계속 자유롭다. 그러나 의지 행위가 도덕적으로 선한 것으로 여겨질 수 있기 위해서는 올바른 이성에 적합해야 한다. 왜냐하면 이것은 도덕 질서에 속하기 위해 필요시되는 조건이기 때문

---

18) É. Gilson, *J. Duns Scot, Introduction a ses positions fondamentales*, Paris, 1952, p.575.

19) *Ord.*, I, d. 17, n. 92(V, p.184).

492

이다. 따라서 어떤 행동이 윤리적으로 선하거나 악하기 위해서는 지성과 의지의 접합이 필요하다.

인간적 원의의 현시와 의지의 일차성은 인간이 신의 모상과 유사함으로 창조되었다는 한에서 신적인 자율성에 참여하고 있음을 표현해 준다. 이 때문에 인간은 자신의 원천이며 삶의 실존적인 모델인 신을 향하게 된다. 스코투스가 그리스도교 도덕의 진정한 태도를 요약하는 순종은 신이 선포한 창조적 언어와 관련되고 시간 안에서의 행위와 관련된다. 지성의 주요 과제는 이를 받아들이는 것이고 의지의 사명은 이를 완수하는 것이다. 이 때문에 진정한 자유는 항시 자유롭게 하는 신에게 동의하는 것이다. 따라서 참된 인간의 존재론적 자유는 인간 인격을 바탕으로 신적 계획을 생활화하고 행위하는 데 있다. 인간이 더욱 인간화되고 창조주가 설정한 계획을 완성하면서 자기 자신 안에 신의 모상을 명백히 하면 할수록 인간은 그만큼 더 자유로울 수 있다. 결국 이러한 자유는 해결 가능한 어떤 문제가 아닌, 오히려 모든 문제와 실존적인 요소들을 조명하여 그것들을 명백히 밝히는 데 사용되는 묘책으로 논증될 수는 없는 주제이다.

(3) 사랑의 형이상학

스코투스의 가르침 안에서 사랑은 지식보다 더 고차원적인 것으로 나타난다. 이러한 가르침은 아우구스티누스와 보나벤투라에게서도 발견된다. 즉 이들에게 있어서 사랑은 창조주의 행위뿐만 아니라 창조된 인간의 행위까지도 좌우하는 존재론적·심리적·실존적 사실이다. 사랑이 스스로를 이해하고 살기 위해 좀더 적합한 기능인 의지에 이르기까지 본질적으로 연장되는 경우라면, 인간의 위대함에 있어서 최대의 표현인 자유로운 행위는 사랑의 행위이어야만 한다. "왜냐하면 자유는 본질적으로 우리의 애정적 성향에 살아 숨쉬고 있기 때문이다."[20] 이러한 애정적 경향에 결단을 내리는 것은 사랑이다. 그렇지만 의지의 결단은 조건으로서 뿐만 아니라 원인으로서 자유로운 행위 안에 개입하는 이성을 배제하지는 않는다. 보나벤투라에 의하면 자유로운 행위에는 인간 이성과 의지, 가능성과 한계성, 위대함과 약함, 제한성과 무한성, 본성과 역사와 함께 전 인간이 개입한다. 왜냐하면 인간은 자신의 최종 목표인 신을 향해 계속 진로를 펼치는 데서 실현되는 존재이기 때문이다. 이 신이야말로 인간에게 주어지는 유일하고 절대적인 응답이다.

앞에서도 살펴보았듯이, 스코투스에게 있어서 의지는 지성보다 상위적이다. 스코투스적 언어를 사용하자면 의지하는 영혼은 인식하는 영혼보다 상급적이다. 안다는 것은 그 자체로 목적이 아니며 사랑하는 것이야말로 최고가는 목적이다. "우리는 알기 위해서 사랑하지 않고 사랑하기 위해서 안다."21) 이러한 스코투스적 결론은 요한 1서가 말하는 "하느님은 사랑이시다"(Deus caritas est)와 사도 바오로의 고린도전서 13장의 사랑의 송가를 반영하는 것이다.

스코투스에 의하면 의지는 지성에 의해 신중하게 좌우됨으로 선택은 인간 행위의 도덕성을 구축하지도 않으며, 의지적 결단은 "그 어떤 법을 따르지 않는 변덕과 비합리성의 행위"일 수도 없다. 그리고 신은 본질적·일차적으로 맹목적·임의적 규정이 아니다. 스코투스는 신의 모든 업적들 안에서 "외부적인 것", 즉 롱프레(E. Longpré)의 표현대로라면 "독재적인 힘이 아닌 신적 능력과 지혜의 결과들"22) 을 바라본다. 그리고 그는 전횡적이고 폭군적인 독재정치 안에서가 아닌, 신이 스스로 소유하고 있는 무한한 사랑 안에서 신적 의지의 행위 뒤에 숨겨져 있는 최상의 고유한 이성을 바라본다.

위대한 신학자들과 함께 스코투스는 모든 창조의 기반인 신과 그분

---

20) *II Sent.*, d. 10, a. 2, q. 1, f., 1.

21) Déodat, *Scotus Docens*, p.86.

22) E. Longpré, *La philosophie du Bx Duns Scot*, p.200.

의 무한한 지식 안에 영원한 이데아들을 위치시킨다. 만일 신이 창조한다면, 그것은 신이 알고 있기 때문이 아니라 그것을 뜻하기 때문에 창조한다. 신 안에서 지식은(우리에게 있어서 지성처럼) 필연적으로 행위하며, 거기서 의지의 힘은 창조의 경우처럼 외부적인 것에로(ad extra) 작용하기까지 자유롭게 행위한다. 왜냐하면 지성의 행위는 본성적인 데 비해 의지의 행위는 자유롭기 때문이다. 이는 세계의 우연성을 설명하는 것이기도 하다. 이러한 자유 없이는 아무런 우연성도 있을 수 없을 것이다. 따라서 아우구스티누스와 함께 스코투스는 신적 의지와 하나 되기 위해 일치하면 할수록 인간은 더 자유롭게 된다는 것을 주장하였다.

롱프레가 사용한 용어에 의하면 스코투스의 신은 최고의 합리화와 질서를 원하는 존재이다. 신은 필연적으로 행위하는데, 그 스스로 지닌 사랑은 창조적 의지 행위를 위한 이유이다. 따라서 사랑의 질서 안에서가 아니라면 신은 외부적인 것에 방향을 돌릴 수 없다. 이렇게 볼 때 스코투스는 의지의 신의 무한한 이성적이고 최고가는 의지 실행과 관련된 출중한 형이상학자이고[23] 제멜리(A. Gemelli)의 말대로라면 "그의 철학 전체가 사랑에 기초"하고 있음을 우리는 알게 된다.

3) 요청되는 자유

현대에 와서 개방사회든 폐쇄사회든 간에 모든 곳에서 자유와 반대되는 요소들은 계속해서 그 수와 영향력을 점증적으로 확산시켜 가고 있다. 자유는 계속해서 위협받고 있는데, 이유는 그것이 외적으로는 조종되고 있고 내적으로는 상실되고 있기 때문이다. 이념적 · 정치적 · 사회적 · 경제적 · 심리적 · 정신적 차원에서 사람들이 겪고 있는 소외감의 형태도 매우 다양하다. 지금에 와서는 자유의 형식만큼이나

---

23) *Op. cit.*, p.55.

자유의 부재 현상도 다수이며 알아차릴 수 없을 만큼 몰래 숨겨져 있다. 내면의 의심과 불확실성을 안고 고통스러워하는 사람이 자유로울 수 없듯이 외적으로 극복할 수 없는 방해물로 감싸여 있는 인간 역시 자유를 만끽할 수 없다. 무엇보다도 자기 의식의 감옥에 비밀스럽게 갇혀 있는 존재야말로 가장 자유롭지 못하다. 사물에 대한 욕심, 쾌락에 대한 집착욕을 떨쳐버리지 못하는 인간 역시 자유로울 수 없다. 왜냐하면 그런 사람은 평화와 평온함과는 거리가 먼 내적 종속성과 억압이라는 고통스런 열병에 시달릴 수밖에 없기 때문이다. 이런 자는 현대 사회가 배출한 고상한 종일 것이며 소비사회에 안주하며 자신의 본능에 따른 삶을 살아가는 데 그저 만족하는 사람이다.

자유는 인간의 가능성일 뿐만 아니라 인간 존재의 형식이기도 하다. 그리고 그것은 인간의 본성적 권한일 뿐만 아니라 인간 실존의 방식이기도 하다. 그렇지만 루소가 『사회계약론』 서두에서 고발하고 있듯이 인간이 자유의 선물을 사용할지라도 그는 자유롭지 못하다.

"자유롭게 태어난 인간, 그는 어디에서나 사슬에 묶여 살아간다. 이렇게 볼 때 주인으로 여겨지는 자 역시 다른 이들의 종이 아닌 것이 아니다."

루소는 당대 사회 안에서 지배적인 법률들로 인해 파생된 인간 자유의 부재를 고발하기 위해 자신의 계약론을 썼고 인간들을 자유롭게 하기 위해 법적·사회적 행동의 새로운 원리들을 제공하고자 하였다.

사실 인간은 이른바 '자유 국가'의 건설로 선포되고 옹호된 여러 다양한 형식을 갖춘 자유의 한가운데서도 실제로 노예일 수 있다. 법률이 인간의 자유를 인정하고 옹호한다는 사실은 분명히 커다란 가치를 지니고 있다고는 하지만 자신의 내밀한 터널 안에서 자기 자신에 대해 노예로 남아 있다거나 타자의 의견들과 협의적인 도덕의 기진맥진한 종속자로 남아 있다면, 모든 권리와 헌장으로 빛나는 자유의 명부가 아무리 가방 속에 채워져 있다 하더라도 그것만으로는 여의치 않다.

인간의 본성적인 기본법은 분명히 자유가 인간을 인간으로서 구성한다는 관점에서 자유롭다. 그러나 자유는 인간이 자신의 본능대로 편안하게 살아가도록 허용치 않으며 오히려 그것을 극복하도록 인간을 자극한다. 사실 인간은 악천후에 노출되어 있기에 자유롭다. 거기서 그는 창조적 인간으로 재생될 수 있는 실존적인 계획을 수립해야 한다. 이렇게 볼 때 자유는 일단 인간을 해체시켜 재생시킨다. 그러나 여기서 말하는 해체는 인간의 빈곤화를 의미하지는 않는다. 케베도 (Quevedo)가 말하고 있듯이 그것은 인간을 비인간화함이 결코 아닌 것이다. 오히려 인간 안에 부정적인 것과 관련된 모든 것으로부터 인간을 해방시켜 주는 것이다. 실상 자유는 인간 안에 순수한 것이 아닌 것으로부터 자유롭게 하면서 인간을 만들고 인간을 재 긍정하며 자신의 본래성(本來性) 안에 인간을 재구성한다.

인간은 존재하기 때문에 행위하는 것이 아니라 존재를 위해서 행위한다. 그리고 그는 이미 되어졌기 때문이 아니라 되어져야 하기 때문에 행위한다. 이 때문에 자유는 깊은 통찰력과 결단을 필요로 한다. 이러한 것들은 주인으로서의 권한과 자유로운 자기 결정 안에 잘 나타난다. 결단력은 인간에게 기본적인 것으로서 이것 없이는 그 어떤 자유도 가능하지 않다. 그리고 자유로운 결단력은 선택이 '어떤 것' 혹은 '그 누구'와 관련되어 있음을 암시해 준다.

스코투스에게 있어서 자유는 신의 모상인 인간의 존재론적 진리와 밀착되어 있다. 그러한 신적 모상의 설명과 명료화는 인간학과 심리학 그리고 윤리학이 계속해서 이루어내야 하는 근본 과제이다. 무엇보다도 그에게 그리스도는 자유롭게 하는 궁극적 진리를 가르치는 유일하고 참된 스승이다. 따라서 자유는 인간이신 예수 그리스도에 대한 동의이며 충성이고 부속가이며 그분의 존재론적 메시지이다.

동의와 충성의 동학론(動學論)은 법을 떠나서 자율성이나 타율성에 대해 철학적 용어들로 자유의 사실을 제시하는 것이 아니라 오히려

'당신'(Tu)의 뜻과 참여와 선사 혹은 사랑과 일치하는 존재론적 명사들로 그것을 제시함이다.

인간은 복종을 요구하는 법이 내면화되고 사랑과 충실성의 답변으로서 입법자를 향한 관심과 존경심을 지니고 그것을 받아들이며 완성할 때에만 참으로 자유로울 수 있다. 그렇지 못한 경우 그는 니체가 날카롭게 비판하고 있듯이 노예 도덕에 빠지게 될 것이다. 법은 노예와 주인 간의 관계가 아닌, 상호 존경스런 사랑의 관계 안에서 생활화되고 서로의 인격적인 관계 안에서 해석될 때에만 자유스러울 수 있다.

인간의 구체적인 자유는 태평스러운 상태에서 단숨에 얻어지는 소유의 실재가 아니라 다수의 저항과 마주하는 기나긴 갈등을 극복하면서 실현된다. 영원히 정복된 자유가 있을 수 없듯이, 영원히 상실된 자유 또한 있을 수 없다. 인간 역사는 자유와 명령, 새로운 자유와 낡은 억압간의 드라마틱한 혼합이다. 각 시대와 각 사람은 자신의 폭군과 자유를 지녔으며 자유로운 천사와 노예적인 악마를 지니고 있었던 것이 사실이다.

스코투스에게 있어서 십자가는 포기함으로써 자유롭게 되도록 가르치는 위대한 저작품이다. 부활하신 그리스도는 최상의 자유를 체험하도록 자극하는 분이며, 신의 사랑은 매일의 생활에서 어떻게 행위할 것인지 그리고 매일의 존재 안에서 부정적인 것까지도 어떻게 받아들여 극복할 것인지를 가르쳐주는 삶의 지침서이며 모형이다.

제 9 장

고전적 논증들

　사상사 안에는 우리가 앞에서 나열한 논증들 외에 다른 색깔을 지닌 논증들도 다수 있었으니 그 중 가장 중요한 것들로는 다음과 같은 것들이 있다.

1. 성 아우구스티누스의 논증들

　신에 관한 문제는 인간 영혼의 문제와 더불어 아우구스티누스 사상에 있어서 가장 핵심적인 가르침이다. 『독백록』(Soliloquia)에서 그는 이성과 대화하는 형식으로 다음과 같이 자문하고 스스로에게 답한다.

　　"나는 신과 나를 알고 싶다. 그 밖에는 없는가? 전혀 아무 것도 없다."(Deum et animam scire cupio. Nihil plus? Nihil omnino, Solil., I.1)

　이렇듯 그에게 있어서 철학의 근본 대상은 신과 인간, 즉 하느님과 인간 영혼이었다. 신은 인간 영혼에 내재하는 진리의 근원이면서 선의 근본이다. 모든 진리와 가치의 근원이기도 한 신을 발견하고자 한다면 무엇보다도 인간 영혼 그 자체에 눈을 돌리지 않으면 안 된다.

동일한 사상은 그의 『질서론』에서도 다음과 같이 나타나고 있다.

"철학의 문제는 두 가지이다. 하나는 영혼에 관한 문제이고, 다른 하나는 신과 관련된 문제이다."(Una de anima, altera de Deo, *De Ordine* II, c. 18)

그밖의 다른 문제는 이 두 가지와 관련되어 있고 그 가치는 그리 중요치 않다.

아우구스티누스가 『질서론』에서 말하고 있듯이, 영혼은 우리 스스로를 알도록 인도하며 신에 관한 문제는 인간 존재의 원리를 알도록 한다. 전자가 인간에게 가장 즐거운 것에 속한다면, 후자는 인간에게 가장 보배로운 것이다. 또한 전자가 우리를 행복에 합당한 자 되게 한다면, 후자는 우리를 행복하게 해준다. 전자가 아직 배우는 자에게 속한다면, 후자는 이미 배운 자들에게 속하는 철학함의 이성적 과정인 것이다.

이렇듯 자신이 관심을 기울인 문제들이 신과 영혼에 관한 것이라고 말함으로써 그가 얼마나 이 문제에 깊이 심취해 있었는지 짐작케 하며, 또 무엇보다도 이후에 진행될 사물에 관한 연구가 어떠한 전망에서 펼쳐질 것인지를 우리로 하여금 미리 예상케 한다. 그에게 있어서 사물들은 그 자체로 자기 영역에 고립되어 있지 않으며 영혼과 신을 향해 방향 지어짐으로써 양자와 동시적으로 발생하여 현시된다.[1]

좀더 뒤에 가서 보겠지만 아우구스티누스는 진리의 존재와 그 확실성에 관한 가능성을 논증한 다음에서야 신에 관한 문제를 다룬다. 그

---

1) 영혼과 신은 분리될 수 없다. 아우구스티누스에게 있어서 영혼의 문제를 제기하는 것은 신에 관한 문제를 제기하는 것과 같다. 왜냐하면 인간이 신 안에 받아들여지기 전에는 자신의 존재론적 심오함에 받아들여질 수 없기 때문이다.

는 신 존재에 대해 결코 의심하지도 않지만 보편 개념으로서의 신 존재가 인간 정신과 불가분한 것이라 할지라도 인간이 신 존재에 관해 무지할 수 있다는 사실도 부정하지 않는다.

1) 신 존재에 관한 논증

아우구스티누스는 신 존재에 관해 다양한 논증을 펼친 인물로 유명하다. 그 중에서도 관념적 논증은 그의 독창성이 확연히 드러나는 논증으로 잘 알려져 있으며 나머지 것들은 전통적인 논증들로 자신의 사상을 다소간 가미시킨 논증들에 해당한다.

(1) 관념 혹은 영원한 진리들을 통한 논증

아우구스티누스의 신에 관한 논증 중 가장 중요한 것으로 간주되는 논증은 이미 지적하였듯이 관념적 논증 혹은 "영원한 진리로부터의" (ex veritatibus aeternis) 논증이라 할 수 있다. 이 논증은 그에게 고유한 것으로서 아우구스티누스의 철학 체계는 근본적으로 이 논증의 유형과 관련되어 있다.

관념적 논증이라 함은 우리 지성으로 알 수 있는 인식 가능한 실재들의 본성으로부터 신 존재를 증명해 내려는 인간 이성의 또 다른 시도이다. 이는 사물들의 본질이나 불변적 진리들을 통해 논증을 전개하려는 데서 생겨났다. 관념적 논증은 궁극적인 존재로서 신을 요청한다. 토마스가 운동, 우연유에서 시작하여 신 존재를 논증한다면, 아우구스티누스는 필연적 진리에 관한 인식을 출발점으로 하여, 다시 말해 필연성과 보편성을 띤 관념의 존재로부터 신을 논증한다.

일반적으로 관념적 논증은 그간 다수의 학자들의 연구 대상이 되어 왔고 오늘날에 와서는 타당성과 객관성을 지닌 논증으로 간주되고는 있지만 본래 이 논증은 아우구스티누스와 밀접한 관계를 지니고 있었다. 그래서 이 논증을 두고 사람들은 아우구스티누스적 논증이라고 불렀다. 물론 그가 이 논증을 정확하게 제시했다고는 볼 수 없다. 실제로 이 논증이 완전한 형태를 갖추게 된 것은 최근에 이르러서였다. 그렇지만 그는 이 논증이 완전한 모습을 갖추도록 하는 데에 있어 필요시되는 모든 요소들을 제공한 것만은 사실이다.

아우구스티누스의 작품 속의 다수의 문단들은 그가 영원한 진리에 대한 가르침을 통해 신 존재에 이르렀음을 밝히고 있다. 뿐만 아니라 그렇게 하기 위해서 그는 나름대로 최선을 다했음을 보여주기도 한다. 그는 이와 같은 여정을 신을 향한 단순한 이성적 접근이라 생각하지 않았고 신 존재에 관한 지식을 얻는 데에 필수 불가결한 수단이라 여겼다. 이와 같이 그는 진리의 불변적이고 영원한 성격을 고려하면서 신에게 나아간다.[2]

우리는 먼저 아우구스티누스의 『자유의지론』 제 2 권, 3장 이하에서 이 논증이 어떻게 제시되고 있는지 살펴보도록 하자. 거기서 그는 탐구하는 주관 자체인 자아(ego)를 출발점으로 취하는 논증의 특수성을 보여주고자 한다.

우선 그는 자신의 존재사실을 절대적으로 확고한 것으로 받아들인다. 어떤 사람이 존재한다면 그는 자신의 존재를 의심하지 못할 것이다. 이어서 아우구스티누스는 인간 본성에 대해 논하고 그 본성에는 세 가지 질서가 작용하고 있다고 본다. 그는 이것을 존재와 생명과 이해로 구분한다. 즉 삶은 단순히 존재하는 것보다 상위적인 것이고, 이해하는 것은 존재와 생명보다 앞서는, 더 완전한 것이다. 여기서 그는

---

2) 이 점에 대해서는 그의 저술인 『자유의지론』(De libero arbitrio) II, c. 2-15에서 특별히 다루고 있다. 그는 이 저술에서 참으로 비물질적이고 불변적이며 영원한 존재인 신을 제시하고자 했다. 만일 그가 단지 신 존재를 증명하고자 했다면, 그것은 요점을 벗어나는 것이리라. 신의 존재와 비존재의 문제는 아우구스티누스에게 있어서나 그의 동시대인들에게 있어서 그리 절박한 문제가 아니었다. 따라서 그의 참된 의도는 무엇보다도 신을 영적 실체로 생각하도록 하는 것이었다.

인간 인식문제를 끌어들인다. 인간은 동물들처럼 일단 외부 감각을 통해 인식한다. 그리고 내부 감각은 외부 감각을 판단하는 것으로 다른 감각보다 상위적인 것이다. 그런데 지성은 이 모든 것을 넘어서는 최고의 능력이다.

이렇듯 이성의 우월성을 증명하는 아우구스티누스는 자신과 대화하고 있는 에보디우스(Evodius)에게 다음과 같이 신 존재 문제를 제의한다. "만일 당신이 확실히 존재하고 우리의 이성보다 더 고귀한 것을 찾을 수 있다면 그것이 무엇이건간에 신이라 부르길 꺼리겠소?" 단순히 이성에 우위하는 것이 아닌 모든 것에 우위하는 것만이 신이라 불릴 것이라는 에보디우스의 의견에 아우구스티누스는 다음과 같이 답한다. "그것은 명백하게 옳소. … 하지만 묻건대 영원한 것과 불변적인 것 외에 우리의 이성을 초월하는 것이 없다면 그것을 신이라 부르길 꺼리겠소?" 에보디우스는 이 논증을 받아들이면서 말하길 "모두가 동의하는 모든 것보다 상위적인 것을 신이라 명백히 고백하겠소." 아우구스티누스는 "아주 좋소. 내가 하고자 하는 모든 것이 그런 류의 존재가 있음을 보여주려는 것이오. 그리고 당신은 그 존재를 신으로 받아들일 것이나 만일 더 상위적인 어떤 것이 있다면 당신은 더 높은 존재를 신으로 받아들일 것이오. 그러므로 더 상위적인 것이 있던 없던 간에 신이 존재한다는 것은 명백한 것이오. 내가 약속한 것처럼 신의 도움으로 이성보다 상위적인 어떤 것이 있음을 보여줄 때 말이오" 라고 말하였다.

아우구스티누스나 데카르트에게 있어서 사유하는 주관의 존재는 가장 분명한 진리이다. 내가 존재하고 내가 살아있으며, 내가 인식한다(intelligo)는 것은 명백하기[3] 때문이다. 여기서 아우구스티누스는 이

---

3) 데카르트는 근본적으로 아우구스티누스주의자이다. 그의 관심은 '내성의 인간', 나아가서는 특별히 신과 인간 영혼이 분명한 아우구스티누스적 주제를 탐구하는 것이었다(Noverim te, noverim me). 한편 라 플레슈(La Flèche)에서 데카르트는 철학에 관한 일반적인 교양교육을 받았는데, 그것은 당시 교육치고는

세 가지 요소들간에 위계를 설정한다. 즉 산다는 것은 그저 '돌들이 있다'는 그런 경우처럼 단순히 존재한다는 것보다는 뛰어난 것인데, 이유는 삶이 존재를 함축하고 있기 때문이다. 산다는 것 안에서 아우구스티누스는 느끼는 것도 포함시키고 있는데 이 느낌의 영역에서 다른 상위성(superioritas)의 비판기준을 접하게 된다. 즉 판단하는 것은 판단되는 것보다 더 낫다. 그리고 느낌의 영역 안에서는 주관적 행위와 느낌의 행위가 느껴지는 것과 다시 구분된다. 그리고 거기에는 수(數)와 수들의 관계들과 같은 고유 대상들을 다루는 이성이 있다.

그런데 수들은 "감각사물에 의해 우리 정신 안에 각인될 수 있는가?" 그에 의하면 그렇지 않다. 수들은 감각들로 지각될 수 있는 성질의 것이 아니다. "사실 이 하늘, 이 땅 그리고 그 안에서 내가 바라보고 있는 여타의 모든 물체들이 그렇게 존재하는 것으로서 그렇게 감각들로 받아들일 수 있는 그 모든 것이 얼마 동안 그러할 것인지에 대해서는 나는 알지 못한다. 그렇지만 일곱 더하기 셋은 열이라는 것은 지금 뿐만 아니라 항상 그럴 것이다. 셋 더하기 일곱이 열이 되지 않는 그 어떤 시간도 없을 것이며 일곱 더하기 셋이 열이 되지 않는 그런 시간도 없을 것이다. 부패되지 않을 이 같은 수들의 진리는 나와 그 모든 이성에 공통적이다."4)

이렇게 볼 때 필연적 진리들에 대한 인식은 감각들로부터 나에게 오지 않는 고로, 그것은 내적 조명에 의해 올 것임이 뻔하다. 다시 말해 우리는 이러한 진리들을 감각이 알지 못하는 내적인 빛 안에서 바라보게 된다.5)

가장 양질의 교육에 해당하는 것이었다. 이에 대해 회의적인 입장을 취하고 있는 사람도 있지만 당시 프로테스탄 논쟁에 휩싸여 있던 아우구스티누스를 그가 모른다는 것은 있을 수 없는 일이다. 한편 데카르트가 숨쉬고 있던 분위기는 아우구스티누스적인 것이었다. 아마도 그러한 즉각적인 추종자들로는 파스칼과 말브랑쉬, 친구였던 메르센(P. Mersenne)과 베륄(De Berulle) 추기경을 기억하는 것으로 충분할 것이다.

4) *De libero arbitrio* II, VIII, 21.

아우구스티누스의 관념적 논증은 영원하고 불변적인 진리의 성격을 고려함으로써 신에게 나아가 마침내 신에게 도달하는 특성을 보여주고 있다. 그의 논증의 출발점은 우리 안에는 영원한 어떤 진리 즉 진리들 중의 진리, 진리의 내부 규정들(interiores regulae veritatis)이 존재한다는 것이다. 이 이데아들은 근본적으로 두 가지 특징을 지니고 있다. 하나는 불변적이고 영원하며 필연적이고, 다른 하나는 규범으로서 그것을 통해 모든 것이 판단되지만, 대신 그것은 다른 어떤 것에 의해서도 판단되지 않는다는 점이다.

여기서 이 모든 것을 설명하는 하나의 원인적 존재가 요청된다. 그런데 우리에게 나타나는 원인들은 감각계와 영혼, 두 가지 뿐이다. 감각계는 이러한 진리의 원인일 수 없다. 왜냐하면 그것은 변화무쌍할 뿐만 아니라 참된 인식의 원천이 될 수 없기 때문이다. 인간 영혼 역시 불변적인 영원한 진리의 원천이 될 수 없다. 왜냐하면 인간 정신 역시 변화적이기 때문이다. 한편 정신은 영원한 진리에 입각하여 판단하지만 그 진리에 대해서만큼은 판단이 불가능하다.

결국 영원한 진리의 원인은 영혼과 세계보다 상위적이지 않을 수 없다. 거기에는 본성적으로 필연적이며 신 외에 다른 어떤 존재도 있을 수 없다. 따라서 그러한 진리의 원인은 신일 수밖에 없다.[6]

결국 '지혜'(Sapientia)로 돌아서서 아우구스티누스는 다음과 같이 표현한다. 신은 만인에게 동일한 까닭에 지혜는 모든 이가 공통적으로 분여(participatio)해야 한다는 것이다. 그렇다면 지혜는 수와 무슨 관련이 있단 말인가? 이것은 쉬운 문제가 아니라고 그는 말한다. 그렇지만 한 가지는 분명하다. 즉 지혜와 수는 불변적인 진리라는 사실이다. 그러므로 불변적 진리는 존재한다. 이렇게 하여 정신과 이성보다도 상위적인 어떤 것이 있음을 확신한다. 그것은 곧 진리이다.

---

5) *Ibid.*, II, VIII, 23.

6) *De vera relig.*, XXX, 56.

우리의 정신이 변화의 주체인 반면 진리는 변치 않는다. 더욱이 우리는 진리를 판단하지 않고 진리에 따라 판단할 뿐이다. 고된 탐구의 여정 끝에 아우구스티누스는 에보디우스에게 돌아서서 사뭇 만족해하며 다음과 같이 말한다.

"내가 우리 정신을 넘어서는 어떤 것이 있음을 보여주고 거기에 더 이상 상위적인 어떤 것이 없다고 한다면 당신은 그것이 신이라고 고백하는 데 이르렀을 것이오. 나는 당신의 인정을 수용하고 그것을 보여주는 것만으로 충분하다고 말하였소. 거기에 더 출중한 어떤 것이 존재한다면 그것은 신이지만, 더 출중한 것이 전혀 없다면 그때는 진리 자체가 곧 신이오. 어느 것이 사실이든간에 당신은 신이 존재한다는 것을 부정할 수 없으며 이것이 우리들을 논쟁으로 몰고 간 문제였소."

결론적으로 말해 관념적 논증 안에서 아우구스티누스는 인간 본성 안에서 발견되는 이해와 관련하여 인식의 문제를 논하고 이 문제를 자아의 문제로 환원시키면서 의식의 차원을 심도 있게 고찰하고자 했다. 외부 감각을 초과하여 내부 감각 안에 현시되는 지성을 최고의 능력이라고 평가하는 그는 마침내 불변적 진리 안에서 지성보다 상위적인 개념을 발견하기에 이른다. 이 영원한 진리야말로 그 어떤 인간도 창조해 낼 수 없는 지혜 안에 있음을 논증한다. 이 상위적인 진리는 우리의 지적 판단의 원천이기에 그는 결국 신 존재를 부정할 수 없는 것으로 판단하기에 이른다.

(2) '세계의 우연성으로부터의'(a contingentia mundi) 논증

우리는 이 증명을 '세계의 우연성과 완전성으로부터의' 논증이라 말해야 옳을 것이다. 왜냐하면 논증은 이 두 가지의 논증을 일원론적으로 개념하고 있는 까닭이다. 이 논증은 『고백록』 안에 잘 나타나 있다. 내용상으로 보아 이 논증은 별다른 설명을 필요로 하지 않기에 여

기에 논증과 직결되는 부분을 옮겨놓는 것으로 만족하고자 한다.

　　"하늘과 땅이 우리 앞에 존재하면서 그것들은 우리에게 창조되었다고 외칩니다. 변하고 무상한 까닭입니다. 이와는 반대로 창조되지 않고 존재하는 모든 것은 이전에 그에게 속하지 않는 것이라고는 아무 것도 없습니다. 이렇게 하늘과 땅은 스스로 생겨나지 않았음을 외칩니다. 우리는 창조되었기 때문에 존재합니다. 존재하기 이전에 우리는 스스로를 만들어낼 수 없었기에 존재할 수 없었습니다. 그들의 말소리는 자명함 그 자체입니다. 그러므로 주님, 당신이 만들어내신 것이오니 그것들이 아름다운 것은 당신이 아름답기 때문이며 그것들이 선한 까닭은 당신이 선한 까닭입니다. 또한 그것들이 있는 것은 당신이 존재하기 때문입니다. 제아무리 아름답고 선하고 존재하는 것으로 만드신 당신께 비기면 그것들은 아름답지도, 선하지도, 존재하지도 않는 것. 이것을 알고 있는 저는 당신께 감사드리며 당신의 지식에 비해 볼 때 저의 지식은 차라리 무지로소이다."7)

　　이 논증은 보편적 동의를 통한 논증과도 일맥상통한다. 역사적 논증이라 지칭되는 보편적 동의를 통한 논증은 신 존재가 명백한 것이라고 보는데, 그것은 모든 시대에 걸쳐 인간들이 그러한 진리를 인정하고 있다는 이유에서 그러하다. 한마디로 말해 만인의 영혼 안에는 신 존재에 관한 의식이 있다는 것이다. 역사적 기원과 관련된 것이지만 이 증명은 『제신들의 본성론』(De natura deorum)에서 키케로가 한 말에 잘 나타나 있다. "마음 안에 각인된 신들의 존재는 모든 이에게 본유적이다." 이러한 증명은 철학적인 관점에서 증명할 가치를 지니고 있다고 보기는 힘들다. 왜냐하면 그것은 비록 고양(高揚) 되었을 망정 실질적인 어떤 확실성이 아닌, 그저 개연성의 단계 정도로 우리를 이끌어줄 수 있을 뿐이기 때문이다.

---

7) *Conf.*, XI, 4.

(3) '사람들의 일반적인 일치에 의한'(ex consensu gentium) 논증

이 논증은 이론적인 것이 아니라 흔히 실천적이며 효과적인 논증으로 간주된다. "신에 대한 참된 관념의 위력은 그 어떤 인간 피조물에게 감추어져 있지 않을 만큼 이성의 사용에 의해 도달된다. 왜냐하면 본성이 완전히 추락한 소수의 사람들을 제외하고는 전(全) 인간 존재가 신은 세계의 저자라는 것을 인정하고 있기 때문이다."[8]

2) 비판적 결어

우리는 지금까지 아우구스티누스에 있어서 진리 추구, 다시 말해 신을 탐구하는 그의 노력에 동참하였다. 한마디로 그의 신 존재 논증은 불변하는 진리에 입각한 논증으로 충족이유율이 그 수단으로 사용되고 있다. 논증 안에서 관념적 존재는 영원하고 불변적인 원칙으로 모든 사고와 실재를 넘어서고 있다. 이 원칙은 마치도 종(species)의 개념과도 같아, 세계 안에 존재하는 사물이나 인간 지성 안에 자리하고 있지 않기에 존재 사물이 사라진다 할지라도 그 원칙은 계속해서 존재한다. 이는 사각형이나 원이 존재하지 않을지라도 사각형과 원의 기하학적 원리는 여전히 건재하고 있는 것과 마찬가지이다. 이 원칙은 참된 것이기에 필연적, 보편적이며 그 근거이고 기초가 되는 필연유, 보편유를 요구한다. 그러한 존재는 곧 신이다.

이러한 주장에 대한 반론 역시 만만치 않다. 즉 진리는 지성과 실재의 일치 내지는 양자간의 관계라는 것이다. 따라서 진리란 절대적인 것이라고 볼 수 없다는 주장이다. 따라서 절대적 근거로서의 신을 논의하는 것은 잘못된 주장이라는 논리이다. 이는 단지 진리가 실재와는 동떨어진 지성만의 논리적 진리를 의미하는 경우 가치 있는 반론이

---

8) Augustinus, *In Johan.*, 106, 4.

될 수 있다.

그렇지만 중요한 것은 존재론적·형이상학적 진리이다. 즉 모든 지식의 기초인 필연적이고 영속적인 원칙을 표현한다는 의미에서의 진리가 바로 그것이다. 이는 논리적 원칙인 동시에 형이상학적 원칙이며 실재의 원칙인 것이다. 관념적 논증이 관여하는 것은 이 실재의 원칙(형이상학적 원칙)의 궁극적이고 객관적인 기초이다.

또한 반대자들은 진리와 그 특성들을 단순히 가정적인 것으로 받아들인다. 그러나 우리는 신 존재를 알기 전에 모든 우연적 사물들과 함께 절대적으로 독자적인 것으로서의 진리를 인식한다. 그리고 그 진리의 궁극적 토대인 신을 논증할 수 있다.

우연유는 단지 진리 인식의 직접적 이유이지 궁극적 토대는 아니다. 확실히 아무 것도 존재하지 않았다면 진리는 있을 수 없다. 그러나 존재는 존재하기에 진리는 존재하며 따라서 진리를 가능케 하는 영원하고 필연적인 토대가 있음은 확실하다.

2. 본성적인 도덕법에 관한 의식을 통한 논증

비존재론적인 논증이라 칭해지는 이 논증은 길들에 대해 말하는 증명들과 유사한 형식을 통해 다음과 같이 설명될 수 있다. 즉 존재는 본성적인 도덕법을 지닌 인간 본성 안에 현시된다. 그리고 자연법은 그 자체로 고유한 근간을 지니고 있지 않다. 따라서 그것은 원인을 갖고 있거나 분여된다. 그런데 합법적이거나 생산적인 원인들의 계열 안에서는 무한자에게로 진행하는 것이 불가능하기에 제일차적인 합법적 원인의 존재는 필연적으로 인정되어야만 한다. 이는 영원법으로 지칭되면서 신과 동일시된다.

인간 본성 안에 각인되고 인간의 고유한 행위들을 규정하는 자연법의 존재는 분명한 것이기에 의심할 수 없다. 그런데 우리는 여기서 이러한 주장을 논증해 낼 수는 없다. 다만 그것을 인정하게 되는 경우 그러한 사실은 신 존재를 함축하고 있음을 증명해 내는 것이다.

자연적인 도덕법은 인간 본성과 함께 주어진다. 이 법은 어떤 의미에서 자기 충족적이 아니며 단지 궁극적으로는 그것을 기초하는 데 기여하고 분여하는 상급원리에 의존하고 있다. 우리는 그것을 합법적인 원리와 무관한 것이라고 생각할 수는 없다. 그것을 자기 충족적이라고 여기려는 시도는(etsi Deus non daretur) 조만간 법을 부정하는데 이르게 될 것이다. 한편 그러한 토대는 비록 인간 본성이 이성적이라 할지라도 그 안에 거할 수는 없다. 다시 말해 원인되었다는 한에서 이성이 그 기반이 되거나 그것과 연관된 다른 어떤 요소가 토대가 될 수는 없는 것이다. 예컨대 의지나 의지가 행사되는 공동선이 그렇게 될 수는 없는 것이다.

길들에 대해 언급하면서 설명된 이 같은 이유로 인해 자연적인 도덕의 합법적인 원인들의 계열 안에서 무한자에게로 소급하는 것은 불가능하다. 여기서는 상급적인 합법자를 탐구하는 것이 아니라 자연적인 도덕법의 원인인 합법자의 원리에 도달하는 것에 관한 것임을 지적하는 것이 중요하다. 여기서부터 우리는 하나의 사실에 출발점을 두지 않을 수 없다.

이러한 합법자의 원리는 영원법이라는 명칭을 갖는다. 바로 자연법은 이성적 피조물 안에서 영원법의 분여로 정의된다. 영원법은 유출되거나 원인되거나 분여된 어떤 것이 아니라 신과 동일시된다. 신은 모든 행위들의 지도적 원리라는 점에서 신적 지혜의 이유이기 때문이다.

그러나 칸트에 있어서는 문제가 다르다. 그에게 있어서 신은 도덕법의 원천으로서가 아니라 단지 덕(virtus)과 행복을 일치시킬 수 있는 존재이다. 칸트는 신에게 도달하는 데 있어서 도덕법에서 출발하지 않고 최고선의 개념에서 출발한다. 완전한 선인 최고선은 덕과 행복을 포함하지 않을 수 없다. 그런데 덕과 행복은 흔히 경험계 안에서 분리된다. 분명 칸트는 스토아적 학자가 아니었다. 그는 고통 가운데서 지혜 있는 자와 덕 있는 자가 행복할 수 있다고 생각하지는 않았다. 따라서 그에게는 이러한 분열과 비이성성을 떨쳐버리는, 즉 경험계를 넘어서 있는 어떤 존재가 있어야만 했다. 그러나 덕에 행복을 가져다줄 수 있는 자는 자연의 저자이어야 하며 도덕법의 표현인 가지계(可知界)에 속해야만 한다.9)

결국 칸트는 보상자인 신에게 도달하는데, 그때 윤리는 이미 건설되었기에 신은 단지 우리 행위에 의미를 부여하는 자, 선 개념을 제도화하는 자에 불과하다. 이때 선은 모든 존재가 실현하도록 초대받은 것이다. 이러한 원천적인 의지인 '호출'을 받지 않은 선이란 없다.

우리가 여기서 말하는 윤리학 안에서 법은 '목적을 향한 길'(ratio finis)이다. 그것은 원천적으로 명령이 아니다. 여기서 우리는 무슨 이유로 칸트가 도덕법의 원천인 신에게 도달하지 못하지를 자문하게 되는 경우 칸트는 법을 본래 명령 혹은 의무(obligatio)로 개념했기 때문이라고 답할 수 있을 것이다. 따라서 그에게 있어서 신을 도덕법의 원천으로 결론짓는다는 것은 아마도 도덕법을 밖으로 나오는 명령으로 개념하는 것과도 같은 것이었다.

결국 칸트에게 있어서 인간은 목적 또는 그러한 호출을 향한 동향 없이는 인간일 수가 없다. 호출은 창조적 행위 자체이며 인간 존재와 본성을 기초하는 것이다.

이러한 도덕적 가치들의 존재에서 출발하는 논증(이러한 가치들의 등급까지도 포함)은 신 존재에 도달하는 데 있어서 지성적 의지로서의 신에게 이르게 된다.

---

9) Cf. I. Kant, *Critica della ragione pratica*, trad. it. di F. Capra, Laterza, Bari, 1963, pp.137-142.

3. 행복에 대한 본성적 욕구를 통한 증명

윤리학의 기본이 되는 개념은 목적 개념이다. 여기서 많은 문제들이 그 해결책을 찾는다. 이 개념은 소크라테스와 그 이전 철학자들에게서는 분명하게 정의된 바가 없었다. 또한 소크라테스의 도덕적 가르침 역시 늘 불분명한 것이었으며 일반적인 덕을 고양시키는 데 국한되었다. 이 점에 있어서 플라톤만큼은 결정적이고 중요한 발전을 이룩했던 것이 사실이다.

플라톤에게 있어서 인간의 목적은 행복이다. 행복은 근본적으로 인간 인격이 충만하게 발전하는 곳에서 찾아볼 수 있다. 그리고 그것은 구체적으로 이상계를 성취하는 데에 있다.

목적을 위해서 인간적으로 행위한다는 것은 두 가지의 상승 개념으로 표현될 수 있는데, 그 하나는 이성적 상승이고 다른 하나는 수덕적 상승이다. 이성적 상승은 인간인 한에서 인간이 감각계의 헛된 인상으로부터 해방되어 기체적 이데아들의 지식을 바라보는 것이다(동굴의 신화). 수덕적 상승은 인간인 한에서 이상계에 다다르기 위해 이승의 사물에 매어놓는 온갖 헛된 정욕에서 탈피하는 것이다(에로스의 신화).

플라톤이 목적과 행복에 동일시하는 선은 근본적으로 조화, 미 그리고 진리라는 세 가지 요소의 결과이다. 그리고 행복은 선의 결과 안에 자리한다. 선을 사랑하면서 그것을 자기 것으로 행하는 자는 복되다.

이러한 윤리적 설명으로 플라톤은 쾌락주의(아리스티포)와 견우학파(안티스테네: 덕을 실천하는 데 최고선이 있다)에 맞서 자신의 입장을 굳건히 하는 데 최선을 다하였다. 그는 답하기를 전적으로 쾌락에 물든 삶은 지혜롭지 못하며 그러한 삶은 추악한 자의 삶 혹은 이성이 상실된 실성한 삶과 동일하다. 행복은 추상적인 지혜(순수 이론적인 목적)에 있지도 않다. 왜냐하면 그러한 윤리 개념은 완전한 인간의 요청에 부합하지도 않기 때문이다. 한마디로 그에게 행복은 최상선을 획득하는 데 있다. 플라톤은 이 최상선을 자주 신과 동일시한다.

우리는 이러한 증명을 행복론적 논증을 위한 서문으로 이해해도 좋을 것이다. 대표적인 행복론적 논증으로 알려진 고전 대목은 신플라톤주의의 선상에 있는 아우구스티누스의 『고백록』(1, 1)에 잘 나타나 있다. "주님, 당신 위해 우리를 만드셨기에 당신 안에 쉬기까지 우리 마음은 평안하지 않습니다." 모든 인간 안에 있는 행복에 대한 본성적인 열망 내지 염원은 그러한 존재를 미리 예상하고 있을 것이다. 따라서 인간은 본성적 필연성에 입각하여 절대자, 신에 대한 욕구를 느낀다. 왜냐하면 하느님은 인간의 행복이기 때문이며 따라서 그러한 하느님은 존재한다.

그런데 고립적으로 취해진 이 같은 논증은 신 존재를 논증한다고 말하기는 힘들다. 왜냐하면 우리가 이것을 '토마스적 길들' 중의 하나로 환원시키고자 하는 경우, 그것은 논증인 한에서 '사실 그 자체로'(ipso facto) 파괴되기 때문이다. 위에서 인용한 아우구스티누스의 문장은 의심할 바 없는 진리를 표현하고는 있지만, 신 존재는 "당신 위해 우리를 만드셨다"는 구절에서 알 수 있듯이 이미 논증된 것임을 전제로 하고 있다.

토마스의 논증은 결과로부터 출발할 것을 요청한다. 이와 관련하여 토마스는 다음과 같이 말한다.

"하느님이 존재한다는 것을 인식하는 것은 어떤 일반적인 형태로 막연하게 우리에게 본성적으로(nobis naturaliter) 주어진 것이다. 즉 하느님이 인간의 지복(至福)인 한에서 그러하다. 사실 인간은 본성적으로 지복을 갈구하며 또 인간에 있어서 본성적으로 욕구되는 것은 인간에게 본성적으로 인식된다. 그렇다고 해서 이것이 바로 하느님은 존재한다는 것을 단적으로 의미하는 것은 아니다. 그것은 마치 오는 사람을 인식하는 것이, 실제로 베드로가 오고 있다 할지라도 베드로를 인식하는 것이 아닌 것과 같다. 많은 사람들은 인간의 완전한 선, 즉 지복을 부(富)로 여기고, 어떤 사람들은 쾌락으로, 또 어떤 사람들은 다른 어떤 것으로 생각한다."[10]

이렇게 볼 때 토마스는 행복에 대한 본성적 욕구의 논증을 형이상학적으로 신 존재를 논증할 수 있는 가능한 증명으로 받아들이고 있지 않다.

---

10) *S. Th.*, I, q. 2, a. 1, ad 1.

제 10 장

현대문화와 신을 향한 인간

모더니즘이 20세기를 '불확정성의 시대'로 규정하고 그 뒤를 잇는 후기 구조주의(이 말은 포스트 모더니즘을 철학과 관련하여 사용하는 경우이다)가 대항문화에서 전통문화로 자리잡은 모더니즘을 또다시 그 근원에서부터 뒤흔들면서 오늘의 세계문화는 온통 혼란의 소용돌이에 빠져들고 있다. 이전 사상과의 비판적 반작용 내지 단절감이 점차로 심화되면서 이제 인간은 어디에 발을 붙이고 서 있어야 할지도 모를 세상을 살게 되었다.

인간학이 최고로 발달한 시대, 그러면서도 막스 셸러(M. Scheler)의 말처럼 인간에 대해서는 가장 무지한 시대, 대우주에 로켓을 쏘아 올려 삼라만상의 끝없는 비밀을 캐고자 하면서도 가난과 굶주림, 폭력과 전쟁으로 얼룩진 세계를 살아가는 소우주(小宇宙) 인간에 대해서는 한없이 무심한 세대, 결국 너무나 많은 모순들로 인해 더 이상은 라이프니츠 식으로 낙관적으로만 바라볼 수 없게 된 이 세상, 이것이 오늘 우리가 살아가고 있는 세계의 현주소인 것이다. 그러면서도 많은 사상가들은 계속해서 수많은 사상들을 쏟아 놓고 있고, 다른 한쪽에서는 느낌과 체험만을 강조하며 자신의 삶을 고집하는 아류들이 줄지 않고 있다. 이 모든 것이 안으로나 밖으로 통합적 이념을 지닌 문화의 싹이라고는 하지만, 얼마나 많은 경우 그러한 요소들이 개별적·소집단적 형태나 체계로 머물다 사라지고 마는지 우리는 너무나 잘 알고 있다. 결국 사상의 단편성이나 소시민들의 대량 양산은 허구적인 현대 문화의 틀이 쏟아 놓는 또 다른 부산물로 자리하고 있다.

현대 문화, 어쩌면 그것은 빛 좋은 개살구에 불과한 것일까? 아니면 미명을 넘어서 마지막 몸부림을 쳐가며 생존을 갈구하는 인류에게 희망의 빛이 되어 주는 등불일까? 혼돈의 세계는 묻고 있다.

적어도 이 시대 문화는 온갖 소용돌이 속에 분열되고 침체된 문화가 아닌 통합적이며 창조적인 문화여야 한다. 그것은 불안과 위기의 상황을 직시하여 새로운 대안을 모색하고 제시하는 참된 가르침에 바탕을 둔 것이어야 한다. 그러기 위해서는 근대사상 이후 이성 만능주의로부터 시작해서 헤겔의 '절대이성'(絶對理性)에 이르기까지 이성의 절대화를 바탕으로 전개된 이성 주체주의가 아닌 — 사실 최근의 철학들은 이 점에 대한 고발과 비판을 늦추지 않고 있다 — 창조로부터 시작하여 유한자(有限者) 안에서 무한자(無限者)의 자기 실현의 과정으로 완성을 향한 신앙 안에서 수정되고 재현된 그리스도 중심의 역사 문화로 그 방향을 돌려야 할 것으로 본다. 이러한 관점에서 우리는 역사의 핵인 그리스도를 중심으로 지금 위기를 맞고 있는 현대 문화의 갈피를 잡아 보며 그 타개책을 마련해 보고자 한다.

1. 문화란 무엇인가?

우리는 일상생활 안에서 문화(cultura)라는 말을 입에 자주 올린다. '전통문화', '도시문화', '세계문화' 등을 거명하면서 문화와 뒤섞인 말들을 쉽게 사용한다. 그러면서도 막상 문화가 무엇인지를 묻게 되는 경우 매우 난감해 한다. 어떠한 이유에서일까? 세계가 시작되면서 인류역사와 호흡을 늘 함께 해온 문화를 한마디 말로 요약한다는 것이 그토록 힘들어서일까? 아니면 세상을 살아오면서 아직껏 우리가 진정한 문화생활을 누리지 못해서일까? 그러나 이런 이유들로 인해 문화에 대한 정의를 쉽게 내리지 못하는 것은 아닐 것이다. 사실 문화는 일상의 언어와 의미로는 쉽게 풀어낼 수 없는 나름대로의 고유성을 지니고 있기에 그 실체(實體)에 대한 접근 없이는 이해하기가 쉽지 않다.

문화란 철학적인 의미 안에서만 그 깊은 의미가 제대로 이해되고 해석될 수 있다. 왜냐하면 그것은 이론과 실천이라는 양자의 통합적인 연관성을 다른 어떤 형식보다도 강하게 띠고 있기 때문이다. 인간 인식과 관련하여 철학은 지성과 사물의 일치(adaequatio intellectus et rei)를 진리로 간주한다.[1] 문화 역시 이론 단독이나 우위만도 아니오, 그렇다고 해서 행위만을 강조하는 일방적인 실천사도 아니다.[2] 문화는 인간들이 자기 자신이나 세계에 대해 행위하는 것이기도 하며 동시에 사유하고 말하는 것이기도 하다. 따라서 문화는 전적으로 자연과 맥을 달리하는 인간 활동의 결실이면서 인간 계획에 입각한 창조성(創造性)임을 알 수 있다.

인간은 필연적으로 이중적인 상황 속에 갇혀 그 속에 깊이 물들어 살아가는데, 그 중 하나는 자연적 혹은 생태학적(生態學的) 상황이라 이름하며, 다른 하나는 역사적 혹은 문화적 상황이라 부른다. 이러한 상황은 인간의 사유방식, 느낌방식, 지식 및 전달방식과 밀접한 관련을 맺고 있다.

---

1) 물론 진리 문제가 단순히 지성과 사물의 일치라는 관점에서 총체적으로 규정될 수 없다는 의견들도 만만치 않다. 그러나 근·현대의 모더니즘과 포스트 모더니즘과는 달리 그 사상적 배경으로 작용하였던 전통적 리얼리즘은 인간 인식과 관련하여 지성이 사물을 그대로 반영하는 거울로 이해했다(Cf. A. Llano, *Filosofia della conoscenza*, Le Monier, Firenze, 1987, pp.17-20).

2) *Concetti fondamentali di Filosofia*, ed. italiana a cura di G. Penzo, Vol. 1, Brescia, 1981, p.499.

비록 이 두 가지 상황이 인간을 좌우하고 때로는 인간 삶에 결정적 영향을 미친다 할지라도 인간은 자연적·역사적 상황과는 별도의 존재여야만 한다. 자연과 별개의 존재라 함은 인간이 야생 동물과는 다른 존재임을 뜻하는 것이며, 문화와 별개의 존재라 함은 칸트가 말하듯이, 미성년으로부터 벗어나 성인의 조건으로 들어 높여지는 것을 의미한다. 그런데 문화와 자연의 문제는 어떤 면에서 서로 분리된 실재(實在) 내지는 영역으로만 취급될 수는 없다. 왜냐하면 인간 실재는 문화와 자연의 연관성을 배제하고서는 아무 것도 아닌 것이기 때문이다. 이런 점에서 우리의 실재는 이 양자의 연관성인 동시에 분리성이라 말할 수 있다.3) 여기서 우리는 그람시(Gramsci)의 주장에 동의할 수 있는데, 그에 의하면 모든 인간 실재는 정신의 역동성이 그 모든 것을 초월해 있다손 치더라도 유기적·변증법적으로는 세계와 문화 안에 뿌리를 두고 있다고 본다. 한마디로 문화는 자연으로부터 인간의 이탈 내지는 해방인 동시에 자연적 바탕 없이는 행해질 수 없는 운동인 것이다.

일반적으로 자연과 문화를 정의하는 것이 그리 어려운 일이 아니라면 자연 체계에서 문화 체계로의 이행을 실재 속에서 이해하는 일은 매우 난해하다. 그 이행은 시간 안에서의 점진적 이행이 아니라 자연이 항상 우리 내부에 어느 정도 머물러 있다는 이유로 인해 끊임없이 반복된다는 점에서 그러하다. 이는 매우 중요한 문제이기도 하다. 실제로 자연이 어디서 문화를 위한 수명을 다하고 문화가 자연의 어느 시점에서 그 출발점을 취하게 되는지를 가늠하기란 참으로 쉽지 않다.4)

인간은 분명 '문화적 동물'이다. 아니 더 정확히 말해서 인간은 본성 상 '문화적 존재'인 것이다. 그런데 자연은 인간 자신과 그의 세계

---

3) Cf. C. Levi-Strauss, *Natur und Kultur*, Köln-Berlin, 1966, pp.80-130.
4) 질 리발랑, 『인간과 문화』, 홍혜리나 역, 도서출판 예하, 1993, 20쪽.

를 형성하고 구축할 수 있도록 발전시켰다.5) 따라서 자연은 문화의
배후 세계이며 문화를 말할 때 자신의 정체를 직접 드러내지 않는 침
묵의 세계인 것이다.

한편 문화가 무엇인지, 다시 말해 문화 개념이 어떠한 것인지에 대
해 사람들은 여러 가지 형태로 정의하였으며 지금도 그것을 계속하고
있다.6) 우리가 위에서 살펴보았듯이 문화란 위대한 인간 정신의 창조
성을 표현하는 것이며 인간 존재를 자연으로부터 해방함이다. 그러므
로 문화는 인간 정신의 생리를 표출하는 행위라 단언할 수 있다. 칸트
에 의하면 문화는 "자연 그 자체가 줄 수 있는 것보다도 더 상위적인
목적들"7)이라고 표현되며, 드바르트(L. Dewart)에 있어서 문화는 인
간이 지닌 가능성을 발전시키도록 준비하는 가운데 인간을 "동물로부
터"(ex animale) 탈바꿈시키는 것이다.8) 이렇게 문화의 영역은 전 인
간(全人間)의 창조성을 감싸 안는다. 다시 말해 그것은 인간이 가장
보잘것없는 연장을 사용하는 것으로부터 시작해서 수레바퀴의 발명
그리고 학문적·철학적·신학적 체계, 법적 이론, 우주관, 예술 작품
혹은 가장 복잡다단한 기술의 이론에 이르기까지 확장된다. 이와 같은
인간화 작업은 막스 셸러의 주장에 의하면 우리로 하여금 인간이 되
도록 하는 과정인 동시에 문화적 산물이 인간화된다는 사실과 밀접한
관련을 맺고 있다.9) 제 2 차 바티칸 공의회는 이에 대해 다음과 같이

---

5) *Concetti fondamentali di Filosofia*, p.499.
6) C. Kluckhohn과 A. L. Kroeber는 『문화의 개념』(Bologna, 1972)이라는 저서
   에서 문화에 관한 164개의 정의를 내리고 있다.
7) Cf. *Concetti Fondamentali di Filosofia*, p.499.
8) L. Dewart, *El futuro de la fe*, Barcelona, 1969, p.136.
9) 막스 셸러는 우리가 머리말에서 언급했듯이, 현대의 인간과 인간학에 대한 모순
   을 누구보다도 깊이 있게 바라보았다. 사실 이 주제와 관련하여 자신의 전 생
   애를 바쳤던 그는 "그 어떤 시대에도 인간의 본질과 기원에 관한 의견들이 오
   늘 우리가 살아가고 있는 이 시대만큼 불확실하고 부정확하며 다양한 적은 없
   었다. 인간 문제에 소요된 여러 해의 연구는 저자로 하여금 다음과 같은 주장

강조하고 있다.

"인간은 문화를 통해서만, 즉 자연의 선과 가치를 캐냄으로써만 참되고 완전한 인간성에 도달한다는 것이 인격의 특징이다. 따라서 인간 생활이 언급될 때마다 자연과 문화는 밀접히 연결된다."[10)

그런데 문화는 인간의 창조적 역동성의 표현인 까닭에 우리는 하나의 문화만이 존재하지 않고 오히려 다수의 문화가 존재한다는 것, 그래서 이러한 문화들은 동시적이고 연속적이며 평행적이고 대립적이라는 것을 강조할 필요가 있다.

실제로 과거에는 각 민족과 종족 간에 독특한 삶의 양식과 문화가 있었다. 그러나 이와는 달리 현대 사회가 교통과 통신의 발달로 지구촌 시대를 맞게 되자 삶의 모습은 과거에는 상상조차 할 수 없었던 형태로 변모되기 시작했다. 특히 국가와 민족 간의 교류 증대로 인해 여러 형태의 문화가 인류에게 제공됨으로써 세계인이 함께 공유하는 보다 보편적인 문화 형태가 그 모습을 드러내기 시작했다. 동시에 이 지구촌 시대에는 과거 오랫동안 보존되어 온 민족만의 독특한 문화의 상실이라는 뜻하지 않은 문제에 직면하게 되었다. 이로 인해 문화의 다양성이 소멸되고 특색 없는 획일성 일변도의 단세포적 문화 시대가 개막되기에 이르렀다. 따라서 현대 문화의 새로운 과제는 "어떻게 하면 인류가 풍부한 문화유산을 간직하면서 다양한 문화를 창조해 내느냐" 하는 점일 것이다. 실상 문화는 필연적으로 사회학적 내지 민족학적 의미를 담고 있다. 다시 말해 다수의 사람들이 이용하는 사물, 노동, 자기 표현, 종교적 삶의 실천, 학문과 예술의 발전 등 서로 다른

___

을 하게끔 한다. 만년의 역사가 지닌 오늘날 우리의 시대는 인간이 문제가 되었고 전적으로 문제화된 첫 번째 시대이다"(Cf. *Idea del hombre y la historia*, La Pleyade, B.A., 1972, pp.10-11)라고 강조하면서 문화의 맥락에서 인간과 인간적인 것에 관한 문제 해결을 시도한다.

10) 『현대 세계의 사목헌장』, 53.

생활 조건과 사람들 사이에 각각의 고유한 문화가 형성될 필요가 있다. 이 점은 문화와 직결된 가장 중요한 사안이기도 하다. 이러한 문화의 복수성 내지 다원성을 전제로 하여 우리는 세계 문화와 관련된 불안과 위기의 문제를 살펴보기로 하자.

2. 문화의 불안

모든 사상가들이 당대의 사회 문화적인 분위기에 젖어들어 사고의 출발점을 취하면서 자신들의 사상을 체계화시키는 행위는 그다지 특이한 사항이 아니다. 이런 의미에서 문화와 관련된 현대 세계의 흐름을 파악하는 일은 매우 시급한 일이며, 이는 정치, 경제, 종교 및 여러 학문들뿐만 아니라 사회 전반에 걸쳐 긍정적인 차원에서 새로운 사고 유발을 위한 발판이 되리라 확신한다.

오늘날 세계는 동서양을 막론하고 찬란한 문화를 꽃피우고 있으면서도 한편으로는 타락한 문화의 징후와 양상을 곳곳에서 마주하며 체험하는 장소로 변모되고 있다. 물질적인 부와 기술 축적이 놀라울 정도로 향상되었다고는 하나 작금의 문화 현실은 더욱 더 인간 정신의 본질에서 멀어져 가고 있고, 급기야는 현대인의 근본 의식을 뿌리째 흔들어 놓는 참담한 결과들을 야기하고 있다. 현대의 병폐는 문화가 무엇보다도 정신적 토양을 상실하였다는 데에 있다. 이런 현상은 사회 전반에 커다란 타격을 가져다주었다. 그래서인지는 몰라도 얼마 전부터 사람들은 모든 차원에 걸쳐 위기, 퇴조, 쇠약, 타락 등과 같은 부정적인 낱말들을 거침없이 사용하고 있다. 적어도 이러한 말들로써 그들은 고통스럽고도 난감한 사회 상황을 의미하고 있고, 때로는 인간적이고 사회적·정치적·경제적·종교적·교육적인 면에서 인간에게 일격을 가해 해악을 끼친 극적인 상황들을 표현하고자 한다. 그리고 사람들은 그와 같은 용어들을 통해서 교회, 국가, 가정, 종교, 대학들과 같은 곳에 타격을 입힌 가치평가 기준의 위기, 원리의 위기, 권위와 교육의 위기를 표현하고자 하였다. 물론 문명과 문화의 위기라는 용어로 우리가 요약하여 지적하는 유사한 상황이 동일한 형식으로 모든 사람들이나 그들의 단체에 타격을 가한 것은 아니다. 그렇지만 그러한 분위기 안에서는 이렇다 하게 꼬집어 말할 수는 없어도 나름대로의 어떤 불만족과 불안이 조장되었다는 사실이 암암리에 인정되고 있다.

정신적 차원에서건 행동적 차원에서건 모든 점에 있어서 뿌리깊은 임시방편적인 요소들은 사람들을 혼란과 예상치 못한 상황에 빠져들게 하고 있다. 더구나 이러한 요소들은 이상과 확신이 분명치 않은 경우 더욱 더 그 부당성을 드러내기에 이른다.

오늘의 문화 안에서 우리는 혼란스런 십자로 안에 놓여 있다. 이 십자로에서 인간은 문제시되고 있으며 문제 중에 가장 심각한 문제로 부상하고 있다. 왜냐하면 인간에 대해서는 과거 어느 때보다도 그토록 잘 알게 되었음에도 불구하고 인간적인 것에 대해서는 그토록 실망이나 포기를 해본 적이 없었기 때문이다. 사실 인간 문제는 철학과 단편적인 형이상학들을 넘어서서 학문의 해석학적인 구조에 있어서 가장 날카로운 정신들 가운데 하나를 관통하는 것과도 같은데, 이는 실증과학이 말하는 발견의 정신과 가능성을 초과해 있음을 뜻한다. 그래서 비트겐슈타인(L. Wittgenstein)은 "우리가 가능한 모든 과학적 물음에 대해 답을 주었을지라도, 우리에게 가장 생생하게 남아 있는 문제들에 대해서는 전혀 손대지 못했다"[11]고 주장한다. 왜냐하면 인간은 자신에 관한 전반적인 견해, 세계 안에서 자신의 위치, 자신의 있음과 존재 의미에 관한 해답을 필요로 함에도 불구하고 이는 과학적으로는

---

11) L. Wittgenstein, *Tractatus Logico-philosophicus*, I, 6, 52. J. Ortega y Gasset 역시 "과학은 그 내용에 있어서 놀라운 것이지만. 철학과 종교, 지혜 앞에서 인간 염려로서의 과학이 도대체 어떤 것인가를 노골적으로 캐묻는다면, 막연한 대답만을 듣게 될 것이다"라고 주장한다(*Ideas y creencias*, p.54).

해결 불가능한 것으로 학적인 영역을 초월해 있기 때문이다.

"인간은 어디에서 오는가", 그리고 "그는 어디로 가는가", "인간은 무엇을 위한 존재인가"와 같은 질문들은 아직까지도 명백하게 답해지지 않았으며 오히려 훨씬 더 모호해졌다. 적지 않은 경우에 인간은 인간을 유기하는 무시무시한 존재가 되었다. 이러한 점은 인간의 죽음을 선포하고 인간 없는 철학을 주장하고 나선 구조주의자들에 의해 잘 논증되고 있다. 숨김없는 반어법(反語法)과 스토아적 연민으로 그들은 다음과 같이 주장한다.

"인간 및 그의 왕국과 해방에 대해 다시금 언급하고자 하는 사람들, 인간의 본질이 무엇인지를 다시 질문하는 사람들, 진리에 접근하기 위해 인간으로부터 출발하기를 원하는 사람들, 반면에 모든 지식을 인간 자체에로 새롭게 끌어들이고자 하는 사람들, 인간화함 없이 형식화하기를 원치 않고 비신화화함 없이 신화화하기를 원치 않으며 사유하는 인간 역시 사유함 없이 사유하기를 원치 않는 사람들, 반성에서 벗어나 가증스런 이 모든 형식들에 반대되는 것은 철학적 웃음뿐이다."12)

사람이 세상을 살다보면 어느 한 순간 극복하기 힘든 육체적·정신적·심리적 불안감에 사로잡힌다. 세월의 무상함과 함께 행복했던 과거지사들마저 의심의 소용돌이에 빠져들면서 모든 것이 송두리째 무너지는 현재의 순간을 음미하며 자신도 모르게 공포감에 휩싸이는 경우가 있다.

문화에 있어서도 마찬가지이다. 인간이 어떤 것에 매여 살아가고 있는지 또 자신의 발을 어디에 딛고 서야 할지 또 손으로는 무엇을 움켜잡아야 하는지를 모르고 있던 역사의 순간들이 자리하고 있었다. 그때 인간은 아무런 정신적·실존적 버팀목도 없이 그저 사방에 널려진 위협 하에서 살아가고 있다는 인상을 떨쳐버릴 수가 없었다. 이 점

---

12) M. Foucault, *Las palabras y las cosas*, Siglo XXI, Madrid, 1974, p.333.

에 대해 모라(F. Mora)는 『인간의 위기』(*Las crisis humanas*)에서 다음과 같이 주장한다.

"인간들이 더 이상 인간이기를 포기하고자 함을 발견한 시대가 존재한다. 그러한 때에 모든 노력은 땅에 발을 딛고 서 있는 일에 집중된다."[13]

땅에 발을 딛고 서 있는 것이란 도대체 무엇을 의미할까? 그것은 인간이 자라나서 성숙하게 되는 데 있어서 긴히 필요한, 즉 받아들이고 동화된 유산을 보존할 줄 아는 것을 의미하지는 않는다. 오히려 그것은 성숙한 인간 요청에 잘 부합하는 새로운 원리와 행동을 위해 모든 문화적·협의적 세계를 포기함을 의미할 것이다. 실제로 오늘날 인간에게 일어날 수 있는 사건 중에 가장 혐오스럽고 가증스러운 일은 일상의 습관적 태도로 인해 미지의 요청적 세계를 불신하는 태도일 것이다. 따라서 미래 지향적인 문화의 삶을 창조하기 위해 현실적으로 물들어 있는 습관적인 냉담성을 배제시키는 일은 전반적으로 모든 것에 대한 의심과 불신이라는 일반화된 태도를 다시금 유발할 것이라는 예상과 함께 흔히 우리들을 구제할 수 없는 무력감에 빠지게끔 한다.

그렇지만 현실과 미래를 눈앞에 두고 있는 인간은 항상 무엇인가를 추구해야만 한다. 그렇다고 해서 만인이 무엇인가를 이상(理想)으로 받아들여 그것을 어떻게 추구해야 하는지를 잘 알고 있는 것만은 아니다. 얼마나 많은 사람들이 소시민적이고 자기 만족적이며 현실적인 삶에 안주하며 살아가고 있는지를 우리는 잘 알고 있다. 그들에게 있어서 미래에 대한 특이한 징후는 보이지 않는다. 이런 경우는 특히 어떤 사람이 자신의 삶을 살아갈 수 있는 활동 범위가 적재적소에 보장되어 있다거나, 부모로부터 일정한 재산을 상속받았다거나, 평범한 사

---

13) J. Ferrater Mora, *Las crisis humanas*, Barcelona, 1972, pp.38-39.

람들이 해석해 낸 세계에 신뢰심을 갖는 경우가 그러하다. 그의 의식은 습관성에 물들어 있고 세계에 대한 정확한 지식의 결핍은 만사를 그저 눈에 보이는 잣대로 재는 것으로 충분하다고 생각한다. 한마디로 이것은 하이데거가 말하는 계량적 사고(計量的 思考)에 깊숙이 파묻혀 있는 자의 태도이다. 의심과 회의의 결핍, 경이(驚異)와 신비로움의 부재(不在)는 결국 그를 일상사에 안주하게끔 할 뿐이며 그에게서 새로운 인간으로서의 미래를 기대한다는 것은 있을 수 없다.

그렇지만 우리가 위에서 지적한 대로 어느 한순간 모든 인간들이 다 그럴 수 있듯이, 불확실성과 혼돈에 휩싸일 경우 인간은 커다란 충격을 받게 된다. 그럴 때 계속 살아남고자 한다면, 그는 정신의 명석함과 실존적인 용기를 필요로 한다. 사실 정신은 의식 없이 활성화되지 못하며 무기력할 따름이다. 이것은 마치도 이성 없는 의지가 한치 앞도 바라볼 수 없는 것처럼 공포감에 짓눌려 있는 것과도 같다. 오늘의 문화가 정신적 토대를 상실하고 그로 말미암아 사회가 커다란 타격을 받아 그 병폐에 완전히 굴복한 것처럼 보일지라도 질병은 치유 불가능한 것이 아니다. 지난 150년간에 걸쳐 일어난 변화는 인간 의식의 심오한 부분들까지 파멸시키지는 못하였다. 그 부분들은 표면적인 활동 때문에 흐려지거나 짓눌려 있을 따름이다. 데카르트가 명석판명(明晳判明)한 관념에 대한 탐구를 시도했을 때, 그는 인간이 정신의 명석함 없이는 혼돈과 기만의 죄수라는 것을 너무나 잘 알고 있었다. 파스칼은 그것 때문에 살고 그것 때문에 죽을 수 있는 진리에 대한 삶을 내기했을 때, 인간이 오로지 살고 희망할 수 있는 이유와 동기들을 발견하게 된다면 존재와 삶의 의미를 정당화할 수 있음을 보여주었다.

그럼에도 불구하고 오늘날 위기에 봉착한 것은 이념과 이성 그리고 동기들뿐만이 아니다. 근본적으로 문제가 되는 것은 역시 동일한 인간이며, 그의 과거와 현재 그리고 미래 또한 문제의 도마 위에 올라 있다. 아니 인간의 전 역사가 그러하며 그의 문화 전체가 그렇다. 그토록 강조된 인간 중심의 인본주의 역시 수효는 매우 다양하지만 모호하고 혼돈적인 개념으로 가득하다. 특히 그것은 종교적·물질주의적 전망에서 출발할 때 그러하며, 자기 자유의 충만한 발전을 통해 절대적이고 실현 가능한 가치로 인간을 해석하려는 철학적 운동에서 출발하는 경우에도 그러하고, 이상적인 문화, 인간관, 세계관을 설정하는 경우에도 그러하다. 인간관과 그의 구체적인 실현에 대한 인간학적 방법론은 지지되는 철학들 사이에서 차이를 내며 상이한 인본주의들의 복수성과 공존성은 기초를 지어 주는 체계들의 복수성 만큼이나 그렇게 정상적이고 또 합법적인 것처럼 보인다. 그렇지만 이러한 요인에 있어서 커다란 위기가 인간에 관한 위기이고 인간 조건에 관한 위기일 경우, 인본주의적이며 인간학적인 모든 체계들은 한결같이 동일한 위기에 처하게 되며 오류에 빠져들게 된다. 그렇기 때문에 모든 인본주의자들에 대한 일반적인 각성이 각별히 요청된다 하겠다.

이미 융(C. J. Jung)은 부정적인 언사로 이 시대를 기술하고 있는데, 그에 의하면 우리는 큰 사다리 위에 걸쳐 있으면서 정신적·종교적인 면과 관련하여 혼돈의 시대 아니 최대의 격랑기를 살아가고 있다고 주장한 바 있다.14) 폴 틸리히의 표현대로라면 쉽게 망가지는 우상들의 무게에 짓눌려 있는 현대인은 위협받고 있는 자신의 존재를 이끈다는 의미에서 결정적인 부조리와 기대 가능성이라는 십자로에 가로서 있다. 실제로 이 시대의 많은 가치들은 전체주의와 허무주의적인 필리스틴인들에게서 위협받고 있으며 지성의 확산된 표현이면서 인간 조성의 억압적인 표현인 일련의 문화적 전략에 의해 위협받고 있다.

---

14) C. G. Jung, *Die Beziehungen der Psycholotherapie zur Seelsorge*, Zurich, 1932, p.14. 종교적 차원은 융의 학파가 강조하였듯이, 인간 정신에 있어서 가장 깊은 인간학적 구조에 속한다. 심층 심리학자인 그에 의하면, 인간 영혼의 가장 심오한 부분과 층들은 종교적 성격으로 이루어져 있으며, 그것들은 인간 삶의 어떤 한 시점에서 드러난다. 그것들은 의학자가 다룰 수 있는 성질의 것이 아니며, 다만 영적 지도자가 다룰 문제이다(Cf., C. G. Jung, *La gerison psychologique*, Georg, Ginerva, 1953, pp.275-300).

또한 전반적인 학문의 흐름에 커다란 관심사를 표명했던 현상학자 후설(E. Husserl)은 자신의 저서인 『형상적 초월적 논리학』(*Formale und transzendentale Logik*)의 첫 페이지에서 유럽 학문의 상황은 학문 자체와 그 고유한 의미에 대한 믿음을 상실한 연유로 근원적인 반성에 묶여져야 한다고 적고 있다. 인간이 자기 손으로 만들어낸 학문들과 문화 안에서 현실의 인간은 계몽주의의 인간들이 지니고 있었던 확실성과 확증을 더 이상 바라보지 못하고 있다. 또한 유럽 학문의 위기를 다룬 미완성 작품인 자신의 마지막 저서에서 후설은 가장 위대한 역사적 현상이란 인류가 자기 자신에 대한 이해를 위해 투쟁한다는 사실에 있다고 말하면서 다음과 같이 주장하였다.

"서구의 존재 위기의 해결책은 단 두 가지이다. 정신에 대한 적대성과 야만성 안에서 침체되고 자신의 고유한 이성적 삶으로부터 멀어지는 가운데 발생하는 유럽의 쇠퇴이거나 아니면 자연주의에 대한 결정적 승리를 가져오는 이성 영웅주의를 통한 철학 정신으로 유럽을 재생시키는 일이다. 유럽을 위협하는 가장 중대한 요소는 지쳐 있는 정신이다. 우리는 그칠 줄 모르는 싸움 앞에서도 결코 물러서지 않는 가치를 지니고 선한 유럽인으로서 위험 중의 위험인 이것과 대적하여 투쟁한다. 그때 비로소 불신의 파괴자인 화재에서, 서구의 인간 사명 안에서. 모든 희망을 삼킨 불구덩이에서, 엄청난 피로의 잿더미에서, 크고 먼 인간 미래의 보증인 삶과 정신력이 새로운 내면성을 지닌 페니키아인들이 다시 태어나게 될 것이다. 왜냐하면 정신만이 불멸적이기 때문이다."15)

해학인(Homo Ludens)과 관련하여 새로운 유희 문화에 대한 깊은 통찰력을 우리에게 보여준 호이징하(Huizinga)는 "인간의 문화는 유희에서 샘솟아 난다 ― 유희인 한에서 ― 유희 안에서 문화는 발전한다"16)고 논증한 바 있다. 그는 학문들이 새로운 정신 구조와 하나의

---

15) E. Husserl, *La crisi delle scienze europee e la fenomenologia trascendentale*, Il Saggiatore, Milano, 1983, pp.99-100에서 인용.

길들여진 문화를 창조한 이후, 강력한 비판 정신의 퇴조와 함께 분별력이 뒤떨어진 정신을 산출해 내고 있다고 지적한다. 그러한 이유 중의 하나는 인간이 유희의 정신을 상실한 데서 발견할 수 있다. 유희는 심오할 만큼 인간학적인 고로 "유희를 아는 자는 정신을 인식한다."[17] 왜냐하면 유희 안에서 정신은 특별한 모습을 지니고 현시되기 때문이다. 유희는 문화보다 더 고풍적이며 문화는 해학적 현존이 전반적으로 확산된 것이라고 주장할 수 있다. 결국 순수 사변적인 앎보다는 삶과 행동을 더 강조하는 이 네덜란드 철학자는 오늘의 위기가 '앎과 존재 간의 갈등'에 자리하고 있다고 꼬집는다. 이는 현대인들에게 있어서 종합력의 상실을 고발한 이른바 문화적 차원의 표현인 것이다.

이러한 모습은 현대 세계의 예언자이며 우주적 조화와 인간적 놀이, 어린이와 성인과 예술가의 유희라는 새로운 복음을 전하기를 원했던 니체의 눈을 피해 달아날 수 없었다. 니체에게 있어서 그리스 세계의 중요성은 그리스 비극의 기록에서 출발한다. 그러나 그 세계의 몰락은 아테네 비극의 몰락으로, 즉 디오니소스적 정신과 아폴로적 정신 간의 균형 파괴이다. 디오니소스적 정신은 본능적인 힘의 모습이며 도취되고 모호한 극이고 인간 본성과 완전한 조화를 이룬 인간의 상징이다. 그 대신 아폴로적 정신은 날카로운 꿈의 시각이며 분명한 형식의 본능으로 소크라테스 철학에서 비롯된다. 이는 바로 비극의 종말이며 몰락의 시초이다. 더구나 아리스토텔레스의 철학에 의한 실재의 합리화와 이를 전수한 그리스도교는 인간으로 하여금 더 이상 실재와 삶의 복합성에 근접할 수 없도록 만들었다고 니체는 생각했다.

한마디로 그는 이른바 우주적 암시(Metafora cosmica)의 길에 들어선다. 니체는 자기 자신 안에서 제어할 수 없는 우주적 힘을 맛보았고 "신이 내 안에서 춤춘다"는 식으로 자기 자신에 대해 말하기에 이른

---

16) J. Huizinga, *Homo Ludens*, Alianza, Madrid, 1972, p.8.
17) *Op. cit.*, p.14.

다. 춤과 웃음, 노래, 광희(狂喜)와 유희에 대한 체험은 충만한 실존의 강생으로 제시되는 모든 니체적 품성들을 비추어 준다. 숲에서 만난 은수자에게도 차라투스트라가 거기서 무얼 하고 있느냐고 물었을 때, 그는 노래하고 상상하며 웃고 울며 열변을 토한다고 대답한다. 결국 니체가 말하는 유희는 이성적인 인간의 결과가 아니며 비합리성과 필연성이라는 유희 안에서 모든 바커스적 힘을 과다 노출함으로써 깊이 있는 인간학적 실재를 드러내는 문화적 영역을 구축한다.

그럼에도 불구하고 19세기는 사상의 거대한 흐름 속에서 유럽 문화의 정체성이 상실된 불운의 시대였다. 이 점에 대해 호이징하는 다음과 같이 말한다.

"사회 생활의 익살적인 요소들에 반하여 거의 모든 것들이 정리 정돈되고 있다. 자유주의든 사회주의든 간에 양자는 이러한 요소들에 자양분을 공급하는 데 기여하지 못했다. 경험적이며 분석적인 과학, 철학, 실용주의와 정치적 혁신주의, 맨체스터주의(1830년대 자유 무역주의를 주장함)는 한결 같이 매우 신중한 활동들이었다. 예술과 문학에 있어서 낭만주의적 열정이 사그러들게 되었을 때, 이전 문화에 나타났던 그 어떤 것보다도 유희에 대한 이념에 있어서 외적인 형식들은 실재론과 자연주의, 특별히 인상주의와 함께 전면에 드러나게 되었다. 만일 어떤 세기가 진정으로 자기 자신과 존재를 취하지 못하였다면 그것은 바로 19세기이다."[18]

지난 세기로부터 상속받은 이러한 약점들은 지금에 와서도 수정되지 않고 있다. 그래서 우리는 심각성과 즐거움의 부재(不在), 상상력의 결핍과 계속되는 불만족이라는 질병에 시달리고 있으며 결과적으로 대부분의 현대 문화는 아무런 축제도 거행하지 못하게 되었다.

이러한 사태는 지난 세월 동안 학문적 진보가 부추긴 희망과 환상

---

18) Huizinga, *Homo Ludens*, pp.226-227. 세계 내 유희 개념에 대한 분석서로서 J. Pieper, *Zustimmung zur Welt. Eine Theorie des Festes*, München, 1963을 참고할 것.

의 결과로, 다시 말해 계몽된 인간을 교의, 교회, 참된 가르침, 전승들에 대한 무자비한 비판으로 이끌면서 이들 영역 밖으로 그들을 내몬 결과였다. 그리고 사람들은 적지 않은 경우 계몽이 아닌 환멸과 회의론을 마주하기에 이르렀다. 학문에 대한 희망으로 가득 찬 이성은 두려움과 절망으로 변질되어 매력을 상실하였고 드디어 그것은 막스 베버(Max Weber)의 표현을 빌리자면 "세계의 매력 상실"을 유발하였다. 아도르노(Adorno)와 호크하이머(Horkheimer)는 "계속적으로 진보하는 사상인 계몽주의는 인간을 두려움으로부터 해방시켜 주인이 되게끔 하는 대상을 끊임없이 박해해 왔다. 그런데 완전히 계몽된 세계는 승리적 재앙의 표지로 찬연한 빛을 발하고 있다"[19]고 말하였다. 세계의 매력 상실과 신비 상실로 인한 허허로움은 무의미하고 수학적이며 차갑기만 한 세계로 우리를 인도한다. 이 모든 것은 이성을 신으로 과장하여 나름대로 보상받기를 원한다. 이러한 것은 무엇보다도 비인간화라는 것 때문에 "도구적 이성"이 된다.[20] 따라서 중력의 중심은 하늘에서 지상으로, 선험주의(先驗主義)에서 경험주의로, 초자연에서 자연으로, 신앙에서 이성으로, 신에게서 인간으로 변모되기에 이른다. 이러한 세계에 살아가는 인간은 더 이상 아무런 확신도 갖지 못한 채 이방인과도 같이 어떤 미지의 힘에 의해 비참하게 짓눌려 있을 수밖에 없다. 나아가 현실적으로 우주적 차원에서 벌어지고 있는 학문적·기술적 폭발은 실증적·과학적 사실들의 파편들을 세상 골목에 가득 쌓아두고 있는 실정이다.

한편 현대의 학문과 기술은 신화들을 파괴하는 가운데 일반화된 거대한 비신화화를 양산해 냈다. 신화적 세계관은 현대 문화에서, 특히 인류학에서 우리가 하고 있는 나그네 여행길의 출발점인 동시에 길잡이이다. 신화는 하나의 이야기이지만 고대인의 환상을 엮어내는 데 불

---

19) *Dialectica del iluminismo*, B.A. 1967, p.15 참조
20) Horkheimer, *Zur Kritik der instrumentellen Vernunft*, Frankfurt, 1967.

과한 것이 아니라 일군의 사람들에게 향방을 제시해 주는 특별한 의미를 지닌 이야기이다. 그것은 인간의 처신에 방향을 알려주는 일종의 나침반과도 같다. 인간은 신화를 통해 주변 세계에 참여하고 자연 세력과 투쟁한다. 그러나 지칠 줄 모르게 기술을 발전시키며 이를 발판으로 새로운 삶의 양식을 축조하는 현대인은 세계와 그 안에 존재하는 바를 명백히 밝히고 지배하며 변모시키기 위해 온통 신화를 저버리고 오로지 학문만을 그 수단으로 발전시켰다. 인간은 자기 보존을 위해 어떤 유용한 지식만을 갈취하였다. 그러나 학문이 관측된 대상들 간에 수학적 관계들을 기술하려고 시도하는 한, 그것은 실재의 완전한 틀을 우리에게 제공해 줄 수는 없다.

실재는 화학적 분석과는 다르며 물리·수학적 공식을 피해 달아난다. 응용과학과 같은 추상적 학문들 역시 인간에게 커다란 도움을 가져다주었다는 사실은 부정할 수 없다. 그러나 그것들은 인간이 당면하고 있는 커다란 문제점들을 해결해 주지는 못하였다. 왜냐하면 진보적인 학문이 말하고 추구하는 객관성은 자연과 인간에 대한 심오한 인식도 아니며 단지 효력을 가져다주는 기술들을 창조하기 위한 수단으로 쓰이기 때문이다. 이러한 학문들은 분명히 활동적이지만 원인과 원리들에 대해서는 무지하다.

학문이 실용적 기술에 흘러들어 그 밑바닥에 자리할 때에는 비인간화된다. 이때의 기술은 슈펭글러(O. Spengler)가 말하듯이 "생활의 작전"으로 변모된다. 그러한 경우 기술은 모든 신화의 파괴이며 비이성적이고 비인간적인 또 다른 신화로 변모된 반신화 외에 다른 것이 아니다. 이를 두고 하이데거는 기술이 무조건적인 안락함에로 모든 것을 지배하고 조종하게 되는 경우 그것은 커다란 위험으로 둔갑한다고 경고한 바 있다.[21] 기술의 반신화 내지 탈 미신화는 칼 포퍼(K. Popper)

21) 호세 메리노, 『인간을 위한 미래 건설』, 김현태 역, 분도출판사, 1990, 75-76쪽 참조.

와 에클스(J. C. Eccles)가 인정하고 있듯이 인간을 승화하고 고양시키기보다는 오히려 인간의 목을 죄는 것이었다.[22]

언제부터인지는 몰라도 문화의 불안이 선포되고 있다. 이것은 과학자, 철학자, 법학자, 사회학자, 심리학자, 문학가들이 모두들 하나같이 고발을 멈추지 않는 데서도 잘 드러나고 있다. 오르테가 이 가세트(J. Ortega y Gasset)에 의하면 모든 문화는 우리를 짓누르고 있기에 구원되어야 하는 유영의 사실(natatorial fact)이다.[23] 우리가 살아가고 있는 이 시대는 인간 노동의 생산력에 있어서 훌륭한 발전을 보아 왔으며 기술이라고 불리는 거의 전능한 자신의 창조물을 이용하고 있다. 그럼에도 불구하고 인간은 대체로 뿌리깊은 불만족을 떨쳐버리지 못하고 있다. 그 까닭은 자유, 애정, 희망, 우정, 휴식, 기쁨, 자발성 그리고 창조성과 같은 가장 본질적인 가치들에 있어서 적지 않은 부분들을 저당 잡혔기 때문이다. 따라서 물건은 생산하지만 인간의 많은 가치들을 상실한 세계, 과다할 만큼 기술적이고 일 위주적이며 합리적이고 인정이 메마른 세계에 대해 항거하는 여러 가지 운동들이 펼쳐지고 있는데, 그것은 이러한 관점에서 바라보는 경우 그리 놀라운 일이 아니다. 이와 같이 사회의 현행 계획을 파괴하고자 하는 반사회적·반문화적 운동들은 생산주의나 도식주의적 사회질서에 질식되어 버린 인간적 가치들을 되찾기 위한 것이다. 라드리에르(J. Ladrière)는 공공연하게 "반문화적 운동은 기술-과학적 정신 구조에 의해 망각되었거나 아니면 이러한 정신 구조와는 판이하게 모순되는 가치들을 요구한다. 그 가치들은 관계, 전달, 직관, 애정, 창조성과 참여의 가치, 단순성과 자발성의 가치들이며 자기 자신들, 다른 사람들 그리고 자연과의 참되고 진정한 조화의 느낌인 것이다. 과학이 객관적 지식을 개념 하는 있는 것처럼 그렇게 그러한 지식을 넘어서는 또 다른 종류의

---

22) 이와 관련하여 『자아와 그 두뇌』(*L'io e il suo cervello*, Armando, Roma, 1981 혹은 *El yo y su cerebro*, Barcelona, 1080)를 참고할 수 있다.

23) J. Ortega y Gasset, *El espectador*, in. O. C., vol. II. Madrid, 1947, p.89.

지식이 존재한다고 반문화적 운동은 주장한다. 이것은 과학적 사고보다 더 형이상학적이며 더 지혜로운 사유 형식들에 대해 관심을 갖는다"고 주장하였다.[24]

3. 위기의 역사들

사회적 동물인 인간의 행동은 문화적·경제적 요소에 의해 크게 좌우된다. 그리고 문화적인 요소는 역사의 흐름 안에서 인간 자신의 창조적인 과정을 통하여 변모된다. 사실 이렇게 보면 인간은 역사의 위대한 주인공인 것이다.

많은 사람들이 현대 세계의 흐름을 바라보면서 앞으로 닥칠 미증유의 재앙을 두려워하고 있다. 그 강도(强度)야 어떻든간에 부정적이며 파괴적인 종말론적 미래가 이 지구상의 인류를 덮칠 것이라는 예언을 서슴지 않는 사람들이 있는가 하면, 현실의 불안을 일찌감치 미래에 옮겨다 놓고 그 결과를 헤아리는 심미안적 혜안을 지닌 노인들도 적지 않다.

역사학자 골로 만(Golo Mann)은 라티스보나(Latisbona)에서 열린 제21차 독일 역사학자들의 모임에서 가졌던 개막 연설에서 다음과 같이 주장하였다.

"지금까지 저는 아주 조심스럽게 흔히 사람들이 그렇게 부르는 두 편의 역사적 시대를 살아왔습니다. … 그러나 그 모든 것은 지금처럼 그 어떤 정신의 형식이 지배하지 못하는 알맹이가 텅 빈 것이었습니다. 그 어떤 역사도 그것이 서 있는 발판을 과감하게 떨쳐버리지는 못하였습니다. 시인들은 시(詩)에 반대하고 철학자들은 철학을 대적하며 신학자들은 신학에 맞

---

24) 호세 메리노, 『프란치스칸 휴머니즘과 현대 사상』, 가톨릭대학교 출판부, 서울, 1992, 336-337쪽에서 인용.

서고 예술가들은 예술에 반대하며 역사가들이나 이전 역사학자들 혹은 사회학자들은 역사에 반대하고 있습니다."25)

이러한 무자비한 비판은 학문의 내부에서 일고 있으며 골로 만은 이를 정신 형식(spiritual mode)이라 규정짓고 있다.

그렇다면 우리는 이러한 문제를 어떻게 바라볼 것인가? 이러한 비판적 태도가 인간이 자기 자신과 행동에 대해서 뿐만 아니라 자신을 둘러싸고 있는 모든 것에 대해 갖는 근원적인 불만족을 표현하고 있다고 주장하는 경우 말할 필요도 없이 우리는 아주 쉽게 실재에 접근할 수 있다고 본다.

현재 우리가 겪고 있는 위기는 피상적인 어떤 것이 아니라 '심오함'과 관련된 것이다. 따라서 이 위기는 '심오함'을 통해서만 해결될 수 있다. 실제로 현실의 위기는 전반적인 인간 실존(人間實存)과 연관되어 있다. 그렇다고 해서 이 위기는 단순히 인간 실존의 어느 한 차원이나 표현들에만 제한된 것도 아니고 종교적인 차원에 관한 것만도 아니다. 이 위기는 어떤 인본주의들에 대한 단순한 반감에 그치는 것도 아니다. 그것은 인간의 근본적인 개혁과 관련된 것이며 인간이 세계 안에서 취해야 하는 입장과 직결되어 있기도 하다. 이 때문에 우리는 스위스 신학자인 부룬너(Brunner)가 문화의 위기와 관련하여 하고 있는 설명에 대해 주목하지 않을 수 없다. 그는 지난 3세기 동안에 걸쳐 인간의 품위에 관한 이상(理想)이 실추되어 왔다고 주장한 바 있는데, 그것은 '인간-하느님의 모상'이라는 도식이 순수 이성적인 범주로 대체되었다는 사실에 있다고 본다. 또한 그 이유 중에는 계몽주의가 성서의 신관을 철학적 이신론(理神論)으로 대체하였기 때문이며 종교적 초월성을 형이상학적 초월성으로 대체시켰기 때문이라고 여긴다.

---

25) G. Mann, "Ohne Geschichte leben?", *Die Zeit*(10. 13. 1972).

이러한 경우 인간의 삶은 그칠 줄 모르게 소용돌이치는 충돌의 지평(地平)에 놓이게 된다. 그리고 이러한 충돌은 다른 사람과 투쟁하는 가운데, 악화되는 무신사상 안에서, 기술로 자연을 지배하고 이용하는 가운데, 자극적인 개인주의 안에서 점차 심화되면서 마침내 최고조에 이르게 된다. 이렇게 볼 때 유럽과 서구문화의 문제점은 서로간에 의문시되고 적대시된 실재들 간의 거리감의 문제로 나타날 수밖에 없었으며 그러한 실재들의 거리감은 일반적인 질서로 체계화되기에 이른다.

여기서 우리는 전통적인 동양사상에 눈을 돌릴 필요가 있다. 본래 천인합일(天人合一) 사상은 중국의 전통사상의 주류였다. 이는 공자의 천(天)사상이나 노자 사상에서도 엿볼 수 있다. 그것은 인간세계의 질서가 우주 자연계의 질서와 일치되는 것으로 보고, 인간세계의 모형 내지 모범을 자연과 우주계 안에서 찾으려 한 것이었다. 이 천인관계(天人關係)의 구조를 밝히기 위해 자연철학으로서 음양사상(陰陽思想)이 채택된 것이다. 이 우주에는 음(陰)과 양(陽)이라는 두 종류의 기(氣)가 가득 차 있고, 인간세계의 구석구석까지 미치고 있으며, 인간의 몸과 마음까지도 침투되어 있다. 그러므로 인간과 자연 사이에는 필연적인 감응(感應)이 있다는 것이다. 이런 류의 사고방식을 서양 사상사에서 처음으로 도입하여 사용한 사람이 바로 라이프니츠이다. 라이프니츠는 뉴턴과 독립해서 미적분학을 발견한 대수학자이지만, 흥미 있는 것은 그가 처음으로 주역(周易)의 팔괘(八卦)에 주목하여 그 이진법적인 사고를 서양에 소개했다는 점이다.

원래 소우주(小宇宙)와 대우주(大宇宙)의 대응이라는 사고는 소우주인 인간을 대우주에 관련시키는 사상이었다. 그러나 서구의 근대사는 자아를 비아(非我, non ego)로부터 시작해서 자연, 세계와 단절시키고 반명제적 자연, 세계를 객관적인 대상으로 삼았다. 그리하여 대상(對象)은 객관화되고 그 객관적인 설명을 구명하는 자연과학은 급격한 발달을 하기에 이른다. 철학 역시 주관성을 기술하고 분석하지만, 상호 주관성(相互主觀性)의 세계에는 도달하지 못하였다. 이러한 관념에 뒷받침되어 인간은 자연세계를 능률적으로 관리할 수는 있게 되었지만 인간 자신은 우주와 동떨어진 존재로 남는 우를 범하게 되었다.

18세기에는 신학과 형이상학을 더 이상 중요한 학으로 여기지 않는 원리들로 인해 과거에 지니고 있던 위력에 상당한 손상을 입게 된다. 물리학, 역사학, 자연과학, 국가, 법, 예술은 형이상학과 신학에서 떨어져나간다. 사람들은 형이상학과 신학 안에서 더 이상 유효하고 올바른 방향을 알려주는 원리들을 바라보지 못하게 되었다. 모든 학문들은 자율적인 것이 되고 나름대로의 특수한 법칙에 바탕을 두어 그 정당성을 모색한다. 이러한 18세기는 거대한 분열의 세기이고 염문을 뿌린 존재론적 이혼의 세기이다. 이성은 신앙에서 탈피하고 도덕은 종교에서 떨어져나가며 이성적 경험과학은 자율적이며 자기 충족적이 된다. 종교와 형이상학에서 분리되어 버린 도덕 역시 자치적이며 독자적인 존재를 창출하고 행위 안에서 종교적인 것 없이도 도덕에 이를 수 있다고 확신한다. 종교 자체도 더 이상 형이상학적·논리적 혹은 윤리적 기반이 없는, 다만 인간학적 기반만을 갖추기에 이른다.

그후 예외 없이 과학과 철학간에도 강력한 경쟁심과 거리감이 작용한 것이 사실이다. 19세기에 철학자들과 과학자들 간의 관계를 알고자 하는 목적에서 이에 대한 특별한 증언을 한 사람이 있으니, 그의 이름은 헬름홀츠(H. Helmholtz)이다. 그는 칸트를 선호하는 방향에서 물리학과 생물학, 생리학, 수학, 심리학 연구에 몰두하였다. 헬름홀츠는 동료 철학자들과 과학자들 간에 있었던 좋지 않은 관계에 대해 과학자들은 철학자들을 두고 어리석은 자들이라 하고, 철학자들은 과학자들을 '유아적인 두뇌 소유자'라는 별명을 달아주었다고 솔직하게 말하였다. 대화의 부재 상태에서 과학자들은 자신들의 영역에 철학의 영향과 관련된 모든 형식들을 배제하였으며 철학이란 다름 아닌 환상의 영역과 관련된 것에 불과하다고 매도하면서 철학을 불신하였다.

"19세기는 참으로 사팔뜨기 눈을 가진 세대였다. 과학은 제각기 지배심과 시기심으로 불타올라 자신의 영역을 벗어나 다른 학들에 대해 노심초사하였다. 철학은 물리학이나 생물학이 아니라는 이유로 수치심을 맛보았다. 수학은 논리학이 아니라는 점과 개념의 연역을 통해 전개될 수 없다는 것에 대해 못내 부끄러워하였고 보잘것없는 강아지처럼 직관에 묶여 있어야 함을 한없이 부끄러워하였다. 신에 관한 학문인 신학은 여타의 인문과학처럼 조종된다는 육감적인 염려를 품게 되었으며, 이성적이고 이치에 맞으며 창세기가 표현하는 하느님의 신비로운 자녀들이면서도 인간들의 요부들에게 유혹된 아들들처럼 되기를 원했다. 지난 세기의 가장 특징적인 자료는 각각의 것이 전에 있었던 것과는 다른 것에 주안점을 두고 있다는 사실이다. 그 어떤 것도 자신의 운명을 받아들이지 않았다. 당대는 자기를 벗어난 시대였다."[26]

위에 인용한 내용은 우리가 살아가고 있는 이 세계까지도 필시 좌우하고 있을지도 모를 지나간 시대의 과학자들과 사상가들에 대한 놀랍고도 모순적인 태도에 관해 기술하고 있다.

이성주의적인 문명의 결과 인간은 놀라운 기술을 통해 세계를 정복하였지만 세계의 신비들은 상실하였다. 이로 인해 우리가 살아가고 있는 문화적 상황에서는 부조리하고 무의미하며 우리를 어리둥절하게 만드는 혼란스런 것들에 대해 많은 지적이 일고 있다. 과학자이며 노벨상 수상자인 에클스(John Eccles)는 다음과 같이 주장한다.

"우리가 살아가고 있는 이 시대에 인간은 사라지고 있으며 인간 의식의 감각(sense of human conscience)이라 부를 수 있는 것이 상실되고 있다. 인간에게는 새로운 메시지가 필요한데, 그 메시지는 인간으로 하여금 희망과 의미를 갖고 살 수 있게끔 하는 것이어야 한다."[27]

---

26) J. Ortega y Gasset, *Obras Completas*, vol. IV, pp.63-64.

27) K. Popper & J. C. Eccles, *I'io e il suo cervello*, Armando, Roma, 1981, p.626.

인간은 균형 잡힌 건전한 삶을 누리며 살아야 하는데, 그것은 자신의 정당한 몫을 회복할 때에만 가능하다. 그때에 그는 자신을 둘러싼 다른 모든 실재들과 적합한 관계를 맺을 수 있다.

4. 문화와 종교 생활

어느 시대를 막론하고 종교현상이 흔히 사회 문화적 맥락에 의해 좌우되는 것이 사실이라면 신과 인간의 관계는 인류의 가장 심오한 삶 안에 뿌리를 두고 있음을 부정할 수 없다. 종교적 삶이 체제나 학설, 신학이나 철학을 넘어선 하나의 삶의 양식이요 세계와 다른 삶을 이루는 그 모든 것과 관련되는 행동이며 유형이고 나아가서는 세계에 앞선 시각에 바탕을 두고 있는 것이라면, 참으로 종교적인 사람들의 양식이나 행동은 효과 있는 인본주의에 적합한 영신의 틀(spiritual frame)을 만들어줄 수 있다. 이러한 휴머니즘과 관련하여서는 무엇보다도 인간과 인간, 인간과 존재하는 다른 실재 사이의 상호 인격적 관계가 관심사로 부각될 것이다.

실재론적이기 위해 종교체험은 다양한 철학적 체계들을 형성하여 왔다. 예컨대 아우구스티누스, 보나벤투라, 토마스 아퀴나스, 니콜로 다 쿠사, 데카르트, 파스칼, 스피노자, 칸트, 헤겔, 키에르케고르 등의 철학 사상들이 바로 그러하다. 물론 포이어바흐, 마르크스 등과 같은 헤겔 좌파로부터 니체와 사르트르 같은 의지주의적 무신론자들에 이르기까지 거기에는 반대 입장을 취한 자들도 적지 않았다. 리쾨르(P. Ricoeur)가 언급하고 있듯이, "전제들 없이는 철학이 존재하지 않는다"는 것이 확실하다.

여기서 말하는 전제들이란 유심론적 혹은 유물론적이거나 내재적 혹은 초월적 · 신적 혹은 인간적인 것이다. 그러나 오늘의 문제가 하이데거가 주장하고 있는 것처럼 배우고 존재하며 사는 데에 있다면,

우리는 보다 더 적합하고 완전한 형식을 찾아 나서야만 할 것이다. 그렇게 함으로써 인간은 자신의 존재를 충만히 이룩할 수가 있고 더 인간화될 수 있으며 더 자유로울 수 있다. 그때 그는 더욱 친밀한 세계 문화 안에 터전을 잡기 위해 최대한의 잠재성을 발휘할 수 있게 될 것이다. 이러한 계획은 철학들과 단편적인 형이상학들을 넘어서서 학문의 해석학적인 구조에 있어서 가장 날카로운 정신들 가운데 하나를 인정하는 것이어야 하며, 다른 한편으로는 실증 과학의 발견과 가능성을 넘어선 종교 정신으로 회귀하는 일이다.

참으로 종교인들이 참된 신앙인들이라 말할 때 그들은 참으로 인간이기를 멈추는 것이 아니오, 다른 사람에 대해 의미 있는 사람들로 남아 있기를 포기하는 것도 아니다. 『이상과 신앙』(*Ideas y creencias*)의 저자인 오르테가 이 가세트가 주장하고 있듯이 종교, 철학, 과학 그리고 시(詩)는 결정적인 인간의 활동이라는 점에서 커다란 의미를 지닌다. 바로 이러한 선상에서 "아리스토텔레스와 뉴턴은 세르반테스나 셰익스피어와 마찬가지로 세계에 대한 이상(理想)의 자료를 우리에게 제공한다. 종교는 우주와 함께 바라보는 것 외에 다른 어떤 실재도 아닌 것이다."[28]

종교적 우주관은 철학적·과학적·시적 세계관보다 문화적으로 하위적이지 않다고 지오바(Giova)는 덧붙인다. 종교적 우주관은 세계에 대한 이상을 견지하면서 전반적인 해석을 가할 뿐 아니라 삶과 사건들이 생생하게 발음되는 모형이라는 점에서 모든 실재들 위에 자리한다. 종교는 신앙고백(credo)에 그치지 않는다. 그것은 신앙고백을 포함하고 있는 삶이며 그러한 곳으로 방향을 그려가는 가운데 인간 존재에 전적인 의미를 부여하는 실재이다.

종교는 인간의 기본적인 차원에 속하기에 깊은 종교심을 지닌 사람들은 인간 존재의 모든 차원에 새로운 의미를 부여하고 가장 상이한

---

28) J. Ortega y Gasset, *Ideas y creencias*, El Arquero, Madrid, 1977, p.56.

실재들과 밀접한 관계를 맺으며 상호 통교성에 바탕을 둔 특별한 문화를 창조할 줄 안다. 신에 대한 믿음은 언제나 인간의 사건들보다 앞서거나 아니면 그것들보다 위쪽 자리를 차지하였다. 그것은 프랑크푸르트 학파의 주요 촉진자였던 막스 호크하이머(Max Horkheimer)에 의해 의미심장한 것이라 지적되었다. 그에게 신 없이 절대 의미(絶對意味)를 구한다는 것은 불가능하다. 존재의 절대 의미를 발견하게 될 때 인간은 다른 사람들과 세계 및 모든 창조물을 고려하면서 특별한 모습으로 행동하게 된다. 이러한 형태의 역사는 또 다른 의미를 확보하여 결정적인 세계관과 특수한 문화를 창조하는 데 기여하게 된다.

절대 의미를 정초 하는 신은 근접성(proximity)의 문화도 보장해 준다. 위대한 종교인들의 삶은 이 사실을 증거하고 있고, 아도르노(Adorno)와 호크하이머와 같은 비판론의 창시자들 역시 이 점을 인정하고 있다. 이들은 타자(他者)에 대한 열망에 대해 말하고 있으며 "비판론은 신학적인 것을 지향하면서 타자를 향해 가는 사고를 포함한다"고 주장한다. 종교는 사회적인 것에 영향력을 행사하며, 신은 존재와 인간의 활동을 비추어준다. 행여 인간이 세계로부터 "신학적인 측면을 제거한다면, 결과적으로 우리가 <의미>라고 부르는 것은 그 자취를 감추게 될 것이다. 그렇게 되면 거대한 상업화가 지배력을 행사하고 의미 상실로 인해 모든 것은 혐오스런 것이 될 것이다." 종교적 삶은 혐오스럽고 상업화된 삶과는 전적으로 반대된다. 종교적 삶은 결정적인 역사의 시기들이 모순에 젖어 있을 때라도 의미와 품위, 축제를 엮어낸다.

종교와 문화의 역사가들과 현상학자들, 예를 들어 반(Gerald Vann), 호이징하(Huizinga), 엘리아데(Mircea Eliade), 리쾨르(P. Ricoeur) 등은 포어어바흐, 마르크스, 프로이트와는 달리 종교란 필요로 하는 것의 대용품이 아니라 환상과 유희 안에서 묘사에 의해 기초되고 정당화되는 것이라 논증하였다. 참된 종교는 언제나 창조적 환상을 자극해 왔고 가정과 공동체 그리고 백성들 가운데서 진정한 삶의 의미와 즐거움을 선사하는 동기가 되어 주었다. 실제로 모든 종교들, 그 중에서도 특히 그리스도교는 오랜 세기에 걸쳐 찬란한 문화를 창조할 수 있는 능력을 지니고 있었다. 유럽 사회에서 문화가 세속화되었을 때는 문화가 종교와 분리되고 마침내는 종교에 무차별적인 공격마저 가해졌다. 우리가 살고 있는 이 시대는 세속화된 문화와 그 가치를 종교적 분위기에 가두어 두기를 원치 않으며, 종교와 문화를 인간 교육과 나아가서는 더 인간화되고 문명화된 사회를 촉진시키는 데 서로 협력토록 하고 있다. 여기서 '문명화'란 야만적이고 비인간적인 형식들과 행동들로부터 해방되어 자유롭게 된 삶과 활동의 고상한 형식 내지는 유형을 의미한다.

오늘날 종교 생활과 문화는 강력한 변증법적 긴장 안에 놓여 있다. 사람들은 종교와의 계속성 안에서 아니면 종교와의 단절 가운데서 살아가고 있으며, 동시에 존재의 새롭고도 다양한 조건들과 표현 그리고 공존을 필요로 하고 있다. 이제 종교인은, 흔히 문화가 합리화된 과도한 편의주의와 이기주의라는 표현인 한에서, 어쩌면 부분적으로 살아 있는 문화에만 적합한 존재인지도 모른다.

비록 부분적이라 할지라도 종교적 삶은 우리가 반문화(反文化, controcultura)의 현상이라 이름하는 것에 속하기도 한다. 그것은 종교가 상대적이고 비인간적인 모든 표현들과 행동을 거부하는 한에서 그러하다. 실상 종교적 삶은 잊혀진 가치들과 과학 기술의 문화와 반대되는 가치들을 들고 나와 자기 주장을 극명하게 펼친다. 그러한 가치들로는 창조성, 행복, 단순성, 참여, 자발성, 직관, 상호교류, 침묵, 자기 자신과 다른 사람들 그리고 자연과의 조화 등이 있다. 현대 문명은 루소의 표현대로 "행복한 종"(schiavi felici, happy slaves)을 만들 수도 있다. 여가를 위해서는 노동 시간을 합리적으로 계획해야 하며, 돈을 벌어 드리는 시간에서 창조적 시간에로, 혹은 <상점>이 되기를 원치 않는 인본적인 휴식에로 나아가는 바를 알아야 한다. 단순함과 검약의 정신으로 되돌아간다는 것은 인간성을 회복하는 것과는 다소 거리감이 있을 수 있겠지만 그것은 어디까지나 인간적인 가치들을 생활화하기 위해 필요한 수단을 사용하는 것임에 틀림없다.

타고르(R. Tagor)는 뛰어난 인본주의적 의미로 "진보란 기술의 진보에 있는 것이 아니라 고상한 느낌들의 발전에 있다"고 주장하였다. 가로디(R. Garody)는 『새로운 문명』이라는 책자에서 "낯선 사실과 불명료한 사실 앞에서가 아닌, 만들고자 하는 작품 앞에 선 예술가처럼 세계 안에서 행동하도록 인간을 자극하는 것보다 더 큰 혁신적 교육은 존재치 않는다"고 하였다. 종교적 삶의 위대한 증거자들은 마음의 거대한 혁신을 보여준 뛰어난 증인들이었다. 그들은 이러한 혁신을 인간 삶의 양식 안에 옮겨다 놓았다.

기술의 왕국으로 변신한 이 세계는 종교 문화의 새로운 조명 없이는 그 미래가 불투명하고 불안하며 절망적이다. 물론 기술은 인간에게 더 인간적이며 더 큰 위안의 세계를 선사했으며 인간의 창조성을 위한 놀랄 만한 긍정적 방편들을 건네주었다. 그러나 기술은 자주 다른 분야를 침범하여 신화와 반신화의 파괴자가 되지 않았던가. 그 결과 반신화는 신화로 탈바꿈하였다. 기술은 자연적 선물임이 확실하나 인위적 필요성들과 흔히는 인공적 인간을 창조하였다는 것도 사실이다.

베르그송(H. Bergson)은 자신의 저술인 『도덕과 종교의 두 가지 원천』(Les deux de la moral et religion)의 말미에서 기계론과 신비론이라는 제목 하에 하나의 장을 써내려 간다. 그는 거기서 신비론과 기계론의 양도 가능성과 관계성을 유심히 관찰한다. 이 두 가지 사이에는 마찰과 권리 침해가 존재할 수 있지만, 통합적인 인간을 위한 유익한 협력 역시 존재한다고 믿는다.

베르그송에 의하면 기계론은 우선 기아와 기근 같은 제일차적 필요성을 해결하기도 전에 이미 많은 인위적인 필요성을 촉발시켰다. 이것은 발명의 정신에 기인하지 않고 인간적·사회적·정신적 원인에 의해 생겨난 것이다. 인간 정신은 물질을 필요로 하고 인간은 기술적인 공헌에 힘입지 않고서는 물질의 실재성을 넘어서서 들어 높여질 수

542

없을 것이다. 이러한 의미에서 신비론은 기술을 필요로 한다고 말할 수 있다. 그런데 우리가 지니고 있는 육체 기관들이 자연적인 구조들인 것과 마찬가지로 기계와 우리 기술의 도구들은 인위적인 기관들이다. 제조업에 있어서 인류는 거대한 물질적 성공을 거두었다. 그리고 인간 육체는 기계의 도움으로 강력한 몸집을 키우게 되었다. 이와는 달리 영혼은 너무나 왜소해져 육체를 채울 수 없게 되었으며 너무나 허약해져 육체를 이끌 수 없게 되었다. 따라서 베르그송은 "확대된 육체는 영혼의 보충을 기다리며 기계론은 신비론을 필요로 한다"[29]고 말하였다. 한 마디로 말해 기술인은 영혼의 보충을 필요로 한다.

이러한 의미에서 종교 생활의 위대한 창시자들과 그들 자녀들의 메시지는 중대한 자리를 차지하며 호머, 아리스토텔레스, 갈릴레이, 칸트, 셰익스피어, 아인슈타인 등이 이룩했던 것보다 훨씬 더 중요한 의미를 지니고 있다고 볼 수 있다. 사실 그들은 심오하게 인간적이고 인간화시키는 데 있어서 훌륭한 가능성을 지닌 뛰어난 대표자들이다. 포퍼(K. Popper)가 말하고 있듯이 종교인들은 부서지기 쉬운 우상들을 파괴하고 "지상적 절대자들"의 정체를 밝히는 자들이 되어야 하는 대담성을 지녀야 한다. 그리고 삶과 느낌과 사유 형식 내지 새로운 문화를 요청하는 참된 신의 길을 마련하는 데 있어서 담대해야 한다. 새로운 문화와 사회를 창조하기 위해서는 권력과 수입, 이용과 적대주의, 물질주의의 자극들이 존재와 공유, 통교와 삶의 자극으로 대체될 때만 가능하다. 이는 우리 사회의 상업적 특성이 창조적이며 축제적인 특성으로 변모되고 기술의 종교가 사랑과 선사된 선물의 종교로 바뀌는 것을 의미한다.

---

29) H. Bergson, *Les deux sources de la morale et religion*, F. Alcan, Paris, 1932, p.355.

5. 포스트 모더니즘과 요청되는 문화

제 2 차 세계대전 이후 모더니즘은 점차 쇠퇴일로에 들어서면서 대항문화는 전통문화로 전락하는 운명을 맞게 된다. 우상 파괴적이며 혁명적인 특성과 주체적인 면에서는 가부장적 권위와 체제 순응적인 면모를 지니고 있던 모더니즘은 1960년대에 이르러서 그 비판적 반작용으로 모더니즘의 후시성(後時性)과 가치 전도를 의미하는 접두어, 포스트(post)가 덧붙여진 전혀 다른 사상으로 탈바꿈하기에 이른다.

얼마 전까지만 해도 가장 흔히 사용되던 말들 중 하나였던 '포스트 모더니즘'(Postmodernism)은 1970년대 이후 사상계에 놀랍고도 새로운 지각 변동을 일으켰던 것이 사실이다. 그때 수많은 젊은이들은 포스트 모더니즘이야말로 "현대 이후의 새로운 시대"라는 역사적 요청에 부합한 기막힌 사상적 풍조라 여기고 있었다. 그러면서도 이 사상은 무조건적 수용과 알레르기적 거부 반응이라는 찬반의 논의가 일기도 했다.[30]

지금도 포스트 모더니즘이라는 말마디는 일상생활에서 모호하면서도 무분별하게 사용되고 있다. 지금에 와서 포스트 모더니즘은 사회변동으로 인한 문화의 표피적 현상으로 매도될 수만은 없는, 오히려 그것을 넘어서서 후기 자본주의 사회의 문화적 논리에서 비롯된 시대정신으로 점차 자리매김하고 있는 듯하다.

본래 포스트 모더니즘이란 말은 예술 분야에서 파생된 말로 이후 철학, 신학, 역사, 사회, 경제, 정치 그리고 자연과학적 현상 등과 같은

---

30) 포스트 모더니즘의 문제점들과 관련해서는 M. Benamon, C. Caramello etc., *Performance in Postmodern culure*, Wisconsin, 1977; A. Touraine, *La societa postindustriale*, Bologna, 1970; N. Elias, *Il pocesso di civilizzazione*, Bologna, 1988; G. Vattimo, *La fine della modernita*, Garzanti, Milano, 1985; J. M. Mardones, *Postmodernidad y cristianismo*, Santander, 1988을 참고할 수 있다.

영역에로까지 확대되어 폭넓게 사용되었다. 이러한 영역들은 제각기 20세기 후반의 시대적 정신이며 세계관으로 여겨지는 포스트모더니즘 의 진보적 교의의 장이 되고 있다.

미국에서 문학비판과 관련하여 이 말이 돌고 있었을 때 1980년 베 니스 비엔날레에서는 건축학이 포스트 모더니즘적인 요소에 관심을 두기 시작했다. 철학에 이 말을 처음 받아들여 좋은 반응을 얻었던 사 람은 리오타르(Lyotard)였다. 포스트 모더니즘은 그후 미학, 윤리학, 철학, 그리고 종교에 걸쳐서 강력한 영향력을 띠고 나타난 문화적 실 재가 되었다. 그렇다면 도대체 그것은 어떤 실체를 지니고 있는 것일 까?

우선 포스트 모더니즘은 계몽주의가 모든 사람에게 강요한 특정 이 념과 정신의 유일성 및 절대성에 대해 강력한 비판 정신으로 맞선다. 즉 포스트 모더니즘은 자기 자신에 대해 실망을 금치 못한 모더니즘 에 대한 최종적인 모습 내지는 라인이며 좌절되고 기만적인 것에 대 해 품고 있던 이전의 고리타분한 여정을 수정하고자 하는 이론이다. 모더니즘의 핵심이 인간 이성의 절대화와 보편화이고 그 필연적인 결 과가 자아 중심과 기술의 발전이라면, 포스트 모더니즘은 모든 인간을 지배할 수 있는 하나의 이념 대신 다양한 의견의 권리를, 기술을 통한 인간의 무한한 발전 대신에 기술의 퇴보까지도 감안한 사물의 전체성 안에서의 관계를 반성하고자 한다. 또한 포스트 모더니즘은 자신에 대 해 불신하며 스스로를 고발하는 현대성에 대한 또 다른 얼굴로서 오 늘의 이 사회에 불행하고 폭력적이며 비인간적인 삶을 안겨다 준 철 학의 모순들과 전제들을 극복하고자 한다.

따라서 포스트 모더니즘은 아주 포괄적인 개념으로 "모더니즘의 계 획"을 심리하는 재판정으로 부각된다. 다시 말해 그것은 모더니즘에 대한 일종의 비판적 반작용에서 출발점을 취하였다. 물론 근대사회에 대한 분석과 반성 그리고 평가들은 새로운 것들이 아니다. 오래 전에 헤겔과 함께 아니 헤겔 이후 유효한 사회가 어떤 것인지에 대해서는 이미 분석적인 시각들로 파악되고 비판정신으로 해석된 바 있다. 그럼에도 불구하고 포스트 모더니즘은 오늘날 현 사회의 생활양식에 직면하여 반성과 비판 그리고 조정적 체계들을 제시할 뿐만 아니라 동일한 삶의 개념과 해석 그리고 철학적 전제들에 있어서, 특히 계몽주의 사상가들이 옹호하고 선포한 이성의 신화화(神話化)에 있어서 그들과는 화해 불가능한 나름대로의 진보를 이룩하였다.

현대 사회가 현대화와 합리와의 연계성 안에 인간의 조건을 왜곡하는 결과를 가져왔다면, 이러한 현대화의 과정을 삶의 점진적인 합리화로 파악한 사람은 바로 막스 베버(Max weber)였다. 그는 현대 세계가 그리스 사상에 뿌리를 내리고 있는 "합리화의 과정"이라는 특징을 지니고 있다고 보며, 이러한 과정의 흐름을 "세계의 탈 미신화"라고 해석하였다.

　　"합리화가 의미하는 바는 세계를 설명하는 데 있어서 더 이상 신비롭고 불가측한 힘에 의존하지 않아도 된다는 사실이다. 세계는 이제 탈 미신화 되었다. 야만인들은 신령들을 제거하거나 그들에게 간청하기 위해 마술적인 수단을 사용했지만 이제는 그럴 필요가 없다. 기술적 수단과 계산이 그 역할을 수행한다. 이것이 바로 합리화의 의미이다."[31]

근대 이후 오늘에 이르기까지 세계관의 토대는 이성 중심의 합리적 사고와 이러한 인식에 기초하여 표상되는 세계 실재였다. 이러한 서구 사회의 합리화는 예외 없이 모든 문화에 스며들었다. 예컨대 철학, 신학, 정치, 경제, 예술 그리고 사회학 등이 바로 그러하였다. 이성적인 주체의 활동을 축으로 합리화를 꾀하고 체계화하는 정신은 지배하고 부과하며 착취하는 인간의 염려를 불러일으켰으며, 결국 자신의 최고가는 표현을 과학 기술의 합리성과 자본주의 정신 안에서 발견하게

---

31) Max Weber, *Essays in Sociology*, ed. H. H. Gerth & C. W. Mills, Oxford University Press, Oxford, 1946, p.139.

된다. 합리화는 순수 기능주의로 변모되면서 다양한 체계 안에서 구축된다. 이윤과 실천과 기능은 존재와 무상의 존재론적 범주(範疇)를 대체하면서 세계에 대해 지불하는 상업화로 그 흉물적 실체를 드러내며 흘러간다. 그리하여 그것은 자체의 본성과 갈등을 일으키며 은사들의 무한한 원천으로 변모되면서 물건이 빽빽이 들어찬 상점으로 다루어지는 것이다. 개별자의 자치성과 강력한 나르시시즘의 개인주의를 대체하는 근대조차도 인간들 사이에 평화의 동맹을 가져다주지 못하였다. 오히려 그것은 영속적인 충돌과 긴장, 분열의 원천이었다. 결국 그것은 문화의 불안에 대한 고통스런 체험이 되었으며, 프로이트의 말을 빌리자면 불행한 의식과 사람들의 공격성 그리고 일반화된 환멸로 나타난다.

포스트 모더니즘은 '모던'(modern)의 이성을 심리하여 이성주의적이며 그 만능주의적 행태를 고발한다. 포스트 모더니즘의 불신과 비판은 '모던'의 통합적인 체계, 교조적인 가르침과 약속들, 지배의 가면을 쓴 교설과 자유에 기초한 황당무계한 것들에 대항하여 생겨났다. 사실 '모던'의 진보적 교의는 사람이 문화와 기술의 발전에 의해 더욱 행복해지고 품성도 향상된다는 도덕론도 포함하고 있는데, 포스트 모더니즘의 문화는 이러한 고유한 패러다임을 절대화시키려 획책하는 이념적이고 이성주의적이며 윤리적인 모델들을 거부한다. 이 사상은 반모델(antimodello)로서 모든 것을 특이한 것으로 취급하며 문학과 현실적 삶의 다양한 영역 안에 이를 구사하고자 한다. 또한 현실의 삶은 이성적인 것에 대해 비이성적이고 사회적인 것에 대해 반사회적이며 성스러운 것에 대해 독성적이고 복음적인 것에 비복음적인 것이며 영웅적인 것에 반영웅적이며 덕스런 것에 대해 부도덕하며 교과서적인 것에 대해 반교과서적인 것처럼 모순적으로 이해한다. 최고가는 모든 원리와 성대한 선언들은 훨씬 더 온건적이면서도 더 권위 있고, 덜 이념적이면서 더 실제적이며, 덜 합리주의화 되었으면서도 더 생생히 살아 있고 다원주의적인 실재의 이름을 빌어 기만하지 않는다. 이렇게 단편적이고 부분적이며 그리 중요치 않은 것들이 통합적이고 모범적인 것들과 모순되면서 강력한 가치를 띠고 나타난다.

탈 현대와 맥을 같이 하고 있는 포스트 모더니즘은 이성적 주체성, 자유, 사회, 진리, 백성, 최상존재(Esse supremum)들과 같은 위대한 원리들에 대한 숭상을 거부하는 가운데 보편적인 규범의 요청들을 청산하고자 하며 더 이상 현대성의 이념이 아닌 구체적이고 개별적이며 단편적이고 일시적인 것들에 집착할 따름이다. 장구한 지성사에 대한 불신인 포스트 모더니즘은 철학적이고 정치적이며 사회적이고 미학적이며 윤리적이고 종교적인 근·현대적 모든 것에 대한 근본 비판으로 요약된다. 절대적이고 신화적인 것들에 대적하는 것이 일반화된 사상적 추이는 우상신들을 맹렬히 정화시키기 위하여 일한다. 종교 역시도 '모던'과 깊숙한 관계 내지는 그 원인으로 간주하는 포스트 모더니즘의 무신론은 포이어바흐(L. Feuerbach)와 마르크스 그리고 니체(Nietzsche)의 프로메테우스적 공격성으로 제시되지 않는다손 치더라도, 카뮈(A. Camus)의 절망 어린 포기와 사르트르(Sartre)의 스토아적 평정으로 제시된다.

그렇다면 신은 인간의 대립자(代立者)이며 사람이 포기해야만 하는 절대자란 말인가? 문제는 포스트 모더니즘이 강조하는 인간이 할 수 있는 유일무이한 경험은 신의 전체성이 아닌 점차적으로 개방되어 제공되는 세계 안에서만 가능한 실재가 된다는 데에 있다.[32]

포스트 모더니즘은 인간이 지닐 수 있는 무차별, 적응, 철저한 방어와 같은 다양한 입장들을 제시하면서도 유사한 문화적 현상 앞에서는 비판적이고 선택적이며 창조적 태도를 지녀야 한다고 본다. 그렇게 함으로써 의무적으로 감당해야 할 도전에 대해 적합한 답변을 줄 수 있다는 것이다. 살아 숨쉬는 신뢰심과 아무런 욕심이 없는 사랑의 힘에

---

32) 이 문제와 관련해서 "God & Religion in the Postmodern World", *Essays in Postmodern Theology*, D. R. Griffin, State University of New York Press, N.Y., 1989를 참조할 것.

서 출발하게 되면 이 모든 것은 가능할지도 모른다.

그렇다면 포스트 모더니즘과 관련하여 우리는 다음과 같은 논의와 함께 우리의 자세를 재정립해 보도록 하자.

구체물에 대한 감수성과 사람들이 별로 중시하지 않는 것들까지도 포함한 모든 실재들에 대한 사랑이 참으로 요구되는 때이다. 이러한 태도는 단편들과의 대화, 다른 존재들과의 통교, 주관과 객관, 인간과 인간, 인간과 자연, 인간과 법칙 간의 대화 채널을 마련하는 돌파구일 수 있다. 로티(R. Rorty)가 말하는 "아주 갈라져 버린 세계"[33]를 넘어서서 대화하고 참여하는 세계에 도달할 수 있어야 한다. 그때에 존경심이라는 존재론의 전재 하에 사람들은 개별적이고 상이한 것들을 받아들일 수 있다. 주비리(X. Zubiri)가 분명히 보여주었듯이 이런 이유로 인해 삶에 대한 새로운 신뢰심과 동일한 실재에 대한 동일한 신앙이 요청된다고 본다.

개방성과 친교를 위한 '관계'를 분석하는 데 마르틴 부버보다도 훨씬 더 앞서 있다고 평가되는 주비리는 더욱 형이상학적이며 구성적인 기초를 다지기를 원했다. 그는 창조된 실재가 종합이며 내부에로(ad intra), 즉 자립적인 실재의 내부 특성들을 직면해서 뿐만 아니라 외부에로(ad extra), 즉 사물과 사물 간의 귀속성과 연관성 및 타자성의 소유적 특성을 지닌다고 주장한다. 인간의 세계에서 이러한 상호성과 관계는 존재론적이며 심리적인 구조로 인해 더욱 강조된다. 인간 개체는 그가 인격적인 한, 본질적으로 개방적이며 "개방된 본질"[34]이다. 관계, 좀더 구체적으로 말해서 고리는 존재론적·심리적·실존적 차원에서 인간을 좌우하고 모습을 갖추게 하는 "현존(existentia)의 형상적·구성적 차원이다."[35] 창조된 실재가 종합이라는 주비리의 이 아

---

33) R. Rorty, "Habermas and Lyotard on Post-modernity", *Praxis-International* 4, 1(1984) p.38.

34) X. Zubiri, *Sobre la esencia*, Madrid, 1962, p.507.

35) Zubiri, *Historia, Naturaleza y Dios*, Ed. Nacional, Madrid, 1959, p.317.

름다운 표현은 엔트랄고(L. Entralgo)가 『타자의 이론성과 실재성』 (*Teoridad y realidad del Otro*)이라는 자신의 두 번째 저서에서 더욱 정확하게 분석한 바 있다. 그는 이 저술에서 인간을 포함한 우주의 전 요소들이 일련의 특별한 상호 종속성과 교류 안에 있음을 제시한다.

길들여진 대중이나 군중이 되고 싶지 않다면 인간은 깊이 있게 사고할 필요성이 있다. 지금 우리는 문제가 될 만큼 정신적으로는 아주 해이한 시대를 살아가고 있다. 왜냐하면 만사는 이미 이전에 울려 퍼진 흥미 본위의 최상적 체계로 완전히 통제되고 계획된 것들이기 때문이다.

모든 부분에 걸쳐 인간성이라는 새로운 사례가 탐구되어야 하는데, 그러기 위해서는 말할 필요도 없이 신의와 생생한 체험의 질서 속에 우주의 문명과 열쇠가 되는 이상적인 인간화에 도달해야 한다. 이는 개별적이고 단편적인 행동들을 과감하게 떨쳐버릴 때만 가능하다. 이제 잊지 말아야 할 사항은 인간과 사회가 아직까지 완성되지 않고 성취되지 않았다는 점, 양자는 언제나 정신적·동적으로 재조정되지 않으면 안 된다는 점이다. 비판적이고 문명화된 사상이 진리를 제공할 수 없다면, 적어도 눈을 부릅뜨고 습관적인 의식을 갖고서는 도저히 발견할 수 없는 많은 것들을 명백히 가려 볼 수 있는 길만큼은 터 주어야 한다. 학문의 목적과 관련하여 화이트헤드(A. N. Whitehead)가 말하는 "문명화된 우주"를 발견하여 실천에 옮기는 것은 무엇보다 급선무인 것 같다. 이러한 우주는 어떻게 성취될 수 있을까? 그것은 오직 문명화된 경험과 만남, 반응과 공존, 폭력적인 사상과 죽음의 문화에 반대하는 문명화된 사상을 통해서만 가능하다.

교황 요한 바오로 2세가 반복해서 말하듯이, 인간의 미래가 문화에 달렸다면, 우리는 인간 안에 잠재된 최선의 인간적 성분으로 충만한 문화를 이끌어내야 한다. 그렇게 함으로써 미래는 보다 인간적일 수 있고 보다 더 행복해질 수 있다. 무엇보다도 영속적 개혁(permanent revolution)이 필요한데, 그것은 이웃과 자연에 대한 사랑과 존중심에 바탕을 둔 것이어야 한다. 창조적 사상의 역동성이야말로 새로운 문화를 위해 크게 이바지할 수 있다. 여기서 말하는 새로운 문화는 다음과 같은 네 가지 방향을 그 지표로 삼아야 할 것이다.

① 인격주의 문화

인간은 먼저 자기 자신을 받아들여야 한다. 스스로를 받아들이고 고유한 자아에 '예'라고 말할 때 — 이는 심리적·형이상학적 사실임 — 인간은 자신의 인격적 가능성에로 개방된다. 그때 그는 존재와의 무한한 만남에 기꺼이 응낙한다. 자가 자신과의 참되고 성실한 만남이야말로 다른 존재들, 타자, '다른 분'과의 풍성한 만남을 위한 필수 불가결한 조건이다. 또한 자아는 심리적·존재론적으로 너에게 개방된다. 자아는 너와 친교를 가지며 심오한 상호 인격적 관계를 시작한다. 이러한 인간적 가정에는 사르트르적 인물들이 들어서거나 개념되지 않는다. 타자는 그 구체성 안에서 받아들여지는데, 즉 다른 자아, 동반자, 형제로 알려지기 때문이다.

그렇다면 이제는 모든 사람들이 한 형제라는 가능한 조건을 제시하는 것이 필요하다. 평화와 정의, 공존과 상호 존경심이야말로 더욱 살만하고 가족적인 사회를 만들어갈 수 있기 때문이다.

② 생태학적이며 우주론적인 문화

다른 사람들 및 자연 세계와 더불어 자아는 상호관계라는 불가분의 체계를 이룩한다. 자연은 자신의 존재 가치를 지니고 있으며 구체적인 의미를 소유하고 있다. 자연은 보고 해석할 줄 아는 데에 필요한 더욱 심오한 의미를 부여하고 그러한 의미로까지 연장된다. 지금 이 시대가 가장 시급히 해결해야 하는 문제 중의 하나는 바로 "가장 아름다운 한 편의 시"[36]라고 말해지는 이 세상이 참으로 살 만한 거처로 바꿔도록

---

36) Cf. Bonaventura, *Brevil.*, prol., n.4 ; Hexaèm., col. 12, n. 14 참조.

하는 것이다. 그때에 우리는 우주의 존재론적 표지들 안에 나타나는 표현과 의미의 세계에 고리를 형성하는 의지를 갖게 되며 우리를 감싸고 있는 놀라운 세상의 신비를 더욱 쉽게 발견할 수 있을 것이다.

③ 대화 문화

우리는 말많은 사회, 그러면서도 대화가 별로 없는 시대를 살아가고 있다. 대화는 자아와 타자간의 공격성이나 지배하고자 하는 의도가 전혀 없는 공감과 연대성을 그 배경으로 한다. 그러나 불행하게도 우리는 엄청난 연대성과 상호 통교성이 꼬리를 감추고 있는 이 세계를 살아가고 있다. 지식인들과 사상가들은 함께 모여 있기는 하지만 그들의 정신은 계속해서 분열되고 있는 실정이다. 우리는 서로 다른 철학과 문화, 보편적이고 구체적이며 집단적이고 개인적이며 완성적이며 단편적인 것들에 대해 대화의 길을 틀 수 있는 여백을 마련하고 이해 부응하도록 해야 할 것이다.

④ 해학적이고 축제적인 종교 문화

이 시대의 문화는 강렬하리 만치 엄숙하다. 기쁨은 사방팔방에서 위협받고 있다. 지혜인(homo sapiens)은 경이로운 사상의 문화를 창조했고 공작인(homo faber)은 물질과 쾌락을 쌓아 놓는 문화를 이룩하였다. 그러나 거기에는 기쁨이 없다. 기쁨의 하느님에 대한 특별한 증거생활은 해학적이고 축제적인 새로운 문화를 창조하는 데 필요한 요소들을 제공해 줄 수 있다. 그런 문화 속에서 인간은 노래하며 웃고 서로 대화하며 기쁨을 누릴 수 있다.

미래는 일단의 합법적인 희망을 제시할 줄 아는 자들의 것이며 다른 사람들의 희망을 저버리지 않는 자들의 것이다. 이같이 미래를 지향하는 자들은 바로 사회를 변화시키는 데 공조할 줄 아는 사람들이고 깊은 신앙을 지닌 자들이며 형제적인 사람들이고 다른 사람을 받아들일 줄 아는 따스한 사람들이다.

6. 인간의 참된 모델: 예수 그리스도

이 시대의 문화가 안고 있는 가장 유별난 문제가 하나 있다면 그것은 바로 인간에 대한 염려일 것이다. 철학, 신학, 인문과학 등은 인간의 기원과 운명, 그 구체적인 실재들을 밝혀내는 데 있어서 특별한 관심을 기울였다. 거의 모든 학문들 역시 직 · 간접으로 인간학적인 질문들을 제기해 왔다. 인간학을 옹호하는 사람이건 공박하는 사람이건 간에 인간 문제를 명확하게 밝히고자 하는 데에는 서로가 일치하고 있다. 인간의 솔직한 얼굴을 하고 있는 인본주의나 인간의 탈을 쓴 인본주의나 모든 형태의 인본주의들은 한결같이 "인간은 무엇인가?"에 관한 질문애 해답을 주기 위해 나름대로 골몰하고 있다. 현상학자들과 실존주의자들도 인간은 더 이상 수수께끼가 아니며 인간이 지금보다 더 잘 알려진 시대는 없다고 하면서 인간에 관한 특별한 애정과 관심을 아끼지 않고 있다.[37)]

제 2 차 바티칸 공의회 역시 인간학적 염려를 드러내면서 인류가 오늘날 새로운 역사적 위험에 직면하고 있음을 이렇게 강조한다.

> "오늘 인류는 새로운 시대를 맞았다. 이 시대는 심각하고도 신속한 변화가 점차로 전 세계를 휩쓸고 있는 시대이다. 인간의 지능과 창조적 노력에 의해서 일어난 이 변혁들이 이제는 인간 자체를 변혁시키게 되었다. 개인과 단체의 판단과 욕망, 사물과 인간에 대한 사고 방식과 행동 태도에까지 이런 변혁이 반영되고 있다. 따라서 이제는 사회적 내지 문화적 참된 변혁애 대해서 말하지 않을 수 없게 되었고 이것은 또한 종교 생활에도 영향을 미치고 있다."[38)]

그리고 조금 뒤에 가서는 다음과 같이 기술하고 있다.

---

37) Cf. M. Merleau-Ponty, *Phénoménologie de la perception*, Gallimard, Paris, 1945, p. II.
38) 『현대 세계의 사목헌장』, 4.

"세상 만물은 인간을 그 중심과 정점으로 삼고 질서 지어져야 한다는 의견에는 신자이건 비신자이건 거의 일치한다. 그러면 인간은 무엇인가? 인간은 제 자신에 대해서 수만 가지 견해를, 때로는 서로 상반되는 의견을 주장했고 아직도 주장하고 있다. 가끔 인간을 절대적 규범으로 들어 높이는가 하면 반대로 절망에 이르기까지 인간을 천시하기도 한다. 따라서 남는 것은 의문과 불안뿐이다."39)

분명 모든 철학과 사상 체계는 인간이라는 수수께끼에 대해 가능한 해답을 제시하려는 목적에서 영감을 받은 원리에 의존하고 있다. 교회 역시 이러한 난관에 직면하여 원리 중의 원리인 하느님의 계시에 의해 인도되고 조명되어 인간의 진정한 상황이 어떤 것이어야 하는지에 대해 올바른 해답을 제시하고자 한다.

인간의 신비성은 '혈육을 취하신' 강생(incarnatio)의 신비를 떠나서는 올바로 밝혀질 수 없다. 첫째 인간 아담은 미래의 인간, 즉 주(Dominus) 그리스도의 표상이었다. 새 아담 그리스도는 성부와 그 사랑의 신비를 알려주는 계시(啓示)로써 인간을 인간에게 완전히 드러내 보이고 인간이 높이 불리었음을 밝혀준다. 따라서 위에서 말한 모든 진리가 그리스도 안에 근원을 두고 그리스도 안에서 그 정점에 도달한다는 것은 전혀 이상한 일이 아니다.

"보이지 않는 하느님의 모상"(골로 1:15)인 그리스도는 완전한 인간으로서 아담의 후손들에게 원죄로 인해 이지러졌던 하느님의 모습을 회복시켜 주었다. 그리스도는 육화(肉化)로써 인간 본성을 취하여 만인과 일치하고 인간 본성이 자동적으로 고상한 품위에까지 들어 높여지게끔 하였다. 그리스도는 동정녀 마리아에게서 태어나 우리 중의 한 사람이 되었으며 인간의 손으로 노동하고 인간의 지력으로 생각하며 인간의 의지로 행동하고 인간의 마음으로 사랑했기에 죄 외에는 모든 점에 있어서 우리와 비슷하였다.

---

39) 같은 책, 12.

인간은 나름대로 여러 가지 문제에 부딪히는데, 그때 문제의 근원에 자리한 형이상학적이고 존재론적인 문제의 해결책 없이는 악순환에 빠지게 된다. 해결책에 이르기 위해서는 다양한 모호성을 제거해야하는데, 이를 위해서는 하느님의 빛을 필요로 한다. 그렇게 함으로써만 인간은 자신의 삶과 행위를 올바로 비추어볼 수 있고 명석한 두뇌로 세계를 바라볼 수 있다. 이 때문에 공의회의 메시지는 다음과 같은말로 결론을 맺고 있다.

"완전한 인간이신 그리스도를 따르는 사람은 스스로 더 완전한 인간이 되는 것이다."[40]

따라서 그리스도는 인간에게 구원의 빛이고 진리이며 인간을 참되게 해석해 낼 수 있는 지혜의 원천이고 인간학적 모델이다. 예수 그리스도는 하느님의 아들일 뿐 아니라 신적인 것의 가장 담대한 현시이며 하느님이 인간에 관해 생각하고 '그분'이 원의한 것 중에 가장 분명한 표현이다. 그리스도교의 특수하고도 기본적인 자료는 예수 그리스도를 인간을 위한 규범적이며 최종적이고 결정적인 사실로 여기는데 있다. 이 때문에 그리스도교는 모든 인본주의들과 그 모든 실질적인 인간학과 비교될 수 있다. 그리스도 신자에게 있어서 그리스도는하느님의 아들일 뿐 아니라 하느님과 여타의 인간들, 자연, 사회, 역사와 서로 연관을 맺는 원천적 모델이다. 신앙의 대상을 넘어서서 그리스도는 존재와 행위, 생활양식의 원형이며 모범이다. 역사의 그리스도는 추상적 원리가 아니며 모든 인간을 구원하고 비추며 관장하는 실제적인 한 인간이다. 그리스도에게서 출발하면서 인간은 조명되고 그앞에 광대한 노선이 펼쳐지며 그때에 인간은 인간의 문제와 어떻게행동할 것인지에 관한 양식을 얻게 된다.

---

40) 같은 책, 41.

중세의 유명한 철학자이며 신학자인 스코투스의 가르침은 모든 존재들의 상징적인 피라미드의 정점으로서 그리스도를 언급하고 있다.[41] 명민한 이 박사는 자신의 전체적인 이론이 하느님의 무한한 사랑을 기반으로 하는 인간과 삶에 대한 낙관주의적인 견해를 갖고 있었다. 그에 의하면 하느님은 존재론적이고 작용적으로 사랑이시다. 그런데 사랑은 모든 존재들의 기원이며 그들의 원천적이고 원본적인 원리와의 재회와 회귀를 위해 기운을 불어넣는 힘이다. 사랑은 최상적이고 일차적인 이성으로 이 사랑을 통해 하느님은 영원으로부터 존재하고 알려졌으며 사랑받는 모든 존재들의 질서를 지어 일으켜 세웠다.[42] 사랑은 이기주의적인 고독이 아니라 다른 존재들과의 자유로운 무상의 참여이다. 참되고 질서 있는 사랑은 자기 확산(自己擴散)의 본성으로 인해 통교적이고 분여적(分與的)이다.[43] 그러나 그것은 혼미하고 무질서한 방식으로가 아니라 하느님의 최상 질서의 뜻에 따라 그러하다.

사랑은 신 존재의 구성적 양식이며 지혜와 질서는 하느님 뜻의 규

---

41) 스코투스에게 그리스도는 하느님과 인간 간의 관계에 있어서 신학적이며 구원의 중심일 뿐만 아니라 창조된 세계와의 관계에 있어서 존재론적 중심이기도 하다. 그것은 마치도 그가 그 같은 존재와 구체적 인간을 설명하는 데 있어서 논리적 중심이 되는 것과 똑같다. 왜냐하면 육화된 말씀은 하느님의 최상 작품 (summum opus Dei)이기 때문이다(Cf. *Rep, .Par.*, d. 7, q. 4, n. 4).

42) *Quodlib.*, q. 8, n. 15.

43) 따라서 완전하고 무한한 사랑은 중심으로부터 외적인 것을 향해 가는 역동성에 때라 발전하며 자신의 이익과는 상관없이 관대하고 완전한 사랑의 역동성에 입각하여 발전하여 간다. 무엇보다도 하느님은 "자기 자신을 사랑하신다."(*Rep. Par.*, III, d. 32, q.1, n. 6) 이 같은 완전한 사랑은 이기주의적인 것도 아니며 자기 도취적인 사랑도 아니다. 그러한 사랑은 다른 존재들과 친교를 나누기 위한 것으로서 다른 존재들과 함께 그분은 이러한 완전한 사랑을 함께 나누기를 원의하신다. 그렇게 함으로써 동시에 그 사랑은 연장되어 실행되고 새로이 그분께 되돌아온다. 이 때문에 하느님은 사랑에 동참하는 자들을 찾고 계신다 ("Vult alios condilogentes", *Ox.*, III, d, 32, q. 1, n. 6).

정이라는 원리에서 출발하는 가운데 스코투스는 전 실재의 통일적이고 건축학적인 견해를 제시한다. 그분 능력의 현시는 영광의 예정을 통한 인간 행복이다.44) 다시 말해 인간 예정은 하느님의 영광을 위해 '그분'께서 원의하고 이룩하는 것이다. 이것이 의미하는 바는 하느님의 영광과 인간의 행복은 서로 상충되지 않고 동일한 지향성과 상호 관계성 안에 예견된다는 사실이다.

무한자를 고양함은 인간을 천시하고 경멸함을 뜻하지 않는다. 이와는 반대로 인간 자신을 들어 높임이며 인간의 가능성을 추켜세우는 것이다. 불행하게도 포이어바흐(L. Feuerbach)의 명제에서는 공격적인 형태로 나타나 "부유한 신에게 가난한 인간이 일치한다"는 식으로 혼란스럽게 제시되었다. 주인과 노예에 관한 헤겔의 변증법이나 의식의 갈등이라는 사르트르의 변증법 역시 이에 연루되어 있다. 그렇지만 하느님의 주관은 인간의 주관성을 무효화하지 않고 감소시키지도 않으며 오히려 상호간의 만남을 기초하며 가능케 한다. 하느님의 원인은 인간의 옹호이며 인간의 원인은 하느님께 영광을 드림이다. 이는 인간과 세계의 일차적이며 구성적인 이유가 하느님의 영광이며 그러한 계획의 실현이 전 창조물의 목적을 정당화한다는 점에서 바로 그렇다.

스코투스의 형이상학적이며 신학적인 사상은 삼위일체의 가르침에 근거하고 있다. 즉 수적으로 하나이신 창조주 하느님, 조화적으로 하나인 창조된 세계, 위격적으로 하나인 인간-하느님, 그리스도가 바로 그것이다.

따라서 삶에 관한 스코투스의 견해는 깊이 있게 통일적이며 조화를 이루고 있다. 모든 존재는 완성이라는 긴장 안에서 상호관계라는 존재론에 참여하고 있다. 물질적 우주를 구성하고 있는 모든 피조계는 인간의 우주 안에서 완성되고 취해지기를 열망하고 있다. 자연의 인간은 완전한 인간인 그리스도와의 만남을 원하고 열망한다. 그리스도야말로

---

44) *Rep. Par.*, III, d. 22, q. un. n. 10.

자신 안에 하느님과 인간을 종합하고 일치하는 존재이며 우주와 인간의 전 존재의 창조주이며 완전한 분이신 하느님께 인류를 인도한다.

창조의 목적인 하느님의 영광은 그리스도 안에서 충만히 실현되는데. 그리스도는 하느님의 최고 업적을 성취한다. 그리스도로부터 하느님은 최고의 영광과 절대적인 사랑을 받는다. 하느님의 최고 업적인 말씀의 강생은 인간적인 요소나 죄에 의해 좌우될 수 없다. 인간의 죄가 그리스도 예정의 원인이라면, 하느님의 가장 완전한 업적은 그저 기회 원인일 수밖에 없다는 사실이 따른다. 그것은 결코 옳은 일일 수 없다.45)

그러므로 그리스도는 이미 죄에 앞서서 일차적으로 예정되었을 뿐만 아니라 모든 예정된 것들의 첫째가는 분이다. 그리스도는 하느님이 최고로 사랑하시는 분이며 하느님의 최고가는 업적이다. 그는 피조물의 알파요 오메가이며 모든 우연적 질서의 원리이고 목적이며 하느님과 인간의 우주적 중계자이다. 우주는 그리스도에게 질서 지어 있다. 스코투스가 상승적인 피라미드 형식으로 제시하는 우주의 완전성은 인간 안에서가 아니라 그리스도 안에서 성취된다.

하느님의 계획에 의거하여 그리스도는 피조물의 필수 불가결한 요체가 되고 창조물의 필연적인 토대이며 명시적 이유가 된다. 이와 같은 방식으로 그리스도는 신학적 정당성을 지닐 뿐만 아니라 형이상학적 · 논리적 정당성을 지닌다. 세계, 인간, 삶 그리고 역사 자체는 그

---

45) "인간의 추락이 그리스도의 오심의 필연적 이유라고 사람들은 말한다. 이는 하느님이 인간은 범죄할 것을 예견하고, 그리스도는 강생을 통하여 이러한 인간을 구원하실 것이라고 사람들은 말하기 때문이다. 따라서 그리스도는 인간 본성을 취하여 무한히 영광스럽게 될 것이라고 생각한다. 그렇지만 나는 인간의 범죄가 그리스도의 예정의 원인이 아니라는 것을 말한다. 나는 천사나 인간이 범죄 하지 않았다손 치더라도 그리스도는 똑같이 예정되었으며 그리스도 외에 다른 창조된 존재가 없다손 치더라도 그분은 예정되었음을 나는 덧붙여 말한다. 그분은 이것을 예견하셨다."(Ord., III, d. 19, p. un; 김현태, 『둔스 스코투스의 철학 사상』, 가톨릭대학교출판부, 서울, 1994, 238쪽 참조.)

리스도적 기반을 갖고 있다. 스코투스의 사상에 의하면 이러한 그리스도적 중심주의적 실재성을 깨닫지 못한다면, 우리는 자연 안에서 그렇게 존재하고 있는 구체적 인간뿐만 아니라 인간 역사 자체를 근본적으로 이해할 수 없게 된다.

전 우주는 피조물의 완전성이며 정상인 그리스도에게 정향된 목소리이며 동적주의의 세계이다. 예수 그리스도는 모든 인간의 모형이며 원형이다. 그리고 인간은 그리스도의 모상과 유사함으로 창조되었다. 그리스도는 우주론뿐만 아니라 인간학과 역사에도 빛을 비추며 의미를 부여한다. 모든 실재는 그리스도 중심주의적이며 참된 인본주의는 그리스도 형상주의이다.

스코투스의 그리스도 중심주의는 사도 바오로의 그리스도론에 대한 놀라운 해석이다. 바오로에 있어서 그리스도는 불가견한 하느님의 모상이며 피조물의 맏형이다. 만물은 그를 통해 생겨났고 그리스도 안에서 하느님은 세계가 창조되기 이전에 우리를 뽑아 주었고 우리를 하느님의 아들로 삼기로 작정하였으며 자유를 베푸시어 죄로부터 용서 받게 하였다. 그리스도를 통해 하느님은 당신의 심오한 뜻을 알게 했고 "이것은 그리스도를 시켜 이루시려고 하느님께서 미리 세워 놓으셨던 계획대로 된 것으로서 때가 차면 이 계획이 이루어져서 하늘과 땅에 있는 모든 것이 그리스도를 머리로 하고 하나가 될 것이다."(에페 1:9-10)

스코투스가 말하는 그리스도는 행위 하는 실재로서 세계와 역사 안에서 작용한다. 이 안에서 그리스도는 시초와 시대의 발전 속에서 그리고 마지막으로는 역사의 종말에 나타난다. 그리스도는 전 역사의 드라마 안에 현존하고 작용하는 실재이다. 그는 블로흐(M. Bloch)가 격하시켜 말하는 <유토피아의 기사>도 아니며 순수 종말론적인 차원에만 해당되는 분도 아니고 미래에 있어서 인간 계획의 결정적 실현과 관련된 상징적 존재에 불과한 분도 아니다.

스코투스의 그리스도 중심주의 견해는 모리스 블롱델(M. Blondel)

의 범그리스도론 안에 철학적으로 수용된다. 이로 인해 철학자 그리스도는 실재적인 것의 일치를 이루는 고리일 뿐만 아니라 참으로 객관적인 지식을 성취하기 위해 요청되는 전제이다. 확실히 블롱델의 우주적 그리스도는 정확하고 치밀하며 논증된 존재라기보다는 암시적이고 직관적인 존재이다. 그럼에도 이러한 사고 형식은 존재론적인 면에 있어서나 인식론적·인간학적 면에 있어서나 철학적으로 더욱 튼튼한 기초를 갖는 신학적 테제를 회복하기 위한 고상한 노력임에 틀림없다.46)

테이야르 드 샤르댕(Teilhard de Chardin)의 범그리스도주의 역시 구원적이며 우주적 차원에서 그리스도에 대한 거대한 열정을 실존적이며 지성적으로 그려내고 있다.47) 이 유명한 예수 회원은 스코투스의 그리스도 중심주의에 관한 견해에 대해 깊은 찬사를 보내고 있다. 물론 두 사람간에는 그리스도 중심적인 전망에 있어서 상당한 차이점들을 보이고 있을지라도 그러하다.

스코투스는 순수 형이상학과 순수 과학이 종교적 영향 없이 그 자체 독자적으로 하느님에 관한 참된 본성을 알지 못한다는 점에서 인간에 관한 근본 문제를 해결할 수 없다고 철학자들과 과학자들에게 논증해 보였다. 그는 이러한 학들이 인간의 진정한 목적이나 우주의 운명에 대해 평가조차 할 수 없다고 생각하였다. 믿는 자들에게나 무신론자들에게 그는 인간 본성과 유한존재의 근본적 우연성을 밝히 드러내 보이면서 무한자의 존재를 인정하는 사고를 이끄는 이성의 여정을 제시하였다. 이를 논증한 다음 그는 하느님과 인간 사이에 존재하는 존재론적 관계를 명시함으로써 그리스도를 하느님과 인간, 하느님

---

46) M. Blondel, *L'action. Essai d'une critique de la vie et d'une science de la pratique*(1983), Paris, 1973, pp.398-464.

47) 테이아르 드 샤르댕의 범그리스도론 역시 여러 가지 면에서 블롱델의 그것과 유사하다. 이와 관련하여서는 M. Blondel / Theilhard de Chardin, *Correspondence*, Paris, 1965를 참고할 것.

과 세계 사이에 필수적인 중개자 내지는 피조물 위에 정점으로 작용하는 분이라고 결론짓는다. 그리스도를 통해 역사적 인간은 자기 자신을 넘어설 수 있고 세계 내 존재로, 다른 존재와 통교하는 공존적 존재로, 영원한 성소를 천부적으로 부여받은 존재로서 자신의 고유한 가능성을 발전시킬 수 있다.

그리스도론은 깊이 있는 생활한 체험과 사랑이신 하느님 그리고 하느님 사랑의 최고 업적인 예수 그리스도 대한 특별한 개념에서 솟아나는 사상간의 합류점이어야 한다. 이는 하느님의 투명성인 그리스도와 전 인간 존재의 맏형인 그리스도에 관한 것이다. 그리스도 안에서 인간은 전적으로 초월할 수 있고 변형될 수 있다. 그때 그리스도는 존재와 행위, 느낌과 해석에 있어서 최상의 모델이 된다. 그리스도는 하느님이 원의하고 인간이 요청하는 바 나타난 의지인 한에서 구제하며 구원하고 변화시키고 자유를 가져다준다. 그리스도론 안에서 모든 휴머니즘과 인간학들은 자체의 한계와 회피할 수 없는 불투명함을 벗어나 궁극적이며 결정적인 해답을 찾을 수 있게 된다.

그리스도론과 인간학은 서로 적대적이며 상충적인 견해가 아니다. 인간학은 그리스도론을 위한 예비적 노선이어야 하며, 그리스도론은 신적인 것과 인간적인 것의 놀라운 종합이라는 관점에서 이해되어야 하기 때문이다. 이는 흔히 있을 수 있는 위험스런 환원주의적 입장에서가 아니라 인간의 동적주의 안에서 하느님을 향한 노선을 발견하는 것이며 동시에 그리스도 안에서 인간을 향한 하느님의 발걸음을 발견하는 것이다. 인간학은 그리스도론에 대한 이전적 반영이며 그리스도론은 그 충만함으로 인도된 인간학이다. 그리스도의 계시는 인간 실존과 수수께끼를 알고 풀어내도록 하는 해석학적 열쇠이다. 따라서 건설적이고 기능적인 그리스도론에 제한되어서는 안 되며, 이를 넘어서서 하느님에 관한 진리와 인간에 관한 진리를 정초하고 요청하는 그리스도론에 도달하도록 해야 한다.

그리스도가 하느님 사랑의 현현이며 인간적인 것에 대한 신적인 계획이라면 사랑과 증오, 친교와 고독, 이기주의와 이타주의, 은총과 죄, 존재와 비존재라는 신비적인 실재가 밝혀질 수 있는 것은 '그분' 안에 서이다. 그렇지만 그 누구도 그리스도를 따라 사는 사람만큼 그분을 잘 알지는 못한다. 역사 안에서 소수의 사람만이 지극 정성으로 나자렛 예수를 따라 살았는데 그런 성인들은 신적이고 인간적인 심오함 가운데서, 아니 빛과 그림자 속에서 깊숙이 묻혀 살았다. 그러나 은총과 빛으로 받아들여 생활한 삶의 복음은 그들에게 있어서 참된 고향이나 다름없었다. 우리 역시 복잡다단한 혼란스런 현대를 살아가면서 이와 다름없는 정신적 지평과 실존적 운명을 지녀야 한다. 사랑하는 것을 배운다는 것은 역시 사고함을 전제로 한다. 복음(Evangelium)의 학교에서 사고와 행동은 길이고 진리이며 생명이신 그리스도에 대한 생활한 체험을 바탕으로 그 모형이 만들어진다.

지금 많은 사람들은 새로운 인류 문화를 건설하고 현실의 이 사회를 개조해야 할 필요성이 있다고 목소리를 드높이고 있다. 이러한 목적을 위해서도 실현되고 완성된 인간의 맏형인 그리스도, 새로운 인간인 그리스도의 모습에 입각하여 새로운 인간들이 창조되어야 한다. "너희들은 내가 누구라고 생각하느냐"라는 그리스도의 물음은 오늘도 그리스도 신자들의 귀와 그들의 삶의 공간에 울려 퍼지고 있다. 그리고 이 물음은 믿는 이들 뿐만 아니라 비신자들, 무신론자, 사상가, 무식하고 배우지 못한 자들, 박학한 자들 그 모두에게 던져지고 있다. 미래는 분명 '그분'에게 주어지는 인간의 구체적인 답변에 달려 있다 하겠다.

참고문헌

김현태 편저, 『종교철학』, 가톨릭대학교출판부, 1996.

김현태 편저, 『철학의 원리 I』, 가톨릭대학교출판부, 1994.

야기 세이이치, 레너드 스위들러, 『불교와 그리스도교를 잇다』, 이찬수 역, 아시아 신학 8, 분도출판사, 1996.

오이겐 비저, 『니체는 누구인가』, 정영도 역, 분도출판사, 1993

장 폴 사르트르, 『실존주의는 휴머니즘이다』, 방곤 역, 문예출판사, 1990

정의채, 『형이상학』, 성바오로출판사, 1975

질송, 『철학과 신』, 김규영 역, 성바오로출판사, 1976

토마스 아퀴나스, 『신학대전』, 정의채 역, 제1부, 제1문항-제12문항, 성바오로출판사, 1985

헤겔, 『철학강요』, 서동익 역, 을유문화사, 1992.

Afanasyev, V., *Marxist Philosophy*, 3d ed. rev., Progress Publishers, Moscow, 1968.

Alessi, A., *Metafisica*, Biblioteca di Scienza Religiose-81, Libreria Ateneo Salesiano, Roma, 1988.

Alvira, T., Clavell, L., Melendo, T., *Metafisica*, Ediciones Universidad de Navarra, S. A., Pamplona, 1982(trad. ital., *Metafisica*, Lemounier,

Firenze, 1987).

Anselmus, St., *De divinitatis essentia Monologium*, Migne, PL 158; cols.141-224.

Aristoteles, *Il motore immobile*, a cura di G. Reale, La Scuola, Brescia, 1963.

Ayer, A. J., *Language, Truth and Logic*, Dover Publications, New York, 1957.

Barbo, F. R., "La via del divenire per provare l'esistenza di Dio", in *Sapienza*, XXXII, 1979. pp.396-419.

Barbo. F. R., "Dall'essere pregnante all'Assoluto che dona", in *Riv. Fil. Neoscol.*, LXXI, 1979, pp.3-48, 245-289.

Barth, K., *Anselm: Fides quarens intellectum*, The World Publishing Co. 'Meridian Books', Cleveland and New York, 1962.

Bergson, H., *Evolution créatrice*, Alcan, Paris, 1909.

Bergson, H., *Les deux sources de la morale et religion*, F. Alcan, Paris, 1932,

Besmer, I., *Philosophie und Theolgie des Modernismus*, I B, Freiburg, 1912.

Bettini, O., *Appunti per una teologia naturale*, Antonianum, Roma, 1980.

Bettoni, E., *L'ascesa a Dio in Duns Scoto*, Vita e Pensiero, Milano, 1943.

Bettoni, E., *Il problema della conoscibilità di Dio nella scuola francescana*, Cedam, Padova, 1950.

Bettoni, E., *L'uomo in cammino verso Dio, Commento all'itinerario dell'anima a Dio di S. Bonaventura*, Edizioni Bibloteca Francescana, Milano, 1978.

Blondel, M., *L'action. Essai d'une critique de la vie et d'une science de la pratique*(1983), Paris, 1973.

Bonansea, Bernardino M., *God and Atheism, A Philosophical Approach to the Problem of God*, The Catholic University of America Press, Washington D.C., 1979.

Bonaventura, St., *Opera omnia*, 10 vols. Typographia Collegii S. Bonaventurae, Quaracchi, 1882-1902.

Bontadini, G., *Per la rigorizzazione della teologia razionale*, in Id., *Conversazione di metafisica*, Vita e Pensiero, Milano, 1971.

Bradbury, M., McFarlaneeds, J., *Modernism: 1890-1930*, Penguin, London, 1976.

Buber, M., *Eclipse de Dios*, N. Visión, B.A., 1970.

Buber, M., *Il cammino dell'uomo*, trad. ital., Communità di base, 1990.

Carabellese, P., *Il Problema di Dio teologico come filosofia*, Tipografia del Senato, Roma, 1931.

Collins, J., *God in Modern Philosophy*, Regnery, Chicago, 1959.

Comet, A., *Discours pur l'esprit positif*, ed., Libraire Schleichers Frères, Paris, 1909.

Delanglade, J., *Dall'uomo a Dio*, Borla Editrice, Torino, 1964.

Delanglade, J., *Le problème de Dieu*, Aubier, Paris, 1960.

Descartes, R., *Discours de la Méthode*, Garnier-Flammarion, Paris, 1966.

Descartes, R., *Oeuvres philosophiques*, ed. by F. Alquié, Vol. II, Garnier, Paris, 1967.

Descartes, R., *The Philosophical Works of Descartes*, trans., E. S. haldane & G. R. T. Ross, vol. I, Cambridge University Press, Cambridge, 1981.

Dewart, L., *El futuro de la fe*, Barçelona, 1969(tr. it. Queriniana, Brescia, 1969).

Duméry, H. S., *Bonaventure: Itinéraire de l'esprit vers Dieu*, J. Vrin, Paris, 1967.

Déodat, P., *Scotus Docens*, Le Havre, Paris, 1934.

Elias, N., *Il pocesso di civilizzazione*, Bologna, 1988.

Fabro, C., *God in Exile*, trans. and ed. by A. Gibson, The Newman Press, Westminster Md., 1968.

Fabro, C., *Introduzione al problema teologico*, Studium, Roma, 1954.

Fabro, C., *L'uomo e Il rischio di Dio*, ed., Studium, Roma, 1967.

Foucault, M., *Las palabras y las casas*, Siglo X XI, Madrid, 1974.

Fries, H., *Il mondo secolarizzato, sfida alla fede*, in Ateismo e secolarizzazione, Cittadella Editrice, Assisi, 1968.

García López, J., *El concimiento de Dios en Descartes*, Pamplona, 1976.

Garrigou-Lagrange, R., *Dieu, Son existence et sa nature*, Paris, 1933 (trans., Dom B. Rose, 2 vols, Herder, St Louis, MO., 1934, 1935).

Gilson, É., *Being and Some Philosopher*, Pontifical Institute of Medieval Studies, Toronto, Ont., 1952.

Gilson, É., *Elementi di filosofia cristiana*, Morcelliana, Brescia, 1964.

Gilson, É., *Introduzione allo studio di Sant'Agostino*, Casa Editrice Marietti, Casale Monferrato(AL), 1983.

Gilson, É., *L'esprit de la philosophie médiévale*, Il ed., Vrin, Paris, 1948.

Gilson, É., *The Philosophy of Bonaventure*, trans. by Trethowan and Sheed, Paterson, 1965.

Gonzalez, A. L., *Filosofia di Dio*, Le Monnier, Firenze, 1988.

Heidegger, M., Sendas perdidas(tr. it., *Sentieri interrotti*, La Nuova Italia, Casellina di Scandicci[F I], 1984).

Henry de Lubac, *Sulle vie di Dio*, ed., Paoline, Alba, 1959.

Holloway, Maurice, R., *An Introduction to Natural Theology*, Appleton-Century-Crofts, New York, 1959.

Huizinga, J., *Homo Ludens*, Alianza, Madrid, 1972.

Hume, D., *An Enquiry concerning Human Understanding*, trad. it., Croce-Gentile, Laterza Bari, 1927.

Husserl, E., *La crisi delle scienze europee e la fenomenologia trascendentale*, Il Saggiatore, Milano, 1983.

Husserl, E., *Philosophie als strenge Wissenshaft*, ed. it., la Filosofia come scienza rigorosa, Paravia, 1958.

Jolivet, R., *L'uomo metafisico*, ed., Paoline, Catania, 1953..

Jung, G. C., *La gerison psychologique*, Georg, Ginerva, 1953.

Jüngel, E., *Dios como misterio del mundo*, Salamanca, 1984(tr. it. Queriniana, Brescia, 1982).

Kant, I., *Critica della ragione pratica*, trad. it. di F. capra, Laterzs, Bari, 1963.

Kant, I., *Critique of Pure Reason*, A 218, B, 265, Tranas., Norman K. Smith, Macmillan Press Ltd., London and Basingstoke, 1983.

Kant, I., *Der einzig mögliche Beweisgrund zu einer Demonstration Daseins Gottes*, In *Immanuel Kant: Werke*, vol. I, pp.617-730. ed. by W. Weischedel, Insel, Wiesbaden, 1960.

Kaufmann, W., *Nietzsche*, The World Publishing Company, New York, 1959.

Kenny, A., *The Five Ways: St. Thomas Aquinas' Proofs of God's Existence*, University of Notre Dame Press, Notre Dame, 1980.

Koyré, A., *L'idée de Dieu dans la philosophie de St. Anselme*, Editions Ernest Leroux, Paris, 1923.

Lalande, A., *Vocabulaire technique et critique de la philosophie*, Presses Universitaires de France, Paris, 1960.

Llano, A., *Filosofia della conoscenza*, Lemounier, Firenze, 1987.

López, J. G., *Nuestro sabiduria racional de Dios*, Madrid, 1950.

Macquarrie, J., *Twentieth-Century Religious Thought*, Harper and Row, New York, 1963.

Marcel, G., *Il mistero dell'essere*(1950), trans. ital., Borla, Torino, 1970.

Maritain, J., *Alla ricerca di Dio*, ed., Paoline, Roma, 1960.

Mascall, E. L., *Christian Theology and Natural Science*, Longmans, Green and Co., London and New York, 1957.

Masnovo, A., *La filosofia verso la religione*, Vita e Pensiero, Milano, 1977.

Merino, J, A., *Manifesto francescano*, Edizioni Messagero Padova, Padova, 1987.

Merino, J. A., *Stoia della Filosofia francescana*, Edizioni biblioteca francescana, Milano, 1933.

Merino, J. A., *Umanesimo Francescano*, Ciltadella editrice, Assisi, 1984.

Merleau-Ponty, M., *Phénoménologie de la perception*, Gallimard, Paris, 1945.

Monsma, J. C., *Science and Religion*, Putsam, New york, 1962.

Morra, G., *Filosofia per tuttti*, Editrice La Scoula, Brescia, 1981.

Nietzsche, F., *Joyful Wisdom*, trans. by T. Common, Frederick Ungar Publishing Co., New York, 1960.

Orazio, B., *Teologia naturale*, Antonianum, Roma, 1983.

Ortega y Gasset, J., *El especatador*, El Arquero, Madrid, 1972.

Ortega y Gasset, J., *Ideas y creencias*, El Alquero, Madrid, 1977.

Ortega y Gasset, J., *La rebellión de las masas*, Revista de Occidente, Madrid, 1975.

Ortega y Gasset, J., *Obras completas*, vol. IV, Alianza Editorial, Madrid, 1983.

Owens, J., *St. Thomas Aquinas on the Existence of God: Collected papers of J. Owens*, ed., J. Catan, Albany, State University of New York Press, New York, 1980.

Pfeil, H., *Friedrick Nietzsche und die Religion*, J. Habbel, Regensburg, 1949.

Popper, K. R., Eccles, J. C., *L'io e il suo cervallo*, Armando, Roma, 1981.

Remer, V., *Summa Philosophae Scholasticae*, vol. III; Ontologia, Università Gregoriana, Roma, 1928.

Rovighi, S. V., *La Filosofia e il problema di Dio*, Verfiche e progetti 4, Vita e Pensiero, Milano, 1986.

Rovighi, S. V., *La storia della filosofia moderna*, La scuola, Brescia, 1976.

Saint-Maurice, De B., *J. Duns Scotus, A teacher for our time*, trans. by C. Duffy, Franciscan Herald Press, Chicago, 1966.

Sciacca, M. F., *Gli arieti contro la verticale*, Marzorati Editore, Milano, 1968.

Sciacca, M. F., *Filosofia e Metafisica*, Marzorati Editore, Milano, 1962.

Scotus, J. D., *Ordinatio*, Vol. II, Typis polyglottis Vaticanis, Civitas Vaticana, 1950.

Scotus, J. D., *A Treatise on God as First Principle*, trans. and ed., A. B. Wolter, Franciscan Institute, New York, 1955.

Taylor, R., *Introduction to The Ontological Argument from St. Anselm to Contemporary Philosopher*, ed. by A. Plantinga, Doubleday Anchor Books, Garden City, N. Y., 1965.

Thomas Aquinas, *Summa theologiae*, 4 vol. Ed. by P. Caramello, Marietti, Turin-Roma, 1948-1950.

Thomas Aquinas, *Summa contra gentiles*, Editio Leoniana Manualis, Marietti, Turin-Roma, 1946.

Tillich, P., *La dimensión perdida*, Desclée, Bilbao, 1970.

Touraine, A., *La società postindustriale*, Bologna, 1970.

Tresmontant, C., *L'esistenza di Dio. Oggi*, ed., Paoline, Modena, 1970.

Urs von Balthasar, H., *El problem de Dios en el hombre actual*, Madrid, 1960.

Van Steeberghen, F., *Dieu caché*, Louvain, 1983; *Hidden God*, trans., Theodore Crowely, Herder, St. Louis, MO., 1966.

Vattimo, G., *La fine della modernità*, Garzanti, Milano, 1985.

Vincent, P. M., *The Gods of Atheism*, Arlington House, New York, 1971.

Weber Max, *Essays in Sociology*, ed., H. H. Gerth & C. W. Mills, Oxford University Press, Oxford, 1946.

Zubiri, X., *El hombre y Dios*, Alianza Editorial, Madrid, 1984.

Zubiri, X., *Historia, Naturaleza y Dios*, ed., Nacional, Mid, 1959.

인명찾기

메이어(R. Mayer) 175
모라(F. Mora) 524
밀(J. Stuart Mill) 179

[ㅂ]

바르트(K. Barth) 30, 258, 348, 351-357, 371
바이런(Byron) 174
반(Gerald Vann) 540
발타살(Urs von Balthasar) 68
방 스텐베르겐(Van Steenberghen) 210
베르거(P. Berger) 25
베르그송(H. Bergson) 76, 542
베버(Max Weber) 64, 530, 546
베스머(I. Besmer) 170
베이컨(F. Bacon) 173
보나벤투라(St. Bonaventura) 52, 63, 68, 69, 73, 103, 107, 129-131, 133, 134,
        137, 139, 141, 142, 254, 266, 267, 269-289, 294, 348, 365, 370, 374, 416,
        481, 483, 493, 494, 538
보탱(L. Bautin) 168
본네티(A. Bonnetty) 168
본타디니(G. Bontadini) 35, 398
볼드윈(J. M. Baldwin) 157
볼리바르(S. Bolivar) 174
부룬너(Brunner) 534
부버(M. Buber) 17, 33, 68, 549
부온아유티(A. Buonauti) 171
브레이어(E. Bréhier) 50
브루노(J. Bruno) 50
브룬쉬비크(L. Brunschvicq) 50
블로흐(M. Bloch) 559
블롱델(M. Blondel) 559

비스마르크(Bismarck) 172
비오 10세(Pius X) 170
비저(Eugen Biser) 244
비트겐슈타인(L. Wittgenstein) 189-192, 194-197, 359, 522

[ㅅ]

사르트르(Jean-Paul Sartre) 4, 106, 217, 245-250, 538, 548, 557
생-시몽(Saint-Simon) 174, 180
세네카(L, A. Seneca) 62
세르반테스(Cervantes) 539
셸러(M. Scheler) 47, 214, 515, 519
셸링(F. W. J. Schelling) 20, 173
소크라테스(Socrates) 57, 69, 175, 512, 528
쇼펜하우어(A. Schopenhauer) 54, 76
수아레즈(F. Suarez) 401
슐리크(M. Schlick) 196
슈펭글러(O. Spengler) 531
스코투스(J. D. Scotus) 49, 63, 69, 74, 75, 103, 136-144, 254, 267, 271,
    287-302, 348, 370, 478, 480, 481, 484, 495, 497, 498, 556-561
스톨츠(Stolz) 258, 355
스타로빈스키(Starobinski) 106
스티븐(L. stephen) 156
스펜서(H. spencer) 160, 170, 186, 188, 189
스피노자(B. Spinoza) 50, 69, 217, 322, 371, 438, 538

[ㅇ]

아도르노(T. W. Adorno) 530, 540
아리스토텔레스(Aristoteles) 43, 52, 62, 76, 83, 108, 124, 130, 152, 185, 203,
    281, 283, 303, 304, 317, 373-380, 382, 384-387, 392, 393, 395, 406, 409,
    423-425, 430, 438, 528, 539, 543

제임스(W. James) 160

조반니 디 미레쿠르트(Giovanni di Mirecourt) 159

조베르티(V. Gioberti) 146

주비리(X. Zubiri) 4, 68, 69, 76, 144, 209, 270, 549

지그문트(G. Siegmund) 242

지라르디(G. Girardi) 212

지오바(Giova) 539

질송(É. Gilson) 51, 103, 210, 286, 348, 355-357, 371, 395, 486, 492

[ㅊ]

체스터턴(Chesterton) 202

[ㅋ]

카라벨레세(P. Carabellese) 53

카르납(R. Carnap) 195, 198, 357

카뮈(A. Camus) 548

카시러(E. Cassirer) 63

카테루스(Caterus, Johan de Kater) 310

칸트(I. Kant) 20, 30, 37, 38, 40, 49, 54, 72, 76, 83, 109, 145, 159-166, 170,
    181, 189, 217, 253, 254, 262, 284, 285, 317-329, 337-339, 341-343, 345,
    346, 348, 353, 354, 359, 360, 367, 371, 397, 401, 406, 407, 431, 437,
    510, 511, 518, 536, 538, 543

케베도(Quevedo) 497

케플러(Kepler) 438

코사드(Jean-Pierre de Caussade) 73

코이레(A. Koyré) 19, 316, 348, 350, 371

코페르니쿠스(Copernicus) 438, 479

콩트(A. Comte) 159, 160, 174, 179-181, 183, 184

키에르케고르(S. Kierkegaard) 166, 247, 249, 346, 538

키케로(Cicero) 507

[ㅎ]

하이네(Heine) 17, 237
하이데거(M. Heidegger) 30-32, 50, 247, 339, 443, 539
하트숀(Ch. Hartshorne) 348, 358, 360, 362-367, 371
헉슬리(Th .H .Huxley) 156
헤겔(G. W. F. Hegel) 17, 20, 26, 30, 54, 55, 106, 161, 173, 216, 217, 221,
    247, 254, 329-348, 368, 370, 371, 538
헤라클레이토스(Herakleitos) 26, 226
헨리쿠스(Henricus Gandavensis) 266
헬름홀츠(H. von Helmholz) 175, 536
호머(Homeros) 543
호이징하(J. Huizinga) 527, 529, 540
호크하이머(M. Horkheimer) 530, 540
홉즈(T. Hobbes) 187
화이트헤드(A. N. Whitehead) 550
휠덜린(F. Hölderlin) 31
후설(E. Husserl) 39, 135, 247, 381, 527
흄(D. Hume) 83, 159, 173, 178, 179, 181, 285, 397, 406

지은이 : 김 현 태

가톨릭대학교 신학부 및 동대학원을 졸업하고, 로마 교황청립 안토니안대학교에서 철학박사학위를 받았다. 가톨릭대 성신캠퍼스 교수, 가톨릭대 부설 중세사상연구소장, 프란치스칸 사상연구소 초대소장 등을 역임하였다. 현재 강화천주교회 주임신부이며 인천 가톨릭대학교 교수로 재직 중이다.

주요 저서 및 논문으로 『데카르트와 후설 비교론』(안토니안대학교, 로마, 1988), 『과학과 신앙』(공저, 한국천주교중앙협의회, 1993), 『둔스 스코투스의 철학사상』(가톨릭대학교출판부, 1994), 『철학의 원리』(가톨릭대학교출판부, 1994), 『종교철학』(가톨릭대학교출판부, 1996), 『현대 사회와 자유』(공저, 그리스도교철학연구소 편, 철학과현실사, 2001), 『중세철학사』(근간), 「데카르트철학에 나타난 신 접근 고찰」(1988), 「후설의 현상학과 선험적 관념론」(1991), 「무우니에의 인격주의적 존재론」(1992), 「현대문화 속에서 바라본 희망의 선택」(1998), 「세속주의와 문명의 위기」(2000) 등이 있고, 역서로는 『인간을 위한 미래건설』(분도출판사, 1990), 『프란치스칸 휴머니즘과 현대사상』(가톨릭대학교출판부, 1992), 『성녀 글라라에 관한 초기 문헌들』(공역, 프란치스칸사상연구소, 1993), 『하느님 섭리에 내맡김』(가톨릭대학교출판부, 1996) 등이 있다.

철학과 신의 존재

·

2003년 5월 20일 1판 1쇄 인쇄
2003년 5월 25일 1판 1쇄 발행

지은이 / 김 현 태
발행인 / 전 춘 호
발행처 / 철학과현실사
서울시 서초구 양재동 338-10
TEL 579-5908 · 5909
등록 / 1987.12.15.제1-583호

ISBN 89-7775-433-X 03230
값 20,000원